刑法学 上
（第三版）

主　编　刘艳红

副主编　欧阳本祺　王　俊　储陈城

撰稿人　（以撰写章节先后为序）

刘艳红　杨彩霞　周少华

李　川　储陈城　刘双阳

欧阳本祺　黄明儒　王　俊

陈家林　李立众　孟　红

杨志琼

CRIMINAL LAW

图书在版编目(CIP)数据

刑法学. 上/刘艳红主编. —3版. —北京：北京大学出版社，2023.8
ISBN 978-7-301-34226-8

Ⅰ. ①刑… Ⅱ. ①刘… Ⅲ. ①刑法—法的理论—中国—高等学校—教材 Ⅳ. ①D924.01

中国国家版本馆 CIP 数据核字(2023)第 126031 号

书　　名	刑法学（上）（第三版） XINGFAXUE（SHANG）（DI-SAN BAN）
著作责任者	刘艳红　主编
责任编辑	徐　音
标准书号	ISBN 978-7-301-34226-8
出版发行	北京大学出版社
地　　址	北京市海淀区成府路 205 号　100871
网　　址	http://www.pup.cn　新浪微博：@北京大学出版社
电子信箱	zpup@pup.cn
电　　话	邮购部 010-62752015　发行部 010-62750672 编辑部 021-62071998
印　刷　者	河北涿县鑫华书刊印刷厂
经　销　者	新华书店
	730 毫米×1020 毫米　16 开本　29.25 印张　583 千字 2014 年 6 月第 1 版　2016 年 2 月第 2 版 2023 年 8 月第 3 版　2023 年 8 月第 1 次印刷
定　　价	88.00 元

未经许可，不得以任何方式复制或抄袭本书之部分或全部内容。
版权所有，侵权必究
举报电话：010-62752024　电子信箱：fd@pup.cn
图书如有印装质量问题，请与出版部联系，电话：010-62756370

主 编 简 介

刘艳红,湖北武汉人,法学博士、博士后,中国政法大学刑事司法学院院长,教育部"长江学者奖励计划"特聘教授、"全国杰出青年法学家"、享受国务院政府特殊津贴专家、国家"百千万人才工程"入选者、国家级"有突出贡献中青年专家"。兼任国务院学位委员会学科评议组成员、教育部高等学校法学类专业教学指导委员会委员、人民法院司法大数据研究基地主任、最高人民检察院企业合规检察研究基地主任等。主持国家重点研发计划项目1项("社会治理与智慧社会科技支撑"重点专项2021年度"揭榜挂帅"项目)、国家社科基金重大项目2项,以及其他国家级、省部级等各类项目30余项。科研成果曾获教育部人文社会科学优秀成果奖一等奖、第八届钱端升法学研究成果奖一等奖、江苏省哲学社会科学优秀成果奖一等奖、第一届韩德培法学奖青年原创奖等奖项。在《中国社会科学》《法学研究》《中国法学》等期刊发表论文200余篇,出版学术专著"实质刑法三部曲"《实质刑法观》《实质犯罪论》《实质出罪论》,著作《网络犯罪的法教义学研究》入选国家哲学社会科学成果文库,另出版《法律人的谋生与谋道》《行政刑法的一般理论》《预惩协同型反腐败国家立法体系战略问题研究》等著作近10部。

第三版说明

本书由中国政法大学、东南大学、武汉大学、中国人民大学、西安交通大学、中南财经政法大学、北京理工大学、湘潭大学、华中师范大学、苏州大学、安徽大学、广州大学等高校的刑法学教学研究人员合作完成。本书以法学及非法学专业的本科生为读者对象，同时适用于法学专业的研究生，对于司法工作者、法学理论工作者和其他法学爱好者也具有参考价值。

在刑法总论的体系上，本书采取刑法概论—犯罪论—刑事责任论的体例，刑法概论重点阐述刑法的基础性问题、刑法基本原则、效力范围等，犯罪论重点阐述我国刑法的犯罪构成体系、正当化事由、犯罪形态、共同犯罪、罪数等，刑事责任论亦即犯罪的法律后果论部分，重点阐释刑罚的概念、体系与种类等，从而形成对刑法学的系统论述。本书虽然是编写而非独著性教材，但是仍然尽量贯彻结果无价值论的学术立场。

本书第二版于2016年面世。在出版后，曾于2017年再次印刷时，补充了新出的立法解释与司法解释。2020年12月26日全国人大常委会通过了《中华人民共和国刑法修正案(十一)》，对于刑法总则与分则的许多规定进行大幅的修改，在这种情况下，继续对本书进行细节上的修订已不可能，因而必须结合《中华人民共和国刑法修正案(十一)》的规定进行再版更新。

近年来，随着"马工程"《刑法学》教材的出版，全国各法律院校都将此作为指定教材，客观上也降低了对于其他教材的市场需求，在这样的背景下，其他教材是否仍有必要出版与更新便是一个问题。从学术的角度而言，体现不同观点的教材的出版与更新对于中国刑法教义学深入发展、对于刑法学派之争的形成具有重要意义。考虑到这一点，在出版社的支持下，我们仍然决定继续更新本教材，为我国刑法教材的"多元化"尽"绵薄之力"。而高铭暄教授、马克昌教授主编的教材和张明楷教授、周光权教授独著的教材均已结合《中华人民共和国刑法修正案(十一)》予以了更新，客观上也"催促"着本书尽快完成更新。

本书的编写分工如下(以撰写章节先后为序)：

刘艳红(中国政法大学刑事司法学院教授)：导言、第一章、第二章、第四章、第五章。

杨彩霞(华中师范大学政法学院副教授)：第三章、第十二章。

周少华(广州大学法学院教授)：第六章、第十四章、第十六章。

李川(东南大学法学院教授)、储陈城(安徽大学法学院副教授)刘双阳(中国政法大学刑事司法学院讲师):第七章。

欧阳本祺(东南大学法学院教授):第八章、第十章。

黄明儒(湘潭大学法学院教授)、王俊(苏州大学王健法学院副教授):第九章。

陈家林(武汉大学法学院教授):第十一章。

李立众(中国人民大学法学院副教授):第十三章。

孟红(东南大学法学院教授):第十五章、第十七章。

杨志琼(东南大学法学院讲师):第十八章。

本书由主编、副主编确定编写大纲,并负责对全书进行统稿。本书收录的立法与司法解释截至2023年6月1日,所有司法解释的日期是指其颁发日期,而不是生效日期,特此说明。

需要说明的是,本次修改并非由相应章节的原作者进行,而是由其他老师协力完成,具体人员包括:王俊(苏州大学王健法学院副教授)、储陈城(安徽大学法学院副教授)、李琳(西安交通大学法学院副教授)、杨柳(中南财经政法大学刑事司法学院副教授)、行江(安徽大学法学院副教授)、冀洋(东南大学法学院副教授)、魏超(苏州大学王健法学院讲师)、夏伟(中国政法大学刑事司法学院副教授)、杨楠(北京理工大学法学院助理教授)、赵龙(烟台大学法学院讲师)、刘双阳(中国政法大学刑事司法学院讲师)。最后由王俊进行统稿。本书第三版主要根据《中华人民共和国刑法修正案(十一)》的内容进行修改,同时反映最新的立法与司法解释。

由于编者水平有限,本书定会存在不足和缺陷,因此,本书编写者欢迎来自各方面的意见和批评。

刘艳红
2023年6月1日

第二版说明

本书自 2014 年 6 月出版以来,以其编写体系的新颖性、内容的深浅适当性、理论与实务的兼容性,产生了良好的学术影响,受到了广泛欢迎和好评。鉴于 2015 年 8 月 29 日全国人大常委会通过的《中华人民共和国刑法修正案(九)》对刑法典修订幅度较大,加之过去一年多的时间内,新颁布的立法解释与司法解释也比较多,刑法学理论研究亦有诸多新的进展,而且本书第一版也已售罄,于是,在出版社的大力支持下,有了本书的第二版。

当今中国刑法学界,老一辈刑法学者高铭暄、马克昌教授主编的红封皮《刑法学》教材地位坚实而稳固,中年刑法学者张明楷教授独著的黄封皮《刑法学》地位超然而强劲;在"红色"与"黄色"教科书主导、其他各位刑法学者独著或主编的刑法教科书林立的情况下,本套"蓝色"刑法学教科书(本套教材初版于 2004 年)历经十余年而不断完善,有了一定的学术地位与市场。相信在努力吸收前辈刑法学者经验的基础上,在参加本书编写的各位学界同仁的努力下,"蓝色"教科书未来会有更美好的前景。随着中国刑法学派之争的形成,如同中国刑法学理论的百花齐放、百家争鸣一样,中国的刑法学教科书的发展无疑将是在多元化基础上的个性化。本套教材的编写内容和体例均体现了此种努力。

由于时间仓促,此次修改并非由相应章节的原作者进行,而是由主编、副主编负责完成。本书第二版在充分体现了《中华人民共和国刑法修正案(九)》的内容之外,还注意反映最新立法解释和司法解释的发展变化,所收录的立法与司法解释截至 2015 年 12 月 31 日;同时本书第二版也尽量吸收目前刑法学理论新的研究成果,并纠正了技术规范方面的疏漏或错误。对于其中仍然存在的种种不足,欢迎学界同仁赐教、读者诸君指正。对于北京大学出版社的鼎力支持,责任编辑的敦促及辛勤劳动,在此一并致以衷心感谢。

刘艳红
2015 年 12 月 31 日

编写说明

《刑法学》(上)为"十二五"江苏省高等学校重点立项建设教材。本教材由教育部直属的几所国家重点大学的部分刑法学教授合作编著,由北京大学出版社出版。本书体系完整、内容丰富、知识新颖。刑法是我国重要的部门法之一,刑法学则是以刑法为主要研究对象的法律科学。本书沿着刑法学的逻辑体系,以我国传统犯罪论体系为基础,并吸收大陆法系犯罪论体系的合理成分,以刑法典以及国家立法机关颁发的单行刑法、刑法修正案(已涵盖至《中华人民共和国刑法修正案(八)》),以及我国最高司法机关颁发的刑法司法解释等为依据,系统地介绍了刑法的基本概念、基本原则、犯罪构成理论、刑事责任等基本理论与制度。全书内容丰富、观点新颖、资料新颖、逻辑清晰、论述充分,既可供高等院校法律以及非法律专业的本科生、研究生使用,也可供刑法理论研究者及爱好者使用,也是各级司法机关实务工作者的理想读本。

本书共分十八章,第一章至第三章为刑法论,第四章至第十二章为犯罪论,第十三章至第十八章为责任论。本书中的观点兼及通说与其他新说,注意吸收刑法理论研究的新动向和新成果,注意衔接国家司法考试的新要求与新进展,同时也力图克服在技术规范等方面的种种问题,力求提高教材的学术性与应用性。

本书由主编、副主编统改定稿。北京大学出版社邓丽华编辑为本书能够及时而高质量地出版给予了全力帮助和支持,在此表示衷心感谢。

主编

2014 年 6 月 1 日

目 录

导言 ··· (1)

第一编 刑 法 论

第一章 刑法概说 ··· (5)
 第一节 刑法的概念与分类 ··· (5)
 第二节 刑法的创制与完善 ··· (7)
 第三节 刑法的根据、性质与机能 ································· (15)
 第四节 刑法的目的与任务 ··· (19)
 第五节 刑法理论的学派与发展 ···································· (25)

第二章 刑法基本原则 ··· (37)
 第一节 罪刑法定原则 ··· (37)
 第二节 平等适用刑法原则 ··· (44)
 第三节 罪刑相适应原则 ··· (48)

第三章 刑法的适用范围 ·· (54)
 第一节 刑法的空间适用范围 ······································ (54)
 第二节 刑法的时间适用范围 ······································ (64)

第二编 犯 罪 论

第四章 犯罪概述 ··· (73)
 第一节 犯罪概念 ··· (73)
 第二节 犯罪的基本特征 ··· (74)

第五章 犯罪构成 ··· (84)
 第一节 犯罪构成概述 ··· (84)
 第二节 犯罪构成要件体系 ··· (88)
 第三节 犯罪构成的分类 ··· (93)

第六章 危害行为 ··· (100)
 第一节 危害行为概述 ··· (100)

第二节　危害行为的表现形式 …………………………………(106)
　　第三节　危害行为的对象 ………………………………………(113)
　　第四节　危害行为的结果 ………………………………………(115)
　　第五节　危害行为的时间、地点、方法 …………………………(120)
　　第六节　危害行为与危害结果之间的因果关系 ………………(121)
第七章　行为主体 ……………………………………………………(130)
　　第一节　行为主体概述 …………………………………………(130)
　　第二节　自然人主体 ……………………………………………(131)
　　第三节　单位主体 ………………………………………………(144)
第八章　主观罪过 ……………………………………………………(155)
　　第一节　主观罪过概述 …………………………………………(155)
　　第二节　犯罪故意 ………………………………………………(156)
　　第三节　犯罪过失 ………………………………………………(165)
　　第四节　犯罪目的与犯罪动机 …………………………………(175)
　　第五节　认识错误 ………………………………………………(178)
第九章　正当化事由 …………………………………………………(187)
　　第一节　正当化事由概述 ………………………………………(187)
　　第二节　正当防卫 ………………………………………………(188)
　　第三节　紧急避险 ………………………………………………(208)
　　第四节　其他正当化事由 ………………………………………(224)
第十章　故意犯罪的未完成形态 ……………………………………(234)
　　第一节　故意犯罪的未完成形态概述 …………………………(234)
　　第二节　犯罪预备 ………………………………………………(236)
　　第三节　犯罪未遂 ………………………………………………(238)
　　第四节　犯罪中止 ………………………………………………(248)
第十一章　共同犯罪 …………………………………………………(258)
　　第一节　共同犯罪概述 …………………………………………(258)
　　第二节　共同犯罪的成立条件 …………………………………(264)
　　第三节　共同犯罪的形式 ………………………………………(271)
　　第四节　共犯人的刑事责任 ……………………………………(277)
第十二章　罪数 ………………………………………………………(291)
　　第一节　罪数形态概述 …………………………………………(291)
　　第二节　一罪的类型 ……………………………………………(295)
　　第三节　数罪的类型 ……………………………………………(319)

第三编 责 任 论

- 第十三章 刑事责任 …………………………………………（323）
  - 第一节 刑事责任的概念 ……………………………………（323）
  - 第二节 刑事责任论的机能与地位 …………………………（327）
  - 第三节 刑事责任的根据 ……………………………………（329）
  - 第四节 刑事责任的实现 ……………………………………（332）
- 第十四章 刑罚概论 ………………………………………（336）
  - 第一节 刑罚 …………………………………………………（336）
  - 第二节 刑罚权 ………………………………………………（343）
  - 第三节 刑罚的目的与功能 …………………………………（349）
- 第十五章 刑罚的体系和种类 ……………………………（362）
  - 第一节 刑罚体系 ……………………………………………（362）
  - 第二节 主刑 …………………………………………………（364）
  - 第三节 附加刑 ………………………………………………（373）
  - 第四节 非刑罚的处理方法 …………………………………（380）
- 第十六章 刑罚裁量 ………………………………………（385）
  - 第一节 刑罚裁量概述 ………………………………………（385）
  - 第二节 量刑情节 ……………………………………………（389）
  - 第三节 量刑方法 ……………………………………………（397）
  - 第四节 量刑制度 ……………………………………………（400）
- 第十七章 刑罚的执行 ……………………………………（428）
  - 第一节 刑罚执行概述 ………………………………………（428）
  - 第二节 减刑 …………………………………………………（430）
  - 第三节 假释 …………………………………………………（437）
- 第十八章 刑罚消灭 ………………………………………（447）
  - 第一节 刑罚消灭概述 ………………………………………（447）
  - 第二节 时效 …………………………………………………（448）
  - 第三节 赦免 …………………………………………………（452）

导　言

一、刑法学的研究对象

刑法学的研究对象是刑法。由于刑法是规定犯罪与刑罚的法律,因此,如果将刑法学的研究对象具体化,则应包括犯罪与刑罚的一般规律及规范(刑法理论)、犯罪与刑罚的立法(刑事立法)、犯罪与刑罚规范在司法实践中的运用(刑事司法)。

刑法学与刑法的区别在于:(1)刑法是法律规范,刑法学则是有关刑法法律规范理解和运用的理论。因此,刑法学不仅是刑法适用的知识,同时还包括刑法理论;刑法学不仅是法律实施的知识,同时还包括由法律事实而产生的对法律规范内容的意义进行系统理解或研究的知识。(2)刑法的重点是实践价值,而刑法学的重点是理论价值。刑法学从司法实践中总结经验并提升到理论的高度,是科研领域的结晶。(3)刑法实践要求根据诸如罪刑法定原则、犯罪构成要件、量刑原则等进行侦查(监察)、起诉、审判和行刑活动。刑法学则并非完全受这些原则或制度的限制,而可能会超过这些原则或制度进行研究。例如,为什么要减少或控制死刑的适用?偶然防卫是否属于正当防卫?片面共犯是否属于共犯?刑法的处罚范围应该控制在多大的范围内才合理?犯罪化与非犯罪化之间的界限应该如何把握?等等。这些问题往往从刑法中找不到答案,而需要从理论上进行系统的探讨和研究,这就是刑法学的任务和范围。

总之,刑法学是对实在法的事实进行说明或解释的学科,亦可称为法律学或事实学。刑法学是刑法理论学,兼备法律学和事实学,也可以说,刑法学是关于刑事法规范总和的系统认识的整体。刑法学属于社会科学,是一个独立的学科。刑法学是科学,是理论学,也是应用学、技术学。既称为"学",就必然也必须蕴含着理论上的或价值论上的研究。这样的研究,从刑法学上来讲,就必须通过对刑法规范的解释来实现。[①] 从这个意义上而言,刑法学可以说就是刑法解释学,或者刑法规范解释学。

刑法学也不同于刑事法学。刑事法学包括刑法学,还包括规定追诉方法及处罚程序的刑事诉讼法学,关心刑罚权配置的科学性而介乎于政治学和法学之间的决策科学即刑事政策学、保障受刑者权益及关注如何对犯罪人进行社会改

[①] 参见甘雨沛、何鹏:《外国刑法学》(上册),北京大学出版社1984年版,第8页。

造的行刑学，以及比较刑法学、刑事应用学、刑事侦查学、犯罪学、监狱学等。刑事法学即是关于这些学科的笼统称谓。刑法学和刑事法学的区别在于，前者的范围小，后者的范围广；刑法学是对刑法实体规范的研究，刑事法学中除刑法学之外的学科则是刑法学的辅助学科，其关注的重点因各具体学科的不同而有所不同，如犯罪学关注的是寻找犯罪原因、提供犯罪对策，刑事侦查学关注的则是对犯罪的侦查手段、方法、技术等。

二、刑法学的研究方法

刑法学是以研究现行刑事法律规范体系为中心的学科，然而，从刑事立法体例以及刑法概念的形成来讲，刑法学也具有文化性、国际性、历史性与社会性，相应的，也发展出了各种探讨刑法相关问题的方法及理论。

（一）抽象思辨方法

该种方法是以刑法概念为核心进行逻辑的分析归纳，通过对某一问题提出理论的设定或约定而为刑事司法实践提供形式规则的抽象思辨、定性研究方法。这种方法关心的是刑法体系内部规范、概念之间的关系，而不关心推理过程中各种法律命题的实质内容。以此方法进行的研究是以传统的逻辑形式提供的两种基本法律推理模式，即演绎推理和归纳推理。

刑法学具有深厚的理论根基和理论内涵，并有其独特的理论体系，因此它首先是一门形式科学。该种方法正是适应刑法学的形式科学特性的研究方法。

（二）实证研究方法

该种方法是以事实为核心进行经验归纳，通过对某一问题的相关事实材料进行分析而提供定量化的数据，从而印证或推导出刑法上的结论。

刑法学是应用科学而非纯理论科学，仅凭纯粹的逻辑演绎和理论认识，不足以解决实际问题；刑法学除了具备形式科学的属性之外，还具备实证科学特点。因此，在形式的、逻辑的研究方法之外，也需要经验的、实证的研究。作为实证科学的刑法学强调的是研究过程和方法的实证性、定量性，一方面需要通过"深入研究对象内部"的方式更加全面、深刻地收集经验事实材料；另一方面需要注重运用社会科学的研究方法和理论，例如叙事方法等。刑法中的实证研究方法，不同于主要针对基本概念和理论所进行的逻辑演绎和推演的抽象思辨方法，它主要从经验事实出发，引入数学、统计学、社会学等其他学科的研究思想，包括定性分析和定量分析两类，具体则有观察、调查、文献分析、实验四种方法。意大利刑法学家龙勃罗梭（Cesare Lombroso）、菲利（Enrico Ferri）都是历史上刑事实证学派的代表性人物。[①] 菲利大力提倡进行实证研究，"只有通过实验方法和科学方

[①] 相关内容参见本书第一章第五节。

法，从犯人的生理、心理以及家庭、环境等方面，对我们称之为犯罪痼疾的病因探究之后，在科学指导下的司法才会抛弃目前降临在那些可怜的犯人头上的血腥判决，而成为另一种以除去或减少犯罪的社会原因和个人原因为首要目的的医治职能"①。使用实证的方法研究刑法时必须注意，一方面，实证方法中的定量分析针对的是研究过程中的材料，而不是理论或刑法的运用本身；另一方面，强调使用实证的方法研究刑法学，并不是说要将价值问题作为非理性的刑法问题排除在作为科学的刑法学之外。每一项刑法规范都是一项价值判断，刑法的价值问题是一个不可回避的问题，也是刑法思想史上富有魅力、令人神往的永恒主题。应倡导刑法学研究中抽象思辨与实证分析两种方法的并行，反对任何形式的厚此薄彼。只有将理性分析与非理性体验结合起来，才能相对完整地把握刑法作为形式科学和实证科学的特征。

（三）比较研究方法

比较研究的方法是在19世纪《法国刑法典》问世以后，欧洲各国开始相互模仿立法，追求统一的刑法启蒙思想，并对法国法及英国法从事比较观察的情况下产生的。

刑法研究中的比较方法发展到今天，是以探讨各国刑法及当代文明国家刑事立法的共同原理为主旨的。由于该种方法的运用对于刑法改革有重要作用，遂逐渐成为各国共同承认的普遍性、国际性与多目标性的方法。

比较研究方法的出发点在于，探讨外国法律对特定社会问题的处理经验，并以之作为寻找本国法律相关规则的参考依据。它首先着眼于外国法制立场的说明及问题的澄清，然后分析其异同，比较该法律与本国法律结构的相同或相异之处，探讨其理由或就比较研究的结果，从事适当的评论。比较研究的方法既体现在对刑法法理与法律知识的探讨上，也表现在刑事立法方面，即对各国刑法立法的探讨上，还表现在刑法解释论方面着眼于外国刑法与本国刑法法律概念等的比较研究上。可以说，在国际刑事合作及统一刑法的运动之下，比较研究方法方兴未艾。②

三、刑法学的理论体系

刑法的体系是刑法学的理论体系的基础，但刑法学的理论体系并不因此完全等同于刑法的体系。

刑法的体系是指刑法规范的体系。在我国，刑法的体系是以刑法典为主体，以单行刑法和附属刑法为补充的法律规范体系。自1997年我国刑法典修订以后，我国刑法典分两编和一个附则。第一编是总则，分五章，即第一章"刑法的

---

① 〔意〕菲利：《犯罪社会学》，郭建安译，中国人民公安大学出版社2004年版，第150页。
② 参见苏俊雄：《刑法总论》（Ⅰ），大地印刷股份有限公司1998年版，第115页。

任务、基本原则和适用范围"、第二章"犯罪"、第三章"刑罚"、第四章"刑罚的具体运用"、第五章"其他规定";第二编是分则,分十章,即第一章"危害国家安全罪"、第二章"危害公共安全罪"、第三章"破坏社会主义市场经济秩序罪"、第四章"侵犯公民人身权利、民主权利罪"、第五章"侵犯财产罪"、第六章"妨害社会管理秩序罪"、第七章"危害国防利益罪"、第八章"贪污贿赂罪"、第九章"渎职罪"、第十章"军人违反职责罪";最后是附则。

刑法学的理论体系是建立在刑法体系的基础之上的,根据有关刑法规范理解和运用的理论的内在逻辑关系所形成或构建的系统的刑法知识结构。因此,刑法学的理论体系不能离开刑法的体系,后者是前者的蓝本,也是有关刑法理论产生的前提;但刑法学的理论体系又不会完全等同于刑法的体系,前者是对后者的超越和突破。因为刑法规范的理解与运用是一个动态的过程,经过动态的刑法规范的适用并由此从司法实践中提炼出的刑法理论知识,具有不同于刑法规范的特点。这样的理论知识虽然是以刑法规范为前提,但又不完全囿于或服从规范本身,而是会有超越,有突破,从而具有其内在的逻辑关系,由此而形成的刑法学的理论体系正是对这种逻辑关系的体现。

刑法学的理论体系分为刑法学总论体系和刑法学各论体系。

关于刑法学总论体系,我国刑法教科书主要有以下几种类型:一是犯罪—刑罚的体系;二是犯罪—刑事责任—刑罚的体系;三是刑事责任—犯罪—刑罚的体系;四是犯罪—刑事责任的体系。本书采用第四种体系。理由是:"刑事责任不只是犯罪与刑罚的一个中介,而应是具有实质内容的概念;刑罚只是刑事责任的一种实现方式,刑事责任还有非刑罚处罚、单纯宣告有罪的实现方式,因此,刑事责任与刑罚不是等同概念。"①基于这样的认识,本书总论采取刑法论—犯罪论—责任论的体系,将刑罚的内容归入刑事责任论的范围之内。刑法论研究刑法的概念、分类、性质、机能、根据、任务、体系、解释等问题。犯罪论研究犯罪概念、犯罪构成、正当化事由、故意犯罪形态、共同犯罪、一罪与数罪。刑事责任论研究刑事责任的概念、功能、根据及实现方式,其中主要研究刑罚的概念、目的、体系、种类以及刑罚的裁量和执行。

至于刑法学各论体系,以犯罪所侵犯的法益是个人法益还是社会法益或是国家法益为标准进行分类,并且考虑到侵犯个人法益的犯罪是现代社会犯罪的最基本类型,因此本书主张按照侵犯个人法益的犯罪、侵犯社会法益的犯罪、侵犯国家法益的犯罪顺次进行排列。当然,在构建这样一种刑法学各论体系的过程中,也会兼顾刑法典分则的犯罪分类和排列顺序。具体的各论体系,将在《刑法学》(下)一书中详细交代。

---

① 张明楷:《刑法学》(第六版)(上),法律出版社2021年版,第12页。

第一编 刑法论

第一章 刑法概说

第一节 刑法的概念与分类

一、刑法的概念

刑法是规定犯罪与刑罚的法律,即规定什么行为是犯罪,对于犯罪行为给予何种刑罚处罚的法律。外文对于"刑法"一词有不同的称呼。英文称为 Criminal Law 或 Penal Law 或 Law of Crime and Punishment,德文称为 Strafrecht,法文称为 Droit Pénal,意大利文称为 La Legge Penale。这些不同的用语是由于观察角度不同使然。Criminal Law 是以犯罪为中心、以事实为重点的"刑法";Penal Law 是以刑罚为中心的"刑法";Law of Crime and Punishment 则是犯罪和刑罚并重的"刑法";Strafrecht、La Legge Penale 是以规范为重点、作为法律规范的"刑法"。事实上,无论是以犯罪为中心还是以事实为中心或是以规范为重点的"刑法",它们在实质上并无不同。因为"无犯罪则无刑罚","除却刑罚亦无所谓犯罪",犯罪行为事实是刑罚的前提,而刑罚则是犯罪事实的法律效果,二者密不可分;因为"法无明文规定不为罪","法无明文规定不为刑",什么样的行为事实是犯罪事实,作为犯罪事实的行为应该遭受什么样的刑罚处罚,都是而且只能是由刑法规范明文规定的。因此,现代意义上的刑法虽然在表述上有异,但是含义却是相同的。

二、刑法的分类

(一) 狭义刑法与广义刑法

狭义刑法是指系统规定犯罪与刑罚的刑法典。刑法典具有基本法的性质,因而在其他的刑罚法规没有特别规定的情况下,均适用刑法典规定。在我国,刑法典即 1979 年 7 月 1 日第五届全国人民代表大会第二次会议通过、1997 年 3 月

14日第八届全国人民代表大会第五次会议修订的《中华人民共和国刑法》,该部刑法典即为我国现行刑法典,本书自此以下的章节内容一律以《刑法》指称之。

广义刑法是指一切规定犯罪和刑罚处罚的法律规范的总和。它既包括刑法典,也包括单行刑法和附属刑法规范。单行刑法是指为补充、修改刑法而由最高立法机关颁布的单行刑法规范。现行《刑法》颁布以来,我国有三部单行刑法:全国人民代表大会常务委员会1998年12月29日公布的《关于惩治骗购外汇、逃汇和非法买卖外汇犯罪的决定》、全国人民代表大会常务委员会1999年10月30日公布的《关于取缔邪教组织、防范和惩治邪教活动的决定》、全国人民代表大会常务委员会2000年12月28日公布、2009年8月27日修正的《关于维护互联网安全的决定》。其中,后两部单行刑法并没有对刑法规范的内容加以实质改动,而主要是宣示性的抽象规定,只有《关于惩治骗购外汇、逃汇和非法买卖外汇犯罪的决定》针对骗购外汇、逃汇和非法买卖外汇的犯罪行为作了具体的补充修改,是现行有效的单行刑法。

附属刑法规范,也就是非刑事法律中的刑法规范,即由立法机关颁布的经济法、民事法、行政法中附加规定的有关刑事责任条款。附属刑法立法是世界各国刑法立法的重要组成部分。我国刑事立法并没有出现过如同外国刑法那样直接设立罪名与法定刑的真正意义上的附属刑法规范,纵然在经济法、民事法、行政法等其他法律中有指示刑事责任的条款,比如"构成犯罪的,依法追究刑事责任",但它们往往只是重申了刑法的精神和规定,至多只体现了刑法是其他部门法的保障法之属性,而缺乏附属刑法作为刑法规范的特质。因此,我国刑法中并不存在真正意义上的附属刑法;就我国刑法而言,附属刑法规范主要是理论上的一种分类,而不是刑法规范的实际状况。

(二) 形式刑法与实质刑法

形式刑法是指从外形或名称等形式上即可判断为刑法的法律。例如刑法典或单行刑法。实质刑法是指外形或名称等形式上判断并不是刑法,但是其内容规定了犯罪与刑罚的法律,这主要是指附属刑法。例如《中华人民共和国水法》(以下简称《水法》)第73条规定:"侵占、盗窃或者抢夺防汛物资,防洪排涝、农田水利、水文监测和测量以及其他水土工程设备和器材,贪污或者挪用国家救灾、抢险、防汛、移民安置和补偿及其他水利建设款物,构成犯罪的,依照刑法的有关规定追究刑事责任。"《水法》从名称上看并不是刑法而属于其他法律法规,但是其第73条规定的内容则是有关犯罪与刑罚,所以,该条规定即为实质刑法。

(三) 刑事刑法与行政刑法

根据古罗马伦理学中对自体恶(mala in se)与禁止恶(mala prohibita)的分类,意大利犯罪学家、刑事实证学派代表人物加罗法洛(Raffaele Garofalo)将犯罪分为自然犯和法定犯。① 自然犯是指违反人类社会与生俱来的恶与善等伦理道德规范，侵犯或者破坏法益的犯罪，比如杀人罪、抢劫罪。法定犯是指违反国家行政法规的禁止性规定，情节严重同时又触犯国家刑律的犯罪，比如偷税罪；法定犯具有违反行政法和刑事法之双重违法性，因其违反行政法的特性，法定犯又被称为行政犯。相应的，以规定自然犯为处罚对象的刑法规范为刑事刑法，以规定行政犯为处罚对象的刑法规范则被称为行政刑法。② 比如，我国《刑法》分则第四章"侵犯公民人身权利、民主权利罪"就是典型的刑事刑法的内容，第三章"破坏社会主义市场经济秩序罪"则是典型的行政刑法的内容。

（四）普通刑法与特别刑法

普通刑法是指具有普遍适用效力的刑法，实际上就是指刑法典。特别刑法是指在适用效力上有所限制的刑法，易言之，只适用于特定的人、特定的时间、特定的地域或特定的犯罪的刑法。一般来说，单行刑法与附属刑法均属于特别刑法。

第二节 刑法的创制与完善

一、刑法的创制

刑法的创制，也就是指刑事立法，是指国家立法机关制定、修改、补充、废止刑事法律规范的活动。

1979年7月1日通过、1980年1月1日起施行的《刑法》是中华人民共和国成立以来颁布的第一部刑法典，这是新中国刑法规范基本具备的标志。此后至现行刑法颁布前近17年间，为适应不断出现的新情况、新问题和惩治犯罪的实际需要，全国人大常委会又陆续颁布了25个单行刑法，并在80余个非刑事法律中增设了附属性刑法条款约130条。

（一）刑法创制的原则

1. 合理性原则

刑事立法的合理性，是指刑事立法活动应该根据刑事犯罪的普遍规律和惩治犯罪的基本原则而进行，具体而言，它要求刑事立法应该在内容上符合公平正义之理念，在形式上符合法律规则的外在技术指标。法律是理性的体现，理性是法律的生命和本质。合理性则是从理性中派生出来的概念，它是指合规律性与

---

① 参见〔意〕加罗法洛：《犯罪学》，耿伟、王新译，中国大百科全书出版社1996年版，第49—54页。

② 参见刘艳红、周佑勇：《行政刑法的一般理论》（第二版），北京大学出版社2020年版，第1—29页。

客观性。因此,刑事立法的合理性也就是指刑事立法要符合客观规律性。这种客观规律,当然是指犯罪发生发展的规律以及人类打击治理犯罪的现实和原则等普遍性特征。

2. 科学性原则①

刑事立法的科学性,是指创制刑事法律规范时要贯穿科学思想,运用科学技术方法,使刑事法律规范内容全面、系统、明确、协调,富于理性。如果说实体的正当性是刑法的灵魂,外在的形式性是刑法的特征,那么,科学性则是刑法的生命。随着科学的发展,各种技术手段逐渐被应用于犯罪活动中,为适应这种犯罪状况之惩罚需要,刑法的创制也必须以科学性为原则。《中华人民共和国立法法》第7条第1款明确将科学性作为一项立法基本原则:"立法应当从实际出发,适应经济社会发展和全面深化改革的要求,科学合理地规定公民、法人和其他组织的权利与义务、国家机关的权力与责任。"

3. 明确性原则

刑事立法的明确性,是指刑事立法活动所制定的刑法规范必须含义明确、内容清晰,以划定合法与违法犯罪行为之间的准确分界线。刑法是划定公民自由界线的法律,在刑法允许的范围内,公民可以自由地选择自己的行动。因此,刑事立法必须尽量做到用语规范、清晰明白,以使公民事先知道什么行为是犯罪,什么行为是其追求的合法行为。"刑罚规范不应该容许有此种情况,即一个规定有双重的意义,公民也许按照其中一种意思去行事而法院却按照另一种意思来判决,只有当刑罚规范明确地禁止做某种事情,才能对违反这一规定的行为处以刑罚。"②

(二) 刑法创制的方法

刑法创制的方法,是指创设刑法规范的方法。它包括两种:一是制定系统规定犯罪与刑罚的刑法典;二是在经济行政法律法规中规定刑事责任条款,亦即创制附属刑法。目前我国采取的是将所有的罪刑规范都规定在一部统一的刑法典中的做法,即使在经济、行政法律法规中设立的所谓刑事责任条款,也只是指明要求比附援引刑法典条文处罚的声明性刑事责任条款,而不是在刑法典之外创设新的罪刑规范。因此,我国目前在单一性的刑事立法模式下,并不存在真正意义上的附属刑法。刑法创制的方法,目前主要限于制定和颁布刑法典。至于刑法典的创制,必须严格根据立法法规定的程序进行。

---

① 参见黄明儒:《论刑事立法的科学性》,载《中南大学学报》(社会科学版)2003年第1期。
② Connally v. General Construction Co., 269 U.S. 385(1926).

二、刑法的渊源与体系

(一) 刑法的渊源

1. 刑法典

刑法典是以国家名义颁布的,规定犯罪及其法律后果的法律规范。刑法典又称为主刑法,是一国刑事法规范的基础,也是刑法的最主要渊源。中华人民共和国成立以来,共有两部刑法典,第一部是1979年7月1日第五届全国人民代表大会第二次会议通过的《刑法》,这部刑法典从1980年1月1日起施行至1997年3月13日;第二部是1997年3月14日第八届全国人民代表大会第五次会议修订并施行至今的《刑法》,也即现行刑法。

对刑法典条文进行补充修改或废除的刑法修正案,本身是刑法典的一部分,它们理所当然也是刑法的法源。现行刑法施行以来,全国人民代表大会常务委员会共颁布了11部刑法修正案:《中华人民共和国刑法修正案》[1999年12月25日公布,以下简称《刑法修正案(一)》]、《中华人民共和国刑法修正案(二)》[2001年8月31日公布,以下简称《刑法修正案(二)》]、《中华人民共和国刑法修正案(三)》[2001年12月29日公布,以下简称《刑法修正案(三)》]、《中华人民共和国刑法修正案(四)》[2002年12月28日公布,以下简称《刑法修正案(四)》]、《中华人民共和国刑法修正案(五)》[2005年2月28日公布,以下简称《刑法修正案(五)》]、《中华人民共和国刑法修正案(六)》[2006年6月29日公布,以下简称《刑法修正案(六)》]、《中华人民共和国刑法修正案(七)》[2009年2月28日公布,以下简称《刑法修正案(七)》]、《中华人民共和国刑法修正案(八)》[2011年2月25日公布,以下简称《刑法修正案(八)》]、《中华人民共和国刑法修正案(九)》[2015年8月29日公布,以下简称《刑法修正案(九)》]、《中华人民共和国刑法修正案(十)》[2017年11月4日公布,以下简称《刑法修正案(十)》]、《中华人民共和国刑法修正案(十一)》[2020年12月26日公布,以下简称《刑法修正案(十一)》]。2023年7月25日,《中华人民共和国刑法修正案(十二)(草案)》首次提请十四届全国人大常委会第四次会议审议。

2. 单行刑法

单行刑法是指最高立法机关为补充修改刑法典而就某一具体犯罪颁布的刑法规范。现行刑法施行以来,全国人民代表大会常务委员会共颁布了3部单行刑法:《关于惩治骗购外汇、逃汇和非法买卖外汇犯罪的决定》《关于取缔邪教组织、防范和惩治邪教活动的决定》《关于维护互联网安全的决定》。单行刑法是一国刑法的重要渊源。我国在现行刑法典实施以前,曾制定了大量的单行刑法。由于现行刑法典将原来的大部分单行刑法规范吸收进来,单行刑法的数量锐减,但它仍然是补充刑法典的重要法律。

3. 附属刑法

附属刑法是指非刑法法律中有关犯罪与刑事责任的规定。这些刑法规范主要规定于刑法典和单行刑法之外的法律如行政法、民法、经济法等的法律责任部分,它们往往是针对行政犯的罪刑规定。附属刑法规范不但补充着刑法典和单行刑法的规定,也是刑法典中空白刑法规范的被指引对象。例如,德国1976年3月16日颁布、2022年7月12日最新修订的税法第370条第1款规定:"对于以下犯罪行为处以5年以下徒刑或罚金:1.向财政管理机构或者其他机构不正确地或者不全面地说明对税收有重大意义的事实;2.违反义务规定,不向财政管理机构或者其他机构说明对税收有重大意义的事实;3.违反义务规定,不使用印花税或者税收印鉴,从而为自己或他人获得减税或不合理的税收优惠的。"该条创设了德国刑法典中所没有的新罪名——偷逃税收罪及其法定刑;这样的附属刑法规范,才是刑法渊源意义上的附属刑法。

我国还没有真正意义上的或者说刑法渊源意义上的附属刑法。在立法统一性思想指导之下,所有经济、行政犯罪都被统一规定在刑法典之中,非刑事法律并不允许独立创设犯罪及其相应的法定刑。因此,我国的"附属刑法"规范只是对刑法典规定的重复,在表述上往往采取的是"构成犯罪的,依法追究刑事责任","依法"就是指依据刑法条文的具体规定来追究刑事责任。例如,《中华人民共和国税收征收管理法》第63条第1款规定,"纳税人伪造、变造、隐匿、擅自销毁账簿、记账凭证,或者在账簿上多列支出或者不列、少列收入,或者经税务机关通知申报而拒不申报或者进行虚假的纳税申报,不缴或者少缴应纳税款的,是偷税。对纳税人偷税的,由税务机关追缴其不缴或者少缴的税款、滞纳金,并处不缴或者少缴的税款百分之五十以上五倍以下的罚金;构成犯罪的,依法追究刑事责任。"显然,该条只是表明在成立犯罪的情况下适用《刑法》第201条偷税罪的规定,而并没有在刑法典之外创设新的罪名。所以,我国并没有刑法渊源意义上的附属刑法,所谓的"附属刑法规范"并不是刑法的渊源,其所指示适用的刑法条文才是刑法渊源。

将附属刑法规范统一于刑法典之中,杜绝附属刑法的刑事立法权,与当前我国经济、行政犯罪种类日益增多、手段日益更新的趋势并不相适应,其直接的后果就是导致刑法典的频繁修改。因此,在刑事立法进入以经济犯、行政犯为主导内容的立法活性化时代,允许我国行政法、经济法等非刑事法律创设罪刑规范,将我国的刑法立法模式由单轨制(只能由刑法典和单行刑法规定罪刑规范)转为双轨制(还可由非刑事法律规定罪刑规范),应成为今后我国刑事立法的发展方向。

(二)刑法的体系

刑法的体系是指刑法的组成和结构。我国刑法整体框架是总则、分则、附则三个部分。从所规定的内容看主要分布在总则、分则两个部分中。从序列看,总则为第一编,划分为章、节、条、款、项层次;分则为第二编,划分为章,除第三章、第六章分节外,其余章下直接是条、款、项;附则不分编、章、节,仅含一个条文。

我国《刑法》总则设五章,分则设十章;附则的一个法律条文含三款,规定了《刑法》的生效日期和《刑法》修订前的单行刑法的效力。

三、刑法的完善

1979年制定的《刑法》,经过17年的实践,总的看来,其规定的任务和基本原则是正确的,许多具体规定是可行的,对于打击犯罪、保护人民、维护国家的统一和安全、维护社会秩序、维护人民民主专政的政权和社会主义制度、保障社会主义建设事业的顺利进行,发挥了重要的作用。同时,也反映出一些问题:一是制定《刑法》时对有些犯罪行为分析研究不够,规定得不够具体,不好操作,或者执行时随意性较大,如渎职罪、流氓罪、投机倒把罪三个"口袋罪",规定得都比较笼统;二是有些犯罪行为已经发展得很严重,如走私犯罪、毒品犯罪,需要相应加重刑罚;三是随着十几年来我国政治、经济和社会生活的发展变化,出现了许多新情况、新问题,发生了一些新的犯罪行为。为了适应与犯罪斗争的实际需要,有必要对《刑法》进行修订、补充、完善。

1982年决定研究修改《刑法》,1988年提出了初步修改方案,到1997年修订工作已经进行了15年。在这期间,由于来不及也没有条件对《刑法》进行全面的、完整的修改,对需要修改补充的,全国人大常委会陆续作出了22个修改补充规定和决定。另外,在一些民事、经济、行政法律中规定"依照""比照"刑法的有关规定追究刑事责任的有130条。1997年修订《刑法》,则在进行调查研究、广泛征求意见的基础上,会同公检法等有关部门和法律专家,认真总结17年来实施刑法的实践经验,研究国外有关刑事法律规定和现代刑事立法的发展趋势,草拟了刑法修订草案,两次印发各省、自治区、直辖市人大常委会、中央有关部门以及法律院校、法学研究机构征求意见,召开了由中央和省、市、县四级公检法机关、中央有关部门、地方人大和刑法专家参加的座谈会,对草案逐条讨论研究修改。①

1997年3月14日,第八届全国人民代表大会第五次会议提出对1979年《刑法》进行修订、补充和完善,并通过了修订后的新《刑法》亦即现行刑法,这部刑法典于1997年10月1日起施行。针对1979年《刑法》的缺陷,现行刑法修改确立了三个指导思想,即:要制定一部统一的、较完备的刑法典;注意保持法律的连

---

① 参见王汉斌在1997年3月6日第八届全国人民代表大会第五次会议上所作的《关于〈中华人民共和国刑法(修订草案)〉的说明》。

续性和稳定性;对一些原来比较笼统、原则的规定,尽量把犯罪行为研究清楚,作出具体规定。这些指导思想的确立,使得现行刑法与修改前相比,体现出了极大的不同。首先是突出刑法的社会保护功能。现行刑法强调刑法的人权保障功能,刑法基本原则的确立是突出其人权保障功能的体现之一,而刑法规范的明确化则是其第二个体现。其次,相对于我国以往刑事立法,现行刑法无论在整体结构设计或是犯罪构成要件的规定、罪状的表述,以及法定刑的幅度、处罚情节的规定等方面都有极大进步。

然而,现行刑法颁布后,陆续出现了很多问题。有的是因现行刑法制定不完备而出现立法与现实脱节的问题,例如,对于骗购外汇的行为,现行刑法未作规定;对于虐待并使用童工的行为如何适用刑法存在争议。有的是针对现行刑法规定的新型犯罪,以前的刑法理论缺乏研究,现行刑法施行后如何统一认识,最高人民法院、最高人民检察院(以下简称"两高")及司法实践中都存在分歧,例如,关于什么是黑社会性质的组织,虽然《刑法》第294条作了规定,但是"两高"和实践中对于此种性质的犯罪组织的认定争议很多。还有的是刑法规范不够明确,尚需有权机关进一步进行解释的问题,例如自首、立功的认定等。为此,现行刑法颁布后至今,全国人大常委会颁布了3部单行刑法和11部刑法修正案以及20部立法解释,"两高"颁布的书面司法解释共有数百件,从而使刑法规范从内容到形式、从总则到分则、从定罪到量刑都得到了最大的完善。

(一) 刑法完善的原则

1. 合法性原则

这是指刑法的完善必须符合宪法和法律的要求。无论何种主体也无论采用何种方法来完善刑法,都必须首先以宪法的规定、精神与价值作为刑法完善的最高指标。在完善刑法过程中,若出现与宪法规定及其精神不相符合的形式或内容,都应该予以废弃。同时,任何刑法完善方法还必须符合罪刑法定主义的形式要求和实质价值诉求。刑法完善必须以现行刑法典的文本为基础,绝不能脱离刑法典任意制定新的规范或作出违法解释。合法性原则的主要旨趣在于维护刑法的安定性、稳定性和可预测性。这些旨趣是法治国家对于一切法律活动的刚性要求,也因此在刑法完善的最基本阶段,就维持着法律的和平、和谐,并对于指导刑法完善发挥着重要意义。

2. 合理性原则

这是指刑法的完善必须体现刑法的基本理念,尽量做到形式理性与实质理性的统一。首先,刑法的完善要体现平等性。这就要求刑法的完善中,尤其是针对某种具体情况或某一类具体犯罪进行完善时,一旦新增设了某一刑法规范对某一刑法规范作出了解释,就必须对所有同种情况统一适用。从此种意义上讲,合理性和合法性并不是决然相分离的,二者关系密切。其次,刑法的完善要求公正和谐,不能偏私、互相矛盾。体现在刑法规范的制定或解释效果则是罪罚相当,刑罚处罚的范围适当,刑法条文之间也必须协调而不矛盾。最后,刑法的完善必须时刻注意正义的要求。在完善刑法时,应尽量实现良法之治的刑事法治国目标,对于不合理的刑法规范尽量完善使之合理。

3. 及时性原则

这是指刑法的完善应及时针对刑法适用中出现的各种问题作出迅速的调整。刑法的完善不同于刑法的创制。刑法的创制追求稳定性、可预测性和权威性,因此,它应该建立在对犯罪规律、犯罪现象等有充分认识的基础上。而刑法的完善追求及时性、有效性和适用性,因此,它应该在发现刑法典规范出现漏洞或者与打击犯罪的实践需要不协调等问题之时就及时而有针对性地作出调整,将应新增设为罪刑规范的行为纳入刑法犯罪圈,条文理解有争执的则作出立法或司法解释,不应再作犯罪处理的则进行除罪化,等等。总之,如果不及时针对实践中出现的问题作出反应,刑法的完善就失去了意义。

(二) 刑法完善的方法

刑法的完善,可以采用颁布单行刑法、颁布刑法修正案、颁布刑法立法解释、司法解释等方法进行。

1. 颁布单行刑法

通过颁布单行刑法,可以专门针对某一类或某一种犯罪作出规定,从而有效弥补刑法缺陷并满足实践中打击犯罪的需要。从我国目前颁布的 3 部单行刑法的实施效果来看,单行刑法因其独立于刑法典之外的特点而引人注目,因其在所有刑法完善的方法中效力最高而极为有效。但是,单行刑法的存在破坏了刑法典的完整性和统一性,因此不宜过多使用。

2. 颁布刑法修正案

刑法修正案,是指最高立法机关以修正案的形式针对刑法进行补充、修改或者废除所颁布的刑法规范。通过颁布刑法修正案,可以弥补刑法规定与社会现实的不协调之处,从而有利于使刑法规范更加完备。我国立法机关颁布的 11 部刑法修正案极大地弥补了刑法典的缺陷。但是,过于频繁地使用修正案的方式修改刑法,也存在损害刑法典的权威性和稳定性的问题。

3. 颁布立法解释

刑法立法解释,是指全国人大常委会根据法定程序对刑法作出的专门性解释文件。通过颁布刑法立法解释,可以针对刑法适用过程中所遇到的关于法律、法令条文本身需要进一步说明的问题予以补充说明,从而有利于刑法的实施和稳定。现行刑法施行以来,全国人大常委会颁布了 13 部立法解释。此外,全国人大常委会法工委及其刑法室还发布了 7 部立法解释性文件,它们实际上也属于广义的立法解释。因此,我国立法机关就现行刑法颁布的立法解释实际上有20部。[①]

刑法立法解释对于明确刑法规范、补充刑法条文等具有积极效果,但是,我国这种"有权制定法律,就有权解释法律"的立法解释体制不尽合理。立法解释是立法者直接通过自己类似于立法的行为将构成要件进行补充,它体现的是将立法权与法律解释权集于立法机关一身的权力集中制。从其他国家的法律实践看,法律解释主要是法官的一种司法裁量活动,而不是由权力机关行使的一种权力活动,因此,对以立法解释的方式完善刑法应该有所限制。

4. 颁布司法解释

刑法司法解释,是指由国家最高司法机关即最高人民法院和最高人民检察院针对刑法适用中的问题作出的具有普遍效力的解释。通过颁布司法解释,可以细化刑法条文,明确刑法规范,阐明立法旨意,推动刑法实施。解释形式有书面和口头两种,解释的名称则大致有"解释""规定""意见""批复""通知""决定""解答",等等。这些司法解释对于我国刑事法治实践起到了不可替代的巨大作用。

刑法司法解释的盛行也带来很多问题。一是司法权实质上侵越了立法权。大量的司法解释实际是一种细则化的刑事立法,是司法权对立法权的实质侵犯和逾越。二是副法体系的产生与刑法统一性的破坏。大量司法解释的蔓延导致现行刑法典在很大程度上被架空、被虚置,司法机关的刑事审判与其说是适用刑法典,不如说是适用司法解释。三是刑事司法弱化与变异化。大量司法解释窒息了法官主观能动性的发挥,束缚了法官对法律的理解和自由裁量,违背了司法活动裁量争讼的本质,导致刑事司法活动的弱化和变异。[②] 因此,在刑法完善过程中,能够不使用司法解释方式的,应尽量不予使用。

5. 进行学理解释

刑法学理解释,是指国家宣传机构、社会组织、教学科研单位或者专家学者从学术理论角度对刑法规范含义进行的阐明。相对于立法解释和司法解释,学理解释因缺乏法律上的授权,故不具有法律的约束力,因此又称"无权解释",前两种解释称"有权解释"。学理解释对刑事立法、刑事司法具有重要参考价值,对于提高公民的法律意识水平和促进刑法科学的发展具有重要作用。

以解释的方法为标准,可将学理解释分为文理解释和论理解释。文理解释是指对刑法条文的文字字义的解释,包括对条文中的字词、概念、术语的文字字义的解释。论理解释是指按照立法原意,联系一般法理与社会观念及时代环境

---

① 详见李立众编:《刑法一本通》(第十五版),法律出版社2021年版,第871—872页。这20部立法解释均在本书相关内容处得到体现和反映。

② 参见刘艳红:《观念误区与适用障碍:新刑法施行以来司法解释总置评》,载《中外法学》2002年第5期。

等各方面,对刑法条文从逻辑上所作的解释。扩张解释、限制解释、目的解释、历史解释、主观解释、客观解释、当然解释、反对解释、比较解释、体系解释等均属论理解释方法。

(三) 刑法完善的现状

现行刑法颁布以后,采用单行刑法、刑法修正案、刑法立法解释、司法解释等四种有效方式完善刑法的方法被广为采用,从而形成了以刑法典为主体、单行刑法与刑法修正案为两翼、立法解释与司法解释为分支的刑法格局。总体而言,这种现状充分表明了我国刑事立法技术的进步,刑法适用能力的加强。照此方向发展,今后刑法将愈加完善。不过,在刑法完善的过程中,应该注意克服以下几点,从而更好地实现刑法的完善:其一,在颁布刑法修正案时,尽量将罪名和修正案一起颁布施行,以利于修正案的实施;颁布修正案后,尽快将修正案纳入整部刑法典之中并重新印行刑法典,以免造成过多的刑法修正案与原刑法典条文分离,不便于刑法典的适用。其二,颁布刑法立法解释时,尽量避免使用立法解释性文件,例如,全国人大常委会法工委2002年7月24日公布的《关于已满十四周岁不满十六周岁的人承担刑事责任范围问题的答复意见》,该答复意见就是一种立法解释性文件,而不是正规的刑法立法解释。正规的刑法立法解释所采取的形式应为《全国人民代表大会常务委员会关于××××的解释》这种专门形式。其三,颁布司法解释时,尽量避免过分细化,以免形成刑法典之外的副法体系。

第三节 刑法的根据、性质与机能

一、刑法的根据

《刑法》第1条规定,我国刑法是"根据宪法,结合我国同犯罪作斗争的具体经验及实际情况"而制定的。据此规定,我国刑法的制定根据有法律根据和实践根据。

(一) 刑法的法律根据

宪法是国家的根本大法,具有最高的法律效力,是我国一切立法的根据。任何普通法律、法规都不得同宪法的原则和精神相违背。对此,《中华人民共和国宪法》(以下简称《宪法》)第5条第3款规定:"一切法律、行政法规和地方性法规都不得同宪法相抵触。"刑法作为普通法律的一种,其制定当然也须以宪法为根据。这不但要求刑法的内容要符合宪法总的精神和原则,还要求刑法的制定和实施为宪法的贯彻实施提供有力的保障。宪法规定了国家制度、社会制度、国家机构的组织与活动原则,以及公民的基本权利、基本义务等等,刑法中具体制定的一系列关于犯罪、刑事责任与刑罚的规范是宪法规定在刑法领域的具体化。

(二) 刑法的实践根据

我国的实际情况和同犯罪作斗争的司法实践经验,是我国刑法制定的实践根据。刑法的制定有其自身的发展规律,为此必须实事求是,深入实际调查研究,总结我国刑事司法实践中同犯罪作斗争的经验以及我国刑事立法经验,结合我国社会经济、政治状况,才能制定出效果良好的刑法。在我国现行《刑法》的制定过程中,我国立法机关会同司法机关以及有关方面的专家等,系统地总结了1979年《刑法》颁行以来有关刑法修改、完善的资料以及大量的实际案例,总结了司法实践中取得的经验及存在的问题,同时还吸收了国外刑事立法的经验,从而制定出了较符合我国实际情况的现行《刑法》。

二、刑法的性质

刑法作为国家的基本法律,是通过国家强制力即刑罚处罚犯罪人以保障国家、社会及个人合法权益的法律,它在整个法律体系中具有如下性质:

(一) 刑法是公法

公法和私法的划分是现代法律理论和实践中最重要的划分之一,是罗马法以来法的传统分类。根据现代法学对于公私法划分标准的通说——生活关系说,凡是规定有关国家组成人员——公民的国家生活关系的法为公法;而规定公民的个人生活关系的法为私法。① 易言之,凡是涉及公共权力、公共关系、公共利益和上下服从关系、管理关系、强制关系的法,即为公法;凡是涉及个人利益、个人权利、自由选择、平权关系的法即为私法。② 刑法是规定国家对犯罪予以刑罚制裁的法律,体现的是国家与犯罪人之间权力服从的强制关系,因此,刑法是公法。

(二) 刑法是实体法

实体法是确定人们权利和义务的实际关系的法律,即确定权利和义务的产生、变更、消灭的法。程序法是规定保证权利和义务得以实现的程序的法律。刑法是规定何种行为是犯罪以及对犯罪处以什么刑罚的法律,而不是规定对犯罪行为的追诉方法与程序的法律,因此,刑法是实体法。

(三) 刑法是强行法

依据法的效力,可以将法区分为强行法与任意法。凡法律规定的事项,不问个人意思如何均须适用的法为强行法;反之,可以根据当事人的意思变更其适用

---

① 参见潘念之主编:《法学总论》,知识出版社1981年版,第24页。
② 参见张文显主编:《法理学》(第五版),高等教育出版社、北京大学出版社2018年版,第92页。

的法律为任意法,例如民法。刑法是规定国家对公民的刑罚权的法律,只要行为人的行为构成犯罪——除了少数"告诉才处理"的犯罪之外——就应科处刑罚,而不能依据当事人的意思选择适用与否,所以刑法是强行法。①

（四）刑法是国内法

根据法的创制主体和适用主体进行分类,凡是在一国之内,由特定国家法律创制机关制定,规定一国内部关系且在一国主权所及的范围之内适用的法律,是国内法;由参与国际关系的国家通过制定协议或认可并适用于国家之间的法律,是国际法,如国际条约或国际协议。刑法效力一般仅及于一国领域之内,因此是国内法。

（五）刑法是司法法

根据所承担的权力功能的不同,国家的法律可分为立法法、司法法与行政法。宪法的主要部分为立法法,因为宪法是所有法律的立法准据。刑法是裁判上所适用的法律,故属于司法法。②

三、刑法的机能

刑法的机能是指刑法作为一个系统所具有的作用与功效。刑法机能是从刑法的基本理念与目的出发反映呈现的法律机能,因此,刑法的机能在理论上与刑法的原理、准则具有不可分割的结构关系。刑法是以国家强制力为后盾,针对犯罪行为进行制裁的有力手段。但是,刑法不是制止犯罪的决定性手段。要使犯罪从根本上减少,必须考虑根治犯罪的原因。为此,有必要以人道主义为基础,慎重且谦抑地适用刑罚。换言之,刑法不应该以所有的违法行为、所有的有责行为为当然的处罚对象,而应该将自己的处罚范围限制在迫不得已的必要限度以内,即刑法是为了维护社会秩序而不得不采取的必要手段。这就是刑法的谦抑思想。刑法的谦抑思想是贯穿现代刑事法领域的基本理念。现代刑法的思想体系,由刑法谦抑的基本理念出发,发展出三项具体的刑法准则,即罪刑法定主义、法益保护主义与责任主义,配合这三项刑法准则产生了刑法的三个基本机能,即人权保障机能、法益保护机能、行为规制机能。

（一）人权保障机能

它是指刑法通过限制国家刑罚权的发动以保障公民的活动自由不受国家侵犯。刑法是采用最为严厉的制裁措施即刑罚来处罚违法犯罪行为的,刑罚权的不当运用对公民个人权利造成的侵害当然也是最严重的。为此,如果犯罪与刑罚不是由刑法明文规定,那么任何人无权发动刑罚处罚他人,从而保障公民个人

---

① 参见陈弘毅:《刑法总论》,汉林出版社1983年版,第3页等。
② 参见高仰止:《刑法总则之理论与实用》,五南图书出版公司1986年版,第5页。

的权利不受法律的非法干涉,这体现了刑法对(公民)自由价值的保障。刑法的保障机能通过限制国家刑罚权的发动而实现,体现的是国家权力的自我约束和对法益的保护;在内容上它既体现为对犯罪人权利的保障——因为"破坏人权的人(也)拥有人权",更主要的则体现为对全体公民人权的保障,即保障所有公民的活动自由免受国家刑罚权的非法侵害。由于刑法具有二次性或补充性,即只有在其他法律不能进行充分保护时才能动用刑法,因此,在法律保障体系中,刑法是法律保障人权的最后防线。

(二) 法益保护机能

它是指刑法具有保护法益不受犯罪行为侵害的机能。刑法作为规制人类社会生活的法律规范,其目的在于保护法益,因此,发生对法益有侵害或危险的行为时,对之加以制裁,即为刑法的保护机能。例如,刑法处罚绑架犯罪,是为了保护人身自由法益;处罚抢夺犯罪,是为了保护财产法益,等等。一般而言,刑法只保护国家所关切的重大法益。何谓重大法益? 在不同的时代、不同的社会、不同社会结构的国家中表现形式均有所不同。综合近代以来各国刑法所保护的法益,一般可以分为三大类:一是生命、身体、自由、财产、名誉、安宁等个人法益;二是公共安全、市场公共信用与交易安全、社会管理秩序与善良风俗等社会法益;三是国家安全、国家政权等国家法益。

需要说明的是,无论是保护机能,还是保障机能,其最终目的是相同的,即都在于避免合法利益及法益遭受损害。刑法的保护机能与一般法规对法益保护不同的是,它是通过处罚犯人来达到法益保护的目的。因此,必须先有犯人侵害法益的行为,才产生法益保护的原因。可见,保护机能在于防止一般人民所加之侵害,因此有处罚犯人的必要。保障机能在于防止国家对公民所加之侵害,因此有限制国家权力之必要,以免个人自由权利遭受不利的影响;而公民个人的自由权利即属于公民合法权益及法益的一部分,只不过保护机能没有特别强调这一点而已。因此,保障机能并非与保护机能没有关系,实际上可以认为,保障机能是保护机能的一部分。

(三) 行为规制机能

它是指刑法具有规制公民行动自由的机能。国家从大量的反社会行为中抽出一部分危害性严重的,作为法律上的犯罪类型规定成应受刑罚处罚的行为,这体现了国家对此种行为的否定评价,这是刑法的评价机能;同时,刑法明确地规定了什么行为是犯罪,使公民能够通过刑法明白实施何种行为会受到刑法制裁,何种行为是犯罪,从而能更好地预测自己的行为后果。这为公民决定自己的行为提供了前提,这是刑法的意思决定机能。刑法的评价机能和意思决定机能使刑法对一般公民产生规制机能,使他们在刑法规定的处罚行为的范围之外自由地活动。

第四节 刑法的目的与任务

一、刑法的目的

(一) 刑法的目的及其意义

刑法的目的,当然不仅指刑法具有某种自主性的目的,而且是指包含在刑法当中的立法者的目的,亦即国家制定、实施刑法所欲达到的效果。

从表面看,刑法似乎就是惩罚人的法律,但是,"惩罚人"显然并不是刑法本身的目的。因为在"惩罚人"的表象背后,完全可以隐藏截然不同的目的。刑法存在的种种必要性,生成了一个社会创造刑法的动机,并决定着刑法的基本目标和目的。相应的,刑法的目的也就成为对刑法必要性的直接回应。目的的考察之所以重要,是因为目的的正当性决定手段的正当性。刑法自身的合法性,离不开对刑法目的的追问。

历来的刑法学者,无不关注刑罚的目的,而对于"刑法的目的",则很少有论及者。这可能是因为,人们一般认为"刑罚的目的"与"刑法的目的"是一回事,或虽然认为二者有所不同,但在具体讨论时,又常常不能将它们作清楚的区分。在日本刑法学界,真正开始关注刑法的目的问题的是木村龟二,在他之前,关于刑法的目的,基本的论述是关于普通刑罚的目的的问题,真正把刑法的目的作为研究对象的论著几乎没有。木村龟二指出:"刑法的目的固然与刑罚的目的有关,但与刑罚的目的是不同的概念,必须加以区别。"[①]而在我国刑法学界,1997年以前,也几乎没有人提出关于刑法的目的问题;1997年现行《刑法》实施之后的著作中,刑法目的开始受到关注。这表明,刑法的目的与刑罚的目的不是同一个问题;如同"刑罚的目的"问题在刑法理论中的地位非常重要一样,"刑法的目的"问题亦不容忽视。

刑罚的目的虽然是刑法目的的重要方面,但是不能完全等同于刑法的目的,更不能取代刑法的目的。因为刑罚只是刑法用以惩罚犯罪的手段,刑罚的目的虽然在一定程度上反映了刑法的目的,并且包含在刑法的目的之中,但是除了刑罚的惩罚功能之外,刑法还具有其他功能,如规范功能、保护功能、价值评判功能等。刑法在发挥这些功能时所追求的目的是适用刑罚的目的所无法包容的。可见,刑法的目的是刑罚目的的上位概念,它比刑罚的目的包含更丰富的内涵,比刑罚的目的延伸的范围更广。[②] 因此,对于"刑法的目的"和"刑罚的目的",理

[①] 〔日〕木村龟二:《刑法的目的和机能》,载《刑法讲座》(第一卷),第1.11页。转引自许道敏:《民权刑法论》,中国法制出版社2003年版,第64页。

[②] 参见张智辉:《刑法理性论》,北京大学出版社2006年版,第37页。

论上应当加以明确区分。

（二）"刑法的目的"与"刑罚的目的"相区分的理论基础

对刑法的目的和刑罚的目的加以区分，也涉及"刑法基础理论"或者说"刑法观念"这一重大问题。如果刑法理论是建立在"报应刑论"（亦称"绝对主义"）的基础之上，那么把刑罚的目的当作刑法的目的可能是当然的结果；但是，在当今刑法理论所普遍坚持的"相对报应刑论"（亦称"并合主义"）①的立场上，再把刑罚的目的当作刑法自身的目的，在理论上就有些难以解释了。

报应刑论立足于"恶有恶报"的朴素应报观念，认为国家制定刑法的目的就在于对犯罪人施以报应，刑法就是对犯罪进行报应性处罚的工具，报复也因此成为刑罚所具有的一种功能，建立在报应观念基础上的刑法，除了追求"报复犯罪"这一刑罚能够担当的任务外，没有其他的目的，于是"刑法的目的"与"刑罚的目的"也就在此获得了高度的一致性。目的刑论认为，刑罚的实施只有具备预防犯罪的效果时才能施加于行为人。因此，如果不需要判处刑罚，就不应当判处刑罚，如果有比刑罚更好的预防手段，就可以放弃刑罚而采取其他手段。由于目的刑论过于强调刑罚的预防目的，实务中常常导致刑罚过重，刑罚预防目的单方面的膨胀也造成了对刑法自身目的的遮蔽。

兼采报应刑与目的刑之长的综合刑论亦即相对报应刑论认为，刑罚的正当化根据一方面是为了满足善恶相报的正义要求，同时也必须是防止犯罪所必需且有效的，应当在报应刑的范围内实现一般预防与特殊预防的目的。相对报应刑论将报应刑论和目的刑论结合起来，使二者优势互补，是比较理想的刑罚观念。在相对报应刑论下，刑法既是善良人的大宪章，也是犯罪人的大宪章，既要针对个人恣意保护社会利益，也要针对国家恣意保障个人权利。刑罚的目的只在于报应和个别预防，这虽然基本能够满足保护社会利益的要求，却终究无助于甚至有碍于保障人权的需要。因此，国家刑法中必须设立相应的要素，以使刑法在整体上具有人权保障的功能，罪刑法定、罪责相当等基本原则，就是这样的要素。所以，建立在相对报应刑论基础上的现代刑法，其使命绝不只是为了实现刑罚的目的，而是有自身的（即整体意义上的）目的。由此一来，刑罚的目的与刑法的目的不再是一体的，前者只是实现后者的一个手段。

基于上述理由，将刑法的目的与刑罚的目的区分开来就不仅仅是逻辑上的当然结论，而且也关涉刑法观念上的基本立场问题。

（三）刑法的目的之具体内容

刑法目的的确定对立法和司法都具有重要意义。对立法而言，目的的确定意味着刑法正当性、合理性的证成；对司法而言，目的的确定则意味着对刑事司

---

① 有关报应刑与目的刑的内容，参见本章第五节。

法活动目标、宗旨和意义的明确,因为"司法活动是实现立法内容的活动,其目的与立法目的相一致"①。那么,刑法的目的究竟是什么?

1. 我国刑法学者的刑法目的观

综观我国刑法学者关于刑法目的具体内容的表述,大致存在以下几种观点:

(1) 根据我国《刑法》第 1 条的规定,刑法制定的目的就在于惩罚犯罪,保护人民。惩罚犯罪与保护人民是制定刑法的目的的两个方面,这两个方面是密切联系、有机统一的。所谓"惩罚犯罪",就是指对任何触犯我国刑法的犯罪分子,都要依照我国刑法追究其刑事责任,使其受到应有的惩罚。所谓"保护人民",就是指全面保护人民的利益,既包括代表人民根本利益和长远利益的国家政权、社会主义的政治、经济制度,也包括人民的当前利益和具体切身利益,如公民人身权利、民主权利、财产权利、劳动权利、婚姻家庭权利等等。制定刑法就是为惩罚犯罪提供法律武器,通过惩罚犯罪,达到保护人民的目的。②

(2) 我国《刑法》第 2 条既是关于刑法任务的规定,同时也是关于刑法目的的规定。根据该条规定,可以认为刑法的目的就是保护法益。另外,根据《刑法》第 1 条,制定刑法是"为了惩罚犯罪,保护人民",其中所谓"保护人民",应指保护人民的利益即法益,所以《刑法》第 1 条也肯定了刑法的目的是保护法益。惩罚犯罪本身不是刑法的目的,而是保护法益的手段。论者同时认为,刑法的目的基本上有三个层次:第一个层次是刑法的整体目的,即保护法益;第二个层次是刑法分则各章规定的目的,它是由分则各章和有关规定体现的;第三个层次是各个条文的目的,是由条文的具体规定体现出来的。③

(3) 在实践活动中,目的往往具有一定的层次性。就刑法目的来说,刑法的制定首先在于维护人们的权利,要实现这一目的,就不能不以法律的形式赋予国家刑罚权。同时,为了保证刑罚权的发动不违背赋予刑罚权的初衷,又必须以刑法对刑罚权加以限制。因此,刑法的目的就是:确认国家刑罚权;对国家刑罚权进行限制;对权利进行保护,这是刑法的终极目的。这样,确认和限制刑罚权,实行权利保护,就构成了刑法不同层次的目的结构。④

(4) 刑法的目的包括制定和适用刑法所直接追求的目的以及制约并通过这种直接目的最终所要达到的目的。详言之,刑法的直接目的是预防犯罪,而最终目的是维护现存社会的生存条件。⑤

上述几种观点,大致反映了我国刑法学界对于刑法目的的基本认识。

---

① 张明楷:《刑法学》(第六版)(上),法律出版社 2021 年版,第 25 页。
② 参见高铭暄主编:《新编中国刑法学》(上册),中国人民大学出版社 1998 年版,第 12 页。
③ 参见张明楷:《刑法学》(第六版)(上),法律出版社 2021 年版,第 26 页。
④ 参见许道敏:《民权刑法论》,中国法制出版社 2003 年版,第 64 页及以下。
⑤ 参见张智辉:《刑法理性论》,北京大学出版社 2006 年版,第 43 页。

2. 刑法目的的确定

如果根据我国《刑法》第1条规定来确定刑法的目的,理所当然就会得出刑法的目的是"惩罚犯罪,保护人民"的结论。但是,如同报应不是刑法的目的一样,惩罚犯罪也不是刑法的目的。这里涉及的问题是,对于"刑法的目的"的界定,究竟是根据法律所宣称的"目的"来确定,还是根据刑法自身的性质及其所具有的功能来确定?

法律(刑法)的目的,应该根据法律自身的性质及其应当追求的正义目标来确定,而不是仅仅根据立法者所宣称的"目的"来确定。因为法律的目的是内含于法律之中的,它是由法律的价值所体现,并由法律的制度技术手段来保证的;如果法律实际所选择的价值目标与立法者宣称的目的相悖,或各种制度技术要素并不能确保这些目的的实现,那么这种状况就会导致法律的"不合目的性",立法者所宣称的"目的"就会与法律客观上所体现出来的"目的性"发生分离。所以,我们追问的"刑法的目的",应该是建立在正义观念基础之上的应然意义的目的,而不只是立法者以明文规定所宣示的目的。在这一理论前提下,《刑法》第1条和第2条可以作为我们确定刑法目的的一个依据,但是,制定刑法的必要性、现代刑法的基本价值理念、刑罚的正当性根据等,同样也应成为探求理性的刑法目的的出发点。

根据上述理由并综合其他学者的观点,刑法目的包括根本目的和直接目的。根本目的就是维护社会基本秩序;直接目的则包括保护法益、预防犯罪、确认刑罚权和限制刑罚权四种。

第一,刑法的根本目的是维护社会基本秩序。秩序是人类生存于社会的最基本的需求,正是这种需求,成为法律产生的最主要的动因和依据;人的其他需求,只有在社会基本秩序存在的情况下始能得到满足。犯罪是对社会基本秩序的严重侵犯行为,而刑法则是解决犯罪问题的基本手段,因此,维护社会基本秩序理所当然是刑法的根本目的。我们不赞同权利保护是刑法的终极目的的观点,因为权利保护即法益保护,它是刑法的直接目的,而不是终极目的。

第二,刑法的直接目的包括:(1) 保护法益。保护法益是刑罚权存在的重要根据之一,所以,保护法益理当是刑法的目的之一;惩罚犯罪本身不是刑法的目的,而是保护法益的手段。(2) 预防犯罪。具体包含一般预防和特殊预防两个方面。一般预防目的主要通过刑事立法活动来追求,特殊预防目的则主要通过刑事司法活动来追求;正因为这样,不应将一般预防作为刑罚的目的。[①] (3) 确

[①] 刑事司法活动虽然客观上也会产生一般预防的效果,但是,司法活动却不应当将一般预防作为自身的主要目的。这意味着,所谓刑事判决的"社会效果",只能以法律规定为基础来追求。如果把一般预防作为刑事司法活动的主要目的,必然存在将犯罪人工具化的危险。

认刑罚权。对于国家公权力来说,法无授权不得行使,刑法的目的之一就是确认刑罚权,以实现惩罚犯罪的国家职能,这也是罪刑法定原则的基本要求,体现刑法的社会保护功能。(4)限制刑罚权。刑法不仅具有社会保护功能,同时还有人权保障功能,因此,除了确认刑罚权,它还必须以限制刑罚权为目的,以防止刑罚权的滥用。刑法规范实际上为刑罚权的行使方式和范围划定了边界,这同样是罪刑法定原则的要求。

现代刑法既强调社会保护,又强调人权保障;相应的,刑法既有对社会成员的规范作用,也有对国家权力的规范作用。这就必然要求,刑法不能只注重预防犯罪,不注重保护法益,也不能只确认刑罚权,不限制刑罚权。保护法益体现的是刑法对社会成员的积极作用,预防犯罪体现的是刑法对社会成员的消极作用;确认刑罚权体现的是刑法对国家的积极作用,限制刑罚权体现的是刑法对国家的消极作用。[①] 只有两个方向的作用都得到发挥,才能在社会保护与人权保障之间维持一种合理的平衡。

从刑法的四种直接目的之间的关系看,它们可以互为目的和手段。比如,预防犯罪是保护法益的手段,保护法益则是预防犯罪的目的;确认刑罚权是预防犯罪的手段,预防犯罪则是确认刑罚权的目的。同时,为了保证在预防犯罪的过程中刑罚权不致被滥用(超出预防犯罪的需要)从而侵犯到个人的权利(包括犯罪人的权利在内都是一种法益),必须对其加以限制;在这一意义上,限制刑罚权也是保护法益的手段,而保护法益则是限制刑罚权的目的。因此需要特别强调的是,刑法的四种直接目的之间可以互为目的和手段,并不影响它们共同成为刑法的目的。这四种直接目的的同时实现,就是刑法根本目的的最终实现。[②]

二、刑法的任务

刑法的任务,是刑法为实现自身的目的而承担的各种实际的责任和工作。刑法的任务究竟是什么,理论上向来有两种对立的学说。一种学说认为,刑法的任务是维护社会伦理秩序。该说认为,刑法的任务在于保护基本的社会伦理的价值或道义价值或社会生活所必需的最低限度的道德规范。另一种学说认为,刑法的任务是保护法益。该说认为,如果以维护国家或社会的伦理道德作为刑法的任务,这不仅是对刑法的过分要求,而且可能凭借法律的名义将自己的价值观念强加于他人,因此,刑法的任务在于保护法益,即保护依法所应保护的社会生活各项利益。

[①] 此处的"积极作用"和"消极作用"并不是指价值评判意义上的"好的作用"和"坏的作用",而是指刑法发挥作用的不同方式;积极作用是指正面的促进作用,消极作用是指反面的抑制作用。
[②] 参见周少华:《刑法的目的及其观念分析》,载《华东政法大学学报》2008年第2期。

我国《刑法》第2条规定："中华人民共和国刑法的任务,是用刑罚同一切犯罪行为作斗争,以保卫国家安全,保卫人民民主专政的政权和社会主义制度,保护国有财产和劳动群众集体所有的财产,保护公民私人所有的财产,保护公民的人身权利、民主权利和其他权利,维护社会秩序、经济秩序,保障社会主义建设事业的顺利进行。"根据该条规定,我国刑法的任务同样在于保护各类法益。

（一）保护国家法益

保护国家法益,即保卫国家安全,保卫人民民主专政的政权和社会主义制度。国家的安全、人民民主专政的国家政权的巩固、社会主义制度的实现,是我国人民的根本利益所在,是涉及国家生存发展的大问题。对犯罪分子的叛国行为、分裂国家行为、颠覆国家政权的阴谋活动等危害国家安全的犯罪行为,必须用刑罚的方法坚决予以惩办。因此,我国刑法将以保卫国家安全、保卫人民民主专政政权和社会主义制度为内容的国家法益列为首项具体任务。

（二）保护财产法益

保护财产法益,即保护国有财产和劳动群众集体所有的财产,保护公民私人所有的财产。国有财产和劳动群众集体所有的财产是公共财产的主要成分,是我们国家日益繁荣强盛的物质基础,是满足广大民众日益提高的物质生活水平和文化生活水平的基本保证。公民私人所有的财产是其生产、工作和生活不可缺少的物质条件,是公民营造个人幸福、创造社会财富和热爱社会主义制度的精神动力和智力支柱,要切实予以保护。城乡劳动者个体和私营企业、中外合资和合作企业以及外商独资企业都是我国社会主义经济的补充,对我国改革开放、建立和发展社会主义市场经济起着重要作用,对于它们的权利和利益,要给予法律保护。总之,无论是公共财产,还是集体所有的财产,或是公民私人所有的财产,都是我国社会主义经济的组成部分,都对我国社会主义市场经济的发展起着重要作用,都应受到法律的保护。

（三）保护公民人身法益、民主法益和其他个人法益

保护公民人身法益、民主法益和其他个人法益,即保护公民的人身权利、民主权利和其他权利。人身权利是指与人身相关的各项权利,包括生命权、健康权、名誉权、人身自由等。人身权利是公民最基本的权利,它是公民享有其他权利的基础。只有这种权利得到保障,公民才能享受和运用政治权利和其他权利。如果人身权利没有保障,那么其他权利的规定和认可就只能是一句空话。所以,侵犯公民人身权利的犯罪是侵犯公民个人权利犯罪中性质最为严重的犯罪。我国《刑法》规定对故意杀人、故意伤害、强奸妇女、拐卖妇女儿童等犯罪处以严厉的刑罚,确保公民的人身权利不受侵犯。

民主权利,是指公民依照宪法、法律规定享有参加国家管理、社会政治生活的权利以及其他民主权利,如选举权与被选举权,对国家机关工作人员有批评

权、控告权、申诉权、宗教信仰自由权等。我国《刑法》坚决维护公民依法享有的民主权利,规定以刑罚的手段惩罚破坏选举、报复陷害、非法剥夺宗教信仰自由等犯罪,这些充分体现了对公民民主权利的保障。

其他权利,是指公民人身权利、民主权利以外的权利,如婚姻自由、家庭成员应享有的平等权、受抚养权等。我国《刑法》规定了暴力干涉婚姻自由、重婚、虐待、遗弃等犯罪,使公民的其他权利也切实受到保护。

(四)保护社会法益

保护社会法益,即维护社会秩序、经济秩序,保障社会主义建设事业顺利进行。社会秩序是维护社会的稳定和安宁,保障人民正常工作、生产、生活不可缺少的条件,也是国家继续发展和改革的必要保证。经济秩序是社会主义市场经济建立、完善和发展的必要保障。社会秩序、经济秩序都直接关系到社会的稳定,关系到社会主义建设事业的顺利进行。我国《刑法》分则中设"危害公共安全罪""破坏社会主义市场经济秩序罪""妨害社会管理秩序罪"等专章,惩罚破坏社会秩序、经济秩序的犯罪活动,以实现刑法维护社会秩序、经济秩序,保障社会主义建设事业顺利进行的任务。

需要说明的是,我国刑法目的和刑法任务虽然具体内容和意义不完全相同,前者是刑法追求或应当追求的目标,后者是为达到此目标而承担的实际责任和工作,但是二者具有内在的一致性,并且在法律根据上是完全相同的。《刑法》第1条规定,我国刑法的目的是"惩罚犯罪,保护人民",这和《刑法》第2条关于刑法任务的规定在内容上实质是一样的,只不过第2条规定更加明确地指出了刑法要"保护人民"的哪些具体利益,而"惩罚犯罪"当然是"保护人民"利益的手段。在刑法的直接目的中,保护法益的目的居于核心地位,其他直接目的也是为此核心目的服务的,而刑法正是通过承担保护各类法益的具体任务来实现刑法的各种目的。

第五节 刑法理论的学派与发展

刑法学是规范之学,刑法学亦是解释之学。然而,作为对刑法规范进行解释适用的刑法学,并不仅仅是条文字面的分析与逻辑推演,在刑法解释的背后,有着不同的刑法立场。了解人类历史上刑法学派的来源、变化与发展,相当于了解了刑法理论的历史沿革,有助于确立刑法解释的立场。

一、刑法理论流派

(一)刑事古典学派

刑事古典学派也即刑法理论通常所说的旧派,刑法旧派分为前期旧派和后期旧派。

1. 前期旧派

18世纪末期,资本主义开始在欧洲萌芽,维护封建等级特权和宗教神权工具的封建刑法制度日益成为资本主义发展的桎梏。新兴资产阶级及其启蒙思想家们如洛克、孟德斯鸠、卢梭等大力抨击封建专制制度,反对国家权力对公民权利的肆意干涉,反对罪刑擅断和酷刑,提倡天赋人权,主张自由平等博爱,力图将刑法从神权束缚下解放出来。贝卡里亚(Cesare Beccaria)首先吹响了反对封建刑法的号角。他从社会契约论出发,认为国家权力及作为权力一部分的刑法,应当只限于维持市民生活安全的最小必要限度内;主张对于什么是犯罪以及对犯罪处以什么样的处罚,事先应由法律作出明确的规定;主张对罪犯的处罚只应与其行为的社会危害性相适应,而不能因身份不同而影响量刑;反对死刑和肉体刑。① 康德在客观主义思想基础之上,从人的理性及意志自由出发提出了报应刑论。黑格尔在康德自由意志论和报应刑论的基础上提出了辩证否定的报应刑观念。他认为,犯罪是对法的否定,而刑罚是对犯罪的否定,通过否定之否定,法和正义得以恢复;他主张相对的等价报应,反对绝对的等量报应刑论。边沁的功利主义刑法观对随后西欧各国兴起的刑法改革起到了重要作用。他认为,仅仅为了威吓而处罚犯罪人是不够的,为了防止受刑人将来再犯罪,应当施以教育、矫正的处遇;刑罚应有五个方面的原理:警诫、改善、犯罪人的隔离、对被害人的补偿、刑罚的经济性。刑罚是通过协调这五个方面的原理而获得其正当化根据的。② 近代刑法学之父费尔巴哈(P. J. A. R. von Feuerbach)则对贝卡里亚以来的刑法思想赋予了伦理的性格,形成了客观主义的刑法理论体系。他严格区分道德和法律,认为犯罪的本质是权利侵害,提出了以心理强制说为基础的一般预防理论。他以"无法则无罪亦无罚"的名言确立了法治国的罪刑法定主义之理论基础。费尔巴哈客观主义的刑法体系奠定了古典学派之基石。③ 这样,在18世纪前期至19世纪前半期,以上述学者的刑法思想为代表的、基于启蒙思想的刑事古典学派理论,也即前期旧派就此产生。

2. 后期旧派

以报应刑论为基础的刑法理论,在20世纪初期又得到了宾丁(Karl Binding)、毕克迈耶(Karl von Birkmeyer)、贝林(Ernst von Beling)、M. E. 迈耶(Max Ernst Mayer)、麦兹格(Edmund Mezger)等人的进一步发展。这些学者所代表的

---

① 参见〔意〕贝卡里亚:《论犯罪与刑罚》,黄风译,中国大百科全书出版社1993年版,第8—9页。
② 参见马克昌等主编:《刑法学全书》,上海科学技术文献出版社1993年版,第589页。
③ 参见〔德〕费尔巴哈:《德国刑法教科书》(第十四版),徐久生译,中国方正出版社2010年版,第28—31页。

刑法理论也就是后期旧派。宾丁首创规范说,他严格区分规范与刑罚法规,认为犯罪不是对刑罚法规的违反,而是对刑法制定之前便已存在并成为刑法前提的规范的违反;以此出发,他主张法律的报应论,认为刑罚是为了维护国家权威对否定法规范的犯罪的再否定;法秩序受到犯罪的损害大,对犯罪的惩罚也就应该重。宾丁的学说对后期旧派其他学者都产生了很大影响。毕克迈耶彻底贯彻了旧派自由意志的报应刑论,提出了因果关系理论中的重要学说即最有力条件说,主张客观共犯说,并对保安处分提出了独到的见解。贝林提出了著名的三段论的构成要件理论,并得到了迈耶、麦兹格等人的发展和推动。迈耶在承认报应刑论的同时还承认刑罚的预防作用,提出了著名的分配理论。麦兹格的重要贡献也表现在构成要件理论上,但他提出了不同于贝林的构成要件理论。[1]

(二) 刑事近代学派

刑事近代学派也即刑法理论所说的新派。19世纪末期,资产阶级工业化革命导致社会失业人数剧增,犯罪率激增,累犯、惯犯日益增多,监狱人满为患,社会潜伏危机一触即发。在这种情况下,旧派所构建的刑法理论显得无能为力,已经不能适应治理犯罪的实际需要。同一时期,随着自然科学的进步以及法律社会化和法律改良运动的兴起,出现了以社会法学派和分析法学派为代表的实证主义法哲学。这样,以刑事人类学派和刑事社会学派为代表的刑法理论的科学实证时代开始,刑法新派产生。

医生出身的龙勃罗梭率先以实证的方法开始研究犯罪。龙氏批评刑事古典学派不够科学,而且没有适当地解决犯罪的原因问题。他认为犯罪行为不是研究的主题,应当分析的是犯罪人;他提倡天生犯罪人论,认为犯罪并不是由于犯罪者个人的意志自由,而是根源于行为人的先天基因和性格;他认为刑法目的不是报应而是社会防卫,主张对不同的罪犯处以不同的刑罚。[2] 龙氏理论虽有失片面,但他通过对犯罪进行病理学研究,力图运用生物学理论对犯罪本质作出科学说明的实证方法,在将刑法的研究由形而上学的犯罪观转向自然科学的实证犯罪观,将犯罪的研究从旧派的犯罪行为转向对犯罪人的关注方面所做的贡献则是不可抹杀的。因此,龙氏被称为新派的先驱者。

菲利继承了龙勃罗梭的思想,并在刑事人类学派的基础上转向刑事社会学派,他提出著名的"由道义责任转向社会责任"的口号,与刑事古典学派进行了彻底决裂。他认为,犯罪产生不是自由意志的结果,而是行为人的人格状态和环境造成的;对犯罪进行伦理道义的责难无济于事,应以社会责任代替道义责任,

---

[1] 参见马克昌等主编:《刑法学全书》,上海科学技术文献出版社1993年版,第590页。
[2] 参见〔意〕朗伯罗梭:《朗伯罗梭氏犯罪学》,刘麟生译,商务印书馆1929年版,第358页以下。

适用刑罚要考虑罪犯的个人因素,因此,应该进行刑罚改革,提倡保安处分、刑罚个别化和不定期刑。① 加罗法洛在龙氏天生犯罪人论的基础上,运用实证和归纳方法,着重于犯罪的社会心理学分析,并创立了以自然犯为中心的犯罪理论。他将犯罪分为自然犯与法定犯,对罪犯的处罚,应该区分这两种不同的犯罪人,以犯罪的恶性及社会适应性为标准,提倡采取刑罚个别化的处遇方法。②

新派刑法思想集大成者是德国刑法学家李斯特(Franz von Liszt)。他继承了刑事实证学派的理论,主张刑法学应以生理学、心理学及社会学等为辅助学科研究犯罪现象,从而建立所谓全体刑法学。他提出犯罪原因包括社会因素和个人因素的二元论,指出消除犯罪的社会原因的最好途径是改良社会政策,"最好的社会政策就是最好的刑事政策"。但犯罪毕竟是一种个人行为,这种行为是行为人责任性格之表征,因此,"处罚的对象不是犯罪(行为),而是行为人"③。他认为刑罚不是为了报应犯罪,而是教育罪犯、预防犯罪和防卫社会的一种手段,其本身具有必要性与合目的性,提倡目的刑;相应的,刑法的预防也应以特殊预防为主。

第二次世界大战后,纳粹的暴行激起了人道主义者的坚决反对,在战争时期被忽视的对人的尊严的保护和对个人的尊重,引起了人们的普遍关注。在此背景下,社会防卫运动应运而生。1961年,国际社会防卫协会第一任会长、意大利著名刑法学家、激进的社会防卫论代表人物格拉马蒂卡(Filippo Gramatica)发表了阐述其社会防卫理论的著作《社会防卫原理》,该书从保障人权以及改善并使个人回归社会的目的出发,对传统刑法学提出了全面反思。但是,格氏将改善个人与防卫社会两方面完全对立起来,夸大一般预防的作用,否定意志自由和传统刑事责任以及刑罚,以致否定整个刑法体系,被称为是社会防卫运动的过激派。④ 法国著名犯罪学家马克·安塞尔(Marc Ancel)在批评格氏的基础之上,提出了以人道主义的刑事政策运动为中心内容的新的社会防卫理论。他认为犯罪者有复归社会的义务,能够把犯罪者教育改造成为新人、复归社会,是真正的最高的人道主义;他反对报应刑论,认为刑罚的目的在于保卫社会免受侵害等。⑤ 新社会防卫论极大地推动了刑法理论之发展,并对西方各国的刑事司法实践产生了不同程度的影响;在20世纪后半叶全世界范围内展开的刑法思想和监狱改革运动中,都能明显地找到新社会防卫思想的痕迹。

---

① 参见〔意〕菲利:《犯罪社会学》,郭建安译,商务印书馆2018年版,第93页以下。
② 参见〔意〕加罗法洛:《犯罪学》,耿伟、王新译,中国大百科全书出版社1996年版,第67页以下。
③ 转引自徐久生:《德语国家的犯罪学研究》,中国法制出版社1999年版,第45页。
④ 参见鲜铁可:《格拉马蒂卡及其〈社会防卫原理〉》,载《中国法学》1993年第4期。
⑤ 参见〔法〕马克·安塞尔:《社会防卫思想》,卢建平译,香港天地图书有限公司1990年版,第30—82页。

二、刑法理论流派的主要争议

(一) 两大学派的思想基础

在人是否具有自由意志问题上的非决定论和决定论，是刑法旧派与新派的思想基础。

1. 刑法旧派主张非决定论

人是否具有意志自由？旧派认为，人是理性的动物，生而具有意志自由，可以不受外界影响自由地决定为或不为某种行为。易言之，人们对自己行动的选择纯然属于自己意志的结果而并不受社会环境或内在生物学原因等决定，故而又称为非决定论，亦即犯罪原因无定论。

旧派从抽象理性人出发，认为人是抽象存在并且具有理性的动物，人的"意志是自由"的，"自由是意志的根本规定"，"自由的东西就是意志"，没有自由的意志不叫意志；而自在"自为地存在的意志即抽象的意志就是人"①。当具有自由意志的人选择实施了违法行为，即是对法的否定即不法；不法是一种害恶，刑罚则是对这种害恶的制裁或者说是一种侵害，行为人基于自由意志选择实施了违法行为，是对法的否定即不法，刑罚则是对不法的否定，刑罚正是尊重犯罪人理性选择的结果。

2. 刑法新派主张决定论

新派学者认为，人不能自由选择自己的行为，因为人往往受制于各种非理性因素、社会因素等外在因素的制约。因此，在人是否有自由意志的问题上，新派认为不存在毫无原因的纯属自发的意志自由，而主张因果法则对人们行为的普遍支配。易言之，人们对自己行动并不具有选择的自由，而是受自然科学、生物学、心理学的法则所决定，故而又称为决定论，亦即犯罪原因决定论。

19世纪末20世纪初，行为主义心理学形成之后，人类心理活动与生理神经之间的直接联系被越来越详尽地揭示出来，传统意义上的"心"被彻底地从神秘莫测的"纯粹精神"的神殿里，移到可以与生理现象联系起来考察的实验室中。② 只要在科学的方法引导下，洞悉了人类精神活动中直觉的即非理性的主观内容，人类行为的规律就有迹可循。刑事实证学派的贡献即在于此。它看到了犯罪行为与犯罪人之间的内在联系，不满足于刑事古典学派对犯罪人的纯理性研究，并摆脱了形而上的研究思路，引入自然科学的实证方法，通过大量的、反复的医学实验和对犯人的观察，深入犯罪人的内心深处，探寻蕴涵于犯罪人心灵深处的非

---

① 〔德〕黑格尔：《法哲学原理》，范扬、张企泰译，商务印书馆2011年版，第12—13页。
② 参见冯崇义：《罗素与中国：西方思想在中国的一次经历》，生活·读书·新知三联书店1994年版，第45页。

理性成分;同时,新派学者对于地理环境、气候、社会政治经济条件等对人们行为的影响也进行了深入研究,认为这些外在因素以极其明显的因果特性支配并决定着人们的行为。刑事实证学派通过科学的方法研究犯罪人精神深处的非理性成分,通过社会学、犯罪学的实证分析研究导致犯罪发生的社会现实原因,其所主张的决定论,无疑具有深厚的科学基础和合理的内核。

时至今日,无论旧派还是新派,现代刑法理论普遍赞同相对的意志自由论。一方面,非决定论的自由意志是抽象的自由意志,然而不受任何因果律支配的自由意志是不存在的,心理学、生物学、社会学等学科的发展证明,抽象的自由意志并不存在,绝对的理性人是一种假设而非现实,人具有一定意志自由但同时又受各种外在或内在因素如地理环境、经济条件、心理或生物因素等的制约,因此,人只具有相对的意志自由,绝对无原因的、自发的、不受任何因果法则支配的意志自由并不存在。另一方面,新派的决定论认为人在遗传和环境影响下必然走向犯罪则有流于宿命论之嫌。客观决定主观,这是决定论的一条基本原理,当然应当予以遵循,人类的意志固然离不开经验的科学的一面,然而,人的意志也不纯然由客观的因素所决定,抽象的自由意志在一定程度上被证明也是存在的。在一定限度内能够自主地决定本身行动,并考虑素质和环境因素而拥有作为相对意志自由主体资格的人才是刑法理论的根本,相对自由意志论也成为当今刑法理论的通说。

(二) 两大学派的犯罪论

1. 旧派一元的犯罪论体系

犯罪构成理论的起源即与客观行为事实密不可分。实体法上的犯罪构成来源于意大利宗教裁判的纠问手续。这种纠问手续的目的在于确定犯罪是否存在,寻找用以确证犯罪存在的客观事实,也就是犯罪事实。这一"客观事实",被德国学者克莱因(Ernst Ferdinand Klein)译为 Tatbestand,日本学者则译成构成要件。费尔巴哈最早将犯罪构成的概念明确用于实体法,在其起草的《巴伐利亚刑法典》(1813)中指出,"当违法行为包含依法属于某罪概念的全部要件时,就认为它是犯罪"。显然,当费尔巴哈在实体法意义上使用犯罪构成概念时,实际指的是每一个犯罪行为的客观事实特征在法律上的表现,而且对于各种具体犯罪的构成要件,还没有进行理论上的抽象,还不具有刑法体系上的意义。将犯罪概念演变为犯罪构成理论的是德国学者贝林。贝林认为,并不是所有的违法行为都毫无例外地成为犯罪,只有那种相当于法律上严密形式化了的犯罪类型,也就是分则条文中对各种犯罪所规定的客观事实特征的行为,才是犯罪。他明确指出,构成要件是"纯粹描述性的(rein deskriptiv);规范的命令只以它为出发点","在构成要件中没有价值判断",构成要件是"纯粹地不含有任何违法性要素的"①。在此,犯罪的构成要件是犯罪类型特殊的外部界定,它在违法类型的范围内的价值判断上是区分于内在主观要素的纯粹客观轮廓。贝林的犯罪构成理论提出以后,对旧派的学者产生了极大影响。迈耶、麦兹格等许多学者对犯罪构成理论也相继展开了研究。他们发展了贝林的犯罪构成要件理论,提出犯罪成立应具备构成要件的该当性、违法性和有责性。尽管旧派的不同学者对犯罪构成理论存在一些不同见解,由于犯罪构成理论"本身形成和发展的历史局限性",因此如同贝林一样,他们的犯罪构成理论从根本上来讲都是以行为为中心的形式法学概念的产物。

2. 新派二元的犯罪论体系

新派学者认为,旧派以行为为中心的犯罪构成理论是不符合实际生活需要的,主张对行为刑法的构成要件进行合理改革。一方面,在新派学者看来,行为是由行为人实施的,每一行为人的人格都是不同的,其社会危险性的大小也存在差异,对客观行为成立犯罪条件的细琐规定,使得法官完全脱离行为人的主观人格来决定某一行为是否犯罪。因此,新派提出了在考虑行为的基础上重视犯罪人人格的二元的犯罪论体系。

新派指责旧派过于注重烦琐的犯罪构成理论,对犯罪专注于法理和规范分析的方法,导致把犯罪仅仅当作一种法律上的行为加以研究,而忽视实施犯罪行为的主体即犯罪人的人格及其社会环境。菲利就尖锐地指出:"古典派把犯罪看成法律问题,集中注意犯罪的名称、定义以及进行法律分析,把罪犯在一定背景下形成的人格抛在一边。"②这样,倡导以观察与经验为基础的实证分析方法的新派学者当然反对旧派的犯罪构成理论,因为犯罪构成理论最充分地体现了旧派的抽象法理分析方法的运用。

另一方面,成文法的局限性和客观危害行为的多样性对旧派的犯罪行为构成理论也提出了挑战。成文的刑法规范内容具有不完整性,对此,德国学者宾丁早就指出,刑法规范无论在规范内容上还是在规范功能上均具有片段性或不完整性的特征。③ 基于此,新派学者认为,犯罪构成要件应该抽象、简单明了。在简化构成要件的前提之下,构成要件的规定渐渐趋于单纯,过去所倡导的复杂规定一扫而空。过于简单的构成要件,可包括一切行为事实,能够适用于所有的犯罪,可以广泛地对犯罪予以处罚,所以在适用上颇为方便;同时,它们也增加了法官的自由裁量权,使刑法的主观主义色彩浓厚。

---

① Beling, Die Lehre vom Verbrechen, J. C. B. Mohr, 1906, S. 112,146f.
② 〔意〕菲利:《实证派犯罪学》,郭建安译,中国政法大学出版社1987年版,第24页。
③ 参见林山田:《刑法通论》(上册)(增订十版),北京大学出版社2012年版,第24页。

(三) 两大学派的责任论

1. 旧派的道义责任

旧派学者以意志自由为前提,从犯罪的最直观形态——犯罪行为入手,及至犯罪行为的实害后果,得出犯罪行为主观上是犯罪人自由意志的产物,客观上有害于社会的结论。因此,在刑事责任的根据上,旧派主张道义责任,认为具有意志自由的人,不去实施适法行为而竟然实施了违法行为,理当受到伦理或道义的非难。

根据道义责任论,旧派主张应以犯罪行为及其实害作为处罚之根据,重视犯罪所表现于外部的行为及因其所生之事实,也即犯罪的客观部分。对于认定刑事责任而言,客观行为及其实害——行为的外部事实才是具有根本意义的。在刑事责任的大小上,依行为人外部的事实,即狭义行为及结果的客观要素而定。至于犯罪人的主观要素,如故意、过失等,属主观心理层面上的事实,难以认定,因而它们在法律的范围之外,法律仅支配表现于外部的行为。个人的刑事责任,一般而言,不论其恶意如何,均应与其外部行为成正比。这是因为,犯罪乃人们自由意志决定的产物,人的自由意志是平等的,所以刑事责任的轻重,应与客观行为及其实害相适应。

以往的道义责任论主张绝对的自由意志,从而认为行为人责任的前提仅仅只是行为,这也正是客观主义刑法的由来。但是,这种客观的刑法理论无法解释因为性格的特殊或者特别而成为刑罚对象的行为人的责任由何而来,而且,也无法准确地区分累犯与初犯。当今的道义责任论一般采取相对的自由意志论,认可行为人自己的意志选择对于行为的重要性,也看到了社会的客观环境对于人的制约作用,这样,刑法上的责任既与客观行为事实有关也与行为主体人格有关。

2. 新派的社会责任

新派刑法理论产生后,以保障个人权利与自由为己任的罪刑法定原则的地位受到了动摇和诘难。由于新派学者否定旧派学者所提出的决定论的意志自由,认为犯罪的产生有个人的、社会的和环境的等多方面原因,意志自由只不过是纯然的幻想,因此,他们提倡社会责任,反对旧派的道义责任。社会责任论认为,对犯罪人适用刑罚必须考虑导致犯罪人实施犯罪的社会外在条件,从社会环境中寻找犯罪的根源。社会责任论从社会出发责难犯罪人,使刑罚从消极的惩罚转向积极的预防,从消极的限制机能转向积极的促进机能,从重视对个人权利的保障转而重视对社会共同生活利益的保护,强调对犯罪人适用一定的社会政策(刑事政策)使之回归社会。据此,新派认为刑法的处罚根据是犯罪人的人身危险性。换言之,新派的行为人刑法为了防卫社会、实现特殊预防,采取的是从行为人的内心到行为人的行为这样一种由内而外的原则。

(四)两大学派的刑罚论

1. 旧派的报应刑

刑罚的本质是什么,为什么能够对犯人科处刑罚,这是刑法理论必须解决的重要问题。

对此,旧派主张行为报应主义,即以客观主义的立场为前提,以自由意志的外部现实行为及其实害后果为着眼点来确定犯罪行为,对于已实施的犯罪,科处相当于恶害之刑罚,这就是报应刑。报应是人的本能复仇,是以动对付反动的本能主义。它体现了平均的公平观念,体现了以恶报恶的朴素正义观念。因此,它为启蒙主义刑法思想家所引进,发展成为刑法中的报应刑。

旧派的报应刑思想以康德、黑格尔为代表,认为刑罚是对犯罪的一种回报,因此刑罚的质和量完全以犯罪行为为转移,即犯罪行为对社会所造成的损害应当成为惩罚的尺度。康德指出,刑罚是对犯罪行为所造成的危害进行报复的方法,此外不能有任何其他目的的要求。因此,刑罚的适用前提只能是行为人确实实施了依法构成犯罪的行为;判刑时,其依据在于行为人所实施行为的危害性程度,而不能考虑其他刑罚目的;同时,不允许法庭以任何借口减轻或加重罪犯的刑罚。① 黑格尔亦主张行为报应主义,认为刑罚是犯罪人加于自身的惩罚。他指出:"刑罚中包含着犯罪人自己的法,所以处罚他,正是尊敬他是理性的存在。如果不从犯罪行为中去寻求刑罚的概念和尺度,他就得不到这种尊重。如果单单地把犯人看作应使之变成无害的有害动物,或者以警戒和矫正为刑罚的目的,他就更得不到这种尊重。"② 由于康德等人认为作为犯罪行为之报应的刑罚自身不具有其他任何意义,因此,被称为绝对报应主义,尔后还出现了相对报应主义。相对报应刑论认为,刑罚是一种报应,同时也具有预防犯罪的目的,包括一般预防与特殊预防。简言之,相对报应刑论认为,刑罚的机能是报应与预防。所以,刑罚的正当化根据是正义与合目的性。"因为有犯罪并为了没有犯罪而科处刑罚(Punitur, quia peccatum, ne peccetur)。"③ 尽管报应刑论有绝对报应与相对报应之分,但在本质上二者是一致的。不论绝对报应刑论还是相对报应刑论,都认为犯罪是个人的一种恶行,刑罚的内容是痛苦或恶害,国家对犯罪人科以刑罚,是以恶害报应恶害。因此,刑罚的轻重应与刑事责任的大小相适应,以实现有罪必罚的思想。

由于报应是对犯罪行为的报应,且在报应的量上强调与犯罪行为的相当性,因此,犯罪行为无疑就成为适用报应刑的前提和核心。正因如此,有学者指出,

---

① 参见〔德〕康德:《道德形而上学原理》,苗力田译,上海人民出版社1986年版,第81页。
② 〔德〕黑格尔:《法哲学原理》,范扬、张企泰译,商务印书馆2011年版,第129页。
③ 张明楷:《刑法格言的展开》(第三版),北京大学出版社2013年版,第459页。

"报应主义是为以行为主义与责任主义为基础的客观主义服务的"。总之,"报应刑是以自由意思为前提,对发生后果的单纯的客观行为追究刑事责任,因而称为'行为主义'或'客观主义'。但是应指出的是,实际上,所谓'行为主义'或'客观主义'并不是绝对的,在论罪判刑时,并不完全排除考虑故意、过失等主观因素,只是以客观行为为中心和出发点。这在后期旧派的报应刑论中表现得尤为明显。"①

2. 新派的目的刑

新派学者反对旧派的报应刑论,而提倡目的刑。认为犯罪是对社会的共同侵害,刑罚的科处是为了预防将来之犯罪;刑罚的存在,是为了保障社会共同生活的安全,是防卫社会的必要手段。刑罚本身不是目的,也没有任何意义。它只是追求其他目的——防卫和保全社会的一种手段,因而只具有相对的意义。所以,目的刑论又被称为保护刑论、相对主义。

李斯特是目的刑论的主倡者。他指责刑法的报应原则要求在已经实施的犯罪行为和刑罚之间寻求一种均衡关系,这是对"公正"形而上学理解的结果。刑罚的任务是应当对犯罪人施以适合其个性的影响,刑罚只有在预防再犯防卫社会的目的上才是有意义的。特殊预防应置于具有一般预防效应的报应刑之首。② 自李斯特主张目的刑思想以后,目的刑论成为近代学派理论的核心。目的刑继续向前发展,如牧野英一、李普曼(M. Liepmann)、兰扎(V. Lanza)特别重视刑罚改善犯人的功能,主张刑罚的目的当是对所有的犯罪人的改善、教育,使之适应正常的社会生活复归社会,这种观点被称为"改善刑论"或"教育刑论"。

在以目的刑为刑罚正当化根据的理念指导之下,新派确立了以犯罪人为中心,以教育改善犯罪人为内容,最终以保卫社会为目标的刑罚追求。新派认为,社会能否得到保护,在于是否能够将犯罪人改善成为其人格适宜于社会正常生活、复归社会的新人。为此,以特殊预防为主导的目的刑论认为"犯罪行为人及其思想"才是刑罚措施的基础和标准,必须从"犯罪人的反社会思想的强烈程度上寻找犯罪与刑法的均衡"③,并由此确立了行为人的危险性在刑法中的中心位置。刑罚的处罚根据不再是犯罪行为,而是行为人的主观危险性。新派提出了一系列新的具有安保性与灵活性的处罚制度,诸如不定期刑、保安处分、刑罚个别化等。

总之,新派以改造教育犯罪人使之回归社会并防止社会受到侵犯的刑罚观,决定了它以犯罪人及其危险性,而非犯罪行为及其实害后果,作为刑罚观的核

---

① 甘雨沛、何鹏:《外国刑法学》(上册),北京大学出版社1984年版,第135页。
② 参见〔德〕李斯特著、施密特修订:《李斯特德国刑法教科书》,徐久生译,北京大学出版社2021年版,第22页。
③ 同上书,第22、23页。

心;决定了它的刑罚目的是教育改善犯罪人复归社会、防卫社会,而不是报复犯罪。报应在他们看来是微不足道的,将犯罪人改善成为新人,成为不再实施危害社会行为的良民才是其所追求的。

三、现代刑法理论发展与我国刑法理论

(一) 现代刑法理论发展趋势

旧派与新派、决定论与非决定论、行为刑法与行为人刑法的对立,对于刑事立法和刑法解释,都有着极为深远的影响。无论犯罪论还是刑罚论,甚至分则各构成要件的解释,因为不同学派的渗透,其结论大相径庭。如前述,新旧两派的理论并非超越时空而对立,而是受时代思潮与社会背景影响的结果。时至今日,随着时代与环境的变迁,新旧两派的对立虽然没有完全消解,但是两派都极力避免坚持己见,而是互相取长补短、互为改进,形成了并合的或者说折中的刑法理论。特别是新派刑法思想所存在的侵犯人权之缺陷,被法西斯主义所利用,因此,第二次世界大战以后,刑法思想出现了刑法旧派与新派的调和与折中。

这种调和与折中表现在:一是各国对罪刑法定主义的规定由绝对发展为相对。新派的刑法理论并未使罪刑法定丧失它原来的作用,只是罪刑法定原则随着新派对犯罪人危险性的考虑,不再固执于原先的绝对的罪刑法定主义;相对的罪刑法定是综合了旧派的行为主义与新派的行为人主义之后的结果。二是与罪刑法定原则一样,新派主张的抽象犯罪构成理论,实际上也就是体现两派之意图的一种综合的犯罪构成学说。三是并合主义刑罚观的确立。这是指将旧派的行为主义与新派的行为人主义直接结合起来的并合主义刑罚论——相对报应主义,即认为刑罚既是一种报应,但同时也有预防犯罪的目的,包括一般预防与特别预防。该理论将报应刑与目的刑予以合并理解,以正义及合目的性作为刑罚之根据。这样,刑罚一方面是为了满足正义,另一方面则必须是防止犯罪所必要且有效的,是在报应刑内一般预防和特殊预防的统一。各国刑事司法实践无不体现了相对报应刑的主张。例如,法国新刑法典、1975 年《德意志联邦共和国刑法典》、《日本刑事诉讼法》第 248 条、《美国模范刑法典》第 77 条、1940 年《巴西联邦共和国刑法典》第 77 条等众多国家的刑事法律规定都体现了并合主义的报应刑思想。

(二) 刑法学派之争对我国刑法的影响

现代刑法理论发展趋势虽然呈现出综合或者说折中的趋势,然而,在我国现行刑法确立罪刑法定原则为刑法基本原则之后,在我国传统法治文化不注重对公民人权保障的背景之下,在当前我国刑事法治国的建设过程中,在犯罪论部分,宜提倡旧派的行为刑法或者说客观主义的刑法观,至于刑罚论部分,则宜提倡并合主义刑罚观。

犯罪论部分的客观主义有利于实现刑法的人权保障机能。刑事古典学派的刑法理论是与反对封建刑法的罪刑擅断相适应的。在封建专制立法暴虐、司法专横的时代，要反对刑法的肆意干涉，必然要求重视行为及其后果。以行为为中心构建犯罪构成理论，并将行为成立犯罪的各种条件在法典中予以明确规定，同时，在量刑时根据行为恶害的大小处以相应的刑罚，就成为旧派必然的理论选择。总之，旧派的行为刑法系依法治国，避免罪刑擅断而必然采取的由外而内原则所致。当前我国的刑法理论，对于刑法旧派或新派的研究方兴未艾，对于客观主义的刑法观的研究尚需深入进行。

刑罚论部分的并合主义刑罚观有利于实现刑罚的一般预防与特殊预防。并合主义将责任报应与预防目的结合起来完整地说明刑罚的正当化根据，我国现行刑法实际上采取了并合主义的立场。① 一方面，旧派的报应刑论强调尊重个人权利，强调社会对犯罪人应尽的义务与责任，有利于人权保障及恢复正义。从人类的正义观考察，对违法犯罪行为进行报复、进行惩罚，是保障社会正义的有效方式。另一方面，新派的目的刑论有利于实现犯罪预防。新派的刑罚观重视犯罪预防，即考虑潜在的犯罪人人身危险性，在刑罚上规定种种的预防制裁措施，使其丧失犯罪的机会或打消犯罪的意念，不去从事犯罪行为，就可以最大限度地避免危害的发生，从而最有效地保全社会。并合主义刑罚观既能实现刑法的正义价值，又有利于积极主动地预防犯罪。我国刑法对各种犯罪根据社会危害性程度不同，规定了轻重不等的法定刑以及减刑、假释、累犯等各种刑罚制度，这充分表明我国刑法采取的就是并合主义刑罚观。

---

① 参见张明楷：《责任刑与预防刑》，北京大学出版社2015年版，第72—93页。

第二章 刑法基本原则

刑法基本原则,是指贯穿于整个刑法规范之中,指导和制约刑事立法和刑事司法,且为刑法领域所独有的基本准则。首先,刑法基本原则必须是贯穿全部刑法规范,具有指导和制约全部刑事立法和刑事司法的意义。其次,刑法基本原则必须体现刑法的基本精神。刑法的基本精神是限制国家刑罚权的发动以保障公民自由与人权,对此刑法原则必须予以体现。再次,刑法的基本原则是法官解释适用刑法构成要件的基本依据。法院在审理刑事案件时,须对所应适用的法律条文进行解释,以阐明刑法规范的含义,确定特定犯罪的构成要件和刑罚处罚。但是,法院在依照刑法基本原则解释适用刑法规范时,不得直接引用刑法基本原则作为定罪量刑的依据,否则就混淆了刑法基本原则与具体罪刑条款之间的关系。最后,刑法基本原则必须是刑法领域所独有,而非所有部门法领域通用的原则。我国刑法确立的三大基本原则即罪刑法定原则、平等适用刑法原则、罪刑相适应原则。但是,平等适用刑法原则并不符合上述刑法基本原则的第二和第四个特征,也因此不具备第一和第三个特征;该原则与其说是刑法基本原则,不如说是我国法治基本原则"法律面前人人平等原则"在刑法中的具体化而已。因此,严格按照刑法基本原则的特点,平等适用刑法原则不是刑法基本原则。

第一节 罪刑法定原则

一、罪刑法定原则的含义与意义

罪刑法定原则,是指犯罪行为的法律要件及其法律效果,均应由法律明确加以规定。换言之,行为如果没有法律明文的处罚规定,就不构成犯罪,也不受刑罚的处罚。这表明,如果行为时法律并未明确将该不法行为规定为犯罪,并规定一定的刑罚,则无论该不法行为的社会危害性有多大,也不能认定为犯罪并处之以刑罚。法无明文规定不为罪,法无明文规定不处罚,是罪刑法定原则脍炙人口的标语性表述。

罪刑法定原则是启蒙思想家和刑事古典学派学者所提出的具有划时代意义的法治国的法制原则,这一原则是针对罪刑擅断主义而言的。古代专制社会时期,刑罚是君主统治人民的工具,为了巩固君主个人的权位,对于公民个人的行为,什么是犯罪以及对犯罪处以何种刑罚,均取决于君主的意志需要。法律只是威吓与镇压人民的工具,犯罪是否成立,刑罚如何裁量,均由法官自由裁量,因此实行的是罪刑擅断主义。至 18 世纪民权主义思想开始兴盛,公民个人权利与自由备受重视,罪刑擅断主义开始受到人们的攻击,于是便有了罪刑法定主义的产生。该原则的存在,使刑法能够具有法的安定性,使公民能够预测何种不法行为是犯罪;使国家刑罚权受到限制,人民权益得到保障,使刑法产生保障机能。因此,罪刑法定自其产生之后便成为各民主法治国家中的一个极为重要的宪法与刑法原则。有的国家不但在刑法中明确规定罪刑法定原则,而且在宪法中也对该原则予以了规定。例如,《德国宪法》第 103 条第 2 项即有罪刑法定原则的规定,《德国刑法典》第 1 条则采用了与宪法相同的用语规定:"某行为只有在其实施之前已被法律确定了可罚性时,该行为才能受到处罚。"此外,《德国刑法典》第 2 条第 6 项对于涉及人身自由的保安处分也规定,"根据判决时有效的法律判决"。日本现行宪法第 31 条规定:"非依法律所规定之手续,不得剥夺任何人之生命或自由,或科以其他刑罚。"该法第 39 条规定:"凡在行为时适法之行为或被认为无罪之行为,不得究问其刑事责任。同一犯罪,不得重复究问其刑事责任。"这同样是在表示罪刑法定原则。其他各国刑法典,如 1994 年《法国刑法典》、1968 年《意大利刑法典》、1971 年《瑞士刑法典》等,均明确规定了罪刑法定原则。

我国《刑法》也采用了罪刑法定原则。该法第 3 条规定:"法律明文规定为犯罪行为的,依照法律定罪处刑;法律没有明文规定为犯罪行为的,不得定罪处刑。"

二、罪刑法定原则的历史渊源

罪刑法定原则作为自由主义刑法的基干,并非纯理性的结晶,而是人类历史文化发展的必然产物。一般认为,罪刑法定原则最早源于 1215 年英王约翰签署的《大宪章》第 39 条。该条规定:"任何自由人非依国家法律及适法裁判,不得逮捕、监禁、剥夺领土与法律保护,或予逐放,亦不得以任何方法予之毁灭。"这里的所谓"国家法律",不但指程序法,而且包括实体法在内。罪刑法定思想成熟于 17、18 世纪。一大批启蒙思想家如孟德斯鸠、卢梭、贝卡里亚等展开了对刑法的意义与目的、自由刑的人道化与国家契约说对刑罚权的限制等问题的探讨。在此思想影响下,罪刑法定主义成为法国大革命的主张。英国 1628 年《权利请愿书》、1688 年《人身保护法》进一步强调了罪刑法定的思想。法国 1789 年《人权宣言》第 8 条更为明确地规定了罪刑法定的原则:"任何人非依犯罪前已制定公布且经合法适用之法律,不得处罚之。"1791 年《法国宪法》采纳了此一精神。1810 年《法国刑法典》第 4 条更是明确规定了罪刑法定原则:"没有在犯罪行为时已明文规定刑罚的法律,对任何人不得处以违禁罪、轻罪或重罪。"由于《法国刑法典》是19世纪欧陆各国刑法典的主要范本,一时之间,欧洲大陆各国纷纷仿效法国的刑法立法,罪刑法定原则很快传播开来。

三、罪刑法定原则的思想基础

自然法理论、孟德斯鸠的三权分立理论和费尔巴哈的心理强制说是罪刑法定原则的理论根基。自然法理论主张用制定法来限制国家滥用刑罚干预公民个人权利,这就需要国家明确规定什么是犯罪、对犯罪处以什么样的刑罚;三权分立的学说要求立法、司法和行政彻底分开,在刑事法制领域,立法机关在立法时就明确规定什么是犯罪、对犯罪应处何种刑罚,司法机关在适用刑法时只能严格按照既定刑法规范来适用,不得有超越刑法典规定的权限;心理强制说由德国刑法学家费尔巴哈所创立,其基本精神是:由于人具有趋利避害的本能,国家必须事先规定犯罪及其法律后果,这样可以促使人们作出避免受到刑罚处罚的选择,从而不去犯罪。

就当代的情况而言,西方学者一般认为,民主主义和人权主义乃是罪刑法定原则的真正理论根基。民主主义认为,人民是国家的真正主人,因此国家的事情应当由人民自己来决定;那么什么是犯罪、对犯罪处什么刑罚就应当由人民说了算;但人民不可能每人都参加立法,这就需要通过选举产生专门的立法机关,并由其代表人民来进行立法;立法时把什么行为规定为犯罪、处什么刑罚,司法机关就必须严格按照立法规定来执行。人权主义的核心内容是:人的权利与自由在现代国家生活中处于十分重要的地位,国家有义务确保公民的权利与自由不受无端侵犯或限制;因此,为了既不妨害公民的权利与自由,又不至于使公民滥用权利与自由从而影响国家的正常生活秩序,就有必要使公民能够预测自己行为的性质和后果,以便他们能够选择有利于自己和社会的行为,故国家必须事先规定什么是犯罪、对犯罪处什么刑罚。①

四、罪刑法定原则的内容

罪刑法定原则自规定在各国刑法典之后,经刑法学者们的深入探讨,逐渐形成了特定的含义。依据大多数学者的见解,罪刑法定原则包括以下几方面的含义:

(一) 排斥习惯法

罪刑法定原则要求犯罪与刑罚均由法律明文规定,因此,刑法必须是成文法,习惯法当然不能成为刑法的法源。习惯法虽然是来自社会上大多数人的共同确信之观念,但是,由于习惯法没有经过立法程序加以成文化,因此,终归有其

---

① 参见马克昌:《比较刑法原理》,武汉大学出版社2002年版,第65—66页。

不明确之处。刑法作为干涉公民自由与权利的法律,应将公民自由的范围划定在最为明确的范围以内,因此在罪刑法定原则之下,刑法规范排除一切习惯法的适用。至于习惯法作为刑法规范适用时的解释依据,由于此时习惯法起着刑法法规的补充机能,而不是充当刑法法规本身,因此是允许的。

(二) 禁止溯及既往

罪刑法定主义要求刑法只能对其施行以后的犯罪适用,不能对其施行以前的犯罪适用。对行为人之行为性质的评价和处分,应当以行为时的法律规定为准,如果行为人行为之时的法律对行为人之行为规定了较轻的刑罚或不认为是犯罪,那么就应当按照罪刑法定原则给予行为人较轻处罚或不予刑事处罚。这是罪刑法定原则的应有之义。

根据禁止溯及既往原则,行为实施时属合法行为,则不能因为行为后法律认为是违法行为而加以处罚。但是,行为实施时属违法行为的,是否可以因行为后法律有所变更,而不受禁止溯及既往的限制,则需分情形而定:(1) 行为时法即旧法认为某种行为是犯罪,事后法即新法也认为是犯罪,但新法规定的刑罚比旧法轻的,则适用新法。(2) 在行为到裁判之间的一段时期,还有一种中间法存在,此时应当将行为时法、中间法和裁判时法相比较,根据从旧兼从轻原则,如果中间法不认为是犯罪,而行为时法和裁判时法认为是犯罪,则适用中间法不以犯罪论处。①

(三) 禁止类推解释

类推解释是指,对于法无明文规定的事项,比附援引与行为性质最相类似的条文而予以定罪量刑。

类推解释近似于自由擅断,它允许法官根据相似的刑法条文,随意入罪,以无为有,以轻为重,因此,罪刑法定原则必定禁止类推解释。刑事司法中的类推制度在我国有着久远的历史。它是刑事立法不完备、不科学的产物,目前在我国已被完全废除。

例如:2010年某日晚11点左右,北京某保安公司的张某在保安宿舍内,对其18周岁男同事李某实施"强奸",导致李某肛管后位肛裂。经法医鉴定,李某的伤情已经构成轻伤。本案中就不能对张某的行为适用《刑法》第236条定强奸罪。强奸罪是强行与"妇女"发生性关系的行为,将强行与男性发生性关系的行为也定强奸罪,就是比照了最相类似的条款而进行的类推解释,应该予以禁止。②

---

① 参见林荫茂、张健:《论刑事司法中的行为时法、中间法与裁判时法的适用》,载《法学家》2001年第5期。

② 当然,本案中对于张某造成李某轻伤的行为,可以定故意伤害罪。但是,如果张某"强奸"李某但并未造成李某任何身体伤害,则不能以犯罪论处。

需要说明的是,罪刑法定原则禁止类推解释,是禁止不利于行为人的类推解释,而不是禁止有利于行为人的类推解释。有利于行为人的类推解释之所以被允许,是因为它符合罪刑法定原则的人权保障主义精神。例如:怀孕妇女王某因涉嫌犯罪在羁押期间自然流产后,又因同一事实被起诉、交付审判,她被视为《刑法》第49条规定的"审判的时候怀孕的妇女"而不得适用死刑,这一解释就是有利于被告人的类推解释。刑法作为成文法自其产生之日起即落后于时代,而且任何刑法典都只能订立一些通则,不能完备无遗。这些因素决定了刑法必然是有漏洞的,它不是一个完美的逻辑体现。补救之道,是对刑法进行合理的、合目的的解释。因此,禁止类推解释,并不是说对刑法的解释应局限于表面的文理解释,当文理解释不能确定刑法含义时,仍然可以依据目的论的解释方法来解释。当然,如果超过此范围,涉及刑法法规没有规定的事项进行类推解释的,无异于创立新法,理应禁止。

(四) 禁止绝对的不定期刑

罪刑法定原则要求对犯罪处以什么样的刑罚由法律明文规定,禁止绝对的不确定的刑罚,以防止法官的专横擅断。

早期绝对的罪刑法定原则要求绝对确定的法定刑,即对犯罪所科处的刑罚,从刑种、刑期到罚金刑的数字,都必须由法律明文予以规定,法官毫无斟酌审查的余地。但是,对犯罪应处以何种刑罚是由行为、后果、主观恶性、犯罪动机、悔罪情况等一系列因素决定的,即使犯罪的行为相同,也绝不能机械地对不同案件中的行为人适用完全相同的刑罚。因而,现代的相对罪刑法定原则允许相对确定的法定刑,以使法官根据案件的不同情节,在刑法确定的法定刑的相对明确的范围内,予以斟酌决定所要判处的刑罚。

(五) 刑罚法规的适当

刑罚法规的适当,又称实体的适当或适当处罚原则,指刑罚法规规定的犯罪和刑罚都应是适当的。该项内容是形式的罪刑法定原则发展为实质的罪刑法定原则之后新增加的含义。

原来罪刑法定主义只被理解为"无法律则无犯罪也无刑罚",只要有法律规定,不管刑罚法规的内容如何,都被认为不违反罪刑法定主义。随着19世纪末20世纪初法治国理论由形式到实质的发展变化,罪刑法定原则也相应发生了变化。在形式的罪刑法定所强调的刑法规范和程序的完备之外,实质的罪刑法定更要求刑法规范在内容上必须符合公平正义之理念。

实质罪刑法定不仅是对罪刑法定理念的更新,在罪刑法定主义的内容上也相应地发生了变化。最为重要的是依据实质罪刑法定要求刑法必须符合正义之观念,罪刑法定原则增加了实体的正当性为其新的内容。自20世纪60年代以来,由于受美国宪法中适当的法律程序原则的影响,日本一些学者如团藤重光、平野龙一、芝原邦尔等教授在提倡明确性原则的同时,还提出承认实体的适当原则为罪刑法定主义的新的派生原则。随后,这一原则逐步为日本刑法学界所接受。他们认为受美国宪法影响于1946年制定的《日本宪法》第31条规定是实体的适当原则的宪法根据。该条规定:"任何人非依法律所定程序,不得剥夺其生命或自由,或科其他刑罚。"在日本学者看来,该条规定不仅要求程序的适当,而且要求刑罚法规的实体内容的适当。刑罚法规的内容不适当时,被认为违反宪法第31条而成为违宪。团藤教授指出,宪法第31条如前所述是来源于美国的适当程序条款,虽然没有"适当的"这种表述,但必须要求罪刑的法定是适当的。在不仅程序而且实体必须适当这个意义上,美国宪法中所谓的"实体的适当程序"的要求,在日本宪法中也应当被承认。他们认为,罪刑法定主义的宗旨是保障人权;实体的适当原则体现着实质的保障人权原则,它符合罪刑法定主义本来的宗旨,应该说是当然的。① 刑罚法规的适当原则包括:(1)禁止处罚不当罚的行为。刑事立法者应当调整刑法的处罚范围,而以保护公共安全与秩序所绝对必要为限度。对于具有社会危害性的行为只有当采用刑法的保护方能保护其侵害的法益时,才能被规定为刑法中的犯罪;对于随着时代的变迁社会危害性已经不再严重的行为则应及时予以非犯罪化。在这里,实际上需要贯彻的是刑法的谦抑性原则。(2)罪刑的均衡。国家刑罚权的行使应该有一定的限度,应防止刑罚过剩与刑罚过度,尤其应该禁止残酷的社会制裁。

我国《刑法》是否做到了刑罚法规的适当原则?根据我国基本的刑事政策、对社会治安综合治理的方针、我国的历史传统和人们的价值观念,我国《刑法》的处罚范围是比较适当的。但是,在犯罪的处罚程度上还存在着一些问题,即刑事制裁措施单一,只有刑罚一种;刑罚量过重,重刑色彩依然存在,挂死刑的罪名多达38个,挂无期徒刑的罪名多达101个,这种现象的出现是我国传统法观念影响的必然结果。长期以来,"治乱世用重典"的法传统以及民众过于强烈的报应观念,使我国的刑事立法在追究犯罪人刑事责任时具有重刑化的指导思想。因此,今后我国刑法改革的核心不是犯罪化与非犯罪化,而是轻刑化与非刑化,这既是实现严而不厉的刑事政策的要求,也是刑罚现代化的必由之路。②

(六) 明确性原则

罪刑法定主义要求对什么是犯罪以及对犯罪处以何种刑罚由刑法条文明确予以规定。"法无明文规定"不为罪、不为刑。因此,明确性作为罪刑法定主义之"法定"化的题中应有之义,就成为罪刑法定主义的重要派生原则。

明确性原则是由英美法系国家宪法上的正当法律程序(due process of law)

---

① 参见马克昌:《罪刑法定主义比较研究》,载《中外法学》1997年第2期。
② 参见刘艳红:《刑法调控范围之理性思考与启示》,载《法律科学》1999年第3期。

原则发展而来。英美等判例法国家不以成文法作为唯一的法源,不像大陆法系的刑法理论主张构成要件学说,并以之作为刑法的重要内容。但是,英美法系对于"正当法律程序原则"的强调,则与构成要件的理论具有同样的刑法保障意义。在内容上,它不以法规的类型概念为重心,而是以刑罚权行使的合理程序与方式为主要的着眼点,要求刑事立法、司法规定或行政规范的定义,必须符合明确性原则,否则将因规范定义之模糊不清而无效,此即"含混无效原则"(void-for-vagueness doctrine)或"不明确无效之理论"。"含混无效原则"经20世纪初美国的宪法判例实践被广泛承认后,①又得到德、日等国刑法判例的承认,并在第二次世界大战后被作为罪刑法定的内容而在立法上加以规定。

关于明确性的含义,在各国刑法中的表达并不很明确。英美等国刑法的相关判例表明,刑罚处罚规范是否明确,主要是指:法律对于可能犯罪而受处罚的行为,是否曾经合理地公布过;法律对于恣意擅断与歧视执行的情形,是否已经具备相当的保障措施;对于宪法保障的基本人权,必须保留相当的喘息空间。因此,对于限制基本人权的处罚规定,应尽量采严格界定原则。② 美国判例也曾对明确性标准作过解释,即具有通常智力的人,达到对法规能够进行推测和适用的程度。德国刑法学者认为,"能给予司法工作可资信赖的切实基础"就是明确性的要求。日本最高法院在1975年的一个判例中确认,"以具有通常判断力的理解为基础"③。虽然各国刑法对于什么是罪刑法定主义的明确性原则存在一定争议,但是,从现今刑法理论来看,一般认为,明确性原则是指,对于犯罪构成要件规定,以及对于刑罚的种类和刑罚幅度规定都应该明晰确切,以使法官能够根据法条规定公平统一地适用法律原则。因此,它包括构成要件的明确和法定刑的明确,虽然日本学者最初主张明确性原则"通常认为是关于构成要件的问题"。例如,日本学者赤坂昭二称,"罪刑法定的现代意义在于以犯罪构成要件的明确化和禁止刑法的溯及力为核心的对个人人权的保障"④。

五、罪刑法定原则的司法适用

自现行《刑法》将罪刑法定作为我国刑法的一项基本原则规定于刑法典之后,我国刑事法学界和司法实务界的法治观念确实大为改观。我国的刑事司法部门基本上做到了严格按照刑法规定定罪量刑,正确地对刑法条文规定进行刑

---

① 参见苏俊雄:《刑法总论》(Ⅰ),大地印刷股份有限公司1998年版,第182页。
② See Wayne R. La Fave and Austin W. Scott, Jr., Handbook on Criminal Law, West Publishing Co., 1972, p. 83.
③ 高铭暄、赵秉志主编:《新中国刑法学五十年》(上册),中国方正出版社2000年版,第349页。
④ 转引自张文、孟昭武:《罪刑法定原则与中国刑法》,载《中外法学》1992年第5期。

事司法解释,按照《刑法》规定执行刑事处罚等罪刑法定原则的基本要求。

罪刑法定与其说是刑法的基本原则,毋宁说是刑事立法的基本精神。从罪刑法定原则的起源与发展过程来看,它是资产阶级针对中世纪盛行的罪刑擅断主义而提出的,具有深刻的政治、经济、文化背景,且随着社会的演进不断地被注入理性精神。我们在适用和理解罪刑法定原则的时候,既要时时注意它所强调的人权保障精神,同时也应该看到罪刑法定主义经过社会的发展和演变,已由绝对变为相对,它在保障人权的同时也开始兼顾到社会保护;它对构成要件的明确性要求并非是指绝对明确,而只是一种相对的明确。绝对的成文法主义和构成要件的明确性要求,是早期罪刑法定主义的要求,在今天兼顾个人与社会双重利益的时代,在人类认识论经历了漫长考验之后,这被证明只能是纯然的幻想。罪刑法定主义是来源于西方社会的一种法文化观念,当我们将罪刑法定移植到我国法律体系之中并赋予其法典文字的肯定时,它还要面临中国特定环境中的法律文化、法律观念、刑事法律的科学性,特别是刑事立法和刑事司法解释、司法过程等方面的考验,而这些考验,都要以我们对罪刑法定主义有一个正确的理解和客观科学的态度为前提。否则,罪刑法定主义非但不能发挥其积极功效,反而会成为我国刑事司法的桎梏,而这正是目前我国刑事司法界所存在的问题。①

第二节 平等适用刑法原则

一、平等适用刑法原则的含义与意义

我国《刑法》第 4 条规定:"对任何人犯罪,在适用法律上一律平等。不允许任何人有超越法律的特权。"该规定确立了平等适用刑法原则。根据这一规定,该原则是指任何人犯罪,不分性别、种族、民族、语言、出身、财产状况、职务地位、宗教信仰等的不同,都应依据《刑法》规定同等定罪,同等追究刑事责任,同等行刑,绝不允许任何人有超越法律的特权。简言之,对任何犯罪人在刑法上的评价和适用的标准是同一的。

我国《宪法》第 33 条第 2 款规定:"中华人民共和国公民在法律面前一律平等。"第 5 条第 5 款规定:"任何组织或者个人都不得有超越宪法和法律的特权。"这就是法律面前人人平等原则。这是宪法确立的我国公民的一项基本权利,也是我国社会主义法治的一项基本原则。这一原则要真正取得效果,就需要在各部门法中得到贯彻执行。刑法作为我国的基本法律,对于贯彻这一原则具有责无旁贷的义务。平等适用刑法原则作为宪法规定的法律面前人人平等原则

---

① 参见刘艳红:《开放的犯罪构成要件理论研究》,中国政法大学出版社 2002 年版,第 320—328 页。

在刑法中的具体化,具有其特殊性。因为刑法作为规定犯罪、刑事责任和刑罚的法律,主要解决的是犯罪人的定罪量刑问题。刑法上所说的平等,是指定罪量刑只考虑法律上的条件,而不因法律以外的因素有所差别,其实质是排除特权。同样情节的犯罪人,在定罪处罚时应一视同仁;任何犯罪人不得因特殊身份、地位而加重或减轻处罚。这一原则确认和保护公民在享有法定权利和承担法定义务上处于平等的地位。

平等适用刑法原则意味着对特权的否定。根据本条规定,司法机关对任何人犯罪,不分民族、种族、职业、出身、性别、宗教信仰、教育程度、财产状况、职位高低和功劳大小,都应依法追究刑事责任,一律平等地适用刑法,不允许有任何超越法律的特权。对于那些触犯刑律、构成犯罪的人,不论现在地位多高、过去功劳多大,都要依法处理,绝不允许包庇、纵容。对任何人犯罪,在适用刑法时要坚持同一标准,绝不能违法地轻判、重判。

平等适用刑法原则是严格执法的需要。在司法实践中,对一般犯罪人往往容易做到,对有特殊身份和地位的犯罪行为人适用则步履艰难。有法不依、执法不严的现象在有些部门甚为严重,造成的后果和影响也非常恶劣,已经严重影响到刑法的权威和尊严,如果任其蔓延,势必将影响到司法机关正确执法,破坏国家法律的统一。因此,严格执行平等适用刑法原则是目前形势的迫切需求。

二、平等适用刑法原则的思想渊源

平等适用刑法原则的思想基础是一项抽象的法治原则——法律面前人人平等原则,平等适用刑法原则是法律面前人人平等原则在刑法中的具体化。

法律面前人人平等原则作为一个口号,是欧洲资产阶级启蒙思想家提出来的。17、18世纪,英国的洛克、法国的卢梭等人系统阐述了"天赋人权"理论,认为人生而自由、平等、独立。1789年法国《人权宣言》宣称:"在权利方面,人们生来而且始终是平等的。"由此正式确认了法律面前人人平等原则,即所有的公民都是平等的,法律对于所有的人,无论施以保护或处罚都是一样的。然而,在平等的历史发展中,大都存在这样一个现象,在革命之初,为了团结民众推翻封建等级特权,"人人平等"成为旗帜口号,但革命成功后,却往往变成有权阶级内部的平等,社会大众所期待的那种人人平等理想受到不同程度的限制。美国早在《独立宣言》时就宣告"人人平等",但建国初期的1787年宪法却未废除奴隶制;在统计人口数时,只将黑人算作3/5个人;在是否享有选举权的问题上,规定只有拥有财产的成年白人男性有选举权,黑人、妇女以及穷人没有该项权利。这种保护种族特权的平等原则使美国为此付出了巨大代价。从南北内战到社会种族骚乱,直到今日在形式上确立了公民权利平等的原则。1791年《法国宪法》以根本法的形式规定了这一原则。此后,西方大多数国家在宪法中确认了这一原则。

争取人人平等原则的血腥历史表明,确立人人平等是一个不可逆的潮流,至少在法律形式上,它不能有例外。

在近代早期探求法律(刑法)平等的道路上,人人平等原则也是逐步确立的。一是性别平等问题。法国《人权宣言》发表时,由于使用了法语 homme(意为"人""男性")、citoyen(意为"一般市民""男性市民"),而未使用代表女性市民的语词,因而体现出似乎只赋予和保护男性和男性市民权利的倾向,这遭受到很多人的攻击。德古热于1791年9月发表的《女性和女性市民权利宣言》指出《人权宣言》为男性宣言这一问题,要求"女性和女性市民"应该获得与"男性和男性市民"平等的权利保障,指出了近代宪法含糊其词之处,认为"女性是自由的,在权利上,作为与男性平等的人而出生和生存;一切女性市民都同男性市民一样拥有亲自或通过自己的代表参与制定法律的权利"。随着时间的推移,性别平等在今天于理论上已获得共识。二是把"人"与"公民"分开,在立法和参与执法中,每个公民即资产阶级成员一律平等;在适用法律上则无一例外,对所有人都是平等的。它反映了革命初期资产阶级在打破特权等级制度及基础的同时也排斥民众的要求,即无论哪个阶级在适用法律时都必须接受资产阶级意志,特别是无产阶级。但随着资本主义的发展,为表达"主权在民"的真诚,"人"和"公民"的界限已经日益消除。在我国现行法律中,"人人"平等得到了很大程度的实现,如我国《宪法》第38条规定:"中华人民共和国公民的人格尊严不受侵犯。禁止用任何方法对公民进行侮辱、诽谤和诬告陷害。"该规定即是确立了"人的资格"上人人平等的宪法原则而没有例外。当然,由于我国历史和现实的种种原因,要真正实现人人平等原则还有很长一段路要走。

三、平等适用刑法原则的内容

根据平等适用刑法原则的含义,该原则包含以下几项内容:

(一)定罪平等

行为人实施危害社会的行为已构成了刑法中的犯罪的,不论其身份、地位、财产状况如何,都应当依据刑法典分则的相应条款确定罪名;不构成犯罪的,则依法及时作出正确处理,保护其合法权利。我国《刑法》第13条和分则条文所规定的犯罪行为,都是国家禁止的对社会具有危害性的行为。任何人在主观意识的支配下,实施的侵害国家、社会或个人利益的行为,都应该根据犯罪行为、犯罪的主观方面及犯罪主体等要件,并依据《刑法》总则第13条及分则相应条文,认定犯罪是否成立。任何犯罪的人,不论其原来的地位多高、职位多大、财产状况多么特殊,只要其行为已经构成犯罪,就应和其他任何犯罪主体一样定罪。总之,是否定罪只能考虑是否具备刑法规定的犯罪构成要件,而不能考虑此外的其他因素。刑法不允许随意出入罪,尤其不允许任何人有超越法律制裁的特权。

(二) 量刑平等

量刑平等是指对任何犯有相同罪行的人,都应当依照刑法规定的量刑标准处以刑罚,不得任意加重或减轻。

平等适用刑法与刑罚个别化原则是不相矛盾的。刑罚个别化是指法官在适用刑罚时,根据犯罪人的人身危险性大小及社会生活的不同需要而适用不同的刑罚,以期收到改造教育罪犯的效果,实现刑罚特殊预防的目的。在此原则下,刑罚的执行必须依据犯罪人的年龄、性别、性格特征、生理状况、犯罪性质、犯罪严重程度、人身危险性等给予不同处遇。刑罚个别化原则贯穿在从量刑到执行刑罚的整个过程中。我国《刑法》第61条规定:"对于犯罪分子决定刑罚的时候,应当根据犯罪的事实、犯罪的性质、情节和对于社会的危害程度,依照本法的有关规定判处。"该条规定便是刑罚个别化原则的体现。平等适用刑法原则体现的是一般公正,刑罚个别化原则体现的是个案公正。正是刑事案件的个案公正,才使一般公正具有现实的而非仅仅是理论的意义。总之,平等适用刑法原则并不表明对同样的犯罪一律处以同样的刑罚,那种机械的绝对的"平等"并非该原则的内涵,而是一种平均主义思想。只要对犯罪人的定罪量刑不受非罪情节或因素的影响,而是根据不同犯罪或相同犯罪的不同犯罪人的个人情况、犯罪情节等与犯罪有关的一切情节综合考察,处以相应的刑罚,就是平等适用刑法原则的真正内涵。

(三) 行刑平等

行刑平等是指被判处刑罚的人应当受到相同的处遇,不得因社会地位的差别而在刑罚执行上受到不同的处遇。对判处刑罚的犯罪分子,只有经过实际执行,才能达到刑罚的目的。因此,对任何判处刑罚的罪犯,都应根据《刑法》和《中华人民共和国监狱法》(以下简称《监狱法》)规定对其实际执行刑罚。对任何犯罪分子,在执行刑罚期间,都不得因为判刑前身份、职位、财产等状况的不同,而给予不同于其他犯罪分子的特殊待遇。至于被执行刑罚的罪犯,由于犯罪类型、刑期、服刑改造的现实情况不同,按照《监狱法》的规定,为了有利于改造罪犯而实行分押、分管、进行不同劳动种类的改造和管教,这是正当合法的,不属于行刑的不平等。

四、平等适用刑法原则的实现

平等是公正的内涵属性,无平等即无公正可言。因此,平等适用刑法原则是实现刑事法治的最基本条件。虽然我国《刑法》已经将其确立为一项基本的刑法原则,但是这并不意味着它在现实中会得到必然的遵守。从现阶段我国的刑事立法及刑事司法实践来看,要想将该原则予以落实,还存在很多不足需要改进。

在刑事立法上,基于所有制的不同导致的不平等问题依然存在。这一点首先体现在罪名设置的总体比例上。同样的行为,我国《刑法》往往只将侵犯国有财产的行为设立为犯罪,而对侵犯私有财产的行为则不规定为犯罪。例如,我国《刑法》第165条非法经营同类营业罪,该罪就只针对国有公司、企业的董事、经理,如果是私营公司或企业的董事、经理实施同类行为的,则不构成犯罪,这就人为地从法律上为私营公司的发展设置了障碍。为亲友非法牟利罪,签订、履行合同失职被骗罪,国有公司、企业、事业单位人员失职罪,国有公司、企业、事业单位人员滥用职权罪,徇私舞弊低价折股、出售国有资产罪等罪名的设立均存在着类似问题。其次,体现在已有罪名的法定刑设置上。如普通盗窃罪,公民盗窃国家、集体或个人财产的,起刑数额为1000元,特别巨大的数额标准为30万元至50万元;而国家工作人员利用职务之便窃取本单位财物的,起刑数额则为3万元,特别巨大的数额标准则为300万元,等等。这些基于所有制的不同而在是否成立犯罪的问题上的差别,既不利于保护私人所有财产,也不利于平等适用刑法原则的贯彻。修改这些"不平等"的《刑法》条文,显然是今后刑事立法应该努力的方向。

在刑事司法实践中,适用刑法不平等的现象则更为突出。同样的犯罪,内地与沿海、发达地区与落后地区的处置不同;资格老、地位高、功劳大、财富多的人,往往更容易受到包庇、保护或纵容;司法人员实施权钱交易、犯罪分子以钱赎刑等各种有违平等适用刑法原则的事件仍大量存在。司法实践中的种种不平等现象是当前我国贯彻平等适用刑法原则的最大问题。为了改善这种状况,使平等适用刑法原则在司法中得以贯彻,现阶段必须加快对司法体制的改革,保证法院审判独立,并强化对刑事司法活动的监督,提高刑事司法人员素质,提高社会大众的法治意识,等等。只有使平等适用刑法原则得到良好的贯彻和实施,才能更好地实现对平等目标的追求。

第三节 罪刑相适应原则

一、罪刑相适应原则的含义与意义

罪刑相适应原则,又称罪刑相当原则或罪刑均衡原则。它是指刑罚的轻重应当与犯罪的轻重相称。我国《刑法》第5条明确规定了这一原则:"刑罚的轻重,应当与犯罪分子所犯罪行和承担的刑事责任相适应。"这一原则是适应人们朴素的公平意识的一种法律思想,是由罪与刑的基本关系决定的。根据这一规定,人民法院在对犯罪分子量刑时,应当根据其行为危害性的大小以及影响刑事责任的各种因素如犯罪情节、犯罪人的人身危险性等来确定与之相适应的刑罚,不得任意加重或减轻,做到罪行、罪责、刑罚三者相适应,以保证刑法的公正性、合理性和刑事司法的权威性。

只有罪刑相适应,才能满足被害人及社会善良人天生的追求对等性的本能,满足人类对公正追求的朴素情感;只有罪刑相适应,才能制约国家刑罚权,防止因刑罚权的滥用而侵犯公民自由;只有罪刑相适应,才能使犯罪分子受到公平合理的惩罚,促使犯罪分子认罪服法,接受改造,在群众中也可以树立司法机关执法严明公正的良好形象;只有罪刑相适应,才能有效地实现刑罚预防犯罪的目的。罪刑之间不均衡,则不足以惩戒犯罪分子,以及威慑其他犯罪分子,预防他们犯罪。

二、罪刑相适应原则的思想渊源

罪刑相适应原则起源于古老的血亲复仇或"以牙还牙、以眼还眼"的公平思想。而近代的罪刑相适应原则则是资产阶级革命时期自由、平等、博爱思想在刑罚理论上的表现。它最初是为了反对中世纪刑罚的专断和严厉,实现刑罚上的公平与正义。当时的资产阶级启蒙思想家如霍布斯、洛克、孟德斯鸠等人都极力倡导这种思想。如洛克指出:"处罚每一犯罪的程度和轻重,以是否足以使罪犯觉得不值得犯罪,使他知道悔悟,并且警戒别人不犯同样的罪行而定。"[1]孟德斯鸠的态度更是明确,他说:"惩罚总有程度之分,按罪行大小,定惩罚轻重。"[2]明确提出和阐明罪刑相适应原则并奠定其理论基础的是贝卡里亚、康德、黑格尔和边沁。贝卡里亚对罪刑相适应原则作了极为系统的阐述。他指出:"犯罪对公共利益的危害越大,促使人们犯罪的力量越强,制止人们犯罪的手段应该越强有力。这就需要刑罚与犯罪相对称。"[3]为了实现罪刑相均衡,贝卡里亚还精心设计了一个罪刑阶梯,以使轻罪对应轻刑,重罪对应重刑,充分地做到罪刑相适应,从而给人们提供了一张犯罪的"价目表"。康德在客观主义的思想基础之上,从人的理性及意志自由出发提出了报应刑论。他认为刑法体现着正义的绝对命令,对于正在侵害正义的犯罪,依照理性的命令,就该受到绝对的惩罚,此为正义的当然要求;他提倡"以牙还牙、以眼还眼"的等量报应论,认为刑罚只是对犯罪行为进行报复的一种方法,它具有绝对报应的性质,只能以有犯罪行为为理由科处,绝不能用作改善犯人本身或作为促进社会等其他目的之方法。黑格尔继承了康德的自由意志论和报应刑论,但是,他的刑法理论与康德又有所不同。他认为,犯罪是对法的否定,而刑罚是对犯罪的否定,通过否定之否定,法和正义得以

---

[1] 〔英〕洛克:《政府论》(下篇),叶启芳、瞿菊农译,商务印书馆1964年版,第10页。
[2] 〔法〕孟德斯鸠:《波斯人信札》,梁守锵、孙鹏译,漓江出版社1995年版,第140页。
[3] 〔意〕贝卡里亚:《论犯罪与刑罚》,黄风译,中国大百科全书出版社1993年版,第65页。

恢复;他主张相对的等价报应,反对绝对的等量报应刑论;主张根据犯罪行为社会危害性的大小确定刑罚的轻重,认为刑罚与犯罪行为只需在价值上相等同,无须在特种性状方面完全等同。康德和黑格尔刑法哲学中的对等理念和学说构成了前期旧派报应刑论的基础。而边沁的罪刑相适应原则是以其功利主义刑法观为出发点的。他认为,仅仅为了威吓而处罚犯罪人是不够的,为了防止受刑人将来再犯罪,应当施以教育、矫正的处遇。因此,他认为刑罚有五个方面的原理,即警诫、改善、犯罪人的隔离、对被害人的补偿、刑罚的经济性。刑罚是通过协调这五个方面的原理而获得其正当化根据的。

当启蒙思想家及以德国古典哲学家康德、黑格尔等为代表的学者所倡导的罪刑相适应思想为西方刑法学家和立法者所接受时,这一思想就演变为刑法上的罪责刑相适应原则。例如法国1789年《人权宣言》第8条规定:"法律应当制定严格的、明显地必需的刑罚。"1793年《法国宪法》所附的《人权宣言》第15条规定:"刑罚应与犯法行为相适应,并应有益于社会。"1791年到1810年的《法国刑法典》也贯彻罪刑相适应原则,并成为各国刑事立法的楷模。虽然当今世界各国对罪刑相适应原则的理解可能有所差异,刑法对犯罪与刑罚的规定也不完全相同;虽然保安处分、不定期刑等的引入,使罪刑相适应原则受到了冲击,但从世界各国的刑法理论和刑事立法及司法实践来看,罪刑相适应原则仍是刑法的基本原则之一。

三、罪刑相适应原则的内容

罪刑相适应并非只是与量刑有关的原则,它既关系到定罪又关系到量刑。它要求司法机关首先要正确认定犯罪性质,考察犯罪的情节和危害程度,然后在此基础上判处与其相适应的刑罚。

(一) 刑罚的轻重应当与犯罪分子所犯罪行相适应

犯罪分子所犯罪行主要是指犯罪分子已经实施的犯罪行为。从犯罪构成理论来说,就是犯罪分子所实施的符合《刑法》规定的犯罪构成的行为。具体而言,就是要考察这一行为究竟是什么性质的犯罪,对社会造成了什么样的危害后果。不同性质及不同危害后果的犯罪往往反映了不同程度和性质的社会危害性,从而决定了不同犯罪的不同刑事责任。刑事司法实践表明,犯罪性质越严重,其社会危害性就越大,其刑事责任就越大,应受到的刑事处罚就越重;反之亦然。因此,刑事处罚不能不与犯罪行为的性质及其危害后果相适应。

(二) 刑罚的轻重应当与犯罪分子的人身危险性相适应

人身危险性在内容上包括初犯可能性(初犯倾向)和再犯可能性(再犯倾向)。初犯可能性是指尚未犯罪者具有犯罪之危险性,而再犯可能性是指已犯罪者具有再次实施犯罪的危险性。由于人身危险性是对行为人将来是否实施犯罪的预测,因此,其重点在于前瞻未来,而非回顾过往。这种前瞻未来之预测,其价值在于为预防行为人的犯罪行为提供依据。通过揭示犯罪人的犯罪倾向,采取有针对性的措施,以更好地矫正罪犯、实行刑罚个别化。能够说明犯罪分子人身危险性的除了罪过的内容之外,还包括犯罪动机、目的,包括各种说明犯罪人人身危险性大小的具体犯罪事实情况即犯罪情节。需要说明的是,虽然刑罚的轻重与犯罪分子的人身危险性相适应的目的是预防犯罪,但是,它并不意味着法官可以根据自己的主观任意性随意加重或减轻犯罪人的刑罚,法官在判处刑罚时仍然要立足于现实已经发生的犯罪行为,犯罪分子所犯罪行是其考虑量刑的基点。

四、罪刑相适应原则的立法体现

(一) 我国《刑法》确立了严密科学的刑罚体系

由于犯罪的社会危害性各不相同,其刑事责任的大小亦各不相同,应受到的刑事处罚轻重也有不同,因此,为了适应不同严重程度犯罪承担不同刑事责任的需要,我国刑法典规定了轻重程度不同的5种主刑、3种附加刑,此外还规定了非刑罚方法以及专门适用于外国人的驱逐出境。这些轻重不同的主刑与附加刑等组成了我国严密科学的刑罚体系,它们为司法实践中落实罪刑相适应原则提供了立法前提。

(二) 我国《刑法》规定了区别对待的处罚原则

我国《刑法》除了规定轻重不同的刑事处罚方法,还根据不同的犯罪表现规定了区别对待的原则。例如,《刑法》中规定对于预备犯、未遂犯、共同犯罪中的从犯等可以从轻处罚,就是考虑到这些犯罪人的行为并未在客观上造成很严重的社会危害。《刑法》中规定防卫过当、避险过当、自首、立功、犯罪中止等应当从轻处罚,以及过失犯罪比故意犯罪处罚轻,则是考虑到犯罪人的罪过、目的、动机、人身危险性等主观因素的恶性不太严重。至于刑法典分则中各种不同性质的犯罪,基本上都是根据各种犯罪的不同性质和危害程度,分别规定不同刑种和刑度。例如对于侵害人身权利犯罪的刑罚就重于渎职类犯罪的刑罚。对于同一犯罪,由于犯罪情节和危害程度不同,处刑也不同。例如盗窃、诈骗、贪污等经济犯罪,根据其犯罪数额的大小规定了轻重不同的刑罚,等等。

(三) 我国《刑法》规定了灵活的量刑幅度

我国刑法典分则不仅根据犯罪的性质和危害程度建立了罪名体系,而且还为各种具体犯罪规定了灵活的量刑幅度。如《刑法》第236条规定的强奸罪,其量刑幅度是3年以上10年以下,其中的7年量刑幅度为我们贯彻罪刑相适应原则提供了广阔空间。

五、罪刑相适应原则对刑事司法的要求

罪刑相适应原则在立法上的体现,并不必然在刑事司法中得到贯彻,而那些在刑事立法上罪刑不相适应的条文,在刑事司法中更容易被曲解适用。为此,刑事司法要理顺罪刑关系,保持罪刑关系的对称性和均衡性,以实现罪刑相适应这一刑法的基本原则。这就要求:纠正重定罪轻量刑的错误倾向,把量刑置于与定罪同等重要的地位;纠正重刑主义的错误思想,强化量刑公正的执法观念;纠正不同法院量刑悬殊的现象,力求刑事司法的平衡与统一。总之,刑事司法中应坚持对罪行严重性的评价一致,对不同严重性层次的犯罪的评价一致,对相似严重性犯罪的刑罚严厉性评价一致,不同法官对犯罪与刑罚之间相称性的评价一致等。刑事立法具有一次性的特征,罪与刑是否相适应如果说在立法上只加以整体的判断可能会容易一些的话,司法实践中法官对个案进行处理时准确地判断罪与刑是否相称,则可能更为困难。这也正是强调在司法活动中正确处理罪与刑关系的重要性的原因。

拓展阅读

风险刑法理论是否违背刑法的罪刑法定原则①

根据风险学者的看法,当前全球进入"风险社会"时代;为了应对风险,在经济刑法、环境刑法、医事刑法等很多领域,刑法保护法益抽象化、普遍化与早期化倾向日益明显。在坚持建设法治国的今天,"风险社会"概念的蔓延以及风险刑法对传统刑法理论的侵入不可能动摇刑法谦抑原则。在风险社会概念的席卷下,风险刑法应运而生。

风险刑法以抵御社会风险为己任,以追求人类安全为目标,对于危害社会安全的行为即使没有出现法益侵害的结果,也主张动用刑罚处罚。风险刑法的宗旨是为了实现安全而不是自由。在风险刑法的倡导下,处罚危险行为的抽象危险犯日益增多,法定犯的立法比重越来越大,刑法日益关注风险控制,立法上越来越多的破坏环境资源保护犯罪、食品安全犯罪、交通犯罪等都是法定犯时代的典型代表;刑事制裁更多地强调所谓"犯罪人"的危险性,而不是罪责大小、行为实施与否、后果是否发生等。然而,风险刑法是对整个刑事法治理念和罪刑法定原则的法治内核的挑战,对之应予反对。

---

① 参见刘艳红:《"风险刑法"理论不能动摇刑法谦抑主义》,载《法商研究》2011年第4期。

延伸思考

如何区分类推解释和扩张解释

罪刑法定原则禁止类推解释,但不禁止扩张解释,这导致如何区分类推解释与扩张解释成为刑法解释学中的一个重要问题。

要回答这一问题,必须在已经弄清类推解释含义的基础上,对扩张解释的概念作出准确的界定。有关扩张解释的概念,比较有代表性的有以下几种观点:一是认为扩张解释是根据立法原意,对刑法条文作超过字面意思的解释。这是我国刑法学界的通说。① 二是认为扩张解释是在词语可能具有的含义范围内,作超出词语日常含义范围的解释。这是日本刑法学界一种很有影响的观点。三是认为扩张解释是指刑法条文的字面通常含义比刑法的真实含义窄,于是扩张字面含义,使其符合刑法的真实含义。这也是我国刑法学界一种很有影响的观点。这几种观点的共同之处在于,均认为扩张解释是对刑法条文作超出字面含义的解释,而这正是扩张解释的本质特征。但超出字面含义须有度的限制,否则就与类推解释没有差别了。然而,这几种观点均存在疑问,究竟如何区分类推解释与扩大解释,尚需要深入思考。

案例分析

1. 甲使用威胁的方法强行索要乙的出租车使用1个月,那么敲诈勒索所得的财产性利益数额就是乙在1个月以内使用出租车能够赚到的金钱数额。

问题:我国《刑法》第274条规定的敲诈勒索罪,其侵犯对象是"公私财物",敲诈勒索财产性利益的,能否构成该罪?如何区分类推解释与扩张解释?

2. 甲生于1989年。甲于2005年参加某恐怖组织,并在恐怖组织有关成员的领导下实施了一起暗杀他人的行为。后甲被判处有期徒刑3年,于2008年年底刑满释放出狱。2009年,甲又参与某恐怖组织并实施了爆炸、抢劫等犯罪行为。

问题:我国《刑法修正案(八)》对一般累犯规定了犯前罪必须"满18周岁",否则不能成立一般累犯,而对特殊累犯并没有规定年龄条件。有观点认为,特殊累犯成立时,犯前罪的年龄也应是已满18周岁。此种解释结论是否合理?它是否违背罪刑法定原则?

---

① 参见高铭暄、马克昌主编:《刑法学》(第十版),北京大学出版社、高等教育出版社2022年版,第21页。

第三章 刑法的适用范围

刑法的适用范围,亦称刑法的效力范围,是指刑法能够适用或发生法律效力的界限,也就是要解决刑法在什么地方、对什么人和在什么时间范围内具有效力的问题。它包括两方面的内容,即刑法适用的空间范围和刑法适用的时间范围。明确刑法的适用范围是刑法具体适用的前提和基础,因此各国均在刑法中对此作出规定。我国《刑法》第6条至第12条也就刑法的适用范围作了原则性规定。

第一节 刑法的空间适用范围

一、刑法的空间适用范围的概念和原则

刑法的空间适用范围,一般也被称为刑法的空间效力,是指刑法对地和对人的效力,它实际上解决的也是国家的刑事管辖权范围问题。因为刑法是公法,具有严格的属地性,每个国家对于自己管辖的刑事案件必定适用本国刑法,所以两者的外延范围大体一致。由于刑事管辖权是国家主权的派生,因此刑法适用的空间范围如何直接关系到国家、民族之间的关系,主权国家莫不对此予以高度重视,并且在解决刑法空间适用范围的问题上形成了一些重要原则。概括起来,主要有以下几种:

(一)属地管辖原则

属地管辖原则理论上又被称为属地主义、领域原则或领土原则。它是指一国对于发生在其领域内的犯罪,无论犯罪人的国籍如何,一律适用本国刑法。亦即以犯罪地为基准,因具体的犯罪事实位于一国领域内的关系而建立起案件与该国的连结点,从而使得该国刑法有理由予以适用。

属地管辖原则是迄今为止刑法适用中最无争议的一项原则。在早期的法治思想还停留在"以牙还牙、以眼还眼"的复仇观念时,对于犯罪人的处罚,允许被害人在当时的社会规范下直接采取私刑;而这种私刑当然是由在其犯罪地的被害人直接来进行,此即属地原则的雏形。近代以后,国家主权观念根深蒂固,国家对其领域拥有绝对的不受侵犯的权力,在此观念支配之下,当今世界各国无不确认了属地管辖原则。

(二)属人管辖原则

属人管辖原则亦称国籍原则,即以行为人的国籍为标准,凡是本国人犯罪

的,不论是发生在本国领域内还是在本国领域外,也不论侵害的是不是本国国家或公民的利益,都适用本国刑法。关于属人管辖原则的起源,一般认为较属地原则产生得更早。因为早在远古的部落时代,按照"部族主义",便肯定家长、部族对于集团内部成员犯渎神罪,以及杀人、通奸和强奸等罪的,拥有处罚权。近代以后,许多国家站在国家主义的立场,肯定国家与国民之间的道义关系,对于国民在国外的犯罪,均主张应适用本国刑法。但从根本上讲,属人原则的适用也是为了维护本国的利益。因为如果本国人在国外犯罪而本国置之不理,刑法的社会伦理机能和预防机能就会动摇。

(三) 保护管辖原则

保护管辖原则亦称自卫原则,即以保护本国利益为标准,凡侵害本国国家或公民利益的,不论犯罪人是本国人还是外国人,也不论犯罪地在本国领域内还是在本国领域外,都适用本国刑法。保护原则产生较晚,它具体又可细分为保护国家原则和保护国民原则。当国家的利益或本国国民在领域外受到侵害时,如果本国放弃保护原则,就等于放弃了在保护本国国家或公民利益上的最后一道底线,在很多时候将会陷于被动,因此其价值也不容置疑。

(四) 普遍管辖原则

普遍管辖原则亦称世界性原则,即以保护国际社会的共同利益为标准,凡发生国际条约所规定的侵害国际社会共同利益的犯罪,不论犯罪地在本国领域内还是在本国领域外,也不论犯罪人是本国人还是外国人,都适用本国刑法。这一原则的产生有深刻的时代背景。随着国际犯罪的猖獗和现代化交通工具的发达,一些犯下国际公认的严重罪行的犯罪分子可以轻易地逃窜至世界任何一个角落,如果他所在的国家无法管辖,而其他有管辖权的国家要行使管辖必须通过繁复的引渡程序并且可能存在无法引渡的情况,就会放纵犯罪分子。因此对某些重大犯罪行使普遍管辖的呼声日渐高涨,进而许多国际公约、国际会议决议都开始采纳普遍管辖原则。如1982年《联合国海洋法公约》规定,所有国家应尽最大可能进行合作,以制止海盗行为。在公海上或在任何国家管辖范围以外的任何其他地方,每个国家均可扣押海盗船舶或飞机或为海盗所夺取的并在海盗控制下的船舶或飞机,有权逮捕船上或机上人员或财物,将被逮捕的人员押送本国法院惩处。

上述各种原则均有合理性,但如果孤立适用,也都有一定的局限性。譬如单纯采取属地管辖原则,虽然直接维护了国家主权,但遇到本国人或外国人在本国领域外侵害本国国家或公民利益的情形却无法适用本国刑法,则国家主权的维护就显得不够周延。同样的,单纯采取属人管辖原则,对于外国人在本国领域内的犯罪,本国刑法却无法适用,则明显不利于犯罪地国主权的维护。而保护管辖原则和普遍管辖原则的适用本身就受到诸多条件的制约,显然不可能独立适用。

因此,现代各国刑法大多是以属地管辖原则为基础,兼采属人管辖原则、保护管辖原则和普遍管辖原则。具体来讲,属地管辖原则是刑法对国内犯适用的唯一基本原则,凡是在本国领域内犯罪的,不论本国人或外国人,都适用本国刑法。由于属地管辖原则的优越性,所以其他原则退居补充地位,仅仅成为对国外犯适用的原则,即只适用于发生在国外的案件,是在属地管辖原则不能有效地保护法益的情况下才能依次采用。由此属人管辖原则主要针对的是本国人在国外犯罪的情形,保护管辖原则针对的是外国人在国外对本国国家或公民犯罪的情形,而普遍管辖原则针对的是排除以上原则适用的严重国际罪行的情形。

二、我国刑法的属地管辖原则

我国《刑法》第6条第1款规定:"凡在中华人民共和国领域内犯罪的,除法律有特别规定的以外,都适用本法。"这是我国刑法关于属地管辖原则的基本规定。对这一原则的理解必须把握以下几点:

(一)"在中华人民共和国领域内犯罪"的含义

1. 对"领域"的理解

属地管辖原则的适用领域,一般认为是指国家主权行使的空间范围。换言之,虽然称之为属地管辖原则,但这里的"地"并非平面概念,而是包括了国家主权所及的"三度空间",具体包括:

(1)领陆。这里所谓"领陆",是指国境线以内的陆地及其地下层,包括岛屿。根据《中华人民共和国领海及毗连区法》,我国的陆地领土包括中华人民共和国大陆及其沿海岛屿、台湾及其包括钓鱼岛在内的附属各岛、澎湖列岛、东沙群岛、西沙群岛、中沙群岛、南沙群岛以及其他一切属于中华人民共和国的岛屿。

(2)领水。"领水",是指位于一国领陆之内的水域和与其陆地边界相邻接的一定宽度的水域,换言之,领水是由一国的内水和领海等构成的全部水域。其中内水从广义上可包括一国境内的河流、湖泊、运河、河口、港口、内海湾、内海峡,以及领海基线之内的海域。领海则是指一国海岸或内水向外扩展到一定宽度(我国规定为12海里)、受国家主权支配和管辖的海水带。

(3)领空。"领空",是指一国领陆和领水之上一定高度的空间。每一国家对其领土之上的空间具有完全的和排他的主权。不过对于领空的高度,即领空与外层空间的界限,目前尚无相关的国际立法对其作出准确划定。"功能论"者认为整个空间是一个整体,没有划分领空和外层空间的必要,而应根据飞行器的功能来确定其所适用的法律。如果是航天器,则其活动为航天活动,应适用外空法;如果是航空器,则其活动为航空活动,应受航空法的管辖。"空间论"者则主张以空间的某种高度来划分领空和外层空间的界限,以确定两种不同法律制度适用的范围。但具体标准仍不统一,有的主张以航空器向上飞行的最高高度为限,即离地面30—40公里;有的主张以人造卫星离地面的最低高度(100—110公里)为外层空间的最低界限。因此领空的范围还有待进一步明确。

这三部分以及领陆和领水的底土,共同构成一个整体,统一处在国家主权的管辖之下,国家在上述"三度空间"内均可行使刑事管辖权,适用刑法。此外,与邻海相连的还有毗连区、专属经济区和大陆架。其中毗连区、专属经济区为领海以外邻接领海的一带海域(我国毗连区宽度为12公里,专属经济区从测算领海宽度的基线量起,不超过200海里);而大陆架是领海以外依其陆地领土的全部自然延伸,扩展到大陆边外缘的海底区域和海床、底土。它们虽然不属于一国领域,但是,根据国际法的一般原则和1982年《联合国海洋法公约》,国家对于上述区域享有一定的主权权力,包括在一定范围内行使刑事管辖权。① 因此,一般认为属地原则的领域还应当延伸到这些区域。

除了以上实质的领域,还有两种情况通常被视为我国领域的延伸:

(1) 我国的船舶或航空器。我国《刑法》第6条第2款规定:"凡在中华人民共和国船舶或者航空器内犯罪的,也适用本法。"这里所说的船舶或航空器,既可以是军用的,也可以是民用的;既可以是航行或停泊于我国领域内的,也可以是航行或停泊于我国领域外的。总之,凡在我国船舶或航空器内犯罪的,不论该船舶或航空器在何地点、处何状态,我国刑法均可适用。

不过这种"浮动领土说"遭到了质疑。首先,有学者指出:如果承认一国船舶是旗籍国领域的延伸,无疑是说在我国的内海和领海范围内,将会出现"将存在着不断变化着"的外国的领域,难免有侵害我国的主权和领土完整之嫌。这不仅在理论上不符合国际法的基本原则和我国参加的有关国际条约,从实践角度看,也会使我国政府和我国的司法机关处于十分尴尬的地位。② 其次,船舶、飞机有国有的,也有私有的或集体所有的,但是私人或某个集体绝不可能拥有领土权;也有租来不带机组的,对租来的飞机、船舶我们仅有使用权和占有权而没有所有权,当然就更不能说是我国领土了。③ 因此,机籍国和船籍国管辖原则实际上是一项单独的旗国原则,它是国家专属管辖权的体现,有别于传统的属地管辖原则。另外要注意的是,这一规定不适用于国际列车,也不包括国际长途汽车,即地面交通工具的"国籍"不影响刑事管辖权,应严格按照属地原则。

(2) 我国驻外大使馆、领事馆。刑法学界主流观点认为,根据《维也纳外交关系公约》,一国驻外使领馆应直接视为派遣国的领域范围或其领域的延伸。

---

① 参见高铭暄主编:《刑法学原理》(第一卷),中国人民大学出版社2005年版,第287页。
② 参见陈忠林:《关于我国刑法属地原则的理解、适用及立法完善》,载《现代法学》1998年第5期。
③ 参见吕继贵:《论我国刑事管辖原则及其在涉外刑事案件中的应用》,载《政治与法律》1995年第1期。

如一些教材明确指出我驻外使领馆视同我国领域内,在其内发生的任何犯罪都适用我国刑法。①

这一观点是过去"治外法权"观念的延续。历史上,治外法权说曾长期得到帝国主义大国的支持,第二次世界大战后,该说已受到普遍批判。正如学者所指出的,"治外法权只是一种虚构,因为外交使节实际上是在接受国的国境以内"②。由于"治外法权说"实际上是对接受国主权的破坏,是强权政治在法律上的反映,所以《维也纳外交关系公约》早已抛弃该观念。这里事实上是对享有外交特权和豁免权的外国人刑事责任的解决途径与《维也纳外交关系公约》中使领馆馆舍不受侵犯等规定作了不恰当的扩大理解。

还应注意的是,随着科学技术日新月异的发展,人类正在进入高度信息化的时代,网络广泛覆盖全球,将原本散落于世界各地的计算机连为一体,实现资源共享,于是一个以虚拟性、无国界性和非中心性为特征的网络空间应运而生。那么,这种明显有别于传统物理空间的虚拟空间是否也应包含在属地原则所说的领域之中呢?有学者认为,传统刑法的"地域"(即领域)仅含领陆、领水、领空、浮动领土,不包括"第五空间"(即虚拟空间),因此,构想超前性的刑法新"领域",宜有所限制地扩大到第五空间。③ 网络空间的形成和发展事实上必须借助存在于现实空间的一定设备,网络空间中的各种行为的后果也总是及于现实空间。网络空间与现实空间并不是完全隔绝的,网络空间对现实空间的依赖性决定了适用于现实空间的刑法完全应当适用于网络空间。

2. 犯罪地的认定

适用属地管辖原则除了需要明确"中华人民共和国领域"的含义,还需要把握何种情况下才能认定为在该领域内犯罪,这就涉及对犯罪地的认定问题。

理论上关于犯罪地的认定基准有各种学说:(1) 行为地说,也被称为主观领土说,认为只有行为发生在本国领域内才认为是在本国领域内犯罪。如甲在 A 国邮寄一包毒药给 B 国人乙,致使乙服食后死亡,按照行为地说,A 国作为行为实施地,可以依照属地管辖原则适用本国刑法。(2) 结果地说,也被称为客观领土说,以结果地作为属地原则中"地"之认定的唯一标准。如甲在 A 国境内开枪,打死了身处 B 国境内的乙,此时 B 国作为结果地国可主张管辖。(3) 中间地说,认为行为的中间影响地或中间结果地才是犯罪地,如杀人行为与死亡结果之间的伤害结果发生之地为犯罪地。(4) 遍在说,又被称为折中说、行为结果地择一说等,主张行为实施地、结果发生地都是犯罪地,行为或结果只要有一项发

---

① 参见赵秉志主编:《刑法新教程》(第四版),中国人民大学出版社 2012 年版,第 46 页。
② 〔英〕詹宁斯、瓦茨修订:《奥本海国际法》(第一卷第二分册),王铁崖等译,中国大百科全书出版社 1998 年版,第 499 页。
③ 参见屈学武:《因特网上的犯罪及其遏制》,载《法学研究》2000 年第 4 期。

生在本国领域内,即可适用本国刑法。其理论根据,一是行为与结果作为犯罪构成要件的等价值性,二是重视法益保护与秩序维持的刑法的机能面。

以上(1)至(3)的观点,都失之偏颇,特别是在犯罪行为与犯罪结果跨越国界的特殊情形下,单纯采取行为地说或结果地说,明显不利于一国全面地维护本国利益。而遍在说因为反映了国家主权的扩张倾向,所以成为今日属地管辖原则中确定犯罪地的优势主张。我国《刑法》第6条第3款也明确规定:"犯罪的行为或者结果有一项发生在中华人民共和国领域内的,就认为是在中华人民共和国领域内犯罪。"这里所说的犯罪行为包括预备行为、实行行为、共同犯罪的部分行为,而犯罪结果则包括实际发生的结果、可能发生的结果(预备、未遂的场合)以及共同犯罪的部分结果,由此较为妥善地解决了隔地犯的刑法适用问题。

例如,一艘悬挂我国国旗的客船停泊在英国某港口时,轮船上的一名美国乘客甲遭到岸上英国国民乙枪击身亡,对于乙的行为,我国刑法能否适用?本案中,对乙的故意杀人行为能否适用我国刑法,需要考虑两个问题:一是乙的杀人行为虽然发生在英国,但是致人死亡的结果发生在我国的船舶上;二是我国船舶通常视为我国领域的延伸,因此该行为的结果发生在我国领域内,根据属地管辖原则,我国刑法对本案能够适用。

(二)"法律有特别规定的"含义

属地管辖原则虽然是我国对国内犯适用的唯一原则,但也不具有绝对的效力,根据我国《刑法》第6条第1款,"法律有特别规定的"情形下即排除刑法的适用。所谓"法律有特别规定的",主要是指:

(1)《刑法》第11条关于"享有外交特权和豁免权的外国人的刑事责任,通过外交途径解决"的规定。所谓外交特权和豁免权,是根据国际公约,在相互尊重和对等的原则基础上,一个国家为保证驻在本国的外交代表机构及其工作人员正常执行职务而给予的一种特殊权利和优遇。外交特权和豁免权的内容较为广泛,其中重要的一条就是"外交代表享有刑事豁免权,不受驻在国的司法管辖"。《刑法》第11条的这一规定既维护了我国的主权和法律的尊严,又尊重了有关国家,有利于协调我国同他国之间的正常外交关系。当然这并不意味着享有外交特权和豁免权的外国人在我国领域内犯罪的,我们坐视不管,而仅仅意味着依照刑法规定,我们不能对他们进行搜查、扣押或逮捕,而只能通过外交途径去解决他们的刑事责任问题。例如,可以要求派遣国召回,或建议派遣国依法处理;对于其中罪行严重的,可以由政府宣布为不受欢迎的人,限期出境等。这里需要注意的是哪些人享有外交特权和豁免权。根据有关国际公约,在我国享有外交特权和外交豁免权的人主要包括:各国驻我国的外交代表、外交职员以及与他们共同生活的配偶和未成年子女;应邀来我国访问的外国国家元首、政府首脑、政府高级官员等。如 A 国驻华商社工作人员甲是 A 国驻华外交官的外甥,他参与了我国某犯罪集团的恐怖犯罪活动,对甲的刑事责任问题仍然应当适用我国刑法。

(2) 我国香港特别行政区和澳门特别行政区基本法作出的例外规定。由于政治、历史的原因,《刑法》的效力无法及于港澳地区,这属于对刑法属地管辖权的一种事实限制。1997 年 7 月 1 日实施的《中华人民共和国香港特别行政区基本法》第 18 条规定,"全国性法律除列于本法附件三者外,不在香港特别行政区实施。"而《刑法》不在附件三所列的法律中。《中华人民共和国澳门特别行政区基本法》也有类似规定。不过,根据两个基本法规定,全国人大常委会决定宣布战争状态或因港、澳特别行政区内发生不能控制的危及国家统一或安全的动乱而决定特别行政区进入紧急状态时,中央人民政府可以发布命令将有关全国性的法律在港、澳特别行政区实施。

(3)《刑法》第 90 条关于"民族自治地方不能全部适用本法规定的,可以由自治区或省的人民代表大会根据当地民族的政治、经济、文化的特点和本法规定的基本原则,制定变通或者补充的规定,报请全国人民代表大会常务委员会批准施行"的规定。在理解这一例外规定时,应当注意以下几点:其一,民族自治地方并不是完全排斥刑法的适用,而仅仅是其中的一小部分,即与当地民族特殊的风俗习惯、宗教文化传统相关的部分,诸如情节不严重的械斗、聚众扰乱公共场所秩序、毁坏财物等。如果行为符合了变通或补充规定,则不再适用刑法典的相关规定。从总体上看,刑法基本上还是适用于民族自治地方的。其二,免予适用刑法的部分必须有明确的法律依据,即由自治区或省的人民代表大会制定变通或补充规定,并报请全国人大常委会批准。其三,民族自治地方制定的变通或补充规定不能与刑法的基本原则相冲突。

(4)《刑法》颁布施行后由国家立法机关制定的特别刑法规定。刑法典施行后,国家立法机关仍可能根据实际需要通过制定单行刑法、附属刑法等形式对其作补充修改。如果这些特别刑法与刑法典规定发生法条竞合的情况,应按"特别法优于普通法"的原则处理。

不过有学者认为,将上述(3)(4)项作为不适用我国刑法的例外是错误的,因为民族自治地方根据当地民族特点制定的对刑法典的变通规定或补充规定,仍然是中国刑法而不是外国刑法;特别刑法作为对刑法典的修改补充实际上也成了刑法的有机组成部分。这里涉及对《刑法》第 6 条第 1 款中"本法"的理解。如果认为这里的"本法"指的是刑法典,则上述四种情形均属"法律有特别规定的"例外;如果认为这里的"本法"指的是广义刑法,则上述批评意见就是中肯的。因此,"本法"的含义需要进一步明确。

三、我国刑法的属人管辖原则

我国《刑法》第 7 条规定:"中华人民共和国公民在中华人民共和国领域外犯本法规定之罪的,适用本法,但是按本法规定的最高刑为三年以下有期徒刑的,可以不予追究。中华人民共和国国家工作人员和军人在中华人民共和国领域外犯本法规定之罪的,适用本法。"该条是对我国刑法属人管辖原则的规定。

根据上述规定,我国公民在我国领域外犯我国刑法规定之罪的,不论当地法律是否认为是犯罪,也不论罪刑轻重及何种罪行,更不论其侵犯的是何国或公民的利益,原则上都适用我国刑法。只是按照我国刑法规定,该中国公民所犯之罪的法定最高刑为 3 年以下有期徒刑的,可以不予追究。所谓"可以不予追究",表明了不予追究的一种倾向性,但并非绝对不追究,而是在有特殊理由时,保留追究的可能性。但如果是我国的国家工作人员或军人在我国领域外犯罪,则不论其所犯之罪的法定最高刑是否为 3 年以下有期徒刑,我国司法机关都要追究其刑事责任。这主要是基于国家工作人员和军人的特殊身份,考虑到其代表国家形象,肩负特殊的职责,其一举一动与国家利益息息相关,从而对其作出的从严规定。

例如,甲是中石油某部门经理,已婚,被派往某中东国家工作。甲在当地又同一女子登记结婚,而该国法律允许一夫多妻。对甲的重婚行为能否适用我国刑法追究其刑事责任?本案在适用属人管辖原则分析时,是否属我国公民在领域外"犯罪",判断的标准应以我国刑法为准。无疑,甲的行为构成我国刑法中的重婚罪,而无须考虑该中东国家的刑法规定。虽然重婚罪是轻罪,但甲作为国有单位的工作人员,属于刑法中的国家工作人员,所以对甲应当适用我国刑法追究其重婚罪的刑事责任。

与此相关的问题是,如果我国公民在域外犯罪,犯罪地国已经对其追究了刑事责任,还能对其适用我国刑法吗?对此,《刑法》第 10 条规定:"凡在中华人民共和国领域外犯罪,依照本法应当负刑事责任的,虽然经过外国审判,仍然可以依照本法追究,但是在外国已经受过刑罚处罚的,可以免除或者减轻处罚。"这一规定表明我国作为一个独立自主的主权国家,原则上不承认外国刑事判决的效力,不受外国刑事审判的约束。但基于人道主义的考虑,为避免被告人遭受过重的双重处罚,该条又规定在外国已经受过刑罚处罚的,可以免除或减轻处罚,由此体现了刑法原则性与灵活性的统一。不过从国外的立法例来看,绝大多数都对外国刑事判决持积极承认的态度。我国也有一些学者主张依据一事不再理原则,经过外国审理判决的犯罪,本国法院不得再对其提起诉讼。

四、我国刑法的保护管辖原则

我国《刑法》第8条规定:"外国人在中华人民共和国领域外对中华人民共和国国家或者公民犯罪,而按本法规定的最低刑为三年以上有期徒刑的,可以适用本法,但是按照犯罪地的法律不受刑罚处罚的除外。"该条即是对我国刑法保护管辖原则的规定,其意义主要在于保护我国国家和我国公民的利益,但该原则的适用有严格的限制条件:(1)必须是外国人在我国领域外对我国国家或公民犯罪,即侵犯的是我国国家或公民利益。这里的"外国人"是指不具有中国国籍的人,包括具有外国国籍的人,也包括无国籍人,但是不包括外国的单位;我国"公民"则是指具有我国国籍的人,包括定居海外尚未取得外国国籍的华侨、虽有外国血统但取得我国国籍的人以及临时出国人员等。(2)外国人所犯之罪按照我国刑法规定的最低刑须为3年以上有期徒刑,即对低于3年有期徒刑的轻罪不予适用。(3)外国人所犯之罪按犯罪地法律也应受刑罚处罚,即适用保护管辖原则的犯罪在认定时实行双重犯罪原则,以同时违反我国和犯罪地国刑法为限。

条文规定"可以适用本法"意味着既可以适用,也可以不适用我国刑法,这是考虑到现实情况,留下了灵活掌握的余地。因为这种管辖权的实际行使会存在一定困难,由于犯罪人是外国人,犯罪地点又是在国外,如果该犯罪人不能引渡回来,或没有在我国领域内被抓获,就无法对其进行刑事追究。但如果刑法对此不加以规定,就等于放弃自己的管辖权,那些犯罪的外国人就可以肆无忌惮地对我国国家或公民的利益进行侵害。因此,作这样规定表明了我国的立场,有利于维护国家利益,保护我国驻外工作人员、考察访问人员、留学生、侨民的利益。

此外,《刑法》第10条规定对于在国外对我国国家或公民犯罪的外国人也同样适用。例如,甲系新加坡人,是美国某州立大学留学生;乙系我国公民,是甲的同学、室友。2005年的某天,甲、乙因故发生争执,甲用刀刺向乙致乙死亡。根据甲所在州的法律规定,对甲的行为应判处10年以上的监禁。之后甲在美国被判刑并执行了刑罚。刑满释放后,甲到中国境内旅游,我国司法机关能否追究其刑事责任?本案中,虽然甲的犯罪地在美国,甲属于外国人,我国依法不能适用属地管辖原则和属人管辖原则,但甲的行为侵犯的是我国公民的利益,而且依照我国《刑法》第232条该行为是重罪,犯罪地美国也认定该行为为犯罪,故依保护管辖原则,我国刑法对其行为有适用效力。虽然该犯罪行为已被美国定罪处罚,但依据《刑法》第10条并不影响我国刑法的适用,当然,依法可以对其免除或减轻处罚。

五、我国刑法的普遍管辖原则

我国《刑法》第9条规定:"对于中华人民共和国缔结或者参加的国际条约所规定的罪行,中华人民共和国在所承担条约义务的范围内行使刑事管辖权的,适用本法。"这条规定对国际犯罪确立了普遍管辖权原则。即凡是中华人民共和国缔结或参加的国际条约中规定的罪行,不论犯罪的是中国人还是外国人,不论犯罪地在我国领域内还是领域外,在我国所承担条约义务的范围内,如不引渡给其他国家,我国就应行使刑事管辖权,依照我国刑法对罪犯予以惩处。普遍管辖原则的确立是我国参与反国际犯罪斗争、行使捍卫整个人类权益之职责和履行国际法义务的必然要求。该原则的适用须符合如下条件:

(1)普遍管辖原则的适用对象是特定的,仅限于我国缔结或参加的国际条约所规定的罪行。这类罪行从实质上看,具有危害不特定多数国家利益、多数国民利益乃至危害全人类的属性,但对我国国家或国民利益未造成直接损害;它们是严格意义上的国际犯罪,如毒品犯罪、劫持民用航空器罪、酷刑罪、恐怖主义犯罪、战争罪、灭绝种族罪等,绝不能任意扩大到一般的涉外犯罪和跨国犯罪。从形式上看,应是国际社会通过国际条约明文禁止,并确认其实施者应当受到国际社会普遍制裁的行为。我国刑法在这一问题上基本采取了概括式立法,不致因我国参加或退出某一国际条约而影响到法典的稳定性。

(2)必须是在所承担义务范围内行使管辖权,即只有我国缔结或加入了某一规定有国际犯罪及其惩处的公约,我国才承担对犯有公约规定罪行的行为人行使刑事管辖的义务;反之,如果我国对某些国际公约所规定的普遍管辖罪行有所保留,就不能适用我国刑法进行管辖。

(3)必须是适用其他原则不能行使管辖权时,才有普遍管辖原则的适用余地。如果能够依据其他管辖原则适用我国刑法,就不能依据普遍管辖原则。如劫机犯劫持民用航空器在我国降落,我国可直接依据属地原则行使管辖,就不必引用《刑法》第9条。

(4)必须是犯有国际条约所规定的罪行的行为人出现在我国境内,这是实践中的限制条件。对适用普遍管辖原则的犯罪分子我们不能主动要求他国引渡给我国。当然如果有管辖权的国家向我国提出引渡请求,按照国际法上的"或起诉或引渡"原则,我国认为适宜引渡的可以考虑通过刑事司法协助途径将罪犯引渡给他国,但如果有关国家放弃引渡请求或我国根据具体情况不予引渡的,则应当积极履行普遍管辖的国际义务。

(5)国际公约对有关国际罪行的规定往往是一种倡议性或至多是对罪名的规定,而没有规定具体刑罚,在这种情况下,要行使普遍管辖权,处罚某种国际罪行,实际适用的仍是我国刑法而非国际条约,因此需要条约所列罪行为我国刑法上的犯罪。由于我国《刑法》与国际条约中罪名的不一致性甚至脱节性,出现了我国《刑法》与国际刑法无法对接和协调的现象,因此有学者认为需要将某些国际犯罪进行国内立法,并在刑法典分则中规定相应具体的罪刑规范,以避免刑法的漏洞,适应国际潮流。①

例如,1999年6月8日,印度尼西亚人甲召集另外9人乘坐事先准备好的两艘快艇在马来西亚海域追上一艘泰国籍油轮,持刀登上该油轮,控制该油轮驾驶台,将其上泰国船员捆绑起来予以关押并轮流看守,直至10日晚释放船上船员。劫得该油轮后,他们将该油轮予以伪装,随后甲指挥该油轮沿着马来西亚—菲律宾—中国台湾航线航行,并于17日进入中国领海。次日与中国某杂货轮联系销赃该油轮上的柴油。后被中国警方现场查获,并缴获该被伪装的泰国油轮以及该油轮装载的柴油1900吨。本案中,甲等人抢劫泰国油轮的行为实施于马来西亚海域,犯罪人都是印度尼西亚人,抢劫的对象是泰国油轮,危及泰国的权益,与我国没有任何关联,因此我国不能根据属地原则、属人原则或保护原则行使刑事管辖权。但是这一行为属于国际犯罪中的海盗行为,根据我国参加的《联合国海洋法公约》和《制止危及海上航行安全非法行为公约》的有关规定,我国承担普遍管辖的义务,因此当甲等人出现在我国领域内时,我国应对在我国领域外发生的这一海上抢劫犯罪行为行使刑事管辖权。

第二节 刑法的时间适用范围

刑法的时间适用范围,也被称为刑法的时间效力,是指刑法的生效时间、失效时间以及对刑法生效前所发生的行为是否具有溯及力的问题。

一、刑法的生效时间

刑法的生效时间,是指刑法在什么时间发生法律效力。任何一个国家的刑法,只有在其生效后,才能作为定罪量刑的依据。

关于刑法的生效时间,通常有两种立法例:一是从批准或公布之日起生效;二是批准或公布之后间隔一段时间再生效,这是绝大多数国家刑法典的通行做法。我国现行《刑法》的生效时间亦属后者,这样做是考虑到人们对新法比较生疏;通过一段时间的宣传、学习和研究,便于广大人民群众及司法工作人员做好实施新法的心理、组织及业务准备。至于批准或公布之后间隔多长时间生效,各国的做法不尽相同。有的间隔十几天,有的间隔1个月或几个月,有的则间隔1年甚至几年。间隔时间最长的是《荷兰刑法典》,它于1881年3月3日公布,

---

① 参见刘仁文:《刑法的结构与视野》,北京大学出版社2010年版,第34页。

1886年9月1日生效。

二、刑法的失效时间

刑法的失效时间,是指刑法在什么时间终止效力。一经失效的刑法,对于其失效以后的行为不再适用。

关于刑法的失效时间,通常也有两种立法例:一是由国家立法机关明文规定废止或失效。即新法公布后,在新法条文中或在有关新法施行的法律中明文宣布,与新法相抵触的旧法何时予以废止或失效。如日本明治四十一年敕令第163号规定,于同年10月1日开始施行的刑法,自其施行之日,明治十三年第36号公布的刑法应予废止。我国也采取了这种方式。二是自然失效。即新法施行后代替了同类内容的旧法,使旧法自行失去了效力,或由于原来特殊的立法条件已经消失,使原有法律实际上无法适用而失去效力。

三、刑法的溯及力

(一) 刑法溯及力的一般理论

刑法的溯及力,是指刑法生效后,对它生效前未经审判或判决尚未确定的行为是否适用。如果能够适用,刑法就是有溯及力;如果不能适用,刑法就是没有溯及力。

溯及力与时效不同。时效解决的是对某种犯罪行为是否需要追究的问题,溯及力解决的是选择法律的问题。

各国刑法对溯及力问题所采取的原则是不尽相同的。概括起来,主要有以下四种原则:(1) 从旧原则。即新法没有溯及力,一律适用行为时的旧法。(2) 从新原则。即新法有溯及力,对于新法生效后未经审判或判决尚未确定的行为,一律适用新法。(3) 从旧兼从轻原则。即新法原则上没有溯及力,但新法不认为是犯罪或处刑较轻时适用新法。(4) 从新兼从轻原则。即新法原则上有溯及力,但行为时的旧法不认为是犯罪或处刑较轻时适用旧法。在上述原则中,由于从旧兼从轻原则既符合罪刑法定原则的要求,又适应同犯罪作斗争的实际需要,因而为绝大多数国家所采用。

(二) 我国刑法的溯及力

我国《刑法》关于溯及力问题,采用的是从旧兼从轻的原则。《刑法》第12条第1款规定:"中华人民共和国成立以后本法施行以前的行为,如果当时的法律不认为是犯罪的,适用当时的法律;如果当时的法律认为是犯罪的,依照本法总则第四章第八节的规定应当追诉的,按照当时的法律追究刑事责任,但是如果本法不认为是犯罪或者处刑较轻的,适用本法。"所谓"当时的法律",是指行为时的法律。

《刑法》第12条第2款规定:"本法施行以前,依照当时的法律已经作出的生效判决,继续有效。"根据这一规定,对于1949年10月1日中华人民共和国成立以后至1997年10月1日现行刑法施行以前这段时间内发生的行为,应当按照以下不同情况分别处理:

(1) 行为时的法律不认为是犯罪的,不论现行刑法如何规定,都适用当时的法律,即现行刑法没有溯及力。如我国《刑法》第315条规定的破坏监管秩序罪,过去的法律并不认为是犯罪,因此,对现行刑法生效前的这种行为,就不能作为犯罪处理。

(2) 行为时的法律认为是犯罪,但现行刑法不认为是犯罪的,只要该行为未经审判或判决尚未确定,就不认为是犯罪,即现行刑法有溯及力。如伪造、倒卖计划供应票证的行为,过去的法律认为是犯罪,而现行刑法并不认为是犯罪,对此,不能作为犯罪处理。

(3) 行为时的法律和现行刑法都认为是犯罪,并且按照现行刑法关于时效规定应当追诉的,按照当时的法律追究刑事责任,即现行刑法没有溯及力。但是如果现行刑法的处刑比当时的法律轻的,则适用现行刑法,即现行刑法有溯及力。那么,对"处刑较轻"如何正确理解?根据1997年12月31日最高人民法院公布的《关于适用刑法第十二条几个问题的解释》,"处刑较轻"是指刑法对某种犯罪规定的刑罚即法定刑比修订前刑法轻。法定刑较轻是指法定最高刑较轻;如果法定最高刑相同,则指法定最低刑较轻。如果刑法规定的某一犯罪只有一个法定刑幅度,法定最高刑或最低刑是指该法定刑幅度的最高刑或最低刑;如果刑法规定的某一犯罪有两个以上的法定刑幅度,法定最高刑或最低刑是指具体犯罪行为应当适用的法定刑幅度的最高刑或最低刑。1997年7月1日以后审理1997年9月30日以前发生的刑事案件,如果刑法规定的定罪处刑标准、法定刑与修订前刑法相同的,应当适用修订前的刑法。

例如,1997年6月25日下午,李某携带自制的火药枪去山中打野兔,在山中到处寻找未果,于是拎枪下山。回家途中,遇见张某正面赶来,张某问李某:"野兔打到没有?"李某回答:"未打着。"二人说话时,李某右手拿着枪,枪口正对着张某的头部。由于李某的疏忽大意,致使手中的火药枪走火,枪内子弹正好击中张某头部。张某中弹后当即倒地不起。李某见张某倒在地上,而且满脸是血,立即将张某送到附近的医院抢救,但因伤势过重,张某抢救无效死亡。李某从医院回来后,便立即到公安机关投案自首。1997年8月20日,人民检察院依据1979年《刑法》以过失杀人罪对李某提起公诉。该法第133条规定,过失杀人的,处5年以下有期徒刑;情节特别恶劣的,处5年以上有期徒刑。本案尚未审结时恰逢1997年《刑法》生效施行,依据该法第233条的规定,过失致人死亡的,处3年以上7年以下有期徒刑;情节较轻的,处3年以下有期徒刑。本案中,李某由于疏忽大意,加上案发时被害人又与其进行对话,在一定程度上分散了李某的注意力,才造成张某的死亡,李某事后又积极抢救并主动自首,说明其主观恶性小,应当视为"情节较轻"。对此,现行刑法处罚较轻,所以应适用现行刑法。人民法院最后判被告人李某犯过失致人死亡罪,处2年有期徒刑,缓期3年执行。

(4)现行刑法施行以前,依照当时的法律已经作出的生效判决,继续有效,不能因为现行刑法不认为是犯罪或处刑较轻而改变既定的已经发生法律效力的判决。这样规定,主要是为了维护人民法院生效判决的严肃性和稳定性。

(三)我国刑法溯及力原则的实践

2015年8月29日全国人大常委会颁布《中华人民共和国刑法修正案(九)》,增加了许多新的罪名,由此带来新的罪刑规范的时间效力如何确定的问题。为此,2015年10月19日最高人民法院发布《关于〈中华人民共和国刑法修正案(九)〉时间效力问题的解释》,专门就人民法院2015年11月1日以后审理的刑事案件,具体适用修正前后刑法的有关问题规定如下:

(1)对于2015年10月31日以前因利用职业便利实施犯罪,或者实施违背职业要求的特定义务的犯罪的,不适用修正后《刑法》第37条之一第1款的规定。其他法律、行政法规另有规定的,从其规定。

(2)对于被判处死刑缓期执行的犯罪分子,在死刑缓期执行期间,且在2015年10月31日以前故意犯罪的,适用修正后《刑法》第50条第1款的规定。

(3)对于2015年10月31日以前一人犯数罪,数罪中有判处有期徒刑和拘役,有期徒刑和管制,或者拘役和管制,予以数罪并罚的,适用修正后《刑法》第69条第2款的规定。

(4)对于2015年10月31日以前通过信息网络实施《刑法》第246条第1款规定的侮辱、诽谤行为,被害人向人民法院告诉,但提供证据确有困难的,适用修正后《刑法》第246条第3款的规定。

(5)对于2015年10月31日以前实施的《刑法》第260条第1款规定的虐待行为,被害人没有能力告诉,或者因受到强制、威吓无法告诉的,适用修正后《刑法》第260条第3款的规定。

(6)对于2015年10月31日以前组织考试作弊,为他人组织考试作弊提供作弊器材或者其他帮助,以及非法向他人出售或者提供考试试题、答案,根据修正前刑法应当以非法获取国家秘密罪,非法生产、销售间谍专用器材罪或者故意泄露国家秘密罪等追究刑事责任的,适用修正前刑法的有关规定。但是,根据修正后《刑法》第284条之一的规定处刑较轻的,适用修正后刑法的有关规定。

(7)对于2015年10月31日以前以捏造的事实提起民事诉讼,妨害司法秩序或者严重侵害他人合法权益,根据修正前刑法应当以伪造公司、企业、事业单位、人民团体印章罪或者妨害作证罪等追究刑事责任的,适用修正前刑法的有关规定。但是,根据修正后《刑法》第307条之一的规定处刑较轻的,适用修正后刑法的有关规定。实施前述行为,非法占有他人财产或者逃避合法债务,根据修正前刑法应当以诈骗罪、职务侵占罪或者贪污罪等追究刑事责任的,适用修正前《刑法》的有关规定。

(8) 对于2015年10月31日以前实施贪污、受贿行为,罪行极其严重,根据修正前刑法判处死刑缓期执行不能体现罪刑相适应原则,而根据修正后刑法判处死刑缓期执行同时决定在其死刑缓期执行二年期满依法减为无期徒刑后,终身监禁,不得减刑、假释可以罚当其罪的,适用修正后《刑法》第383条第4款的规定。根据修正前刑法判处死刑缓期执行足以罚当其罪的,不适用修正后《刑法》第383条第4款的规定。

四、刑法时间效力中的特殊问题

(一) 跨法犯的刑法适用问题

在贯彻刑法溯及力问题上的从旧兼从轻原则时,还涉及如何对跨越新旧刑法的继续、连续行为适用法律的问题。对此,1997年10月6日最高人民检察院《关于检察工作中具体适用修订刑法第十二条若干问题的通知》第3条指出:对发生在1997年9月30日以前,1997年10月1日后尚未处理或者正在处理的行为,"如果当时的法律不认为是犯罪,修订刑法认为是犯罪的,适用当时的法律;但行为连续或继续到1997年10月1日以后的,对10月1日以后构成犯罪的行为适用修订刑法追究刑事责任"。1998年12月2日最高人民检察院《关于对跨越修订刑法施行日期的继续犯罪、连续犯罪以及其他同种类数罪应如何具体适用刑法问题的批复》也指出:"对于开始于1997年9月30日以前,继续或连续到1997年10月1日以后的行为,以及在1997年10月1日前后分别实施的同种类数罪,如果原刑法和修订刑法都认为是犯罪并且应当追诉,按照下列原则决定如何适用法律:一、对于开始于1997年9月30日以前,继续到1997年10月1日以后终了的继续犯罪,应适用修订刑法一并进行追诉。二、对于开始于1997年9月30日以前,继续到1997年10月1日以后终了的连续犯罪,或在1997年10月1日前后分别实施同种类数罪,其中罪名、构成要件、情节以及法定刑均没有变化的,应当适用修订刑法,一并进行追诉;罪名、构成要件、情节以及法定刑已经变化的,也应当适用修订刑法,一并进行追诉,但是修订刑法比原刑法所规定的构成要件和情节较为严格,或者法定刑较重的,在提起公诉时应当提出酌情从轻处理意见。"

(二) 刑法中特殊制度的时间适用问题

从司法实践看,新旧刑法的选择适用所涉及的不仅是有罪无罪和处罚轻重的问题,还涉及一些特殊制度的刑法选择适用问题,如是否不受追诉时效的限制、是否适用酌定减轻处罚、是否构成累犯、是否认定为自首等,其处理的依据是新法还是旧法?对此,1997年9月25日最高人民法院《关于适用刑法时间效力规定若干问题的解释》对上述问题作了详细解答。如第3条规定:"前罪判处的刑罚已经执行完毕或赦免,在1997年9月30日以前又犯应当判处有期徒刑以上刑罚之罪,是否构成累犯,适用修订前的刑法第六十一条的规定;1997年10月1日以后又犯应当判处有期徒刑以上刑罚之罪的,是否构成累犯,适用刑法第六十五条的规定。"

在《刑法修正案(八)》就总则部分作了较大修改后,最高人民法院为了进一步明确刑法的选择适用问题,又针对禁止令、死刑缓期执行、累犯、坦白、数罪并罚、减刑、假释等制度的时间适用问题,于2011年4月20日通过了《关于〈中华人民共和国刑法修正案(八)〉时间效力问题的解释》。如其第2条规定:"2011年4月30日以前犯罪,判处死刑缓期执行的,适用修正前刑法第五十条的规定。被告人具有累犯情节,或所犯之罪是故意杀人、强奸、抢劫、绑架、放火、爆炸、投放危险物质或者有组织的暴力性犯罪,罪行极其严重,根据修正前刑法判处死刑缓期执行不能体现罪刑相适应原则,而根据修正后刑法判处死刑缓期执行同时决定限制减刑可以罚当其罪的,适用修正后刑法第五十条第二款的规定。"但这里的规定似乎在一定程度上背离了从旧兼从轻的原则,而更多的是考虑能否做到罪刑相适应。

(三) 刑法司法解释的时间效力

司法解释是最高人民法院对审判工作中具体应用法律问题和最高人民检察院对检察工作中具体应用法律问题所作的具有法律效力的解释,也涉及时间效力问题,如这些解释何时生效失效,对其颁布之前的未决犯能否适用以及先后两部司法解释存在冲突时适用哪部司法解释,等等。2001年12月16日最高人民法院、最高人民检察院《关于适用刑事司法解释时间效力问题的规定》指出:(1)司法解释自发布或者规定之日起施行,效力适用于法律施行期间。(2)对于司法解释实施前发生的行为,行为时没有相关司法解释,司法解释施行后尚未处理或者正在处理的案件,依照司法解释的规定办理。(3)对于新的司法解释实施前发生的行为,行为时已有相关司法解释,依照行为时的司法解释办理,但适用新的司法解释对犯罪嫌疑人、被告人有利的,适用新的司法解释。(4)对于在司法解释施行前已办结的案件,按照当时的法律和司法解释,认定事实和适用法律没有错误的,不再变动。可见,司法解释对刑法的依附性决定了司法解释可适用于刑法生效的整个期间,而且存在新旧两个司法解释时也遵循和刑法同样的从旧兼从轻原则。

拓展阅读

刑法司法解释的时间效力①

刑法司法解释具有两重性,其一,刑法司法解释作为解释性的规范性文件,具有自己的文本,在外观形式上具有和法律等规范性文件相同的一面。其二,刑法司法解释在内容上具有依附性,并不是独立于而是依附于法律的法源,属于派生的法源。重视其中的任何一面,对于其生效和失效时间的看法都是不同的。目前各种观点共同的片面性在于偏重于其中的一面,而忽视了另外一面。事实上,我们必须结合这两个特征,这样,刑法司法解释的生效和失效时间就会呈现出复杂情况,而不是单一肯定和否定。

理论上对于刑法司法解释是否具有独立的时间效力,大体上有两种看法。一种是否定说,从理论基础上说,否定说重视的是内容上的依附性。通常认为,刑法司法解释具有依附性和从属性,其时间效力全面从属于刑法的时间效力。因为刑法司法解释本身不是一种独立的刑法规范,而是对已有刑法规范内涵及外延的阐释,其目的是统一理解和执行刑法法律,而不是创制新的刑法规范,所以应当受到刑法条文的制约。并且,我国的立法解释并没有规定生效时间,由此也可看出司法解释也不应当具有独立的生效时间。

用依附性和从属性来否定刑法司法解释具有独立的生效时间,不仅得不到实践的支持,理论上也是错误的。如果重视了其文本的独立性,就必然主张肯定说的观点。不过,理论上,也有从内容上的依附性来支持肯定说的。从生效时间上说,刑法司法解释作为一个独立的文本,必须具有独立的生效时间,但刑法司法解释的发布和出台在时间上必然落后于刑法的发布和出台,这是不言自明的。

我国司法解释都集中在特定机关,必须通过一定的媒体发布之后,才能以公开的形式呈现,由此产生对国民的效力。因而,司法解释需要规定独立和明确的生效时间。在实务上我们看到,很多司法解释明确规定了生效的具体日期,在没有规定明确的生效日期的情况下,理论上普遍认为应该以发布日期作为生效时间。2001年12月16日最高人民法院、最高人民检察院《关于适用刑事司法解释时间效力问题的规定》明确,"司法解释自发布或者规定之日起施行"。

作为文本的生效时间,从发布之日或明确规定之日起开始实施。失效时间,从文本上来说,是司法解释被明确废止之日起失效。

刑法司法解释是否可以适用于其颁布以前发生的案件,是作为内容的刑法司法解释是否可以回溯适用的问题,而不是作为文本的刑法司法解释的生效时间问题。但作为内容的刑法司法解释,其失效和生效一样,即如果说在生效的问

---

① 参见刘艳红:《论刑法司法解释的时间效力》,载《中国刑事法杂志》2007年第2期。

题上,司法解释会产生回溯适用的问题,而在失效的问题上,司法解释就会产生是否延后适用的问题。即作为文本的司法解释虽然被废止,但其内容是否可以适用的问题。在重视内容的司法解释的情况下,司法解释既可以回溯适用,也可以延后适用。

在将司法解释分为作为文本的司法解释和作为内容的司法解释的情况下,只要存在新旧司法解释,还面临着是适用旧司法解释还是新司法解释的问题。因此,从文本上来说存在溯及力的问题。但是,从内容上,无论旧的司法解释还是新的司法解释,都只是对刑法的正确理解问题,其原生的法源——被解释的刑法规范并没有发生变化,变化的只是我们的看法,此种情况下,应当适用正确的解释。

延伸思考

如何确定网络犯罪的犯罪地

属地管辖原则适用于网络空间的犯罪已是不争的事实。但网络空间从本质上讲是无国界性的,网络行为参与者可以实时在线,可以在不经意间超越地理国界的限制而登录他国网站或虚拟地出现在他国境内,甚至其方寸之间所为行为的后果可能是世界性的,由此带来了网络犯罪地的认定问题。通常,各国并不认为网络空间是完全独立于现实空间的,而是认为网络犯罪行为的要素仍与地理空间存在依存关系,在此前提下,承认只要犯罪的任何一个要素——预备行为、实行行为或犯罪结果——发生在一国的领域范围内,属地管辖原则即可发动,也就是坚持采取遍在说,主张犯罪行为地和犯罪结果地均为犯罪地。由此一些国家为了尽可能地在尚无明确归属的网络空间彰显国家主权,在认定结果地时,充分考虑网络的属性,将能够上网浏览下载到有关电子信息的地方均视为结果地。如美国就曾禁止以赌博行业作为国民经济发展重要部分的安提瓜等岛国通过因特网向美国提供"远程"博彩服务,曾在 2000 年对在安提瓜注册成立"世界体育交易公司",并通过因特网向美国提供赌博服务的公民科恩处以 21 个月监禁、罚款 5000 美元,进而引发了安提瓜诉美国网络赌博服务争端的所谓"WTO 自由贸易与公共道德第一案"。如此一来,使用人进入网络世界时即可能成为世界上任何一个国家法律规范之对象,且纵使该行为于该国系合法行为,仍可能因其他国家认为系违法行为而受该国管辖,这必将带来属地管辖权的滥用。因此,如果仍以遍在说作为基础,则在网络环境下我们需要对属地管辖原则作出新的诠释。尤其是网络犯罪的结果地究竟应如何理解,是否只要涉及的网络电子信息有可能在某地获得就意味着该地可以主张管辖,这些问题亟须解决。

案例分析

被告人陈某(男,1944年7月1日生)于1996年7月3日与某市建筑公司签订劳动合同,成为该公司承建的科威特228项目工地员工。在科威特工作期间,陈某先期任工段负责人,后从事一般管理工作。因对科方提供的工作条件、生活待遇等不满,陈某多次纠集、煽动工人在工地、中国驻科威特大使馆、工地食堂等闹事,其行为给某市建筑公司造成严重的经济损失。一审人民法院宣判被告人陈某构成聚众扰乱社会秩序罪,判处有期徒刑2年。

问题:我国法院对陈某是否有刑事管辖权?

第二编 犯 罪 论

第四章 犯罪概述

第一节 犯罪概念

犯罪概念有形式与实质之分。形式的犯罪概念从犯罪的法律形式特征着手给犯罪下定义,即将犯罪定义为违反刑事法律并且应当受到刑罚处罚的行为。与之相反的是实质的犯罪概念。西方思想家认为,犯罪的本质在于犯罪人为了实现个人的自由而实施侵害他人自由的行为,因此犯罪是出于不道德的动机而实施的不道德的行为;犯罪是违反社会的怜悯和诚实的两种道德情感的行为;等等。

1919年《苏俄刑法指导原则》第6条规定:"犯罪是危害某种社会关系制度的作为或不作为。"1926年《苏俄刑法典》也规定:"目的在于反对苏维埃制度或破坏工农政权向共产主义过渡时期所建立的法律秩序的一切作为或不作为,都认为是危害社会的行为。"20世纪30年代末,苏联法律研究所集体编写、供法律高等院校使用的《刑法总则》教科书第3版中,除指出犯罪具有社会危害性这个特征之外,还指出了像罪过、应受惩罚性这样一些特征。1960年《苏俄刑法典》第7条规定:"凡刑事法律所规定的侵害苏维埃的社会制度、政治和经济体系,侵害社会主义所有制,侵害公民人身权利和自由、政治权利和自由、劳动权利和自由、财产权利和自由及其他权利和自由的危害社会的行为(作为或不作为),以及刑事法律规定的违反社会主义法律秩序的其他危害社会的行为,都是犯罪。"这个概念可以说是典型的将形式与实质的犯罪概念统一起来的混合型犯罪概念。

我国刑法中的犯罪概念受苏联刑法的影响,采用了混合犯罪概念的立法。1979年《刑法》第10条规定:"一切危害国家主权和领土完整,危害无产阶级专政制度,破坏社会主义革命和社会主义建设,破坏社会秩序,侵犯全民所有的财产或劳动群众集体所有的财产,侵犯公民私人所有的合法财产,侵犯公民的人身权利、民主权利和其他权利,以及其他危害社会的行为,依照法律应当受刑罚处罚的,都是犯罪;但是情节显著轻微危害不大的,不认为是犯罪。"现行《刑法》第13条规定:"一切危害国家主权、领土完整和安全,分裂国家、颠覆人民民主专政的政权和推翻社会主义制度,破坏社会秩序和经济秩序,侵犯国有财产或者劳动群众集体所有的财产,侵犯公民私人所有的财产,侵犯公民的人身权利、民主权利和其他权利,以及其他危害社会的行为,依照法律应当受刑罚处罚的,都是犯罪,但是情节显著轻微危害不大的,不认为是犯罪。"

我国《刑法》中的犯罪概念,既规定了犯罪的形式法律特征又规定了犯罪的实质社会特征,它无论是从逻辑结构来评判还是从法律概念体系的独特要求来看都是合理的。规定在这一犯罪概念之中的社会危害性理论不但不与罪刑法定原则相冲突,相反,它还通过发挥其自身的刑法解释机能,使得罪刑法定原则所体现的形式合理性得以充分实现。

第二节 犯罪的基本特征

犯罪特征体现了犯罪的内涵,它是犯罪概念理论的重要内容。根据混合的犯罪概念,我国《刑法》中的犯罪具有两个基本特征,即社会危害性和刑事违法性。某种行为只有同时具备这两个特征,才能被认定为犯罪。犯罪的基本特征能够为认定犯罪提供一个抽象的标准。但是这一标准还不同于犯罪构成。犯罪构成提供给人们具体的认定犯罪的规格和要件,通过对犯罪构成要件一一对应关系的判断,就可以得出是否成立犯罪的结论。而就犯罪的基本特征而言,由于法律规定较为抽象,还不具有判断犯罪成立与否的可操作性,而主要是为认识犯罪和理解犯罪构成的各要件提供前提。

一、我国《刑法》中的犯罪基本特征

(一) 社会危害性

1. 社会危害性的内涵

我国《刑法》将社会危害性引入犯罪概念之中,目的在于揭示犯罪的实质,即犯罪是危害社会的行为,但社会危害性的内涵则是需要明确的。

我国《刑法》中的混合犯罪概念综合了大陆法系的形式犯罪概念和实质犯罪概念。而目前在大陆法系国家占据主导地位的是形式的犯罪概念类型,即以行为是否受到刑法的禁止及应受刑罚处罚为特征来确定什么是犯罪。不过,大陆法系的形式犯罪概念也包含了实质的内容。李斯特最早同时承认形式的违法观念与实质的违法观念。他认为,"形式的违法是指违反国家法规、违反法制的要求或禁止规定的行为。实质的违法是指危害社会的(反社会的)行为。违法行为是对受法律保护的个人或集体的重要利益的侵害,有时是对一种法益的破

坏或危害。"①只有当其违反规定共同生活目的之法秩序时,破坏或危害法益才在实质上违法;对受法律保护的利益的侵害是实质上的违法,如果此等利益是与法秩序目的和人类共同生活目的相适应的。显然,李斯特认为实质违法性的重点是法益侵害,由此产生了以法益侵害说为内容的实质违法性论。后来宾丁从规范论的角度出发提出了规范违反说。时至今日,关于违法性实质的法益侵害说与规范违反说之争仍然在继续,相对而言,法益侵害说具有更大影响力。这样,根据大陆法系通行的形式犯罪概念,犯罪是符合构成要件的、违法的、有责的行为。而关于违法性,又分为形式的违法性与实质的违法性两方面。所谓形式的违法性,是从形式的立场把握违法性的观念,把违法解释为违反法律,也即违反实在法的秩序或法规范;实质的违法性则是从实在法以外的实质根据解释违法性,认为违法性是指侵害或威胁法规范所保护的利益或秩序。②我国刑法中的社会危害性概念大体相当于上述的实质违法性。

2. 社会危害性的外延

对社会危害性外延的界定既不能单纯从客观方面进行,强调行为在客观上造成的损害结果,也不能单纯从主观方面进行,强调行为人的人身危险性。从更为全面的观点来看,社会危害性的外延应该是人身危险性和对社会造成的客观损害的统一。

第一,人身危险性经过新派学者的发展,已经成为刑事责任基础中的内容。自新派刑法学者菲利引入了人身危险性的概念,认为刑事责任的本质是防卫社会、其根据是人身危险性之后,根据罪犯的罪行和人身危险性的大小来适用相应的刑罚措施,在刑法中考虑行为人的人身危险性,便成为刑事法理论和实践中的一个重要特色。新派刑法思想集大成者、德国刑法学家李斯特就主张刑罚应根据犯罪人的人身危险性采取多种多样的措施和方法。由于通过判断行为人的人身危险性来适用刑罚有一定困难,因此,反过来说,"刑法是保护犯罪人的大宪章"。在量刑上,他认为无论是法定刑还是具体判决,均应首先考虑行为人的内心态度、思想,对行为结果不要过多地考虑。如果行为人表明了其对社会的可能的危险性,则刑事制裁的范围也就同时被确定了。基于以上观点,一方面,新派学者以预防犯罪为由,提倡危险性概念;另一方面,新派学者以犯罪征表说为根据,大力宣扬人身危险性概念。

新派学者对人身危险性理论的提倡,在一定程度上也为旧派所吸收。从大陆法系各国现行的刑法典来看,它们采取的将旧派的行为主义与新派的行为人

---

① 〔德〕李斯特著、施密特修订:《李斯特德国刑法教科书》,徐久生译,北京大学出版社2021年版,第162页。

② 参见〔日〕大塚仁:《犯罪论的基本问题》,冯军译,中国政法大学出版社1993年版,第115页。

主义合一的并合主义刑罚观正是最直接的体现。例如《德国刑法典》第46条第1项规定:"犯罪人之责任为量刑之基础。刑罚对犯罪人未来社会生活所可期待发生之影响,并应斟酌之。"第2项规定:"法院于量刑时应权衡一切对于犯罪人有利及不利之情况,尤应注意下列各项:犯罪人之动机与目的,由行为所表露之心情及行为时所具意念,违反义务之程度,实行之种类与犯罪之可归责之结果,犯罪人之生活经历,其人身的及经济的关系,以及其犯罪后的态度,尤其补偿损害之努力。"其他如《日本改正刑法草案》第48条第1项和第2项、《瑞士刑法典》第63条、《奥地利刑法典》第32条都有类似规定。可以说,将人身危险性与行为对社会造成的客观危害性合二为一,是与当今刑法理论与实践同时承认二者为刑事责任之基础的做法相适应的。

第二,从社会危害性在我国刑法中的地位分析,它也应该包括人身危险性和对社会造成的客观损害两方面。根据我国刑法理论,犯罪认定的标准是犯罪构成。犯罪构成是指我国《刑法》规定的,决定某一具体行为的社会危害性及其程度而为该行为成立犯罪所必需的一切主观和客观要件的统一整体。它是我们认定犯罪的具体规格和标准,是实践中认定犯罪所依据的理论基础和法律模式,是唯一也是最终的标准,是形式与实质的统一。因此,我国《刑法》中的犯罪论体系是形式和实质的统一。而通说犯罪构成要件是主观标准和客观标准的统一,即罪过和客观行为之统一。这表明,从犯罪论分析,社会危害性早已不是一个单纯的只包括客观行为及其实害的概念,而是一个兼具主观与客观的危害的范畴。既如此,认为社会危害性包括行为人的人身危险性与行为对社会造成的客观损害,也就不是毫无根据的。

第三,从我国《刑法》第13条规定的"但书"来看,将社会危害性理解为人身危险性和对社会造成的客观损害的统一,有利于正确认定不属于犯罪的行为。《刑法》第13条规定,"但是情节显著轻微危害不大的,不认为是犯罪"。首先,如果根据客观的社会危害性论,只要行为对社会造成的损害不大,即使行为人的主观方面性质恶劣,再犯可能性极大,也有可能不被认为是犯罪。这种片面的纯客观论会造成客观入罪或出罪,将违法犯罪行为的问题简单化,不利于打击和预防犯罪。其次,如果我们既考虑行为的客观实害,同时还考虑行为人本身的内心恶的倾向,考虑将来再犯可能性以及对社会的一般和特殊预防,将这两方面综合起来认定行为是否"情节显著轻微危害不大",较之纯客观论可能导致的片面的客观入罪或出罪无疑要全面得多。

对于"人身危险性和对社会造成的客观损害的统一"的社会危害性的具体理解,可以从以下几方面进行:(1)具备社会危害性的只能是行为而不是单纯的思想活动。(2)行为对社会的危害是一种具有一定后果形态的客观事实,而不是主观臆想。(3)社会危害性作为一种客观事实,其内容是具有特定性质的,即损害了社会秩序或社会关系。危害国家主权、领土完整和安全,分裂国家、颠覆人民民主专政和推翻社会主义制度,破坏社会秩序和经济秩序,侵犯国有财产或劳动群众集体所有的财产,侵犯公民私人所有的财产,侵犯公民的人身权利、民主权利和其他权利等,正是指社会危害性对社会的损害内容。(4)任何行为在客观方面的表现都是与行为人的人身危险性相联系的。

3. 社会危害性是一定质和量的统一

我国刑法理论的通说是将社会危害性的量界定为"严重的",这种做法曾受到一些刑法学者的批判,认为何谓严重的社会危害性并不明确,因而指责社会危害性理论缺乏可操作性。

从我国《刑法》第13条规定以及刑法分则对具体犯罪的构成要件的设定来分析,界定社会危害性从量上使用诸如"严重的""相当程度的""最严重的"等修饰语是合理的。

从刑法中的犯罪概念来分析,世界各国刑法中的犯罪概念都有关于犯罪行为质的规定,如《俄罗斯联邦刑法典》规定,"本法典以刑罚相威胁所禁止的有罪过地实施的危害社会的行为,被认为是犯罪"。但是外国刑法中的犯罪概念至今基本上仍停留在"犯罪即恶行"的定性认识阶段,一般不包含数量大小和情节轻重等定量因素。我国《刑法》第13条中的"但书"是对刑法分则诸多具体犯罪构成的数量要件的概括、抽象规定,从而明确地把定量因素引进犯罪的一般概念之中,这是世界刑事立法史上的创新。① 这种将定性因素与定量因素结合起来的犯罪概念的最直接效果就是缩小了刑法的打击面。因此,在认定犯罪的问题上,同样一个罪名,是否成立犯罪可能会得出不同结论。我国《刑法》中直接规定了犯罪的数量限制的罪名相当多,几乎所有的经济犯罪和财产犯罪都是如此;有的虽然无直接的数量限制,但在条文中写明有"情节严重""情节恶劣"等术语,这些也是实质上内含了定量限制的罪名。这两部分罪名加起来,占刑法典分则条文的绝大部分。这样,许多在中外刑法中都被规定为犯罪的行为,如盗窃罪、诈骗罪、受贿罪、伪造有价证券罪等等,在实际定罪量刑时结果则大不一样:按外国刑法理论及法条规定,重视行为本身,即以行为为本位,行为一经实施即构成犯罪;而按照我国刑法理论,重视犯罪结果,即以结果为本位,即使有了危害行为但没有刑法所要求的结果也不能构成犯罪。《刑法》第13条"但书"与分则对具体犯罪构成要件上量的限定都表明,要构成我国《刑法》中的犯罪,行为的社会危害性必须是程度严重的。

至于何谓"严重的",或说社会危害性的可操作性问题,也不是一个难题。分则具体个罪有规定的,按照分则条文规定办理;没有规定的,则正是法官发挥

---

① 参见储槐植:《刑事一体化与关系刑法论》,北京大学出版社1997年版,第271页。

自由裁量权的领域。而法官对具体案件中行为的社会危害性程度之"严重"的解释依据,是总则第 13 条"但书"规定,而不是天马行空的任意解释。

(二) 刑事违法性

社会危害性是犯罪的社会特征,刑事违法性则是犯罪的法律特征之一。

在我国,《刑法》对犯罪行为的禁止是通过《刑法》罪刑规范的设立来实现的,即通过对某种行为设立其犯罪成立的构成要件及法定刑来禁止该种行为。因此,刑事违法性事实上是指行为符合罪刑规范所指明的假定条件,换言之,刑事违法性与行为符合《刑法》规定的犯罪构成要件是一致的。当然,这种一致性并不仅指与刑法分则的罪刑规范是一致的,还包括行为违反其他的刑法规范。

1. 刑事违法性是社会危害性的法律表现

如果说社会危害性只是从实然的层面反映犯罪行为的特征,那么刑事违法性则是从应然的层面对犯罪行为的成立条件提出了要求。正因如此,社会危害性是犯罪行为的事实特征,刑事违法性是犯罪行为的规范特征。缺少前者,作为规范特征的内涵无法揭示;缺少后者,难以理解为什么不是所有具有社会危害性的行为都构成犯罪。当然,在二者的关系上,社会危害性是第一位的,也是基础性的;刑事违法性是第二位的,是建立在行为的社会危害性之上的。因此,分析违法性时,不能仅从刑法规范的层面去探讨,而是应该看到刑事违法性的实质是侵犯了社会秩序,破坏了社会利益,是有害于社会的行为。强调这一点,对于正确理解和适用刑法分则中的个罪尤为重要。

当然,刑事违法性并不是单纯地反映社会危害性的法律形式,它还具有积极的意义。这体现在三方面:首先,立法者将具有社会危害性的行为有选择地赋予刑事违法性的属性,使社会危害性在刑法规范中得到明确反映,这就为追究具有社会危害性的犯罪行为的刑事责任提供了法律依据。其次,通过刑事违法性体现社会危害性,是社会主义法制的必然要求。最后,立法者将具有社会危害性的行为确认为触犯刑律的行为,使之在刑法中得到否定的法律评价,从而为人们提供了一种行为模式并指导人们的行为。[①]

2. 我国刑法中的刑事违法性是形式与实质、主观与客观的统一

由于我国刑法中的刑事违法性是以社会危害性为基础的,而前述分析表明,这一社会危害性概念大体相当于大陆法系中的实质的违法性,其内容是对法益的侵害或威胁。因此,我国刑法中的刑事违法性不仅包括对刑法规范的违反这一形式上的含义,还包含以法益侵害或威胁为实质的内容。所以,我国刑法中的刑事违法性与大陆法系国家的违法性同样属于形式与实质相统一。

由于刑法规定的犯罪行为不仅仅有客观行为方面的法律特征,还包括主观

---

① 参见陈兴良:《刑法适用总论》(第三版)(上卷),中国人民大学出版社 2017 年版,第 82 页。

方面的法律特征,因此,刑事违法性不仅仅包括客观面,而且也包括主观面,即主观的罪过、目的等。这都是违法性的要素。虽然,在大陆法系的刑法理论中,更多的学者主张的是客观的违法性论,但这是由犯罪论体系的不同所决定的。在大陆法系构成体系的三要件——构成要件符合性、违法性和有责性中,构成要件符合性是不带有价值判断的犯罪轮廓,违法性则是对行为客观面的评价,有责性是对诸如罪过、行为人等主观面的评价。而我国刑法中的犯罪论体系是由犯罪的客观方面、主体、主观方面等要件构成的,这几个要件同时体现行为的社会危害性,同属于违法性的内容,因此,我国刑法中的刑事违法性不是单纯的客观论的违法性,而是主观违法性与客观违法性的统一。

(三) 关于"应受刑罚惩罚性"

刑法学界通说认为,应受刑罚惩罚性是犯罪的第三个特征。该说值得商榷。

第一,应受刑罚惩罚性作为犯罪的一个独立特征,对于犯罪的理解没有任何实际意义。决定某一行为是否成立犯罪,实际上有严重的社会危害性和刑事违法性就可以完成。严重的社会危害性揭示行为的社会本质特征,刑事违法性揭示行为的法律规范特征,二者合一就表明某一行为为能够成立《刑法》中的犯罪。既然是犯罪,当然就应当受到刑罚的处罚。换言之,只要人们明确了一行为具备严重的社会危害性和刑事违法性,就知道该行为一定要受到刑罚的追究。犯罪的前两个特征与后一特征之间,是一种无前者便无后者,有前者便必定有后者的关系。既然只要行为具备严重的社会危害性和刑事违法性就可以知道其应该受到刑罚的处罚,那么,将后者作为一个独立犯罪特征就没有任何意义。

第二,将应受刑罚惩罚性作为犯罪的一个基本特征,作为界定犯罪概念的内容,正如我国某些学者在反对将应受刑罚惩罚性作为犯罪的一个基本特征时所指出的,"在逻辑上犯了循环定义的错误"。"循环定义的错误有两种:一是定义项直接包括被定义项,如麻醉就是麻醉剂所起的作用;二是定义项间接包括了被定义项,如原因就是引起结果的事件,结果就是原因所引起的事件。在犯罪定义中将应受刑罚惩罚性列为犯罪的一个基本特征,就犯了第二种循环定义的错误。大家知道,我国刑法理论对刑罚所下的定义通常是:'刑罚是掌握国家政权的统治阶级用以惩罚犯罪的一种强制方法。'把犯罪与刑罚的其他特征简化以后,就成为:犯罪是应受刑罚惩罚的行为,刑罚是用以惩罚犯罪的强制方法。这岂不是用犯罪定义刑罚,又用刑罚定义犯罪吗?"①

总之,将应受刑罚惩罚性作为犯罪的一个基本特征,既不能发挥其作为一个独立特征帮助认定犯罪的作用,其内容和作用又与作为犯罪基本特征的刑事违法性重复,因此,通说实际上导致犯罪三个特征逻辑上的重叠混乱关系。不过,

---

① 马克昌:《论犯罪的概念和特征》,载《武汉大学学报》(社会科学版)1990年第4期。

反对将应受刑罚惩罚性作为犯罪的第三个基本特征,并不表明我国《刑法》第13条对应受刑罚惩罚性的规定是多余的。这一规定实际上是在进一步明确刑事违法性,为认识和理解刑事违法性提供更为具体的内容,即违反刑法规范的行为,包含着对违反规范后果的承担——应该受到刑罚的惩罚。只要承认刑事违法性是犯罪的法律本质特征,就应肯定这一文字表述在《刑法》第13条中的合理存在。

二、对但书的理解

我国《刑法》第13条在明确规定了犯罪概念之外,还规定"但是情节显著轻微危害不大的,不认为是犯罪"。对此但书规定,我国刑法学界褒贬不一,是将其保留还是将其从犯罪概念的立法条文中剔除,也众说纷纭。肯定论者认为,但书规定体现了我国《刑法》中犯罪的定量因素,缩小了刑法的打击面,有利于发挥刑法的谦抑性,因而应该保留。① 否定论者认为,但书规定显然是指属于依照法律应当受刑罚处罚的行为,只不过是这些行为中情节显著轻微的。从这一前提出发,论者进一步指出,但书在强调社会危害性的同时削弱了刑事违法性在司法人员界定犯罪时的重要性;它使犯罪规定具有不确定性,与罪刑法定原则的要求不相一致;容易造成执行中对立法权的侵犯;"情节显著轻微"的适用范围不明确,影响严格执法。论者进一步提出了诸如在第13条中删掉该规定等从立法上解决该规定存在的问题的建议。②

究竟应该如何认识我国《刑法》第13条的但书?对但书的认识与对社会危害性的认识直接相关。否定社会危害性作为犯罪的社会本质特征的,一般都会否认但书的合理性,并多会主张应该删掉但书规定;肯定社会危害性应该作为犯罪的社会本质特征的,一般就会对但书持肯定立场。本书对社会危害性理论持肯定立场,对于第13条的但书,当然也是持肯定态度。《刑法》第13条中的但书是该条前段规定的"危害社会的行为"的自然延伸,是对社会危害性作为犯罪的社会本质特征在量上的补充说明,即这种社会危害性必须是严重的。它的功能也就是社会危害性作为犯罪本质特征所具有的功能,即表明立法者对犯罪的社会危害性的程度要求,并为司法人员在实践中认定和解释犯罪提供一个实质的标准,使他们不至于陷在犯罪的形式概念中不能自拔。至于对但书持批判意见者所提出的观点,则有待商榷。

第一,但书规定虽然是对社会危害性的强调,但并未与此同时削弱刑事违法

---

① 参见储槐植、汪永乐:《再论我国刑法中犯罪概念的定量因素》,载《法学研究》2000年第2期;储槐植:《我国刑法中犯罪概念的定量因素》,载《法学研究》1988年第2期。
② 参见王尚新:《关于刑法情节显著轻微规定的思考》,载《法学研究》2001年第5期。

性对于司法人员界定犯罪的重要性。前述分析表明,我国刑法中的刑事违法性的基础是社会危害性,它并不是单纯的形式意义上的违法性,而是形式违法性和实质违法性的统一。所以,要理解我国《刑法》中的刑事违法性,离开社会危害性这一基础性条件是做不到的。立法对社会危害性规定得越清楚,如但书加上"情节显著轻微"等量化规定,在理解刑事违法性时也就越容易。这就是为什么我们不会对诸如虚开增值税专用发票罪等行为犯的行为不论数量大小一律定罪的原因。显而易见,社会危害性的明确性与对刑事违法性的把握是息息相关的。

第二,但书规定虽然不是十分明确,但是一项规定的明确与否并非判断其是否应该存在的唯一标准。何况,罪刑法定并不是要求绝对的明确,现代相对主义的罪刑法定原则并不排斥有一定模糊性的刑法规范的适用。因此,认为但书规定具有不确定性,其适用范围不明确,影响严格执法及与罪刑法定原则的要求不相一致的批判意见,值得商榷。

更何况,在判断行为是否为犯罪的过程中,情节显著轻微危害不大的临界点不清而导致难以判断的情况是非常正常的,此时由法官根据案件各方面情况权衡行为社会危害性的大小,最终作出行为是否犯罪的判断也是合适的。

但书与罪刑法定原则之间的关系问题,涉及形式理性与实质理性、罪刑法定原则由形式到实质的发展变化等相关问题的理解。而这一点,已如前所述,社会危害性通过发挥刑法解释之机能来补充罪刑法定原则的内容,使之明确化、正确化;它是为罪刑法定原则服务的,而不是相反。同样的,但书作为社会危害性量的规定,也是通过实质的解释来帮助贯彻实施罪刑法定原则的,如果说社会危害性与罪刑法定原则不矛盾,但书规定自然也不存在与之矛盾的问题。而当法官对何谓"情节显著轻微"结合个案进行裁决时,正是法官行使自由裁量权的过程,也是现代社会司法活动的特点。法官自由裁量何为情节显著轻微,这同样是在执行法律,怎么能够说是破坏严格执法?至于担心但书规定在执行中会造成司法权对立法权的侵犯,这本身并不是但书所带来的问题,而是刑事司法所应加以关注的问题。但是,我们不能因为有这一问题的存在就否定但书的合理性。

拓展阅读

辩证地理解我国刑法中犯罪概念的定性与定量因素[①]

我国刑法中犯罪概念是既定性又定量,其他国家和地区是立法定性司法定量,属两种不同模式。这不是立法技术问题,而是涉及刑法理念、治国方略等重大深层问题。犯罪概念的定量因素体现在我国刑法总则规定的一般犯罪概念和

---

① 参见储槐植:《现在的罪刑法定》,载《人民检察》2007年第11期。

刑法分则规定的诸多具体犯罪的构成要件之中,其意在于社会危害大到一定程度才是犯罪。数量不同导致性质有异(量变引起质变)。在我国法律意识中,刑事违法与犯罪在性质上不同。其他国家因立法上犯罪成立没有量的限定,刑事违法就是刑事犯罪,偷一辆汽车是盗窃罪,偷一个苹果也是盗窃罪。

犯罪概念定量因素的正面效应:一是把没有达到法定数量的危害行为排除在犯罪圈之外,减少犯罪数。二是可以使刑事司法力量集中打击事关国家稳固、社会发展以及公民生命财产安全的犯罪活动,避免把有限的司法资源消耗在对付那些社会危害性不大的一般违法行为上,从而使刑事司法发挥最佳效能。定量的犯罪概念也有负面效应,有些问题相当棘手,但主要是运作机制方面的问题。

延伸思考

能否直接援引但书规定作为司法个案的出罪根据[①]

对此问题,我国学界存在较大分歧意见。肯定说认为,但书规定可以成为司法个案的出罪根据,不仅法院是适用但书规定的主体,而且公安机关和检察院也是适用但书规定的主体。我国司法解释与司法个案均有例证直接援引但书规定作为个罪的出罪事由。否定说主张,但书规定不能成为司法个案的出罪根据。刑法分则规定的犯罪成立条件是犯罪认定的标准,正如不能在犯罪成立条件之外根据犯罪概念入罪一样,也不能在犯罪成立条件之外根据但书规定出罪。折中说指出,出罪根据可分为实质的出罪根据和形式的出罪根据。折中说试图将不可罚的出罪事由分为实质性的解释论根据与形式性的实定法根据,由此两全其美,其折中意味是十分明显的,在目前我国司法语境下,也不失其现实的合理性。在我国入罪容易出罪难的特定背景下,但书规定的善意滥用为司法机关极为困难的出罪提供了某种法律支撑。然而,将但书规定作为出罪的总括性根据,存在着遮蔽通过对构成要件、违法性和有责性的犯罪成立条件进行法理解释而形成开放性出罪事由之弊。尤其是,滥用但书规定作为出罪根据的做法背后,隐藏着"出罪须有法律根据"这样一种思想,这是建立在对罪刑法定原则误解的基础之上的。因此,对于但书规定的功能和性质不能简单地肯定或者否定,而应当作客观公正的评价。从法理上说,主张但书规定只具有提示性意义而不能直接作为出罪根据加以援引,更加符合立法理性与司法逻辑。

[①] 参见陈兴良:《但书规定的法理考察》,载《法学家》2014年第4期。

案例分析

1. 陈某系某市外来务工人员,为便利在该市求职,于2012年8月以100元的价格从制假者手中购买了1张根据其提供的照片、姓名、住址等情况制作的伪造身份证,后被公安机关查获。9月,检察机关以陈某涉嫌伪造居民身份证罪提起公诉。

问题:结合我国《刑法》第13条犯罪概念中的"但书",陈某的行为能否被认定为《刑法》第280条第3款伪造、变造居民身份证罪的共犯?

2. 2011年5月1日0时44分,北京市公安交管局东城交通支队夜查小分队在朝阳门桥执行夜查酒驾任务,对一辆外地牌照的奔驰车司机进行检查时发现,驾驶人员李某每百毫升血液中酒精含量为159.6 mg,达到了80 mg/100 ml的醉驾认定标准。李某的醉驾行为并未造成任何事故,同时李某的意识辨别能力清晰,神志判断清楚。

问题:结合我国《刑法》第13条犯罪概念,分析李某的行为能否成立醉驾型危险驾驶罪。

第五章 犯罪构成

第一节 犯罪构成概述

一、犯罪构成的沿革

(一) 大陆法系构成要件理论

构成要件一词由德语 Tatbestand 翻译而来。德语中的这一概念来源于中世纪意大利宗教裁判中的纠问程序。在犯罪纠问的过程中,首先必须进行确证是否有犯罪存在的一般纠问,其后再对特定的嫌疑人进行特殊纠问。意大利刑法学者法里西斯(Farinacius)从 Constare de delicto 中引申出 Corpus delicti(通译为犯罪事实)一词,用以"指示已被证明客观犯罪事实的东西"。至此,这里的犯罪事实仍是诉讼法上的概念,它被用来证明客观犯罪的事实的存在,强调如果没有严格按照证据法则得来的证据,就不得进行特殊纠问的原则。15、16 世纪,犯罪事实这一概念被德国刑事诉讼法采用,德国学者克莱因把犯罪事实一词翻译成德语 Tatbestand,它与 Corpus delicti 一样都不是实体法上的概念。直到斯求贝尔(C. C. Stübel)和刑事古典学派的代表人物费尔巴哈之后,构成要件概念才完成了从诉讼法意义到实体法意义的完全转变。斯求贝尔认为,犯罪的构成要件"是那些应当判处法律所规定的刑罚的一切情况的总和"。费尔巴哈最早将构成要件的概念明确用于实体法,他在其起草的 1813 年《巴伐利亚法典》中指出,"当违法行为包含依法属于某罪概念的全部要件时,就认为它是犯罪"。他提出构成要件乃是"违法的行为中所包含的各个行为或事实的诸要件的总和"。显然,当费尔巴哈在实体法意义上使用构成要件概念时,它实际指的是每一个具体犯罪行为的客观事实特征在法律上的表现,还没有进行理论上的抽象,还不具有刑法体系上的意义。

构成要件理论的真正建立是进入 20 世纪以后的事情。现代构成要件学说的创始人是德国刑事古典学派学者贝林,他将单纯的刑法各论意义上的构成要件概念演变为体系性理论,开创了真正意义上的构成要件理论的研究。贝林对构成要件秉承的是中性无色的、客观化的立场。他在 1906 年出版的著作《犯罪论》一书中,"第一次将构成要件的概念作为犯罪系统的基本概念"。他不是仅将构成要件作为刑法各论中的概念来对待,而是将它作为整个刑法的基本概念。

在贝林看来,构成要件是犯罪类型特殊的外部轮廓。它是客观的、无价值的,不含有评价在内。虽然贝林在晚年修改了以前的提法,把构成要件说成是犯罪类型的指导形象(Leitbild)。在这里,他把构成要件与犯罪类型区分开来,认为各种行为只有经过构成要件的指导,才能认为是犯罪。但是,由于构成要件的指导形象是空泛意义上的,而并不是说,符合构成要件的断定已经包含了对行为违法的评判,对该问题的结论仍须通过违法性、有责性要件具体进行评判,构成要件仍然不带有规范性。这样,"在犯罪论上,它与其早年所提倡的作为'观念形象'的构成要件论在本质上并无区别"[①]。因此,贝林的构成要件理论自始至终都没有改变其客观性特征。

贝林的构成要件理论提出以后,对旧派学者产生了极大影响。M.E.迈耶继承并发展了贝林的学说。他开创了将构成要件与违法性相关联的考察方法,并首次提出了规范的构成要件要素,使构成要件学说迈出了重要一步。在迈耶看来,构成要件是一种对违法的指示,因而也是认识它的最重要原因,从而提出了违法性认识根据说。"构成要件与违法性之间是烟与火的关系,烟不是火,烟不包含火,但它可以得出火存在的结论直到提出相反的证据。"[②]某一行为符合构成要件,是违法性认识的重要根据,能够提供作违法性的表征,符合构成要件的行为基本上可以推断其违法性,除非具有违法阻却事由。这样,迈耶从总体上维持了构成要件只具有无价值的记叙性和客观性的观点。不过,迈耶最重要的贡献在于他首次发现了规范的构成要件要素。这一概念的发现带来了构成要件理论的重大转折。它第一次使构成要件无价值的学说发生真正的动摇。[③]麦兹格在迈耶的理论上前进了一步。他认为构成要件是违法行为的类型,构成要件与违法性之间的关系不仅仅是认识根据,而且是存在根据,即行为符合构成要件,原则上就成为违法性的根据。麦兹格认为,构成要件是被立法者制定的特别的不法类型,构成要件意味着为达到某一特殊目的而明示的被要求的不法的界限。立法者制定构成要件的行为就是宣布法律上的可罚性。立法通过特别的构成要件而制作特别的违法性,因此行为符合构成要件并非单纯的违法性的认识根据,正确地说,应当是实在的根据。[④] 这样,麦兹格在迈耶的认识根据说的基础上更进了一步,行为符合构成要件,原则上就成为违法性的根据。构成要件和违法的区别只在于,通过构成要件得出来的"法律的无价值判断"是暂时的。麦

---

① 转引自马克昌主编:《近代西方刑法学说史略》,中国检察出版社1996年版,第226页。
② Vgl. M. E. Mayer, Der allgemeine Teil des deutschen Strafrechts: Lehrbuch, C. Winter, 1915, S. 52.
③ 参见刘艳红:《开放的犯罪构成要件理论研究》,中国政法大学出版社2002年版,第46页。
④ 参见马克昌主编:《近代西方刑法学说史》,中国人民公安大学出版社2016年版,第377—378页。

兹格关于构成要件是违法类型的见解最终成为德国刑法学界的通说,在日本也得到很多学者的支持。当今的通说即为此。

(二) 苏联的犯罪构成理论

苏联的犯罪构成理论是在十月革命胜利之后,刑法学者在吸收西方国家犯罪构成理论的基础之上创立的。早在20世纪20年代中期出版的一些刑法教科书中,就开始出现了探讨犯罪构成问题的论述。20年代后期,法律虚无主义思想泛滥,犯罪构成理论的研究陷入困境。30年代以后,随着苏联1936年宪法颁行,刑法学界法律虚无主义和刑事社会学派思想逐渐被克服,社会主义的犯罪构成理论体系得以逐渐形成。1938年出版的由全苏法学研究所集体编写的、供法律高等院校使用的《刑法总则》教科书,全面论述了犯罪构成的要件,认为犯罪构成是构成犯罪的诸要件的总和。1946年苏联出版了第一本关于犯罪构成理论的专著,即特拉伊宁的《犯罪构成的一般学说》,对犯罪构成问题作了全面系统而深入的研究,这标志着苏联犯罪构成理论进入了一个新的时期。苏联关于犯罪构成问题的基本理论主要有:

(1) 犯罪构成以苏维埃刑法中所作的犯罪的一般实质定义为根据。苏联刑法学者认为,作为法律概念的犯罪构成应该表明犯罪的实质,揭示它的政治内容,揭示出它对苏维埃制度和社会主义法权秩序的危害性。这种以犯罪的实质定义为基础的犯罪构成概念体现出:以社会危害性作为说明犯罪构成全部特征的特征,是整个犯罪构成的属性,而不是犯罪构成的个别特征;以对苏维埃经济基础的社会主义公有制和社会主义经济体系等法权秩序的侵犯这一政治性的内容来说明犯罪构成的基础——社会危害性。[①]

(2) 犯罪构成是刑事责任的唯一根据。早在20世纪50年代的讨论中,大多数苏维埃刑法学家就得出了一个结论,即"社会主义法制的一个基本原则是:追究一个公民的刑事责任的唯一根据是:在他的行为中应具有刑事法律条文严格规定的犯罪构成"[②]。特拉伊宁也指出:"在苏维埃国家,犯罪构成是刑事责任的唯一根据,如果在某人的行为中具备犯罪构成,那便有根据对他适用刑罚;如果在这些行为中,缺乏犯罪构成,那么便免除刑事责任。"[③]犯罪构成是刑事责任的唯一根据,意味着只应在犯罪构成的范围以内,在犯罪构成狭小的圈子里来辨别刑事责任的客观和主观的根据,犯罪构成以外的刑事责任的根据是没有的。

---

① 参见〔苏联〕B. M. 契柯瓦则:《苏维埃刑法中犯罪构成的概念和意义》,载北京政法学院刑法教研室编:《外国刑法研究资料》(第二辑),1982年印行,第109页。
② 〔苏联〕皮昂特科夫斯基等编:《苏联刑法科学史》,曹子丹等译,法律出版社1984年版,第45—46页。
③ 〔苏联〕A. H. 特拉伊宁:《犯罪构成的一般学说》,薛秉忠等译,中国人民大学出版社1958年版,第1—2页。

(3) 犯罪构成是主观和客观要件的总和。苏联刑法学者认为,犯罪构成的一般概念,包括这一切犯罪构成所固有的犯罪客体、犯罪构成的客观方面、犯罪主体和犯罪构成的主观方面。如特拉伊宁指出,"犯罪构成乃是苏维埃法律认为决定具体的、危害社会主义国家的作为(或不作为)为犯罪的一切客观要件和主观要件(因素)的总和"①。每个要件都是有机整体中的一部分,如果缺少某一个要件,那就意味着缺少整个犯罪构成。

(三) 我国刑法中犯罪构成理论的形成与发展

在20世纪50年代中华人民共和国成立之初全面学习苏联社会主义革命和建设经验的情况下,我国几乎原封不动地直接引进了苏联的犯罪构成理论。引进之初,虽然逐渐开始了对我国犯罪构成理论的初步探讨,但还谈不上任何实质性的变化。从60年代到70年代,犯罪构成理论受到批判和彻底否定。十一届三中全会以后,沉睡了20年的犯罪构成理论才重获新生。犯罪构成理论开始取得较大进展,在内容和体系上有所突破,增加了不少与中国实际情况相结合的新内容。但是,整个理论体系和其中的主要理论观点并没有根本性改变。这种情况,已经不能适应我国法治建设的新要求。在此情况下,不少刑法学者开始关注对犯罪构成理论问题的研究,试图对传统的犯罪构成理论进行创新和突破。目前,我国犯罪构成理论问题的研究,正日渐深入地进行。

二、犯罪构成的概念

犯罪构成是刑法所规定的,决定某一具体行为的社会危害性及其程度,而为该行为构成犯罪所必需的一切主观要件和客观要件的有机统一。它具有以下三个特征:

(1) 犯罪构成是一系列主客观要件的有机统一,具有完整性。这是我国刑法主客观相统一原则的要求和体现。我国刑法既反对只根据客观行为及危害,不考虑主观罪过的"客观归罪";也反对只根据主观罪过,不考虑客观行为及后果的"主观归罪"。所以犯罪构成不仅包括主观要件,还包括客观要件,而且主观要件与客观要件必须是有机统一的。所谓"有机统一",是指犯罪的各个要件之间不是机械地相加在一起,而是各要件之间彼此联系、相互依存、互为前提、缺一不可的。

(2) 犯罪构成决定某一具体行为的社会危害性及其程度,具有选择性。犯罪构成主观要件和客观要件说明的是犯罪成立所要求的基本事实特征,而不是一般的事实描述,更不是案件全部事实特征与情节不加选择的堆砌。任何一种

---

① 〔苏联〕A. H. 特拉伊宁:《犯罪构成的一般学说》,薛秉忠等译,中国人民大学出版社1958年版,第48—49页。

犯罪,都可以用很多事实特征来说明,但并非每一个事实特征都是犯罪构成的要件。只有对行为的社会危害性及其程度具有决定意义而为该行为成立犯罪所必需的那些事实特征才是犯罪构成的要件。因此,必须将构成要件的事实同其他事实相区别。

(3) 犯罪构成所要求的主观和客观要件,都必须是我国刑法所规定的,具有法定性。任何犯罪都必须是违反《刑法》规定的行为,这是罪刑法定原则的要求和具体体现。如果某种案件事实的行为在《刑法》上没有规定的话,其案件事实特征就不是犯罪构成要件。犯罪构成要件的法定性与行为的刑事违法性是完全一致的。只有具备某一犯罪的全部构成要件,行为才具有刑事违法性。需要指出的是,《刑法》对犯罪构成要件的规定,是由刑法总则和刑法分则共同完成的。一般而言,犯罪客观方面的要件是由刑法分则详细描述的,犯罪主观方面和主体方面的要件往往是由总则规定的。认定具体犯罪时,应以刑法总则规定为指导,根据刑法分则对个罪的具体规定,才能得出正确结论。

三、犯罪构成的意义

犯罪构成是刑法理论的基石,在刑法学体系中居于核心的地位,它是建立科学的刑法体系的基础,并贯穿在整个刑法科学体系之中。因此研究犯罪构成对于理解整个刑法学体系,特别是犯罪论体系,具有十分重要的理论意义。例如,刑法中故意犯罪过程中的各种形态问题、共同犯罪、数罪问题、刑法分则的体系和具体犯罪种类的划分问题,都需要以犯罪构成理论为基础。

犯罪构成还具有重要的实践意义。犯罪构成是区分各种犯罪的罪与非罪、此罪与彼罪、轻罪与重罪、一罪与数罪的重要法律标准。犯罪构成是保障公民权利免受非法追究的重要手段,因而它具有重要的法益保护机能,即保护公民的合法权益不受法律的侵犯,对于侵犯合法权益的犯罪行为追究刑事责任。此外,犯罪构成通过发挥定罪标准的作用还为准确量刑提供帮助。

第二节 犯罪构成要件体系

一、犯罪构成要件体系的学说

犯罪构成要件体系是指犯罪构成的诸要件按照一定的顺序排列和层次组成的有机整体。这涉及,犯罪构成的共同要件究竟有哪些?这些犯罪构成的共同要件应该按照什么样的顺序予以排列?关于第一个问题,我国刑法学界有通说的四要件说,以及随着犯罪构成理论问题研究的展开,不少学者在对传统的四要件说进行批判的基础上提出的其他不同学说,如五要件说、三要件说、二要件说等。

（一）四要件说

我国刑法学界传统的乃至目前仍占据统治地位的观点是四要件说。20世纪80年代出版并延续至今仍然具有极大影响力的高等学校法学教材《刑法学》是通说观点的代表。① 该书认为，任何犯罪的成立，必须具备犯罪客体、犯罪客观方面、犯罪主体、犯罪主观方面四个要件。（1）犯罪客体。它是指我国《刑法》所保护而为犯罪行为所侵犯的社会主义社会关系。犯罪客体是任何犯罪成立必不可少的要件。犯罪之所以具有社会危害性，首先是由犯罪客体决定的。（2）犯罪客观方面。它首先是指人所实施的一定的危害社会的行为，例如杀人行为、盗窃行为等等。危害社会的行为是任何犯罪成立必不可少的要件。仅有犯罪的思想而没有表现为犯罪的行为，是绝不能成为犯罪的。除行为外，对于绝大多数犯罪来说，危害社会的结果也是构成犯罪的必备条件。属于客观方面的要件的还有行为的方法、时间、地点等，但这些要件不是一切犯罪而只是某些犯罪成立所必备的。（3）犯罪主体。它是指达到法定年龄，具有责任能力（认识和支配自己行为的能力）实施危害社会行为的人。行为人达到法定的责任年龄和具有责任能力，也是任何犯罪成立所不可缺少的要件。行为人的职务条件或身份对于某些犯罪如渎职罪的构成来说也是必要的。（4）犯罪主观方面。它是指行为人主观上有罪过（故意或过失）。罪过是任何犯罪成立所必不可少的要件，仅有客观上的行为及结果而缺乏主观上的罪过，不能认为构成犯罪。

（二）五要件说

五要件说认为，犯罪构成要件体系应该由五个要件组成，这五个要件是：危害社会的行为、危害行为的客体、危害社会的严重后果以及它同危害行为之间的因果关系、危害行为的主体要件和危害行为人的主观罪过。②

（三）三要件说

三要件说中又分三种。第一种观点主张，犯罪构成要件体系应该由主体、危害社会的行为、客体三个部分组成，称为"三位一体"的构成要件体系，并认为所谓"危害社会的行为"包括四个部分：行为的主观罪过，即行为人在主观上必须具有故意或过失；行为的客观形式即作为与不作为；行为的危害结果；因果关系。③ 第二种观点主张，犯罪构成体系包括犯罪客观方面、犯罪主体和犯罪主观方面三个要件，犯罪客体是犯罪概念中的内容，应该排除在犯罪构成要件之

---

① 参见高铭暄、马克昌主编：《刑法学》（第十版），北京大学出版社、高等教育出版社2022年版，第47—48页。
② 参见周密：《论证犯罪学》，群众出版社1991年版，第52页。
③ 参见顾永忠：《犯罪构成理论新探》，载《政法论坛》1985年第3期。

外。① 第三种观点主张，犯罪构成体系是由犯罪主观方面、客观方面和客体组成，犯罪主体不是犯罪构成的要件。②

（四）二要件说

二要件说也分两种。第一种观点认为，犯罪主体和客体都不是犯罪构成要件，只有主观方面和客观方面才是犯罪构成要件。③ 第二种观点认为，犯罪构成要件应由行为和主体要件组成，其中行为要件是由行为的主观要件和行为组成，但是行为主观要件只具有说明行为的作用，不能将之与行为割裂开来，因此，应该将它与行为进行整体把握。④

以上关于构成要件的学说看似众多，但实际上，这些不同的学说都是在通说四要件的基础上做重新排列组合或者删除工作。通过重新排列组合提出的要件说，有五要件说和三要件说中的第一种观点。前者是将通说中的客观要件拆分为"危害社会的行为"与"危害社会的严重后果以及它同危害行为之间的因果关系"两个构成要件，因而四要件变成了五要件；后者是将通说的四要件进行重新组合，虽然只有三个要件，但其中的第二个要件"危害社会的行为"却包括四个部分：行为的主观罪过，即行为人在主观上必须具有故意或过失；行为的客观形式即作为与不作为；行为的危害结果；因果关系。换言之，通说中的主观要件被放在了客观方面的行为要件之中，于是四要件就变成了三要件。其他几种要件说则都是通过删除工作提出的，即三要件说中的第二种和第三种观点及二要件说。它们要么删掉了通说中的客体要件，要么删掉通说中的主体要件，或是两者都删掉。对于通过重新排列组合提出的要件说，由于它们提出的几要件与通说中的四要件只是在排列上的区别，在要件的具体内容上与通说是一样的。因此，它们在本质上与通说并无差异，不能视为新的要件说。对于通过删除通说四要件中的某个或某几个要件而提出的要件说，虽然存在着上述不同学说，不过，综合来看，这三种不同学说的分歧主要是犯罪主体和犯罪客体是否为犯罪构成要件。三要件说中的第二种观点比较可取，即犯罪构成体系包括犯罪客观方面、犯罪主体和犯罪主观方面三个要件，犯罪客体不是犯罪构成要件。

二、犯罪构成的共同要件

（一）犯罪客体不是犯罪构成的共同要件

第一，我国刑法通说认为，犯罪客体是我国刑法所保护的、为犯罪行为所侵害的社会关系，是构成犯罪的必备要件之一。社会关系是人们在共同生产、生活

---

① 参见张明楷：《法益初论》（增订本）（上册），商务印书馆2021年版，序言第4页。
② 参见傅家绪：《犯罪主体不应是犯罪构成的一个要件》，载《法学评论》1984年第2期。
③ 参见杨兴培：《"犯罪客体"的反思与批评》，法律出版社2009年版，第209页。
④ 参见赵秉志主编：《刑法争议问题研究》（上卷），河南人民出版社1996年版，第185页。

中形成的人与人之间的相互关系，即人们在共同活动过程中所结成的以生产关系为基础的相互关系的总称。受我国刑法保护而为犯罪所侵害的社会关系包括国家安全、公共安全、社会主义经济基础、公民的人身权利、民主权利和其他权利、公私财产的所有权、社会主义社会管理秩序、国防利益、国家工作人员职务的廉洁性、国家机关的正常管理活动、军事利益等。显然，犯罪客体的具体内容实际上就是我国《刑法》第 2 条所保护的各种利益即法益，也是我国《刑法》第 13 条规定的犯罪所侵犯的各种利益即法益，可见，"法益就是法律保护的客体，同时，也是犯罪侵犯的客体"。前一章的论述表明，法益是犯罪概念的内容；与法益相对应的概念是社会危害性，社会危害性就是指行为对法益的侵害或威胁，也就是违法性的实质。因此，犯罪客体的内容——法益——实际上就是犯罪概念中社会危害性的内容，而犯罪概念是反映犯罪本质的思维形式，因此，犯罪客体是犯罪本质中的研究内容，而不是犯罪构成的要件。①

第二，将犯罪客体作为犯罪构成的要件，无法发挥其作为犯罪构成要件的作用。犯罪构成要件的作用在于为认定犯罪提供一个法律上的标准或规格。根据通说，犯罪客体是我国犯罪构成的四要件之一，在认定某一行为是否犯罪时，理应如同其他三要件一样发挥作用，但实际并非如此。"犯罪客体本身是被侵犯的社会关系，但要确定某行为是否侵犯了社会关系以及侵犯了什么样的社会关系，并不能由犯罪客体本身来解决，而要通过犯罪客观要件、主体要件和主观要件综合反映出来。"②明确某一行为侵犯的客体其实都是在行为的性质确定了之后才能确定的。例如认定和区分盗窃罪与贪污罪，是结合行为主体的身份以及客观上行为是否利用职务之便来完成的，在此之后，也就确定了行为的犯罪客体是公私财产所有权或是国家公务人员职务的廉洁性。而不是说，先确定了犯罪客体是公私财产所有权或是国家公务人员职务的廉洁性，然后得出行为是盗窃还是贪污的结论。所以，通说中的犯罪客体并不是在认定犯罪的实践中发挥作用，而只是揭示犯罪的本质，发挥着立法上的指导作用以及刑法的解释作用。

（二）犯罪的客观方面、犯罪主体、主观方面是犯罪构成的共同要件

1. 犯罪的客观要件

一切犯罪是人的行为，"无行为则无犯罪亦无刑罚"。危害行为在刑法中，不仅是连接犯罪成立诸要件的纽带，在犯罪构成中居于核心地位，而且是刑事责任赖以建立的支柱。因此，犯罪的客观要件实际上是以研究危害行为为主要任务的。以危害行为为前提和中心，还需要明确危害行为的对象，危害社会的结果，实施危害行为的方法、时间、地点，以及行为与结果之间的因果关系。这几方

---

① 参见张明楷：《法益初论》（增订本）（上册），商务印书馆 2021 年版，序言第 4 页。
② 张明楷：《犯罪论原理》，武汉大学出版社 1991 年版，第 135 页。

面的综合,才是完整的犯罪构成客观要件的内容。

危害行为是犯罪构成要件中最重要的内容,是联系行为主体和客体之间的动作,是由一定意思发动并表现于身体的动静。它是行为人实施的有意识和意欲的动作。出于绝对的强制、偶然事故、反射运动等原因而使行动者失掉本身支配或控制的可能性的动作,不在犯罪行为意义的举动之内。所谓身体的动作,是指各个构成要件行为的样态,除少数是以消极不作为构成之外,通常构成要件的行为是由积极的作为构成。至于这些作为或不作为实施的方法、时间与地点及既未遂等形态则各有别。从这样的意思发动并表现于身体的动作所指向或影响的客观存在物就是危害行为的对象。作为危害行为的对象的客观存在物包括人或物,它们是刑法的保护法益之载体。从这样的意思发动并表现于身体的动作所引起的结果称为危害行为的后果,亦即行为所发生之危险或实害。因为这种后果是与主体的心理状态联系起来的,因此,它不同于一般自然意义上的因果性,而是刑法学中的因果关系。

2. 犯罪的主体要件

犯罪行为主体即为实施犯罪行为之人,是犯罪主体的资格者,也是刑罚惩罚的对象。任何犯罪行为,都是一定的犯罪主体实施的,没有犯罪主体,就不可能实施危害社会的行为,也不可能有实施危害行为的罪过,也就不可能有犯罪。因此,犯罪行为的主体是犯罪构成所不可缺少的要件。

虽然犯罪构成理论所要研究的是行为,犯罪构成所要解决的是行为是否达到具有社会危害性并应受惩罚的程度,但是,这绝不意味着犯罪主体与客观上的危害行为是无关的。因为任何危害行为都是由一定的人所实施的,自然界的行为或是动物的行为就不是犯罪构成理论所说的危害行为。某种行为是否构成犯罪,既离不开对该种行为的性质及其危害对象、后果等方面的探讨,也离不开对该种行为是由谁实施的、实施该种行为的人是否心智健全等方面的探讨。否则,就不可能解决行为定罪的问题,进而也就不能解决某种犯罪行为实施者的刑事责任问题。犯罪主体也不能被犯罪的主观要件所包容。犯罪的主观要件解决的是罪过、行为人的主观心态的问题,而在确定行为人是否有罪过之前,先要确定罪过的归责主体即行为人究竟是具体的哪一个人,因此,犯罪主体要件在内容上与犯罪主观要件不同,而且它是在犯罪主观要件认定之前所要解决的问题,显然不能归入犯罪的主观要件。

3. 犯罪的主观要件

犯罪主观方面是指犯罪主体对其实施的行为及其结果所持的心理态度,它是在犯罪主体要件解决了犯罪能力的适格性问题之后,对适格者意思活动问题的探讨;是在具备罪体的情况下,解决行为的可归责性的问题,是犯罪构成的共同要件之一。任何犯罪行为都是罪过等心理活动的客观反映,没有犯罪的主观要件,就违背了主观和客观相统一的现代刑法刑事责任的基本特征。犯罪的主观要件包括故意、过失以及动机和目的。

三、犯罪构成共同要件的排列顺序

犯罪的客观要件、主体要件、主观要件这三个犯罪构成的共同要件在顺序上如何排列?对此,我国刑法传统观点或说通说对犯罪构成的共同要件的排列顺序是可取的。通说的四要件排列顺序是犯罪客体、犯罪客观方面、犯罪主体、犯罪主观方面。如果依照犯罪客体不是犯罪构成共同要件的观点,那么,依据通说,剩下的三要件的排列顺序当然是犯罪客观要件、主体要件、主观要件。虽然传统观点没有讲述这样排列的理由,①但是,这绝不意味着这样的排列是没有理由的。如何排列犯罪构成的共同要件,其意义在于怎样排列才符合人们认识犯罪的规律,即是从客观到主观,还是从主观到客观认识犯罪?对这一问题的不同态度,是认识事物不同思维方式的体现。

客观要件体现的是对犯罪行为的重视,而犯罪中的行为概念因具有有体性、可察性,往往最容易为人们所发现、所把握。因为犯罪分子是隐藏的,任何实施完了犯罪行为的犯罪分子出于人的本能都会藏而不露,而犯罪的主观方面则是人们内心的思维活动,更是难以察觉。只有犯罪行为,它在犯罪成立的几个要件中最先表露出来,最先让人们发现。人们往往根据实际发生的案件事实,即犯罪行为事实进行立案侦查。根据已经发生的客观危害行为,寻找是谁实施的,然后查明实施这一行为的人在主观上是否具有故意或过失,最后得出行为是否构成犯罪的结论。因而犯罪行为具有某种过滤机能,它将既无犯罪意图也未实施犯罪行为的人过滤掉,将有犯罪意图却没有实施危害行为的人过滤掉,它是人权保障中的一道防线。总之,根据人类认识事物的科学规律——从客观到主观而不是相反,犯罪构成的共同要件就应该按照从客观要件到主体要件再到主观要件的顺序排列,任何将犯罪的主体要件或是犯罪的主观要件排列于犯罪客观要件之前的犯罪构成要件体系不但违背了人类认识事物的科学规律,并且易导致侵犯人权,因而不宜提倡。

第三节 犯罪构成的分类

根据犯罪构成不同的性质和特点,从不同的角度并根据不同的标准,可以对刑法中的构成要件作不同的划分。本书只选取刑法理论中三对主要的犯罪构成范畴加以探讨。

---

① 参见赵秉志主编:《刑法争议问题研究》(上卷),河南人民出版社1996年版,第191页。

一、基本的犯罪构成与修正的犯罪构成

我国刑法理论通说认为,根据犯罪构成是否针对犯罪的基本形态而言,可以将犯罪构成分为基本的犯罪构成与修正的犯罪构成。所谓基本的犯罪构成,又称一般形态的犯罪构成,是指刑法条文就某一犯罪基本形态所规定的犯罪构成。基本的犯罪构成一般是既遂犯和单独犯的犯罪构成。由于刑法分则条文主要是以单独犯的既遂状态为标本来规定各个具体犯罪的犯罪构成的,所以,基本的犯罪构成由刑法分则条文所直接规定,例如故意杀人罪、抢劫罪、盗窃罪等。行为人实施刑法分则条文所规定的某一犯罪,且达到既遂状态时,就可以直接适用该条文规定来定罪。

修正的犯罪构成,又称特殊形态的犯罪构成,是指以基本的犯罪构成为前提,适应犯罪行为的各种不同犯罪形态,而对基本的犯罪构成加以某些修改、变更的犯罪构成。例如,适应故意犯罪过程中的未完成形态而分别规定的预备犯、未遂犯、中止犯的犯罪构成;适应数人实施以单独犯规定的犯罪构成的犯罪形态而规定的共犯的犯罪构成,即主犯、从犯、胁从犯、教唆犯的犯罪构成;等等。

需要说明的是,由于基本的犯罪构成与修正的犯罪构成的分类是以单独犯的既遂或是未遂或中止等形态为模式对犯罪构成所作的分类,根据这一分类,刑法分则规定的犯罪构成就是以单独的既遂犯为模式的,分则先规定了犯罪的完整的既遂模式,总则中关于未遂、中止等规定则使这种完整的模式发生了改变,所以是修正的犯罪构成。这种分类是德、日等大陆法系国家刑法理论中的观点,后被我国刑法学界引进,成为各种刑法学教科书中的内容及我国刑法学界对犯罪构成分类的通说。然而,这一分类并不适合我国。因为大陆法系刑法分则规定的犯罪是以既遂为模式的,而我国刑法分则规定的犯罪并不以既遂为模式。

根据大陆法系的犯罪论体系,犯罪是具备犯罪构成的违法的且有责的行为。在其看来,法律不应惩罚犯意和预备行为,而应从实行行为开始处罚。对于实行行为,又以处罚既遂为原则,处罚未遂为例外。对这样一个原则与例外的关系是通过刑法总则的规定体现出来的,譬如《日本刑法典》第 44 条规定:"未遂罪处罚的情形,在各本条中予以规定。"《德国刑法典》第 23 条规定:"重罪之未遂,皆应处罚,轻罪未遂之处罚,以法律有明文规定者为限。"这表明,刑法分则规定的犯罪是单独为既遂犯设立的,如果要处罚犯罪的未遂,只有在分则有明文规定的情况下才能进行。因此,在大陆法系的刑法理论中,如果行为符合刑法典规定的犯罪构成且具备违法与有责性而成立犯罪,就可以说该犯罪行为同时也是既遂犯。

但是,我国刑法分则规定的犯罪并非以既遂为模式。我国刑法总则分别规定了犯罪预备、未遂与中止三种形态,且对这三种犯罪形态规定原则上都应处罚。但在此之外,刑法总则中并没有规定对未遂犯的处罚要以分则有特别规定为限。因此,刑法分则规定的犯罪实际上包括犯罪预备、犯罪未遂、犯罪中止和犯罪既遂四种形态,而不是仅以犯罪既遂为模式。① 既然我国刑法分则规定的犯罪不是以既遂为模式,而是同时也包括了犯罪未遂、中止等其他形态,那么,我国刑法分则中的犯罪构成实际上既包括了大陆法系刑法理论中所说的基本的犯罪构成——以单独犯的既遂为标准的犯罪构成形式,也包括了所谓修正的犯罪构成——以未遂或中止等其他形态为内容的犯罪构成形式。因此,将我国刑法中的犯罪构成分为基本的犯罪构成与修正的犯罪构成,实际上是在以"既遂模式论"为指导分析我国刑法分则中的犯罪所得出的结论;由于这一模式在我国并不存在,因此,应该反对我国刑法理论通说中的基本与修正的犯罪构成的分类。

二、开放的犯罪构成与封闭的犯罪构成

根据大陆法系犯罪论体系,犯罪是该当于构成要件违法且有责的行为。现实中发生的行为与刑法规定的行为构成要件相吻合时,即具备构成要件该当性;具备构成要件该当性的行为原则上就可以推断是违法的了,如无违法阻却事由,违法性即可认定。但是,德国学者汉斯·威尔哲尔对此有不同见解。他提出,刑法中的构成要件可分为封闭的与开放的两种。在封闭的构成要件情况下,构成要件具有违法性征表机能,行为具备构成要件该当性且无违法阻却事由即能认定其违法。譬如,《德国刑法典》第223条规定:"行为人身体上乱待他人或损害他人健康的,处五年以下的自由刑或金钱刑。"如有人出于故意伤害了他人身体健康,意味着该人的行为满足了构成要件;如果没有德国刑法规定的违法阻却事由,该人的行为即可认定违法。此时,构成要件征表违法性,判定构成要件符合性的法官不需要为判定行为违法而寻找其他条件,只需要说明这不符合违法阻却事由即可。违反规范同违法性的这种毫无缺口的重合关系,即为封闭的构成要件(geschlossenen Tatbeständen)。在另外一些情况下,由于立法者未能详尽地规定被禁止行为的各构成要素,构成要件并无违法征表机能,有构成要件该当性但不能征表违法性。这样,仅确定无违法阻却事由还不能认定行为的违法性,还需要法官积极查明是否存在着某些能够说明违法性的构成要件要素,以确定行为的违法性,这样的构成要件就是开放的构成要件(Offene Tatbeständen)。②

---

① 参见张明楷:《犯罪论原理》,武汉大学出版社1991年版,第467页;刘明祥:《我国刑法规定的犯罪并非以既遂为模式》,载《法商研究》1990年第4期。

② Vgl. Welzel, Das Deutsche Strafrecht—Eine systematische Darstellung, 11. Aufl., Walter de Gruyter & Co., 1969, S. 54ff.

具体到我国刑法来说,基于大陆法系与我国犯罪论体系的不同,因此,在开放的与封闭的犯罪构成要件的概念表述上也有所区别。开放的犯罪构成(要件)是指,由于立法者对构成要件要素描述的不完整性,仅根据刑法规范对构成要件的文字描述尚无法判断行为是否犯罪,还需要法官进行其他补充判断的构成要件。封闭的犯罪构成(要件)则是指,立法者已经详尽地描述了犯罪构成要件的各要素,根据构成要件规定即可判断行为是否犯罪,无须法官进行其他的补充判断,换言之,就是在行为违法性的判断上自足的构成要件。显然,构成要件要素规定得是否完整、违法性判断上是否自足、是否需要法官补充判断,此三点是开放与封闭的构成要件相互区分之处。①

三、叙述的犯罪构成与空白的犯罪构成

我国刑法总论在论述犯罪构成的分类时,其中一类就是关于叙述的犯罪构成与空白的犯罪构成的分类。所谓叙述的犯罪构成,是指刑法条文对犯罪构成的要件予以详细叙述,完整表明犯罪行为的一切特征的犯罪构成;空白的犯罪构成,是指刑法条文没有将犯罪构成要件予以明确揭示,而需要援引其他法律规范来说明的犯罪构成。我国刑法各论在论述罪状的分类时,其中有关于叙明罪状与空白罪状的分类。所谓叙明罪状,是指刑法分则条文中对具体犯罪的构成要件作了详细描述;所谓空白罪状,是指刑法条文中没有具体描述某一犯罪的构成特征,而指明要参照其他法律、法规中的规定来确定某一犯罪的构成特征。其他的法律、法规,一般是经济、行政方面的法律、法规,例如《中华人民共和国海关法》《中华人民共和国森林法》等。

这两种分类的来源及其含义其实是相同的,只不过我国刑法理论对此未有交代。

空白刑法(Blankettstrafgesetz)概念为德国刑法学者宾丁所创,又称为"空白刑罚法规""附范围之刑法"。与完备刑法一并地规定了犯罪的构成要件和法律效果不同,空白刑法是指刑法仅规定罪名与法律效果,而将构成要件中之禁止内容委之于其他法律或行政规章或命令。用来补充空白刑法之空白的法律、命令,称为"补充规范""充实规范"或"空白规范"。空白刑法有广义和狭义之分,广义的空白刑法包括以法律或命令补充构成要件,狭义的空白刑法专指以命令补充空白的构成要件,又称为"纯粹空白刑法"(echtes Blankettstrafgesetz)。与空白刑法相对的是完备刑法,"刑罚法规之形式,在立法技术上于同一法律条文中,

---

① 参见刘艳红:《开放的犯罪构成要件理论研究》,中国政法大学出版社2002年版,第147—151页。

一并规定犯罪构成要件与法定刑的,为'完备刑法'(Vollstrafgesetz)"①。显然,空白刑法与完备刑法是根据刑罚法规是否在同一条文中规定犯罪的构成要件与法定刑所作的分类。

我国刑法理论没有采用空白刑法这一概念,而是将它与我国刑法结合,在总则中,采用空白的犯罪构成概念,在分则中,则是采用空白罪状这一概念。实际上,无论空白的犯罪构成还是空白罪状,都是一个含义,都是指刑法规范没有详细规定犯罪的基本特征,而需要其他法律、法规或命令补充之意。不同的名称,是因为考察的出发点不同使然。当从犯罪成立标准即犯罪构成的角度考察分则的罪刑规范时,采用了这种立法方式的构成要件当然就可以被称为空白的犯罪构成;当从具体规范的角度将刑法规范分为假定(罪状)和处理(法定刑),并舍弃法定刑而单独考察假定(罪状)时,采用了这种立法方式的条文的假定部分当然就可以被称为空白罪状;当从刑法的存在形式即法源的角度考察时,由于在采用空白的构成要件的情况下,需要根据刑法之外的其他法规或命令对刑法规范的适用予以补充,这些法规或命令实际上起着与刑法规范之内容同样的作用,它们也充当着刑法的渊源,因此,对于采用了空白构成要件的刑法,当然就可以称为空白刑法。

拓展阅读

我国刑法是否应该及如何选择阶层犯罪论体系

如果我国刑法选择阶层犯罪论体系,那么,应该选择几阶层?在犯罪论体系阶层化思潮之下,究竟主张三阶层还是二阶层,是犯罪论体系深化改革过程中必然面临的更深层次问题。德、日刑法三阶层体系历经20世纪初至当今社会的嬗变,其内部有很多分野,其称呼各不相同;代表性的理论体系则主要有古典的、新古典的或目的论或目的理性体系。从我国三阶层的理论中可以发现,它是或至少是最为接近形式古典三阶层的犯罪论体系。我国学者主张的三阶层实际上是以法实证主义的"分离命题"为前提的,只不过,其内容并非指法与道德的分离,而是指构成要件该当性的事实判断与违法有责价值判断之间的分离,这两种看似不同的内容,其实联系紧密。在三阶层主张者看来,构成要件是价值无涉的纯事实类型,违法有责作为实质价值判断,是在构成要件该当性判断之后进行的;"分离命题"能否成立由此成为三阶层与二阶层的分野。

然而,构成要件的发展史亦即其与违法性、有责性的融合史表明,"分离命题"的前提并不存在;犯罪认定的司法过程表明,形式与实质、事实与价值相分

---

① 杨建华:《刑法总则之比较与检讨》,三民书局1989年版,第13页。

离的判断只是应然层面的内容,"分离命题"的内容在实然层面难以成立;基于现代法哲学思潮的发展与法律思维的转型,对刑法犯罪论体系的研究应由早期实证主义经验思考,转为对违法与有责构成要件进行规范研究的本体论思考,"分离命题"的方法论也难以维系。放弃三阶层,选择违法构成要件与有责构成要件的二阶层,正是面对现实的务实态度。

延伸思考

什么是实质的犯罪论①

实质刑法观主张建立实质的犯罪论。构成要件在当下刑法理论中是违法+有责类型,因此,构成要件的独立性意义固然存在,但它似乎更多只是应然层面而非实然现状。为此,构成要件作为违法行为的类型化,符合构成要件的行为一般都是违法的;构成要件又是责任的类型,以非难可能性为内容的规范责任论是责任的本质;构建违法(构成要件)与有责(构成要件)二阶层的犯罪论体系就成为必然。

实质的犯罪论认为,仅仅从形式上强调罪刑法定原则是不充分的,构成要件符合性的判断,是从实质上判定是否存在值得科处刑罚的法益侵害。违法性的判断,也必须是以法益侵害或威胁为中心考虑。站在解释作为违法类型的构成要件的立场,构成要件与违法性没有原则的区别。该当作为违法行为类型化的构成要件的行为,原则上可称为违法行为。其次是构成要件和有责性的关系。基于解释作为有责类型的构成要件的立场,构成要件与有责性其实也并无原则的区别,该当作为有责行为类型化的构成要件的行为,原则上就是有责行为。由此一来,犯罪的成立可以分为两个条件,即对值得处罚的违法行为的客观构成要件和对值得非难的有责行为的主观的构成要件,行为是否符合客观与主观的构成要件,需要结合是否具有违法与责任的阻却事由来决定。这种犯罪论体系,从结构上杜绝了对犯罪构成要件可能会存在的形式评价,从设计上赋予了构成要件实质判断的标准即某种行为是否具有处罚的必要性和合理性,从而最终成为以可罚必要性为内容的真正意义的实质犯罪论体系。

案例分析

1. 未满14周岁的甲某日实施抢劫,乙不知道甲的年龄,见甲抢劫,于是上前帮助。

问题:根据我国传统四要件的犯罪论体系,分析对甲乙共同抢劫的行为应如

---

① 参见刘艳红:《实质刑法观》(第二版),中国人民大学出版社2019年版,第169—186页。

何处理？如果根据二阶层或三阶层犯罪论体系，又应该如何处理？

2. 甲系某市教育局局长，乙主动送甲现金 2 万元，请求甲将其从县城某中学调任该市某中学教师。甲拿钱后一直没有机会调动乙，后案发。

问题：根据我国传统四要件的犯罪论体系即主客观相统一的定罪原则，甲的行为是既遂还是未遂？按照实质的犯罪论体系分析，甲的行为构成既遂还是未遂？

第六章 危害行为

一切犯罪都是人的行为,危害行为在刑法中,不仅是连接犯罪成立诸要件的纽带,在犯罪构成中居于核心地位,而且是刑事责任赖以建立的支柱。如果说,整个犯罪论就是关于犯罪的刑法评价理论的话,那么它也是以危害行为为中心展开的,犯罪的客观要件就是以研究危害行为为主要任务的。

第一节 危害行为概述

通常意义上,刑法上的危害行为就是具备法定构成要件的犯罪行为。但是,在犯罪构成理论中,危害行为则是指犯罪的客观要件。就刑法所评价的"犯罪行为"而言,它既包含着客观的行为要素,也包含着支配行为的主观要素,还包含着实施行为的人即犯罪主体,三者都是对犯罪进行评价的不可或缺的要素。而作为犯罪客观要件的"危害行为"则是暂时排除了主观内容的纯客观行为,虽然它和犯罪主体、主观方面都是犯罪构成的共同要件,但是危害行为却是犯罪构成的核心要件。因为如果没有危害行为,就没有进行犯罪评价的对象,其他的要件也就没有意义。

一、刑法上的行为概念

在了解危害行为之前,我们有必要先认识刑法上的行为概念。通常,所谓行为是指"受思想支配而表现在外面的活动",也就是说,人的一切有意识的活动都是行为。刑法上的行为也是指"由一定意思发动并表现于身体的动静"。

但是,并非人的所有行为都具有刑法意义,刑法所要处理的只是很小一部分人类行为。而且,刑法上的行为与人的一般日常行为还有一个重要的不同就是,一般的日常行为作为受思想支配的外部活动往往具有"动"的外观,而刑法上的行为则不限于"动",身体上的"静"也可以成为刑法上的行为。据此,刑法上的行为具有这样几个特征:(1)刑法上的行为是动态或静态的人的身体举动,而不是动物或自然界对人类社会的影响力;(2)刑法上的行为是在一定主体意识的支配下进行的,不反映人的心理态度的身体举动不具有行为的意义,比如反射动作、睡梦中的举动,就不属于刑法上的行为;(3)刑法上的行为是具有社会意义的身体活动,如果没有对社会产生影响,不可能成为刑法上的行为;(4)刑法上的行为具有规范性,它是刑法规范所包含的具有社会意义的人的身体举止,只有这样,才属于刑法需要评价的行为。

刑法中没有无行为的犯罪,也没有无犯罪的刑罚。这意味着,无论是刑事立法还是刑事司法,都是以一定的行为为对象的,单纯的思想不能成为刑罚处罚的对象。在刑事立法中,为了达到对犯罪行为的一般性惩戒目的,必须将具有特定样态和一定危害性的行为确定为犯罪;但社会生活的复杂性,使得刑法立法要考虑有别于一般处罚目的的特别事由,以避免对某些行为的不必要的处罚,从而保证刑法规定的合理性。因此,刑法中的行为不仅包含了危害行为,还包括排除危害性的行为。比如,正当防卫、紧急避险和意外事件下的行为,也是刑法上的行为,但不属于犯罪。《刑法》第16条规定:"行为在客观上虽然造成了损害结果,但是不是出于故意或者过失,而是由于不能抗拒或者不能预见的原因所引起的,不是犯罪。"第20条规定的正当防卫、第21条规定的紧急避险,虽然具有危害行为的特征,但是属于立法鼓励的情形,因而不负刑事责任,它们当然也不能被认为是危害行为或犯罪。

可见,刑法中的行为概念是犯罪行为与正当化行为共同的上位概念,不能把刑法上的行为等同于犯罪行为。刑事司法活动的主要目的和任务就是要对行为是否具有犯罪性进行刑法评价,也就是说,在刑事司法中,需要把行为与非行为区别开来,把具有违法性的行为和适法行为区别开来,把一般违法行为与构成犯罪的行为区别开来,并对犯罪行为的形式加以确认和类别化,从而达到惩罚犯罪的目的。

刑法中的行为概念具有以下功能:

第一,界限功能。犯罪是人的行为,没有行为,就无所谓犯罪。因此,行为概念首先具有在刑法意义上区分行为与非行为的作用,不是刑法意义上的行为,就不能作为犯罪。比如单纯的危害意图,就不是刑法意义上的行为,也不能成为刑罚处罚的对象。

第二,分类功能。一方面,行为概念将所有具有刑法意义的行为统一在该概念之下,从而将刑法上的行为从一般行为中界分出来;另一方面,作为一个统一的刑法概念,它可以对不同类型的犯罪行为、犯罪的不同形态的行为,给出统一的解释。也就是说,刑法所规定的每一个具体犯罪行为,以及故意、过失、实行行为、教唆行为、帮助行为等等,都可以用行为概念加以解释。

第三,结合功能。行为概念可以结合犯罪的各种评价要素完成犯罪的最终评价,从而使犯罪论体系保证其一贯性。也就是说,"原属于个别评价之构成要件该当性、违法性、有责性等各要素,原本都在说明'行为'概念,因此各要素透过'行为'始得相互连结"[①]。行为是对犯罪论体系各个阶段中的犯罪种类的评

[①] 陈子平:《刑法总论》(第四版),元照出版公司2017年版,第115页。

价之后的实体,贯穿犯罪论的各个阶段,常常成为"犯罪论体系的脊梁"①,它除了具有实践上的结合功能,也具有理论上的整合功能。

二、行为理论

犯罪是行为,行为论是犯罪论的基础和出发点。行为理论就是要说明刑法上的"行为"的性质与特征,通过理解行为,进而把握犯罪的性质与特征。关于行为性质,存在以下理论:

(一) 因果行为论

因果行为论认为,行为是由主观意志导致外部世界发生某种变动的人的举止。19世纪受自然科学发展的影响,某些自然规则被引入了刑法,因果行为论就是将人为的动作与自然的结果相结合,来解释符合构成要件的行为。这是一种从物理意义上观察行为而形成的行为理论,它将行为理解成是由于意思表露于外部世界的纯粹因果过程,因而也被称为自然行为论。在因果行为论看来,行为具有两个特征:一是有意性,二是有体性。②此说将行为解释成纯粹的身体动作,这种身体动作虽然以意思为前提,但是意思是否存在、意思的内容如何,这些主观要素并不包含在行为概念之中,而是属于责任问题。这样,反射运动和物理强制下的动作或睡梦中的动作,都可能被解释为行为。将主观要素排除在行为概念之外,无法解释目的犯的行为,也难以说明过失的不作为,故而不能很好地发挥行为概念的界限功能。

(二) 目的行为论

在目的行为论中,行为的核心要素不在于依意思而形成的因果过程,而是认为行为的本质是一种目的性活动。也就是说,行为不过是目的的实现,人的行为都是具有目的性的。所谓行为的目的性,就是人以因果关系的知识为基础,在一定范围内将自己的活动所要发生的结果设定为行动的目标,为达成这个目标而有意识地采取行动。目的行为论强调人的主观目的对于行为的支配性,它虽然能很好地解释故意行为,但难以对过失行为与不作为提供合理的说明。

(三) 社会行为论

社会行为论认为,人是作为社会的人而存在的,刑法也是一定的社会现象,因此什么是行为要用客观而社会的观点来理解。据此,只有具有一定社会意义的人的身体动静才应成为刑法上的行为。行为概念应包含三种要素:一是有体性,二是有意性,三是社会性。因果行为论对不作为不能作出合理说明,目的行为论难以说明过失行为的性质,而社会行为论认为,不能只从自然的物理方面理

---

① 〔日〕山中敬一:《刑法总论》(第三版),成文堂2015年版,第143页。
② 参见陈兴良:《本体刑法学》(第三版),中国人民大学出版社2017年版,第189页。

解行为,而必须从社会的意义上来把握。依社会行为论的观点,凡人类的举止(包括作为与不作为),不问故意与过失,只要足以引起有害于社会的结果而具有社会危害性,都可视为刑法意义上的行为。反之,如果行为对于社会并无意义,不是社会规范所调整的举动,就不能认为是刑法上的行为。社会行为论者认为,人在社会环境中的各种举动,有偏重于结果引起的,有偏重于不实施特定举动的,也有偏重于目的的追求的。这三种形态的举动,欲在其本体结构上求得共同的概念,实非易事,而在价值判断上,则并没有相类似之处,即都属于具有社会意义的人的举动。因其对社会有意义,才为法律所关心,而视之为行为。在社会行为者看来,行为是法律上的观念,不是自然科学上的观念,一方面承认它是"因果的实现",另一方面须了解其与社会价值关系的联系,无论是故意的或非故意的,作为的或不作为的,只要是由来于人的有意识的社会性的举动,都可能是刑法上的行为。与因果行为论一样,社会行为论也是将犯罪的主观因素作为责任问题,而不是作为行为问题处理。[1] 社会行为论存在的问题在于,什么是"具有社会意义"缺乏明确的判断标准,因而导致行为概念本身也变得不很明确。

(四) 人格行为论

人格行为论认为,行为是人格的表现,是在人格与环境的相互作用中根据行为人的主体态度而实施的。因为人类是以物质、生命、心理和精神而构成的综合性存在,所以人类的行为也是从人类的综合要素考虑和出发的。就是说,刑事责任的第一阶段的行为,是否将人类举动视为其自身的行为来看待,这是问题的焦点。但是,区别人类与动物的决定性因素在于人格,人格意味着精神上的自我意识和自我处置能力。这种人类存在论的自由成为对人类的伦理性责任的基础。所以,行为意味着人格的客观化或人格的发现,是"作为人格的表现根据意思支配或可能支配的因果性结果有责任而有意义的组成"[2]。也就是说,人格本来是一种潜在的体现,但它现实地表现为活生生的活动,这种活动被人格的主体的一面操纵而实施时,就是行为。人格行为论强调人的行为的生物性与心理性,并将行为与社会环境结合起来考察,认为行为既有生物的基础,又有社会的基础。前者意味着行为是人的身体动静,而且是受人格(主体意识)支配的身体动静,不可抗力、反射性举动不是人格的表现,因而不是行为;后者意味着行为是在人格与环境的相互作用下实施的,行为环境与人格环境制约和支配着一个人的行为,而行为环境与人格环境又受到社会的影响,从而具有社会性。[3] 因此,没有表现

---

[1] 参见马克昌:《比较刑法原理》,武汉大学出版社2002年版,第168—169页。
[2] 〔韩〕李在祥:《韩国刑法总论》,〔韩〕韩相敦译,中国人民大学出版社2005年版,第76页。
[3] 参见陈兴良:《本体刑法学》(第三版),中国人民大学出版社2017年版,第190页。

在外部的人的精神活动,因其并未将人格现实化,不能成为刑法上的行为。人格行为论也受到众多学者的批判,认为"人格"的内容本身并不明确,人格行为论的行为概念并不能充分发挥其界限功能,比如精神病人的杀人举止也是其人格表现,却不能认为是刑法上的行为,而过失的不作为犯属于刑法上的行为,其是不是行为人人格的表现却又存在疑问。

上述行为理论是从不同角度观察行为而形成的关于行为的一般性解释,它们可以帮助我们从各个侧面理解刑法意义上的行为的本质及特征。但是,无论哪一种行为理论,都无法对刑法意义上的所有行为给出合理解释。比如,因果行为论将主观因素排除在行为概念之外,是不符合实际的。目的行为论过分强调目的在行为中的意义,这虽然能够说明故意行为,但却不能说明过失行为,因而难言妥当。社会行为论从社会意义上立论,有助于揭示行为的本质,且能克服因果行为论与目的行为论的不足,对不作为作出恰当说明,值得称道。但是,失之于太泛是这一理论的根本缺陷,因为它用来确定行为范围的标准(社会意义)本身就是一个不确定的概念。人格行为论认为行为是主体的人格的现实化,有助于说明每一个行为人的行为的个别化,但"人格"也是难于把握的概念,从而行为也就难于把握。① 因此,也有学者认为,各种行为理论之间的争论,其重要性极为有限,采取何种行为理论,并不必然决定采取何种犯罪论体系。从实务上说,因为单纯否认行为性而宣告无罪的情形极为罕见,大多是因为否认构成要件符合性而宣告无罪。② 但是,通过对行为理论的了解,我们还是可以认识刑法上的行为的基本特征。

三、危害行为及其特征

刑法理论一般认为,危害行为是指人在意志的支配下实施的具有社会危害性的身体动静。由此一般概念,可以得出危害行为具有这样三个基本特征:

1. 有体性

有体性首先涉及行为的主体性问题,即行为是人的行为;其次,它也意指行为的举止性,即行为是人的身体活动表现出的动静。人的身体活动,既可以表现为积极的动作,也可以表现为相对的静止,即行为包括作为,也包括不作为。危害行为的有体性可以将行为与单纯的思想区分开来,强调危害行为的有体性,就是为了体现"不得惩罚思想"的观念,反对将思想有害化的做法。因为思想是主观的、内在的东西,其本身不可能具有行为的功能,一般不会产生对法益的侵害;而行为是客观的、外在的现象,它能改变客观世界,侵犯法益。尤其是在区分

---

① 参见马克昌:《比较刑法原理》,武汉大学出版社2002年版,第171页。
② 参见张明楷:《刑法学》(第六版)(上),法律出版社2021年版,第188页。

"思想"与"言论"的时候,有体性特征显得更加重要。虽然言论是思想的载体,但是言论却可以成为刑法上的危害行为。言论是主体思想的外在表述,与一般的身体动作不同,一般不认为是行为,而且言论自由是我国宪法赋予公民个人的基本权利之一,刑法不应将注意力放在人的言论上。但是,与其他任何权利一样,言论自由也有其限度,公民在行使言论自由权利时,不得损害国家的、社会的利益和其他公民的合法权益,否则,应当承担法律责任。当言论不仅表现为思想的外露,而是成为影响、改变外在世界的一种方式时,它就具有行为的特征,对社会和他人造成一定损害,如煽动分裂国家、诬告陷害、作伪证、侮辱、诽谤等言论,都具有危害行为的基本特征,因而被我国《刑法》规定为犯罪行为。

2. 有意性

危害行为是受行为人意思支配的行为,从反面说,只有在意志自由的情况下实施的身体动静,才能被认为是行为。犯罪作为一种危害行为,体现了社会危害性与人身危险性的统一。作为危害行为,也应反映行为人的主观心理态度,只有在人的意志的支配下实施的行为,才具有刑法评价的意义。一般来说,人的行为都是受到自己意志支配的,但是,有时人的行为也可能不受自己的意志支配。不受自己意志支配的行为,不能归于行为人,因为此类行为不能反映行为人的主观心理态度,所以不能作为危害行为。危害行为的有意性特征,可以把不具有主观意思的身体动静排除在刑法的行为概念之外。所谓不具有主观意思的身体动静主要包括:(1) 反射动作或紧急情况下的本能动作,比如梦游、触电时的抽搐等;(2) 精神错乱下的行为,如无辨认能力和控制能力的精神病人的行为;(3) 人在不可抗力下的行为;(4) 人在身体受到强制时的行为。这些行为都不属于危害行为,因而不是刑法评价的对象。

3. 有害性

刑法上的危害行为必须是给社会造成一定危害的行为,或有造成严重危害的危险性的行为。例如:甲欲枪杀仇人乙,但早有防备的乙当天穿着防弹背心,甲的子弹刚好打在防弹背心上,乙毫发无损。甲见状一边逃离现场,一边气呼呼地大声说:"我就不信你天天穿防弹背心,看我改天不收拾你!"在此案中,虽然甲的行为没有造成任何伤害后果,但在行为当时,甲向乙开枪射击的行为完全有导致乙被击中进而死亡的可能性,因而仍然具有法益侵害性,属于刑法上的危害行为。如果行为人具有实施危害社会的行为的意图,但是他的行为没有产生危害社会的后果,甚至不足以产生危害后果的,就不具有社会危害性,不能当作危害行为。当然,社会危害性并无统一的、普适的判断标准,它取决于一定社会的政治、经济、文化、道德观念及其历史传统,需要综合多种因素加以判断。在一个国家被认为是有害的行为,在另一个国家可能被认为是无害,甚至是加以鼓励的行为;在某个历史时期被认为是有害的行为,在另一个历史时期可能被认为是无害的。因此,行为的有害性也需要以刑法所要保护的法益作为核心要素,进行具体的、情境化的判断,不能抽象讨论。形式上虽然符合刑法规定的犯罪行为的外观,但没有侵害法益的行为,也应当排除在危害行为的范围之外。

第二节　危害行为的表现形式

由于刑法不仅处罚犯罪既遂、未遂行为,而且处罚预备行为,所以,如果从犯罪行为的发展阶段来划分,危害行为包括预备行为和实行行为,罪行是以实行行为为核心要素的。而在刑法理论上,一般根据行为的外在特征和法律特征,将实行行为区分为作为和不作为两种形式。另外,关于刑法上的"持有"是否属于一种独立的行为形式,理论上亦存在争议。下面分别加以讨论。

一、实行行为

我国刑法理论的通说认为,犯罪的实行行为是指"刑法分则中具体犯罪构成客观方面的行为",也就是刑法分则条文中罪状所规定的能够直接地造成法益侵害的行为。例如,故意杀人罪的实行行为是对他人的杀害行为,故意伤害罪的实行行为是故意伤害他人身体的行为,抢劫罪的实行行为是侵犯人身的行为和劫取财物的行为。但是这只是从形式上回答了什么是实行行为。"犯罪的本质是侵害法益,没有侵害法益的行为当然不可能成为犯罪的实行行为,不仅如此,即使某种行为具有侵害法益的危险性,但如果危险程度极低,也不可能成为实行行为。"①因此,实行行为需要将形式与实质两个方面结合起来判断。

从形式上看,实行行为是刑法分则条文罪状所规定的危害行为。实行行为首先必须在形式上符合刑法分则条文规定,刑法分则条文规定的罪状之外不存在实行行为,这是罪刑法定原则的必然要求。"实行"一词存在于我国《刑法》第23条之中,虽然该条规定并没有定义何谓"实行"行为,但是从法条表述可以看出,实行行为与"着手"概念密切相关:实行行为开始于着手,而着手则是指开始实行刑法分则所规定的危害行为。所以,实行行为必须首先是刑法分则罪状中所规定的具体行为。例如,甲为了杀害乙,劝乙乘坐飞机出外旅行,希望乙死于空难,结果乙果真死于飞机事故。乘坐飞机尽管具有一定危险性,但这种危险属于社会生活允许的危险,劝他人乘坐飞机的行为并不属于刑法要禁止的行为。所以,甲的行为并不是故意杀人罪的实行行为。但是,形式上符合刑法分则条文罪状规定的行为,实质上未必都是实行行为,行为是否属于实行行为还需要从实质上判断。

---

① 张明楷:《刑法学》(第六版)(上),法律出版社2021年版,第188页。

从实质上看,实行行为是能够直接造成法益损害结果的行为。许多具体犯罪未必以危害结果的发生为必要,但是,实行行为必须具有引起损害法益之危害结果发生的可能性或者说原因力。所谓可能性或者说原因力,是指行为人自己的积极或消极的身体动静使得刑法所保护的法益处于发生危害结果的危险中。以故意杀人罪为例,无论是赤手掐死被害人、用绳子勒死被害人,还是用刀捅死被害人、用枪射杀被害人,都属于故意杀人罪的实行行为;教唆他人自杀不属于杀人行为,但是,教唆丧失辨认能力和控制能力的精神病人自杀,则属于故意杀人罪的杀人行为。再如我国《刑法》第205条规定的虚开增值税专用发票罪,虚开增值税专用发票的行为可以直接造成国家税收损失,是形式与实质相统一的实行行为。但是第205条第3款将虚开增值税专用发票的行为界定为"为他人虚开、为自己虚开、让他人为自己虚开、介绍他人虚开行为之一的"行为。在这四种行为中,为他人虚开、为自己虚开属于真正的实行行为;而让他人为自己虚开、介绍他人虚开形式上是实行行为,但是实质上并不属于实行行为。前两种行为可以直接造成国家税收损失,后两种行为由于还要借助于他人的虚开行为,对国家税收还不能构成发生损失的危险。由于人类行为本身的复杂性,也由于立法常常是各种立场和观点妥协的产物,因此各国刑法或多或少地会将某些非实行行为诸如预备行为、教唆行为、帮助行为等直接作为犯罪规定在刑法分则之中。所以,对实行行为不仅应当从形式上把握,还需要从危害行为与法益的关系上把握其实质,这样才可能有效地区分出实行行为与非实行行为。

因此,对于实行行为,存在两个方面的判断标准:第一,实行行为必须形式上符合客观构成要件,而且具有法益侵害的紧迫性("着手"属于实行行为的起点)。实行行为通常是刑法分则规定的,但刑法分则规定的行为并不一定是实行行为,有可能属于预备行为。第二,实行行为属于类型性的法益侵害行为,即从社会相当性上评价属于社会生活中被禁止的具有法益侵犯可能性的行为,一旦着手就会造成侵害法益的紧迫危险。前者是形式的标准,后者是实质的标准。只有形式和实质统一的行为才是真正的实行行为,仅仅形式上为刑法分则所规定而实质上没有直接造成侵害法益的可能性的行为,不属于实行行为。至于某种行为是否具有侵害法益的紧迫危险,应以行为当时存在的所有客观事实为基础,按照客观的因果法则进行判断。

实行行为的客观表现形式多种多样,从它与刑法规范的关系看,实行行为可以分为作为与不作为两种基本形式。由作为构成的犯罪称为作为犯,由不作为构成的犯罪称为不作为犯。

二、作为

作为,是指行为人用积极的身体活动实施的违反刑法的禁止性规范的危害行为,即"不当为而为"。作为的意义是,刑法禁止人们实施一定的行为,而行为人却违反此禁止性规定,积极地实施了此行为,因而作为外在地表现为身体的积极活动。我国《刑法》所规定的大多数犯罪都属于作为犯,需要通过作为实施,如盗窃罪、抢劫罪、强奸罪、诽谤罪、诈骗罪等等,其实行行为都是积极的身体动作,直接违反刑法相关的禁止性规定。作为除了要具备危害行为的三个特征之外,还必须表现为身体的积极举动,身体的静止状态下不可能实施作为犯罪。

在实际生活中,作为可以通过不同的方式实施:(1)利用自己身体的作为。自己的身体,可以是自己的四肢,也可以是自己的五官活动。如对受害人大打出手,伤害其身体;口出秽言,侮辱其人格;等等。无论身体任何部位的举动,只要符合作为的特点,就是作为的具体实施方式。(2)利用物质性工具的作为。即借助物质性工具,实施违反禁止性规范的行为,比如用枪杀人、用斧头毁坏他人财物等;随着科学技术的发展,利用网络这一工具实施的犯罪越来越多,成为作为的重要表现形式。(3)利用自然力的作为。自然力包括水、火、风、雷电、地震、山崩、海啸等自然现象,虽然人类行为很难直接控制这些自然现象,但是人完全可以利用这些自然现象达到危害社会、危害他人的目的。(4)利用动物的作为。如利用毒蛇致人死亡、利用恶犬伤害他人等,虽然损害是由动物造成的,但动物只是人的工具,仍然属于人实施的危害行为。(5)利用他人行为的作为。把他人当作工具加以利用也是经常发生的,如利用没有刑事责任能力的人的行为、利用没有达到刑事责任年龄的未成年人的行为、利用他人过失、利用他人无意识的行为,甚至还可以利用他人的犯罪行为实现自己的犯罪目的。

三、不作为

(一)不作为的含义及构成条件

不作为,是指行为人能够履行应尽的义务而消极地不实施法律所要求和期待的行为,即"当为而不为"。从表现形式上看,不作为是消极的身体静止;从违反的法律规范的性质看,不作为的行为人直接违反了法律所规定的命令性规范。比如我国《刑法》第416条规定的不解救被拐卖、绑架的妇女、儿童罪,对被拐卖、绑架的妇女、儿童负有解救职责的国家机关工作人员,接到被拐卖、绑架的妇女、儿童及其家属的解救要求或接到其他人的举报,而对被拐卖、绑架的妇女、儿童不进行解救,就是违反了法律的命令性规范,构成不作为犯罪。

不作为除了需要具备危害行为的三个基本特征,还需要具备三个特殊构成条件:(1)行为人具有实行某种特定积极行为的义务,这是构成不作为的前提条件。行为人的特定行为义务是行为人在特定的社会生活中,基于某种特定的社会关系而产生的必须实施某种行为的义务。(2)行为人有履行特定义务的实际可能而未履行。行为人是否能够实际履行义务,需要从行为人履行义务的客观条件和主观能力两个方面进行判断。法律不强人所难,如果在当时当地的场合行为人根本无力履行其特定义务,其行为就不成立不作为;如果在当时当地的场合行为人虽然有机会履行其特定义务,但是履行义务会构成损害自己生命、健康的重大危险,其行为也不属于不作为。(3) 行为人未履行特定义务,造成了法益损害,具有社会危险性。因为只有当行为人的行为客观上造成了法定实害结果的发生或法定具体危险的出现,不作为犯罪才能与作为犯罪之间形成等价性,所以,不作为是否成立犯罪,需要考虑法益面临的危险程度。

(二) 不作为的义务来源

不作为构成犯罪必须以行为人负有特定义务为前提,所以在不作为犯罪中,一般需要先判断行为人在当时情况下是否具有实施某种行为的义务。而行为人是否有特定的作为义务,必须有相应的判断标准和根据,这种判断标准和根据就是特定义务的来源。不作为犯罪的作为义务的来源主要有:

1. 法律、法规明文规定的义务

法律、法规明文规定的义务,是指在国家立法机关制定的法律、国家最高行政机关制定的法规中所确立的强制性或命令性的行为规范,这种强制性、命令性的行为规范要求行为人在特定情况下必须实施某种行为。不实施该行为就构成对特定作为义务的违反,导致严重后果发生进而触犯刑法规范的,就会构成不作为犯罪。需要说明的是,此类作为义务既可能来自刑法本身的规定,也可能来自刑法以外的其他法律或行政法规、条例、规章等广义上的法律的法定。但是,来自法律、法规的作为义务仅限于特定义务,不包括抽象性、一般性的法律义务。所以,如果其他法律明文规定的义务仅仅为这些法律所规定,而并没有被刑法所确认,就不能成为刑法中不作为犯罪的义务来源;只有其在刑法中得到确认,才能成为刑法中不作为犯罪的义务来源。比如,在我国,婚姻法规定并被《刑法》第 261 条所确认的扶养义务,道路交通安全法规定并被《刑法》第 133 条所确认的肇事司机救助受伤人员的义务,都是来自法律、法规的不作为犯罪的特定义务。但是,教育法所规定的父母对子女应承担的九年义务教育的义务并没有被刑法确认为刑法上的义务,所以父母不履行该义务时,其行为不会构成刑法上的不作为。

2. 职务或业务所要求的义务

这是职务或业务职责所要求的行为人应当实施某种行为的义务,它是一种具体的而不是一般抽象性的义务,所以可能成为刑法不作为犯罪的义务来源。由于社会职业繁多,每一职业的业务活动也范围极广,每一职务或业务中相关人员应当尽到的义务不可能由法律一一予以明文规定,但是,这并不意味着有关人员的活动不受法律约束。在刑法中,根据职务或业务活动的特殊性,常常会对相关人员产生某些特殊性的要求,从而构成不作为的义务来源。比如消防人员消除火灾的义务、医务人员抢救患者的义务、各类国家机关工作人员履行相应职责的义务等,都不仅是其职务、业务所要求的义务,通常也是法律上所要求的,即使此类义务没有在法律上明文规定,违反此类义务造成严重后果的亦会引起法律上的责任。而且,职务或业务上的义务一般都会由行业规范、单位规章制度、岗位职责予以明确,它们也是司法实践中确定不作为犯罪的义务来源的依据。

3. 法律行为引起的义务

法律行为是指以意思表示为要素,依照意思表示内容发生法律效果为目的的行为。通俗地说,法律行为就是人们所实施的、能够发生法律效力、产生一定法律效果的行为。所谓能产生一定的法律效果,就是在行为主体与行为对象之间产生法律上的权利、义务关系,而且这种权利、义务都具有明确具体的内容。负有实行特定行为之义务的义务人不履行该义务,致使权利人的权利不能得到保护时,其行为也就给社会造成了损害,因而刑法不能忽视不履行法律行为的义务的行为,法律行为所引起的作为义务也应是不作为犯罪的义务来源。一般认为,法律行为所引起的义务,主要存在于合同行为中。在现代社会,合同是从事经济活动、确立权利义务关系的重要形式,合法有效的合同一经成立,就在当事人之间产生了由法律承认的权利义务关系,负有履行义务的一方必须履行相应的义务。当然,不履行法律行为所引起的义务通常首先产生的是民事上的继续履行的义务,该义务是否应由刑法调整,需要考察不作为是否严重危害或威胁了刑法所保护的法益。

4. 先行行为引起的义务

由于行为人之前实施的某种行为使法律所保护的某种利益处于不能容忍的危险状态,因而产生了要求行为人避免该危险的义务,就是先行行为引起的义务。如果行为人不履行该义务,就是以不作为的形式实施危害行为。比如,某人致使他人落水,使其面临被水淹死的危险,致人落水者就负有救助落水者的义务。通常情况下,引起作为义务的先前行为限于侵害合法权益的一般不法行为,不包括犯罪行为。例如,机动车驾驶人员甲违反交通法规致使行人乙受伤,甲因此产生了对乙进行抢救的义务,但是,如果甲不履行该义务导致乙死亡,一般仍然只是构成交通肇事罪,致人死亡的结果是交通肇事罪的客观要素;如果甲肇事后逃逸,积极地逃避履行抢救义务或为毁灭罪证而实施了致被害人于死亡危险的行为,则可以构成故意杀人罪。因为其逃避先行行为所引起的义务的行为本身就已经是一种犯罪行为,它已经不是构成不作为犯罪的前提条件的特定义务。

先行行为是否只限于不法行为,合法行为或意外行为能否引起作为义务,理论上存在争论。有人认为,无论是合法行为还是非法行为,既然该行为导致某种法益处于受到损害的危险状态,行为人就具有避免此危险的作为义务。但是也有观点认为,合法行为引起义务,不具有公正合理性。合法行为是否应该引起作为义务,不能一概而论,若承认合法行为致法益面临危险均可引起刑法上的不作为之作为义务,显然会有扩大刑罚处罚范围的危险,导致某些不当罚的行为被认定为犯罪。比如正当防卫行为,在防卫手段适当、防卫强度未超过必要限度的情况下,对于不法侵害人造成的危险状态,防卫人就不具有救助的义务。但是,如果一概否定合法行为或意外行为可以引起作为义务,又会导致某些应该由刑法保护的法益遭受被漠视的危险。比如甲邀请乙与自己一起去登山,在登山过程中,乙碰到甲的背包而身体失控从山坡上跌落导致重伤,其无法自救,也无法获得其他力量的救助。此种情况下,虽然甲邀请乙登山的行为并非不法行为,乙跌落致伤也是由意外行为引起,但是在当时情况下,与乙同行的甲应当负有救助的义务。此处需要考虑的因素是:第一,合法行为或意外行为引致的法益受损害的危险严重而紧迫;第二,除合法行为或意外行为的实施者本人之外,没有其他人能够消除此种危险状态。之所以有第二项要求是因为,在合法行为或意外行为导致某种法益面临损害危险时,权利人自己首先负有保护自己权利的义务,如果权利人自己能够保护自己的权利不受危险侵害却不采取任何措施,表明其漠视自己的权利,则消除危险的义务不能转移给合法行为或意外行为的实施者。

四、作为与不作为的关系

作为和不作为都是犯罪的实行行为的方式,刑法理论上,通常以行为是违反了禁止性规范还是违反了命令性规范,作为区分作为与不作为的标准。即违反禁止性规范的行为是作为,违反命令性规范的行为是不作为。

在刑法中,有些犯罪只能以作为的形式实施,有些犯罪只能以不作为的形式实施,还有很多犯罪既能以作为的形式实施,也能以不作为的形式实施。由此,理论上将不作为犯分为纯正不作为犯和不纯正不作为犯两种类型。

所谓纯正不作为犯,又称真正不作为犯,是指根据刑法规定,只能以不作为的行为方式实施的犯罪。如我国《刑法》中的遗弃罪,丢失枪支不报罪,不报、谎报安全事故罪,不解救被拐卖、绑架的妇女、儿童罪等,都属于纯正不作为犯。此类犯罪,刑法往往明文规定了作为义务的内容和主体,比较容易判定。

所谓不纯正不作为犯,又称不真正不作为犯,是指以不作为实施的《刑法》中规定的以作为形式构成的犯罪。也就是说,刑法规定的此犯罪的行为类型通常形态是作为,但并未排斥以不作为构成此犯罪的情形,而行为人以不作为的方式构成了此犯罪。不作为与作为的区别,主要就是指不纯正不作为犯与作为犯的区别。《刑法》所规定的故意杀人罪、放火罪等,一般是以作为方式构成的,但是在行为人对威胁他人生命安全的危险、火情所导致的损害危险负有避免义务时,就可以以不作为构成此种犯罪。例如母亲对婴儿负有抚养义务,母亲故意不给婴儿喂奶致使婴儿饿死,就是以不作为构成的故意杀人罪,属于不纯正不作为犯。

当然,作为和不作为都是刑法理论上对实行行为表现形式的区分,这种区分并不具有绝对性,实践中,存在作为与不作为的竞合现象,即一个行为从一个角度看是作为,从另一个角度看是不作为。此外,作为与不作为还可能结合为一个犯罪,某一个危害行为,可能既违反了禁止性规范,也违反了命令性规范,从而同一个犯罪的实行行为既包含作为的意义,又包含不作为的意义。①

五、持有的性质

在我国《刑法》中,规定了一些因"持有"某种特定物品而构成犯罪的情形,如非法持有毒品罪。由此,"持有"的性质问题,成为刑法理论上关注的一个问题。

对于非法持有毒品等罪的行为究竟是作为、不作为还是独立的第三种行为方式,理论上存在不同认识:(1)作为说。认为法律规定持有型犯罪,旨在禁止行为人取得特定物品,故持有行为违反的是"不得持有"的禁止性规范,因而属于作为。②(2)不作为说。认为法律规定持有型犯罪,旨在命令持有人将特定物品上缴给有权管理该物品的部门,以消灭这种持有状态;因此,在法律禁止持有某种物品的情况下,持有该物品的人就负有将该物品上缴给有权管理该物品的部门的义务,如果违反该义务而不上缴该物品,就构成刑法禁止的不作为。③(3)独立行为说。认为持有既有不同于作为的特点,也有不同于不作为的特点;作为具有动的特征,不作为具有静的特征,持有则具有动静相结合的特征;作为与不作为并非 A 与非 A 的关系,将持有与作为、不作为相并列使之成为第三种行为形式并不违反逻辑规则。④ 当然,这种观点只是从形式上来论证持有与作为、不作为的不同。也有其他持独立行为说的学者从"持有"所违反的法律规范的性质来进行论证,认为持有虽然也违反了不作为义务,但是它与纯正不作为的不同在于,持有者所负的交出义务并非刑法责难的对象,只是一般的法律义务;而在纯正不作为的情况下,对作为义务的违反则是刑法责难的对象。因而,主张持有是独立于作为、不作为的第三种行为形式。⑤

作为、不作为是理论上对实行行为不同形式的逻辑分类,持有是不是一种独立的行为方式,关键要看根据同一理论界分标准,它是否与作为、不作为具有完全不同的特征。只有它既不能被作为所覆盖,也不能被不作为所包含,才能认定

---

① 参见张明楷:《刑法学》(第六版)(上),法律出版社 2021 年版,第 192 页。
② 参见熊选国:《刑法中行为论》,人民法院出版社 1992 年版,第 125 页。
③ 参见张智辉:《刑事责任通论》,警官教育出版社 1995 年版,第 124 页。
④ 参见储槐植:《三论第三犯罪行为形式"持有"》,载《中外法学》1994 年第 5 期。
⑤ 参见陈兴良:《本体刑法学》(第三版),中国人民大学出版社 2017 年版,第 213—214 页。

"持有"属于不同于作为、不作为的独立的行为方式。不作为说认为,持有型犯罪中,行为人违反了将非法物品上缴的作为义务,但是,论者所说的持有人的"上缴义务"的来源并不明确。本书认为,与其说持有人违反了"上缴义务"相关的命令性规范,还不如说他违反了"不得持有"的禁止性规范。因此,按照行为形式的理论界分标准,将持有看成作为完全可以得到合理的解释。持有虽然是一种行为状态,但法律评价的并非这种状态,而是持有行为对非法物品物理上的支配、控制行为,只要行为人未放弃非法物品,这种支配、控制行为同样可以被看作积极的动作,应该属于作为的内容。有鉴于此,本书支持持有属于作为的观点。

第三节 危害行为的对象

一、危害行为的对象的概念

危害行为的对象,也称犯罪对象,是指刑法分则条文规定的犯罪行为所侵犯或直接指向的人或物。对于危害行为的对象,可以从以下几个方面理解:

第一,危害行为的对象的范围包括人和物,人包括自然人和单位(法人与非法人团体),物可以包括一般财物和信息。(1)人,是指行为所侵犯或指向的利益主体。例如,故意杀人罪的行为对象是人,强奸罪的行为对象是妇女,虐待罪的行为对象是共同生活的家庭成员,等等。(2)单位,包括法人和非法人团体。例如,伪造、变造、买卖国家机关公文、证件、印章罪,行为对象是国家机关;伪造公司、企业、事业单位、人民团体印章罪,行为对象是公司法人、社团法人;聚众扰乱社会秩序罪,行为对象是机关、学校、工厂等单位。(3)物,是指危害行为所侵害或指向的利益载体。例如,盗窃罪的行为对象是一般财物,盗伐林木罪的行为对象是林地内的树木。(4)信息,是以适合于通信、存储或处理的形式来表示的知识或消息。在当今信息化时代,信息往往包含着巨大或主要的利益内容,从而也成为刑法所保护的客体。正因为如此,信息也属于危害行为的对象,包括国家秘密、军事秘密、情报、商业秘密、淫秽信息、恐怖信息、计算机信息、数据、程序以及信息系统等。不过,对于信息是否属于危害行为的对象,刑法学界存在不同意见,也有人主张,"在对信息的实质存在激烈争议的情况下,可以将信息视为物"①。

第二,危害行为的对象是刑法所规定的,一般直接或间接地体现刑法所保护的法益。现实中,犯罪行为可能作用于多个人或物,但是,并非所有的这些人或

---

① 张明楷:《刑法学》(第六版)(上),法律出版社 2021 年版,第 210 页。

物都是刑法上的危害行为的对象,只有在《刑法》中明确规定的人或物,才具有刑法意义,才能成为危害行为的对象。作为危害行为的对象的人是法益的主体,物是法益的物质载体或表现。正因为不同的物体现不同的法益内容,才会成为危害行为的对象,换言之,不能体现法益的物,不可能成为危害行为的对象。

第三,危害行为的对象是犯罪行为直接作用的人或物,也就是说,危害行为的对象必须被危害行为直接影响。危害行为并非一种孤立的现象,它是行为主体与外部世界之间的一种联系方式,也就是说,行为主体的身体动静作用于外部世界的人或物,我们才能确定危害行为的存在。所以,任何人或物,如果没有行为作用于他们,他们就不是行为的对象;只有犯罪行为直接作用于人或物,他们才成为现实的危害行为的对象。

二、危害行为的对象(行为客体)与法益(保护客体)的关系

危害行为的对象和犯罪侵害的法益是两个既有联系又有区别的概念。它们的联系是,危害行为的对象是刑法所保护的法益的具体体现,是刑法所保护的法益的载体,而刑法所保护的法益则反映了危害行为的对象所依存的利益价值。

危害行为的对象与法益的区别主要在于:

第一,二者在刑法中的地位不同。法益是犯罪概念的内容,是犯罪的本质特征,但不是刑法犯罪构成要件中的内容,它对犯罪构成要件起着指导解释的作用;危害行为的对象是犯罪构成要件中的内容,是犯罪的客观要件的核心内容。

第二,法益决定犯罪的性质,而危害行为的对象则未必影响犯罪的性质。仅仅从危害行为的对象本身考察,并不能辨明犯罪的性质,只有通过犯罪所侵犯的具体法益,才能确定行为的性质。危害行为的对象可以是相同的,但是根据该物所处的环境、用途等条件,实际上它们可能处于刑法保护的不同法益中。例如,盗窃商店里用于出售的电话线和盗窃通信线路中正在使用的电话线,行为对象都是电话线,但是由于这些电话线所处的状态不同,所揭示的被侵犯的法益就不同,前者侵犯了财产法益,后者侵害的是社会法益。实际上,法益和危害行为的对象的对应关系也是不一样的,一种法益可能通过若干个不同的危害行为的对象体现出来,而危害行为的对象也可能反映出若干个不同法益。

第三,法益是犯罪分类的基础,而危害行为的对象则不是。刑法分则条文中的各种具体犯罪必须根据一定的标准进行分类,使所有罪刑规范形成一个有序的系统,从而清楚地反映各种犯罪的不同性质。一般各成文刑法都是根据法益的不同标准和层次进行归类的。但是,由于危害行为的对象不能体现犯罪的性质,所以无法作为犯罪分类的基础。

第四,任何犯罪都会侵害或威胁特定的法益,但是危害行为的对象不一定受到侵害或威胁。比如,行为人将他人的高级照相机偷走,被害人的财产所有权受

到侵害,但是作为行为客体的照相机一般不会被破坏;相反,行为人为了卖出好价钱或便于自己使用,可能还会好好保护相机,使之不受损害。

三、危害行为的对象的意义

危害行为的对象虽然未必决定犯罪性质,在立法上亦不能作为犯罪分类的基础,但是它仍然有着非常重要的实践意义。

第一,许多犯罪只能由特定的行为对象作为构成要素,行为没有作用于特定对象,就不成立此种犯罪。例如,《刑法》第240条规定的拐卖妇女、儿童罪,其行为对象只能是妇女和不满14周岁的儿童,成年男性不是该罪的行为对象,拐卖成年男性也就不构成该罪。

第二,在某些情况下,行为对象可以决定犯罪的性质,从而,行为对象成为决定行为构成此罪、彼罪的关键因素。这主要是因为,不同的对象可能体现不同的法益,所以,行为对象不同,就表明行为侵犯的法益性质不同,因而犯罪性质不同。[①] 例如,以盗窃行为为例,盗窃对象的不同就会直接影响犯罪的性质:盗窃普通财物的,构成盗窃罪;盗窃枪支、弹药、爆炸物的,构成盗窃枪支、弹药、爆炸物罪;盗窃国家机关公文、证件、印章的,构成盗窃国家机关公文、证件、印章罪;盗窃军事秘密的,构成非法获取军事秘密罪;等等。虽然行为方式都是盗窃,但盗窃的对象不同,触犯的罪名也不同。

第三,在司法实践中,犯罪的行为对象不同,可能影响罪行的严重程度,进而影响量刑。首先,行为对象的数量大小会影响到行为的罪与非罪、重罪与轻罪。比如盗窃次数,数额较小的一次盗窃行为可能不构成犯罪,只有数额较大或多次盗窃,才能构成盗窃罪;而在同样构成盗窃罪的情况下,行为对象的数量大小则可以影响罪行的轻重程度。其次,同样是故意伤害行为,伤害一般人与伤害孕妇、儿童、病人的危害程度也有所不同,在量刑时当然需要区别对待。

第四节 危害行为的结果

一、危害行为的结果的概念与特征

危害行为的结果,简称危害结果,是指刑法规定的危害行为给刑法所保护的利益造成的实际损害状况。例如,故意杀人行为造成他人死亡,故意伤害行为造成他人轻伤、重伤,盗窃行为造成公私财产损失,偷税行为造成国家税收损失等等,都属于危害结果。

[①] 参见张明楷:《刑法学》(第六版)(上),法律出版社2021年版,第212页。

关于危害结果的概念及本质,刑法理论界存在不同的看法。有人认为,危害结果是指行为对犯罪客体的损害;有人提出,危害结果是犯罪行为已经造成的实际损害结果或具体的物质性的损害结果;有人主张,危害结果是犯罪行为引起的具有社会危害性的法定现象事实;还有人提出,危害结果是指犯罪行为通过影响犯罪对象而对犯罪客体造成的法定现实损害及其具体危险的事实。① 还有人将危害结果分为广义和狭义两种情形,广义的危害结果是指由危害行为所引起的一切危害结果,包括直接结果和间接结果。狭义的危害结果是指刑法规定的作为某种犯罪构成要件的危害结果,亦即犯罪行为对某罪直接客体造成的危害。② 可见,关于危害行为的结果,还远远没有形成统一的认识,这也表明危害结果本身的复杂性。

在确定危害结果的内涵、外延时,应当体现危害结果本身在刑法中的意义,即它对定罪、量刑活动所具有的影响。正因为它对定罪、量刑具有重要意义,在刑法理论上才有研究的价值。这里,需要明确的最重要的问题是:危害结果是对危害行为的对象的侵害还是对法益的侵害?危害结果是具体的还是抽象的?危害结果是直接的还是间接的?在这些问题上,一种代表性意见认为,危害结果只能是实际的、现实的对法益的损害,而只有物质性的、可测量的、具体的结果才是实际的、现实的,因而危害结果不包括精神性损害和"危险",因为它们都难以测量。③ 另一种代表性意见认为,危害结果是行为给刑法所保护的法益所造成的现实侵害事实与现实危险状态,因而危险也可以成为危害结果。④ 后一种观点更为合理,即危害结果是指危害行为对客体施加作用之后所产生的对刑法法益的侵害事实与现实的危险状态。根据以上界定,危害结果具有以下特征:

(1)危害结果的侵害性与危险性。危害结果是表明刑法所保护的法益遭受侵害的最终状态,这种最终状态包括实际造成损害的事实和现实的危险状态。某种事实现象虽然由行为引起,但是并不反映行为对法益的侵害与威胁的,就不是危害结果。当危害结果是犯罪构成的要件时,它对犯罪的社会危害性起决定性作用;当危害结果不是犯罪构成的要件时,它对犯罪的社会危害性大小也起影响作用。当然,危害结果不等于社会危害性、法益侵害性,前者是危害行为造成的一种具体事实,后者是犯罪行为的本质特征;危害结果作为犯罪客观方面的一个要素,只是从一个方面反映行为的社会危害性,而不能将其视为决定社会危害性有无与大小的唯一因素。所以,我们应当把危害结果与犯罪行为本身的危害

---

① 参见高铭暄主编:《刑法专论》(上编),高等教育出版社2002年版,第171页以下。
② 参见高铭暄主编:《刑法学原理》(第一卷),中国人民大学出版社2005年版,第552—553页。
③ 参见曲新久主编:《刑法学》(第六版),中国政法大学出版社2022年版,第73页。
④ 参见张明楷:《刑法学》(第六版)(上),法律出版社2021年版,第213页。

性和危险性区别开来,这就需要强调危害行为的第二个特征。

(2) 危害结果的现实性。危害结果是危害行为已经实际造成的侵害事实或危险状态,也就是说,危害结果应当是客观的,而不是主观臆断的。那种危害行为可能造成而还没有实际造成的所谓侵害"事实",不是危害结果,只是人们根据因果法则与实践经验判断认为行为成功就会出现的"结果";它不是客观存在的,而是人们推测可能出现的;这种推测虽有一定依据,但毕竟不是现实的、客观存在的;如果将这种推测的、可能发生的现象当作危害结果,就可能混淆主观与客观的区别,在直接故意犯罪中,则可能混淆犯罪目的与危害结果的区别。侵害事实的现实性比较容易理解,不易理解的是危险结果的现实性。危险结果的现实性的含义是,即便是危险结果,也是具有现实的可能性的,能够产生实际危害后果的危险,而不是逻辑推理出来的或主观臆断的。在有些犯罪中,尽管最终没有发生人身伤亡或物质性的损失,也没有导致合法状态的改变,但是引起这种结果的现实的可能性已经出现。例如,行为人在火车轨道上放置一块大石头,意图颠覆列车,但是石头被其他人发现并搬走,列车并没有发生倾覆。在这类案件中,虽然行为没有引起人员伤亡或物质损毁的结果,但是如果不是他人采取挽救措施,行为所造成的危险就会转化为实际损害,应当认为行为已经产生了导致列车倾覆的现实危险。无论是侵害结果还是危险结果,都必须具有现实性,才属于我们所说的危害结果。

(3) 危害结果的因果性。因果性意味着,在危害行为与危害结果之间,存在着引起与被引起的关系。危害结果由危害行为造成,危害行为是原因,危害结果是原因引起的后果;不是危害行为造成的结果,就不是危害结果。危害结果固然是危害行为造成的,但不能认为任何危害行为都必然造成危害结果。行为与结果不统一的现象大量存在,行为人实施一定的危害行为总是期望达到一定的结果或按照因果法则会发生一定的危害结果,但现实中,可能由于主客观条件的限制而导致行为没有终了或危害结果没有发生。重视因果性,可以帮助我们确定危害结果的范围,将行为人的行为后果与其他原因引起的事实状态区别开来。

(4) 危害结果的多样性。危害结果有各种各样的表现形式,它既包括人身伤亡的情况,也包括物质的减少、毁损或合法状态的改变等情况;它既可以是危害行为作用于行为客体所直接出现的结果,也可以是由犯罪行为导致的其他间接结果。危害结果之所以具有多样性,主要是因为危害行为就是形形色色的,刑法所保护的法益范围十分广泛,危害行为的对象也具有多样性。因此,危害结果也呈现出多样性。

二、危害结果的种类

不同类型的危害结果,可能具有不同的实践意义,因此,分类观察对于我们认识危害结果的内涵和意义也非常重要。比较有意义的危害结果的分类主要有：

(一) 实害结果与危险结果

以危害行为对法益造成的侵害是现实的损害事实还是现实的危险状态，可以将危害结果分为实害结果和危险结果。(1) 实害结果，是指危害行为对法益造成的现实的损害事实，通常表现为人身伤亡、物质减少或毁损以及其他合法状态的改变等。实害结果是一种已经现实发生了的、不可避免的危害事实，如故意杀人行为致他人死亡的结果，故意伤害行为致他人轻伤、重伤的结果，都是确定的实害结果。(2) 危险结果，是指危害行为对刑法法益造成的现实危险状态。危险结果之所以成为危害结果，是因为行为所造成的危险状态存在着侵害法益的实害结果发生的现实可能，没有发生实害结果只是因为时机不具备或外力介入的结果，如果时机具备或没有外力介入，危险就会合乎逻辑地转化为实害。

(二) 构成要件结果与非构成要件结果

这是以危害结果是否属于具体犯罪构成要件要素为标准所作的分类。(1) 构成要件的危害结果，是指根据刑法规定属于成立某一具体犯罪所必须具备的危害结果，或者说，该危害结果是具体犯罪客观要件的内容，如果行为没有造成这种结果，就不可能成立犯罪。例如，根据《刑法》第397条的规定，国家机关工作人员的滥用职权或者玩忽职守行为，只有造成了公共财产、国家和人民利益重大损失的，才构成滥用职权罪或玩忽职守罪。这里的"重大损失"属于构成要件要素的危害结果。我国刑法中不存在过失危险犯，过失犯罪必须发生法定的危害结果，危害结果决定过失犯罪的成立与否，因此在过失犯罪中，危害结果属于构成要件。(2) 非构成要件的危害结果，是指不是成立犯罪所必需的、构成要件之外的危害结果。这种危害结果是否发生及其轻重如何，并不影响犯罪的成立；只是在行为构成犯罪的基础上，对反映社会危害性程度起一定作用，因而影响法定刑是否升格以及同一法定刑内的量刑轻重。例如，抢劫罪的成立并不要求发生致人重伤、死亡的结果，故重伤、死亡不属于抢劫罪基本构成要件要素的危害结果，即使抢劫行为造成了他人重伤或死亡，该结果也不属于基本构成要件的危害结果，但由于发生该结果的抢劫行为比未发生该结果的抢劫行为的社会危害性严重，故刑法对此规定了较重的法定刑。再如，强奸妇女引起被害人精神失常的结果，诽谤他人导致被害人自杀的结果等等，都不是构成要件结果，仅对量刑有意义。

(三) 物质性危害结果与非物质性危害结果

这是根据危害结果的现象形态所作的分类。(1) 物质性危害结果，是指以物质性变化为表现形态的危害结果，这种危害结果一般直观具体，可以通过人的感官直接感知，或可以经由数学、物理、医学手段进行具体测量。比如被害人死亡、受伤,财物被毁损等,都是物质性结果。(2) 非物质性的危害结果,是指以非物质性形态表现出来的危害结果,它往往是无形的,不能或难以具体认定和测量,比如对他人名誉的损害、对国家机关威信的损害等,都属于非物质性危害结果。这种危害结果,也是不以人的意志为转移的,只是不像物质性危害结果那样直观和具体。但是它同样是可感知的,人们能够对它进行适当的评估,而不是全然不可把握的。

(四) 直接危害结果与间接危害结果

这是根据危害结果与危害行为的联系形式所作的分类。(1) 直接危害结果,是指危害行为直接造成的侵害事实,它与危害行为之间具有直接因果关系,即二者之间没有独立的另一现象作为联系的中介。也就是说,直接危害结果只能发生于具体的危害对象本身,并且是危害对象自身受到危害行为直接作用而出现的损害事实情况,如行为人用刀刺中被害人胸部致其死亡,死亡结果就是由危害行为直接引起的。(2) 间接危害结果,是指危害行为间接造成的侵害事实,在危害行为与间接危害结果之间,存在独立的另一现象作为联系的中介。间接结果可以发生于具体的危害对象本身,也可以发生于与危害对象相关的人或物,它必须是危害行为间接导致的结果。比如,行为人诈骗了被害人大量钱财以后,被害人因悔恨而自杀,被害人的死亡就是行为人诈骗行为的间接结果。直接结果有助于正确定罪量刑;间接结果通常不是构成要件要素,对于定罪不具有重要意义,但对量刑有影响。

三、危害结果的意义

危害结果作为犯罪客观方面的一个重要因素,具有重要意义。

第一,危害结果可以成为区分罪与非罪的标准之一。当危害结果是犯罪构成要件要素时,如果行为没有造成法定的危害结果,就不成立犯罪,过失犯罪便是如此。但由于危害结果并非一切犯罪的构成要件要素,故当危害结果不是构成要件要素时,危害结果是否发生便不影响犯罪的成立。例如,行为人抢劫被害人但没有取得财物、没有致人伤亡时,仍然成立抢劫罪,只不过是预备、未遂或中止罢了。另外,还有少数故意犯罪,也以特定危害结果的发生与否作为罪与非罪的标准。例如我国《刑法》第273条规定,挪用用于救灾、抢险、防汛、优抚、扶贫、移民、救济款物,情节严重,致使国家和人民群众利益遭受重大损害的,才构成挪用特定款物罪。

第二,危害结果可以成为区分犯罪形态的标准之一。不管人们以什么标准区分犯罪的既遂与未遂,但可以肯定的是,在通常情况下,只有发生了危害结果时,才可能成立犯罪既遂。因为在诸如故意杀人、故意伤害、盗窃等罪中,都是以特定危害结果作为犯罪的构成要件,但是危害结果并不决定犯罪的构成与否,而是决定犯罪是否完成。因此在这些故意犯罪中,行为造成法定危害结果发生的构成犯罪既遂;特定结果未发生,则属于未完成形态的犯罪。例如,行为人在实施故意杀人行为时,如果没有发生死亡结果的,就不可能成立故意杀人既遂。

第三,危害结果可以成为影响量刑轻重的因素之一。一切犯罪中,危害结果对量刑都起影响作用。危害结果是反映社会危害性的事实现象,刑罚必须与犯罪的社会危害性相适应,所以,危害结果的发生与否、轻重如何,必然影响量刑。危害结果对量刑的影响作用表现为三种情况:(1)作为选择法定刑的根据。例如,我国《刑法》第234条根据伤害行为造成的结果不同,规定了三个幅度的法定刑。据此,故意伤害造成他人轻伤的,司法机关应选择3年以下有期徒刑、拘役或管制的法定刑;造成重伤的,应选择3年以上10年以下有期徒刑的法定刑;致人死亡或者以特别残忍手段致人重伤造成严重残疾的,应选择10年以上有期徒刑、无期徒刑或者死刑的法定刑。(2)作为法定的量刑情节。例如,中止犯没有造成损害的,应当免除处罚;造成损害的,应当减轻处罚。(3)作为酌定的量刑情节。当刑法没有将危害结果规定为法定刑升格的条件和法定量刑情节时,危害结果的情况便是酌定量刑情节。

第五节　危害行为的时间、地点、方法

任何犯罪都是在特定时空发生的,对于多数犯罪来说,虽然危害行为发生的具体时间、地点和方法等因素并不是构成犯罪的必要条件,一般不影响犯罪的成立,但是,这些因素在很多犯罪中,常常会影响犯罪行为的社会危害程度的轻重,对于量刑乃至定罪产生影响。(1)少数犯罪的成立,要求特定的时间、地点、方法,如果缺少此条件,就不能构成犯罪。例如,我国《刑法》第340条规定的非法捕捞水产品罪、第341条第2款规定的非法狩猎罪,其中就包括"禁渔期""禁猎期"的限制性时间条件,以及"禁渔区""禁猎区"的限制性地点条件,还有"使用禁用的工具、方法"等限制性方法条件。如果不具备这些条件,就不能成立这两个犯罪。(2)同样的犯罪在时间、地点、方法上的差异往往也能反映犯罪本身的社会危害性和行为人的人身危险性,所以,即使危害行为的时间、地点、方法等因素在大多数犯罪中不影响犯罪的成立,却可以影响量刑。比如,用爆炸的方法杀人,显然比一般杀人手段具有更大的危害性;在公共场所杀人,比在偏僻场所杀人给公众带来的心理影响更大。在司法实践中,就需要考虑这些因素对行为人罪行程度的影响,使量刑结果更准确地反映行为的罪责程度。

第六节 危害行为与危害结果之间的因果关系

一、因果关系的含义及特征

危害行为与危害结果之间的因果关系,是指犯罪构成客观方面要件中危害行为与危害结果之间存在的引起与被引起的关系。在刑法因果关系中,引起危害结果的行为是原因,由行为引起的侵害事实或危险状态是结果。如果在危害行为与危害结果之间不存在这种引起与被引起的关系,危害结果就不能归责于行为人。因此,当危害结果发生时,要确定某人应否对该结果负责任,就必须查明他所实施的危害行为与该结果之间是否具有因果关系。需要强调的是,因果关系所要关注的问题是危害行为与危害结果之间的引起与被引起的关系,而不是行为与结果本身;由于危害行为本身具有法定性,故不能以因果关系的认定取代对危害行为本身的认定。因为有因果关系并不等于就有刑事责任,虽然某一危害结果客观上确实是由某人的行为引起,但是,如果行为人主观上既无故意也无过失即缺乏罪责时,仍不能构成犯罪。

认定因果关系,需要关注因果关系的一般特征,并结合案件的具体情况作具体分析。

1. 因果关系的客观性

因果关系作为客观现象之间引起与被引起的关系,是客观存在的,并不以人们的主观认识为转移。在考察因果关系时,必须坚持客观性的认识标准,既不能以行为人是否预见为前提,也不能以司法人员的主观想象来确定。例如,体育老师甲叫学生排队,学生乙只顾说话没有好好站队,甲就用拳头在乙肚子上打了一下,说"你给我站好"。之后,乙就喊肚子疼,被送医院抢救,发现脾破裂。原来乙有脾肿大的毛病,脾是正常人的4倍,稍受外力冲击就破裂了。后乙经抢救无效死亡,甲的行为和乙脾破裂死亡的结果之间有没有因果关系?一般认为,此种情况下还是有因果关系的。因为理论上强调的因果关系是一种客观性的联系,不考虑行为人主观上是否预见到后果。这是根据因果关系客观性得出的结论。

2. 因果关系的相对性

事物是普遍联系的,无论是原因还是结果,可能都会处在复杂的关系之中,因此使得因果关系也具有相对性。某一个现象在一条因果链中是作为原因出现,而在另一条因果链中又可以作为结果;某一种危害结果,也可能成为引起另一种结果的原因。例如,一辆货车在普通公路上超速行驶,撞在前面的小轿车上,小轿车失控撞向路边,将一个行人撞伤。这里,小轿车撞向路边是货车超速的结果,又是造成行人受伤的直接原因。这就是因果关系的相对性。在这种复杂的关系中,要确定因果关系的存在与否,我们就必须把要考察的某一原因和结果从普遍的联系中抽出来,孤立地考察它们,才能准确地找出哪一个是原因,哪一个是结果。

3. 因果关系的时间序列性

我们通常说"前因后果",实际上就表达了因果关系的顺序性观念。亦即,在任何因果关系中,原因必定在先,结果只能在后,二者的时间顺序不能颠倒。所以在刑事案件中,我们只能从危害结果发生以前的危害行为中去查找原因。如果某人的行为是在危害结果发生之后才实施的,那么,在行为与危害结果之间就不存在因果关系。例如,甲已经将被害人杀死,之后,乙又砍下被害人的头,无论乙是否知道被害人之前已经死亡的事实,乙的行为与被害人的死亡之间都不存在因果关系。

4. 因果关系的复杂性

由于人类行为、社会生活以及客观条件的复杂性,事物引起与被引起的关系常常不是简单的,而是具有多样性和复杂性。刑法上的因果关系也存在不同的情形:(1) 一因一果。这是最简单的因果关系形式,指一个危害行为直接地或间接地引起一个危害结果。司法实践中,这种因果关系形式较为容易认定。(2) 一因多果。一因多果是指一个危害行为可以同时引起多种结果的情形。比如,行为人在入室盗窃的过程中,将被害人家中的贵重物品摔碎,被害人发现后受到刺激精神失常。在一个行为引起的多种结果中,要分析主要结果与次要结果、直接结果与间接结果,这对于定罪量刑是有意义的。(3) 多因一果。多因一果是指某一种危害结果是由多个危害行为造成的。它最明显的表现有两种情况:一是责任事故,二是共同犯罪。例如包工头强令工人违章作业而造成事故,乘客强令司机违章驾驶而发生交通事故,甲教唆乙杀人而致人死亡等。(4) 多因多果。多因多果是指多个危害行为同时或先后引起多种危害结果。其典型表现形式存在于集团犯罪中。

二、大陆法系刑法的因果关系理论

(一) 条件说

条件说认为,在因果关系的概念之下,可以理解某种现象的成立过程,如果要把握某种具体现象的因果关系,就必须依次确认对该现象的成立显示出了某种作用的一切力量。果真如此,这些力量的全部总和,就是该现象的原因。但是,这些力量的各个部分,仍然能单独作为该现象的原因来考虑。因为该现象的存在对各个部分力量具有非常大的依存性,如果从因果关系中除去哪怕是一个个别力量,该现象本身就不存在了。① 这段话,简短来说,就是一切条件共同作用导致结果;如果其中一项缺少,就不会发生结果。

条件说的立场本来是来源于19世纪刑法学中因果论的思考。这种观点从自然的物理观念上理解因果关系,将一切对结果产生起了不可缺少作用的因素都看成结果产生的原因,具有一定的直接性特点,有利于人们具体寻找确定因果链条,能迅速地将未对结果起到必要作用的因素从原因体系中排除出去。同时,适用"条件说"判断标准,一般情况下不至于漏掉本应受到惩罚的犯罪者,此外,它也能解释共同犯罪行为中各共犯行为与结果之间存在的因果联系问题。但是,由于该学说在过于宽泛的范围内推求因果关系,无限制地扩大了追究刑事责任的范围。如根据该说,典型的例子就是杀人犯的母亲也可能是被害人死亡的原因。因为假如这位母亲不生育该杀人犯,也就不会发生被害人死亡的结果。这样的因果关系认定方法显然是荒谬的。② 同时,我国学者认为,由于条件说不区分哲学因果关系与刑法因果关系,不区分原因对于结果的作用的大小,这就把因果关系与刑事责任混为一谈了。

(二) 原因说

原因说是为了纠正条件说将原因的范围扩得太宽而提出的一种理论,这种理论实际上是以条件说为基础,主张从引起某个犯罪性结果的众多条件中,选出一个特别有意义的条件作为原因,只承认在这个原因与结果之间有刑法上的因果关系。这种理论由于把条件和原因加以区别,故又被称为"条件、原因区别说"。关于区别条件与原因的标准,持此学说者又有不同见解,可分为:必要原因说、直接原因说、优势原因说、最终原因说、有力原因说、异常原因说。

原因说是为了克服条件说的缺陷而出现的。原因说为了限制条件说的不足而将诸多条件中的一个作为原因,其他仅作为单纯条件,这样的后果确实能缩小刑事责任的适用范围,但是原因说也有自身的缺陷:(1) 原因说未能阐明为什么仅将其中一个条件作为原因,而其他的就不是原因;(2) 原因说提出的认定标准也是模糊不清的,并且在实践中很难认定。因此,原因说的缺陷同样是明显的,然而原因说是认识到了条件说的缺陷而产生的,并试图克服条件说的缺陷,这种尝试是有益的,尽管未能解决条件说的不足,但是并不能因为原因说理论的不合理而否定条件说不足的存在。

(三) 相当因果关系说

相当因果关系说是当今德、日刑法学界之有力说,也是德、日法院刑事判例

---

① 参见张明楷:《大陆法系国家的因果关系理论》,载高铭暄、赵秉志主编:《刑法论丛》(第2卷),法律出版社1999年版,第134页。
② 参见李海东:《刑法原理入门:犯罪论基础》,法律出版社1998年版,第52页。

中经常采用的观点。这种学说认为,在行为与结果之间,按照人们日常生活上的经验,当存在基于这个行为一般就会发生该结果的这种相当的关系时,就认为有刑法中的因果关系。① 相当因果关系说的重点在于相当性的判断,于此又分为三说,包括主观因果关系说、客观因果关系说与折中的相当因果关系说。

相当因果关系说避免了条件说过于宽泛的缺陷,又克服了原因说失之于抽象的弊端。但是无论是主观、客观还是折中说,其本质上都是以人的主观认识为标准来判断因果关系的存在与否,结果都违反了刑法因果关系客观存在的特性。因为,持本说者总体上均将客观的因果关系视为依"经验法则"而判断的对象,而依所谓"经验法则"通常情况下某行为与结果之间是否具有因果关系又有赖于行为人或普通人的主观认识状况,这实际上将因果关系问题与主观罪过、刑事责任问题混为一谈了。

三、我国刑法的因果关系理论

我国刑法中因果关系的研究,一开始就与哲学因果关系的研究有着不可分的联系。刑法学界紧紧围绕必然性与偶然性、内因与外因等哲学概念展开了长达半世纪的争论,最终形成了具有一定影响力的几大观点——必然因果关系说,必然、偶然因果关系说,以及必然、偶然因果关系否定说,并在此基础上发展出了其他观点。

(一) 必然因果关系说

必然因果关系说认为刑法中的因果关系只有必然因果关系一种形式,没有其他形式。因果关系表现为一种现象必然产生另一种现象,表现为一种现象和其所产生的现象之间的必然联系。② 简而言之,其认为,只有必然因果关系才是行为人负担刑事责任的客观基础。虽然必然因果关系说是我国较早的理论,但是综观其述,必然因果关系说存在以下一些缺点:(1) 把刑法中的因果关系限定为必然因果关系一种形式,是只看见客观世界中的必然联系,看不见偶然联系的结果,是一种片面的思维方式;(2) 把必然联系同因果联系混为一谈,把偶然联系同无因果联系混为一谈,是一种机械唯物主义的表现;(3) 否定了因果关系的复杂性。

(二) 必然、偶然因果关系说

这种观点与上述必然因果关系说相反,认为必然联系是因果关系的主要表现形式,但是,除此之外,还存在着偶然的因果关系形式。所谓偶然因果关系,是一种现象在其合乎规律的发展过程中,偶然地介入另一种力量,最后造成某种结

---

① 参见侯国云:《刑法因果关系新论》,广西人民出版社 2000 年版,第 306 页。
② 同上书,第 348 页。

果,换句话说,两个因果过程偶然交错在一起,产生某种结果,最初的现象同最后的结果之间,就表现为偶然的因果关系。①

(三) 必然、偶然因果关系否定说

这种观点既反对必然因果关系,也反对偶然因果关系,认为刑法中的因果关系只能是必然性和偶然性的统一。理由是:世界上一切事物的发展过程,都同时存在着必然性和偶然性两个方面。而必然性和偶然性是对立的统一,没有离开偶然性的纯粹必然性,也没有离开必然性的纯粹偶然性。② 显然,必然性和偶然性既对立又统一,谁也离不开谁,这是没有问题的。因果关系都是必然性和偶然性的统一,或说都是必然性和偶然性相互作用的结果,这也是没有问题的。但由此就得出结论,说刑法中的因果关系就是必然性和偶然性对立统一的因果关系,则是值得商榷的。因为,对因果关系作这样的界定,无法说明到底是一种什么性质的因果关系,也无法说明原因对结果所起作用的大小。虽然因果关系是必然性与偶然性的统一,但任何一个因果关系都有一个是以必然性为主还是以偶然性为主的问题。对其不加区分,是不正确的。

(四) 修正的必然、偶然性因果关系理论

该说针对传统刑法因果关系对必然性和偶然性的错误界定,对这些概念进行了修正。该理论把可能性划分出绝然性、必然性、或然性、偶然性四种发展趋势,所有这些发展趋势都有自己产生的内在根据。在此基础上,把刑法中的因果关系分为绝然的、必然的、或然的、偶然的四种。③ 同时,此理论中的偶然因果关系与传统理论所讲的偶然因果关系不完全相同,是指数个必然因果环节的紧密联结,就像数个紧密连接的铁环一样,必须环环相扣,不能脱节。如果有一个环节不是必然联系,那就脱节了,整个因果链条就不能形成偶然因果关系。该理论认识到传统理论的缺陷,试图跳出原来必然性、偶然性的哲学概念进行一种创新,这是值得肯定的,但是由于其仍然完全以抽象的哲学理论为依托,因此在认定刑法因果关系上难免会陷入与传统因果理论一样的困境。

(五) 新条件说

新条件说构建一种开放性的条件说,认为在采取条件说时应注意以下几点:第一,作为条件的行为必须是有导致结果发生的可能性的行为,否则不能承认有条件关系;第二,条件定式中的结果是具体的、特定形态、特定规模与特定发生时期的结果;第三,条件关系是一种客观联系,与行为人预想的发展过程是否符合,并不影响条件关系的成立与否;第四,行为是结果发生的条件之一时,便可认定

---

① 参见王作富:《中国刑法研究》,中国人民大学出版社1988年版,第128页。
② 参见侯国云:《刑法因果关系新论》,广西人民出版社2000年版,第410页。
③ 同上书,第2页。

条件关系,并非唯一条件时才肯定条件关系;第五,与前"条件"无关的后条件直接导致结果发生,而且即使没有前条件结果也发生时,前"条件"与结果之间没有因果关系;第六,在因果关系发生的进程中,如果介入了第三者的行为或特殊自然事实,那么前行为与结果之间的因果关系中断。① 虽然条件说的合理内涵使得其至今仍然是德国审判实践和刑法理论的通说,而且在日本的判例中也占有主流地位,然而该说也并非十全十美。该说并没有直接运用因果联系,而是逻辑地以它为前提,因为只有当人们知道,在原因和结果之间存在原因上的联系,才能说,没有这一原因结果就不会发生。②

(六) 客观归责理论

客观归责理论最早产生于德国,是以过失犯罪为中心发展起来的,是用来解释刑法中因果关系的一个有力的新学说,也成为我国刑法研究的新热点。该理论认为,只有当行为人的行为对于行为客体制造了不被容许的风险,这个风险在具体的结果中实现了,这个结果存在于构成要件的效力范围之内时,由这个行为所引起的结果,才可以算作行为人的结果,而归责于行为人。其中包含三个基本原则:制造不被允许的危险、实现不被允许的危险与构成要件的效力范围。③

客观归责理论使人们开始正视归因和归责的区别:归因是一个事实问题,通过因果关系理论解决;归责是一个评价问题,通过客观归责理论解决。它以超出容许的危险作为规则基础,并由此展开其观点,使相当性的判断具有实体根据。但是,客观归责理论在第三个层次即判断不被容许的条件是否归责于行为人时,采用了规范的保护目的理论,即探究立法者的目的,不免涉及主观的东西,这显然是对客观归责理论客观性的破坏。因此,最好寻求其他限制可归责性的客观标准。

四、本书对刑法因果关系的看法

上述各种学说都从不同角度对因果关系理论进行了研究,所主张的观点对其各自所研究的部分案件,或从其所限定的概念来说,都有一定的理论和实践依据,但换个角度思考,这些理论就可能存在缺陷,因而很难断定究竟哪种学说才是正确的。因果关系问题本身是一个极为复杂的问题,因果关系的判断或许不是哪一种理论能够一次性解决的。所以,可以兼采各种学说的优势,从以下三个层次进行把握:

---

① 参见张明楷:《刑法学》(第六版)(上),法律出版社2021年版,第239页。
② 参见〔德〕耶赛克、魏根特:《德国刑法教科书》(上),徐久生译,中国法制出版社2017年版,第382页。
③ 参见〔德〕克劳斯·罗克辛:《客观归责理论》,许玉秀译,载《政大法学评论》1994年第50期。

(一) 必然因果关系和偶然因果关系

一般而言,刑法上的因果关系主要是指必然的因果关系,指行为与结果之间有着内在的、必然的、合乎规律的引起与被引起的联系;偶然因果关系是指行为本身并不包含产生危害结果的必然性,但是在其发展过程中,偶然又有其他原因(条件)加入其中,即偶然地同另一原因的出现相交叉,由后来介入的这一原因合乎规律地引起这种危害结果。偶然因果关系常常仅对量刑具有一定意义,这也是我国刑法学通说理论的观点。我国刑法一般理论认为,偶然因果关系原则上通常对量刑有一定意义,但并不能断然否定偶然因果关系对定罪的影响,也就是说在特殊情况下对定罪有一定的影响。

(二) "条件说"——因果关系判断的基点

在某种意义上,偶然因果关系就相当于因果关系中的"条件说"。如果以此为判断方法,那么就可以使得行为与后果之间是否存在刑法上的因果关系的问题大大简化,只不过必须明确一点,那就是仅仅存在这种因果关系并不一定就必然存在刑事责任,此种因果关系仅仅是承担刑事责任的客观基础,承担刑事责任还要求行为人对行为后果主观上存在罪过。也就是说,因果关系是承担刑事责任的必要条件而非充要条件。这就要求我们从主观和客观两个方面入手判断刑事责任即犯罪构成问题,两方面缺一不可,否则要么是客观归罪要么是主观归罪。采取客观基础与主观罪过两方面来判断刑事责任的思路,有助于简化我们对刑法上因果关系的把握。

(三) "介入因素"——判断因果关系不得不讨论的问题

采取上述条件说判断因果关系,在复杂问题简单化的同时,也不可避免地提出因果关系中断论,以防止因果关系认定的扩大化。因果关系中断的原因在于先行行为在发生作用的过程中,因其他因素的介入,打破了预定的因果链。于是,在一个危害行为的发展过程中又介入其他因素而导致发生某种结果的场合,如何确定先前的危害行为和最后的危害结果之间的因果关系就是一个比较复杂的问题。总体而言,介入因素包括三类情形:自然事件、他人行为以及被害人自身行为。如甲以杀人故意向丙的水杯中投放了足以致死的毒药,但在丙喝下含有毒药的水而该毒药尚未起作用时,丙的仇人乙开枪杀死了丙,则在甲的投毒行为向导致丙死亡的发展过程中,乙开枪的行为就是介入因素。这里的介入因素就是他人的行为。

一般而言,在介入因素的情况下,判断先前行为与危害结果之间的因果关系是否被中断或切断而导致不存在刑法意义上的因果关系,主要考虑介入因素的性质以及同先行行为之间的关系,即介入因素本身的出现是异常还是正常的、介入因素是独立还是从属于先行行为。如果介入因素的出现是异常的、介入因素本身独立于先行行为,则先前行为与危害结果之间的因果关系被切断而导致不存在刑法意义上的因果关系;反之,则先行行为同危害结果的因果联系并未切断而仍存在刑法意义上的因果关系。如上述甲投毒杀丙的案件中,介入因素——乙开枪杀丙的行为的出现显然是异常的,是独立于甲的投毒行为的,从条件说的角度来看,甲的行为与丙的死亡之间,不存在没有前者就没有后者的联系,所以没有刑法意义上的因果关系。

总之,实行行为与危害结果之间是否存在切实的因果关系,必须首先依法认定,认定因果关系的方法应当符合人类的一般认识规律。任何客观存在的事物必定有原因的存在,因此,认定刑法上的因果关系离不开自然法则,离不开实验与鉴定。在许多刑事案件中,判断是否存在因果关系,都需要借助技术手段、科学方法来解决,然后在刑事诉讼程序中由司法人员通过法定程序来确认。但是,任何客观存在的东西并不必然导致结果的发生,科学也不能解决全部法律问题;因此,因果关系的认定也离不开经验法则,离不开法官的经验判断,离不开司法经验的积累和总结。[①]

拓展阅读

刑法因果关系的理论延伸[②]

因果关系是行为与结果之间的一种客观联系,这种联系具有事实性质。但是,刑法中的因果关系不仅是一个事实问题,更为重要的是一个法律问题。对于刑法中的因果关系,应从事实和法律两方面加以考察。

事实上的因果关系,是作为一种行为事实的性质而存在的,我国传统刑法理论在哲学上的因果关系的指导下,对于事实因果关系进行了深入的研究。然而,由于没有从价值层面上研究法律因果关系,因而使因果关系理论纠缠在必然性与偶然性等这样一些哲学问题的争论上,造成了相当的混乱。因果关系是行为事实与价值评判的统一,作为行为事实的因果关系只有经过价值评判才能转化为犯罪的因果关系。因此,对于刑法中的因果关系,仅仅当作一个事实问题来把握难以完成因果关系在犯罪构成中所担当的使命。在事实因果关系的基础上,还应当从刑法角度加以考察,使之真正成为客观归咎的根据。

事实上的因果关系在英美法系刑法理论中是按照"but-for"公式来表达的,其事实上的原因极为广泛。大陆法理论中则引入了哲学上的条件与原因两分说的思想,在条件和原因是否区分以及如何区分的问题上展开其学说,由此出现了条件说与原因说的争论。条件说与原因说只是一种事实上的因果关系,从它们是为法律上的因果关系提供事实根据这一立场出发,目前大陆法系各国刑法理

---

① 参见曲新久主编:《刑法学》(第六版),中国政法大学出版社2022年版,第77—78页。
② 参见陈兴良:《本体刑法学》(第三版),中国人民大学出版社2017年版,第225—236页。

论通常采条件说。相当因果关系作为一种法律上的因果关系，就是建立在条件说所确定的因果关系之上的。在这个意义上，我们不能将相当因果关系说视为对条件说的否定，而是使事实因果关系转化为法律因果关系。

法律因果关系是在事实因果关系的基础上，确定刑法因果关系。法律因果关系是以相当性为判断标准的，由此形成相当因果关系说。相当性是法律设定的一种判断刑法因果关系的标准，因而是从事实上的因果关系转化为法律上的因果关系的关键。认定因果关系的相当性，不宜采主观的相当因果关系说和客观的相当因果关系说，而应以折中的相当因果关系说为妥。

延伸思考

不作为等价性的判断

《德国刑法典》第13条规定了不作为与作为具有等价性。所谓"等价性"，通俗地说就是不履行特定作为义务所造成危害同以积极手段所造成危害，两者在法定构成犯罪事实上具有相等的价值。我国刑法对此没有明文规定，但是等价性可从实质上限定作为犯的成立范围。

梳理我国刑法学者的相关看法，对于不纯正不作为犯罪等价性的判断标准，主要有三个条件：其一，在犯罪主体方面，具备特定义务的人是不作为犯的正犯，也就是说行为人需要具有作为义务。其二，在主观上，行为人对危害结果的发生存在故意或重大过失。其三，在客观方面，必须发生了危害结果，并且行为人的不作为与该危害结果之间存在因果关系。

案例分析

甲因家中停电而点燃蜡烛时，意识到蜡烛没有放稳，有可能倾倒引起火灾，但想到如果就此引起火灾，反而可以获得高额的保险赔偿，于是外出吃饭，后来果然引起火灾，并将邻居家的房屋烧毁。甲以失火为由向保险公司索赔，获得赔偿。

问题：本案中甲的行为是作为还是不作为？

第七章 行为主体

第一节 行为主体概述

一、行为主体的概念

行为主体是指,依据刑法规定,实施犯罪行为并应承担刑事责任的自然人和单位。任何犯罪行为都需要一定的行为主体来实施。缺少行为主体,犯罪就不可能成立。行为主体是决定犯罪成立与否的构成要件要素之一,是决定着刑事责任有无的重要因素。依据刑法对年龄和精神状况的相关规定,行为主体的某些特征也影响着刑事责任的大小,从而影响着量刑的加重减轻。行为主体包括自然人和单位两大类,自然人是我国刑法中最基本、最普遍存在的行为主体,单位主体在我国刑法中不具有普遍性,只有刑法分则中具体规定了单位可以成为某种行为主体时,单位才能被确定为此种犯罪的主体。

二、行为主体的意义

行为主体对刑法定罪量刑都具有重要的意义,在定罪方面是行为主体作为犯罪构成要件必备要素所体现的决定机能,在量刑方面是行为主体作为量刑情节而对刑事责任大小和刑罚从宽或从严处罚产生的影响机能。

第一,就定罪问题而言,行为主体是犯罪构成要件必备要素之一。任何犯罪都必须具备行为主体才能成立。一方面不是任何自然人和单位都可以成为行为主体,刑法总则对行为主体成立规定了一般性条件如刑事责任能力、刑事责任年龄等,只有具备法律规定的一般性条件的行为人方能成为行为主体。不符合法律规定的行为主体一般性条件的行为人,即使实施了刑法所禁止的危害社会的行为,由于不能构成犯罪的行为主体,也不能认定其行为构成犯罪从而承担刑事责任。另一方面,刑法分则对部分具体犯罪还分别规定了该犯罪成立的主体特殊条件,这些条件对确定这些具体犯罪成立与否以及与其他犯罪的区别具有重要意义。行为人即使符合法律规定的行为主体成立的一般性条件,但不符合刑法分则对具体犯罪行为主体的特殊要求,就算实施了该具体犯罪的行为,仍然不能构成该具体犯罪。如《刑法》规定贪污罪主体为国家工作人员,国有企业中不具有国家工作人员身份的工作人员侵占本单位财物的,由于行为人不符合贪污罪主体的特殊规定,不能构成贪污罪,但可以构成主体为非国家工作人员的职务侵占罪。

第二,行为主体不仅对犯罪成立与否以及此罪与彼罪的界分具有意义,还对刑事责任大小和量刑轻重产生影响。一方面,刑法总则规定了行为主体影响刑事责任和处罚的一般规定,对符合这些规定的行为主体量刑时会按照法律规定相应从宽或从严量刑。如我国《刑法》第17条第4款规定,追究不满18周岁的人的刑事责任,应当从轻或者减轻处罚。另一方面,刑法分则中也在部分具体犯罪中规定了特定主体条件虽然并不影响该具体犯罪成立,但会影响量刑。如我国《刑法》第243条规定的诬告陷害罪可以由一般主体触犯,但是国家机关工作人员犯此罪的,从重处罚。

第二节 自然人主体

一、自然人主体概述

我国刑法中的自然人主体,是指具备刑事责任能力,实施危害社会的行为并为此承担责任的行为个人。自然人是生物界唯一有能力将主观意图通过具有社会意义的行为进行表达的个体,能够实现刑法规定的犯罪主客观要件要素的统一,因此自然人是最基本、最常见的犯罪行为主体。自然人行为主体具有如下三个方面的特点:

首先,作为犯罪构成要件要素的自然人必须具备自然人人格,即体现为将主观心理状态通过有社会意义的行为加以表达。如果自然人的身体动作并非受其主观心理因素影响的有意识行为,则该自然人不可能成为犯罪的行为主体。如甲意图伤害乙,于是出其不意猛然推挤与乙靠近的丙,导致丙无法站稳而倒向其侧面站立的乙,将乙砸成轻伤。其中丙的摔倒的动作并非其有意识的行为造成,而是受到外力作用的物理性反应,其造成乙受伤仅仅是因为甲将其身体作为伤害他人的工具,本案中未体现出人格特征,因此丙不能成为造成乙受伤的犯罪行为主体。而甲尽管并未直接与乙接触,但乙的受伤是甲有意识的伤害行为所导致,甲体现出犯罪心理与行为的统一性特征,因此可以成为本案犯罪行为主体。

其次,自然人行为主体必须具备刑事责任能力。刑事责任能力是行为人辨认和控制自己行为,以使自己的行为符合规范要求、实施合法行为的能力。刑事责任能力是自然人成为犯罪行为主体的前提条件,不具有刑事责任能力的自然人不能成为犯罪行为主体。此外,刑事责任能力也能够影响刑事责任的大小和量刑轻重,具有相对或减轻刑事责任能力的自然人可以成为行为主体,但其刑事责任相对减轻且量刑从宽。但是也有学者在犯罪违法构成要件与责任要件相区分的基础上,认为刑事责任能力并非作为违法构成要件中行为主体要素成立的条件,而是确定行为非难可能性的罪责要件要素。依此观点,作为犯罪构成要件要素的行为主体只需要确认自然人身份即可成立,刑事责任能力并不影响该自然人实施的行为的违法性评价。换言之,不具有刑事责任能力的自然人实施了犯罪构成要件的行为即表明其行为具有违法性,刑事责任能力作为罪责因素另外进行评价。[①] 本书并未采取区分违法构成要件与罪责要件的立场,因此刑事责任能力仍然作为犯罪行为主体的成立条件在行为主体部分加以探讨。《刑法》主要从刑事责任年龄和精神状态等方面对刑事责任能力作出了具体规定和推定,对犯罪行为主体的成立和刑事责任大小都产生相应影响。

最后,在前述具备刑事责任能力的一般主体要求的前提下,部分具体犯罪构成要件要求自然人具备特定的身份才能成为犯罪行为主体,也在部分犯罪中规定了具备特定身份可导致犯罪行为主体的刑罚加重或减轻。特殊身份是指行为人在身份上与该具体犯罪行为有关联的特殊资格,例如特定职业、特定职务、特定义务要求等等,具备特殊主体要求的犯罪称为身份犯。出于保护特定法益和限定特定领域的原因,这种主体的特殊身份条件根据不同的具体犯罪有不同的要求。如为了特别保护国家职务行为的廉洁性,受贿罪将主体限定为具有公务履行职责的国家工作人员,而对其他自然人的收受贿赂的行为则以非国家工作人员受贿罪论处。

二、刑事责任能力

(一)刑事责任能力概述

1. 刑事责任能力的概念

刑事责任能力是指行为主体承担刑事责任的能力,体现为行为主体辨认和控制自己行为符合规范要求的能力,包括行为人认识不法与否的认识能力,以及在此基础上控制自己行为的控制能力。认识并控制自己行为的能力是自然人主观能动性的体现,其中认识能力是指行为人对自己行为的内容、意义以及结果的辨认能力,而控制能力是指行为人在认识行为的内容、意义及结果后,能否控制自己行为的能力。认识能力是刑事责任能力的前提和基础,确认刑事责任能力首先需确认行为人的认识能力,无认识能力则无刑事责任能力。而有认识能力并不一定具有刑事责任能力,需要在认识能力的基础上进一步判断控制能力,只有认识能力和控制能力都具备才能认为具有刑事责任能力。犯罪行为主体必须具备刑事责任能力,这是犯罪行为主体成立的前提条件之一。此外,刑事责任能力对行为主体刑事责任大小和量刑轻重亦产生重要影响。

[①] 参见张明楷:《刑法学》(第六版)(上),法律出版社2021年版,第170页。

2. 刑事责任能力的性质

关于刑事责任能力的性质有犯罪能力和刑罚适应能力的不同看法。犯罪能力说是旧派观点,具体是指刑事责任能力体现了行为人意志自由的能力,也即自由选择进行犯罪行为的能力,这构成了对行为主体进行刑法非难的基础。刑罚适应能力说是新派观点,是指刑事责任能力体现了主体通过其自身危险性表达的、应受对应刑罚处罚、实现社会预防目的的能力,即能够有效应对刑罚反应的能力。新派理论认为行为人实施犯罪行为并非自由选择,而是由自身条件和环境因素所决定的,这些因素决定了不同主体的人身危险性,而这种危险性决定了应否采取及采取何种程度的刑罚措施,刑事责任能力就是这种人身危险性程度的体现。也有观点认为刑事责任能力是行为人行为时犯罪能力与刑罚适应能力的统一,但是该观点对于犯罪能力与刑罚适应能力无法对应的因素则相对忽略。特别是量刑情节考量中的盲、聋、哑以及75周岁以上等因素对责任能力的影响可以说主要体现在刑罚适应能力方面而非犯罪能力方面,一致说比较难以解释这些因素的具体对位。

我国刑法通说比较接近犯罪能力说,即认为刑事责任能力的性质是行为人辨认和控制自己行为的能力,即意志自由的能力和自我选择犯罪行为的能力,行为人由于在可以自由辨认和控制自己行为的前提下选择了犯罪行为而应对自己的行为负责。通说有效说明了作为犯罪构成要件的主体刑事责任能力在区分罪与非罪方面的基本机能,也能从可谴责性程度上解释刑事责任能力对刑事责任大小和量刑轻重的具体影响,但对如上所述我国刑法中的少量影响量刑的主体因素,如盲、聋、哑以及75周岁以上,则难以概括说明。所以我国刑法中的刑事责任能力在性质上首先和主要的是犯罪能力,它的首要机能是在犯罪构成中用以区分行为是否构成犯罪、具有刑法上的可谴责性,而这是基于行为人是否具有意志自由能力即犯罪能力所作出的判断。但是刑事责任能力在犯罪能力性质之外也具有刑罚适应能力的补充特征,主要体现在量刑因素上单以刑罚的目的和效果来考量刑事责任能力因素。如我国《刑法》第17条之一规定:"已满七十五周岁的人故意犯罪的,可以从轻或者减轻处罚;过失犯罪的,应当从轻或者减轻处罚。"75周岁的人在犯罪能力上与一般的成年人无异,皆具有完整的认识和控制行为的能力,从行为可谴责性意义上与不满75周岁的人不存在差别。而之所以有此规定,主要考虑从刑罚适应能力的角度,对75周岁以上的人特殊预防的必要性显著降低,从而在量刑上与不满75周岁的人差别对待。

3. 刑事责任能力的判断标准

刑事责任能力常受两个因素影响:一是年龄,二是精神状态和生理特征。

(1)年龄因素。自然人所具有的辨认和控制自己行为的责任能力并非与生俱来,而是随着年龄的不断增长,在身心发展和社会经验累积过程中渐趋完善,达到成年人年龄阶段才具备完全的辨认和控制能力,所以一般当年龄达到正常成年人阶段时方能视为具有完全的刑事责任能力。刑事责任能力作为一种主观认识和意志能力,每个个体的发展不尽相同,对每个人个别判断则在经验上相当复杂和困难;如果在刑事案件中交由专业司法机关通过经验来个案判定,又会由于缺乏具体的判断基准而容易出现裁量各异的局面,损害刑事法秩序的公平稳定性。因此,各国刑法均会在归纳年龄与刑事责任能力的正向关联的基础上,确定相对规律性的刑事责任年龄标准。

(2)精神状态和生理特征因素。到了刑法上规定的负完全刑事责任的年龄,还要考察主体的实际精神状态和生理特征等因素,才能确定刑事责任能力程度。精神健康的自然人方具有辨认和控制自己行为的能力。如果自然人有精神疾病和特定生理问题的情况,可能会造成辨认和控制行为能力受损,因此需要考虑这些精神疾病与生理特征对辨认和控制行为能力的影响,确定刑事责任能力的程度。从刑事责任年龄和精神健康情况两个方面来把握刑事责任能力时,可能会发现行为人程度不同的辨认和控制行为能力,这种程度上的差异成为区分刑事责任能力情况的前提依据。

(二)刑事责任年龄

1. 刑事责任年龄概述

刑事责任年龄[①],又称刑事法定年龄,是指刑法所规定的,行为人实施刑法禁止的行为而承担刑事责任所必须达到的年龄以及影响刑事责任大小的年龄。刑事责任年龄是基于日常儿童成长经验的规律而对刑事责任能力进行的总结和推定,所以刑事责任年龄并非立法者的随意推定,而是在科学总结的基础之上的归纳推定。刑事责任年龄的确定必须结合本国儿童的身心发展状况和发育的科学规律,在科学研究和经验归纳的基础上方能合理确定刑事责任年龄。刑事责任年龄也并非一成不变,不同的时代和不同的地域差别下可能产生不同的刑事责任年龄规定。随着儿童身体素质和成长环境的变化,刑事责任年龄也可能会发生改变,此时就需要重新进行研究总结。

刑事责任年龄在刑法上的机能体现为:通过不同年龄规定所推定的刑事责任能力差异,一方面在定罪领域用来具体确定犯罪行为主体的成立与否以及刑事责任的有无,即未达特定法定年龄的行为人,尽管实施了刑法禁止的行为,也不能成为犯罪行为主体,不能成立犯罪。另一方面在量刑领域作为量刑情节加以考量,用来确定对刑事责任大小和刑罚加重减轻的具体影响,即处于特定法定

---

① 刑事责任年龄中的"刑事责任"并非单纯大陆法系犯罪成立所考量的犯罪有责性阶段的责任能力问题,而是指我国刑法中用以沟通犯罪与量刑的刑事责任因素。在我国刑法中,有无刑事责任可与犯罪成立问题相联系,而刑事责任大小则可与量刑问题相联系,因此刑事责任年龄既包括决定犯罪行为主体是否成立的法定年龄因素,也包括影响刑事责任大小和从宽量刑的法定年龄因素。

年龄的犯罪行为主体,在量刑时可从宽处罚。

2. 刑事责任年龄的划分

不同刑事责任年龄体现了刑事责任能力的差异。按照我国法律的相关规定,我国自然人主体的刑事责任年龄可以大致划分为几个阶段:

(1) 完全无刑事责任时期:行为时不满12周岁的人,即使实施了刑法禁止的危害社会的行为,也不承担任何刑事责任。不满12周岁的人,尚处于发育的年幼时期,身心极不成熟,尚未形成认识行为的内容、社会意义和结果的能力,也无法形成有效控制自己行为的能力。因此在欠缺责任能力的情况下,不满12周岁的人尚未形成自由意志能力,尽管其行为对社会有害、为刑法禁止,也不应追究其刑事责任。出于法的效力性和一致性考量,刑法的这一规定必须得到严格的解释和绝对的遵守。不能以行为人心智早熟、已具备责任能力的经验判断突破法律规定,让不满12周岁的人承担刑事责任。但是,不承担刑事责任不意味着放任不管。《刑法》第17条第5款规定:"因不满十六周岁不予刑事处罚的,责令其父母或者其他监护人加以管教;在必要的时候,依法进行专门矫治教育。"这表明,未达到法定年龄的人,如果实施了有害于社会的行为,虽不追究刑事责任,但也不能放纵,而应加强教育和看管,乃至进行专门矫治教育。

(2) 最低刑事责任时期:行为时已满12周岁不满14周岁的行为人犯故意杀人、故意伤害罪,致人死亡或者以特别残忍手段致人重伤造成严重残疾,情节恶劣,经最高人民检察院核准追诉的,应当负刑事责任。过去很长一段时间,我国刑法将最低刑事责任年龄限定为14周岁,《刑法修正案(十一)》适当吸纳恶意补足年龄规则,对此作出有限制、有条件的微调,使已满12周岁不满14周岁的人对其所实施的特定暴力犯罪需要承担刑事责任。司法实务在适用《刑法》第17条第3款的规定时,应从实体层面与程序层面审慎严格把握以下几点:第一,需要积极证明行为人具有辨认与控制自己行为的能力;第二,行为人所实施的行为最终能够被认定为故意杀人、故意伤害罪,如行为人在实施放火、爆炸、强奸、抢劫等严重暴力犯罪过程中故意杀人、故意伤害的,可依法适用故意杀人、故意伤害罪;第三,危害结果是致人死亡或者以特别残忍手段致人重伤造成严重残疾;第四,行为人主客观方面综合评价为情节恶劣,如致多人死亡、致多人重伤造成残疾等;第五,在程序上要求经最高人民检察院核准追诉,即使符合前述要件,最高人民检察院也可以遵循特殊保护理念,贯彻"教育、感化、挽救"的刑事政策,不予核准追诉。

(3) 相对负刑事责任时期:行为时已满14周岁不满16周岁的行为人仅对故意杀人、故意伤害致人重伤或死亡、强奸、抢劫、贩卖毒品、放火、爆炸、投放危险物质罪负刑事责任。刑法之所以如此规定,是因为已满14周岁未满16周岁的未成年人已具备一定的辨认和控制自己行为的能力,即有限的刑事责任能力,应该能够辨认和自我约束不去从事一些严重危害社会的犯罪行为。因此虽然对一般的危害社会的刑法禁止行为尚无刑事责任能力,但是对有辨认和控制能力的一些严重危害社会的行为就应该承担刑事责任。这些严重危害社会并为刑法所禁止的行为有一定的代表性,属于已满14周岁未满16周岁的未成年人能够实施的行为。我国《刑法》第17条对已满14周岁未满16周岁的人应负刑事责任的严重危害社会的犯罪行为作出了范围清晰的列举,有利于准确确定刑事责任,必须加以严格适用。即使已满14周岁未满16周岁的主体实施了比这些规定的犯罪更具危害性的行为,也不能超出这个范围而追究他们的刑事责任。

为了准确确定刑事责任,还需对这些列举的犯罪的内涵进一步明确。根据2002年7月24日全国人大常委会法工委《关于已满十四周岁不满十六周岁的人承担刑事责任范围问题的答复意见》,《刑法》第17条第2款所规定的八种犯罪,是指具体犯罪行为而不是具体罪名。对于《刑法》第17条第2款中规定的"犯故意杀人、故意伤害致人重伤或者死亡",是指只要故意实施了杀人、伤害行为并且造成了致人重伤、死亡后果的,都应负刑事责任,而不是指只有犯故意杀人罪、故意伤害罪的,才负刑事责任。对司法实践中出现的已满14周岁不满16周岁的人绑架人质后杀害被绑架人,拐卖妇女、儿童而故意造成被拐卖妇女、儿童重伤或死亡的行为,依据刑法是应当追究其刑事责任的。

随着这个规定而产生的问题是,已满14周岁不满16周岁的人实施的这八种犯罪行为符合这八种罪名的犯罪之外的其他犯罪时,该如何定罪?如当15周岁的人绑架人质并杀害被绑架人时,是应该按照绑架罪还是故意杀人罪来处理?根据2003年4月18日最高人民检察院《关于相对刑事责任年龄的人承担刑事责任范围有关问题的答复》(以下简称《相对刑事责任年龄答复》),相对刑事责任年龄的人实施了《刑法》第17条第2款规定的行为,应当追究刑事责任的,其罪名应当根据所触犯的刑法分则具体条文认定。对于绑架后杀害被绑架人的,其罪名应认定为绑架罪。相对刑事责任年龄的人实施了《刑法》第269条规定的行为的,应当依照《刑法》第263条的规定,以抢劫罪追究刑事责任。但对情节显著轻微,危害不大的,可根据《刑法》第13条的规定,不予追究刑事责任。据此,已满14周岁不满16周岁的人实施了《刑法》第17条第2款规定的犯罪行为,如果按照《刑法》规定符合这八种罪名的犯罪之外的其他犯罪的,可按照这八种罪名之外的其他犯罪进行认定,可构成八种罪名之外的犯罪。如前述15周岁的人绑架人质并杀害被绑架人的,符合绑架罪规定,构成绑架罪。但是这样的司法解释会将本来按照《刑法》第17条第2款规定不应负刑事责任的行为加以认定评价,从而超出了《刑法》第17条第2款规定的范围。从严格认定遵守的限制解释角度出发,应按照《刑法》第17条第2款规定的罪名来予以评价。如认为前述15周岁的人绑架人质并杀害被绑架人构成绑架罪的话,就不仅认为行为人对绑架过程中的杀人行为应负刑事责任,也要对绑架行为同时负刑事责任,但绑架行为本身并不属于《刑法》第17条第2款规定的八种应负刑事责任的犯罪行为之一。

此外,对八种犯罪行为中的某些特殊犯罪的界限还需要分别厘清。

一是"故意杀人""故意伤害致人重伤或死亡"应包括刑法分则所规定的以故意杀人罪、故意伤害罪(重伤)论处的情形。如《刑法》第292条规定,聚众斗殴,致人重伤、死亡的,依照故意伤害罪(重伤)、故意杀人罪论处。已满14周岁不满16周岁的人单纯聚众斗殴的,并不构成犯罪;但是,如果他们在聚众斗殴的过程中,使用暴力致人重伤或死亡的,根据《刑法》第292条,应以故意杀人、故意伤害致人重伤追究其刑事责任。

二是"强奸"除了包括普通强奸外,也包括奸淫幼女行为。根据《刑法》第236条的规定,对奸淫幼女的以强奸论处。根据2006年1月11日最高人民法院《关于审理未成年人刑事案件具体应用法律若干问题的解释》(以下简称《未成年人案件解释》)第6条,已满14周岁不满16周岁的人奸淫幼女的,可认定强奸罪。已满14周岁不满16周岁的人偶尔与幼女发生性行为,情节轻微、未造成严重后果的,不认为是犯罪。

三是"抢劫"是否包括《刑法》第267条的以抢劫罪论处的携带凶器抢夺行为和第269条的转化抢劫罪行为?在这个问题上不同的司法解释体现出不同的立场。根据《未成年人案件解释》第10条的规定,已满14周岁不满16周岁的人盗窃、诈骗、抢夺他人财物,为窝藏赃物、抗拒抓捕或毁灭罪证,当场使用暴力,故意伤害致人重伤或死亡,或故意杀人的,应当分别以故意伤害罪或故意杀人罪定罪处罚。该规定虽然没有直接完全否定已满14周岁不满16周岁的人转化抢劫罪的成立,但否定了转化抢劫行为中故意杀人、故意致人重伤和死亡两种情况构成转化抢劫罪的可能。从该规定的精神中可以看出,其并不赞成已满14周岁不满16周岁的人构成转化抢劫罪的立场。但根据《相对刑事责任年龄答复》,相对刑事责任年龄的人实施了《刑法》第269条规定的行为的,应当依照《刑法》第263条的规定,以抢劫罪追究刑事责任。本书赞同后一种立场,认为以抢劫论处的行为在法律意义上属于抢劫罪行为,以抢劫罪论处的携带凶器抢夺行为和《刑法》第269条的转化抢劫罪行为都应属于第17条第2款规定的"抢劫"的范围。

对于已满14周岁不满16周岁的人实施应负刑事责任的八种犯罪行为以外的刑法禁止行为从而不负刑事责任的,也不能放任不管。《刑法》第17条第5款规定:"因不满十六周岁不予刑事处罚的,责令其父母或者其他监护人加以管教;在必要的时候,依法进行专门矫治教育。"

(4)完全负刑事责任时期:已满16周岁的人可以构成所有的犯罪,对一切犯罪可以承担刑事责任。已满16周岁的人通过长期的身心发展和教育培养,已具备相对成熟的辨认和控制行为的能力,因此应对其实施的刑法禁止行为承担刑事责任。

(5) 从宽刑事责任能力时期:一是已满12周岁不满18周岁的人犯罪,应当从轻或减轻处罚,这是刑事责任年龄在量刑意义上的体现。这样规定的原因是已满12周岁不满18周岁的犯罪人还属于未成年人,身心发育未完全成熟,辨认和控制行为能力尚比成年人要差一些,因此应适当减少刑事责任,从宽量刑。从重在"教育、感化、挽救"的方针出发,对未成年人犯罪应当从轻或减轻处罚,更有利于对未成年人的教育改造。"应当"的意思是必须,即强制性地对未成年人犯罪在量刑时予以从宽处理,包括在量刑幅度内的从轻处罚以及量刑幅度之下的减轻处罚。二是已满75周岁的人故意犯罪的,可以从轻或减轻处罚;过失犯罪的,应当从轻或减轻处罚。对已满75周岁的人故意犯罪是否从宽处理,由司法机关根据案件具体情况考量,而对已满75周岁的人过失犯罪的,则强制性地一律从宽处理。这样规定的原因并非已满75周岁的老人辨认和控制行为能力不成熟,而是从刑事政策角度考虑到特殊预防必要性的缺失,基于人道主义而作出刑罚宽缓性规定。

3. 刑事责任年龄的计算

根据《未成年人案件解释》第2条,《刑法》第17条规定的"周岁",按照公历的年、月、日计算,从周岁生日的第二天起算。行为时不满14周岁即行为发生在行为人14周岁公历生日的第二天之前。14周岁生日当天实施的危害社会行为视为不满14周岁主体实施的行为,不能追究刑事责任。同样的道理,16周岁生日当天实施的危害社会行为视为不满16周岁主体实施的行为,只对《刑法》规定的八种犯罪行为承担刑事责任。18周岁生日当天实施的危害社会行为视为不满18周岁主体实施的行为,应当从轻或减轻处罚。

刑事责任年龄应以行为人行为时为认定基准,不能以案发时、逮捕时、起诉时或审判时行为人年龄作为认定标准。司法工作人员有义务查明刑事责任年龄,查明时应当依据相应的身份证明文件,如出生证明、户口本等。根据《未成年人案件解释》第2条,对于没有充分证据证明被告人实施被指控的犯罪时已经达到法定刑事责任年龄且确实无法查明的,应当推定其没有达到相应法定刑事责任年龄。相关证据足以证明被告人实施被指控的犯罪时已经达到法定刑事责任年龄,但是无法准确查明被告人具体出生日期的,应当认定其达到相应法定刑事责任年龄。根据2000年2月21日最高人民检察院《关于"骨龄鉴定"能否作为确定刑事责任年龄证据使用的批复》,犯罪嫌疑人不讲真实姓名、住址,年龄不明的,可以委托进行骨龄鉴定或其他科学鉴定,经审查,鉴定结论能够准确确定犯罪嫌疑人实施犯罪行为时的年龄的,可作为判断犯罪嫌疑人年龄的证据使用。如果鉴定结论不能准确确定犯罪嫌疑人实施犯罪行为时的年龄,且鉴定结论又表明犯罪嫌疑人年龄在刑法规定的应负刑事责任年龄上下的,应当依法慎重处理。

另外,就跨特定刑事责任时期的行为而言,根据《未成年人案件解释》第12条,如果行为人在达到法定刑事责任年龄前后均实施了犯罪行为,只能依法追究其达到法定刑事责任年龄后实施的犯罪行为的刑事责任。如行为人在已满14周岁不满16周岁期间,实施了《刑法》第17条第2款规定的八种犯罪行为,并在未满14周岁时也实施过相同行为,对此不能一并追究刑事责任,仅能追究已满14周岁不满16周岁期间实施的八种犯罪行为的刑事责任。此外,根据《未成年人案件解释》第12条,行为人在年满18周岁前后实施了不同种犯罪行为,对其年满18周岁以前实施的犯罪应当依法从轻或减轻处罚。行为人在年满18周岁前后实施了同种犯罪行为,在量刑时应当考虑对年满18周岁以前实施的犯罪,适当给予从轻或减轻处罚。

(三) 精神病与生理缺陷

刑事责任能力不仅受到年龄因素的影响,还与行为人的精神状况和生理因素有关。根据我国《刑法》的规定,以精神病程度兼及部分生理缺陷因素影响行为人辨认和控制能力的强弱为标准,可将刑事责任能力状况划分为完全刑事责任能力、无刑事责任能力与限制刑事责任能力三种情况。

1. 完全刑事责任能力

行为人具备完整的认识自己行为在刑法上的性质、内容和后果并进而控制自己行为的能力,即完全刑事责任能力。在已经符合应负完全刑事责任的刑事责任年龄的前提下,不具有《刑法》规定的精神疾病或生理缺陷的状况减弱辨认和控制行为能力的行为主体就具有完全刑事责任能力。完全责任能力人实施了刑法禁止的危害社会的行为,须负完全的刑事责任而不能免除或减轻刑事责任。

依据法律规定,间歇性精神病人在精神正常时以及生理醉酒的人实施犯罪行为的,应负完全刑事责任。间歇性精神病人精神正常时,其认识和控制行为的能力与正常人无异,具有完全刑事责任能力,此时实施刑法禁止的危害社会行为的应承担刑事责任,即使实施行为后精神不正常,也应承担刑事责任;反之,则不应承担刑事责任。间歇性精神病人的精神状况应以实施行为时为依据。间歇性精神病人在精神正常的情况下决定并着手实行犯罪,在实行过程中精神病发作丧失辨认和控制行为能力的,仍然表明其行为是在其自由意志支配下实施的,行为人对其行为应承担刑事责任。但如果部分或全部危害结果并非该行为顺应自然因果流程而产生的结果,而是由于其后精神病发作、其辨认和控制能力受损而发生的,则对该结果不应加以刑法评价。

醉酒的情形有生理性醉酒和病理性醉酒之分。生理性醉酒即普通醉酒,医学经验表明生理性醉酒不是精神病,在生理性醉酒的情况下,行为人还具有辨认和控制行为的能力,故对其实施的犯罪行为应当承担刑事责任;即使由于饮酒引起的精神障碍可能使得行为人辨认和控制行为能力有所减弱,但由于醉酒是由行为人自己造成,也不得从轻或减轻处罚,应负完全刑事责任。病理性醉酒则属于精神病状态,病理性醉酒导致有特定生理缺陷的行为人的行为紊乱、记忆缺失、出现意识障碍,并伴有幻觉、妄想等精神病症状,不能认识自己行为的性质、内容,更无法控制自己的行为,因此属于精神病范畴,其所实施的犯罪行为,不能认定为犯罪。但如果行为人知悉自己有病理性醉酒的情形,已预知自己饮酒后会实施刑法禁止的行为如攻击等,故意饮酒实施这些行为,或由于饮酒过失而实施这些行为的,则应当负刑事责任。其原理在于原因自由行为理论,本书于后文进行专门阐释。

2. 无刑事责任能力

行为人没有刑法意义上的辨认和控制自己行为的能力,即为无刑事责任能力。即使行为人已经符合应负刑事责任的责任年龄,也并非必然具有刑事责任能力。我国《刑法》第18条第1款规定,精神病人在不能辨认或者不能控制自己行为的时候造成危害结果,经法定程序鉴定确认的,不负刑事责任。

对精神病影响刑事责任能力的规范判断标准有医学或生物学的方法、心理学的方法及综合法。按照《刑法》第18条,我国对精神病造成的无刑事责任能力判断采综合法,需结合医学标准和心理学标准来进行双重检验。医学标准用来判断行为人是否患有《刑法》规定的导致辨认和控制行为能力丧失的精神病,在确定具有精神病的基础上,还要进一步从心理学标准判断是否由于此精神疾病导致行为人丧失了辨认和控制行为的能力。医学标准与心理学标准判断具有先后顺序,所以如果医学标准判断的鉴定结果是行为人无精神疾病,则无须进行心理学鉴定可确认符合刑事责任年龄前提的行为人具有刑事责任能力。

对于无刑事责任能力而不负刑事责任的精神病人不能一放了之,而是应该依据其危险性采取相应的处遇措施。我国《刑法》第18条第1款的规定:对不负刑事责任的精神病人应当责令他的家属或者监护人严加看管和医疗;在必要的时候,由政府强制医疗。与此相对应,《中华人民共和国刑事诉讼法》(以下简称《刑事诉讼法》)在特别程序中规定了对不负刑事责任的精神病人的强制医疗程序:实施暴力行为,危害公共安全或严重危害公民人身安全,经法定程序鉴定依法不负刑事责任的精神病人,有继续危害社会可能的,可以予以强制医疗。

3. 限制刑事责任能力

介于完全责任能力与无责任能力之间的是限制责任能力,又称减轻刑事责任能力,是指行为人对实施刑法禁止的危害社会的行为具有责任能力,但由于特定的精神状况及生理因素导致其辨认与控制行为的能力低于完全行为能力者。在符合应负刑事责任的责任年龄前提下,有刑事责任能力者可能构成限制责任

能力的,有两种情况:

一是《刑法》第18条第3款基于精神状况的规定:尚未完全丧失辨认或者控制自己行为能力的精神病人犯罪的,应当负刑事责任,但是可以从轻或者减轻处罚。此种情形中的精神病人由于其精神状况而使其辨别和控制行为的能力相对削弱,但并未削弱到完全不能辨别和控制行为的程度,因此仍然具有刑事责任能力,只是较完全刑事责任能力相对削弱,故可以从轻和减轻处罚。对精神病造成的限制刑事责任能力判断仍然需结合医学标准和心理学标准来进行双重检验。

二是《刑法》第19条基于生理特征的规定:又聋又哑的人或者盲人犯罪,可以从轻、减轻或者免除处罚。聋哑或失明的特定生理机能的丧失会导致责任能力的削弱。由于生理缺陷会导致行为人辨认能力的降低和受教育机会的减少,妨碍刑事责任能力的发展完善,最终减弱了行为人认识和控制行为的能力。但聋哑或失明的生理缺失并不影响刑事责任能力的有无,因此又聋又哑的人或盲人实施了刑法禁止的危害社会行为仍应承担刑事责任。但考虑到其生理缺陷对其刑事责任能力的削弱影响,量刑时可以从轻、减轻或免除处罚。

(四) 原因自由行为

行为时具有刑事责任能力是行为人承担刑事责任的前提,如果行为时不具有刑事责任能力,自然不应承担刑事责任。但如果行为人故意或过失使自己陷入不能辨认和控制自己行为的无能力状态实施刑法禁止的危害社会行为,应如何认定行为人的刑事责任?如果处罚此种行为则等于处罚无辨认和控制能力状态时的行为,违反行为与责任同时存在的原则。而如果不处罚则对自陷状态的原因行为又是一种放纵,出现逃避制裁的漏洞。正是为了解决这一两难选择,对这种情形施加刑事责任,产生了"原因自由行为"理论。

原因自由行为,是指具有辨认和控制能力的行为人,故意或过失使自己一时陷入丧失或部分丧失辨认和控制行为能力的状态,并在该状态下实施了刑法禁止的危害社会的行为。使自己陷入丧失或部分丧失辨认和控制行为能力状态的行为,称为原因行为;在丧失或部分丧失辨认和控制行为能力状态下实施的刑法禁止的危害社会的行为,称为结果行为。由于行为人可以自主决定自己是否陷入上述状态,所以称为原因自由行为。常见的情形如行为人明知自己有病理性醉酒的状况,饮酒后会实施攻击等暴力行为而造成严重危害后果,却在有欲加害对象的场合下故意饮酒使自己陷入丧失辨认和控制自己行为能力的病理醉酒状态,然后实施暴力攻击行为造成欲加害对象受重伤的后果。在刑法理论上,原因自由行为被用来说明自陷无责任能力状态实施刑法禁止的危害社会行为具有可罚性。原因自由行为之所以具有可罚性,是因为行为人在实施与结果的发生具有因果关系的行为时是具有辨认控制能力的,而且还具有故意或过失,因此完全符合犯罪主体和主观要件;而且结果行为是原因行为所导致,原因行为时的完全辨认控制行为能力应可视为及于结果行为,因此行为人对其结果行为应负刑事责任。根据原因自由行为的法理,对于故意或过失导致自我辨认和控制能力减弱进而实施犯罪的,应当追究刑事责任,而且不能适用从轻或减轻处罚的规定。

三、主体特殊身份

(一) 特殊身份概述

1. 特殊身份的地位与概念

行为主体符合应负刑事责任的刑事责任年龄,并且无精神疾病导致认识和控制行为能力的缺失,通常就符合犯罪行为主体的要求,符合这种要求的主体被称为一般主体。刑法中绝大多数犯罪仅需要行为人具备这种一般主体的要求即可以确认犯罪的成立。但是我国刑法分则中规定了少量特殊犯罪,不仅要求其犯罪行为主体具备一般主体要求,还要求主体在犯罪时或加重处罚时具备某种特殊身份。这种分则具体犯罪规定中具备特殊身份方能成立的主体称为特殊主体。在定罪方面,特殊身份作为特定犯罪构成要件中的主体特殊要素而决定犯罪行为主体的成立与否,不具备特定犯罪规定的主体特殊身份的行为人就不可能构成该特定犯罪,这种特殊身份称为定罪身份。在量刑方面,特殊身份作为特定犯罪的量刑情节出现,具备法律规定的某种特殊身份可以按规定加减处罚,这种特殊身份称为量刑身份。

特殊身份是指行为人在构成某种犯罪时在身份上所具备的特殊资格,这种资格不限于职业与职务,包括与犯罪行为有关的在自然关系或社会关系上的各种特殊地位或状态。体现自然关系的特殊身份如父子、兄弟姐妹等血亲亲属关系,社会关系如国家工作人员、证人、特定义务人等。只有少量犯罪有特殊身份规定,以特殊身份作为主体要件或刑罚加减根据的犯罪,称为身份犯。身份犯包括真正身份犯与不真正身份犯。真正身份犯,是指以特殊身份作为犯罪构成要件主体要素从而影响犯罪成立的犯罪。在真正身份犯中,如果行为人不具有特殊身份,犯罪行为主体就不能确认,犯罪也无法成立。如刑讯逼供罪的主体必须是司法工作人员,因此如果行为人不是司法工作人员,即便有刑讯逼供的行为,也不可能成立刑讯逼供罪。不真正身份犯,是指特殊身份不影响定罪但影响量刑加重减轻的犯罪。此时如果行为人不具有特殊身份,犯罪也可以成立;但具备特殊身份,可以按照特殊规定从重或从宽处罚。例如,诬告陷害罪的实施者可以是一般主体,是否具有特殊身份并不影响本罪的成立。但《刑法》规定国家机关工作人员犯诬告陷害罪的要从重处罚。是否具有国家机关工作人员的身份虽然不影响诬告陷害罪的成立与否,但却是该罪是否从重处罚的根据。

2. 特殊身份的立法理由

刑法之所以将特殊身份规定为某些犯罪的主体要件要素,主要是基于特殊犯罪所具有的特殊情况。一方面基于事实考量，有些犯罪行为只有具有特殊身份的人才能实施，因此需要对特殊身份加以明确规定。如我国《刑法》第400条规定的私放在押人员罪，私放在押人员的行为只能由负有监管职责的司法工作人员实施，一般公民不可能实施该行为。另一方面，有些身份犯规定是为了保护特定法益，将某种特殊身份的犯罪行为作为加重类型，以保护不同的法益。如我国《刑法》规定了一般主体对本单位财物侵吞行为构成职务侵占罪，但为了特别保护公共财物和职务行为廉洁性，刑法另设立贪污罪，将主体限定为国家工作人员和受国家机关、国有公司、企业、事业单位、人民团体委托管理、经营国有财产的人员；这些特殊身份的主体侵吞公共财物包括本单位财物的构成贪污罪。

3. 特殊身份的特征

首先，特殊身份须是行为人开始实施犯罪行为时就已经具有的特殊资格、地位或状态，行为人在实施犯罪后才形成的特殊地位，不属于特殊身份。如我国《刑法》第292条规定的聚众斗殴罪，犯罪行为主体是聚众斗殴的首要分子和主要参加者。而聚众斗殴的首要分子和主要参加者是在聚众斗殴行为过程中根据其行为和作用进行的评价，而非在开始实施犯罪行为时就已确定。因此首要分子和主要参加者并非特殊身份。

其次，特殊身份总是与一定的犯罪行为密切联系的，与犯罪行为没有联系的资格等情况，不是特殊身份。例如在贪污罪中，是否具有国家工作人员的身份与贪污罪利用职务上的便利侵吞公共财物等行为有密切联系，属于特殊身份；但如果行为人侵吞公共财物并非利用国家工作人员身份及其形成的职务上的便利，而是乘管理公共财物的人不备秘密窃取，则构成盗窃罪。盗窃罪主体是一般主体，行为人的国家工作人员身份在盗窃罪中与盗窃行为无关，不是特殊身份。

再次，特殊身份既可能是终身具有的身份，如父子关系，也可能是一定时期或临时具有的身份，如证人、被关押的罪犯；既可能是由于自然属性所形成的身份，如血亲关系，也可能是由于法律规定等社会原因所形成的身份，如国家工作人员、税收扣缴义务人。

最后，作为犯罪行为主体要件的特殊身份，只是针对该罪的单独直接实行犯而言，而无须涉及共犯。例如，贪污罪的主体必须是国家工作人员或受国家机关、国有公司、企业、事业单位、人民团体委托管理、经营国有财产的人员，但这只是就单独直接实行犯而言。不具有上述特殊身份的人与上述人员相勾结共同贪污的，成立共犯。

(二) 特殊身份的类别

根据我国刑法分则对身份犯的具体规定，特殊身份主要包括以下几类：

(1) 以特定公职职务为内容的特殊身份。此类特殊身份主要是指国家工作人员和军人。如刑法分则规定的贪污贿赂类犯罪中，大部分犯罪都要求犯罪行为主体具备国家工作人员身份;军人违反职责罪类犯罪中犯罪行为主体几乎都要求具备军人身份;而渎职类犯罪中,几乎所有犯罪都要求犯罪行为主体具备国家机关工作人员身份,渎职类犯罪中的许多特殊渎职犯罪更是进一步细致地针对不同的特定领域国家机关工作人员进行了主体身份限制。如我国《刑法》第415条的放行偷越国(边)境人员罪规定其主体必须具备边防、海关等国家机关工作人员的特殊身份。上述特殊身份中,最多且最难认定的是国家工作人员。这些特殊规定体现出认定特定公职职务身份的重要性。如国家工作人员身份的确定就对贪污贿赂类犯罪中相关犯罪的成立起着决定性意义。

(2) 以特定职业为内容的特殊身份。这类特殊身份规定在我国刑法分则中相对广泛和分散,例如航空人员(《刑法》第131条)、铁路职工(《刑法》第132条)、公司、企业或其他单位的工作人员(《刑法》第163条等)、银行或其他金融机构的工作人员(《刑法》第171条等)、广告业、广告经营者、广告发布者(《刑法》第222条)、承担资产评估、验资、验证、会计、审计、法律服务、保荐、安全评价、环境影响评价、环境监测等职责的中介组织的人员(《刑法》第229条)、医务人员(《刑法》第335条)、依法从事生产、运输、管理、使用国家管制的麻醉药品、精神药品的人员(《刑法》第355条)等。

(3) 以特定法律义务或地位为内容的特殊身份。前者如纳税人、扣缴义务人(《刑法》第201条),对于没有独立生活能力的人负有扶养义务的人(《刑法》第261条);后者如证人、鉴定人、记录人、翻译人(《刑法》第305条),辩护人、诉讼代理人(《刑法》第306条),依法被关押的罪犯(《刑法》第315条),依法配备公务用枪的人员、依法配置枪支的人员(《刑法》第128条)。

(4) 以特定事实关系为内容的特殊身份。如家庭成员(《刑法》第260条)、严重性病患者(《刑法》第360条)、境外的黑社会组织的人员(《刑法》第294条)。

(5) 以不具有特定资格为内容的特殊身份。如未取得医生执业资格的人(《刑法》第336条)。这种身份可视为一种消极的身份(前四种均为积极的身份),即欠缺一定的资格、地位和状态的身份。刑法规定消极的身份犯,是为了禁止不具有特定身份的人非法实施由专业资格人员才能实施的特定行为、非法从事由专业资格人员才能从事的特定职业。

第三节 单位主体

一、单位犯罪概述

(一) 单位犯罪的概念

我国《刑法》第30条规定,公司、企业、事业单位、机关、团体实施的危害社会的行为,法律规定为单位犯罪的,应当负刑事责任。这表明我国犯罪行为主体不仅包括自然人主体,也包括单位主体。单位犯罪即由单位为主体实施的犯罪,一般是指公司、企业、事业单位、机关、团体为本单位或本单位全体成员谋取非法利益,由单位集体或负责人按照单位的决策程序决定,由直接责任人员具体实施的刑法明文规定的犯罪行为。自然人利用单位名义,为个人谋取利益的行为,不能视为单位主体实施的犯罪,符合自然人犯罪的,按自然人犯罪认定。

(二) 单位犯罪的特征

(1) 单位犯罪是公司、企业、事业单位、机关、团体犯罪,即单位本身的犯罪,而不是单位的各个成员的犯罪之集合。1999年6月25日最高人民法院《关于审理单位犯罪案件具体应用法律有关问题的解释》(以下简称《单位犯罪解释》)第1条规定,《刑法》第30条规定的公司、企业、事业单位,既包括国有、集体所有的公司、企业、事业单位,也包括依法设立的合资经营、合作经营企业和具有法人资格的独资、私营等公司、企业、事业单位。这个解释中对国有、集体所有的公司、企业、事业单位以及合资经营、合作经营企业构成单位主体没有要求必须具备法人资格,但对独资、私营等公司、企业、事业单位要求具备法人资格。这种以所有制性质区分加以不同认定标准的做法值得商榷。即使对独资、私营企业来说,只要具有独立的财产,能以自己的名义承担刑事责任就具有独立的承担刑事责任的能力,不见得必须得有法人资格才能成为单位犯罪的主体。

"公司",是指按照公司法规定成立的以营利为目的、承担有限责任的经济组织,包括有限责任公司与股份有限公司。"企业",是指公司之外从事生产、流通、科技等营利活动的社会经济组织。公司也是广义上的企业的一种,但这里的企业是指公司以外的企业。企业包含各种资本性质的经济组织,包括国有企业、集体企业和三资企业等。"事业单位",是指依法成立的从事各种社会公益活动的组织,包括国家事业单位与集体事业单位等各种性质的事业单位。"机关",是指履行国家的领导、管理等各种职能的各级国家机关,包括立法机关、行政机关、司法机关、军事机关等。"团体",是指各种特定行业、特定领域组织起来的群众性组织,如工会、共青团、妇联、学会、协会等。根据2003年10月15日最高人民法院研究室《关于外国公司、企业、事业单位在我国领域内犯罪如何适用法律问题的答复》,符合我国法人资格条件的外国公司、企业、事业单位,在我国领域内实施危害社会的行为,依照我国《刑法》构成犯罪的,应当依照我国《刑法》关于单位犯罪的规定追究刑事责任。

(2) 单位犯罪由单位集体或负责人按照单位的决策程序决定,由直接责任人员具体实施。单位虽然作为单位犯罪的主体具有独立性,但其具体行为依然需要依托具体的自然人来实施,也即单位犯罪需要自然人的决定主体和执行主体代表实施。单位由自然人成员而组成,单位成员按照单位的内部组成规则协调一致,通过符合规则和程序的决策活动和执行代表的行为来形成单位意志和单位行为。单位主体的意志并不等于单位领导或负责人的个人意志,单位领导或负责人的决定必须通过单位内部规则规定的决策程序作出才能成为单位意志。如股份有限公司董事会或股东会依据其议规则所作出的职权内的决定可以视为单位的决定。单位领导或负责人的个人行为也不都是代表公司的行为,只有符合单位执行程序的直接责任人员的行为才视为公司行为。如公司法定代表人依据公司决议实施的行为方可视为公司行为。因此,不符合规则和程序的决策以及不具有单位代表身份的人员的行为都不能视为单位意志和行为。如果单位仅仅是作为个人犯罪的中介或掩盖手段,或单位本身目的偏离正当经营而变得非法,其犯罪行为也不能视为单位犯罪行为。根据《单位犯罪解释》第2条的规定,个人为进行违法犯罪活动而设立的公司、企业、事业单位实施犯罪的,或公司、企业、事业单位设立后,以实施犯罪为主要活动的,不以单位犯罪论处。例如甲、乙、丙出资设立一家有限责任公司专门从事走私犯罪活动的,不能以单位走私犯罪论处,而只能以甲、乙、丙实施共同走私犯罪论处。再如,甲注册某咨询公司后一直亏损,后发现为他人虚开增值税专用发票可以盈利,即以此为主要业务,则该咨询公司的行为已经严重偏离经营咨询业务的正常经营目的,按照前述司法解释,不能以咨询公司的单位犯罪论处,而只能以甲构成虚开增值税专用发票罪论处。

(3) 单位犯罪一般表现为为本单位谋取非法利益或以单位名义为本单位全体或多数成员谋取非法利益的行为。单位作为犯罪行为主体,其犯罪行为所取得的利益应为单位或单位主要成员所谋取。仅为单位少数主体谋取利益的犯罪行为,即便以单位名义作出,也不能视为单位犯罪。《单位犯罪解释》第3条规定,盗用单位名义实施犯罪,违法所得由实施犯罪的个人私分的,依照刑法有关自然人犯罪的规定定罪处罚。

(4) 单位犯罪以刑法有明文规定为前提。《刑法》第30条规定,公司、企业、事业单位、机关、团体实施的危害社会的行为,法律规定为单位犯罪的,应当负刑事责任。因此,只有当刑法分则明文规定了单位可以成为某种犯罪的行为主体时,才可能认为这种犯罪存在单位犯罪。《刑法修正案(九)》11个条文当中(分别是第260条之一、第283条、第285条、第286条、第286条之一、第287条之一、第287条之二、第307条之一、第308条之一、第313条、第390条之一)对12个罪名增加规定了单位犯罪,大大扩展了我国刑法单位犯罪的范围。单位可以作为犯罪行为主体的犯罪可以分为纯正单位犯罪和非纯正单位犯罪。按照刑法分则规定,有的犯罪只能由单位作为犯罪行为主体构成,自然人不能构成该罪犯罪行为主体,这种犯罪称为纯正的单位犯罪。如《刑法》第126条规定的违规制造、销售枪支罪,其行为主体只能是依法被指定、确定的枪支制造企业、销售企业。有的犯罪的主体既可以由单位构成,又可以由自然人构成,这种犯罪被称为非纯正单位犯罪。刑法中非纯正单位犯罪相对较多,如集资诈骗罪、走私普通货物物品罪、生产销售伪劣产品罪等。

二、单位犯罪的一般主体与特殊主体

(一) 单位犯罪的一般主体

单位犯罪的主体,必须是公司、企业、事业单位、机关、团体。公司、企业、事业单位、机关、团体具有相对独立性,比较没有疑问地可以作为单位犯罪的组成部分。但单位是个范围很广的概念,上述独立单位种类的某一分部如分公司、分厂、机关科室是否可以独立作为单位犯罪行为主体值得思考。这就需要考量单位主体应具备的成立条件。作为独立承担刑事责任的个体,单位犯罪行为主体应该是依法成立、拥有一定财产或经费、能以自己的名义承担责任的公司、企业、事业单位、机关、团体。只有拥有独立的财产经费并以自己的名义承担责任,对单位犯罪施加的罚金财产刑才有意义。从这个标准出发,分厂、分公司虽然没有独立法人资格,但仍然可以具有独立财产经费和自己的名义,实现责任的相对独立承担,因此可以作为单位犯罪的主体。而机关科室在没有独立经费也无独立名义的情形下,不宜作为独立的单位犯罪行为主体。根据2001年1月21日最高人民法院《全国法院审理金融犯罪案件工作座谈会纪要》,以单位的分支机构或内设机构、部门的名义实施犯罪,违法所得亦归分支机构或内设机构、部门所有的,应认定为单位犯罪。不能因为单位的分支机构或内设机构、部门没有可供执行罚金的财产,就不将其认定为单位犯罪,而按照个人犯罪处理。这个规定虽然对单位的范围作了一定的扩充、承认分支机构和内设机构构成单位犯罪的可能性,但其在机构独立名义之外,以违法所得的归属作为单位犯罪行为主体的认定标准值得商榷。特别是分支机构和内设机构没有可独立执行的财产时,作为单位犯罪行为主体独立处罚就失去了实际意义。

(二) 单位犯罪的特殊主体

单位能否成为某个犯罪的主体取决于刑法分则的具体规定。而刑法分则在规定不同的单位犯罪时,对作为某些特殊犯罪的主体的单位还作了特殊规定,形成了单位犯罪的特殊主体。单位犯罪的特殊主体也仅限于刑法分则的明文规定。作为单位犯罪的特殊主体,除了必须具备上述单位犯罪行为主体的一般特征之外,还必须符合其各自条文对单位的特殊条件规定。依据这些特殊条件的不同,单位犯罪的特殊主体可分为:

一是要求单位具有特定的所有制性质。如《刑法》第387条规定的单位受贿罪中,要求犯罪行为主体必须是国家机关、国有公司、企业、事业单位、人民团体,即具有国有属性的相关单位。只有具有国有属性的相关单位收受贿赂时才会侵害国家职务行为的廉洁性,因此该罪才会对单位主体的所有制属性作出限制。

二是要求单位具有特定的职业属性或限于特定领域。如《刑法》第137条规定的工程重大安全事故罪,其主体仅限于建设单位、设计单位、施工单位、工程监理单位等与工程行业相关的职能单位。这是因为本罪行为发生的领域决定了它只能由工程相关的单位构成。

三是要求单位具有特定的义务。如《刑法》第201条的逃税罪的主体包括单位,但仅限于具有纳税义务和扣缴义务的纳税单位或扣缴义务单位,特定义务成为造成本罪单位主体特殊性的因素。

三、单位犯罪的刑事责任

单位犯罪的刑事责任是指单位实施犯罪行为后,应当承担的具体法律责任。对单位犯罪处罚主要有两种原则:一是双罚制,即单位犯罪的,对单位和单位直接责任人员均予以处罚;二是单罚制,是指在单位犯罪中只处罚单位中的直接责任人员或只处罚单位自身。

《刑法》第31条规定,单位犯罪的,对单位判处罚金,并对其直接负责的主管人员和其他直接责任人员判处刑罚。这表明我国对单位犯罪原则上除了追究单位本身的刑事责任外,还要追究单位直接负责的主管人员和其他直接责任人员的刑事责任。这符合双罚制的原则。直接负责的主管人员指单位犯罪中对单位起主要决策作用的主管人员。可能是一人,也可能是多人。主要有两种情形:一是属于决策者,是决定、组织、计划、决策单位犯罪的主管人员;二是对单位犯罪负有不可推卸的责任的领导或决策人员。有些单位的决策或领导人员对本单位的犯罪活动事先没有参与决策,未独立决定,但如果对单位疏于管理或对犯罪活动放之任之,仍然要负领导责任。其他直接责任人员是指单位内部明知犯罪行为并亲自实施了单位犯罪行为的主管人员之外的其他人员。

我国单位犯罪的双罚制可以分为两种情况:一是对单位判处罚金,对直接负责的主管人员和其他直接责任人员规定的法定刑,与自然人犯罪的法定刑相同。如《刑法》第150条对生产、销售伪劣商品类罪的单位犯罪规定。二是对单位判处罚金,但对直接负责的主管人员和其他直接责任人员规定了较自然人犯罪轻的法定刑。如《刑法》第387条单位受贿罪中规定的对直接负责的主管人员和其他直接责任人员的处罚就比《刑法》第386条以自然人为主体的受贿罪的处罚相对要轻。

实际中可能出现涉嫌犯罪的单位被撤销、注销、吊销营业执照或宣告破产的情形如何追究单位犯罪责任的问题。根据2002年7月9日最高人民检察院《关于涉嫌犯罪单位被撤销、注销、吊销营业执照或者宣告破产的应如何进行追诉问题的批复》,涉嫌犯罪的单位被撤销、注销、吊销营业执照或宣告破产的,应当根据刑法关于单位犯罪的相关规定,对实施犯罪行为的该单位直接负责的主管人员和其他直接责任人员追究刑事责任,对该单位不再追诉。

不过,双罚制的原则允许例外情况的出现。《刑法》第31条规定,在双罚制原则下,本法分则和其他法律另有规定的,依照规定。刑法分则规定有些单位犯罪只处罚直接责任人员,而不处罚单位本身。我国刑法中存在着只处罚直接责任人员的单罚制。从《刑法》规定来看,主要有两种情况:一是为本单位全体或多数成员谋利但并非为本单位谋取利益的犯罪,单位并未实际获益因而不适宜处罚。如《刑法》第396条规定的私分罚没款物罪,不实行双罚,只处罚直接负责的主管人员和其他直接责任人员。二是对单位的处罚并没有实际意义。如《刑法》第162条规定的妨害清算罪,行为本身已经严重损害了债权人或其他人的利益,处罚单位会使得清偿债务更加困难,不利于保护债权人的利益。

值得注意的是,单位犯罪中即使处罚直接负责的主管人员和其他直接责任人员,也并非因为直接负责的主管人员和其他直接责任人员是犯罪行为主体,因此犯罪不能视为直接负责的主管人员与其他直接责任人员共同犯罪。所以根据2000年9月30日最高人民法院《关于审理单位犯罪案件对其直接负责的主管人员和其他直接责任人员是否区分主犯、从犯问题的批复》,在审理单位故意犯罪案件时,对其直接负责的主管人员和其他直接责任人员,可不区分主犯、从犯,按照其在单位犯罪中所起的作用判处刑罚。

四、单位实施非单位犯罪如何处理

前已述及,单位犯罪以刑法有明文规定为前提,因为我国《刑法》第30条明确规定"法律规定为单位犯罪的"才"应当负刑事责任"。刑法明文规定单位可以作为犯罪主体成立的犯罪称为单位犯罪,其他只能由自然人实施的犯罪则可对应称为非单位犯罪。近年来,司法实务中出现了大量的单位实施非单位犯罪的情况,由于刑法没有规定为单位犯罪,此时是否应追究单位或相关人员的刑事责任?比如,某市自来水公司在一次对该市一家水泥厂的水管进行日常检修时,发现一处水管漏水严重,当即组织人力开挖。挖开后,发现在直径400毫米的主水管上,水泥厂绕开水表私自接了一根直径150毫米的水管直通厂内,私接的水管已严重腐蚀,导致漏水严重。经查询,该厂水表记录的年用水量仅有22619吨,与水泥生产企业实际用水量相差巨大,而根据该私接水管的材料、配件的生产日期及被腐蚀的程度,可以判断该水泥厂盗水历史至少达15年之久,经估算水泥厂累计盗用自来水1300多万立方米,折合人民币近1000万元。能否追究水泥厂盗窃罪刑事责任?《刑法》第264条盗窃罪只能由自然人主体构成,单位不是盗窃罪主体。针对司法实践中频发的单位盗窃犯罪,2013年4月2日最高人民法院、最高人民检察院《关于办理盗窃刑事案件适用法律若干问题的解释》第13条规定,"单位组织、指使盗窃,符合刑法第二百六十四条及本解释有关规定的,以盗窃罪追究组织者、指使者、直接实施者的刑事责任。"为此,实践中类似于单位组织盗窃自来水等单位盗窃犯罪均得到了解决,即按照盗窃罪定罪,但追究责任人员而非单位的刑事责任。

然而,这一司法解释显然只是解决了单位实施盗窃罪是否及如何追究刑事责任的问题,对于单位实施其他"法律没有规定为单位犯罪的"犯罪如何处理,比如实务中大量发生的单位实施诈骗罪、侵占罪、挪用特定款物罪等,则仍然存在疑问。为此,2014年4月24日全国人民代表大会常务委员会发布了《关于〈中华人民共和国刑法〉第三十条的解释》(以下简称《单位犯罪立法解释》),明确规定:"公司、企业、事业单位、机关、团体等单位实施刑法规定的危害社会的行为,刑法分则和其他法律未规定追究单位的刑事责任的,对组织、策划、实施该危害社会行为的人依法追究刑事责任。"这一规定,实际上等于将刑法分则所有只能由自然人实施的犯罪通过该立法解释予以了单位犯罪化,只不过追究的是自然人而不是单位的刑事责任。该立法解释的合理性与正当性还需探讨。

拓展阅读

单位实施非单位犯罪相关司法/立法解释变迁与简析

单位实施非单位犯罪如何处理,一直是我国刑法理论和实践中的难点。《刑法》第30条明确规定"法律规定为单位犯罪的"才"应当负刑事责任"。所谓非单位犯罪,是指刑法分则条文没有规定单位可以成为其犯罪主体的犯罪,比如盗窃罪等。对此,我国最高司法机关亦非常关注,颁布了一系列司法解释。

1996年1月23日最高人民检察院(以下简称"高检")针对单位实施盗窃犯罪的情况,颁布《关于单位盗窃行为如何处理问题的批复》(以下简称《1996年单位盗窃解释》),规定:"单位组织实施盗窃,获取财产归单位所有,数额巨大,情节恶劣的,应对其直接负责的主管人员和其他主要的直接责任人员按盗窃罪依法批捕、起诉。"由于该批复颁布于1997年《刑法》修订之前,对于现行刑法是否还可以适用,在理论上分歧较大。

1998年4月17日最高人民法院(以下简称"高法")《关于审理拒不执行判决、裁定案件具体应用法律若干问题的解释》(以下简称《1998年判决裁定解释》)第4条规定:"负有执行人民法院判决、裁定义务的单位直接负责的主管人员和其他直接责任人员,为了本单位的利益实施本解释第三条所列行为之一,造成特别严重后果的,对该主管人员和其他直接责任人员依照刑法第三百一十三条的规定,以拒不执行判决、裁定罪定罪处罚。"

2001年1月21日"高法"《全国法院审理金融犯罪案件工作座谈会纪要》(以下简称《2001年金融会议纪要》)就单位实施贷款诈骗行为如何处理作了明确规定:"单位不能构成贷款诈骗罪。根据刑法第三十条和第一百九十三条的规定,单位不构成贷款诈骗罪。对于单位实施的贷款诈骗行为,不能以贷款诈骗罪定罪处罚,也不能以贷款诈骗罪追究直接负责的主管人员和其他直接责任人员的刑事责任。但是,在司法实践中,对于单位十分明显地以非法占有为目的,利用签订、履行借款合同诈骗银行或其他金融机构贷款,符合刑法第二百二十四条规定的合同诈骗罪构成要件的,应当以合同诈骗罪定罪处罚。"简言之,单位实施贷款诈骗且不符合合同诈骗构成要件时,单位和自然人都不能被追究刑事责任。

2002年8月9日"高检"又颁布了《关于单位有关人员组织实施盗窃行为如何适用法律问题的批复》(以下简称《2002年单位盗窃解释》),并规定"单位有关人员为谋取单位利益组织实施盗窃行为,情节严重的,应当依照刑法第二百六十四条的规定以盗窃罪追究直接责任人员的刑事责任。"

2011年8月1日最高人民法院、最高人民检察院(以下简称"两高")《关于办理危害计算机信息系统安全刑事案件应用法律若干问题的解释》(以下简称《2011年计算机解释》)第8条规定:"以单位名义或者单位形式实施危害计算机信息系统安全犯罪,达到本解释规定的定罪量刑标准的,应当依照刑法第二百八十五条、第二百八十六条的规定追究直接负责的主管人员和其他直接责任人员的刑事责任。"

2012年12月12日"两高"《关于办理妨害国(边)境管理刑事案件应用法律若干问题的解释》(以下简称《2012年偷越国边境解释》)第7条规定:"以单位名义或者单位形式组织他人偷越国(边)境、为他人提供伪造、变造的出入境证件或者运送他人偷越国(边)境的,应当依照刑法第三百一十八条、第三百二十条、第三百二十一条的规定追究直接负责的主管人员和其他直接责任人员的刑事责任。"《刑法》第318条组织他人偷越国(边)境罪、第320条提供伪造、变造的出入境证件罪、出售出入境证件罪、第321条运送他人偷越国(边)境罪均为自然人犯罪。单位实施这些犯罪时,只追究自然人即有关责任人员的刑事责任。

2013年4月2日"两高"《关于办理盗窃刑事案件适用法律若干问题的解释》(以下简称《2013年单位盗窃解释》)第13条规定:"单位组织、指使盗窃,符合刑法第二百六十四条及本解释有关规定的,以盗窃罪追究组织者、指使者、直接实施者的刑事责任。"

简要分析,在面对单位实施非单位犯罪的问题上,上述七部司法解释的立场体现了无罪论和有罪论的对立。《2001年金融会议纪要》体现了无罪论立场,它反对将单位实施非单位犯罪(比如贷款诈骗罪)作为犯罪处理,它不主张追究有关直接责任人员的责任,而是主张在符合其他单位犯罪(如合同诈骗罪)时按照其他罪名追究;如果不符合单位犯罪其他罪名构成要件时,则一律不以犯罪论处。除此之外,其他六部司法解释一律是有罪论的立场。即在单位实施非单位犯罪(如盗窃罪,拒不执行判决、裁定罪等)时,打破了刑法理论所认为的不应追究刑事责任的做法,只不过追究的是直接责任人员的刑事责任。

在效力问题上,上述七部司法解释可分为三种情况。(1)根据新法优于旧法原则,针对同一问题的规定只适用新的司法解释,原来的司法解释自动失效。《1996年单位盗窃解释》《2002年单位盗窃解释》和《2013年单位盗窃解释》三部都是针对单位盗窃而颁发的司法解释,根据新法优于旧法的适用原则,应该以《2013年单位盗窃解释》为准,前两个解释应该视同自动失效。(2)根据立法规定优于司法解释原则,随着《刑法修正案(九)》的颁布,《1998年判决裁定解释》《2011年计算机解释》针对单位实施相关非单位犯罪的解释规定也自动失效。《刑法修正案(九)》第39条将《刑法》第313条拒不执行判决、裁定罪修改为单位犯罪,第26、27条则将《刑法》第285条、第286条四个计算机犯罪罪名修改为单位犯罪。《刑法修正案(九)》属于全国人大常委会的立法,其效力高于司法解释;有了立法的规定,这两个司法解释的相关条款内容当然自动失效。(3)继续有效或者需要讨论其效力问题的司法解释。根据前述两种情况,七部司法解释中,最终只剩下三部司法解释对单位实施非单位犯罪的规定是有效的,即《2001年金融会议纪要》《2012年偷越国边境解释》和《2013年单位盗窃解释》。

为解决以上司法解释相互矛盾、不统一的问题,以及防止今后再出现单位实施其他非单位犯罪无法可依的现象,于是有了前述2014年4月24日《单位犯罪立法解释》。

根据立法解释高于司法解释的效力原则,目前关于单位实施非单位犯罪的问题,应该适用立法解释,上述单位犯罪司法解释或其相关涉及单位犯罪的条款应该停止适用。但是,即便如此,其一,2014年《单位犯罪立法解释》对单位实施非单位犯罪(即盗窃罪)的有罪论立场与《2001年金融会议纪要》所确立的单位实施非单位犯罪(即贷款诈骗罪)的无罪论立场相互矛盾。如何处理和看待这种矛盾?简单地以立法解释效力高于司法解释为理由而将此问题完全回避掉,恐怕对于推动单位犯罪的立法、理论与实践毫无助益。其二,如何看待并适用立法解释的相关规定?这些问题还需进一步思考。

延伸思考

根据身份犯的实质作用,基于结果无价值论的立场,解决我国刑法有身份者与无身份者以及不同身份者共同犯罪的定性问题①

无身份者与有身份者共同实施犯罪如何定性,我国刑法并无相关立法,刑法解释论也非常混乱,这从有身份者与无身份者共同实施犯罪行为的定罪问题,以及不同身份者的共同犯罪的定罪问题之中可见一斑。对前者,存在着主犯决定说、分别定罪说、实行犯决定说、有身份者的实行行为决定说、纯正身份犯说、区别对待说等学说;对后者,存在着主犯决定说、分别定罪说、较高身份定罪说、主职权行为决定说、区别对待说、核心角色决定说、部分犯罪共同说、义务犯决定说、身份竞合说等学说。解释论上观点迭出,莫衷一是,不仅极大地浪费了学术资源,也不利于实践中对具体问题的解决。

在以德国与日本为代表的大陆法系中,有关身份犯的共犯问题,有着长期的立法演变以及伴随其演变而来的理论探讨。但仔细分析,德、日模式均不适合中国。

德国模式并不适宜于我国。《德国刑法典》第28条第1款规定了无身份者作为构成的身份的共犯,应当减轻处罚。这与我国学界共犯通说——共犯从属性说以及司法实践习惯做法(将不具有身份之人按照真正身份犯的共犯处罚,而并不会对其另外减轻刑罚)不符。而且,德国刑法减轻处罚的规定是以行为人具备"特别的个人要素或特征"为前提,此种行为无价值立场,与我国刑法判断行为是否构成犯罪更加偏重结果的结果无价值论立场相矛盾。

日本模式也不可取。日本身份犯的立法对身份形式化的分类,无法合理解决具体问题。一是同一个身份根据形式的分类会起着不同的实质作用。比如同样是公务员,在特别公务员暴行、凌辱、虐待罪中是加重身份,起个别化作用,但在受贿罪中却是连带作用。二是定罪不均衡。例如《日本刑法典》第217条规定了普通遗弃罪,第218条规定了保护责任者遗弃罪,普通遗弃罪只有作为(遗弃)一种情况,保护责任者遗弃罪则有作为(遗弃)和不作为(不保护被保护人)两种情况。普通人教唆保护责任者实施遗弃行为的,构成普通遗弃罪的教唆犯,而教唆保护责任者不保护被保护人的,却要构成保护责任者遗弃罪的教唆犯,这明显造成定罪、量刑的不均衡。

身份犯的共犯问题,其主要矛盾在于如何区分身份所具有的不同的实质作用,即连带作用和个别作用。按照结果无价值论所提倡的"违法是客观连带的,责任是主观个别的"这一原理可知,将身份实质性地与违法和责任相挂钩,区分

---

① 参见周啸天:《德日身份犯的立法梳理及其启示》,载《中国刑事法杂志》2013年第7期。

为违法身份、责任身份,以违法身份起连带作用、责任身份起个别作用的原理来解决我国问题,不仅符合我国的刑法立法现状,也符合我国的共犯理论。而这一分类,着重于身份的实质作用,立足于联系构成要件体系,以违法与责任为支点来解决身份犯的共犯问题,在日本也得到了泷川幸臣、西田典之、曾根威彦、山口厚等学者的力倡。《奥地利刑法典》中的立法模式充分体现了这一思路,该法典第14条第1项规定:"当法律规定可罚性或刑罚的程度依存于与行为不法有关的特别的人身资格或者关系时,即便这样的资格或者关系仅存于参与人中的一人,全部参与人也适用此法规。(其后但书内容省略)"第2项规定:"与前项不同,当特别的人身资格或者关系仅与责任相关时,其法规仅适用于具备这样的资格或者关系的人。"这样,《奥地利刑法典》在第14条第1项与第2项分别规定了违法身份起连带作用与责任身份起个别作用,解决了身份犯的共犯中的主要矛盾,抓住了问题的实质。

通过以上立法梳理以及评析可知,我国未来的立法方向应把握住身份的实质作用这一主要矛盾,而解决这一矛盾的最好方式,便是将结果无价值的理论立场贯穿于犯罪论的各个问题之中,这样才能获得合理的解决方式与立法方向。

案例分析

1995年汇众公司出资60万元设立汇众金属表面合金化工厂(系独立法人实体),张某任厂长、法人代表,修某任副厂长。该厂为股份制企业,张某、修某等人以技术入股,占25%的股份。1996年,汇众公司购买了一辆汽车,配发给化工厂使用,产权属汇众公司。汇众公司购车后向中国人民保险公司海淀支公司办理保险,投保人和受益人均为汇众公司。后因化工厂拖欠某工程队工程款4万余元,某工程队负责人于1996年12月6日到化工厂将汽车强行开走。张某随即向派出所报案,该所认为此事属于经济纠纷,未予受理。张某遂伙同修某,于当晚向公安局刑警队报案,谎称汽车丢失,后又向汇众公司谎报。汇众公司遂向保险公司索赔。1997年6月,保险公司向汇众公司支付理赔款12万元。

问题:结合身份犯的有关理论,分析如何处理本案中无身份者利用有身份者骗取保险金行为的定性。[①]

[①] 本案来源及分析定性,可参见张明楷:《论身份犯的间接正犯——以保险诈骗罪为中心》,载《法学评论》2012年第6期。

第八章 主观罪过

第一节 主观罪过概述

主观罪过有广义与狭义之分。广义的主观罪过,即犯罪的主观方面,是指行为人对自己的行为及其危害结果所持的心理态度,包括故意、过失、目的、动机几个要素。狭义的主观罪过,仅指故意和过失。本书所说的主观罪过,是指广义的罪过,包括故意、过失、目的、动机。关于主观罪过对于犯罪成立的意义,在四要件体系与三阶层体系之间、行为无价值论与结果无价值论①之间存在很大的分歧。

一、传统四要件体系下主观罪过的意义

我国传统的四要件体系是在主客观相统一原则的指导下来理解主观罪过的。首先,确定一个人的行为构成犯罪,必须确认其同时具备犯罪的主观方面要件和客观方面要件。在客观方面,行为人必须实施了危害社会的行为,这是行为人构成犯罪并承担刑事责任的客观基础;在主观方面,行为人实施危害行为时必须具备主观罪过,这是行为人构成犯罪并承担刑事责任的主观基础。其次,对一个人定罪和追究刑事责任,不但要求同时具备客观方面要件和主观方面要件,而且还要求它们之间存在有机联系。这种有机联系表现在:一方面,人的客观上危害社会的活动,只有受到故意或过失的心理支配和决定时,才能成为刑法意义上的行为;另一方面,人的主观罪过也只有通过危害行为表现出来,只存在于行为之时。②

二、三阶层体系下主观罪过的意义

近年来我国一些学者抛弃了四要件犯罪论体系,而采用三阶层体系,由此导致对主观罪过的意义与体系性位置的重新思考。在三阶层体系中,首先面临的

---

① 结果无价值是指对侵害或危害刑法所保护的利益即法益这一结果所进行的否定性评价;行为无价值,是指对行为本身所进行的否定性评价。可参见〔日〕松宫孝明:《"结果无价值论"与"行为无价值论"的意义对比》,张晓宁、付玉明译,载《法律科学》2012年第3期。

② 参见高铭暄、马克昌主编:《刑法学》(第十版),北京大学出版社、高等教育出版社2022年版,第101页。

问题是构成要件符合性、违法性、有责性之间的关系如何。对此,存在违法类型说和违法有责类型说的争论。违法类型说认为,构成要件是违法行为的类型,是违法性的存在根据,行为符合构成要件原则上即可推定其违法。违法有责类型说认为,构成要件不仅是违法类型,也是有责类型,符合构成要件的行为原则上不仅具有违法性,而且具有责任。其次面临的问题是如何理解违法性,对此,存在行为无价值论与结果无价值论。在这两个问题的交互影响下,三阶层体系内部对于主观罪过的意义和体系性位置也存在较大的分歧。

结果无价值论的违法类型说认为,违法是客观的,与主观无关,而构成要件是违法类型,所以构成要件也仅限客观的要素。例如,故意杀人罪和过失致人死亡罪在构成要件符合性方面与违法性阶层相同,两者的差异仅在于责任要素是故意还是过失。结果无价值论的违法类型说要么完全否认主观的构成要件要素与主观的违法要素,要么只例外承认目的犯中的目的是主观的构成要件要素与主观的违法要素。行为无价值论的违法类型说认为,故意、过失、目的都是主观的违法性要素和主观的构成要件要素,而不是责任要素。该说认为,故意杀人罪和过失致人死亡罪虽然在结果无价值上是相同的,但故意比过失反映了更严重的行为无价值,因此故意杀人罪和过失致人死亡罪在构成要件和违法性阶段就有区别。

结果无价值论的违法有责类型说认为,违法是客观的,责任是主观的,构成要件不仅包括客观的违法要素还包括主观的责任要素。因此,故意和过失虽然是责任要素和主观的构成要件要素,但不是违法要素。行为无价值论的违法有责类型说认为,故意和过失既是违法要素,也是责任要素,当然也是构成要件要素。该说认为,故意、过失的"原籍"属于责任范畴,而其"现住所"都在构成要件要素中,并且故意、过失有时还在违法性中"寄宿"。[①]

第二节 犯 罪 故 意

我国《刑法》第 14 条规定:"明知自己的行为会发生危害社会的结果,并且希望或者放任这种结果发生,因而构成犯罪的,是故意犯罪。"据此,犯罪故意,是指行为人明知自己的行为会发生危害社会的结果,并且希望或者放任这种结果发生的主观心理态度。犯罪故意与故意犯罪是两个不同的概念,前者是行为人实施犯罪时的一种主观心态;后者是在犯罪故意支配下实施的危害行为所构成的犯罪,是齐备主客观方面要件而形成的统一体。

---

① 参见马克昌主编:《近代西方刑法学说史》,中国人民公安大学出版社 2016 年版,第 474—475 页。

一、犯罪故意的构成要素

犯罪故意的结构包括两个要素：一是认识要素，即对自己的行为会发生危害社会的结果具有明知心理；二是意志要素，即对自己的行为会发生危害社会的结果具有希望或放任的心理。认识要素与意志要素之间是有机统一的关系：任何犯罪故意都必须同时具有认识要素与意志要素；行为人所认识到的结果与其希望或放任的结果必须具有同一性。当认识要素与意志要素不能达到有机的统一时（例如行为人没有认识或认识有误，或认识的结果与希望或放任的结果不统一），则需要运用刑法中的错误理论来判断犯罪故意是否成立。

（一）认识要素

北京农林科学院林业果树研究所投资40万元，历经10年培育研制葡萄新品种，一共种植110株，每株分别编号跟踪研究，品名暂定P62，特点是个大皮薄汁甜无籽，9月份为果实成熟期，对该品种的鉴定、验收定在2003年9月。但四名男子于2003年8月6日晚翻墙进入该研究所内，偷摘了其中20株果实，导致整个研究链断裂。四名男子没有认识到该葡萄的"价值"，其行为成立盗窃罪吗？

此案例反映了在判断认识要素时值得注意的一些问题，例如总则中"明知"与分则中"明知"的关系、"知道"与"应当知道"的关系、认识的内容等。

1. 总则中"明知"与分则中"明知"的关系

《刑法》第14条规定故意犯罪的成立要求有"明知"，刑法分则的一些条文也规定有"明知"。[①] 这两种"明知"既有联系也有区别。对于犯罪故意来说，分则中的明知是第一次明知，总则中的明知是第二次明知。有第一次明知，未必有第二次明知。分则中的明知不等于总则中的明知，只是总则中明知的前提，只有具备分则中的明知，才能产生总则中的明知。[②] 需要特别注意的是，分则条文中规定有"明知"的犯罪并非都是故意犯罪，其中有可能是过失犯罪。例如《刑法》第138条规定："明知校舍或者教育教学设施有危险，而不采取措施或者不及时报告，致使发生重大伤亡事故的……"这里的"明知"提示的是过于自信的过失，而不是故意。

另外需要指出的是，刑法分则条文中也会使用"故意"。有的情况下，分则条文中的"故意"与总则第14条中的"故意"含义相同，例如，《刑法》第232条规

[①] 例如，《刑法》第214条销售假冒注册商标的商品罪中的"明知"，第218条销售侵权复制品罪中的"明知"，第258条重婚罪中的"明知"，第259条破坏军婚罪中的"明知"，第310条窝藏、包庇罪中的"明知"，第311条拒绝提供间谍犯罪证据罪中的"明知"，第312条掩饰、隐瞒犯罪所得收益罪中的"明知"。

[②] 参见郑健才：《刑法总论》，三民书局1985年版，第96页。

定的"故意杀人"中的"故意",与总则故意的含义相同,要求行为人明知自己的行为会导致他人死亡,而希望或放任这种结果发生。但是有的情况下,分则条文中的"故意"仅仅表明行为人有意识地实施某种行为,但并不表明行为人希望或放任危害结果的发生,《刑法》第304条故意延误投递邮件罪中的"故意"就是如此。

2. "知道"与"应当知道"的关系

在我国刑法司法解释中,除了"知道"的表述外,还有"应当知道"或"应知"的表述。例如,2000年11月22日最高人民法院《关于审理破坏森林资源刑事案件具体应用法律若干问题的解释》规定:本罪中的"明知",是指知道或应当知道。具有下列情形之一的,可以视为应当知道,但有证据证明确属被蒙蔽的除外:(1)在非法的木材交易场所或销售单位收购木材的;(2)收购以明显低于市场价格出售的木材的;(3)收购违反规定出售的木材的。

对于上述规定,有学者认为,"应当知道"或"应知"是一种推定的故意,"知道"是一种现实的故意,两者同属于故意范畴。① 也有学者认为,"知道"表明的是故意心理,"应当知道"反映的是一种过失心理,将"明知"解释为"知道与应当知道",便是将故意犯罪解释为包含故意犯罪和过失犯罪,明显违反罪刑法定原则。而且,所谓的推定故意最终也是"知道",而不是"应当知道"。② 上述两种观点在实质内容上并没有差异,都承认推定的故意,只不过第一种观点认为推定的故意可以理解为"应当知道",第二种观点认为推定的故意也是"知道",不是"应当知道"。从表述的严谨性来看,为了区别于犯罪过失中的"应当预见",在解释犯罪故意的时候不宜使用"应当知道"。

3. 认识的内容

(1)对事实本身的认识

第一,对危害行为的认识。对行为的认识包括多方面的内容,首先行为人必须对所实施的行为本身具有认识。例如,行为人对自己醉酒驾驶的行为本身具有认识,至于醉酒驾驶是构成危险驾驶罪,还是交通肇事罪或以危险方法危害公共安全罪,则属于对行为规范性的认识。其次,对行为对象的认识。简单的不含任何评价因素的行为对象,当然是认识的内容。例如杀人罪,要求行为人认识到自己杀的是人而不是动物。复杂的、作为规范性构成要件要素的行为对象,同样也是应该认识的内容。再次,有的犯罪还需要对行为的前提具有认识。例如丢失枪支不报罪的实行行为是不报告,但是要求行为人认识到枪支已经丢失,如果行为人没有认识到其枪支已经丢失,则没有犯罪故意。另外,有些犯罪要求对行

---

① 参见陈兴良:《教义刑法学》(第三版),中国人民大学出版社2017年版,第478页。
② 参见张明楷:《刑法分则的解释原理》(第二版)(上),中国人民大学出版社2011年版,第159页。

为时间、地点、方式方法等要有认识。例如,非法捕捞水产品罪要求行为人认识到"禁渔区""禁用的工具、方法"等。

第二,对危害结果的认识。这里的危害结果,是指广义的危害结果,即危害行为对犯罪客体或法益所可能造成的实际损害或现实危险。对结果的认识是认识要素的核心内容,它只要求一定概括性而非很精确的认识。例如,行为人意图盗窃钱包而实际上盗窃的是枪支,尽管盗窃枪支的结果是行为人没有想到的,但是在普通盗窃罪的范围内行为人仍对结果有认识。

需要注意的是,结果加重犯的加重结果一般是不需要认识的。例如,抢劫(致人死亡)罪中的死亡结果,不需要认识,行为人对死亡结果有无认识都构成抢劫罪的结果加重犯。有的犯罪,行为人对加重结果具有认识的,反而构成其他犯罪。例如,在故意伤害致人死亡的场合,行为人对死亡结果没有认识的,构成故意伤害(致人死亡)罪,行为人对死亡结果有认识的,则构成故意杀人罪。

第三,对因果关系的认识。关于因果关系是否属于故意的认识要素,学界存在分歧。本书持肯定态度。对因果关系的认识不需要确切的认识,在一定范围内的因果关系的认识错误不会阻却故意。但是,当行为人对因果关系没有认识时,阻却故意。例如,行为人对被害人实施伤害行为,虽然伤害行为本身并没有致人死亡的危险性,但由于被害人具有某种特殊体质而死亡,一般认为此时行为人的伤害行为与被害人的死亡结果之间具有因果关系。在这种场合下,如果行为人没有认识到被害人具有某种特殊体质,也就无法认识到行为与结果之间的因果关系,应该否定行为人对被害人的死亡具有故意。

(2) 对事实规范性的认识

警察:你为什么被抓?妇女:因为在街头倒卖光盘。警察:你倒卖的光盘中有多少张淫秽光盘?妇女:没有淫秽光盘,只有10张毛片,其他都是盗版光盘。警察:毛片不就是淫秽光盘吗?妇女:我不知道。警察:你看过毛片吗?妇女:没有。警察:你知道倒卖淫秽光盘是犯罪吗?妇女:我不知道,我只知道倒卖毛片犯法,抓住要罚钱。[1]

对事实规范性的认识,是指对事实的社会危害性或刑事违法性的认识。对此需要注意以下两个问题:

第一,关于违法性认识。有学者认为,基于罪刑法定原则的要求,犯罪故意中的认识内容,不能仅限于一般意义上的对"社会危害性"或"违法性"的认识,而必须达到对刑事违法性的认识程度。[2] 按照该观点,上述对话中的妇女仅有社会危害性或一般意义上的违法性认识,而不具有刑事违法性认识,不具有贩卖

---

[1] 参见陈兴良:《教义刑法学》(第三版),中国人民大学出版社2017年版,第467页。
[2] 参见黎宏:《刑法学总论》(第二版),法律出版社2016年版,第187页。

淫秽物品罪的故意。但是这种结论不合理。通说认为,既然《刑法》第 14 条只规定"明知自己的行为会发生危害社会的结果",就意味着刑法只要求行为人认识其行为及结果的危害性,而没有要求行为人认识行为及结果的刑事违法性。①按照这种观点,上述对话中的妇女具有危害性认识和一般违法性认识,应当肯定其贩卖淫秽物品罪的故意。本书赞同通说的观点。

第二,关于规范的构成要件要素的认识。规范的构成要件要素是需要根据法律规范、经验法则或一般人的价值观念作出判断的要素,行为人的价值观不同于法律法规的价值取向或不同于一般人的价值观时,就可能得出不同的结论。例如,"淫秽"一词属于刑法规定的规范的构成要件要素,那么是否需要行为人认识到其贩卖的物品属于"淫秽"物品?贩卖淫秽物品罪的故意不要求行为人认识到所贩卖的物品属于"淫秽"物品,只要求行为人认识到该物品是黄色物品、下流物品、"毛片"就够了,甚至即使行为人不认为该物品属于黄色物品、下流物品、"毛片",但认识到一般人会把该物品当作黄色物品、下流物品、"毛片",就可以肯定行为人贩卖淫秽物品罪的故意。

(3) 不需要认识的内容

一般说来,根据主客观相统一原则和客观要件的故意规则机能,刑法分则对客观要件的规定暗示着主观要件的规定。也就是说,刑法分则条文有时候仅仅对客观要件作出规定,而没有规定主观要件,但根据主客观相统一原则和客观要件的故意规则机能,可以对故意的内容作出解释。例如,《刑法》第 264 条规定"盗窃公私财物,数额较大",这仅仅属于客观要件规定,但是通过该客观要件规定,我们可以对其故意认识的内容作出解释:明知自己的行为是盗窃行为,明知行为对象是他人的财物,明知财物数额较大。但有的时候主客观相统一原则存在例外,有一部分客观要件不需要有与之相对应的故意(这一部分客观要件可称为客观的超过要件),有一部分主观要件不存在与之相对应的客观要件(这一部分主观要件可称为主观的超过要件)。

在我国,不需要认识的客观要件有:《刑法》第 114 条放火罪、决水罪等犯罪中的"尚未造成严重后果",《刑法》第 129 条丢失枪支不报罪中的"造成严重后果",《刑法》第 264 条中的"多次"盗窃,《刑法》第 339 条非法处置进口的固体废物罪中的"致使公私财产遭受重大损失或者严重危害人体健康",《刑法》第 397 条滥用职权罪中的"致使公共财产、国家和人民利益遭受重大损失",等等。

(二) 意志要素

意志要素是指行为人对危害结果持希望或放任的心理态度。希望,是指行

---

① 参见高铭暄、马克昌主编:《刑法学》(第十版),北京大学出版社、高等教育出版社 2022 年版,第 104 页。

为人对危害结果的发生抱着一种积极追求的心理态度;放任,是指行为人虽然不希望结果发生,但是对结果的发生抱着听之任之、满不在乎的心理态度。故意的认识要素是意志要素的前提,意志要素是认识要素的进一步发展。当行为人认识到结果可能会发生时,其意志要素可以是希望或放任;但是当行为人认识到结果必然会发生时,如果进一步实施行为,其意志要素就很难说是放任,而只能是希望。

二、犯罪故意的种类

根据不同的标准,可以把犯罪故意分为不同种类。

(一) 直接故意和间接故意

按照行为人对危害结果所持的认识要素和意志要素的不同,可以把故意分为直接故意和间接故意。认识要素包括两种情况:明知必然会发生危害结果、明知可能会发生危害结果;意志要素包括两种情况:希望、放任。把认识要素与意志要素结合起来,逻辑上就会产生四种情况:明知必然会而希望、明知可能会而希望、明知可能会而放任、明知必然会而放任。前两种情况属于直接故意,第三种情况属于间接故意,第四种情况存在争议。

1. 直接故意

明知自己的行为会发生危害社会的结果,并且希望这种结果发生的心理态度,是直接故意。只要具备"明知"和"希望"这两个条件,不论结果实际发生与否,都可以认定直接故意的成立。根据行为人对危害结果是否发生的认识程度,直接故意分两种:第一种,行为人明知自己的行为必然会发生危害社会的结果,并且希望这种结果发生的心理态度。例如,甲用枪顶着乙的脑袋射击,甲明知只要扣动枪扳机,就会导致乙的死亡,而甲恰恰想让乙死亡,于是扣动了扳机。第二种,行为人明知自己的行为可能会发生危害社会的结果,并且希望这种结果发生的心理态度。明知结果可能发生,虽然在认识的程度上轻于明知结果必然发生,然而,行为人对于可能发生的结果仍然持积极的追求态度,所以综合来看,仍然属于直接故意。例如,甲站在50米的远处用枪朝乙射击,虽然这种情况下甲并不一定能够射中乙,但为了追求乙死亡的结果,甲射击,最后不管是否射中乙,甲都是直接故意。

2. 间接故意

明知自己的行为可能发生危害社会的结果,并且放任这种危害结果发生的心理状态,是间接故意。实践中常见的间接故意的情况大致有以下几种:第一,为了追求一个犯罪目的而放任另一个危害结果的发生。例如,丈夫为杀死妻子而在妻子的饭碗中投毒,丈夫知道妻子有与孩子共同吃饭的习惯,在妻子碗中投毒可能会毒死孩子,虽不希望毒死孩子,但对孩子的死持放任态度。第二,行为人为了追求一个非犯罪目的而放任某种危害结果的发生。例如,行为人的目的是射击树上的一只鸟,但树后面就是学生宿舍的窗户,行为人明知子弹可能穿透窗户玻璃而射中学生,这时的射击行为就是对学生的死伤持放任态度。第三,突发性犯罪,不计后果,放任危害结果的发生。例如实践中因一言一事不合,临时起意,动辄行凶,不计后果,拿刀捅人的案件。需要注意的是,间接故意与间接故意犯罪不同,虽然行为人对危害结果持放任态度,具有间接故意,但如果结果没有发生,仍然不构成间接故意犯罪。

有争议的是如何理解"明知必然会而放任"的情况。第一种观点认为,"明知必然会而放任"属于间接故意;第二种观点认为,既然明知行为必然会发生危害结果,行为人还要去实施该行为,那么就很难说行为人对该结果是放任态度,而只能是希望态度。这里的关键问题在于如何理解"放任"。上述第一种观点认为,放任是行为人所追求的结果与实际产生的结果是否一致而言的,行为人追求A结果,而A结果出现的同时必然会导致B结果,那么行为人对B结果是放任态度。上述第二种观点认为,放任是以存在两种可能性为前提的,只有在结果可能发生也可能不发生的情况下,才谈得上放任,如果结果必然会发生就谈不上放任。① 本书赞同这种观点。如果行为人明知结果必然会发生,无论行为人追求的结果是什么,行为对法益造成的危险是直接的,行为人主观罪过应当认定为直接故意,而不应当认定为间接故意。除了上述两种观点外,还有一种观点认为不存在"明知必然会而放任"的情况。因为在行为当时结果尚未发生,行为人对将来发生结果的预见,无论是直接故意还是间接故意,都只能是一种可能性的认识,而不可能是必然性的认识。②

3. 直接故意与间接故意的区别

被告人王某于某日晚9时许与两名青年一起逛街,遇上另外两名青年,双方因喊外号发生口角,发展为抓扯、打斗。双方打斗到某学校门前,王某一方见对方二人跑进教学楼通道内(通道内未开灯),便用砖头向内掷打,对方也在通道内用砖头向外掷打。这时,该校校长余某闻声赶来制止,正走到楼道内(王某一方看不见),被王某掷向对方的一块砖头击中头部,造成重伤。

在本案中,王某对于余某重伤结果的主观罪过是间接故意,对于另一方青年有伤害的直接故意(虽然未造成伤害结果)。王某明知自己投掷砖头的行为可能导致对方青年伤害的结果,并且希望该结果发生。同时,王某明知自己投掷砖头的行为可能会造成无辜第三人的伤害,但是为了追求伤害对方青年的结果,而放任对第三人的伤害结果发生。因此,王某对余某伤害结果的主观罪过是间接

---

① 参见马克昌主编:《犯罪通论》(第三版),武汉大学出版社1999年版,第343页。
② 参见黎宏:《刑法学总论》(第二版),法律出版社2016年版,第190页。

故意。需要注意的是,虽然在具体个案中需要辨别行为人的主观罪过是直接故意还是间接故意,但是不能说刑法分则中的某些具体个罪只能由间接故意构成或只能由直接故意构成,它们都是犯罪故意的表现形式。

(二)实害故意和危险故意

通说认为,根据所认识的危害结果是实害结果还是危险结果,可以把犯罪故意分为实害故意和危险故意:实害故意是对行为及其可能造成的实害的认识与意志,危险故意是对行为及其可能造成的危险的认识与意志。但是这种区分只是一种形式的区分,很难解决实际问题。因为危险是指实害发生的可能性,据此,危险故意也是对行为及其造成实害的可能性的认识与意志。因此,对于如何理解实害故意与危险故意的关系,理论界存在不同观点。[①] 第一种观点认为,行为人犯罪都是为了追求或放任某种实害结果的发生,没有人会仅仅为了追求或放任某种危险而去犯罪,因此刑法中只有实害故意,所谓的危险故意仍然是实害故意;第二种观点认为,行为人在行为时只能认识实害发生的可能性,即实害发生的危险,所以,只存在危险故意而不存在实害故意;第三种观点认为,危险故意与实害故意的区别在于或然性程度或违法程度不同;第四种观点认为,危险故意就是有认识过失;第五种观点认为,在"危险故意"这一概念框架中,存在着形式危险故意与实质危险故意两种不同类型,前者的内容是有认识过失,后者的内容是实害故意。例如,遗弃罪的危险故意就是形式危险故意,放火罪的危险故意就是实质危险故意。

危险故意是连接实害故意与过失的链条,它的主体是对危险的认识与意志,最高端是对实害的认识与意志,最低端是对危险的过失。在危险故意中,"行为的知与欲"是一个不变的要素,"结果的知与欲"这一要素却呈忽明忽暗的变化——从"实害结果的知与欲"到"危险结果的知与欲""危险结果的知"再到"危险结果的过失"。放火罪危险犯的故意内容只能是对行为及其实害结果的知与欲,而不是对行为及其危险结果的知与欲。危险驾驶罪是故意犯罪,故意的内容为,行为人对于危险驾驶行为具有故意,对于行为所造成的抽象危险既可以是故意也可以是过失。

(三)犯罪故意的其他分类

1. 根据行为人对犯罪事实的认识是否确定,可分为确定故意和不确定故意

确定故意,指行为人明确预见犯罪事实和结果,作出行为决意,并在实施行为时希望或放任这种结果发生的心理态度。例如行为人举刀杀人,明知一刀砍下去能杀死人,而仍然以刀砍向被害人,致其死亡,这就是确定故意。确定故意具有明确性和坚决性,行为人不仅认识到自己行为的性质,而且决心通过自己的

[①] 参见欧阳本祺:《论危险故意》,载《法学家》2013年第1期。

行为求得危害结果的发生。它的主观恶性一般而言要大于不确定的故意。确定故意相当于直接故意。

不确定故意,指行为人对犯罪事实的认识不确定,即行为人认识到自己的行为会发生危害社会的结果,但不具有侵犯特定对象或希望犯罪行为发生的心理态度,或对自己的行为究竟会发生何种具体结果尚不明确。它又可以分为以下三种:(1)择一的故意。行为人不确知自己的行为会在数个对象中的哪一个发生危害结果,但明知或预见必有其中之一结果会发生,并且在实施行为时希望或放任这种结果发生的犯罪心理。例如行为人同时向三人开枪,认识到其中有一个人会中弹死亡,但又不能肯定到底是谁死。(2)概括的故意。行为人认识到结果的发生是确定的,但对结果发生的对象或范围只有概括的(不确定的)认识。如向一群人扔炸弹,对于何人会被炸死或受伤,并无确定的认识。(3)未必的故意。行为人明知或预见自己的行为可能发生危害结果,并且放任这种结果的发生,而其发生也不违背行为人的本意。未必的故意相当于间接故意。

2. 根据行为人的故意是在一定事实实施之前还是之后产生,可以分为事前故意和事后故意

事前故意,指行为人误以为已完成一定的犯罪故意,实际上犯罪事实还没有发生,进一步实施一定行为时,当初认识的事实才发生的情况,当初的故意叫事前故意。例如,行为人以杀害的意思用刀杀人,误以为人已被杀死而将其埋入土中,实际上被害人是被埋入土中窒息而死的。从另一方面而言,这种场合也可能称为因果关系的错误。依据关于错误的法定符合说,行为人事前关于因果关系的认识,与其实际经过,符合相当因果关系的范围,应当认为成立犯罪故意的既遂。

事后故意,指没有故意实施特定的危害行为,在实施非危害行为的过程中才产生犯罪故意,而对以后的事态任其发展的故意。例如,甲因过失导致乙重伤,在准备抢救乙的过程中发现乙是他的仇人,因此虽然能救护但不予以救护,并断绝医药,致乙不治身亡。甲在过失伤人时,并无杀人故意,在乙受伤后,始生杀死乙的故意,对此称事后故意。

3. 根据故意形成时间的长短进行区分,可以分为突发故意和预谋故意

故意因其与实施犯罪行为之间间隔的时间长短不同而有别。突发故意是指行为人因遭受刺激,突然决意犯罪并立即实施危害行为。突发故意并非经过预谋,而完全是一时起意实施危害行为的犯罪心理;故意的形成是突然的,引起故意的事项是偶然的,行为人只是由于一时冲动实施了犯罪行为。所以,突发故意又被称为一时故意、单纯故意、激情故意、顿起故意、偶然故意或非预谋故意。例如甲、乙二人路上偶遇,因乙无意斜眼看了甲一眼,遭甲不满,发生口角。甲一气之下,突然拿出随身所带水果刀,朝乙身上猛捅数刀,致乙死亡,即为突发故意。

在突发故意的场合,故意形成的时间极为短暂,所反映的行为人的主观恶性通常可能要小一些。但定罪并不取决于故意形成时间的长短,它只对量刑有一定影响。

预谋故意,是指行为人经过深思熟虑后才决意实施犯罪行为,或决意犯罪后又经过反复谋划开始实施犯罪行为。在预谋故意的场合,故意形成的时间较长,对实施犯罪往往有较多的考虑或准备。一般来说,预谋故意的危险性要大于突发故意。在量刑时它往往被作为酌定情节加以考虑。

第三节 犯罪过失

我国《刑法》第15条规定:"应当预见自己的行为可能发生危害社会的结果,因为疏忽大意而没有预见,或者已经预见而轻信能够避免,以致发生这种结果的,是过失犯罪。过失犯罪,法律有规定的才负刑事责任。"据此,犯罪过失是指,应当预见自己的行为可能发生危害社会的结果,因为疏忽大意而没有预见,或者已经预见而轻信能够避免,以致结果发生的主观心理态度。据此,是否预见到自己的行为可能会发生危害社会的结果,以及是否采取了以及有条件采取一定措施回避结果的发生,亦即结果预见义务与结果回避义务二者共同成为犯罪过失的核心构造。但是,结果预见义务与结果回避义务何者为犯罪过失本质?对于此问题的不同看法,导致犯罪过失理论的更迭和演进。

一、过失理论

关于犯罪过失,主要存在着旧过失论、新过失论、超新过失论以及客观归责理论的分歧。当然,这些理论的争议与展开都是以德、日三阶层犯罪论体系为基础的。

1. 旧过失论

旧过失论认为,违法是客观的,责任是主观的,作为主观要素的过失仅仅是责任的要素。也就是说,旧过失论认为过失犯罪与故意犯罪在构成要件符合性与违法性阶段基本相同,两者的区别仅仅在于责任阶段。在责任阶段,故意犯的行为人已经认识到犯罪事实及其危害性,却没有形成停止危害行为的反对动机,违反了社会一般人对其不要实施犯罪的期待,因而值得非难。过失犯的行为人虽然没有认识到犯罪事实及其危害性,但是这种无认识不值得原谅,因为行为人只要尽到一定的注意义务就能够认识到危害事实,从而避免危害事实的发生,因此过失犯的责任在于行为人具有预见可能性(而没有预见)。没有预见这种事实本身并不值得非难,没有预见是表面的责任要素,并不是真正的责任要素,真正值得非难的是行为人具有预见可能性。

旧过失论将结果预见可能性作为犯罪过失的本质,被批评会不当地扩大过失犯的处罚范围。例如,驾驶机动车的人对于危害结果一般都有预见可能性,那么一旦结果真的出现,按照旧过失论就要追究驾驶人的刑事责任。面对这种扩大处罚的不合理现象,修正的旧过失论认为,将预见可能性作为过失的本质并没有不合理,需要修正的是过失犯的实行行为,不能将一切引起危害结果的行为都作为过失犯的实行行为,过失犯的实行行为仅限于具有发生构成要件结果的一定程度的实质危险的行为。结果无价值论者往往采取旧过失论。

2. 新过失论

新过失论认为,过失的本质不是结果预见可能性,而是违反了结果回避义务。也就是说,按照新过失论,即使对结果有预见可能性,但如果履行了结果回避义务,也不成立过失犯。新过失论产生的初衷是为了限制过失犯的处罚范围。在汽车业迅猛发展的时代,如果按照传统的旧过失论,能够很轻易地肯定预见可能性,进而认定过失犯的成立,但这样一来,无疑会阻碍汽车业的发展。因此,新过失论认为只要行为人采取了对一般人而言具有合理性的结果回避义务(即基准行为),即便具有预见可能性,由此所出现的结果也属于被允许的危险,并不具有违法性。这样,新过失论将研究的重点从结果预见义务转移到了结果回避义务。相应的,过失也从旧过失论中的单纯责任要素转变为新过失论中的构成要件要素与违法要素。这样,在新过失论中,过失也就分为不法过失(构成要件过失、违法过失)与责任过失。不法过失以违反客观的注意义务(包括客观的结果预见义务和客观的结果回避义务)为内容,责任过失以违反主观的注意义务(包括主观的结果预见义务和主观的结果回避义务)为内容。所谓的"客观",是指以一般人的注意能力为判断标准;所谓的"主观",是指以行为人本人的注意能力为判断标准。行为无价值论者往往采取新过失论。

在我国刑法学中,传统的过失论主要受苏俄刑法学的影响,侧重于对刑法条文的注释,而没有形成关于过失的刑法教义学。近年来,受德、日刑法学的影响,我国的结果无价值论者自然接受了旧过失论,[①]行为无价值论者接受了新过失论。[②] 实际上,不论是在我国还是在日本,现在的旧过失论与新过失论的差异并没有早期那么大,两者之间往往相互吸收对方的合理内容。例如,旧过失论吸收了原本属于新过失论的信赖原则与危险分配法理,新过失论也吸收了旧过失论的具体结果预见可能性。因此,旧过失论与新过失论在具体的结论上几乎完全相同,二者之间的对立仅仅在于体系上的不同,即究竟是将过失作为责任要素还

---

① 参见张明楷:《刑法学》(第六版)(上),法律出版社2021年版,第371页。
② 参见周光权:《刑法总论》(第四版),中国人民大学出版社2021年版,第163页。

是将其作为构成要件要素、违法要素。①

3. 超新过失论

超新过失论是以公害犯罪、食品中毒、药害等现代型过失犯罪为模型所构建的过失理论,它的提出具有深刻的时代背景。20世纪60年代后期,由于受到公害犯罪的触动,传统过失论所要求的对结果具有具体预见可能的标准难以适应过失犯扩张处罚的需要。超新过失论着眼于预见可能性的程度对新过失论进行了进一步的修正,它主张对于结果的预见,只需要有某种不安感、危惧感即可认定其具有结果回避义务,而结果回避义务才是过失犯理论的核心,因此它也被称为危惧感说。超新过失论在日本由藤木英雄教授提出,藤木指出,只要行为人在事故发生前具有某种危惧感,没有采取相应的防止措施并发生了危害结果的,就可以构成过失犯罪。随后日本学者板仓宏教授以此为基础提出企业组织体责任论,认为即便行为者没有过失,只要认定企业组织体存在过失,便可让成员承担过失责任。

超新过失论在日本森永牛奶案中,被高松高等裁判所采用。本案基本案情为:工厂一直从有信用的药店购买安定剂,但有一段时期,另一种含有砷的"松野制剂"也被购入工厂,从而导致制成的奶粉造成许多婴儿死伤。裁判所认为,在购入与预定不同的物品时,应当具有某种不安感,而不要求对因果流程具有认识可能,从而认定相关人员承担过失责任。

超新过失论受到了很多批评,被认为过于扩大过失犯处罚的范围,甚至会形成客观责任,从而违反责任主义。此外,危惧感的概念也极为模糊,难以正确认定。但是,我们也应肯定其积极意义。例如,超新过失论虽然缓和了预见可能性的程度,但较之新过失论,进一步严格了结果回避义务的内容。

4. 客观归责理论

客观归责理论也区分不法过失与责任过失,关于责任过失,客观归责理论与新过失论没有明显区别,客观归责理论的独特之处在于采用一套完全不同于传统过失论的规则来说明过失犯的不法内容。客观归责理论认为,过失不法的判断需要先后经历三个环节:(1) 行为是否制造了法所不允许的危险;(2) 行为是否实现了法所不允许的危险;(3) 结果是否超出了构成要件的包含范围。只有三个判断都得出肯定结论,才可以肯定过失不法的存在;如果任何一个环节得出否定结论,就应当否定过失不法的存在。

例一:甲劝说乙到美国佛罗里达州去旅行,结果乙在佛罗里达州被人杀害。甲对乙的死亡是否要承担过失责任?为什么?

---

① 参见〔日〕西田典之:《日本刑法总论》(第二版),王昭武、刘明祥译,法律出版社2013年版,第231页。

例二：甲交通肇事致乙受重伤，乙被救护车送往医院，不料救护车在路上侧翻，乙当场被压死。甲对乙的死亡是否要承担过失责任？为什么？

不论采取什么理论，上述两个设例中的甲都不会对乙的死亡承担过失责任。传统的旧过失论和新过失论认为，甲对于乙死亡的结果或因果关系缺乏预见可能性。客观归责理论认为，缺乏预见可能性的说法并不精确，因为所有在自然法则中可能的因果流程都是可以预见的；真正的关键在于，例一中的甲未制造法所不允许的危险，例二中的甲所制造的危险并未实现。

例三：甲按规定速度开车，在经过某公交车站时并未特意减速。乙从公交车下来并绕公交车前方快速横穿马路，被甲撞成重伤。甲对乙的死亡是否要承担过失责任？为什么？

例三涉及信赖原则的认定及其在过失论中的地位。根据信赖原则，在行为人合理信赖被害人或第三人将采取适当行为时，如果由于被害人或第三人不采取适当行为而造成了侵害结果，行为人对此不承担责任。但是，信赖原则应当受到一定条件的限制。一般来说，司机按照规定速度开车，并未违反交通规则，对于车祸的发生可以主张信赖原则，排除构成要件的成立，不成立犯罪。但是，本案中的甲经过公交车站，见有乘客上下车应该警觉乘客的匆忙举动。乘客从公交车前方窜出，应该在司机的预想范围内，此与高速公路上有人从路肩斜坡窜出的不可预期性，是不相同的。① 传统过失论和客观归责理论都吸纳了信赖原则的法理，只是定位不同。

新过失论认为，信赖原则是对结果回避义务的否定而不影响结果预见可能性，属于阻却过失不法的要素，而与过失责任无关。新过失论认为，根据信赖原则，行为人即便预见他人可能实施不正常的非法行为，也没有结果回避义务。② 旧过失论往往认为，信赖原则属于过失责任的阻却事由。有的旧过失论者认为，信赖原则存在时，自然上或事实上的预见可能性仍然存在，但因为行为人具有信赖的相当性，从而否定其刑法上的预见可能性，进而免除其事故责任的成立。③ 也有的旧过失论者认为，一方面，信赖原则与过失犯的客观构成要件相关联（但客观上存在合理信赖他人实施适当行为的条件时，就限定了结果回避义务的内容），另一方面，信赖原则与过失的预见可能性也具有密切关系（在合理信赖被害人或第三人会采取适当行为时，通常应认为行为人不能预见被害人或第三人会采取不适当的行为）。④ 而客观归责理论则将信赖原则作为被允许的危险的

---

① 参见林东茂：《刑法综览》，中国人民大学出版社2009年版，第147页。
② 参见周光权：《结果回避义务研究》，载《中外法学》2010年第6期；
③ 参见陈兴良：《教义刑法学》（第三版），中国人民大学出版社2017年版，第524页；〔日〕西田典之：《日本刑法总论》（第二版），王昭武、刘明祥译，法律出版社2013年版，第244页。
④ 参见张明楷：《刑法学》（第六版）（上），法律出版社2021年版，第389页。

下位概念,也就是说,行为符合信赖原则就没有制造法所不允许的危险,或说符合信赖原则的行为所制造的危险是法所许可的。①

例四:甲、乙两人晚上骑摩托车鱼贯而行,两人都没有按规定开灯照明。在前方骑行的甲因为没有照明而撞伤路人丙。事后鉴定证明,如果在后方骑行的乙按照规定开灯照明,则此事故可以避免。乙对丙的死亡是否要承担过失责任?

例四涉及注意规范保护目的的认定及其在过失论中的地位。成立过失犯罪,除了要求行为人违反注意义务、行为造成了危害结果这两个因素外,还要考察行为人违反注意义务与危害结果之间是否具有关联性。如果行为人虽然违反了注意义务,但结果并不为该注意规范所要保护,则行为人不对该结果承担责任。此案中,甲构成过失犯罪并无疑问。规定夜间骑摩托车必须开灯就是为了避免视线不明的碰撞,甲撞伤他人的结果与违反此规范之间具有关联性。与甲的情况不同,乙虽然也违反了规范,但不应对丙被撞伤负责,因为规定开灯的目的仅在于避免自己与他人相撞,而不在于避免他人之间的相撞。

对于注意规范保护目的在过失论中的地位,学界有三种不同态度。(1)客观归责理论将注意规范保护目的作为客观归责理论中判断是否实现法所不容许的风险的标准,只有危害结果与行为人所违反的注意规范的保护目的具有关联性时,才能将结果归责于行为人。(2)有学者认为,注意规范保护目的是判断过失犯因果关系成立与否的理论,不在注意规范保护范围内的结果与行为之间不具有因果关系;行为只与违反注意规范保护目的而产生的结果之间具有因果关系;这种因果关系的判断与客观归责理论无关。② (3)有学者认为,注意规范保护目的是一个不必要的概念,其实质内容完全可以为结果回避义务这一范畴涵盖。注意规范保护目的,实际上是强调行为人对于何种结果应当预见并避免的问题,对行为人不可能预见、不应当预见的结果,当然没有义务预见,也没有回避可能性,即便这一结果发生,也不能要求行为人承担过失责任。③

从上面几个例子可以看出,在过失不法的判断中,客观归责理论并不是对传统过失理论的否定,而是借鉴和发展了传统过失理论的一些要素。例如,传统过失论中的"违反注意义务",旨在划定行为自由的界限,相当于客观归责理论中的"制造法所不允许的危险",只是客观归责理论进一步将排除归责的情况细化为"未制造危险"与"未制造法所不允许的危险"。再如,从客观归责理论中的"制造危险"与"实现危险"两个要素中可以看到传统过失论中的"客观预见可能性"的影子。又如,传统过失论中的"客观避免可能性"的判断被融入客观归责

---

① 参见林钰雄:《新刑法总则》,元照出版公司2021年版,第517页;林东茂:《刑法综览》,中国人民大学出版社2009年版,第137页。
② 参见刘艳红:《注意规范保护目的与交通过失犯罪的成立》,载《法学研究》2010年第4期。
③ 参见周光权:《结果回避义务研究》,载《中外法学》2010年第6期。

论中的"实现危险"的判断,只是客观归责理论进一步将"实现危险"的判断细化为反常的因果关系、合法的替代行为、注意规范的保护目的等要素。①

二、犯罪过失的构成要素

根据我国《刑法》第 15 条的规定,犯罪过失可以分为疏忽大意的过失和过于自信的过失两种。疏忽大意的过失,是指应当预见自己的行为可能发生危害社会的结果,因为疏忽大意而没有预见,以致发生这种结果的心理态度;过于自信的过失,指行为人虽已预见到自己的行为可能发生危害社会的结果,但轻信能够避免,以致发生这种结果的心理态度。学界通常把疏忽大意的过失称为没有认识的过失,把过于自信的过失称为有认识的过失。这种说法不准确。犯罪过失,不论是疏忽大意的过失还是过于自信的过失,都没有认识。过于自信的过失"已经预见而轻信能够避免",从字面来看,似乎"已经预见",即对于危害结果已经有认识,但是从逻辑上来看,"轻信能够避免"是对"已经预见"的否定。换言之,"轻信能够避免"说明行为人最终还是认为结果不会发生,因而从结局或整体上来说,过于自信的过失仍然是没有认识到结果会发生。② 既然犯罪过失不存在对危害结果的认识,就更谈不上对危害结果的意志了。所以,对犯罪过失构成要素的分析就不能像犯罪故意理论那样着眼于认识要素和意志要素。③ 实际上,犯罪过失的本质和构成要素仅仅在于"应当预见"。"应当预见"是指行为人在行为时有预见义务并且能够预见,其包括两层含义,一是行为人具有预见义务,二是行为人具有预见可能性。④

(一) 预见义务

预见义务的依据主要应当分为两类。一是由法律(包括法规、规章、条例等)明确规定的注意义务,如各类行政管理法规、行业规章制度等。我国《刑法》中的交通肇事罪、工程重大安全事故罪、教育设施重大安全事故罪等均是违反了此类注意义务所致。二是习惯、常理所要求的注意义务。该类注意义务是根据社会共同生活准则和职业的习惯而形成,它涉及社会生产、生活的不同层面、不同领域,因而具有广泛性和复杂性,一般应该包括有以下几种:(1) 职务或业务上要求而未被法律明示的注意义务;(2) 接受委托或契约而产生的注意义务;(3) 先行行为产生的注意义务;(4) 普通常识要求的注意义务。

---

① 参见蔡圣伟:《"交通过失"与谈稿》,载刘明祥主编:《过失犯研究》,北京大学出版社 2010 年版,第 315—316 页。
② 参见张明楷:《刑法学》(第六版)(上),法律出版社 2021 年版,第 385 页。
③ 对此问题的展开论述参见陈兴良:《刑法的知识转型》(学术史),中国人民大学出版社 2012 年版,第 374—377 页。
④ 本书倾向于修正的旧过失论,认为结果回避义务和结果回避可能性属于过失不法要素,而不属于过失责任要素。

（二）预见可能性

苏某和廖某某天晚上在公司的油库值班,不久之后停电了,苏某叫上廖某一起去检查电路,在仓库里面检查发现很正常,可能是仓库外某个线路出了问题,于是苏某等人外出检查。他们来到油库外的一个变压器旁边,电力公司谭某等人正在维修线路故障,将电闸拉下,但没有人看守,并且也没有在变压器旁设"正在维修"的告示牌。苏某和廖某认为晚上不会有人过来,于是将电闸合上通电,导致正在维修线路的谭某等三人触电死亡。①

本案问题点在于苏某和廖某对于合上电闸导致他人死亡的结果是否具有预见可能性。这涉及预见可能性的判断标准问题,对此存在不同的看法。主观说认为,应该以具体条件下行为人本人的能力和水平为标准进行判断;即使个别人因为能力差而否认其过失,也要比因能力低而认定其过失,对行为人更有利,这体现了过失责任的合理性。② 客观说认为,应该以行为人所属领域的一般人为标准进行判断,如果其所属领域的一般人能够预见,行为人也应该具有预见可能性;相反,如果其所属领域的一般人难以预见,则推定行为人不具有预见可能性,当然,如果行为人能力较强且有实际认识的话,可以根据其实际认识(而不是认识可能性)而追究其责任。③ 折中说认为,在行为导致结果的情况下,应首先考察行为人所属领域的一般人能否预见结果的发生,其次考察行为人的知能水平是高于还是低于一般人。如果一般人能够预见,但行为人的知能水平低于一般人,不宜认定行为人具有过失;相反,一般人能够预见,而行为人的知能水平并不低于甚至高于一般人,则宜认定行为人具有过失;如果一般人不能预见,但行为人的知能水平明显高于一般人,则可以认定为过失。这种折中说以主观说为标准,以客观说为参考。④ 对于上述案例中的苏某与廖某,按照客观说则肯定成立过失犯罪;按照主观说和上述折中说,如果苏某和廖某的知能水平确实低于一般人,则可能不承担过失犯罪的责任。

本书赞同主观说。根据本书所赞同的修正的旧过失论,过失不法的判断是客观的,在这个阶段所考虑的结果回避义务与结果回避可能性应该以一般人为判断标准,但是过失责任的判断应该是主观的,在这个阶段所考虑的预见义务与预见可能性应该以行为人本人的知能水平为判断标准。客观说可能导致客观归罪,与"违法是客观的,责任是主观的"之现代犯罪论的结构不相符合,也违背了责任主义原则关怀人性弱点的初衷。

---

① 参见陈兴良:《口授刑法学》(第二版)(下册),中国人民大学出版社 2017 年版,第 65—66 页。
② 参见陈兴良:《教义刑法学》(第三版),中国人民大学出版社 2017 年版,第 522 页。
③ 参见黎宏:《刑法学总论》(第二版),法律出版社 2016 年版,第 195—196 页。
④ 参见张明楷:《刑法学》(第六版)(上),法律出版社 2021 年版,第 383 页。

(三) 预见对象

预见义务和预见可能性都是以"危害社会的结果"为对象,那么这里的结果是指具体的结果,还是抽象的结果呢? 例如,在砂石路面正常行驶的大货车的车轮压起小石子,将后方小车的挡风玻璃打碎。那么,货车司机是否应当预见打碎后车挡风玻璃的结果呢? 旧过失论与新过失论都要求预见到具体的危害结果;超新过失论则只要求预见到抽象的危害结果,即只要具有危惧感或不安感就够了。按照超新过失论,在砂石路面上行驶的大货车司机,即使没有任何违规的行为,也应该具有某种不安感或危惧感,也应当预见到可能会造成某种危害结果,因此大货车司机应当承担过失责任。超新过失论的这种观点明显不合理。

犯罪过失的预见对象应该是某种具体的结果。所谓具体的结果,是指与构成要件行为相对应的构成要件结果。如果大货车司机没有任何违法驾驶的行为,就不应当预见到具体的危害结果。失火罪的行为人只应当预见到失火行为所可能造成的不特定人生命、健康或财产的损害结果,而不应当预见失火行为所可能造成的环境污染后果,也不应当预见失火行为给被害人造成的家破人亡的痛苦。但是,这里的具体结果又不是绝对具体的,而是相对具体的。例如,失火罪的成立只要求应当预见到不特定人生命、健康或财产的损害结果,但不要求应当预见受害人的个数、受害人的姓名,也不要求预见损害结果的具体表现(是死亡还是伤害或财产损害)。同样的道理,过失应当预见到行为与具体结果之间存在因果关系,但不要求预见到行为与具体结果之间因果关系的具体细节。

三、犯罪故意和犯罪过失之间的关系

(一) 犯罪故意和犯罪过失之间的位阶关系

关于犯罪故意与犯罪过失的关系,传统观点认为两者之间是对立排斥的。例如,德国传统观点认为,"过失并非故意的减轻形式,而是与故意不同的概念……在涉及同一事情时,故意和过失是相互排斥的"[①]。我国传统观点也认为,犯罪过失"是与犯罪故意并列的犯罪主观罪过形式……犯罪过失与犯罪故意存在着显著的区别"[②]。"可是在德国逐渐形成的通说却认为两者具有规范的层级关系,也就是故意比过失具有较高程度的不法和罪责。在不法和罪责上面,故意是比较强的形态,而过失是比较弱的形态"[③]。我国学者也开始认识到,《刑

---

① 〔德〕耶赛克、魏根特:《德国刑法教科书》(下),徐久生译,中国法制出版社2017年版,第757页。
② 高铭暄、马克昌主编:《刑法学》(第十版),北京大学出版社、高等教育出版社2022年版,第109页。
③ 许玉秀:《当代刑法思潮》,中国民主法制出版社2005年版,第292页;Vgl. Roxin/Greco, Strafrecht Allgemeiner Teil, Band Ⅰ, Grundlagen · Der Aufbau der Verbrechenslehre, 5. Aufl., C. H. BECK, 2020, § 24 Rn. 79.

法》第 15 条中的"因为疏忽大意而没有预见""轻信能够避免"只是表面的构成要件,因此,"故意与过失之间的关系,是回避可能性的高低度关系,是责任的高低度关系,也是刑罚意义的高低度关系,因而是一种位阶关系"①。犯罪故意与犯罪过失之间的位阶关系,意味着犯罪故意概念的内涵吸收犯罪过失概念的内涵,"结果是,一旦确定行为人构成故意犯罪,逻辑上必然也构成过失犯罪,剩下来的就是竞合问题。反之,行为人过失犯罪的确定既不排斥构成故意犯罪的可能性,也不保证构成故意犯罪,因此就故意犯罪的构成与否必须单独再做检验"②。

犯罪故意和犯罪过失之间的关系确实不是对立排斥的,而是层级递进的。

首先,从罪过的概念与构成要素来看,过失是对危害结果具有预见可能性而没有预见(如前所述,已经预见而轻信能够避免终究还是属于没有预见);故意是对危害结果具有预见可能性且已经预见,在预见的基础上进而对危害结果有希望或放任的意志。一个人对危害结果的心理要素依次为:没有预见可能性而没有预见—具有预见可能性而没有预见—具有预见可能性且已经预见而放任—有预见可能性且已经预见而希望。"没有预见可能性而没有预见"属于意外事件,不具有罪过。犯罪故意和犯罪过失的共同点在于都"具有预见可能性",不同点在于犯罪故意比犯罪过失多了认识要素和意志要素。因此,犯罪故意包含了犯罪过失的要素,是犯罪过失的递进阶层。

其次,从对法益的危害来看,犯罪过失是应当预见法益危害的结果而没有预见,反映了行为人对法益的漠视;犯罪故意是已经预见法益侵害的结果并且希望或放任结果发生,反映了行为人对法益的高度漠视或敌视。一个对法益较低漠视的主观状态(过失)可以跨过入罪的门槛,一个对法益较高漠视的主观状态(故意)当然也可以跨过入罪的门槛。③ 可见,犯罪故意与犯罪过失之间是高低度的关系。

最后,从刑法分则的体系来看,犯罪故意与犯罪过失之间也不是排斥对立的。例如,我国《刑法》第 263 条规定"抢劫致人重伤、死亡的"是抢劫罪的加重处罚情节。刑法理论与实务一般认为,对于这里的重伤或死亡结果,行为人既可以是过失也可以是故意。这也说明了犯罪故意和犯罪过失之间并不是完全排斥对立的。当然有一个问题需要进一步研究:"抢劫致人重伤、死亡的",强奸"致使被害人重伤、死亡",故意伤害"致人死亡"的法定刑都是"10 年以上有期徒刑、无期徒刑或死刑"。为什么强奸罪、故意伤害罪对于死亡或重伤只能是过

---

① 张明楷:《犯罪构成体系与构成要件要素》,北京大学出版社 2010 年版,第 262 页。
② 黄荣坚:《基础刑法学》(上)(第四版),元照出版公司 2012 年版,第 460 页。
③ 同上书,第 459 页。

失,而不能够是故意?

认识到犯罪过失和犯罪故意之间是位阶递进关系具有重要意义。首先,如果某种结果可以由过失构成犯罪,故意更加可以构成犯罪;亦即所有的过失犯罪都存在与之相对应的故意犯罪。反之则不成立。例如,我国《刑法》第115条第2款规定了失火罪、过失决水罪、过失爆炸罪、过失投放危险物质罪、过失以危险方法危害公共安全罪;第1款则规定了与之相对应的故意犯罪。其次,不可认为,"刑法分则条文规定的某些具体犯罪只能由间接故意构成,不能由直接故意构成"。因为,既然间接故意都能够成立,直接故意更能够成立;事实上也不存在"某种行为出于直接故意时成立此罪,出于间接故意时成立彼罪"的情况。①

(二)具体犯罪罪过形式的认定

上述关于犯罪故意和犯罪过失之间位阶关系的理论并不否定犯罪故意和犯罪过失之间的区别,实际上,对于某个具体犯罪的罪过来说,要么是故意,要么是过失,不可能既是故意又是过失。由于疏忽大意的过失、过于自信的过失、间接故意、直接故意四种罪过形式呈现依次递进的关系,因此,实践中的难点在于如何区别过于自信的过失与间接故意。

某村林场林业员马某,在林场间隙地种了一些南瓜。由于南瓜经常被盗,马便向村领导反映,并在全村喊话:"大家不要偷南瓜,我已打了药。"(实际上没打药)但南瓜依然被盗。某日上午,马某将南瓜、树苗都打上药,然后用铁丝在一个大南瓜上扎了四个眼,用吸管将4049农药滴入南瓜内。接着,他做了两面白旗,在每面白旗上画了一个骷髅头,以示打了农药,并把两面白旗插在已经滴入农药的南瓜的两边。下午,马某又在全村喊话:"这次南瓜确实打药了,大家不要偷。"次日上午,邻村农民黄某路过林场躲雨时,摘走两个大南瓜(其中有滴入农药的一个)。晚上,黄某将南瓜洗净去皮后煮食,四个孩子争着吃,不久发生中毒症状,经抢救后三名孩子脱险,一名9岁的孩子死亡。问:马某对他人死亡的主观心理态度是什么?

在本案中,马某应当预见到在南瓜中滴入农药的行为会导致他人死亡,这一点是确定的。认定马某具有预见可能性还不能确定其主观上属于过失或故意,因为过失和故意的共同点在于都具有预见可能性。如前所述,过失的本质是应当预见而没有预见,故意的本质是应当预见并且已经预见。但在本案中还难以径行判断行为人是否有认识或预见。那么,就要进一步看马某是否具有放任的意志。所谓放任,就是听之任之、无所谓的心态,它既不是希望发生(直接故意),也不是希望不发生(过失)。本案中的马某喊话的行为以及标示画有骷髅头的白旗的行为,表明其并非放任结果的发生,而是希望结果不发生,主观上属

---

① 参见张明楷:《刑法学》(第六版)(上),法律出版社2021年版,第345页。

于过于自信的过失。过于自信的过失表现为行为人的"过高估计"与"过低估计"之间的落差：一方面过高估计了结果避免措施的效果，另一方面过低估计了行为导致结果的危险性和可能性。如果行为人没有采取任何避免结果发生的措施，或结果避免措施完全没有效果，以致结果发生与否完全取决于偶然因素，那么行为人主观上就是放任的间接故意。

第四节　犯罪目的与犯罪动机

广义的罪过包括狭义的罪过（犯罪故意和犯罪过失），以及犯罪目的和犯罪动机。因此，需要理解犯罪目的与犯罪故意之间的关系，以及犯罪目的与犯罪动机之间的关系。

一、犯罪目的与犯罪故意之间的关系

从心理学上来说，犯罪目的是指犯罪人主观上通过犯罪行为所希望达到的结果，是以观念形态预先存在于犯罪人大脑中的犯罪行为所预期达到的结果。从我国刑法分则规定来看，犯罪目的具有不同的意义，其与犯罪故意的关系也不同。概括起来，主要有三种情况。

（1）犯罪目的属于注意规定，犯罪目的对犯罪故意和犯罪行为的违法性都没有影响。这类犯罪虽然含有犯罪目的，但不是目的犯。例如，我国《刑法》第175条规定高利转贷罪的主观要件是"以转贷牟利为目的"，客观要件是"套取金融机构信贷资金高利转贷他人，违法所得数额较大"。客观要件规制故意的内容，因此，高利转贷罪的故意内容就是"认识到自己是在套取金融机构的信贷资金，认识到自己是在把套取的信贷资金高利转贷他人，认识到违法所得数额较大，并希望自己能够套取到信贷资金，希望自己能够将套取的信贷资金高利转贷他人，希望能够获取数额较大的违法所得"。"以转贷牟利为目的"完全包含在本罪的故意内容中，该目的对于认定犯罪故意和行为的违法性都没有意义，属于刑法的注意规定，没有特别的含义，即使刑法不作规定也不会影响犯罪的认定。再如，《刑法》第276条规定破坏生产经营罪的主观要件是"泄愤报复或者其他个人目的"，客观要件是"毁坏机器设备、残害耕畜或者以其他方法破坏生产经营"。但是，该目的对于破坏生产经营罪的犯罪故意或行为违法性来说也没有特别意义，任何一个破坏生产经营罪的行为都是出于泄愤报复或其他个人目的。属于这种性质的还有《刑法》第218条的"营利为目的"、第228条的"牟利为目的"、第326条的"牟利为目的"、第363条贩卖淫秽物品牟利罪（不包括制作、复制、出版、传播淫秽物品牟利罪）的"牟利为目的"。

（2）犯罪目的是犯罪故意的意志要素的一部分，其功能在于明确犯罪故意

的内容。包含这类目的的犯罪属于目的犯中的断绝的结果犯。① 目的犯包括断绝的结果犯和短缩的二行为犯两种。在断绝的结果犯中,事实上的行为结果与规范上的危害结果不一致,"发生断裂",因此,仅仅根据客观要件(行为和事实上的行为结果)以及对客观要件(行为和事实上的行为结果)的认识与意志尚难认定犯罪是否成立或成立何罪,此时就需要(立法规定或刑法解释)某种目的以揭示、补充犯罪故意的意志要素。例如,对于故意杀人罪来说,事实上的行为结果与规范上的危害结果是一致的,都是致人死亡,因此犯罪故意的内容很明确,犯罪的认定也不存问题。但是,在各种取得型财产罪中,其客观行为是"取得"(如窃取、骗取、夺取)。从"取得"行为及其事实结果所推出的故意内容是"认识和容忍通过某种方式将他人财产转归自己控制"。但是,这种故意不一定就是犯罪故意。如果行为人不具有"非法占有目的",就不能认定行为人具有犯罪故意。从而"非法占有目的"具有补充犯罪故意的作用:故意是认识和容忍通过某种方式将他人财产转归自己控制,并认识和容忍自己的行为侵害他人的财产所有权。

同理,诬告陷害罪的客观行为是"捏造事实诬告陷害他人",从该行为并不能够推出行为人具有犯罪故意。如果行为人出于损害他人名誉的目的、使他人受行政处分的目的,都不具有犯罪故意,不构成本罪。只有当行为人"意图使他人受刑事追究"时,该目的才"补足"本罪犯罪故意所缺少的内容,从而才能够明确行为人具有犯本罪的故意,有助于本罪的认定。

(3) 犯罪目的是犯罪故意之外的主观超过要素,其功能在于影响行为的违法性。包含这类目的的犯罪属于目的犯中的短缩的二行为犯。② 短缩的二行为犯原本有两个行为,但刑法出于刑事政策的考虑,将两个行为缩短为一个行为,第二个行为只需要存于行为人的意识中。也就是说,只要行为人以实施第二个行为为目的实施了第一个行为,就以犯罪既遂论处,而不要求行为人客观上实施了第二个行为;反之,如果行为人不以实施第二个行为为目的,即使实施了第一个行为,也不成立犯罪。例如,伪造货币罪就是典型的短缩二行为犯。"完整

---

① 我国《刑法》规定的断绝的结果犯包括:(1)《刑法》第191条的洗钱罪(为掩饰、隐瞒其来源和性质);(2) 第192—198条的各种金融诈骗罪(以非法占有为目的);(3) 第224条的合同诈骗罪(以非法占有为目的);(4) 第267—271条的各种财产罪(以非法占有为目的);(5) 第243条的诬告陷害罪(意图使他人受刑事追究);(6) 第305条的伪证罪(意图陷害他人或隐匿罪证)。

② 我国《刑法》规定的短缩的二行为犯包括:(1)《刑法》第126条的违规制造枪支罪(以非法销售为目的);(2) 第152条的走私淫秽物品罪(以牟利或传播为目的);(3) 第217条的侵犯著作权罪(以营利为目的);(4) 第239条的绑架罪(以勒索财物为目的);(5) 第269条的转化型抢劫罪(为窝藏赃物、抗拒抓捕或毁灭罪证);(6) 第164条、第389条、第391条、第393条规定的行贿犯罪(为谋取不正当利益);(7) 第238条规定的为索取债务的非法拘禁罪;(8) 第319条的骗取出境证件罪[为组织他人偷越国(边)境使用];(9) 第170条的伪造货币罪、第173条的变造货币罪、第177条的伪造、变造金融票证罪、第178条的伪造、变造国家有价证券罪、伪造、变造股票、公司、企业证券罪(以行使为目的);(10) 第363条的制造、复制、出版、贩卖、传播淫秽物品牟利罪(以牟利为目的)。

的"伪造货币罪原本要求两个行为:伪造货币的行为和使用伪造的货币的行为。但立法只规定了第一个行为(伪造货币的行为),而第二个行为(使用伪造的货币的行为)则转化为犯罪目的(意图使用)。这样一来,伪造货币罪的主观要件就包括两部分内容:一是犯罪故意(对伪造货币行为的认识与意志),二是意图使用的目的。而且,意图使用的目的也不是为了补充说明伪造货币罪的犯罪故意的内容;伪造货币罪的意志要素是希望伪造出足以使一般人误以为真的假货币。换言之,在伪造货币罪中就存在两个犯罪目的:一是伪造货币罪故意的意志要素,二是意图使用的目的。可见,短缩二行为犯的特定目的是独立于犯罪故意意志要素之外的主观超过要素,其功能在于说明行为的违法性。例如,如果行为人不是为了使用目的,而是为了教学、拍电影等目的,则伪造行为的违法性尚不足以构成犯罪。

需要注意的是,我国学者往往认为断绝的结果犯与短缩的二行为犯这两种目的犯中的目的都是犯罪故意之外的主观超过要素。① 本书不赞同这种观点,而是认为应该区别断绝的结果犯与短缩的二行为犯这两种不同结构的目的犯:前者的特定目的是犯罪故意的意志要素,后者的特定目的才是主观的超过要素。

二、犯罪目的与犯罪动机之间的关系

关于犯罪目的和犯罪动机的关系,我国刑法学的通说认为两者都是犯罪构成主观方面的选择要件,两者之间既有联系,也有区别。两者之间的联系表现为:犯罪动机是犯罪目的产生的前提条件,离开了犯罪动机,犯罪目的便成了无源之水;反之,离开犯罪目的,犯罪动机便无具体的指向和表现。一定的犯罪动机形成以后,便会形成一定的目的,并通过一定的行为实现这种目的,满足自己的动机需要;犯罪动机和犯罪目的都只存在于直接故意中,在间接故意犯罪和过失犯罪中,不存在犯罪目的,因而也就不存在犯罪动机。

但是,犯罪动机和犯罪目的又有很大的区别:第一,在心理现象顺序上,犯罪动机和犯罪目的之间存在因果关系。犯罪动机产生在前,是犯罪目的产生的原因;犯罪目的形成于后,是犯罪动机作用的结果。动机是一种比目的更内在、内容更抽象、埋藏得更深的心理现象。第二,从它们的功能来看,犯罪动机表明犯罪主体同犯罪行为之间的关系,回答的是犯罪人为什么要实施某种犯罪行为;犯罪目的表明犯罪行为与犯罪对象之间的关系,回答的是行为人实施犯罪行为所希望达到的结果。第三,从与危害结果的联系看,犯罪目的与犯罪结果是直接联系的,犯罪目的就是行为人实施犯罪行为所希望达到的危害结果在其观念中的

---

① 参见张明楷:《刑法学》(第六版)(上),法律出版社 2021 年版,第 393—394 页;陈兴良:《目的犯的法理探究》,载《法学研究》2004 年第 3 期。

反映;犯罪动机与危害结果的联系是间接的,犯罪动机只是说明行为人为什么追求这种危害结果。第四,同一犯罪目的可以由各种动机引起,只要有犯罪目的就必然有犯罪动机与之呼应;同一犯罪动机也可以追求不同的犯罪目的。①

关于犯罪目的与犯罪动机的上述通说无疑是正确的。但是需要注意的是,上述通说所讲的犯罪目的与犯罪动机的关系,仅仅是一种心理学上的关系,是心理学上"目的与动机关系"在刑法学上的运用,但是这种运用并没有赋予其刑法学的规范性质。从规范刑法学来看,刑法主观主义往往重视目的与动机的区别,在主观主义影响下制定的刑法典也比较重视犯罪目的与动机的关系。而刑法客观主义则往往把犯罪目的与动机混淆在一起,不重视它们之间的区别,在客观主义影响下制定的刑法典也不太重视犯罪目的与动机的关系。例如在客观主义刑法思想的影响下制定的 1810 年《法国刑法典》并不严格区分犯罪目的与犯罪动机,而是交叉使用这两个概念。

第五节 认识错误

犯罪故意和犯罪过失之间具有位阶关系,在具有预见可能性的基础上,如果行为人具有认识则成立犯罪故意,如果行为人不具有认识则成立犯罪过失。那么,当行为人有认识,但认识发生错误的时候,是成立犯罪故意还是犯罪过失呢?而认识错误又有多种不同情况,大体可以分为事实认识错误与法律认识错误;事实认识错误又有多种情况,例如误把甲当作乙加以杀害,误把动物当作人加以杀害等;法律认识错误包括误把违法行为当作合法行为,误把重罪当作轻罪等。本节讲述的问题就是,对于犯罪故意的认定来说,多大限度内的认识错误是可接受的? 在此限度内的认识错误不阻却故意的成立,超出此限度的认识错误阻却故意的成立。因此,认识错误论是犯罪故意论的另一面。

一、事实认识错误

事实认识错误,是指行为人所认识的事实与实际所发生的事实不一致。事实错误又分为具体的事实认识错误和抽象的事实认识错误。具体的事实认识错误,是指行为人所认识的事实与实际所发生的事实不一致,但这种不一致没有超出同一构成要件的范围。例如行为人误把甲当作乙加以杀害,甲与乙虽然不是同一人,但都属于故意杀人罪中的"人"。具体的认识错误又称同一构成要件范围内的错误。抽象的事实认识错误,是指行为人所认识的事实与实际所发生的

---

① 参见马克昌主编:《犯罪通论》(第三版),武汉大学出版社 1999 年版,第 391—394 页;陈兴良:《刑法哲学》(第六版),中国政法大学出版社 2017 年版,第 323 页以下。

事实分属不同的构成要件,例如行为人误把牛当作人加以射杀,牛属于故意毁坏财物罪的事实,人属于故意杀人罪的事实。抽象的事实认识错误又称不同构成要件间的错误。

(一) 具体的事实认识错误

关于具体的事实错误是否阻却犯罪故意的成立,理论上主要存在具体符合说与法定符合说的对立。具体符合说认为,只有在行为人所认识的事实与实际所发生的事实完全一致时,犯罪故意才成立。如果彻底坚持具体符合说,则所有具体的事实错误都将否定故意的成立。这显然是不合理的。因此,现在德、日刑法理论中的具体符合说,并不是从形式上坚持具体符合说,而是认为对象错误不重要,不阻却故意的成立,只是在打击错误的情况下,具体的事实错误才阻却故意。具体符合说是德国的通说,也是日本的有力说。法定符合说认为,犯罪故意的成立,不要求行为人认识的事实与实际发生的事实完全一致,只要求在犯罪构成要件范围内一致即可。法定符合说是我国的有力说。①

具体符合说与法定符合说的对立,源于它们各自所主张的故意概念不同。在法定符合说看来,成立犯罪故意,只要求对在具体的犯罪构成中被抽象化的事实类型(如"人""他人的财物"之类)的认识就够了。其依据是,如果行为人认识到了所杀的对象是"人",所盗窃的对象是"他人的财物",一般来说就有机会面临"不得杀人""不得盗窃"之类的规范,形成停止违法行为的反对动机,尽管如此,行为人竟然没有形成反对动机,仍然实施了该行为,就说明其主观上违反规范的意思强烈,值得作为刑法上的故意犯罪加以处罚。与此不同,具体符合说的理论根据是,刑法所禁止的是在一定时间与空间上所存在的"具体法益侵害",而不是一般意义上的抽象的法益侵害,因此刑法上的责任,就必须是对特定时间、空间上存在的具体法益的"有意"或"无意"的侵害。②

本书赞同法定符合说,并把具体的事实认识错误分为不同情况论述。

1. 对象错误

具体的事实错误中的对象错误,是指行为人误把甲对象当作乙对象加以侵害,而甲对象与乙对象处于同一犯罪构成要件的范围内。例如,甲与乙因情生仇。一日黄昏,甲持锄头路过乙家院子,见甲妻正在院内与一男子说话,以为是乙举锄就打,对方重伤倒地后遂发现是乙的哥哥。甲心想,打伤乙的哥哥也算解恨。本案中,甲误把乙的哥哥当作乙加以伤害,属于同一构成要件内的对象错误。法定符合说认为这种错误不影响故意,甲构成故意伤害罪的既遂。具体符合说也认为,这种错误不重要因而不影响犯罪故意的认定。因为在行为的当时,

---

① 参见张明楷:《刑法学》(第六版)(上),法律出版社2021年版,第356页。
② 参见黎宏:《刑法学总论》(第二版),法律出版社2016年版,第206页。

行为人想伤害的是"那个人",而实际伤害的也是"那个人",因而成立故意伤害罪的既遂。对于这种同一犯罪构成内的对象错误,法定符合说与具体符合说的结论完全相同。

2. 打击错误

打击错误也称方法错误,是指由于行为本身的误差,导致行为人所欲攻击的对象与实际受害的对象不一致,但这种不一致仍然没有超出同一犯罪构成。例如,甲欲杀乙,便向乙开枪,但子弹没有打中乙却将旁边的丙打死了。关于打击错误是否属于认识错误,理论上存在争议。否定说认为,打击错误与行为人的主观认识无关,纯属于客观行为的失误或行为偏差,不属于刑法上认识错误的范围。[①] 肯定说认为,认识错误理论所要解决的问题是,能否让行为人对于现实发生的结果承担故意责任;刑法上的事实认识错误并不限于行为人主观上发生了错误,而是指行为人的主观认识与客观事实不相符合的情形;在方法错误的情况下,行为人的主观认识(射击乙)与客观事实(射击丙)就是不一致,应当放在认识错误中研究。[②] 否定说对认识错误采取的是狭义的和字面的解释:认识错误要求行为人有主观错误;肯定说对认识错误采取的是广义的和实用的解释:认识错误是主观认识与客观事实不相符合。从实用主义来看,没有必要另外创设一套打击错误的理论,而完全可以采用已有的认识错误理论来解决问题。肯定说具有合理性与实用性。

关于打击错误,具体符合说与法定符合说的处理结论不一致。具体符合说认为,在甲欲杀乙,便向乙开枪,但子弹没有打中乙却将旁边的丙打死的场合,甲对乙开枪的行为构成故意杀人罪的未遂,开枪致丙死亡构成过失致人死亡罪;由于只有一个开枪行为,故属于想象竞合犯,从一重罪故意杀人罪(未遂)论处。但是,甲具有杀人故意并且把人杀死,却只构成故意杀人罪的未遂,这有悖于一般观念,难言合理。法定符合说认为,虽然行为人认识的事实(杀乙)与实际发生的事实(杀丙)之间不完全一致,但是这种不一致属于同一构成要件内的不一致,不影响犯罪故意的认定。因此,甲的行为构成故意杀人罪的既遂。再如,甲欲杀乙,便向乙开枪,但开枪的结果是将乙和丙都打死。具体符合说认为,甲对乙成立故意杀人罪既遂,对丙成立过失致人死亡罪;法定符合说认为,甲对乙与丙均成立故意杀人罪既遂。由于只有一个杀人行为,具体符合说与法定符合说都认为按照想象竞合犯的处罚原则,甲最终成立故意杀人罪既遂。

3. 因果关系错误

因果关系的错误,是指行为人所认识的因果关系的发展经过与现实发生的

---

① 参见何秉松主编:《刑法教科书》(第六版)(上卷),中国法制出版社2000年版,第336页。
② 参见张明楷:《论具体的方法错误》,载《中外法学》2008年第2期。

因果关系的发展经过不相一致,包括狭义的因果关系的错误、结果的推迟发生、结果的提前实现三种情况。

(1) 狭义的因果关系错误,是指结果的发生不是按照行为人对因果流程的预设来实现的情况。例如,甲意图勒死乙,将乙勒昏后,误以为乙已经死亡。为毁灭证据,又用利刃将所谓的"尸体"分尸。事实上,乙并非死于甲的勒杀行为,而是死于甲的分尸行为。再如,甲为了使乙溺死水中,将乙推进井中,实际上井中没有水,乙是在井中摔死的。

(2) 结果的推迟发生又称事前的故意,是指行为人误以为第一个行为已经造成结果,出于其他目的实施第二个行为,实际上是第二个行为才导致预期的结果的情况。例如,甲基于杀害乙的意思将乙勒昏(第一个行为),误以为其已死亡,为毁灭证据而将乙扔下悬崖(第二个行为)。事后查明,乙不是被勒死而是从悬崖坠落致死。

(3) 结果的提前实现,是指行为人原本打算通过两个行为来实现结果,但实际上第一个行为就导致结果实现了的情况。例如,甲想杀害身材高大的乙,打算先投放安眠药(第一个行为)使乙昏迷,然后勒乙的脖子(第二个行为),致其窒息死亡。由于甲投放的安眠药较多,乙吞服安眠药后死亡。需要注意的是,结果的提前实现中的两个行为必须都是类型化的实行行为,如果第一个行为还不是犯罪的实行行为,而是预备行为,那么即使预备行为导致了结果的发生,也不属于因果关系错误的问题。因果关系是指犯罪实行行为与结果之间的因果关系,而不是指犯罪预备行为与结果之间的因果关系。例如,甲想杀害身材高大的乙,打算先投放安眠药(第一个行为)使乙昏迷,然后勒乙的脖子(第二个行为),致其窒息死亡。但是如果甲仅仅准备了大剂量的安眠药,还没有投放,而是乙自己误将安眠药吃下死亡,这里就不存在因果关系错误的问题,而是故意杀人预备和过失致人死亡罪之间的想象竞合。

本书认为,上述因果关系错误的三种情况都不阻却犯罪故意的成立。从主观方面来看,故意的成立要求对因果关系的认识,但不要求认识到因果流程的具体细节。也就是说,实际发生的因果流程与行为人所预想的因果流程不一致,并不影响犯罪故意的成立。行为人认识到行为会导致危害结果的发生,实际上行为也确实导致了危害结果的发生,应当认定行为成立故意犯罪的既遂。从客观方面来看,上述因果关系错误的三种情况都是在行为人所预想的因果关系流程中介入了一些行为人所没有认识的因素,但这些介入因素并非异常,不会影响因果关系的成立。

(二) 抽象的事实认识错误

抽象的事实认识错误又称不同犯罪构成间的错误,是指行为人所认识的事实与实际所发生的事实分别属于不同的构成要件。抽象的事实认识错误只包括对象错误和打击错误两种情况。例如，甲与乙有仇，某日带着枪乘着夜色到了乙家。甲知道乙有在外乘凉的习惯，刚好又看见乙家的院子里有一影子在动，于是甲向该影子开了两枪。第二天，甲从邻居口中得知，乙家的两头牛昨晚不知道被谁打死了。本案反映了抽象对象错误的问题。本案中，甲误把牛当作人杀死，行为人所认识的对象(人)与实际侵害的对象(牛)分别属于不同的构成要件。反之，如果行为人本欲杀牛，却误把人当作牛加以杀害，也属于抽象的对象错误。但是，如果行为人本欲杀人(或杀牛)，却因打击错误而杀死了旁边的牛(或人)，则属于抽象的打击错误。可见，不管是抽象的对象错误还是抽象的打击错误，都存在两种类型：一是主观上欲犯重罪，客观上却是轻罪的事实；二是主观上欲犯轻罪，客观上却是重罪的事实。

对抽象的事实错误的处理，理论上存在抽象符合说与法定符合说的争论。抽象符合说认为，行为人的认识和实际发生的结果，即使跨越不同的构成要件，二者之间没有细节上的一致，也没有法定的重合，也要以可罚的事实为基础，在重合的限度内认定故意犯的既遂。具体来说，在行为人以较轻的甲罪的故意引起了较重的乙罪的结果的场合，至少应当在较轻的甲罪范围内成立故意犯罪的既遂；相反的，在以较重的甲罪的故意引起了较轻的乙罪的结果的场合，应当在较轻的乙罪的范围内成立故意犯罪的既遂。① 抽象符合说的缺陷在于完全不顾轻罪与重罪之间的区别，强行认定对于轻罪的故意，违反了责任主义原则。

本书赞同法定符合说。法定符合说认为，在抽象的事实认识错误中，行为人的主观认识与客观事实分属不同的犯罪构成，主观与客观难以统一于某罪的犯罪构成中，因此，原则上对于所发生的结果，不成立故意。例如，行为人误把人当作牛加以射杀，对于实际发生的结果(杀人)，不成立故意，最多只能成立过失致人死亡罪；对于行为人所认识的事实(杀牛)，则成立故意毁坏财物罪的未遂；最终按照故意毁坏财物罪未遂和过失致人死亡罪的想象竞合犯来处理。同样的道理，在行为人误把牛当作人加以射杀的场合，成立故意杀人罪未遂和过失毁坏财物罪(我国刑法只规定故意毁坏财物罪而未规定过失毁坏财物罪)的想象竞合犯。

例外的情况是，虽然行为人所认识的事实与实际发生的事实跨越不同的犯罪构成，但如果该两个犯罪构成之间具有重合关系，则可以认定成立轻罪的既遂。具体来说，如果行为人主观上认识的是重罪，客观上实现的是轻罪，并且重罪与轻罪具有重合关系，则成立重罪未遂与轻罪既遂的想象竞合犯。例如，甲欲杀乙，便向乙开枪，结果没有打中乙而将丙打成轻伤，则构成故意杀人罪未遂和故意伤害罪既遂的想象竞合犯，按照故意杀人罪未遂处理。再如，甲本欲盗窃枪

---

① 参见黎宏：《日本刑法精义》(第二版)，法律出版社2008年版，第194页。

支,实际上窃取的却是一般财物,构成盗窃枪支罪未遂和盗窃罪既遂的想象竞合犯,按照盗窃罪既遂处理。反之,如果行为人主观上认识的是轻罪,客观上实现的却是重罪,则直接按照轻罪的既遂处理。例如,甲本欲盗窃一般财物,实际上盗窃的是枪支,则直接按照盗窃罪的既遂处理。如果甲欲伤害乙,实际上却导致丙的死亡(甲对乙丙的死亡没有放任但具有预见可能性),则直接按照故意伤害致人死亡罪来处理。

二、法律认识错误

法律认识错误,又称违法性错误,是指行为人对自己行为的事实情况有正确认识,但对行为的性质及法律后果所作的主观评价与刑法规范的评价不相符合。具体而言,就是行为人对自己的行为在法律上是否构成犯罪、构成何种犯罪、应受怎样的处罚,有不正确的认识。由于违法性不是故意的认识对象,所谓违法性错误不影响犯罪故意的认定。

(一) 假想的犯罪

假想的犯罪又称法律上的积极错误,或幻觉犯,即行为人实施的行为并非刑法所禁止的犯罪行为,而行为人误认为其行为构成了犯罪。就其行为本身而言,包括诸如通奸、小偷小摸之类的具有一定程度的社会危害性的一般违法或不道德的行为,诸如意外事件、正当防卫、紧急避险等适法行为,或某种行为过去法律认为是犯罪行为,现在法律改变了,不认为是犯罪行为。但行为人均误认为其行为构成犯罪,甚至向司法机关自首。在这种场合,"犯罪"只是存在于行为人的主观想象中,而不是刑法所规定的。因此,这种认识错误不影响对该行为性质的认定,不会使行为本来的非犯罪性质发生变化。

(二) 假想的非罪

假想的非罪又称法律上的消极错误,即行为人的行为已经构成刑法所规定的犯罪行为,而行为人却误认为其行为不构成犯罪。这种法律错误包括以下两种情形:一是认识到自己的行为是有社会危害性的一般违法或违反道德的行为,但不属于严重危害社会的犯罪行为。例如,行为人诱惑他人吸毒,误认为只要不实施暴力、胁迫手段,也不提供毒品,就不构成犯罪,却不知道《刑法》规定凡是引诱、教唆、欺骗他人吸毒的,不论手段如何,均构成犯罪。二是行为人由于不知法律或误解法律,把自己实施的在通常情况下构成犯罪的行为误认为是对社会有益的行为或合法行为。原则上这种违法性认识错误不影响故意犯罪的认定,但在特殊情况下,行为人缺乏违法性认识的可能性而没有认识行为违法性时,阻却犯罪故意的成立。最典型的例子就是,某山区狩猎历来是合法的,但现在国家颁布法律宣布此地为禁猎区,长期在外的猎人不知有此法律,回家后猎取了该山区的珍禽异兽。

(三) 假想的他罪与他刑

行为人认识到自己实施的行为是刑法所禁止的犯罪行为,但对其行为构成何种犯罪或应当被判处何种刑罚,存在不正确的理解。这种错误不影响故意犯罪的认定。

拓展阅读

如何认定醉态下的主观罪过①

自愿性醉态对主观罪过的一般影响,以及对罪过为轻率的案件的特殊影响,是英美刑法中极具争议且很重要的问题。通说把该问题的解决路径理论化为原因自由行为:行为人在行为 T1 时故意实施的某种行为,为行为 T2 时的犯罪提供抗辩事由。但原因自由行为并不能解决惩罚犯罪行为 T2 与刑事责任理论之间的矛盾,因为客观犯罪行为 T2 很明显缺乏施加刑事责任必需的主观罪过。虽然学者用美国《模范刑法典》§2.08 暗含的替代性原则,解决原因自由行为与刑事责任理论之间的矛盾,但亦因美国《模范刑法典》罪过体系具有的先天性不足,无法为醉态下的行为人的罪过进行无可争辩的界定。反思当前这种解决醉态下行为人的主观罪过路径,应当认为不需要对行为人在行为 T1 时的主观心态进行考虑,只需要对行为 T2 时的醉态行为人予以考虑,就可以证明对其惩罚的正当性和该当性。美国学者道格拉斯在对轻率的本质以及醉态物的影响的通说进行质疑的同时,也对非自愿醉态应当受到不同对待的各种学说进行了分析。

延伸思考

关于德国刑法中故意的论争②

德国通说认为,意志要素是所有故意的实质与核心(意欲说)。学界肯定对于行为人能够预见到自己的行为可能产生某种可以避免的危害结果,仍然希望或放任这种结果发生的情况当中存在故意。但对于"有认识因素,但相信或希望避免结果发生"部分,则有争论。反对通说的背后分为两个阵营:有学者不承认故意的成立需要意志因素(认识说);有学者承认意志因素,但对意志因素的界定与通说不同(修正意欲说)。

可能性预见理论认为,在行为人认为其行为发生的可能性大于不可能性的时候,能够认为该行为是基于故意而为。但该理论对故意的界定过于宽泛,因其

---

① 参见〔美〕道格拉斯·胡萨克:《论醉态下的主观罪过》,姜敏译,载《中国刑事法杂志》2014年第4期。

② 参见〔德〕格雷格·泰勒:《关于德国刑法中故意的论争》,李立丰编译,载赵秉志主编:《刑法论丛》(总第19卷),法律出版社2009年版,第397—423页。

本身的模糊性而饱受诟病。

德国学者弗兰克(Frank)提出了"弗兰克公式":(1) 如果明知从事某一行为注定发生某一结果,行为人是否仍执意为之？(2) 行为人是否认为无论是否发生结果,无论发生什么结果,其都将从事某一行为？但是,这种公式本身还是过于宽泛,因为一方面预见到了可能的危害后果,同时真诚地希望避免危害结果,又实施该行为,这种提法本身没有实际意义。

客观主义理论认为,故意理论应关注行为人是否表现出了(通过可以产生现实效果的行为)希望避免预见到的其行为可能导致的危害结果的愿望。因此,其不仅考虑行为人所思,而且考虑其所为,其中外在可观察的事项成为关键性的因素。该理论支持者以普珀(Puppe)教授为代表,但是,客观上行为人是否采取避免措施等因素仅仅是与故意相关的边缘问题,而不是故意本身。

德国学者沃尔夫根·佛莱彻(Wolfgang Frisch)提出了危险认知理论,坚持不探究行为人是否通过行为表现出来阻却危险的意愿,而是简单地看是否存在行为人所预见到的而又为刑法所禁止的危险。佛莱彻教授的理论,与其所支持的客观归责理论具有体系的一致性,根据其观点,制造法所不允许的风险作为行为归责的内容应与实现风险这种结果归责的内容予以区分,作为故意的认识对象而言,由于结果在行为当时并未发生,因此仅仅是符合构成要件的行为风险,行为人认识其行为会造成法所不允许的风险仍然径而作出行为决定之时,已然表征出充足的故意不法。而将传统理论中判断意欲要素的模糊性转而求诸法所不允许风险的程度以及以此为基础的行为决定,具有一定程度的明确性,体现了故意理论的客观化思潮,符合德国刑法学中以风险为核心的行为不法取代以结果为核心的结果不法的趋势。

总之,德国学者对于传统故意学说有很多种论说。目前有关这个问题的争论在德国刑法学界已经成为一个课题,而此种论争无疑对于目前英美法系举步维艰的故意理论研究大有裨益。尽管德国刑法理论界对于故意问题的研究投入了空前的热忱与努力,学说众多,但较为合理的是由佛莱彻教授提出的相关学说。

案例分析

1. 甲与乙想抢劫丙。他们原来考虑用皮带将丙勒昏,然后取走其财物。由于两人认识到,勒脖子可能导致丙死亡,而他们更愿意避免这种结果发生,因此,两人决定用一个沙袋打击丙的头部,直至他昏迷。但是,在实施行为的过程中,沙袋裂开了,事实演变为两人与丙的一场徒手混战。此时,甲与乙抓起为了预防万一而携带的皮带,将其套在丙的脖子上,紧扯两端,使其无法呼吸。甲与乙就开始劫取丙的财物。最后,两人才想起看看丙是否活着。但是,虽然他们赶紧进行人工呼吸,丙还是死了。

问题:甲与乙对丙的死亡是故意还是过失?

2. 甲的女儿乙(7岁)撒谎,甲便用一根竹片抽打乙的臀部,甲每抽打一次便问一声"还撒谎吗",乙只是哭而不回答,甲便继续抽打。大约抽打了三十几下后,甲听不到乙的哭声便住手,并将乙抱到床上。20分钟后发现乙死亡。

问题:对于乙的死,甲在主观上有无故意?

第九章 正当化事由

第一节 正当化事由概述

一、正当化事由的概念

正当化事由,又称正当行为、排除犯罪性行为、排除社会危害性的行为,是指虽然客观上造成一定损害结果,形式上符合某种犯罪的客观要件,但实质上不具备社会危害性与刑事违法性,依法排除犯罪性的行为,如正当防卫、紧急避险、依法执行职务、正当业务行为,等等。正当化事由具有如下特征:

第一,行为客观上造成一定损害结果,形式上似乎符合某种犯罪的客观要件。无论是正当防卫还是紧急避险,都会造成一定的损害,既可能是人身的伤害,也可能是财产的毁损。从形式上看,正当化事由对一定的人或物造成了一定的客观侵害,似乎与某种犯罪构成类型相类似,因此有必要对这类行为加以研究与立法,以正确区分其与犯罪行为的界限。

第二,实质上行为不符合该种犯罪的构成特征,不具备社会危害性与刑事违法性。正当化事由仅仅在客观上造成了一定的损害结果,但由于行为人主观上根本没有罪过,其实施行为的"故意"往往是为了保护某种合法权益免受侵害或危险。这种行为不仅不具有社会危害性,而且还有可能对社会有益,或至少对社会无害。如正当防卫的目的是保护合法利益免受正在进行的不法侵害,紧急避险的目的在于保护合法利益免受正在发生的危险,自救行为是在无法及时得到司法机关救济的情况下为了保护自身利益而对不法侵害人造成的不超过必要限度的损害。社会危害性是刑事违法性的前提和基础,不具备社会危害性的行为自然不具有刑事违法性。另外,从整体上看它们没有侵犯刑法所保护的法益。对于依法令行为而言,既然法令明确授予行为人可以在损害某一权益的情况下行使特定的权力,说明立法者是为了保护更高的价值,也谈不上对法益的破坏;对于履行职务的行为而言,虽然可能对相对人造成了某方面的损害,但是为了社会公共利益或他人利益,因而不存在对法益的破坏问题。

对正当化事由加以研究,认清其本质,有助于司法实践中正确区分这类行为与相关犯罪行为。而明确这些行为不具有社会危害性和刑事违法性,也有利于保障公民充分依法行使权利或履行义务。

二、正当化事由的种类

对于正当化事由,可以从理论上进行不同的分类。如以刑法有无明文规定为标准,可以将正当化事由分为法定的正当化事由与非法定的正当化事由(类似于国外刑法学所谓的超法规的正当化事由),前者如我国刑法中规定的正当防卫、紧急避险,后者如正当业务行为、依照法令的行为;如以对社会是否有利为标准,可以分为对社会有益的正当化事由与对社会无益的正当化事由,前者如正当防卫等,后者如自损行为等;如以正当化事由的实施前提是否具有紧迫性,可以将其分为紧急性正当化事由与一般性正当化事由,前者如正当防卫、紧急避险、自救行为,后者如依照法令的行为、正当业务行为等。

我国刑法明文规定的正当化事由有正当防卫和紧急避险两种,这和日本、韩国、意大利、西班牙、瑞士等国家的刑法有所不同。在这些大陆法系国家,除了正当防卫和紧急避险外,还规定了依照法令的行为、正当业务行为、自救行为等。对于这些行为,我国刑法理论和司法实践中一般认为它们不具备社会危害性和刑事违法性,属于正当行为。在美国刑法中,合法辩护事由包括未成年、错误、精神病、醉态、被迫行为、警察圈套、安乐死、紧急避险、合法防卫等。[①] 这与我国刑法中的正当化事由的理论与实践也有一定的不同。

根据我国刑事立法、有关理论与司法实践,本书探讨的正当化事由主要包括以下几种:正当防卫、紧急避险、法令行为、正当业务行为、基于被害人承诺的行为、自救行为、自损行为、义务冲突等。

第二节　正当防卫

一、正当防卫的概念

根据我国《刑法》第 20 条的规定,正当防卫是指为了使国家、公共利益、本人或者他人的人身、财产和其他权利免受正在进行的不法侵害,对不法侵害人实施的制止其不法侵害且未明显超过必要限度的行为。我国刑法规定的正当防卫分为两种:一般正当防卫(《刑法》第 20 条第 1 款)和特殊正当防卫(《刑法》第 20 条第 3 款)。

对不法侵害突然作出反击,是人的自我保护本能。正当防卫有源远流长的历史,从习俗到法律、从观念到学说,经历了一个漫长的发展过程。正当防卫蜕

[①] 参见储槐植、江溯:《美国刑法》(第四版),北京大学出版社 2012 年版,第 55 页。

变于私刑,萌生于复仇。① 私人复仇是人类防卫的原始形态,以眼还眼、以牙还牙式的同态复仇,就表现了这样的现象。在西方法制史上,虽然正当防卫制度早在罗马法中就有体现,即对暴力允许以暴力进行正当防卫,②但现代意义上这一制度的确立,肇始于1791年《法国刑法典》。此后各国刑事立法逐渐效仿。这样一来,私人复仇作为防卫形态的历史使命便已终结,国家成为一切合法权益的当然保护者。只是由于国家行使处罚权具有滞后性、损害已然性等缺憾,国家为了合法权益免遭紧迫的不法侵害,由法律明文赋予公民一定的正当防卫权,而这种正当防卫是一种由法律规定的派生性权利,是特殊情形下的救济措施,它与原始形态的私力救济以及国家刑罚权也有着根本不同。③

正当防卫形式上看会造成他人人身、财产等权益的损害,但在实质上是由法律赋予公民的一项针对不法侵害实施某种损害行为的权利,它是一种对社会有益的正当、合法行为。它不仅有利于提倡和保护公民为合法权益制止正在进行的不法侵害,并有效地预防和减少犯罪,并且有利于培养广大公民互助互爱、见义勇为的良好社会道德风尚。我国刑法规定正当防卫的目的是保证在国家公力救济难以及时制止不法侵害时,鼓励公民行使正当防卫权利制止不法侵害,而使国家、公共利益和公民个人合法权益得到及时保护。当然,虽然正当防卫是一种合法权利,但毕竟也是私力救济的一种延伸,公民在行使正当防卫权时,必须符合法定条件,不允许超越必要限度,更不允许滥用防卫权。

二、正当防卫的条件

正当防卫作为一种特定的救济权利,只有正确、恰当地行使,才能达到刑法规定正当防卫的目的。法律为防止其滥用而严格规定了正当防卫的合法条件,只有合法的防卫行为,才属正当化事由,不负刑事责任。正当防卫的合法构成条件就是我国刑法所规定的说明某种行为是正当行为的各种主客观条件的有机统一。正当防卫的行使必须具备前提条件、时间条件、对象条件、主观条件、限度条件等五个条件:

(一) 前提条件

正当防卫的前提条件是必须有不法侵害的发生和存在。正当防卫只能针对不法侵害行为来实施,这是正当防卫的本质要求。如果不存在不法侵害,则不会产生合法权益需要运用正当防卫加以保护的问题,也就无从谈起正当防卫。即

---

① 参见陈兴良:《刑法适用总论》(第三版)(上卷),中国人民大学出版社2017年版,第268页。
② 参见〔德〕耶赛克、魏根特:《德国刑法教科书》(上),徐久生译,中国法制出版社2017年版,第449页。
③ 参见陈兴良:《正当防卫论》(第三版),中国人民大学出版社2017年版,第29页。

使是人以外的物引起的侵害,也不能承认为正当防卫的前提条件。对没有社会危害性的合法行为不得实行正当防卫,如公安人员依法逮捕、拘留犯罪嫌疑人时,被逮捕、拘留的犯罪嫌疑人不能以人身自由受到"侵害"为由而实行所谓的"防卫"。对正当防卫行为、紧急避险行为、正当业务行为、执行命令的行为等同样不能实施正当防卫。

2020年8月28日最高人民法院、最高人民检察院、公安部《关于依法适用正当防卫制度的指导意见》(以下简称《正当防卫意见》)规定,正当防卫的前提是存在不法侵害。不法侵害既包括侵犯生命、健康权利的行为,也包括侵犯人身自由、公私财产等权利的行为;既包括犯罪行为,也包括违法行为。不应将不法侵害不当限缩为暴力侵害或者犯罪行为。对于非法限制他人人身自由、非法侵入他人住宅等不法侵害,可以实行防卫。不法侵害既包括针对本人的不法侵害,也包括危害国家、公共利益或者针对他人的不法侵害。对于正在进行的拉拽方向盘、殴打司机等妨害安全驾驶、危害公共安全的违法犯罪行为,可以实行防卫。成年人对于未成年人正在实施的针对其他未成年人的不法侵害,应当劝阻、制止;劝阻、制止无效的,可以实行防卫。

不法侵害,是指违反法律规定,对某种权益或权利的侵袭和损害。这是法律对达到一定程度的危害社会行为所作的主客观综合评价。其一,这里的"不法"与违法或非法含义等同,具体是指对所有法律法规所建立的法律秩序的违反,也即行为危害社会。因此这里的"不法侵害"应当既包括犯罪行为,也包括其他违法行为。因为一般违法与犯罪行为难以区分,不能要求防卫人在紧急情况下必须对二者进行区分之后才能进行正当防卫,否则无异于剥夺其防卫权,纵容不法侵害人,而使受害人遭受的损害加重。其二,这里的"不法侵害"并不要求不法侵害已经达到或将要达到犯罪程度。但是刑法并不鼓励公民动辄使用防卫权,一般而言,只有对于具有人身危险性、进攻性、紧迫性的不法侵害,才宜采取正当防卫行为。

张某的次子乙,平时经常因琐事滋事生非,无端打骂张某。一日,乙与其妻发生争吵,张某过来劝说。乙转而辱骂张某并将其踢倒在地,并掏出身上的水果刀欲刺张某,张某起身逃跑,乙随后紧追。张某的长子甲见状,随手从门口拿起扁担朝乙的颈部打了一下,将乙打昏在地上。张某顺手拿起地上的石头转身回来朝乙的头部猛砸数下,致乙死亡。对本案中张某、甲的行为应当如何定性?本案中,甲的行为是在乙实施不法侵害的时候实施的,而且已经制止了乙的不法侵害(乙已经昏倒在地),在这种情况下,就不存在张某实施正当防卫的前提条件——不法侵害,张某的行为已经变成了一个故意杀人行为,因为他是往被害人乙的头部猛砸,这分明是一种故意杀人的行为,判断是故意杀人还是故意伤害,不能根据主观来认定,而是应该根据行为人的客观行为来认定,往身体的要害部位或头部打击,无论如何都是一种故意杀人行为。

至于不法侵害是否包括过失犯罪,有四种观点。一是肯定说,认为在个别情况下,不法侵害人主观上虽为过失,但实施了积极的不法侵害行为时,被害人对这种不法侵害行为采取的制止措施应属正当防卫。① 二是有条件的肯定说,认为对于过失不法侵害符合其他条件的,也可以进行正当防卫。过失犯罪也有实行行为,实行行为与结果的发生之间会有时间上的间隔。虽然行为人在实施过失行为时没有预见结果发生或虽然已经预见但轻信能够避免,但有些过失行为本身即在客观上包含着造成结果的极大可能性甚至必然性。这种情况下没有理由禁止正当防卫。例如:聋哑人甲在狩猎时,误将前方的乙当作野兽正在瞄准即将射击。与甲一同狩猎,处在甲身后较远的丙发现了甲的行为,于是向甲开枪,打伤其胳膊,保住了乙的性命。该说认为对丙的行为应评价为正当防卫。② 三是否定说,认为正当防卫中的不法侵害不包括过失犯罪,因为过失犯罪的成立以行为造成了实际的危害结果为标志,当过失犯罪成立之时,危害结果已经发生,对其进行防卫就失去了意义和价值。③ 四是折中说,认为对于过失犯罪能否实行正当防卫不能一概而论,对于那些在行为外观上表现为暴力或武力形式的过失犯罪行为,可以实行正当防卫,如过失杀人行为、过失伤害行为等,对于其他过失犯罪行为,则不能实行正当防卫。④ 本书认为,否定说比较合理。过失犯罪以严重危害结果的出现作为构成犯罪的条件,如果危害结果已经出现,说明过失行为已经实施完毕,过失这种不法侵害行为已经结束。显然对已经结束的不法侵害行为不能再实施所谓的防卫行为。至于第二种观点所举实例,不是正当防卫而是紧急避险,即为了保护乙的生命权利,不得已的情况下损害了甲的健康权利。

甲明知驾驶的小面包车制动系统有问题却自信自己技术高超而违章上路,在下一陡坡时汽车突然失控,一路上撞伤了数个行人,并即将冲至坡下广场上做游戏的一群学生,货车司机乙见状遂用自己的货车撞翻甲驾驶的小面包车,致甲重伤。在本案中,乙的行为不是正当防卫。乙为了避免一群学生的伤亡,而采取牺牲甲的身体健康与面包车的方式,是一种正对正的关系,是一种紧急避险。由于乙在采取制止行为时并不清楚甲的行为是否属于违法行为,是一种不得已的避险措施,因此不属于正当防卫。

不法侵害应当是人实施的危害社会的行为,而且仅限于自然人的违法行为。

---

① 参见姚辉、王志军:《试论正当防卫中的不法侵害》,载《法学杂志》1986年第1期。
② 参见张明楷:《刑法学》(第六版)(上),法律出版社2021年版,第261页。
③ 参见高铭暄主编:《刑法专论》(第二版),高等教育出版社2006年版,第420页。
④ 参见周国均、刘根菊:《正当防卫的理论与实践》,中国政法大学出版社1988年版,第41—42页。

如果侵害来自自然界的力量或没有人唆使的纯粹的动物侵袭，行为人在紧急状况下为了保护自己的合法权益或其他更大合法权益而实施的救助行为，要么是紧急避险，要么是民法中排除侵害的行为，而非正当防卫。但如果是他人唆使或驱逐动物进行侵害，则被侵害人应当有权进行防卫。这种情况下实施打击动物的行为实际上是在阻止动物唆使人或驱逐人的不法侵害行为，剥夺其侵害的工具，应当是正当防卫。

不法侵害不限于作为的不法侵害。侵害行为可能是作为，也可能是不作为。因为作为义务的背后代表着其他人利益的存在，如果作为义务人的不作为足以造成其他人的利益损害，并没有理由排除其通过正当防卫来保护权利。但是在不作为的情况，必须是侵害者有作为义务而不作为，才算是不法侵害，也才合乎正当防卫的条件。例如侵入邻居的家里去喂小婴孩喝奶，避免有作为义务的邻居太太把她的小婴孩活活饿死。① 不作为犯能形成侵害的紧迫性，这样就能通过防卫手段加以有效制止。例如，甲为乙之继父，甲带乙去河里游泳，当乙遇到危险时，甲想若乙淹死会省去自己很多麻烦，遂决定不救。乙之母丙见状后，要求甲去救乙，甲拒绝，丙苦于自己不会游泳，情急之下，以刀逼迫甲去救乙，甲仍拒绝，丙用刀劈伤甲，甲无奈被迫下水去救出乙。本案中甲的行为符合不作为故意杀人罪的构成要件，丙的行为就是对不作为犯的正当防卫。②

无论是作为犯罪还是不作为犯罪，只要具有侵害的紧迫性，皆可以对其实行正当防卫。对于不作为犯罪实行正当防卫能起到制止危害发生的作用。通过正当防卫制止不作为犯罪与制止作为犯罪不同，对于作为犯罪，防卫人可以通过自己的防卫行为直接予以制止；而要制止不作为犯罪，除了防卫人的行为外，还需要犯罪人积极地履行应当履行的义务。例如，要制止故意不给婴儿哺乳的母亲的犯罪行为，仅仅对其造成损害并不能防止婴儿被饿死的结果发生，只有母亲在遭受损害以后被迫积极地履行义务，才能避免婴儿被饿死的结果发生。

不法侵害必须现实存在，而不是行为人的假想与臆测。如果不法侵害并不存在，但行为人误认为存在正在进行的不法侵害，因而进行所谓防卫的，则属于假想防卫。假想防卫是指行为人把实际上并非不法侵害的行为误认为是不法侵害，因而错误地实行所谓的防卫，造成他人无辜损害的情形。其基本特征是：其一，客观上并不存在不法侵害，他人的行为实际上是某种合法行为；其二，行为人主观上具有防卫意图，但对他人的行为产生了错误认识，误认为自己是对不法侵害人实行的正当防卫；其三，行为人的"防卫"行为在错误认识的支配下客观上

---

① 参见黄荣坚：《基础刑法学》（上）（第四版），元照出版公司2012年版，第227页。
② 参见赵秉志主编：《中国刑法案例与学理研究》（刑法总则篇）（下），法律出版社2001年版，第248页。

对无辜者造成了损害,具有社会危害性。假想防卫属于刑法中的事实认识错误,因而应当按照事实认识错误的处理原则来解决,即如果行为人应当预见到对方可能不是不法侵害,那么他在主观上有过失,应对其假想防卫所造成的损害负过失犯罪的责任;如果行为人在当时情况下不能预见到对方不是不法侵害,他在主观上没有罪过,那么其假想防卫造成的损害属于意外事件,不负刑事责任。例如,甲见两个男青年欺负其女朋友,即上前阻止,遭到其中一个男青年殴打而被迫自卫,此时便衣民警乙经过,见状上前制止斗殴行为,甲以为乙是对方同伙来帮忙,便掏出水果刀将其刺伤。本案中甲的行为属于假想防卫。

(二) 时间条件

正当防卫的时间条件,是指可以行使正当防卫权的时间。根据我国《刑法》第20条的规定,正当防卫只能在不法侵害正在进行的时间内实施。法律之所以规定实施正当防卫的时间限制条件,是因为赋予公民正当防卫权的目的是通过制止不法侵害,保护合法利益免受损害。对过去的或仅仅止于预见将来要发生的侵害,都不能承认正当防卫。如果侵害行为尚未开始,没有危及合法利益,就没有必要实施正当防卫;而如果侵害行为已经结束,危害结果也已发生,正当防卫则毫无意义。

《正当防卫意见》规定,正当防卫必须是针对正在进行的不法侵害。对于不法侵害已经形成现实、紧迫危险的,应当认定为不法侵害已经开始;对于不法侵害虽然暂时中断或者被暂时制止,但不法侵害人仍有继续实施侵害的现实可能性的,应当认定为不法侵害仍在进行;在财产犯罪中,不法侵害人虽已取得财物,但通过追赶、阻击等措施能够追回财物的,可以视为不法侵害仍在进行;对于不法侵害人确已失去侵害能力或者确已放弃侵害的,应当认定为不法侵害已经结束。对于不法侵害是否已经开始或者结束,应当立足防卫人在防卫时所处情境,按照社会公众的一般认知,依法作出合乎情理的判断,不能苛求防卫人。对于防卫人因为恐慌、紧张等心理,对不法侵害是否已经开始或者结束产生错误认识的,应当根据主客观相统一原则,依法作出妥当处理。

所谓不法侵害正在进行,是指不法侵害已经开始并且尚未结束的状态。不法侵害的开始,一般是指侵害人已经着手实施,如抢劫犯开始对受害人施以暴力或暴力威胁,盗窃犯开始撬门入室;或即使不法侵害尚未着手实行,但合法权益已经直接面临不可避免地受到侵害的某些状态,危险已经迫近,如果对这种情形不允许正当防卫,待这种现实威胁十分明显、紧迫的不法侵害开始着手实行后,就有可能来不及通过实行正当防卫减轻或避免危害结果。如为了杀人而侵入他人住宅,在不法侵害人开始侵入住宅时,即可认定不法侵害已经开始。当然,确定不法侵害的开始,不可能有一个统一标准,应当根据不法侵害的手段、强度、侵害的合法权益的性质以及不法侵害人的主观罪过的不同,在实践中具体案件具体分析。在杀人、强奸、抢劫、绑架、爆炸、放火等严重危及人身、财产安全的暴力犯罪中，行为人的拔刀、掏枪、放置爆炸物等行为虽非着手实行行为，但已经给公民的人身权利和重大公私财产安全造成了紧迫的威胁，此时公民有权实行正当防卫。

不法侵害尚未结束，是指不法侵害行为或其导致的危害状态尚在继续中，防卫人可以用防卫手段予以制止或排除。如果危害后果已经造成，而不能阻止危害后果的发生或即时即地挽回损失，则不能承认正当防卫。认定不法侵害尚未结束，应当以不法侵害的危险状态是否排除、侵害行为是否停止、不法侵害者是否离开犯罪现场或侵害状态是否继续为标准，一般包括以下几种情况：一是某种合法权益已经受到侵害，形成了一定的危害结果，但对其他合法权益的侵害仍在进行中；二是行为已经结束而其导致的危险状态尚在继续中，例如抢劫罪犯已打昏物主抢得某种财物，但他尚未离开现场；三是在持续的不法侵害过程中，即使表面上某段时间停止了不法侵害，但从整体上看侵害行为正在进行时，仍然可以进行正当防卫。例如，三名不法侵害人以暴力轮奸妇女，其中一名侵害人奸淫后，因为担心被他人发现，三名不法侵害人强行将被害人带往另一地点，欲继续实施侵害行为。在不法侵害人将被害人带往另一地点期间，被害人与第三者均可以进行正当防卫。① 如果防卫人的防卫行为不能有效制止不法侵害行为，或者不能排除不法侵害行为所导致的危险状态，则不能承认正当防卫。

至于不法侵害结束的时间，应该如此理解：从不法侵害开始后，已经发展到这样一个时刻，在这个时刻内，一方面危害结果已经造成，即使实行正当防卫，也不能阻止危害结果的发生或即刻挽回损失，另一方面，即使不再实行防卫行为，也不会造成新的损害或使原有的损害扩大。主要有以下几种情形：一是不法侵害行为已经实施完毕，已经造成了无法挽回的危害结果；二是由于不法侵害者的自动中止，而使不法侵害造成的危险归于消失；三是不法侵害人被防卫人制服，或丧失了继续进行侵害的能力，不法侵害在客观上已经不可能再继续进行；四是由于不法侵害人意志以外的其他原因，使其尚未进行到底的不法侵害不能继续进行。不过在财产性违法犯罪情况下，不法侵害行为虽然已经实施完毕，危害结果已经发生，犯罪已是既遂，但如果采用正当防卫的手段能够及时挽回损失的，应该认为不法侵害尚未结束，可以实行正当防卫。

如果在不符合正当防卫的时间条件的情形下实施所谓的"防卫行为"，则属防卫不适时。所谓防卫不适时，是指在不法侵害尚未到来，或在侵害行为已经结束或已被制止的情况下，行为人对不法侵害人实行损害其一定权益的所谓"防卫行为"。它包括两种情况：

---

① 参见张明楷：《刑法学》（第六版）（上），法律出版社2021年版，第265页。

(1) 事前防卫。是指在不法侵害尚处于预备阶段,侵害人是否着手实施不法侵害还处于一种或然的状态,对于合法权益的威胁并未达到现实状态之时,防卫者"先下手为强",就对其采取某种损害其权益的行为。对于事前防卫,由于它所针对的是未来的不法侵害,而不是正在进行的不法侵害,还不具备实施正当防卫的时机,因而实际上是一种非法侵害行为,如果符合具体犯罪构成的,应当追究其刑事责任。

(2) 事后防卫。是指在不法侵害已经结束、中止、被迫停止,或不法侵害人丧失了侵害能力或危害后果已经造成且无法及时挽回的情况下,仍对不法侵害人实施侵害其一定权益的行为。事后防卫所针对的是不法侵害已经结束,或危害后果的发生已经不可避免,不能通过防卫来制止或排除的情形,因而不符合正当防卫的时间条件。事后防卫包括报复性侵害与事实认识错误两种。对于前者,构成犯罪的应以故意犯罪论处;对于后者,则应按处理认识错误的原则,区分情况处理。

对于不法侵害正在进行的认定,除了掌握其开始和结束的时间以外,还应注意把握以下几点:其一,不法侵害行为可能会持续一个阶段或进行多次打击,因而在判断不法侵害行为是否已经结束时对防卫人要求不能太严。尤其在表面上某个时间停止了不法侵害,但整体上仍然存在继续侵害的可能性时,应当认定不法侵害尚未结束,允许防卫人进行防卫。其二,在不法侵害人已经实施完毕一种侵害行为,且造成了损害结果,但仍有可能实施另一种不法侵害行为时,应当认定不法侵害仍在进行中,允许他人进行防卫。其三,不能因为防卫人事先携带了匕首等管制刀具或其他用于防卫的工具就否定不法侵害行为正在进行的状况,并因此剥夺防卫人的防卫权。例如,李某经常携带一把匕首在身上用于防身。某天碰到几名与其有瓜葛的社会闲散人员,这些人见到李某就一顿乱打,其中王某从地上捡起一块砖头准备朝李某头上砸去,李某在一人难敌众手的情况下持刀朝王某身上捅了一刀后逃跑,王某由于流血过多死亡。公安机关在抓获李某后认为李某的行为系故意杀人,检察机关也以故意杀人罪起诉,某市中级人民法院也以故意杀人罪判处李某死刑,剥夺政治权利终身,某省高级人民法院维持原判。最高人民法院在进行死刑复核时认为李某的行为属正当防卫,最终改判李某无罪。审判机关对李某的有罪判决很大程度上缘于李某手持凶器有备而来,没有考虑到李某实施加害行为的目的在于保护自己的合法权益免遭侵害。

另需要讨论的是,预先安装防范性措施防卫将来可能发生的不法侵害,是否属于正当防卫?例如,甲住在某别墅,某天外出时在别墅院墙上安置了电网防盗装置。某日晚,乙欲进入甲住宅内行窃,乙在翻墙入室时,被电网电击轻伤。甲的行为是什么性质?本书认为,本案中甲为了保护自己合法的财产,在自己的住宅院墙上安放了防卫装置,这一行为不危害公共安全,本身并不违法。预先安装防范性措施本身不是正当防卫,是一种针对不特定的未来发生的侵害的预先防范措施。但是防卫装置安装后,遇到了正在进行的不法侵害,而该装置发挥制止不法侵害的作用时,给乙造成的轻伤并未超过必要限度。因此甲的行为符合正当防卫的构成要件,是一种正当防卫行为。

(三)对象条件

正当防卫必须针对不法侵害人本人实施,这是由正当防卫的特点决定的。不法侵害人始终是正当防卫所指向的直接目标,第三人不可能成为防卫行为所直接指向的目标,这就是正当防卫的对象限制条件。正当防卫的目的是保护合法权益,及时有效地制止正在进行的不法侵害,因此,只有针对不法侵害者本人实施防卫,对其造成一定的损害迫使其不能再继续进行不法侵害,才可能达到正当防卫的目的。如果防卫人针对无辜的第三人实施防卫,一则会损害无辜人的合法权益,构成新的不法侵害行为,二则正在进行的不法侵害行为也不可能得到制止,防卫的目的也不可能达到。因此,对不法侵害者以外的第三者进行损害的行为,不能认定为正当防卫。对于防卫第三者的行为,如果行为人主观上出于故意,则按故意犯罪定罪处罚;如果将第三者误认为是正在实施不法侵害的人,则属于对象认识错误的假想防卫,排除行为人主观上故意的罪过,应视情况要么构成过失犯罪,要么是意外事件不构成犯罪。

《正当防卫意见》规定,正当防卫必须针对不法侵害人进行。对于多人共同实施不法侵害的,既可以针对直接实施不法侵害的人进行防卫,也可以针对在现场共同实施不法侵害的人进行防卫。明知侵害人是无刑事责任能力人或者限制刑事责任能力人的,应当尽量使用其他方式避免或者制止侵害;没有其他方式可以避免、制止不法侵害,或者不法侵害严重危及人身安全的,可以进行反击。

针对不法侵害者本人实施的正当防卫通常表现为两种情况:一是针对不法侵害人的人身进行一定的打击,通过造成不法侵害者一定肉体痛苦的方法制止不法侵害行为。这种打击的程度应视不法侵害行为的侵害程度而定,可能造成不法侵害者伤害甚至死亡。二是针对侵害人的财产实施剥夺、损害实施正当防卫,如不法侵害者将狗等动物作为工具侵害对方的,行为人可以杀死加害人的狗来保护自己,对持木棒伤人者可以强行抢走其所持木棒,等等。当然动物的自主侵袭情况较多,对动物的侵袭要作具体分析,不能一概而论。如受到他人豢养的动物或野生的动物侵袭,自然可以进行打击,动物的侵害谈不上不法侵害,因而受害人的打击也谈不上正当防卫。法是人类共同体的规范,对动物、自然现象不能进行不法评价,因此对物防卫不是正当防卫,而应当认定为紧急避险。通过损害不法侵害人其他权益的方法进行所谓的防卫一般不能成立正当防卫。如辱骂、诽谤不法侵害人,损害其人格、名誉等,因为这种行为不能有效地制止不法侵害行为,保护合法权益,因而不能构成正当防卫。

对不法共同侵害而言，基于共犯的一体性，受害者可以对不法侵害者中的任一人实施防卫，即使其中有的加害者并没有实际的侵害行为，只是为其他加害者提供精神上的助力，也是如此。但是，对于不在不法侵害的现场的教唆犯和帮助犯而言，虽然与在现场的犯罪人的犯罪行为属于一个整体，但因其承担的犯罪行为要么已经实行完毕，要么还未实施，其侵害行为不具有紧迫性、直接性，而不符合不法侵害正在进行的条件，对其进行防卫也达不到防卫的目的，因而不能对其进行防卫。

由于没有达到刑事责任年龄或不具有刑事责任能力的人的特殊性，因而能否对其实施正当防卫，则不无疑问。一般而言，由于不法侵害中的违法不包括行为人主观罪过及其责任能力的内容，因而不能完全将无责任能力人排除在正当防卫的对象之外，对其侵害行为同样可以实行正当防卫。当然，考虑到无责任能力人在辨认能力和控制能力上与一般人存在明显不同，其主观罪过与未成年人的身体状况也存在特殊性，对其实行正当防卫，需要加以一定的限制。基于人道主义精神和刑法预防犯罪的目的，应当在保护被侵害人的合法权益、阻止无责任能力人的侵害行为和保护无责任能力人的权益衡量中寻求一种价值上的协调，即不能采取一刀切的办法。从社会道义来讲，如果被侵害人在明知侵害人是无责任能力人的前提下，对其不法侵害，一般不宜采取过于强烈的防卫手段，首先应当采取紧急避险的方法避免危险，而尽量避免对其造成不应有的身体或精神的损害。当然在紧急避险仍然无法避免危险发生时，从立法的目的和价值考察，仍然应当允许被侵害人进行防卫。因此，如果无责任能力人的侵害行为不是非常强烈，危险性也不是很大，能够采取其他方法避免侵害的，一般应采取其他措施予以避免，而不实行正当防卫。但这并不等于说公民对无责任能力人不能实行正当防卫。如果被侵害人确实不知道或很难知道侵害人是无责任能力人，或不能用逃跑等其他方法避免侵害的，被侵害人对无责任能力人的侵害行为进行的打击仍然可以认定为正当防卫。但是，对上述人员应当遵循刑法规定，采取一定的保安措施，视情况由家长进行监护或政府收容教养、强制医疗。

甲手持匕首寻找抢劫目标时，突遇精神病人丙持刀袭击。丙追赶甲至一死胡同，甲迫于无奈，与丙搏斗，将其打成重伤。此后，甲继续寻找目标，见到丁后便实施暴力，用匕首将其刺成重伤，使之丧失反抗能力，此时甲的朋友乙驾车正好经过此地，见状后下车和甲一起取走丁的财物（约2万元），然后逃跑，丁因伤势过重不治身亡。本案中甲打伤丙的行为属于正当防卫，正当防卫所要制止的"不法侵害"是一种客观上的违法行为，不管该违法行为的主体是否具有刑事责任能力、主观上有无故意，均不影响正当防卫的成立。因此，对精神病人的不法侵害也可以进行正当防卫。该行为的性质不会因为甲正在实施抢劫罪的预备行为而受影响。

如果在正当防卫过程中，出于不得已而对第三者的人身和财产造成了一定的损害，可以视为紧急避险。只要没有造成不应有的损害，就不负刑事责任；如果在防卫过程中因行为人精神紧张而误将第三者作为加害人，就不是紧急避险，而是假想防卫；如果在防卫过程中根本没有认识到第三者的存在，而误伤了第三者，或属于意外事件，或属于过失犯罪；如果在防卫过程中故意对第三者进行侵害，则构成故意犯罪。

（四）主观条件

实施正当防卫在主观上必须具有保护国家、公共利益、本人或他人的人身、财产和其他权利免遭不法侵害的目的，即防卫人必须基于防卫意图来保护合法权益。这是我国《刑法》第 20 条规定的正当防卫的主观条件。刑法通说认为，正当防卫行为本身也是主客观的统一，行为人进行正当防卫时应当具有防卫意图。但我国有学者已经开始质疑这种观点，并且认为"对《刑法》第 20 条中的'为了保护……'的表述，可以理解为正当防卫是客观上排除不法侵害或者保护法益的行为"①。本书坚持"必要说"，我国《刑法》中"为了使国家、公共利益、本人或者他人的人身、财产和其他权利免受正在进行的不法侵害"的这一规定也体现了正当防卫主观上防卫意图的必要性。《正当防卫意见》规定，正当防卫必须是为了使国家、公共利益、本人或者他人的人身、财产和其他权利免受不法侵害。对于故意以语言、行为等挑动对方侵害自己再予以反击的防卫挑拨，不应认定为防卫行为。

一般而言，正当防卫在主观上要求防卫人明确认识不法侵害正在进行，而危及法律所保护的合法权益，并希望以所实施的防卫手段制止不法侵害，保护合法权益。制止不法侵害而保护合法权益是认定正当防卫主观条件的关键。如果缺乏这种主观认识，不可能有防卫目的的正当性。但这里所意图保护的合法权益并不限于防卫人自己的权益，还包括国家、公共利益、本人或他人的各种合法权益。这一主观条件包括防卫认识与防卫意志两个层面。防卫认识，是指防卫人对与防卫有关的事实情况主观上有认识，认识到有正在进行的不法侵害行为发生，是行为人防卫行为应否实施的主观根据。防卫意志，是指防卫人出于保护国家、公共利益、本人或他人的人身、财产和其他权利免受正在进行的不法侵害的目的，并适当控制自己行为的强度，避免防卫行为明显超过必要限度造成重大损害。如果说防卫意识是防卫意图产生的前提，那么防卫意志对防卫意图的产生起着决定和指引的作用。防卫人认识到确实存在正在实施的不法侵害，在认清不法侵害者后，可以选择放弃防卫，任不法侵害者宰割，也可举起防卫之旗奋起反击。防卫意志就是控制、支配防卫人选择实施防卫以保护合法权益。

---

① 张明楷：《刑法学》（第六版）（上），法律出版社 2021 年版，第 267 页。

如果行为人不具备正当防卫目的，即使其行为在形式上似乎符合正当防卫的客观条件，也不能认定为正当防卫。这类行为主要有如下几种：

（1）防卫挑拨。又称挑拨防卫，是指行为人不是出于防卫目的，而是出于侵害对方的意图，故意引诱、挑衅、挑逗他人对自己进行侵害，然后借口正当防卫加害对方的行为。对于防卫挑拨，虽然表面上看起来有不法侵害行为发生，实施了所谓的防卫行为，但由于行为人主观上不具备正当的防卫意图，而是出于侵害意图，有目的地故意侵害他人，因而不是正当防卫。它在实质上是利用正当防卫的形式来实施自己预谋的不法侵害行为，属于一种特殊方式的故意犯罪，应以故意犯罪论处。对于不法侵害，被挑拨者当然有权予以防卫。产生一定的侵害结果、故意的罪过形式、预谋的非法意图、挑拨的语言行动是防卫挑拨的基本特征。对于一定限度的防卫行为，挑拨者具有忍受的义务。当然，如果是由于被侵害人自己无意的行动挑起或引起了不法侵害人的侵害行为，就不能认为这种行为属于防卫挑拨，此时行为人可以对被侵害者进行适度的防卫，符合正当防卫条件的，应当认定为正当防卫。

甲、乙两家系邻居，某日发生了较深的矛盾。第二天一大早甲起来后发现头天晚上下的大雪将两家的门大部分都封住了。甲为了报复乙家，便故意将自家的雪铲到乙家门口，将乙家的房门全部封住。乙起来发现此情况后，便操起铁铲跑到甲家论理，甲此时故意刺激乙，说你跑到我家来打人是不法侵害，我可以进行正当防卫。乙听后更加气愤，拿起铁铲便朝甲打过来，甲拿起事先准备好的铁棒将乙打成重伤。该案中，甲的行为便是典型的防卫挑拨，应构成故意伤害罪。

《正当防卫意见》规定，防止将滥用防卫权的行为认定为防卫行为。对于显著轻微的不法侵害，行为人在可以辨识的情况下，直接使用足以致人重伤或者死亡的方式进行制止的，不应认定为防卫行为。不法侵害系因行为人的重大过错引发，行为人在可以使用其他手段避免侵害的情况下，仍故意使用足以致人重伤或者死亡的方式还击的，不应认定为防卫行为。

（2）相互斗殴。是指行为人双方各自以侵害对方的故意并在这种意图的支配下向对方实行不法侵害，相互侵害的行为。对于相互斗殴，由于双方都有侵害对方的故意，积极实施损害对方的行为，没有侵害者与被侵害者的区别。相互斗殴行为从根本上就不存在正当防卫的前提条件和合法目的，因此，相互斗殴又具有一定的过程性，斗殴双方均不得主张正当防卫，并应当对各自的非法侵害行为承担法律责任。但是，如果互殴的一方已经放弃斗殴并向另一方认输、求饶或逃跑，就应当认为其已经终止了自己的侵害行为，而另一方却不肯住手，穷追不舍，继续加害对方，甚至加大侵害力度，则对已经终止斗殴的一方而言，对方的攻击行为就成为其实施正当防卫的前提条件，他可以为制止对方的进一步加害而采取必要的反击措施，这种反击措施也可以成立正当防卫。另外，如果在一般性的轻微斗殴过程中，一方突然采取非常激烈的手段进行打击，或使用杀伤性很强的工具置对方生命于危险之中时，另一方因为人身安全受到严重威胁，应当具有正当防卫权，否则重大利益将会受到严重侵害。

甲、乙两家有仇。某晚，两拨人在歌厅发生斗殴，甲、乙恰巧在场并各属一方。打斗中乙持刀砍伤甲小臂，甲用木棒击中乙头部，致乙死亡。本案中，甲、乙两人的行为属于相互斗殴，因此甲不成立正当防卫，也不存在防卫过当的问题。甲用木棒击中乙头部致乙死亡的行为，构成故意杀人罪。

《正当防卫意见》规定，防卫行为与相互斗殴具有外观上的相似性，准确区分两者要坚持主客观相统一原则，通过综合考量案发起因、对冲突升级是否有过错、是否使用或者准备使用凶器、是否采用明显不恰当的暴力、是否纠集他人参与打斗等客观情节，准确判断行为人的主观意图和行为性质。因琐事发生争执，双方均不能保持克制而引发打斗，对于有过错的一方先动手且手段明显过激，或者一方先动手，在对方努力避免冲突的情况下仍继续侵害的，还击一方的行为一般应当认定为防卫行为。双方因琐事发生冲突，冲突结束后，一方又实施不法侵害，对方还击，包括使用工具还击的，一般应当认定为防卫行为。不能仅因行为人事先进行防卫准备，就影响对其防卫意图的认定。

（3）偶然防卫。是指行为人不知他人正在实行不法侵害，而基于故意或过失侵犯他人合法权益，巧遇他人正在实施不法侵害行为，客观上正好制止了其不法侵害，并且没有超过防卫的必要限度，因而客观上与防卫效果偶合的行为。比如，甲因与乙有仇，决定杀害乙，遂持枪寻至乙家中。当时乙因与妻子发生争吵，一时火起，正在扼杀其妻。甲并未发现这一点，而从背后一枪将乙击毙，乙妻因而得救。甲的行为就属于偶然防卫。

对于偶然防卫应如何处理，理论上存在几种不同的观点。一是有罪说。我国刑法学界通说认为，偶然防卫不成立正当防卫，应按故意犯罪处理。从客观上说，偶然防卫虽然符合正当防卫的条件，但是行为是出于犯罪的故意实施的，根本不具备正当防卫的主观条件，因而不是正当防卫，而是故意犯罪。① 其中有学者认为应当成立未遂犯罪。② 按照通说，前述案例中，甲击毙乙的行为虽然在客观上起到了使乙之妻免遭杀害的防卫效果，但是甲在实施其行为时并没有认识到乙正在杀害其妻，实施行为也不是为了保护乙妻的生命，因而不具备防卫的认识和意志，不符合正当防卫的主观要件，不构成正当防卫。相反，他是因与乙有仇，在报复心理支配下而故意实施了枪杀乙的行为，并致乙死亡，其行为完全符合故意杀人罪的构成要件。虽然其行为制止了乙的杀人行为，客观上起到了防

---

① 参见马克昌主编：《犯罪通论》（第三版），武汉大学出版社1999年版，第749页。
② 参见冯军、肖中华主编：《刑法总论》（第二版），中国人民大学出版社2011年版，第267页。

卫的效果,对其仍应按故意杀人罪论处。二是无罪说。有学者坚持结果无价值论,主张偶然防卫行为不成立犯罪。认为"虽然行为人主观上具有犯罪故意,但其客观行为没有侵犯刑法所保护的法益,相反刑法还允许以造成损害的方式保护另一法益。概言之,偶然防卫行为缺乏法益侵害性"①。按照无罪说,在前述案例中,在甲开枪射击的情况下,无辜的丙不被杀害,正在故意杀人的乙遭受枪击,甲无罪。另外,还有一种观点没有明确如何处理这种情况,而只是说偶然防卫"唯独不符合正当防卫动机的正当性要求,因而不是正当防卫"②。

本书认为有罪说较为妥当。从各国刑法立法来看,一般都规定"为了排除……"或"为了保护……"这种主观目的作为正当防卫的成立条件,因此认为正当防卫的成立不需要具备主观条件,显然与立法旨意相悖。行为人具有防卫意图,才具备成立正当防卫的可能性,毕竟正当防卫权的设立旨意即在于赋予公民个人一种合法权益遭受侵害时所能采取的私力救济,这种私力救济如果不是出于防卫的意图,就很难说符合立法旨意,自然不能视为正当防卫。对于偶然防卫,由于行为人欠缺防卫的认识,而不具有正当防卫的主观条件,显然不属于正当防卫。不能因为其对不法侵害者的加害而否定其行为的性质,如果是出于故意实施的行为,应当认定为故意犯罪,如果是过失侵害他人的行为,则按照过失犯罪的处理原则论处。这种处理也符合一般人的法感情。

(4) 对非法利益的防护。行为人为保护非法利益而实施的反击防卫行为,侵害他人的,应当依法惩处。司法实践中这种情形非常普遍,如盗窃犯为了保护自己偷到的赃物免被抢劫犯抢走而对抢劫犯进行暴力伤害,赌博犯对前来劫赌场的人进行打击,诈骗犯打伤前来盗窃其诈骗得来的财物的行为人,等等。即便后面的抢劫行为、盗窃行为都是不法侵害,行为人的目的也是制止正在进行的不法侵害行为,但这类行为明显缺乏正当防卫意图,所保护的利益不属于公民的合法权益,因而不具备正当防卫的主观条件。因此,对这种行为应当视情况依法处理,构成犯罪的应当按各自成立的犯罪追究其刑事责任。

(五) 限度条件

正当防卫是法律赋予公民依法对不法侵害行为进行防卫的权利,它是一种"正对不正"的行为,有利于国家和公民合法权益的保护。但是,这种权利的行使也需要有合理的限度。正当防卫毕竟是采用对不法侵害人造成损害的方法进行的。因此,我国《刑法》第 20 条第 2 款规定:"正当防卫明显超过必要限度造成重大损害的,应当负刑事责任,但是应当减轻或者免除处罚。"行使正当防卫权利之时必须考虑法律规定的限度条件。

---

① 张明楷:《刑法学》(第六版)(上),法律出版社 2021 年版,第 271 页。
② 马克昌主编:《刑法》(第三版),高等教育出版社 2012 年版,第 119 页。

正当防卫的限度条件,是指正当防卫不能明显超过必要限度且对不法侵害人造成重大损害。防卫限度是正当防卫成立的关键,决定着防卫行为是一种正当防卫行为还是应当负刑事责任的犯罪行为。是否明显超过必要限度并造成重大损害这一条件是决定防卫行为的合法与非法、正当与过当的标志。

《正当防卫意见》规定,根据《刑法》第20条第2款的规定,认定防卫过当应当同时具备"明显超过必要限度"和"造成重大损害"两个条件,缺一不可。防卫是否"明显超过必要限度",应当综合不法侵害的性质、手段、强度、危害程度和防卫的时机、手段、强度、损害后果等情节,考虑双方力量对比,立足防卫人防卫时所处情境,结合社会公众的一般认知作出判断。在判断不法侵害的危害程度时,不仅要考虑已经造成的损害,还要考虑造成进一步损害的紧迫危险性和现实可能性。不应当苛求防卫人必须采取与不法侵害基本相当的反击方式和强度。通过综合考量,对于防卫行为与不法侵害相差悬殊、明显过激的,应当认定防卫明显超过必要限度。"造成重大损害"是指造成不法侵害人重伤、死亡。造成轻伤及以下损害的,不属于重大损害。防卫行为虽然明显超过必要限度但没有造成重大损害的,不应认定为防卫过当。

如何理解正当防卫的必要限度?我国刑法并未规定具体的判断标准,刑法理论对此提出了不同的学说。一是作为通说的相当说。防卫行为正好足以制止侵害人的不法侵害行为,而没有对不法侵害人造成不应有的危害,[①]就属于正当防卫的范围,而不能认定为防卫过当。二是必需说。正当防卫的必要限度应当以制止不法侵害、保护法益的合理需要为标准,即只要是制止不法侵害、保护法益所必需的,就可成立正当防卫。本书认为,折中的立场较为妥当。正当防卫的限度既要强调保护防卫人的合法权益,也要注重对防卫人的防卫行为进行适当的限制,因此综合考虑相当说与必需说是妥当的。

分析我国《刑法》第20条第2款的规定,也是一种折中的立场。其中的"必要限度",应当理解为制止不法侵害、保护合法权益所必需的限度,而"明显"修饰的是"必要限度"一词,是指明显超过防卫的客观需要。也就是说,从所保护的合法权益的性质、不法侵害的强度以及不法侵害的缓急上来看,这种反击行为显然是不必要的。同时,该款中的"造成重大损害"不是一个绝对的量,而是通过不法侵害行为可能造成的损害与防卫人实际造成的损害进行比较以后得出的一个相对的量,即防卫行为所造成的损害与不法侵害行为可能造成的损害之间明显失衡。在司法实践中,对防卫人防卫行为的必要限度不能过于苛求,毕竟防卫行为是被逼迫的,是在紧急情况下实施的。防卫人在受到不法侵害人突然袭击的情况下通常措手不及,精神上处于极度慌乱的境地,对周围环境和本人的处

---

① 参见高铭暄主编:《新编中国刑法学》(上册),中国人民大学出版社1998年版,第283页。

境不太可能冷静地进行判断,有时根本来不及仔细思考防卫对策,更勿谈防卫的强度。对防卫人的防卫行为的必要限度要求过严既不现实,也不符合刑法规定正当防卫权的目的。另外,由于防卫案件千差万别,用一个十分具体的标准界定不同案件的必要限度难度巨大,因此,只能提出一个比较抽象又基本符合所有防卫案件需要的必要限度标准。基于这种认识,防卫行为的必要限度具体应当包括两个方面的内容:其一,正好足以制止不法侵害,也就是防卫行为的强度为制止不法侵害所必需,并且防卫行为的强度与不法侵害行为的强度基本相适应;其二,没有造成不应有的损害,即防卫人对不法侵害人造成的损害与侵害行为对防卫人可能造成的损害不是显然不相适应。[①]

考察实际案件中的必要限度,离不开防卫行为人和不法侵害人双方的情况,要将双方情况进行对比,结合不法侵害的性质、手段、轻重缓急,侵害人的数量、体力、性格,防卫的时间、地点、手段、后果、人数,防卫人的防卫能力和心理、生理状况,保护权益的性质、大小以及现场的客观条件等进行综合判断。具体来看主要从以下几点着手:

首先,从正当防卫的目的着手。由于正当防卫的目的在于保护合法利益,因而必须允许防卫行为具备足以制止不法侵害行为所必需的强度。如果防卫行为不具备这一强度,就不能避免不法侵害,而不能达到防卫的目的。但防卫行为的强度只能是正好足以制止住不法侵害,而不能超过这一强度要求,否则就会造成不应有的损害,而转变为防卫过当。

其次,从正当防卫的性质着手。正当防卫的目的决定了它只能是一种在紧急状态下才产生的被动的救济权利,行使这种权利只能是一种被迫状态,其强度也只能以达到制止不法侵害、保全合法权益为限。因而在防卫行为的强度上,不允许其明显超过侵害行为,也不允许为了保护微小利益而损害重大利益。

最后,从具体的防卫案件着手。正当防卫往往是在面临着正在进行的不法侵害的紧急状态下实施的,防卫人很难对不法侵害的性质、强度等具体情况作出准确判断,因而,应当允许防卫行为的强度可以略大于不法侵害的强度,只要是为足以制止不法侵害所必需的。

如果符合上述条件实施的正当防卫,所造成的后果则也是为制止不法侵害所必需的,而不属于"不应有的重大损害"。只有在防卫者给侵害者造成的损害与侵害者可能造成的危害显然不相适应时,才能认为其行为超过了必要限度。

甲系屠夫,在山坡上回家时偶遇妇女乙,于是用杀猪刀威逼乙就范,意图对其实施强奸。乙熟悉本地的地形,假装就范,但建议到下面一倒塌房屋(仍有一

[①] 参见陈兴良:《刑法适用总论》(第三版)(上卷),中国人民大学出版社2017年版,第304—309页。

堵墙没有倒)后面去(后面有一大粪水池,水较深)。甲同意。到达后甲逼乙先脱掉衣服,待甲脱衣服时乙乘机将甲推倒在粪水池中。由于水池较大且水较深,甲不会游泳,于是拼命往岸边爬,乙此时正在穿衣服,见甲爬到岸边就把甲的手掰开将其推下去,如此反复几次,这个过程中甲曾表示上来后不会再侵犯乙,但乙害怕甲上来报复,仍然将其推下。乙穿好衣服后立即离开,大声呼叫快来抓坏人,等到其他人来时发现甲已经淹死。在本案中,甲的不法侵害行为是强奸行为,属严重刑事犯罪,甲已经开始实施暴力胁迫的手段。整个过程中,乙的人身权利面临严重威胁,虽然乙已经将甲推入粪水池中,且甲表示上来后不会再侵犯乙,但甲上来后将会实施什么行为不能肯定。在当时的情况下,乙唯一自救的方法就是制止甲上岸。乙的行为虽然造成了甲死亡,但从当时的防卫环境看,乙的防卫行为没有超过必要限度。本案最终的处理结果也认定乙的行为是正当防卫。

三、防卫过当及其刑事责任

(一)防卫过当的概念

根据我国《刑法》第20条,防卫过当是指防卫人实施的防卫行为明显超过必要限度,给不法侵害人造成重大损害,应当负刑事责任的行为。防卫过当是防卫行为在量变的过程中超过了必要限度而引起的质变,由正当合法的有益行为转化为违法的危害社会的行为,它已经不是为制止正在进行的不法侵害所必需,而转化为一种犯罪行为,因而应当负刑事责任。由于防卫过当不符合正当防卫的限度条件,超过了必要限度而造成了不应有的危害,客观上具有危害社会的特征,主观方面也存在罪过,因此构成了犯罪。但防卫过当具有不同于一般犯罪的特征:

其一,前提的正当性。防卫过当与正当防卫一样,都具有行为的防卫性。这是它们的密切联系之所在。所谓行为的防卫性,是指防卫过当同正当防卫一样,都属于防卫行为的范畴之内,防卫过当最初也必须是为了制止正在进行的不法侵害,保护合法权益,针对不法侵害人而实施的防卫行为。只是由于对侵害行为的判断和防卫手段的适用上出现较大差异,使防卫行为明显超过了必要限度,造成重大损害,才使其行为由正当变为过当。因而,防卫过当在一般情况下同样具备正当防卫成立的前提、时间、对象和主观等条件。也正因如此,我国刑法才对防卫过当的刑事责任的追究上作出了合理规定,即对防卫过当行为应当减轻或免除处罚。

其二,防卫过当具有客观危害性与主观罪过性。这是它同正当防卫的本质区别。在客观上,防卫过当在行为的强度、后果上明显地超过必要限度,给不法侵害人造成了重大损害,而成为一种非法侵害行为。在主观上,防卫过当人在实施防卫行为时,对防卫过当的结果持有放任或过失的心理态度,而具有罪过性。需要注意的是,防卫过当人在主观上不可能对其过当行为及结果具有直接故意,因为正当防卫的目的与犯罪目的并不兼容,二者不可能同时存在于行为人的心态中。

实践中区分正当防卫和防卫过当有时比较困难。不同地区、不同的司法工作人员在对大体相似的案件进行认定时可能会得出不同的结论。

(二) 防卫过当的例外

我国《刑法》第 20 条第 3 款规定:"对正在进行行凶、杀人、抢劫、强奸、绑架以及其他严重危及人身安全的暴力犯罪,采取防卫行为,造成不法侵害人伤亡的,不属于防卫过当,不负刑事责任。"对此规定,有学者称之为无限制防卫,或特殊防卫,或无过当防卫。但这种特殊防卫实质上是对防卫过当所作出的一种例外性规定,而不属于一项新的防卫权。《正当防卫意见》规定,对于不符合特殊防卫起因条件的防卫行为,致不法侵害人伤亡的,如果没有明显超过必要限度,也应当认定为正当防卫,不负刑事责任。这一补充性规定进一步明确了对正在进行的行凶、杀人、抢劫、强奸、绑架以及其他严重危及人身安全的暴力犯罪采取防卫行为,无论造成怎样严重的伤亡后果,均属正当防卫,而不构成防卫过当。同样,实行这种防卫行为,必须具有一般意义上的正当防卫的成立条件。只是该防卫行为针对的只能是由刑法所明文规定的并且正在进行的几种特殊的严重危及人身安全的暴力犯罪。

《正当防卫意见》规定,根据《刑法》第 20 条第 3 款的规定,下列行为应当认定为"行凶":(1)使用致命性凶器,严重危及他人人身安全的;(2)未使用凶器或者未使用致命性凶器,但是根据不法侵害的人数、打击部位和力度等情况,确已严重危及他人人身安全的。虽然尚未造成实际损害,但已对人身安全造成严重、紧迫危险的,可以认定为"行凶"。《刑法》第 20 条第 3 款规定的"杀人、抢劫、强奸、绑架",是指具体犯罪行为而不是具体罪名。在实施不法侵害过程中存在杀人、抢劫、强奸、绑架等严重危及人身安全的暴力犯罪行为的,如以暴力手段抢劫枪支、弹药、爆炸物或者以绑架手段拐卖妇女、儿童的,可以实行特殊防卫。有关行为没有严重危及人身安全的,应当适用一般防卫的法律规定。《刑法》第 20 条第 3 款规定的"其他严重危及人身安全的暴力犯罪",应当是与杀人、抢劫、强奸、绑架行为相当,并具有致人重伤或者死亡的紧迫危险和现实可能的暴力犯罪。

按照这一规定,只要是对正在行凶、杀人、抢劫、强奸、绑架以及其他严重危及人身安全的暴力犯罪,任何公民都可以采取防卫行为,造成不法侵害人伤亡,不存在防卫过当的问题,不负刑事责任。这项规定是对正当防卫基本条件尤其是必要限度条件的特别提示性规定。特殊防卫的成立,依然应当依据正当防卫成立的基本条件,并结合特殊防卫的附加条件予以综合判定。这意味着特殊防卫权的行使,实际上仍然是有严格的法律限制的,而并非可以不加任何限制地滥用。在具体理解时,应注意以下几个问题:

第一,必须是针对正在进行中的暴力犯罪。"正在进行"是对特殊防卫权在时间上的限制,如果犯罪行为已经结束或犯罪分子已被制服,也没有进一步侵害的意图,就不能实行防卫行为。

第二,必须是针对有特定范围限制的暴力犯罪。刑法明确限定"暴力犯罪"的范围是"严重危及人身安全",即"行凶、杀人、抢劫、强奸、绑架以及其他严重危及人身安全的暴力犯罪"。这里首先要注意正确理解行凶的含义。从逻辑上看,"行凶"所构成的犯罪的社会危害性必须与后面列举的严重危及人身安全的暴力犯罪行为的社会危害性程度相当,且不与后面所列犯罪行为重叠。因此首先应当排除一般性的打架斗殴行为和轻伤行为,因为这类行为不属于严重危及人身安全的暴力犯罪,其次应当排除故意杀人行为,因为故意杀人行为在本条已经进行了列举。由此推断,"行凶"就只包括了故意伤害他人,造成或可能造成他人重伤或死亡的情形。从罪名上理解,应该只包括故意伤害罪(仅限于致人重伤和致人死亡)。其次,只有针对具有严重危及人身安全的性质与强度的"杀人、抢劫、强奸、绑架"等暴力犯罪才能具有这种特殊防卫权,才容许造成不法侵害人伤亡,否则仍要在必要限度内进行适度防卫,唯有如此才更加符合防卫的目的和公平、公正的原则。关于如何认定"其他严重危及人身安全的暴力犯罪",也是一个较为复杂的问题,一般必须具备三个条件:一是这类犯罪具有暴力性,即为暴力犯罪,主要是指采用武力手段对被害人进行威胁、恫吓、殴打、捆绑,以造成被害人精神恐惧及人身危险,从而达到犯罪目的的行为。二是其暴力强度与强奸、杀人、抢劫、绑架等暴力犯罪的强度大致相当。三是其犯罪紧迫程度是已经严重危及人身安全,如果某种暴力犯罪的存在已经使法律所保护的合法权益特别是人身权利处于随时可能遭受不可挽回的损害的状态,则应认为这种暴力犯罪已经严重危及人身安全。[①]

(三) 防卫过当的刑事责任

防卫过当之所以负刑事责任,主要是因为它在客观上明显超过防卫必要限度,造成了不应有的重大损害,在主观上也具有罪过性。防卫过当的刑事责任包括两方面的内容:一是防卫过当的定罪,二是防卫过当的量刑。

由于对防卫过当的主观罪过形式的理解不同,因而在其定罪量刑上,司法实践的具体做法极不统一。应当肯定的是,防卫过当本身不是罪名,不能将其笼统地定为防卫过当罪,也不能在罪名前冠以防卫过当加以限制,如"防卫过当故意

[①] 参见黄明儒、吕宗慧:《论我国新刑法中的无限防卫权》,载《法商研究》1998年第1期。

杀人罪""防卫过当过失致人死亡罪"等,而应当根据防卫过当人主观上的罪过形式以及客观上造成的具体危害结果,援引我国《刑法》第20条第2款规定和刑法分则的有关规定来确定罪名。根据司法实践,防卫过当行为涉及的罪名主要有故意杀人罪、故意伤害罪、过失致人死亡罪、过失致人重伤罪和故意毁坏财物罪等等。

在处理防卫过当案件中,有争议的是防卫过当的主观要件问题。防卫过当行为人的行为本身属于防卫的范畴,行为人主观上出于正当防卫的意图,对正在进行的不法侵害进行了防卫反击,但是由于行为人对自己行为的疏忽或判断上出现失误,出现明显超过必要限度的结果,因此,防卫过当一般是过失犯罪。但是,需要注意的是,在少数情况下,行为人明知自己的行为可能明显超过必要限度而造成重大损害,但行为人却对这种结果的发生持放任态度。对于这种情况,应当视作间接故意犯罪。根据正当防卫的特征和直接故意的特点,正当防卫的目的是制止不法侵害,保护合法权益;而直接故意犯罪目的是行为人积极追求危害结果发生的心理态度,也就是说,犯罪目的是一种非正当目的。因此,防卫过当的主观罪过不可能是直接故意。此外,意外事件是无罪过行为,当然与防卫过当是不相容的。

考虑到防卫过当的社会危害性与主观罪过都较一般犯罪的社会危害性与主观罪过要小,我国刑法特别对其规定"应当减轻或者免除处罚"。至于在什么情形下减轻或免除处罚,应当综合考虑防卫过当所造成的危害的轻重程度、防卫行为所保护的合法权益的性质、防卫的动机、社会影响以及其他主客观因素。《正当防卫意见》规定,防卫过当应当负刑事责任,但是应当减轻或者免除处罚。要综合考虑案件情况,特别是不法侵害人的过错程度、不法侵害的严重程度以及防卫人面对不法侵害的恐慌、紧张等心理,确保刑罚裁量适当、公正。对于因侵害人实施严重贬损他人人格尊严、严重违反伦理道德的不法侵害,或者多次、长期实施不法侵害所引发的防卫过当行为,在量刑时应当充分考虑,以确保案件处理既经得起法律检验,又符合社会公平正义观念。

2009年某日晚,邓某、黄某等人酒后到某县某宾馆娱乐城玩乐。黄某强求宾馆女服务员邓某某陪浴遭拒。邓某、黄某极为不满,对邓某某进行纠缠辱骂,在服务员罗某等人的劝解下,邓某某两次欲离开房间,均被邓某拦住并被推坐在单人沙发上。当邓某再次逼近邓某某时,被推坐在单人沙发上的邓某某从随身携带的包内掏出一把水果刀朝邓某刺击,致邓某左颈、左小臂、右胸、右肩受伤。一直在现场的黄某上前对邓某某进行阻拦,被刺伤右肘关节内侧。邓某因伤势严重,经抢救无效死亡;黄某所受伤情经鉴定为轻伤。该县人民法院认为,邓某某在遭受邓某、黄某无理纠缠、拉扯推搡、言词侮辱等不法侵害的情况下,实施反击行为具有防卫性质,但超过了必要限度,属于防卫过当。被告人邓某某故意伤害致人死亡,其行为已构成故意伤害罪。案发后,邓某某主动向公安机关投案,如实供述罪行,构成自首。经法医鉴定,邓某某为心境障碍(双相),属部分(限定)刑事责任能力。据此,依法判决对邓某某免予刑事处罚。

第三节 紧急避险

一、紧急避险的概念与意义

根据我国《刑法》第21条规定,"为了使国家、公共利益、本人或者他人的人身、财产和其他权利免受正在发生的危险,不得已采取的紧急避险行为,造成损害的,不负刑事责任。"据此,紧急避险是指为了使国家、公共利益、本人或他人的人身、财产和其他权利免受正在发生的危险,迫不得已而采用的损害另一个较小的合法利益的行为。简言之,紧急避险是指为了保护合法权益免受正在发生的损害,不得已损害较小的合法权益的行为。

刑法之所以规定紧急避险这一制度,主要是在某种紧急状态下,法律要同时保护这两种利益已然不可能,要求公民忍受危难也不具备现实性。而各社会成员彼此间参与社会共同生活应当承担一定的连带义务,生活在社会中的每个成员都有一定的以牺牲自己少许利益来拯救陷于危难中的其他社会成员的义务。因此,如果为了保全自己或第三人利益,不得不采取侵害、牺牲他人利益的紧急避险措施,那么法律不会对这种侵害行为追究刑事责任。

就我国刑事立法与司法实践而言,刑法之所以规定紧急避险并将其视为一种正当化事由,就在于紧急避险行为虽然损害了受法律保护的某种利益,但目的却在于保护较之更为重大的国家、公共利益或公民个人合法利益。因此,对避险行为应当从其对整个社会的危害或利益来进行评价,如果保护了更为重要的利益,尽管对蒙受直接损害的个人来说是有害的,但从客观上看,对整个社会来说,却是有益的行为。从主观上看,紧急避险行为通常是在发生危险时,两种合法权益产生冲突而只能保存一个合法利益的情况下,不得已损害较小的利益的行为,其目的也是正当的合法行为。因而对紧急避险行为不仅不应给予刑事制裁,而且应当给予鼓励和支持。现行刑法之所以放宽了紧急避险的成立条件,减轻了避险过当的处罚程度,主要也是考虑到紧急避险是有益于社会整体的行为,而从立法上给予鼓励和支持。紧急避险制度的确立,体现了国家利益、公共利益与公民合法权益的一致性,对于保护合法权益,促进社会成员间的相互关爱,培养公民的全局观念,鼓励和支持公民在同违法犯罪活动和自然灾害作斗争的过程中运用法律所赋予的紧急避险措施,保护国家、公共利益、公民的最大利益,使社会可能遭到的损失减少到最低限度,都具有十分重要的意义。

二、紧急避险的成立条件

根据我国《刑法》第21条的规定,紧急避险必须具备以下五个成立条件:

（一）前提条件

只有在某种紧急状态实际发生时才能产生紧急避险行为的实施问题,因而避险行为的前提条件就是紧急状态的现实性,即某种合法权益在客观上遇到了正在发生的危险,使其处于现实的危险中的一种事实状态。

1. 危险

紧急避险中的这种正在发生的危险,是指国家、公共利益、公民的人身、财产和其他权利在客观上所实际面临的危险,即法律所保护的利益可能立即遭受损害和危害的一种事实状态。紧急避险中的现实的危险范围很广,一般说来,其来源主要有两类:一是人为制造的危险。既包括具有刑事责任能力的人的不法行为,如犯罪分子的杀人、抢劫、强奸行为,也包括不具备刑事责任能力的人或普通人在事实错误的影响下所实施的危害社会的行为,以及基于人的饥饿、疾病、口渴等生理、病理原因需要不能满足所引起的使生命受到严重威胁的危险等情形。如在面临饥饿和疾病时,在物主不在的情况下私取路边房屋中的饮食;为了抢救重伤员,强行拦阻过往汽车送往医院。前者不能算偷窃,后者不能算抢劫,都属于紧急避险。二是自然力量或动物袭击所导致的危险。前者如山崩、海啸、地震、火灾、水灾、风暴、冰雹、雪崩、泥石流、塌方、建筑物损坏倒塌等自然灾害,后者如猛兽袭击、恶狗咬人、牛马冲撞、毒蛇袭击等情形,均可以构成紧急避险的前提条件。另外,机械的故障也可能是造成危害的根源,如空中飞机的发动机发生故障时飞行员跳伞的,不得为飞机的坠毁承担责任。

王某与同村的刘某因承包村办企业发生矛盾。2002年4月1日晚王某在刘某屋后用汽油点燃一堆禾草企图烧毁刘某的房屋(该房还连着其他房屋),不料当时刮起强劲的北风,将着火物刮向有十米之距的王某自己的住宅及其价值数百万元的粮食加工厂和他人住宅。在众人用水扑救无效的情况下,王某为保全自己的财产,遂从附近建筑工地开来一辆他人的工程车,王某开车接连推倒自己的四间房屋才阻止火势,保住了自己住宅的大部分及其加工厂,但该工程车被砸毁,损失50余万元。

上述案例中王某的点火行为属于违法性的自招的危险行为。而对于所谓自招的危险能否成为实行紧急避险的前提条件,主要有以下几种不同的观点:一是肯定说,认为"导致危险发生的原因对紧急避险的成立并不起决定作用,只要某种危险对合法权益构成现实而又紧迫的威胁,在不得已的条件下,即可实行紧急避险。无论是行为人自己的过失行为还是故意行为引起的危险,只要其无忍受这种危险的义务,均可成为紧急避险的危险来源"①。二是否定说,认为危险不是由行为人自身的非法行为引起的,只有当合法权益遭受不能归责于自己的损害危险时,行为人才可以进行紧急避险。"如果损害危险是由行为人的不法行为引起的,行为人无权避险";而且"危难"的概念本身就有偶然事件的含义,由自己的故意、过失行为引起的事态不能说是"危难",因而不能实行紧急避难。②三是故意过失区别说,认为"在自招危险的场合,如果行为人是出于无意间的行为或过失行为导致危险的发生,一般应当允许实施紧急避险。但是,如果行为人是出于某种非法目的,故意地实施某种行为而引起危险发生,并以此为借口实行'避险'行为以实现其非法目的的,不能成立紧急避险"③。四是实质区别处理说,认为自招的危险能否被视为实行紧急避难的前提条件不可一概而论,应当根据具体情况的实质作不同处理:意图利用紧急事态而招致危险的,不允许实行紧急避险;对基于其他原因无论是行为人出于故意还是过失而自招的危难,应当通过对合法权益的比较、自己招致危险的原因及其危险的程度等情形进行综合评价后,决定是否允许实行紧急避险。只有那些需要进行紧急避险的,才允许实行紧急避险。④

甲拿刀杀乙,乙实行正当防卫用木棒对甲实行反击,甲为避免被乙打死或打伤,有意将丙撞伤。本案中甲的行为就不能视为紧急避险,甲应当对故意撞伤丙的行为负刑事责任。因为由不法侵害行为引起他人实行正当防卫而对不法侵害者的人身安全形成的危险,不法侵害者有忍受的义务。如果允许其实行紧急避险,那不仅会扩大损害范围,而且不利于制止不法侵害,达不到保护合法权益的目的。从这一角度来看,肯定说就存有缺陷。当然否定说也存有不妥,因为如果按照否定说,则行为人仅仅基于自己的轻微过失导致了对自己生命的危险,也不允许其实行紧急避险,这显然同样会导致不公平现象。而就故意过失区别说而言,同样存在不妥之处:如果按照故意过失区别说,对基于自己轻微故意而引起的对自己生命的危险也不能实行紧急避险,而对基于自己重大过失引起的对自己轻微权益的危险却能实行紧急避险,自然并不妥当。应该说实质区别处理说比较妥当。自招的危险能否成为实行紧急避险的前提条件,需要区别情况而定。如果基于重大过失或故意行为引起对自己轻微权益的危险的,招致危险的人应当负有忍受的义务,而不能借口此种危险实行紧急避险,否则就会造成不公平现象。但如果行为人仅仅基于自己的轻微过失导致了对自己生命的危险,则应当

---

① 刘明祥:《紧急避险研究》,中国政法大学出版社1998年版,第30页。
② 参见高铭暄主编:《刑法学原理》(第二卷),中国人民大学出版社2005年版,第242页。
③ 马克昌主编:《犯罪通论》(第三版),武汉大学出版社1999年版,第786页。
④ 参见〔日〕早稻田司法考试研究室编:《刑法总论》,早稻田经营出版1990年版,第138—139页。

允许其实行紧急避险。

紧急避险的危险必须是客观存在的,事实上并不存在现实的危险,而行为人由于对客观事实认识的错误,误认为存在危险,因而实施了所谓的避险行为,给某种合法权益造成了一定损害的情形,属于假想避险。对于假想避险,由于不存在实行紧急避险的前提条件——现实的危险的存在,因此不能成立紧急避险。对于实行假想避险的行为人的责任问题,应当按照处理事实认识错误的原则予以处理。

2. 危险正在发生

紧急避险的危险,必须是正在发生或迫在眉睫的危险,这种危险已经给合法权益造成了直接威胁。对尚未发生的或已经过去的危险,不能实行紧急避险。

在现实生活中,要正确认定危险正在发生的时间,就需要解决危险的发生时间与结束时间。危险的开始时间,一般是指由于某一危害事实的发生,合法权益即将或已经受到损害的时间,如果这时不实行紧急避险,合法权益就必然遭受损害或造成更大的损害。一般地说,如果危险来自自然灾害,根据客观情况能够确定灾害必将迅速到来,就应认为属于危险正在发生,可以实行紧急避险,而不必等到灾害来临,否则避险就有可能来不及。如果危险来自动物的侵袭,则以动物开始侵害或直接威胁到人身及财产安全并且侵害或威胁尚未消失时,作为危险正在发生的标志。如果危险来自人的行为,一般以行为人开始着手实施侵害之时到侵害行为结束之前为危险正在发生的期限。危险的结束时间,一般是指实施紧急避险与否都对受危险损害的合法权益不起作用的时间。一般表现为以下几种情形:一是由于危险的发生,合法权益遭受损害已成事实,危险已经成为过去,权益的损害已经无法避免或无法挽回。如果损失还可以当场立即挽回,也可以紧急避险。二是由于某种原因,危险已经消失,不复存在。三是由于避险行为人或其他人的努力,危险已经消失。

郑某,男,48岁,某海轮船长。2008年11月,该海轮由南美载货回国,途经公海时收到台风紧急预报。由于船远离陆地,不可能进港;而在原地抛锚或继续前行、返航均不能避免台风的袭击。船长郑某为减轻船的负荷,以免船毁人亡,即命令船员将所载货物的10%(价值10余万元)抛入大海,然后继续前行。10小时后,台风突然转向,该船未遭到台风袭击。本案中,能否认定郑某的行为是紧急避险,关键在于确定以下两点:一是是否确实收到了台风紧急警报。这是郑某在当时情况下认定危险是否迫在眉睫的唯一依据。如果郑某确实收到了这样的警报,那么,他认定危险迫在眉睫并且采取措施就是有根据的。二是根据当时的情况,是否必须抛弃相当于总量的10%的货物才能确保船只的安全。这是认定郑某的行为是否适当的主要依据。只要郑某确实收到了台风紧急警报,并且从技术上来讲,在当时的情况下,郑某必须采取这样的措施才能确保船只安全,那么,郑某的行为就是合法的,属于紧急避险行为,不应当承担抛弃货物而造成损失的责任。至于后来台风突然转向的情况,不在人力控制范围之内,因此不能成为判断郑某行为"不适当"的理由。

如果危险不是正在发生,就不存在紧急避险的紧急状态,避险也就无从谈起。在这种危险不是正在发生的情况下实施所谓的"避险"行为,就属于避险不适时。避险不适时包括三种情况:一是事前避险,即指在危险尚未发生的情况下,实施"避险行为";二是事后避险,即指在危险已经过去或消失,损害已经造成的情况下,实施"避险行为";三是延迟避险,即指行为人在危险正在发生之际开始实施避险行为,但在危险已经过去后,却基于事实认识错误,在主观上误认为危险仍然存在,因而继续实施避险行为的情形。对于前两种避险不适时,由于其不具备"危险正在发生"这一紧急避险的成立条件,而不能被视为紧急避险。对于延迟避险这种情形,也应当视为不能成立紧急避险,也与避险过当无关,对行为人的责任,应当根据刑法上的事实认识错误的处理原则处理。

(二) 主观条件

实施紧急避险在主观上必须具有保护合法权益免受危险侵害的目的,即必须具有一定的避险意图。是否具备这一主观条件决定了行为的有无罪过性,它对紧急避险的成立具有重要意义。根据我国《刑法》第 21 条的规定,实行紧急避险所保护的合法权益包括国家、公共利益、本人或者他人的人身、财产和其他权利。这也是我国刑法将紧急避险的主观条件规定在首要位置的意义所在。立法上是以具有"为了使国家、公共利益、本人或者他人的合法权益免受正在发生的危险的侵害"之避险意图为紧急避险成立的必要条件的。而且,避险行为作为一种有社会意义的行为,当然应该是人的有意识与意志的活动,根据主客观相统一原则,只有在避险意图支配之下的行为,才谈得上是避险行为。如果只是由于偶然的巧合达到了避险的效果,就认为其行为不具有违法性,使行为的性质发生了根本的变化,这是违反主客观相统一原则的,不合情理。因此,那些忽视或否定紧急避险的主观条件的观点十分有害,并且与立法原旨不符。

紧急避险的主观条件,又称避险意图,是指避险人在实施避险行为时对正在发生的危险有明确认识,并希望以避险手段保护合法权益的心理态度。这种心理态度包含避险认识和避险目的两个方面的内容。

避险认识,是指避险人对正在发生的危险及其诸多事实因素的认识。一般应包括:(1) 认识到正在发生的危险的真实存在,即认识到危险的存在,以及危险的开始和结束时间;(2) 认识到某种重大合法权益已经受到正在发生的危险所威胁,以及危险的来源与避险行为所指向的对象;(3) 认识到这种危险只能通过紧急避险的方法来排除,即避险行为人应当根据危险发生的急迫程度以及自己所处的客观环境条件,认识到不可能有其他更好的方法避免危险对合法权益的危害,实施避险行为出于迫不得已的心理;(4) 认识到受危险威胁而需要保护的合法权益的性质,在此基础上认识到只有损害另一较小的合法权益,才能保全正受危险威胁的利益;(5) 大体认识到自己避险行为的强度、手段,以及可能会造成的后果。

避险目的,是指避险人在避险认识的基础上,实施避险行为所希望达到某种有益结果的内心愿望。即行为人实施避险行为的目的在于使合法权益免受正在发生的危险的损害。根据《刑法》第 21 条第 1 款的规定,避险目的只能是出于保护国家、公共利益、本人或者他人的人身、财产和其他权利免受正在发生的危险的损害这一正当目的。正是这一正当目的,使得紧急避险对其他合法权益的损害成为正当合法的行为。具体而言,紧急避险的目的包括两层含义:一是避险行为所保护的权益必须是合法的,如果是为了保护某种非法利益,就失去了紧急避险的主观前提条件;二是行为人必须出于避险的意图,即在遇到正在发生的危险时,基于对危险事实情况的认识,为了避免合法权益遭受正在发生的危险,才采取紧急避险行为。

如果行为人缺乏成立紧急避险的主观条件,实施表面上看来属于紧急避险的行为,则由于行为人不具备紧急避险意图,而不成立紧急避险的行为。如行为人不是出于避险的目的,而出于侵害的意图,故意引起某种危险的发生,然后以"紧急避险"为借口而对他人加以侵害的避险挑拨行为,就属于缺乏避险意图的情形。对此不能视为紧急避险。当然,如果实际情况表明行为人并不是故意引起危险的发生,不是想借紧急避险之名对他人法益实行侵害,而是由于自己无意的行为引起危险的发生,那就不能认为其行动属于避险挑拨,应当允许其进行紧急避险。在各种以侵害对方的故意而相互侵害的场合,也属于缺乏避险意图的情形,不能实行紧急避险。

(三) 对象条件

紧急避险行为所针对的对象只能是第三者的合法权益。紧急避险的本质特征,就是为了保全一个较大的合法权益,而将其面临的危险转嫁给另一较小的合法权益。也就是说,紧急避险是为了保护合法权益免受正在发生的危险的损害,而所采取的方法,是通过对另一较小的合法权益进行损害来实现的,因此,避险行为只能对第三者的合法权益实施。在这一点上,紧急避险与正当防卫正好相反。正当防卫是通过反击、抵制不法侵害人来达到防卫的目的,防卫行为始终是针对不法侵害人进行。紧急避险却不是针对危险的来源实施,而是在危险正在发生的情况下,把避险行为指向其他合法权益,通过对他种合法权益的损害来保全正受危险威胁的合法权益。如果行为人是针对危险的来源而实施对抗行为,那就不是紧急避险而是正当防卫了。

紧急避险行为所侵害的第三者的合法利益,是指行为人以外的权利主体的合法权利,既可以是自然人的合法权益,也可以是法人(或单位)的合法利益,甚至还可以是公共利益或国家利益,但不可以是行为人自己的合法利益。如果某人为了使国家、公共利益或他人的合法权益免受正在发生的危险的损害,在不得已的情况下,献出了自己的生命、损伤了自己的身体或毁坏了自己的财产,这是一种高尚的行为,但不属于紧急避险;如果为了保护自己某一方面的利益,而损害了自己另一方面的利益,由于不存在考察其行为是否违法,以及应不应该负刑事责任的问题,所以,也不属于紧急避险的范畴。但应当注意的是,第三者并非指与损害危险的发生毫无关系的人。在通常情况下,紧急避险行为损害的确实是与危险的发生毫无关系的第三者的合法权益,但也有对危险来源者本身而不是与危险的发生毫无关系的第三者造成损害的特殊例外,即所谓的"逆击行为"形式的紧急避险,①所以认为"第三者是指与损害危险的发生毫无关系的人"②的观点不妥。

紧急避险中被损害的第三者的合法利益,相对于所要保全的合法利益来说,必须是较为微小或次要的利益。只有为了保全较重大的合法利益免受正在发生的危险的损害,法律才允许通过对较次要的利益的损害,实行避险行为。根据我国刑法的规定,只要公共利益、公民的人身权利及其他权利受到正在发生的危险威胁,在迫不得已的情况下,均可以采用紧急避险来加以保护。至于避险行为究竟可以损害哪些方面的第三者合法利益,我国刑法并没有作出明确规定。从我国的刑法理论和司法实践看,紧急避险所损害的第三者合法利益一般是限于财产权利和某些人身权利(如健康、自由等)以及某些较次要的公共利益等,绝不允许为保护自己的生命权利免受危险的损害而去侵害他人的生命权利。

甲、乙、丙三人在洞穴探险中,地基崩溃,洞口堵塞,但能与外界进行通信联系。联系后得知,挖开洞口需要 20 天,但三人所带粮食只够生活 5 天。于是,甲提出,三人抽签决定输赢,二位赢者杀死输者以其肉维持生命。乙、丙表示同意。对应否付诸实行,他们征求了救助人员的意见,但没有得到答复。其后通信中断,待第 20 天挖掘成功时,救助人员发现,甲由于抽签失败而被杀,乙、丙以其肉维持了生命。在本案中,乙、丙为保存自己生命而杀死甲作为食物的行为,显然不能视为紧急避险行为。

(四)限制条件

如前所述,紧急避险是一种以损害较小合法利益为前提的避免危险的方法,所以就这一排除犯罪性行为的实行而言,并非没有任何限制,行为人的避险行为必须是在法律规定的限制条件下实行才属于紧急避险行为,按照我国《刑法》第

---

① 参见郑健才:《刑法总则》,三民书局 1985 年版,第 178 页。
② 高铭暄主编:《刑法学原理》(第二卷),中国人民大学出版社 2005 年版,第 245 页。

21条第1款和第3款的规定,成立紧急避险必须符合方法和行为主体两个限制条件。

1. 方法上的限制条件——不得已

所谓方法上的限制条件,是指紧急避险必须是在没有其他任何方法可以避免危险的发生或避免危险的损害的这种迫不得已的情况下实行,否则就不属于合法的避险行为。我国《刑法》第21条第1款规定紧急避险是不得已而采取的行为。"不得已"即是对成立紧急避险行为在方法上的限制,即避险行为的不可避免性,也就是说,在面对正在发生的危险时,行为人只能在别无他法可以避免危险的情况下,才能实施紧急避险行为。所谓不得已,是指在危险正在发生而威胁或损害到某种合法利益的情况下,除实施损害另一合法利益的避险行为外,别无其他方法来保全该种受到危险威胁或损害的合法利益的一种状况。而如果客观上存在可以不对他人合法利益造成损害的其他方法来解除或避免危险,那就不能实行紧急避险。"不得已"的判断,应根据避险人在特定环境中的具体情况来确定:一是,从客观上考察,在危险发生之际,危险是否极为紧急;二是,在当时的客观环境下有无采取其他避免危险方法的可能。在考察行为人是否迫不得已时,一定要实事求是地分析危险发生时的客观情况(包括环境、危险的紧急程度、时间等),结合行为人的自身生理和心理状况(包括年龄、经验、体格、主观认识条件等),予以合理认定。即使客观上具有其他合法手段选择的可能性,由于行为人各自的情况不相同,对"不得已"的判断,也很难有一个纯粹客观的、统一的标准。行为人由于经验不足、内心恐慌,即使客观上有其他合法的避险手段,但未能认识到而实施了避险行为的,应当肯定避险行为的合法性。

甲遭乙追杀,情急之下夺过丙的摩托车骑上就跑,丙被摔成骨折。乙开车继续追杀,甲为逃命飞身跳下疾驶的摩托车奔入树林,丙价值一万元的摩托车被毁。本案中,由于甲遭乙追杀,不得已夺过丙的摩托车骑车逃跑,造成丙本人骨折与摩托车被毁,但因甲的生命法益大于丙的身体健康的法益和财产法益,其行为即属于一种紧急避险行为,阻却违法性,不成立故意伤害罪与故意毁坏财物罪。但作为受益人,甲在民法上对丙的损害负有赔偿责任。

2. 主体上的限制条件——行为人在职务上、业务上不能负有特定责任

根据我国《刑法》第21条第3款的规定,对于那些在职务上、业务上负有特定责任的人,法律要求他们在特定的场合中,不能实行紧急避险。这就从主体上对紧急避险规定了限制条件。有学者将其称为避险禁止。[1] 这主要是基于这些人职责本身的特性,而决定了他们面临危险发生之际,不能以自己的合法权益受

---

[1] 参见高铭暄、马克昌主编:《刑法学》(第十版),北京大学出版社、高等教育出版社2022年版,第139页。

到威胁作为借口逃避躲闪,而必须积极勇敢地通过履行自己的职责,去阻止危险对合法权益的损害。因此,在某些特定场合,要成立紧急避险,行为人本人的身份必须符合紧急避险的这一主体限制条件的要求,否则,其实施所谓的避险行为就不属于紧急避险行为。

这里的"职务上、业务上负有特定责任",是指担任某种职务、从事某类业务的人,按照法律法规规定,或因其他特定关系,在执行职务或从事业务的过程中,负有承担与职务、业务相关的危险的特别义务。这种特定义务,既可以是由于法律法规规定,也可以是由于这些特定职业者所从事的某类公务或业务本身的特定要求。如果这些特殊职业者处于特殊的法律关系中,原则上可期待其忍受危险,即经受紧急避险的法律义务。[①] 负有特定责任的人的工作具有排险性质,涉及国家和人民的重大利益。另外,负有特定责任的人一般经过专门培训,具有与职责有关的专门知识和技能。只要他们运用专门技能,一般可以在不损害自己的条件下排除损害危险,并有效地保护合法权益。如果这些特定职业者在其职务或业务活动中,遇到与职务或业务相关的危险时,允许他们避险,显然与其排险工作的目的背道而驰。因此,这些人不得为使自己本人的人身或财产免受危险损害,而实行避险行为。为避免他们借口紧急避险不履行自己的特定职责,其行为不但不能成立紧急避险,而且还有可能被追究法律责任。如我国《刑法》中的投降罪(第423条第1款)、战时临阵脱逃罪(第424条)、战时自伤罪(第434条)等罪名即是对军人违反所承担的国家军事义务而借口实施的"紧急避险"行为的一种刑事制裁。当然,在某些特定情况下,应当允许实行紧急避险。比如,当一个赤手空拳的警察被多个歹徒追杀的时候,破门而入躲进路边的房子里,应该是被允许的。

(五) 限度条件

紧急避险的限度条件,即不能为了保护某种合法权益而对另一种合法权益造成超过必要限度的不应有的损害。如果行为人为了免受危险的损害,而没有任何限制地损害第三者的合法权益,导致与其所保护的合法权益相比更为严重的损害,那么法律规定紧急避险的目的就不能实现。由于避险行为是通过侵害一定的合法权益保护另一个合法权益,是纯粹的"正对正",因此对于避险行为有更严格的限制。

通说认为,所谓避险的必要限度,是指避险行为造成的损害必须小于所避免的损害。如果避险行为造成的损害大于或等于所避免的损害,则属于超过了必

---

① 参见〔德〕耶赛克、魏根特:《德国刑法教科书》(上),徐久生译,中国法制出版社2017年版,第582—583页。

要限度。① 尽管该说所作限制可以防止扩大对他人合法权益的损害范围,具有一定的合理性,但也存在一定的缺陷。因为我国刑法并无这种规定,立法机关也从未作这样的解释,②而且该说仅仅片面强调避险行为所造成的损害不得超过所避免的损害,而忽略了造成损害的必要性这一点。但紧急避险既然是在两种合法权益不能同时保全时实施的,那就应当用尽可能小的损害来保全更大的合法利益,即要把对另一合法权益的损害控制在最低限度内,防止不必要的损害。避险行为对第三者合法权益的侵害必须在客观上是为达到法律秩序所承认的避难目的而采取的适当且必要的相当手段。

这样就还存在一个如何权衡两个法益大小的问题。理论上一般都主张应从客观的法益性质上量定法益的轻重,而主张国家利益、重大的公共利益大于个人利益,全局性的利益大于局部性的利益,人身权利大于财产权利,生命权重于健康权,更高于人身自由,人身自由权又高于名誉权。③

一般而言,权衡合法权益大小的基本标准是:人身权利大于财产权利;人身权利中生命权为最高权利;财产权利的大小可以用财产的价值大小来衡量。但由于实际生活复杂多样,各种不同的具体危险可能导致实行紧急避险行为的情况千差万别,因此,不能将这一衡量标准绝对化,而应当就案情的全部具体情况作出判断。例如,为了保护轻微的国家利益而牺牲他人的生命,或为免受身体的轻微损伤而毁坏他人贵重财物,或为保护个人生命损害数以亿计的国家和人民的财产,或使数以百计的人身受重伤,这些显然不符合优越法益权衡原则与相当性原则,而并不妥当。

符合紧急避险条件的行为不负刑事责任。但根据《中华人民共和国民法典》(以下简称《民法典》)的规定:因紧急避险造成损害的,由引起险情发生的人承担民事责任。危险由自然原因引起的,紧急避险人不承担民事责任,可以给予适当补偿。紧急避险采取措施不当或者超过必要的限度,造成不应有损害的,紧急避险人应当承担适当的民事责任。

三、避险过当

我国《刑法》第21条第2款规定:"紧急避险超过必要限度造成不应有的损害的,应当负刑事责任,但是应当减轻或者免除处罚。"据此,避险过当,是指避险人实施的超过必要限度造成不应有的损害而应负刑事责任的避险行为。紧急避险的意义在于损害较小的合法利益以保护较大的合法利益,如果避险人实际

---

① 参见高铭暄、马克昌主编:《刑法学》(第十版),北京大学出版社、高等教育出版社2022年版,第138页。
② 参见刘明祥:《紧急避险研究》,中国政法大学出版社1998年版,第64页。
③ 参见马克昌主编:《犯罪通论》(第三版),武汉大学出版社1999年版,第802页。

损害了较大的或价值相等的利益,造成了不必要的损害,避险便失去了意义。如果避险行为所损害的法益与所保全的法益发生不均衡的现象,而导致不应有的损害,避险行为就开始从正当行为转化为违法行为。因此,避险过当应当负刑事责任。

避险过当与防卫过当一样具有双重性,一方面具有避险性,另一方面又具有过当性:

(1) 必须符合避险行为的基本主观条件,这是避险过当的前提条件。行为人不具有避险意图而实施的行为,即使起到避险的作用,也不能视为紧急避险,自然也不能当作避险过当。

(2) 在客观上必须是超过紧急避险的必要限度造成了不应有的损害,这是避险过当的客观特征。如果没有超过必要限度,更没有造成不必要的损害,就不能构成避险过当。而且这种损害结果必须是由避险行为所引起的。如果两者之间没有因果关系,就不能认为损害结果是由避险行为造成的,自然不能构成避险过当。

(3) 在主观上必须对其避险行为所造成的他人合法权益的不应有的损害具有罪过,这是避险过当的主观特征。避险过当在主观心理上最主要的表现为过失,也可表现为间接故意。首先,行为人对避险过当主观上具有一定的罪过,并且通常是疏忽大意的过失或过于自信的过失,即行为人应当预见自己的避险行为所损害的权益可能等于或大于所保全的权益,因为疏忽大意而没有预见或已经预见而轻信能够避免,以致超过必要限度造成了不应有的损害。但是有少数人对过当结果的发生持放任的态度。其次,行为在客观上具有过当性,造成了不应有的损害后果发生。

1998年2月5日上午10时许,周某开着夏利车在急速行驶中,突然有一辆自行车自旁边的一个小岔路口穿出横过马路,周某刹车不及,眼看就要撞上,周某只好急打方向盘,将车拐向旁边,结果汽车撞到路边的电线杆上,失去控制,冲到人行便道上。此时正是放学时间,人行道上学生很多,汽车将一名学生撞成重伤导致死亡,多名学生轻伤。本案中,显然周某的避险行为采取的措施超过了预期,属于避险过当,应当承担相应的责任。

我国刑法并没有将避险过当作为一个独立罪名来规定处罚,而需要根据避险过当所损害的法益的性质并结合行为人的罪过形式及过当行为特征,按照刑法分则中的相应条款来确定避险过当行为的具体罪名。例如,故意杀人罪、过失致人死亡罪、故意伤害罪、过失致人重伤罪、故意毁坏公私财物罪,等等。

值得注意的是,我国有学者认为,国家工作人员在执行职责中因避险过当造成公私财产的严重损失,如果出于过失的,应认定为玩忽职守罪。① 这一观点不妥,因为职务行为不同于紧急避险。如果负有特定义务的人在执行职务期间,为保护某一合法权益免受正在发生的危险的损害,而在必要限度内损害了第三者的合法权益,则属于按照职务要求而执行职务的行为,并非紧急避险。如果因不认真履行职责而造成第三者合法权益不应有的损害,则应根据有关职务犯罪定性处理,而不能以避险过当为理由减轻或免除处罚。

根据上述避险过当的构成特征,避险过当在客观上表现为行为超过必要限度给第三者合法权益造成了不应有的损害,在主观上表现为对过当的损害结果具有过失或间接故意的犯罪心理态度。这也是刑法之所以规定避险过当负刑事责任的根本原因。但是,避险过当毕竟不同于一般犯罪行为:一方面,避险过当行为具备避险性质;另一方面,避险过当行为是在面临紧急危险的情形下仓促实施的,行为人很难准确地把握避险行为的限度,而且避险过当行为人主观上是为了达到避险目的而放任或过失地造成了第三者合法权益不应有的损害后果,其主观恶性也较小。因此,我国刑法在规定避险过当应负刑事责任的同时,又规定了应当减轻或免除处罚。当然,在裁量何种情况下减轻、如何减轻,在何种情况下免除处罚时,要综合考虑避险目的、罪过形式、保护权益的性质、过当程度,以及避险人自身的排险能力和处境等诸种因素进行综合判断。

四、紧急避险与正当防卫的关系

紧急避险与正当防卫都是为了保护国家、公共利益、本人或他人的人身、财产和其他权利,而给他人的某种权利或利益造成一定损害的正当而又紧急的行为,它们之间既有相同之处,又有不同之处。

(一) 紧急避险与正当防卫的相同点

紧急避险与正当防卫的相同之处表现在以下几个方面:

(1) 两者都是由刑法明文规定的正当化事由,相对整个社会利益而言,属于有益的行为,行为人都不负刑事责任。

(2) 两者都属于刑法规定的正当化事由的紧急行为类型。尽管正当防卫是针对"正在进行的不法侵害"而实施的反击性紧急行为,紧急避险是针对"正在发生的危险"而实施的避险性行为,但两者都是面临某种紧急状态的危险时,因不可能及时借助国家强制力量来保护某种合法权益,而允许个人通过损害一定的利益,来避免此种合法权益遭受损害所实施的紧急行为。

(3) 两者在主观上都是具有为了保护某种合法权益免受损害这一目的的行

---

① 参见马克昌主编:《犯罪通论》(第三版),武汉大学出版社1999年版,第807页;张明楷:《犯罪论原理》,武汉大学出版社1991年版,第345页。

为。这种目的不仅可以是为了保护行为人本人的生命、人身、财产或其他合法利益,也可以是为了保护国家、公共利益或他人的生命、人身、财产或其他合法权利。只是正当防卫是以防卫意图为目的,紧急避险是以避险意图为目的。如果行为不具有这种目的性,即使客观上达到了防卫或避险的效果,也不能成立正当防卫或紧急避险。

(4) 两者在客观上都对他人的权利或利益造成了一定的损害,都存在超过了客观要件的不应有的损害后果这一不符合构成要件的"过当"问题,刑法对两者的过当行为都规定了相应的刑事责任措施。如果防卫行为或避险行为并未对他人造成实际损害,则根本无须考虑正当防卫或紧急避险成立与否的问题。

(二) 紧急避险与正当防卫的相异点

根据我国刑法对正当防卫和紧急避险的规定,两者的主要区别如下:

1. 危害来源不同

在正当防卫的情况下,危害的来源只能是人的不法侵害行为;而紧急避险,危险的来源不仅包括人的不法侵害行为以及其他人为的危险,而且还包括自然力量或动物袭击所导致的危险。只要是对被保护的利益产生紧迫危险的力量或因素均可成为实施紧急避险的原因。

一般说来,以紧急避险的危险来源于自然力与动物的侵袭方面,紧急避险行为容易与正当防卫加以区别,但也有一些值得注意的问题。如果是野生的、国家允许捕猎的动物,在对某种合法利益构成威胁的,某人将其打死或打伤了,由于不存在损害谁的利益的问题,因而不构成紧急避险或正当防卫;如果是有主动物或国家保护的珍贵野生动物侵袭他人并对他人的人身或财产权利造成紧迫的危险的,受危险威胁者或其他人不得已将这种动物打死或打伤,能否构成紧急避险,理论界不无争议。

对于来自国家所保护的珍贵野生动物或有主动物的自发侵袭进行反击的行为性质,我国刑法理论界认识比较一致,大多认为这种反击虽然违反了国家保护珍贵野生动物的法律规定或侵害了动物所有者的利益,但由于这种行为是在紧急情况下为保护人身安全或其他合法利益所必需的,在没有超过必要限度的条件下,只能解释为一种紧急避险行为,而不能认为是正当防卫。① 如果是动物的所有者故意利用动物侵袭他人,在这种情况下,动物只不过是动物所有者进行不法侵害的工具,动物所有者是通过动物的侵袭来达到自己的非法目的,反击动物而将动物打死或打伤实质上是通过毁坏其犯罪工具的方式,对人的不法侵害实行的一种正当防卫行为。值得注意的是,这种行为虽然是正当防卫,但却不是对动物本身实行正当防卫,而是对动物的主人的不法侵害行为实行正当防卫,因为

---

① 参见马克昌主编:《犯罪通论》(第三版),武汉大学出版社1999年版,第740页。

在我国刑法理论上,违法只能是就人的有意识和意志的行为而言,动物的活动不能受是否违法的评价;而且我国刑法明确规定,正当防卫的对象只能是不法侵害人,即实施了不法侵害行为的人,而动物不可能实施不法侵害行为,从而也就不能成为正当防卫的对象。

如果动物是被他人利用侵袭其他的人,受侵袭者或他人不得已将这种动物打死或打伤,我们认为这一行为属于正当防卫。因为驱使别人的动物侵袭他人,同驱使自己所有的动物侵袭他人在性质上并无不同,都是一种不法侵害行为。动物在被作为违法犯罪工具时,无论属于自己所有还是别人所有,并不影响反击行为的性质。所以,关于他人对动物进行反击的行为性质同样应当视为具有正当防卫性,而属于正当防卫。

如果因动物管理者或所有者的过失,导致动物侵袭他人,而受侵袭者或他人不得已将这种动物打死或打伤,在这种情况下,其行为是属于正当防卫还是紧急避险,也不无疑问。本书主张,对这种情形,原则上不能视为正当防卫,而应从紧急避险的角度来定性。因为基于动物管理者或所有者的过失导致动物侵袭他人的情形只是一种过失的不法侵害,不同于上述驱使动物侵袭他人的故意的不法侵害。而对于过失的不法侵害,"只有在过失行为是以积极作为的形式出现,且已经严重威胁到重大合法权益的安全时,方可实行正当防卫。而且开始实行防卫的时间必须限于该过失行为已经实施并正在进行之中,对某种合法权益已造成部分损害或即将带来严重的损害时,只有此时,才是开始实施正当防卫的恰当时机"①。在这种情形下,如果可以采取其他途径避免损害,就不能打死或打伤动物,只有在不得已时,才能对动物进行反击,并且应将这种行为控制在紧急避险的必要限度内。

另外,如果不是因为任何人的故意或过失,而是由于不能预见或不可抗拒的原因,导致有主的动物或国家禁止捕杀的珍贵动物侵袭他人的,在不得已时他人将这种动物打死或打伤,对这种情形,因为只有人的故意或过失的行为才算得上是不法侵害,动物的侵袭不是不法侵害,当然不能实行正当防卫,而只能实行紧急避险。

在危险来源于人的危害行为时,紧急避险与正当防卫则容易混淆。例如,无责任能力人实施的侵袭行为,也可能成为紧急避险的危险来源,此种情形下对无责任能力人的侵袭行为应当实行紧急避险还是实行正当防卫,则不无疑问。如果确实不知道侵害者是无责任能力人,我国通说认为对无责任能力人可以实行正当防卫,因为在这种情况下,防卫者把侵袭当作一种违法犯罪,以为是同犯罪作斗争,是一种有利于社会的行为。如果虽然知道是无责任能力人,但不可能采

---

① 参见马克昌主编:《犯罪通论》(第三版),武汉大学出版社1999年版,第731页。

取其他方法避免危害结果发生的,也应当承认正当防卫的权利,在这种场合,令受侵害者只能受侵害,显然是不合理的。① 但也有少数学者认为是假想防卫,②并主张对无责任能力人的侵袭行为,也可以在不得已时,通过损害他人的合法权益来避免此种危险损害,这种避险行为只要未超过必要限度,当然应该视为紧急避险。③ 本书认为,对确实不知道是无责任能力人的侵袭行为,无论是实施正当防卫还是实施紧急避险都应当被允许,同时,由于对这种情形下行为性质的认定并不影响正当防卫与紧急避险的界限问题,在此不再赘述。

但如果明知是无责任能力人的侵袭,那就不能实行正当防卫。因为正当防卫必须是为了防止违法犯罪行为的侵害,如果对明知不属于违法犯罪的无责任能力人的侵袭实行正当防卫,则失去了正当防卫的本来意义。不过,为了制止其侵袭,在不得已时也可以对无责任能力人采用反击的避险措施。因为来自无责任能力人的侵袭,并非不法侵害,而只是一种客观存在的危险,如同自然灾害引起的危险一样,为了排除这种危险,在不得已时对其进行反击,这同排除自然灾害的危险所采取的措施,并无质的不同。因此,应该认为是紧急避险。④

2. 损害对象不同

正当防卫所损害的只能是不法侵害者的利益,这种利益既可能是不法侵害者的生命、人身健康或自由,也可能是被不法侵害者用作犯罪工具或手段的财物;而紧急避险所损害的一般是与危险形成无关的第三者的合法利益,当然,在个别情况下,也可能是危险来源者本身。如在不得已的情况下,将实施侵袭行为的严重精神病人打伤的这种"逆击性"紧急避险,所损害的就是危险来源者自身的利益。

3. 实施条件不同

在正当防卫的场合,即使在有其他方法可以避免不法侵害时也可以行使正当防卫权;而在紧急避险的场合,只能在没有其他方法可以避免危险,实行避险行为是排除危险的唯一方法的情况下,才能采取损害他人合法利益的方法来进行紧急避险。如果有其他不损害他人合法利益的方法避免危险,那就不能实行紧急避险。

4. 限度要求不同

在正当防卫的场合,对不法侵害者所造成的损害以足以制止其不法侵害行为为限度标准,因此,造成的损害与所避免的损害相等,甚至超过所要避免的损

---

① 参见马克昌主编:《犯罪通论》(第三版),武汉大学出版社1999年版,第810页。
② 参见刘明祥:《刑法中错误论》,中国检察出版社1996年版,第111页。
③ 参见刘明祥:《紧急避险研究》,中国政法大学出版社1998年版,第128页。
④ 参见郭守权等:《正当防卫与紧急避险》,群众出版社1987年版,第195页;刘明祥:《紧急避险研究》,中国政法大学出版社1998年版,第128—132页。后者还充分地论述了理由。

害,只要与所保护的利益不是明显不相当,都是允许的;而在紧急避险的场合,因避险行为所造成的损害,按照法益权衡原则,必须小于所要避免的损害,否则即为非法。

5. 主体范围不同

正当防卫对行为主体的范围无任何限制,只要不法侵害现实存在,而又有必要实行正当防卫,无论什么人,都可行使这一权利;但紧急避险对行为主体的范围则有所限制,我国《刑法》第21条第3款明文规定,在职务上、业务上负有特定责任的人,不能为避免本人危险而实行紧急避险。

6. 对行为对象的要求不同

正当防卫的行为对象是不法侵害者,由于正当防卫是不法侵害行为引起的,不法侵害者有忍受义务,他不得对此实施正当防卫或紧急避险;而紧急避险的行为对象通常是与危险形成无关的第三者,但第三者的合法权益同样受法律保护,第三者并不负有忍受危险损害的义务,因而可以予以对抗或对他人实行紧急避险。

如果防卫行为对第三者造成损害,是属于正当防卫还是紧急避险,则不无疑问。在防卫行为造成第三者损害的场合,主要存在三种情形:一是不法侵害者利用第三者的物品(或身体),作为实施侵害行为的手段或工具,防卫者实行防卫反击时对其造成损害。在这种情形下,如果这种损害行为属于正当防卫行为或避险行为所必需的有机组成部分,自然应当根据具体情况而分别视为正当防卫或紧急避险。二是防卫人利用第三者的物品(或身体)来反击不法侵害,造成第三者物品的损害,如果毁坏第三者的物品可以起到制止不法侵害的作用,实际上是利用第三者的物品作为反击不法侵害的工具,而构成正当防卫行为的有机组成部分,则不能把它与正当防卫行为割裂开来,视为紧急避险。除此之外,便没有成立正当防卫或紧急避险的余地。三是防卫人在实行防卫反击的过程中,由于认识上的错误或反击行为失误,误击不法侵害者之外的物或人,造成第三者的物品(或身体)的损害。[①] 我国学者大多认为,如果在防卫过程中,由于防卫人精神过度紧张,误将第三者当作不法侵害者,而对其实行了所谓的正当防卫,则属于假想防卫;如果不是基于防卫或避险的意图而故意加害第三者,则既不是正当防卫也不是紧急避险,而是一般故意犯罪。[②] 因为防卫意图、避险意图是成立正当防卫或紧急避险必不可少的主观要件。如果防卫人不是有意给第三者造成损害,而是由于认识上的错误或行为失误,误击第三者并对其造成损害,则也不属于正当防卫或紧急避险。正当防卫和紧急避险都是有意损害不法侵害者或第三

[①] 参见刘明祥:《紧急避险研究》,中国政法大学出版社1998年版,第132页。
[②] 参见马克昌等主编:《刑法学全书》,上海科学技术文献出版社1993年版,第117页。

者利益的。误击第三者是刑法中的错误问题,要按处理有关事实错误的原则来处理。①

7. 民事后果不同

根据我国《民法典》第181条"因正当防卫造成损害的,不承担民事责任"的规定,所有正当防卫均为民事合法行为,不承担任何民事责任。而根据我国《民法典》第182条"因紧急避险造成损害的,由引起险情发生的人承担民事责任。危险由自然原因引起的,紧急避险人不承担民事责任,可以给予适当补偿"的规定,紧急避险行为可能引起公平原则下的适当补偿责任。

第四节 其他正当化事由

尽管我国刑法只明文规定了正当防卫和紧急避险两种正当化事由,但事实上还有其他一些也不具备社会危害性和刑事违法性的正当化事由,即所谓的超法规的正当化事由。一般而言,虽然在刑法中没有对超法规正当化事由明确规定其正当性,但在行政法或其他法律中已经确立了正当性,因而基于法的系统性和协调性原则考虑,刑法也应当承认其正当性。本书主要讨论依照法令的行为、正当业务行为、经被害人承诺的行为、自救行为、自损行为、基于推定承诺的行为以及义务冲突等几种常见的正当化事由。

一、依照法令的行为

所谓依照法令的行为,是指直接基于有效的法律、法规之规定所实施的行使权利或履行义务的行为。其中有些行为虽然形式上看起来符合某类犯罪构成类型,但由于它是法律法规本身所确认的而形成法秩序的一部分,实质上为法律本身所允许、鼓励,当然属于合法行为。

这里的法令,主要指法律、行政法规与地方性法规。在法治国家依法行政的原则之下,各种对于人民之强制权的行使,都有一定的法律依据,规定了处罚条件与效力,任何公民都有遵守、执行的义务,如果因为依照法令的行为而给予定罪处罚,则显然与制定法律法规的宗旨相悖。这类行为之所以排除犯罪性,根本原因在于基于法律法规规定所实施。法律不可能一方面对一定行为的实施予以许可,另一方面却又处罚因此而实施的行为。当然,判断具体的行为是否真正属于依照法令的行为,必须按照法律法规的理念及具体规定考察其意义。首先,行为人的行为必须基于法律的明确规定而实施。其次,行为时必须严格遵守法律规定,不得滥用权利。同时,行为人在主观上必须具有依法行使权利的意图。如

---

① 参见刘明祥:《刑法中错误论》,中国检察出版社1996年版,第124页。

果仅仅在外表上可以看成基于法令行使权利的行为,却实质地违反法令的理念的,则属权利的滥用行为,甚至可能是犯罪行为。

依照法令的行为,在性质上可以分为四类行为:

一是职权(职务)行为,即是指公务人员依法实施属于自己的一定职权(职务)的行为。如行刑官对被判处死刑的罪犯实施枪决的行为、司法工作人员逮捕犯罪嫌疑人的行为。但并非所有的根据上级职务命令所实施的职权行为都能视为正当化事由,还必须符合以下几个条件,才能视为职权行为:(1) 执行的命令必须是所属上级国家机关及其工作人员发布的命令。(2) 执行的命令必须没有超越上级国家机关及其工作人员的职权范围。对于超越其职权范围的命令,下级国家机关工作人员有权拒绝执行。(3) 执行的命令必须以合法的形式和程序发布。国家机关工作人员对上级违反法定形式和程序的命令有权拒绝执行。(4) 执行命令的人员必须严格依照命令所规定的事项、范围、时间、地点、方法等实施具体行为。(5) 执行命令的人员主观上必须出于执行命令的目的实施其行为,且不明知该命令本身含有违法犯罪的内容。

二是权利(义务)行为,即是指依法实施属于某人的权利(义务)的行为。如我国《刑事诉讼法》第 84 条规定:"对于有下列情形的人,任何公民都可以立即扭送公安机关、人民检察院或者人民法院处理:(一) 正在实行犯罪或者在犯罪后即时被发觉的;(二) 通缉在案的;(三) 越狱逃跑的;(四) 正在被追捕的。"根据这一规定,任何公民都有权对现行犯实施扭送的行为。再如,我国《民法典》第 34 条第 2 款规定:"监护人依法履行监护职责产生的权利,受法律保护。"监护人在对未成年人行使监护权的过程中,可能会对未成年人采取一定的惩戒措施,如关禁闭、体罚等,只要在相当的限度内,都属于依法令的权利行为。

三是从政策的理由上排除了犯罪性而正当化的行为。对本来应该属违法的行为,往往基于一定的政策性考虑,由法令特别排除犯罪性而给予正当化。如根据福利彩票管理法规发行福利彩票、根据足球彩票管理法规发行足球彩票的行为,虽然都符合刑法的赌博罪(《刑法》第 303 条),但是,基于财政政策、社会福利政策等理由,均给予了合法化。这种行为便不成立犯罪。

四是由法令引人注意地明示了适法性的行为。对本来具有违法性的行为,法令特别明确规定符合一定的方法或范围等限制性条件时,属于合法行为。如《中华人民共和国母婴保健法》(第 18 条)规定的人工终止妊娠等即是。但如果明显地超出了法律规定的限制性条件,则往往不再属于合法行为,即可能不再属于正当化事由。

二、正当业务行为

所谓正当业务行为,是指虽然法律、法规没有直接规定,但行为人根据其所从事的正当业务的要求所实施的在社会生活中被认为是正当的行为。如医生基于治疗的需要给病人截肢的行为。

刑法上的所谓业务,是指个人基于其社会地位继续反复所执行的事务,并不以必须具有某种特别技能而能从事的事务为限,但必须是指一般具有经常性、持久性的职业目的性活动而言。因而,偶然性、间断性的谋生活动不具有社会职业意义,即非业务行为。业务必须是法律允许的或在社会观念上被认为是正当的,而且,行为人具备从事该种业务的实际能力,才属于正当业务。如果业务本身的内容就为刑法所禁止,如为人强制讨债的业务、职业杀手的业务,其执行行为本身即属刑法上之违法,则并无正当行为可言。因此,只有业务本身正当,才可能排除犯罪。

同时,所实施的行为必须是业务范围内的行为。只有业务范围内的行为才可能阻却犯罪性,若超出业务范围则并不阻却犯罪的成立。如药剂师为病人开处方的行为就不属于其业务范围的行为。至于所谓正当业务的范围,则必须依据客观事实及一般社会观念,结合专门职业的知识、技术与经验,以及相关法令的规定,进行综合判断。一般而言,正当业务行为最主要的包括医疗行为与体育竞技行为两类。医疗行为是指以治疗疾病为目的,基于患者或其保护人的承诺或推定性承诺,医务人员用医学上一般所承认的方法,伤及患者身体的行为。如果是无医师资格的人员或在实验性地使用医学上尚未承认的方法,即使结果上有治疗之实,其行为也是违法的。竞技行为是指基于正当体育竞技运动所导致的伤及他人身体或生命的行为。但只有遵守有关竞赛规则的竞技行为,才能被视为正当业务行为。如果没有遵守竞赛规定,或不是在比赛过程中,而是在比赛场外,故意打伤、打死对方,则不属正当化事由的竞技行为。

从业人员主观意图正当并且行为没有超过必要限度,才能视为正当业务行为。从业人员在执行业务时不能违反相关法规或业务规章制度,即要求从业者在实施某种行为时,认识到自己的职责,并希望通过自己的行为达到保全合法权益的目的;反之,出于其他目的实施行为,造成严重后果的,视情况追究其刑事责任。如拳击比赛中,拳击手违反竞技规则,打击对方禁止侵害的身体部位,就可能成立故意伤害罪。同时,业务行为必须按照操作规程和实际需要从事,不能超过必要限度,给社会造成严重损害。行为超过从业许可限度,造成严重后果的,应当承担刑事责任。

三、经被害人承诺的行为

所谓经被害人承诺的行为,是指行为人经有权处分的被害人的同意或请求,实施损害其某种合法权益的行为。这一行为成为正当化事由,源自古罗马法学家乌尔比安在《学说汇纂》第47卷中的一句法谚:"得承诺者,即非不法侵害。"

孙某为戒掉网瘾,让其妻子将其反锁在没有电脑的房间一星期。孙某为戒掉网瘾,对放弃自己人身自由的承诺是有效的,而且,在社会一般公众看来,孙某妻子的行为是一种正当的惩戒、管教行为,不成立非法拘禁罪。

经被害人承诺的行为成为正当化事由,必须具备同时几个构成条件:

其一,所要损害的某种合法权益必须是被害人有权处分的权益。纯粹的国家、公共利益和他人利益不能成为承诺的对象,法律或社会伦理道德与公共秩序不允许他人处分的事项,也不能成为承诺的对象。如果被害人本人自己都无权对某种权益加以处分,当然不能同意他人损害该种权益。即使法律对被害人本人处分某种权益不加禁止,特定情况下也不能同意他人损害该权益。如自杀行为不构成犯罪,但经被害人承诺而将其杀死的行为,仍然成立故意杀人罪。

其二,承诺人的承诺必须真实、有效、自愿,并且承诺人对所承诺的事项的意义、内容与后果具有理解能力,而不是基于暴力、胁迫和欺诈。也就是说,作出承诺的人必须具有辨认事理的能力,能够正确认识自己所同意的行为的意义、内容、性质和后果,能够独立地为意思表示,并且承诺必须出于承诺人的自愿,不能违背权利人的意志。被害人的承诺只有出于其真实、有效、自愿的意志,才能说明其同意行为人损害自己的某种权益。被害人是否具有承诺能力,要结合被害人的心智成熟程度、年龄、精神状态等因素进行判断。如果承诺并非出于被害人的自愿,并非其真实的意思表示,据此作出的损害被害人权益的行为便不能视为正当化事由,行为人应当承担相应的刑事责任。

其三,承诺人的承诺必须是明示或默示的,并且是在行为之前作出。行为人在实施损害行为之后得到被害人同意的,则不发生承诺的效力,不影响其行为的犯罪性。即使能够预知事后的承诺,只要行为时不存在承诺,其行为即为违法。

其四,行为人主观上必须认识到存在被害人的承诺,基于此所实施的行为本身,其方法和程度必须是国家法律和社会伦理规范所承认的。如果行为人没有认识到被害人的承诺,他所实施的损害被害人权益的行为就与被害人的承诺之间没有因果关系,其主观上就不具有应被害人承诺而损害对方的意图,而是出于损害被害人权益的意图,则应以犯罪行为论处。另外损害行为只有在被害人承诺的范围之内,才能体现对被害人本人意志自由的尊重,超出承诺范围的损害与未予承诺的损害毫无二致,完全是行为人单方所作出的加害行为。

儿童赵某生活在贫困家庭,行为人征得赵某父母的同意,将赵某卖至富贵人家。在本案中,由于人身不可买卖,赵某的父母对赵某的人身不具有处分权和决定权,更不能决定出卖赵某的人身,因此,赵某父母的承诺在法律上是无效的,行为人的行为仍然构成拐卖儿童罪。

四、自救行为

所谓自救行为,是指权利人在其权利受到侵害时,如果按照法律上正式的程序等待国家权力机关的救助,就不可能恢复或显然难以恢复,不得已依靠自己的力量,保全自己的权利或恢复原状的行为。自救行为与正当防卫不同的是,它针对的是已经过去的侵害。如被盗受害人在盗窃者逃离现场不久后追回自己被盗物的行为,即属自救行为。在现代法治社会,针对法益的侵害,原则上都要通过国家权力机关的救助而进行救济,但在现实生活中,特别是在某些紧急事态中,是难以依靠国家机关的救助的,这就需要通过允许被害人自己实施某种权利恢复行为来进行自救。实践中还出现一种情况,杀人犯杀人后潜逃,司法机关侦查未果,被害人家属便运用自身力量调查杀人犯行踪。这种情况也可以称为广义上的自救。当然这里就存在一个自救行为范围的确定问题,并非所有的自救行为都属于正当化事由。只有具备以下要件的行为,才属于正当化事由范畴内的自救行为:

其一,必须是自己的合法权益受到了违法的侵害。对这种侵害的救助无论是在侵害后不久还是经过一段时间之后,都属于自救行为,但如果侵害还在现实进行着,行为人所实施的行为应当被视为防卫行为或避险行为,其性质根据正当防卫或紧急避险的条件来予以认定,而不能视为自救行为。

其二,必须是在行为人的权利遭受侵害,而国家机关不能及时援助,而且如果当时不自力救助,其权利就会丧失或保全明显困难的情况下实施。如果不是出于这种紧急情况,也不属于自救行为的范畴。

其三,必须是为了保护自己的权利免除遭受的不法侵害,如果不是出于保护自己的合法权益的目的,或在不存在不法侵害之时实施的行为,则不属自救行为。

其四,所采取的自救手段或方法必须具有适当性,所造成的侵害与所自救的合法权益应当具有相当性。如被盗人在盗窃犯逃离现场不久后追回自己财物的行为,即属于自救行为;但在追回被盗物之后使用暴力将盗窃犯打伤的行为,则不属于自救行为,而应以伤害的性质认定其犯罪行为。

五、自损行为

所谓自损行为,是指自己损害自己合法权益的行为,主要包括自杀、自伤以及自己损害自己财物的行为。自损行为原则上不具有违法性,因为法益的主体自己损害自己的法益时并不存在应该由法律加以保护的东西。但按照法律的一般原则,公民在行使自己权利的时候不得损害国家利益、公共利益以及他人的合法利益,如果其行为同时侵害了其他的法益,就不能被视为正当化事由。因此,

自损行为作为正当化事由,必须具备以下条件:

其一,必须不具有侵害他人权利的故意,即行为人的自损行为,只是出于损害自己法益的单纯故意,而不以侵害其他法益为目的。

其二,没有造成国家利益、公共利益或他人合法权利的损害后果。自损人尽管没有损害他人法益的故意,但如果其行为已经损害到其他法益,就不能构成正当化事由。

其三,其手段或方法也没有违背社会公序良俗,不具有公共危险性。如农民放火燃烧自己的自留山,结果引发山林大火,就可能构成失火罪或放火罪(间接故意);自伤身体的行为平时不构成犯罪,但战时军人自伤身体就会危及军事利益,因此我国刑法规定了战时自伤罪。

六、基于推定承诺的行为

所谓基于推定承诺的行为,是指在未经被害人的现实承诺,而可以认为在被害人知道情形时就当然会给予承诺,从而推定被害人可能承诺的情况下,为了保护被害人的较大利益而实施的损害其较小利益的行为。其目的必须是维护被害人的利益,而需要处理的事情必须具有紧迫性,而且根据当时的客观情况来看,还必须具有被害人承诺的现实可能性,所采取的损害手段或方法必须符合社会道德观念。

如房间失火,为了使被害人的损失减少到最小,救火人破门入室,应排除其行为的犯罪性,即属于基于推定承诺的行为。再如医生必须在公路上借助简陋的器械给一名在事故中失去意识的重伤被害人进行紧急手术,这并不符合医事规则,因此可能过失地造成对健康的损害。然而,因为只有这种手术才能挽救被害人的生命,所以,应当从这名被害人推定的同意出发,将其认定为一种正当化的行为。①

这类行为构成正当化事由,必须具备严格的条件:一是基于推定承诺的行为必须是为了维护被害人的利益。如果行为人借推定承诺的名义,损害被害人法益或达到其他非法目的,则不能视为正当化事由。二是管理和处理的事务必须是现实的,具有紧迫性。如果处于非紧迫现实的情形,不必立即处理,而可以告知被害人并得到其承诺或委托的,也不能视为正当化事由。三是必须具有被害人承诺的现实可能性,即根据当时的情况来看,行为人对被害人的某种权益损害,被害人事后应予以追认。四是其行为所损害的对象必须是被害人有权处分的个人合法权益,所采取的方法与程度也必须为社会所承认,不违反国家法律

---

① Vgl. Roxin/Greco, Strafrecht Allgemeiner Teil, Band Ⅰ, Grundlagen · Dev Aufbau der Verbrechenslehre, 5. Aufl., C. H. BECK, 2020, § 24 Rn. 107f.

与社会公序良俗。

七、义务冲突

义务冲突,是指存在两个以上不相容的义务,为了履行其中的某种义务,而不得已不履行其他义务的情况。例如,律师为了在法庭上维护被告人的合法权益,不得已泄露他人的隐私;又如,父亲带两个孩子出游,两个孩子同时掉进河流遇险,父亲只能救助其中一个孩子而未来得及救助另一个孩子,显然,对父亲不应当追究刑事责任。再如,家庭专职医生确诊丈夫感染艾滋病,但丈夫没有打算将此事告诉不知情和无防备的妻子。一方面,医生基于与妻子的治疗关系,有义务保护妻子的生命与健康,因而有义务告诉妻子,否则就可能构成相应的犯罪(如故意伤害罪或过失致人死亡罪);另一方面,从职业上的信赖保护来看,医生有义务保守丈夫私生活的秘密,否则就会侵害他人秘密。这两种义务相冲突,但医生必须履行其中一项义务。

义务冲突与紧急避险有相似之处,都必须迫不得已才可能实施。不同之处在于紧急避险用损害另一较小合法利益的方法保全更大的合法利益,是源于"合法利益"的冲突,从价值上判断"得偿其失",因而法律明示允许;而义务冲突则是选择实施了一个行为无奈就得放弃另一行为,是"义务"之间的抵触。对于紧急避险来说,是采用作为的方式,可以实施也可以放弃;对于义务冲突来说,是以不作为的方式实施,两个义务都必须实施,只是在发生冲突只能选择实施一个的情况下无奈放弃不履行另一个义务。在紧急避险场合,如果面临危险者选择忍受危险损害,可以不实行避险行为;在义务冲突场合,行为人履行义务是法律的要求。另外,从各国刑法规定来看,如果避险过当,或以大的利益换取小的利益时,行为人要负刑事责任;而在义务冲突时,只要履行了其中任一项义务都是可以排除违法性的。因此,在义务冲突的场合,如果行为人权衡义务失误,履行义务不当,一般不能受到刑事追究。

义务冲突必须具备以下基本条件:一是存在两个以上的义务。二是所存在的两个以上义务履行发生冲突。所谓冲突,是指履行一方的义务,必然导致不能履行他方义务的事态。三是行为人不负挑起冲突状况的责任。按照自招危险的情况,因故意或过失而引起冲突者的行为应当解释为违法。四是在两个义务发生冲突的情况下,必须根据现实情况,权衡义务的轻重。必须是为了履行重要义务或价值相同一方的义务,放弃非重要的义务;为了履行非重要义务而放弃重要义务的,可能成立犯罪。但是,在较为重要的义务难以履行的情况下,也可以选择容易履行并且能够履行的义务先行履行。但若存在权衡义务的失误,则不作犯罪处理为宜。

拓展阅读

紧急防卫权的基本原则①

现行的紧急防卫权建立在两个原则基础上:个人保护原则和法保护原则。这就是说,紧急防卫的正当化的条件,首先总是需要一种以防卫对个人法益的违法性攻击为目的的符合行为构成的行为,紧急防卫是为"个人提出的一种大胆的和在人民的法信念中扎根的保护权"。据此,能推断出许多符合逻辑的并且对紧急防卫权的解释很重要的结论。其次,对紧急帮助的权利,最多只能达到如同被侵害人能够进行防卫一样的程度;如果他不想这么做,那么,他就不需要任何个人的保护了,另外,这种攻击性举止行为也还是令人怀疑的。最后,反对不能犯未遂,即使这种未遂是应受刑事惩罚的,紧急防卫也是不允许的,因为未遂还没有危害个人的法益。

立法者在允许个人采取各种必要的防卫性保护的同时,还追求一般预防的目的。在人们谈论"法保护"或"法主张"作为紧急防卫权的指导思想时,指的就是一般预防的意图。应当追溯到法保护原则的还有一点,即个人保护不仅是在符合比例的范围内被提供的,而且也是在原则上不考虑所造成的损害可以大大超过所防止的损害时,以这种方式提供的:"对有着较低价值的利益的攻击,也同时包含着对法秩序的攻击,而法秩序本身同时也是保护着实施紧急防卫人的"。根据攻击的种类,一般预防的需要具有非常不同的强烈程度。在完全排除法保护的因素之外,也没有什么紧急防卫是在考虑之列的:对于不是基于自然人的行为无价值的危害来说,人们不能通过紧急防卫来防卫,而只能在正当化的紧急状态的界限之内来防卫。

在各种通过紧急防卫的正当化中,个人保护和法保护的原则必须同时发挥作用,在这里,法保护的各种需要以变化的方式影响了保护权的安排。在紧急防卫中为许多解释问题的解决方法提供了清楚标准的概略方案,基本上也符合了主流观点。人们在个别情况下也会努力,把紧急防卫要么仅仅建立在法保护的思想之上,要么建立在个人保护的原则之上。但是,根据那些已经概略性地提到的原因,人们不应当追随这种努力。

---

① Vgl. Roxin/Greco, Strafrecht Allgemeiner Teil, Band Ⅰ, Grundlagen · Dev Aufbau der Verbrechenslehre, 5. Aufl., C. H. BECK, 2020, §15 Rn. 1ff.

延伸思考

防卫过当减免刑罚的根据[①]

针对急迫不法的侵害,为了防卫自己或他人的权利而实施的行为,但不能说是不得已而为之,超出了防卫的程度,属于防卫过当,其不阻却违法性。在防卫过当的场合,其属于纯粹的"完全犯罪",而不是所谓的"一半是无罪"。不过,防卫过当虽属犯罪,但根据情状,可以减轻或免除刑罚。问题是,以何种根据认可此种刑罚的裁量的减免?

(1) 责任减少说。防卫过当可以减免刑罚的根据在于,在"急迫不法的侵害"这一紧急状态之下,被侵害者的心理受到了压迫而导致责任减少。在紧急状态之下不能冷静地判断,由于恐怖感等,防卫行为未能停顿在所允许的范围内而形成过当,但期待被侵害者在适法的限度内进行防卫行为的可能性减少,从而也就减少了非难可能性。这一见解有疑问。据此,要想肯定防卫过当,"对急迫不法的侵害的认识"具有决定性的意义,因为这种认识导致了心理的压迫状态,真要这样的话,防卫过当与假想防卫过当的区别也就变得不存在了。但是,防卫过当是承接正当防卫所作的规定,现实中"急迫不法的侵害"的存在是必要的,而责任减少说却未能将这一点反映到理论构成中,这是有问题的。实务上也是如此,与像伤害这样的能在量上把握的法益侵害不同,像生命侵害这样的不能用量来把握的法益侵害的场合,即便是防卫过当,也有必要肯定违法性的减少,而且,这也是可能的。

(2) 违法减少说。即便是防卫过当,也需要针对急迫不法的侵害而通过防卫行为维持了正当的利益,在肯定了这一点的场合,在此限度之内就能够肯定违法性的减少。在所引起的法益侵害是由于防卫行为而导致的场合,较之其他场合而言,违法性是减少的,从而产生了肯定刑罚减轻的理由。上述违法减少说指出了这一点,这可谓是妥当的,但要单看过当的结果的话,其成立完全的犯罪。虽然如此,防卫过当却甚至可以免除刑罚,而违法减少说解释这一点是有困难的。

(3) 违法责任减少说。为补充上述两说的不足,违法责任减少说是妥当的。防卫过当,在其属于针对急迫不法的侵害的防卫行为这一点上,较之并非如此的单纯法益侵害行为来说,必须肯定其违法性的减少,但是要想使防卫过当就连刑罚之免除也是可能的,就必须考虑心理的压迫状态所导致的责任减少,否则就无法说明。

[①] 参见〔日〕山口厚:《刑法总论》(第三版),付立庆译,中国人民大学出版社2018年版,第138—141页。

案例分析

1. 2013年3月15日晚,王某的一辆摩托车被盗。某日下午,当17岁的张某骑着摩托车路过时,王某认出该摩托车正是自己被偷的那一辆,便上前大喝一声:"小贼,还我摩托车。"张某见状扔下摩托车就逃,王某骑着借来的摩托车对张某紧追不放。追了一段路后,两人来到一条大河旁,张某见有大河横挡,便哭了起来。王某抓贼心切,紧紧逼上,并将张某撞入河中。王某来到河边,见张某在水中上下翻滚,又渐渐要沉入水中,便离开河边,骑上摩托车回家。事后张某被人发现已溺死在水中,家人告知,张某不识水性。

问题:王某的行为构成何罪?

2. 刘某,女,21岁,某县委机关干部。某日骑自行车下乡工作。在晚上返回县城的途中,遇到一位男青年抢劫,刘某看到四周旷无人烟,又是晚上,如果反抗肯定没用,便说:"我身上没有钱,只有这辆自行车,给你算了,但车上的那支打气筒是借别人的,给我留下好吗?"那男青年一边答应一边去推车,这时刘某突然乘其不备,用打气筒朝其脑袋猛击一下,将抢劫犯击倒在地,赶忙骑车去报案。当刘某来到一个最近的屯子时,只见一户人家有灯光,敲开门后得知家里有母女二人,母亲50多岁,女儿18岁。刘某向主人说明遭遇,母女深表同情,说天太晚了,更不安全,让她先在家住下,明早再报案,刘某思量再三,就答应了。刘某被安顿与这家女儿睡在一床。刘某人生地不熟睡不着,突然她听见老太太和另一陌生男人说话,正在告诉其刘某的不幸遭遇,那陌生男人听后十分惊慌,急忙问明刘某睡觉的位置和方向。老太太说,刘某睡在外侧,女儿睡在内侧。刘某越听越害怕,担心被那抢劫犯杀人灭口,情急之下悄悄将熟睡的女孩推到床的外面,自己睡到里面。果然没多久那抢劫犯就走了进来,手中拿了一把菜刀猛然向床外一人砍下,结果将自己的妹妹砍死了。

问题:紧急避险中是否可以为保全自己的生命而牺牲他人的生命?刘某的行为是否构成紧急避险或避险过当?

第十章　故意犯罪的未完成形态

第一节　故意犯罪的未完成形态概述

一、故意犯罪未完成形态的概念

故意犯罪的未完成形态,是指故意犯罪在其发展过程中,因某种主观或客观原因的影响,尚没有达到既遂而中途停止下来的状态。故意犯罪的形态包括未完成形态和完成形态,完成形态就是指既遂形态,未完成形态包括预备形态、未遂形态和中止形态。这里要注意犯罪形态和犯罪阶段之间的关系。

故意犯罪往往有一个产生、发展和完成的过程,这个犯罪过程可以根据不同的关键点而分为不同的阶段。犯罪过程开始于犯罪的预备行为,终于犯罪的既遂。在犯罪预备行为之前的犯意表示行为尚未进入犯罪过程,在犯罪既遂之后的返还财物、赔偿损失等行为也不能消灭已经完成的犯罪。犯罪过程包括三个阶段:犯罪预备阶段、犯罪实行阶段、实行后阶段。犯罪阶段是由一个节点走向另一个节点的"线段",各个节点的意义不同。犯罪预备阶段的起点是开始预备行为,终点是预备行为的完成。犯罪实行阶段的起点是着手实行,终点是实行行为的终了。这里要注意的是,着手并不是介于犯罪预备阶段和犯罪实行阶段之间的一个独立的阶段或点,也不是预备阶段的终点,而是实行阶段和实行行为本身的起点。着手的出现既是犯罪已开始实行的标志,也是宣告预备阶段和预备行为已经终了的标志。有些犯罪在实行行为终了以后,犯罪结果并没有马上出现,犯罪还没有既遂,因此在实行终了与犯罪既遂之间还有一个阶段,可以把这个阶段称为实行后阶段。例如,投毒行为结束以后,在被害人喝下毒药到死亡之间还有一个时间段,这个阶段就是实行后阶段。需要注意的是,并不是所有故意犯罪都有三个阶段,有的故意犯罪没有预备阶段,有的犯罪没有实行后阶段。但所有故意犯罪都有实行阶段,只是实行阶段的时间长短不一,有的犯罪一经着手就完成并既遂(举动犯),有的犯罪实行行为要经过一段时间才达到既遂(如非法拘禁行为经过24小时以后成立犯罪既遂)。

犯罪形态与犯罪阶段具有一定的联系,在犯罪预备阶段可以出现预备犯或中止犯,不可能出现未遂犯或既遂犯;在犯罪实行阶段和实行后阶段,可以出现未遂犯、中止犯或既遂犯。但犯罪形态与犯罪阶段的区别也是明显的。首先,犯罪形态是犯罪发展过程中停顿下来的状态,是"点",但犯罪形态不是连接犯罪阶段的各个"点";犯罪阶段是从观念上把犯罪发展过程划分出的"线段"。其次,犯罪阶段是前后相继、依次递进的,预备阶段先于实行阶段,实行后阶段后于实行阶段;犯罪形态不具有这种严格的先后顺序关系,例如,中止犯既可以是在预备阶段,也可以是实行阶段或实行后阶段。再次,某一具体故意犯罪不可能出现几种形态,但可能经过几个犯罪阶段。最后,故意犯罪形态影响量刑,犯罪阶段则不影响量刑,研究犯罪阶段是为研究犯罪形态服务的。

二、故意犯罪未完成形态的存在范围

故意犯罪的未完成形态只存在于直接故意犯罪中,在间接故意犯罪和过失犯罪中不存在未完成形态的犯罪。

关于间接故意犯罪是否有未完成形态的问题,理论界存在争议。传统观点采否定说,认为犯罪的未完成形态只存在于直接故意犯罪中;现在有学者采肯定说,认为间接故意犯罪也存在犯罪的未完成形态。[1]

例如,在向牵着名贵的狗散步的人所在的方向射击,子弹从狗和人之间穿过的场合,否定说会得出这样的结论:如果射击目的是杀人而放任狗的死亡,那么该行为就是故意杀人未遂;如果射击的目的是杀狗而放任人的死亡,那么该行为就是故意毁坏财物罪(不罚)。肯定说认为,"行为人的主观目的固然不同,但行为所引起的客观危险结果(子弹在人和狗之间近距离地穿过,客观上对人的生命或身体造成了现实的危险)却没有任何差别。既然如此,为什么要将对人的场合和对狗的场合区分开来,说对人的场合有未遂,而对狗的场合没有未遂呢?可见,认为间接故意犯罪不存在未完成形态的通说观点具有过分强调犯罪主观因素的嫌疑,明显不合理"。[2]

通说认为间接故意犯罪不存在未完成形态的观点并没有不合理之处,相反,肯定间接故意犯罪存在未完成形态的上述观点才真的不合理。区分既遂与未遂的关键应该是行为人的主观意向而非客观危险或结果,把"子弹从人和狗之间穿过"这一点从事实总体中切割出来单独评价,没有任何意义。如果把这个例子改成:行为人看见狗扑向人,为了保护人的人身安全而向狗开枪,结果子弹在人和狗之间穿过没有打中狗。上述肯定论者恐怕就不会把"子弹从人和狗之间穿过"而造成的对人的客观危险拿出来单独评价,也就不会认为行为人构成(间接)故意杀人罪的未遂。

过失犯罪以危害结果的出现为犯罪的核心,过失犯罪的实行行为和主观罪

---

[1] 参见张明楷:《刑法学》(第六版)(上),法律出版社2021年版,第429页。
[2] 黎宏:《刑法学总论》(第二版),法律出版社2016年版,第224页。

过都是从危害结果"倒推"出来的。如果没有出现危害结果,就不会考虑过失犯罪的实行行为和主观罪过,也就不会考虑过失犯的实行行为或预备行为在某个阶段停止下来的未完成状态。所以,过失犯罪只有一种形态。至于如何理解这种形态,有学者认为过失犯只有既遂形态,而没有预备、未遂和中止形态;有学者认为过失犯只有成立与否的问题,没有必要把过失犯称为既遂犯。本书赞同后者的观点,过失犯只有成立与否的问题,没有既遂与否的问题。从理论上来说,既遂与否反映了行为人的主观追求心理,而过失犯中行为人并不追求危害结果;从实践来看,把过失犯称为既遂犯没有实际意义。

第二节 犯罪预备

一、犯罪预备的概念与特征

我国《刑法》第22条第1款规定:"为了犯罪,准备工具、制造条件的,是犯罪预备。"据此,犯罪预备,是指为了实行犯罪,准备工具,制造条件,但由于行为人意志以外的原因而未能着手实行犯罪的犯罪形态。犯罪预备具有以下几个特征:

(一) 主观上是为了实行犯罪

犯罪预备的主观方面是"为了犯罪"。何为"为了犯罪"?有学者认为,为了犯罪既可以是为了实行犯罪,也可以是为了预备犯罪。这是对法条的文理解释。也有学者认为,为了犯罪仅限于为了实行犯罪,而不包括为了预备犯罪。后一种观点较为可取,"为了犯罪"仅限于为了实行犯罪,为了预备犯罪而准备工具、制造条件的不能成立犯罪预备。例如,甲、乙二人为了抢劫银行而去购买切割机,因钱款不够又先变卖甲家中的电视机。购买切割机是为了实行犯罪,属于犯罪预备;但变卖电视机的行为,是预备的预备,不属于犯罪预备。另外,为了犯罪,既可以是为了自己实行犯罪,也可以是为了他人实行犯罪。

(二) 客观上实施了犯罪预备行为

刑法把犯罪预备行为分为两种:准备工具、制造条件。实际上,准备工具也属于为了犯罪制造条件的行为,只是由于其是最常见的制造条件的行为,所以刑法单独予以规定。准备工具是指寻找、制造或加工用于犯罪的工具。所谓犯罪工具,包括犯罪人进行犯罪活动所用的一切器械和物品。如用于杀害被害人或排除被害人反抗的刀枪、棍棒、绳索等;用于破坏、分离犯罪对象物品的钳剪、锯锉、爆炸物等;用于进行犯罪活动或逃离犯罪现场的汽车、摩托车等交通工具;用于掩护犯罪或毁灭罪证的面罩、化学物品等。制造条件,是指除准备工具以外的一切为实行犯罪制造条件的预备行为。制造条件主要表现为:(1)制造实行犯罪的客观条件,如调查被害人行踪、勘查犯罪场所、出发前往犯罪场所、守候被害人的到来等;(2)制造实行犯罪的主观条件,如商议犯罪计划等;(3)制造实行犯罪的主体条件,如勾结犯罪团伙、寻找共犯人等。

(三)事实上未能着手实行犯罪

犯罪预备停止于犯罪的预备阶段,尚未着手实行犯罪。是否着手实行,是犯罪预备与犯罪未遂的区别标志。如果行为人已经着手,就不可能再是犯罪预备。未能着手实行包括:(1)预备未终了,即预备行为没有实施终了,由于意志以外的原因不能继续实施预备行为;(2)预备终了,即预备行为已经实施终了,但由于意志以外的原因而未能着手实行。

(四)未能着手实行是由于行为人意志以外的原因

在着手实行之前停止下来并非行为人的自愿,而是由于其意志以外的原因。如果是行为人自愿停止下来,则成立预备阶段的犯罪中止。这里所说的意志以外的原因,是指足以阻止其着手实行犯罪,迫使其不得不停止下来的各种主客观要素。这些要素主要包括:(1)作案条件不成熟。如时间地点不适合犯罪,被害人闻讯逃跑或防范措施严密,难以下手。(2)自身能力限制。如打不开防盗门而未能入户盗窃,前往犯罪场所的途中突发急病。(3)外部因素的介入致使行为人无法实行犯罪。如在着手前就被司法机关或群众抓获。

二、犯罪预备与犯意表示的区别

犯意表示是指具有犯罪意图的人,通过一定的形式,单纯地将自己的犯罪意图表露出来的外部活动。犯意表示与犯罪预备存在相同之处:二者都是一种行为,犯意表示是一种言词行为,犯罪预备是为犯罪创造条件的行为;二者都反映了行为人的犯罪意图;二者都不能对法益造成直接的、现实的侵害或破坏。

犯罪预备与犯意表示的区别主要有:(1)犯意表示是通过口头或书面的形式,简单地将犯罪意图表露出来;而犯罪预备是通过各种具体的活动为实行犯罪创造条件。(2)犯意表示停留在单纯的犯罪思想阶段,尚未通过实际的犯罪行为将犯罪意图付诸行动;而犯罪预备则是将犯罪目的与犯罪行为有机地结合起来,直接开始实施犯罪的准备活动。(3)犯意表示的危害性是潜在的、纯粹精神上的威胁,并不包含对法益的实际危险;而犯罪预备已经使法益面临实际的危险。

三、犯罪预备的刑事责任

我国《刑法》第22条第2款规定:"对于预备犯,可以比照既遂犯从轻、减轻处罚或者免除处罚。"在司法实践中,处罚预备犯时应当把握以下几点:

(1)从预备犯的主客观特征可以看出,预备犯的社会危害性一般要小于既遂犯和未遂犯,故对预备犯的处罚一般要轻于既遂犯和未遂犯,这是我国《刑法》罪刑相适应原则的必然要求。追究预备犯的刑事责任应当体现这一要求。

（2）对于预备犯的处罚，是"可以"比照既遂犯从轻、减轻或免除处罚。"可以"表明此处为授权性法律规范，一般情况下，对预备犯比照既遂犯从轻、减轻或免除处罚，如果符合《刑法》第13条但书规定的"情节显著轻微危害不大"的情形，还应当依法不认定为犯罪；如果行为人是准备特别严重的犯罪，或准备犯罪的手段特别恶劣等，也可以不予从轻、减轻或免除处罚。

（3）对于预备犯裁量刑罚时，所"比照"的既遂犯，应当是预备犯向前发展可能形成的，或必将出现的既遂犯或类似的既遂犯，预备犯与所比照的既遂犯之间具有合乎逻辑的因果关系。例如，行为人为持枪抢劫而制造枪支的行为就是持枪抢劫的预备犯，应比照持枪抢劫的既遂犯处理，而不能比照一般的抢劫罪处理。

（4）对于预备犯如何比照既遂犯从轻、减轻或免除处罚，应当综合考虑预备犯罪的各方面情节因素，主要因素有：预备犯罪的罪行性质和严重程度，预备行为的性质、严重程度以及进展程度，未能着手实行犯罪的原因以及行为人主观恶性的大小等。

第三节　犯罪未遂

一、犯罪未遂的概念与特征

根据我国《刑法》第23条的规定，犯罪未遂，是指行为人已经着手实行犯罪，由于其意志以外的原因而未得逞的一种犯罪停止形态。犯罪未遂必须具备如下特征：

（一）已经着手实行犯罪

如何判断行为人是否已经着手实行犯罪，是一个理论难点。例如，行为人从身上掏出手枪—瞄准—扣动扳机—子弹射向被害人的一系列行为中，哪一点是着手实行？又如，行为人从地上捡起石头—瞄准—投掷—石头飞向被害人的一系列行为中，哪一点是着手实行？关于着手实行的认定，国外刑法理论存在许多不同的学说。[①] 我国刑法学界关于着手的认定，主要存在形式客观说与实质客观说的争论。

形式客观说认为，所谓着手实行，是指行为人已经开始实施刑法分则所规定的某一具体犯罪构成要件的行为，如开始实施故意杀人罪的杀害行为，开始实施

---

① 参见张明楷：《未遂犯论》，法律出版社、成文堂1997年版，第51页以下。

抢劫罪中侵犯人身的行为和劫取财物的行为。① 形式客观说是我国的通说。实质客观说批评形式客观说不合理：首先，形式的客观说认为开始实施杀人行为的时候是故意杀人罪的着手，开始实施抢劫行为的时候是抢劫罪的着手。这无疑是正确的，但问题恰恰在于如何判断是否开始了杀人行为。例如，用枪杀人、用石头杀人、用木棒杀人等行为中，什么时候可以认定为开始了杀人行为？形式客观说并没有提供一个标准。其次，形式客观说在某些场合会使着手提前。例如，《刑法》第 243 条规定的诬告陷害罪的客观行为是"捏造事实诬告陷害他人"，如果形式客观说认为开始实施"捏造事实"的行为就是着手，就会使诬告陷害罪的着手提前。实际上，诬告陷害罪的着手应该是向有关机关告发的行为。最后，形式客观说在另一些场合又会使着手推迟。例如，行为人以强奸为目的，夜间潜入妇女房间，正在脱自己衣服时，妇女醒来，行为人被抓住。此时，行为人尚未使用刑法分则所规定的暴力、胁迫或其他手段，按照形式客观说就不能认定行为人已经着手实施强奸。这使得强奸罪的着手过于推迟。因此，实质客观说认为，不应该从形式上看是否实施了刑法分则规定的构成要件行为，而应该从实质上看法益侵害的危险性是否达到了紧迫程度，当行为具有引起某种犯罪结果的紧迫危险时，就是着手。实质客观说是我国的有力说。②

实质客观说所确立的认定着手的实质标准是合理的，形式客观说的缺陷在于没有提供一个明确的标准，但形式客观说采用的犯罪构成的类型分析方法对于着手的认定具有意义。③ 对于犯罪实行行为着手的认定，应注意以下几点：

第一，以法律所规定的具体犯罪的罪状为认定着手的依据。对于以叙明罪状的方式规定的犯罪，应当按照法律规定的行为方式来判断着手。例如，刑法规定抢劫罪的行为方式是"暴力、胁迫或其他方法"，只要开始实施其中一个行为就是着手。对于以简单罪状的方式规定的犯罪，应当按照犯罪行为的性质来认定着手，例如对于故意杀人罪、故意伤害罪，应该根据行为对生命、身体的危险性来认定着手。对于以空白罪状的方式规定的犯罪，则要借助于其他法律规定来认定着手。例如，非法捕捞水产品罪和非法狩猎罪中"使用禁用的工具、方法"必须参考其他行政法律规定。

第二，以实行行为的形式和内容为认定着手的基础。对于选择的实行行为（例如，走私、贩卖、运输、制造毒品），开始实施其中的任何一个行为时即为着手；对于并列的实行行为（例如，招摇撞骗罪中的"冒充国家工作人员"与"行

---

① 参见高铭暄、马克昌主编：《刑法学》（第十版），北京大学出版社、高等教育出版社 2022 年版，第 152 页。
② 参见张明楷：《刑法学》（第六版）（上），法律出版社 2021 年版，第 441 页。
③ 参见高铭暄主编：《刑法专论》（第二版），高等教育出版社 2006 年版，第 304—305 页；马克昌主编：《犯罪通论》（第三版），武汉大学出版社 1999 年版，第 443—445 页。

骗",诬告陷害罪中的"捏造犯罪事实"与"告发"),开始实施第二个行为时即为着手;对于双重的实行行为(强奸罪中的"暴力、胁迫、其他方法"与"奸淫",抢劫罪中的"暴力、胁迫、其他方法"与"劫取"),开始实施第一个行为时即为着手。

第三,以行为所造成的紧迫的危险为认定着手的标准。这里尤其要注意几种特殊犯罪着手的认定。间接正犯的着手应该采取被利用者标准说,而不应该采取利用者标准说。例如,医生把毒药交给不知情的护士,让护士把毒药给病人吃掉。医生把毒药交给护士的行为还不是故意杀人罪的着手,只有护士把毒药给病人的行为才对生命造成了紧迫的危险,才是故意杀人罪的着手。隔离犯的着手一般应该采取到达主义,而不是发送主义。例如,行为人把掺入毒药的食品从南京寄给北京的被害人,行为人寄送的时候不是着手,被害人收到的时候才是着手。但是如果寄送的是随时可能爆炸的爆炸物,则寄送的时候就是着手。不真正不作为犯的着手也应以法益面临紧迫危险为标准。例如母亲不给婴儿喂乳而致其死亡的案件,母亲首次不给婴儿喂乳的行为还不是着手,当婴儿的生命已经面临严重危险(不需要达到生命垂危、奄奄一息的程度)时不喂乳才是着手。

(二) 犯罪未得逞

犯罪未得逞是犯罪未遂与犯罪既遂的区别点,得逞的是犯罪既遂,未得逞的就是犯罪未遂。关于犯罪未得逞的认定标准,我国刑法学界存在不同的观点。犯罪目的说认为,犯罪未得逞是指没有发生行为人所希望或放任的、行为性质所决定的侵害结果,即故意的意志要素没有实现。[1] 犯罪结果说认为,犯罪未得逞是没有发生法定的犯罪结果。[2] 法益毁灭说认为,犯罪未得逞是指行为人意图侵犯的法益未遭受毁灭性侵犯。[3] 构成要件齐备说认为,犯罪未得逞是指没有齐备犯罪的构成要件。构成要件齐备说是我国的通说。上述四种不同的观点,表述方式各不相同,但实际上各种观点并没有原则上的差异,在一些具体犯罪既遂的认定上结论也完全相同。

本书赞同构成要件齐备说,认为构成要件齐备的就是犯罪既遂,构成要件不齐备的就是犯罪未遂。由于构成要件具有不同的类型,因此,犯罪得逞与否,即犯罪既遂与否的认定,不能脱离构成要件的类型。

1. 结果犯

关于行为犯与结果犯的区别,在国外刑法理论上存在不同观点。第一种观

---

[1] 参见张明楷:《刑法学》(第六版)(上),法律出版社2021年版,第445页。
[2] 参见周光权:《刑法总论》(第四版),中国人民大学出版社2021年版,第278页。
[3] 参见李立众:《犯罪未完成形态适用》,中国人民公安大学出版社2012年版,第116页。

点认为,两者的区分标准在于构成要件要素中是否包含了结果:在构成要件中只规定了行为内容的犯罪为行为犯,在构成要件中规定了结果要素的就是结果犯。第二种观点认为,行为犯与结果犯的区别在于行为终了与结果发生之间是否具有时间上的间隔:结果犯在行为终了与结果发生之间时间上存在间隔,而行为犯则没有间隔。第三种观点认为,行为犯与结果犯之间的区别在于行为是否侵害了特定的行为对象:对特定行为对象的侵害属于构成要件要素的犯罪就是结果犯,对特定行为对象的侵害不是构成要件要素的犯罪便是行为犯。第四种观点反对行为犯的概念,认为只有结果犯,没有行为犯。①

我国通说认为,结果犯是指不仅要实施具体犯罪构成客观要件的行为,而且必须发生法定的危害结果才构成既遂的犯罪。结果犯是以法定的危害结果的发生与否,作为犯罪既遂与未遂区别标志的犯罪。所谓法定的危害结果,是指犯罪行为通过对犯罪对象的作用而给法益造成的物质性的、可以具体测量的、有形的损害结果。这一危害结果必须是客观的、有形的、物质性的、法定的。

根据犯罪主观方面不同,结果犯可以分为过失的结果犯、间接故意的结果犯和直接故意的结果犯。在过失的结果犯中,法定的危害结果是构成过失犯罪的必要条件,如果没有发生该危害结果,犯罪就无从成立。因此,过失的结果犯只有成立与否的问题,而不存在既遂未遂的问题。间接故意的结果犯,只有既遂没有未遂。对于间接故意犯罪来说,没有发生法定的危害结果,犯罪没有成立;发生了法定的危害结果,犯罪就既遂。只有直接故意犯罪才存在既遂与未遂两种不同的犯罪形态,"未得逞"的判断也是相对于直接故意的结果犯而言。

2. 行为犯

行为犯,就是以法定的犯罪行为达到一定程度作为既遂标志的犯罪,行为没有达到一定程度的即是犯罪未遂。例如,强奸(妇女)罪以性器官的插入为既遂的标志,奸淫幼女型的强奸罪以性器官的接触为既遂的标志。行为犯与结果犯虽然既遂的表现形式不同,但本质一样,即都要求达到严重的法益侵害性程度。只不过,结果犯的法益侵害性程度是通过"行为"加"结果"表现出来的,而行为犯的法益侵害程度是通过"行为的程度"表现出来的。

3. 具体危险犯②

具体危险犯,是指以行为实施当时的具体情况为根据,认定行为具有造成法

---

① 参见张明楷:《法益初论》(增订本)(下册),商务印书馆2021年版,第468—470页。
② 与具体危险犯相对应的是抽象危险犯。抽象危险犯是指,以一般的社会生活经验为根据,将具有发生某种抽象的侵害法益危险的行为类型化之后所规定的犯罪,比如我国刑法中的危险驾驶罪,生产、销售有毒、有害食品罪,生产、销售假药罪等。抽象危险犯一般而言只存在犯罪的成立与否,不存在犯罪既遂与未遂之分,比如醉驾型危险驾驶罪,只要车辆驾驶人员血液中的酒精含量大于或者等于80 mg/100 ml 的就成立本罪,即便是出于意志以外的原因没有达到此标准的也不作为未遂处理,而是一律不入罪。

定的危险状态作为既遂标志的犯罪,行为没有造成法定危险状态的是犯罪未遂。例如,我国《刑法》第114条规定的放火罪就是具体危险犯,只有根据行为当时的具体情况(火力大小、与可燃物距离的远近等),客观地认定使对象物燃烧的行为具有公共危险时,才能成立放火罪。应该从三个阶段来判断行为是否造成了法定危险状态。

第一阶段,把行为实施时存在的所有具体客观事实抽象为两类:一类是促使侵害结果发生的诱因,另一类是阻碍侵害结果发生的救助因素。这种区分在行为后进行,以犯罪停止时的所有事实为基础,以科学的因果法则为标准。由于这两种因素的性质完全相反,因此实践中的区分并不困难。主要存在的问题有两个:一是有些事实是否存在,行为人的认识、一般人的认识与事后查明的结论三者之间可能不一致。例如,有些事实,行为人或一般人在行为当时并没有认识其存在,但事后查明确有其事,或相反,那么,应该以事后查明的结论为基础。二是对于某些事实的性质(是属于诱因,还是属于救助因素),行为人的认识、一般人的认识与科学标准可能不一致,此时也应按照科学标准来分类。

第二阶段,以科学的因果法则为标准,立足于行为实施当时,判断促使侵害结果发生的诱因是否已经使特定法益陷入了危急之中。这里要注意两个问题:一是必须出现了行为对象,在行为对象出现之前不应该肯定具体危险的存在。这一点常常为我国学者忽视。例如,有学者认为,"行为人将一块大石头搬上轨道,但在火车即将到来时自动移走了石头",该行为"宜认定为破坏交通设施罪的中止犯",但是"行为造成了公共交通的具体危险"①。由于火车还没有出现,缺乏侵害的对象,该行为还没有产生具体危险;具体危险不是把石头搬到铁轨上这一行为本身的危险。二是客观事实已经使特定法益陷入了危急之中,此时,继续任由事态发展,损害的出现不可避免。具体来说,"在偶发的意外救助来到前,危险会随时转变为实害,亦即具体危险系一个与行为脱离的法益危急状况……例如,若把无自救力之人遗弃在深山中,该遗弃行为并不等于具体危险,但有猛兽接近时,即有具体危险;换言之,具体危险不能从遗弃无自救力之人在深山中,即有可能有猛兽接近的角度来理解,而必须从是否出现猛兽(危急状况)来判断"②。又如,打碎汽车车窗玻璃、拆掉汽车一个轮胎的行为,并不会出现我国《刑法》第116条规定的具体危险。要认定该危险,"就必须科学地、物理地通过专业鉴定至少证明以下客观事实内容:(1)该车辆在这种状态下仍然可以行驶;(2)这种驾驶会导致直接的冲撞或倾覆事故;(3)司机可能在启动前或开始运行中意识不到该车辆的这一缺陷;(4)该车辆正在投入使用中;(5)该车辆在

---

① 张明楷:《刑法学》(第六版)(上),法律出版社2021年版,第489页。
② 许泽天:《遗弃罪之研究》,载《东吴法律学报》2010年第2期。

定期或常规检查或修理前实际上投入运行。缺乏以上任何一个条件,构成具体危险犯的危险即不能成立"①。

第三阶段,当行为已经使特定法益陷入危急中之后,再以一般人的认识为标准,判断阻止侵害结果发生的救助因素的出现是否值得信赖:如果一般人认为救助因素会出现,则没有危险,如果一般人认为救助因素不会出现,则有危险。例如,行为人对食堂水缸投毒,如果食堂工作人员每次用水时都要检测水质,那么该投毒行为没有产生具体危险,因为一般人相信毒药随时会被检测出来;如果是食堂工作人员因为偶然原因发现水中有毒,那么该投毒行为产生了具体危险,因为此时不存在值得信赖的救助因素(随时检测)。又如,如果行为人对安装有高性能防火设备的建筑物放火,则没有具体危险;如果只是偶然的一场暴雨将大火浇灭,因为人们无法信赖暴雨会及时降落,所以有具体危险。

这里需要注意两个问题:一是诱因已经使行为对象陷入危急之中(即第二阶段判断),是危险存在的推定。但是,危险存在的推定并不等于危险真实存在,如果一般人还能信赖某种救助因素的出现,那么就应当否定具体危险的推定。例如,把无自救力之人遗弃在深山中,当猛兽(危急状况)出现时,可以推定产生了具体危险;但是,如果被遗弃者一开始就处于好心的猎人的保护之中,则当猛兽(危急状况)出现时,一般人仍可信赖猎人的救助,此时,应该否定具体危险的存在。如果只是在猛兽(危急状况)出现时,猎人偶然地发现并解救了被害人,则一般人难以信赖猎人会及时出现并予以救助,此时,应该肯定具体危险的存在。二是对于救助因素能否出现,应以一般人的认识为标准,立足于行为实施时进行判断;而不能以科学的因果法则为标准,站在行为后进行判断。例如,面对行为人的危险驾驶,对面来车的司机因为一阵突如其来的狂风(或凭借超人的杂技般驾驶)而得救。如果立足于行为实施完后,以科学的因果法则为标准进行判断,则可以肯定救助因素的存在:事实上,正是狂风的力量把一辆汽车吹到了路边(或正是对面的司机的超人的驾驶技术)使其躲过一劫。但是立足于行为实施时,一般人难以相信会出现一阵狂风将一辆汽车吹到路边,也难以相信司机会有如此超人的驾驶技术。行为是否使对象陷入危急之中的判断,应该依照科学因果法则进行(第二阶段判断);救助因素能否出现的判断,应该依照一般人的认识进行(第三阶段判断)。

(三) 犯罪未得逞是行为人意志以外的原因所致

犯罪行为在着手实行以后之所以未得逞,是由于行为人意志以外的原因所

---

① 李海东:《社会危害性与危险性:中、德、日刑法学的一个比较》,载陈兴良主编:《刑事法评论》(第4卷),中国政法大学出版社1999年版,第15页。

致,这是犯罪未遂的又一重要特征,也是犯罪未遂与着手后的犯罪中止区别的关键。这种原因使行为人的犯罪意志被迫中断,对犯罪意志起着削弱、排斥、阻止的作用。而且"意志以外的原因"应是"足以阻止犯罪意志的原因"。这可以从质和量两个方面来判断。首先,从性质上看,行为人"意志以外的原因"应该是阻碍其实行和完成犯罪的意志与活动的因素。在司法实践中具有阻碍犯罪意志和犯罪活动完成作用而有可能被认定为行为人"意志以外的原因"的因素,大致可以分为三类:(1) 行为人本人以外的原因,包括被害人、第三者、自然力、物质障碍、环境、时机等方面对完成犯罪具有不利影响的因素;(2) 行为人自身方面对完成犯罪有不利影响的因素,如其能力、力量、身体状况、犯罪技巧等的缺乏或不佳情况;(3) 行为人主观上对犯罪对象情况、犯罪工具性能以及犯罪结果是否已发生或必然发生等的错误认识。其次,从"量"上来看,行为人"意志以外的原因"还应该是足以阻止其犯罪意志的原因。其量的要求就是必须达到足以阻止犯罪意志和犯罪活动完成的程度。前述的对犯罪完成有不利影响的因素,并非都能达到足以阻止犯罪意志和犯罪活动完成的程度,因而不能一概地认定为作为犯罪未遂特征的"意志以外的原因"。例如,在行为人完全或主要是基于认识错误(如对犯罪对象、犯罪工具、犯罪客观环境、犯罪因果关系认识错误)而放弃犯罪的继续实施和完成的情况下,这种认识错误是足以阻止其犯罪意志和犯罪活动完成的因素,因而应认定犯罪未完成是由于行为人意志以外的原因所致,构成犯罪未遂。但如果行为人明知自己遇到的是显然不足以阻止犯罪完成的不利因素,如抢劫、强奸等暴力犯罪中发现被害人是熟人或在暴力犯罪中被害人有轻微的挣扎、反抗,行为人在此情况下放弃犯罪的完成,就不能将这种不利因素认定为作为犯罪未遂特征的行为人"意志以外的原因"。

二、未遂犯与不能犯的区别

未遂犯虽然没有发生危害结果,但行为本身是有危险的,只是由于意志以外的原因才未得逞。因此,未遂犯仍然构成犯罪,应当追究刑事责任。如果行为人基于犯罪故意实施了某种行为,该行为没有产生危害结果,而且行为本身也没有危险,那么该行为就不应该作为犯罪来处理,而是不能犯。例如,为了杀人而使用巫蛊之术,就是不能犯。未遂犯与不能犯的相同点在于主观上行为人都有犯罪故意,客观上行为都没有产生危害结果;两者的不同点在于未遂犯的行为具有危险性,而不能犯的行为不具有危险性。因此,区别未遂犯与不能犯的关键就在于判断行为是否具有危险性。对此问题,学界存在很大争议。本书赞同新客观说(具体危险说)。①

(一) 主观未遂论

主观未遂论侧重于从行为人的主观方面来判断行为是否具有危险。主观未遂论主要包括计划理论与印象理论。主观未遂论主张除迷信犯之外的所有未完成的犯罪都必须处罚。

1. 计划理论

计划理论(抽象的危险说)认为,应当以行为人在行为当时所认识到的事实为判断基础,以一般人的立场为标准来判断有无危险。如果一般人认为按照行为人的计划实施行为具有发生结果的危险性,就是未遂犯;如果一般人认为即使按照行为人的计划实施行为也不具有发生结果的危险性,就是不能犯。例如,行为人误把白糖当作砒霜进行投毒,行为人的计划是投放砒霜,一般人认为投放砒霜的行为具有杀人的危险性。但是,如果行为人以为白糖可以杀人而投放了白糖,则一般人认为行为人的计划没有危险性,因而是不能犯。我国的传统观点采取的是这种计划理论。

2. 印象理论

印象理论在计划理论的基础上强调了"法动摇的印象"。具体来说,如果按照行为人的计划实施行为,将动摇公众对法秩序有效性的信赖与法和平的感觉,就成立未遂犯;如果即使按照行为人的计划实施行为,也不会动摇公众的法感觉,就是不能犯。该说试图引入"法动摇的印象"这一社会心理学上的客观标准来对计划理论进行限制,但在具体的结论上,印象理论与计划理论几乎完全一致。

(二) 客观未遂论

客观未遂论认为,未完成犯罪的处罚根据不是行为人的危险计划,也不是行为对公众法感觉的动摇,而是行为对法益的侵害危险。但是对于如何判断行为是否具有法益侵害的危险性,客观未遂论内部存在不同的看法。

1. 旧客观说(客观危险说)

旧客观说以行为时存在的全部事实为判断基础,以科学的因果法则为标准,立足于裁判时来判断行为的危险性。如果行为人所意欲的侵害结果一开始就不可能实现(绝对不能),就不具有危险性,成立不能犯;如果行为本身虽具有实现

---

① 有两点需要说明。第一,我国多数教材受日本刑法学影响,采用"抽象危险说""客观危险说""具体危险说"等表述方式。但是这种表述不够确切,具体危险也是客观危险,而且抽象危险说、具体危险说很容易与抽象危险犯、具体危险犯混淆。本书尽量避免这些表述,而代之以计划理论、旧客观说、新客观说。第二,这里的"不能犯"概念与我国传统刑法学中的"不能犯未遂"概念[参见高铭暄、马克昌主编:《刑法学》(第十版),北京大学出版社、高等教育出版社 2022 年版,第 155 页]不同。传统刑法学中的不能犯未遂是相对于能犯未遂而言的,属于未遂犯,构成犯罪;本部分内容中的不能犯是相对于未遂犯而言的,不构成犯罪。

侵害结果的可能性，只是在特定情形下未发生侵害结果（相对不能），就具有危险性，成立未遂犯。旧客观说又称绝对不能、相对不能区别说。

2. 新客观说（具体危险说）

新客观说以一般人能够认识的事实以及行为人特别认识到的事实为判断基础，以一般人的立场为标准，立足于行为实施当时来判断行为有无危险性。例如，行为人向躺在床上的尸体开枪射击。如果一般人能够认识被害对象为尸体（即使行为人不认识），那么向尸体开枪没有杀人的危险，行为人开枪的行为是不能犯；如果一般人没有认识到被害对象是尸体，行为人也没有认识到对象是尸体，则向人射击的行为具有危险性，构成未遂犯；如果一般人没有认识对象是尸体，但行为人特别认识到对象是尸体，则属于向尸体射击的行为，没有杀人的危险。在我国采取新客观说，有利于限制未遂犯处罚范围，具有一定可取性。

（三）本书的立场

本书赞同新客观说（具体危险说），认为主观未遂论与修正的旧客观说（修正的客观危险说）使得未遂犯的处罚范围要么过宽，要么过窄。我国刑法理论的传统观点与司法实践采用的是主观未遂论中的计划理论。例如，1994年12月20日最高人民法院《关于适用〈全国人民代表大会常务委员会关于禁毒的决定〉的若干问题的解释》第17条规定，"不知道是假毒品而当作毒品走私、贩卖、运输、窝藏的，应当以走私、贩卖、运输、窝藏毒品犯罪（未遂）定罪处罚"。按照该规定，只要行为人不知道是假毒品，即使一般人都能够知道是假毒品，也要作为犯罪（未遂）来处理。这使得处罚范围过宽。

修正的旧客观说虽然是我国的有力学说，但是也存在如下很多缺陷：

首先，该说导致犯罪的处罚范围过窄，结论有时候难以为公众所接受。例如，该说认为行为人基于杀人的故意误把尸体当作活人加以杀害的行为，一律不成立犯罪，属于不能犯。但是，对一个刚刚猝死1分钟，行为人和一般人都认为是"活人"的尸体进行砍杀的，如果不当作犯罪来处理，恐怕难以为普通民众所接受。

其次，该说的方法难以操作。我国主张修正的旧客观说的学者都认为要对行为时存在事实进行一定程度"抽象"。例如，乙站在某地未动，甲瞄准其头部开枪。但甲刚扣动扳机时，乙移动了身体，甲的子弹没有打中乙。如果不对客观事实进行一定的抽象，且坚持事后的判断，那么甲的行为就是不能犯。因为事后来看，在乙突然移动身体的情况下，甲瞄准乙原来的头部位置开枪，必然不能造成乙的死亡。但否认甲的行为构成犯罪，显然不合适。于是该说把客观事实抽象为"甲向乙的头部开枪"，从而得出甲构成杀人未遂的结论。但是，这种"抽象"是与其所主张的以行为时存在的全部事实为判断基础的观点相矛盾的，而且抽象的依据和程度也是不明确的。实际上，在这种情况下，一般人和行为人都认为是"向乙的头部开枪",而客观上恰恰不是"向乙的头部开枪"。可见,修正的旧客观说实际上采用的是新客观说的标准。

最后,修正的旧客观说把未遂犯的危险视为具体危险犯的危险。但是,未遂犯的危险与具体危险犯的危险在形式、实质和判断方法等方面都具有很大的不同。① 具体危险犯的危险"是一种物理上客观的危险",表现为对行为客体的实害可能性;但是,未遂犯的危险"不一定是物理的、科学的危险,而是以行为的具体情况为基础,从一般人的角度出发来判断的类型上的危险……危险并不意味着科学的、物理的危险自身,而是一般人所具有的恐惧感,是社会心理的危险"②。

三、犯罪未遂的刑事责任

关于未遂犯的刑事责任,在近现代各国刑法中,主要有必减主义、不减主义(同等主义)和得减主义三种规定。我国《刑法》第23条第2款规定:"对于未遂犯,可以比照既遂犯从轻或者减轻处罚。"这一规定采取的是得减主义的处罚原则。正确适用这一规定,应当注意以下几点:

(1) 对未遂犯定罪量刑,应当同时引用《刑法》第23条和分则具体犯罪条文。在罪名后应加括号标明未遂形态,如"故意杀人罪(未遂)"。

(2) 对于未遂犯一般应当予以从宽处罚。所谓"可以比照既遂犯从轻或减轻处罚",表明的是法律的一种倾向性要求,即与既遂犯相比,对未遂犯一般要从轻或减轻处罚。

(3) 对未遂犯确定是否从轻、减轻处罚时,应把未遂置于全案情节中统筹考虑。因为影响案件社会危害程度的有主客观诸方面的多种情节而非未遂一种情节,而且未遂情节是与全案的其他情节一起影响、决定案件的危害程度的。如果综合全部案情看,未遂案件的危险性与既遂相比较轻或显著较轻,而且未遂情节在全部情节中居于举足轻重的地位,从而阻却案件的危害程度的,就可以决定对未遂犯予以从轻或减轻处罚。

(4) 在对未遂犯决定从宽处罚的基础上,为正确确定从宽的幅度,必须合理判定未遂与既遂危害程度的差别。这时主要应当考虑如下几种因素:未遂距离犯罪完成的远近程度,犯罪未遂所属的类型,未遂所表现出来的行为人的主观恶性大小。

(5) 对犯罪性质严重,主观恶性深,又造成一定危害结果的犯罪未遂可以与既遂犯同等处罚。

---

① 参见欧阳本祺:《论刑法上的具体危险的判断》,载《环球法律评论》2012年第6期。
② 〔日〕大谷实:《刑法讲义总论》(第四版),成文堂2012年版,第376页。

第四节 犯罪中止

我国《刑法》第 24 条第 1 款规定:"在犯罪过程中,自动放弃犯罪或者自动有效地防止犯罪结果发生的,是犯罪中止。"根据这一规定,我国《刑法》中的犯罪中止,是指在犯罪过程中,行为人自动放弃犯罪或自动有效地防止犯罪结果发生,而未完成犯罪的一种犯罪停止形态。在犯罪中止这种犯罪形态中包括两个行为,一是中止之前的犯罪行为,二是中止行为,前者决定了行为的犯罪性,后者决定了犯罪的中止性。

一、犯罪中止减免刑罚的根据

我国《刑法》第 24 条第 2 款规定,对于中止犯应当减轻或免除处罚。这里涉及中止犯的处罚根据,即中止犯的法律性质。对此问题的不同理解直接关系到对中止犯成立条件的认定。关于中止犯减免刑罚的根据,即中止犯的法律性质,大致分为政策说与法律说两种研究路径,二者的最大区别在于,是否在犯罪成立要件的框架之内探求减免中止犯之刑的根据。

政策说超越犯罪成立要件的框架,从刑事政策中找寻根据,强调中止犯规定的预防功能,认为对于已开始实施犯罪者,通过给予减免其刑的恩惠,为其架设一座"回归的金桥",可以最大限度地防止犯罪的完成,因而又称为奖励说。其特征在于:一是认为中止犯的性质是独立于犯罪成立要件的问题,将二者分离开来;二是该说关注的是中止行为,认为应将中止行为区别于作为未遂犯(预备犯)之处罚基础的实行行为(预备行为);三是其设想的刑事政策是像心理强制说或消极的一般预防论那样,从利害打算的角度作用于行为人心理,从而诱导行为人实施中止行为。①

法律说是在犯罪论的框架内,从违法性、责任等犯罪成立要件的角度进行解释。其特征在于:一是把中止犯性质与犯罪成立要件联系在一起;二是通过比照作为未遂犯之处罚基础的实行行为,以把握中止行为的含义。法律说内部包括违法减少说与责任减少说。违法减少说主张故意属于主观违法要素,把中止犯整体作为违法性的评价对象,认为事后放弃故意或自己防止了犯罪结果发生的,就减少了作为未遂犯之处罚根据的犯罪结果发生的现实危险以及行为本身的反社会性,应认定减少了违法性。责任减少说认为,未遂犯与中止犯在客观违法性的层面上是同一的,二者的区别在于主观责任。未遂犯的场合,是行为人意志以外的原因而未得逞;而中止犯的场合,是行为人自动放弃犯罪或自动有效防止犯

---

① 参见王昭武:《论中止犯的性质及其对成立要件的制约》,载《清华法学》2013 年第 5 期。

罪结果的发生。因此,中止犯的主观责任相对于未遂犯而言要轻。

但是,单纯从政策说或单纯从法律说都难以合理解释中止犯减免刑罚的理由,所以现在的有力说是兼采政策说和法律说的综合说。但是,在综合说的内部又有不同的侧重点。有学者采取责任减少说+政策说的综合说;①有学者采取违法减少说+责任减少说+政策说的综合说(以法律说为基础);②有学者采取政策说+违法减少说+责任减少说的综合说(以政策说为基础)。③

二、中止犯的成立条件

成立中止犯,必须具备如下条件:

(一) 时间性条件

中止犯必须是在"犯罪过程中"。犯罪过程包括犯罪预备阶段、犯罪实行阶段、实行行为终了后危害结果发生前的阶段。在犯罪预备阶段和实行阶段,只要求行为人自动放弃犯罪就成立中止犯,但在实行后阶段,行为人单纯放弃犯罪行为尚不足以成立中止犯,还需要行为人进一步采取措施避免结果的发生。尚未介入犯罪过程,自然不存在犯罪,也就是无所谓犯罪中止。例如,行为人产生了犯意并有犯意表示,随后又打消了犯意的,不成立犯罪。同样的道理,行为既遂以后,犯罪即结束,也不存在中止的可能性。例如,行为人盗窃财物以后,害怕被法律追究又将财物返还所有人的,仍然成立犯罪既遂,而不是犯罪中止。

(二) 自动性条件

是否有自动性是区别中止犯与未遂犯的关键;其判断标准,主要有主观说、客观说、限定的主观说之间的对立。主观说以"对外部情况的认识"是否对行为人的意思造成了强制性影响作为判断标准,一般采取"弗兰克公式",主张"能犯而不欲"的就具有自动性,"欲犯而不能"的则不具有自动性。客观说主张比照社会一般观念,看能否将中止犯罪的原因认定为外部障碍,来判断有无自动性。限定的主观说出于只有规范意识的觉醒才能减少责任这种理由,着眼于中止动机,认为只有出于悔悟、同情、怜悯等对于自己行为的否定性价值情感,才能认定具有自动性。

主观说、客观说与限定的主观说的对立反映了对中止犯减免处罚根据的不同理解。中止犯减免处罚的根据在于为行为人架设一座"后退的金桥",同时鼓励行为人采取措施避免法益进一步遭受危害。因此,自动性的认定应采取主观说,而不考虑一般人在当时的想法,也不要求行为人出于真诚悔罪等高尚动机,

---

① 参见黎宏:《刑法学总论》(第二版),法律出版社2016年版,第248页;周光权:《刑法总论》(第四版),中国人民大学出版社2021年版,第311页。
② 参见张明楷:《刑法学》(第六版)(上),法律出版社2021年版,第469页。
③ 参见王昭武:《论中止犯的性质及其对成立要件的制约》,载《清华法学》2013年第5期。

不提出类似于伦理道德的要求。只要行为人自认为当时可以继续实施或完成犯罪,出于本人意志而停止犯罪,都可以认定为自动中止。在存在外界不利条件时,要看该客观条件是否对行为人产生了精神强制。(1)如果外界条件不足以阻止犯罪的完成,行为人主观上也没有受到强制而停止犯罪,则成立自动性;(2)如果外界条件不足以阻止犯罪的完成,但行为人主观上受到强制认为无法完成犯罪而停止犯罪,则不成立自动性;(3)如果外界条件足以阻止犯罪的完成,但行为人没有认识到该条件的存在而停止犯罪,则成立自动性;(4)如果外界条件足以阻止犯罪的完成,且行为人认识到该条件的存在而停止犯罪,则不成立自动性。

例如,甲欲杀乙,将乙打倒在地,掐住脖子致乙深度昏迷。30分钟后,甲发现乙未死,便举刀刺乙,第一刀刺中乙腹,第二刀扎在乙的皮带上,刺第三刀时刀柄折断。甲长叹"你命太大,整不死你,我服气了",遂将乙送医,乙得以保命。经查,第一刀已致乙重伤。① 在本案中,虽然存在刀柄折断、被害人"命太大"等客观条件,但这些条件并不足以使行为人认为无法把被害人杀死。因此,甲停止杀害行为并将乙送医院治疗,都是行为人自动的行为。甲理应成立中止犯,而不是未遂犯。同样道理,比如,行为人实施暴力欲强奸妇女,但是发现对方是熟人(或发现妇女处于生理期)而放弃强奸行为的,也应当成立中止犯。再如,行为人在出门犯罪时听见乌鸦叫,以为不吉利而打道回府,放弃了犯罪念头。如果行为人具有强烈的迷信思想,真诚地相信乌鸦叫是无法完成犯罪的征兆(尽管一般人不会有此想法),那么,行为人放弃犯罪就不是自动的;如果乌鸦叫只是让行为人不悦,并未对其产生精神强制,则其放弃犯罪的行为可以认定为自动性。

(三)有效性条件

有效性意味着,行为人主观上真正放弃了某种犯罪意图,而不是伺机再犯,客观上彻底终止了犯罪行为,或事实上阻止了犯罪结果的发生。在认定中止的有效性时,要注意以下几个问题:

1. 危害结果本来就不可能发生的场合还能否承认有效性

在有些情况下,犯罪行为的危害结果本来就不可能发生,但行为人并不知道而实施了真挚的中止行为。对此是否承认中止的有效性,否定说认为,在这种情况下,无论犯罪行为是否实施终了,也无论犯罪人是否自动停止了犯罪行为以及是否为防止危害结果的发生做出了真挚的努力,只要犯罪手段与犯罪工具在客观上无法完成犯罪行为或无法产生预期的危害结果,都应当以不能犯未遂论处。肯定说认为,在这种情况下,犯罪人主观上有自动放弃犯罪的意图,客观上停止了继续实施犯罪,并且最终也没有发生预期的既遂结果,完全符合中止犯的有效

---

① 2012年国家司法考试试卷(二)第8题。公布的答案认为成立未遂犯,而不是中止犯。

性条件。折中说认为,在行为绝对不能发生危害结果的场合,行为尚未实施终了的,对自动放弃犯罪和有效防止危害结果发生的,应当认定为中止犯,在行为实施终了的情况下,应当认定为未遂犯。对于行为相对不可能发生危害结果的,无论其实行行为是否终了,只要其有自动放弃犯罪的意图并实施了中止行为,就应当认定为中止犯。

在危害结果本来就不可能发生的场合,行为人的中止行为虽未减少违法性,但表明了责任的减少,而且从刑事政策来说认定中止行为的有效性有利于鼓励行为人中止犯罪,因此宜采肯定说。例如,行为人1分钟内向被害人的静脉里注射了70毫升空气,后来行为人心生恐惧,害怕被害人死亡,而将被害人送往医院抢救。但事实表明,由于被害人的体质、体重等原因,即使不抢救也不至于死亡。对此,应当认定成立中止犯。

2. 中止行为导致危害结果发生的场合还能否承认有效性

在此要注意区分中止行为与中止行为之前的犯罪行为(预备行为或实行行为)的性质,中止行为并不是犯罪行为,而是阻止预备行为或实行行为既遂的行为。因此,如果中止行为没有阻止之前的犯罪行为的自然发展,而导致危害结果的出现,则中止行为是无效的,不能成立中止犯。例如,药店营业员李某与王某有仇。某日王某之妻到药店买药为王某治病,李某将一包砒霜混在药中交给王妻。后李某后悔,于第二天到王家欲取回砒霜,而王某谎称已服完。李某见王某没有什么异常,就没有将真相告诉王某。几天后,王某因服用李某提供的砒霜而死亡。李某到王家欲取回砒霜的行为未能有效阻止之前交付砒霜行为的危害结果,应该成立犯罪既遂。再如,甲向乙的饮食投放毒药后,乙呕吐不止,甲顿生悔意急忙开车送乙去医院,但由于交通事故耽误一小时,乙在途中死亡。医生说,早半小时送到医院乙就不会死亡。甲的行为不成立犯罪中止,因为甲的抢救行为未能有效阻止之前投毒行为的结果,乙的死亡是甲投毒行为的自然结果。

值得注意的问题是,当中止行为产生了与之前犯罪行为相同的结果时,还能否承认中止行为的有效性。例如,乙向被害人的食物投放了毒药,被害人疼痛难忍,乙顿生悔意将被害人送往医院,在路上超速且闯红灯而发生交通事故,导致被害人死亡。那么,乙的行为还能否成立故意杀人罪的中止犯呢?从自然意义上来看,乙的抢救行为没有避免被害人的死亡,不符合"自动有效地防止犯罪结果发生"的要件,难以成立中止犯,而应成立故意杀人罪既遂。但是,从规范意义上来看,造成损害的行为并不是中止行为本身,而是另一个犯罪行为(交通肇事罪),只不过二者在自然意义上仅表现为一个动作举止。因此,应该认为乙的抢救行为成立中止犯(没有造成损害应当免除处罚),但另一个超速和闯红灯并导致被害人死亡的行为成立交通肇事罪。当然,如果在中止(抢救)行为之前的投毒行为已经造成被害人损害的,则应当按照故意杀人罪(中止犯减轻处罚)与交通肇事罪并罚。①

三、犯罪中止的类型

犯罪中止的具体表现形式多种多样。从不同的角度,根据不同的标准,可以将犯罪中止划分为多种类型。下面简述两种主要的分类:

(一) 预备中止、实行未终了的中止与实行终了的中止

这是根据犯罪中止发生的时空范围不同而对犯罪中止所作的分类。

预备中止,即发生在犯罪预备阶段的中止。其时空范围始于犯罪预备活动的开始,终止于犯罪实行行为着手前。它是指在犯罪的预备活动过程中行为人在自认为可以继续犯罪活动的条件下,自动地将犯罪活动停止下来,不再继续犯罪预备行为或没有着手犯罪实行行为的情况。

实行未终了的犯罪中止,即发生在犯罪实行行为尚未终了时的中止。其时空范围始于犯罪实行行为着手,止于犯罪实行行为终了前。它是指行为人在实施犯罪实行行为的过程中,自动放弃了犯罪的继续实施和完成,因而使犯罪停止在未达既遂的状态。

实行终了的犯罪中止,即发生在犯罪实行行为实施终了后的犯罪中止。其时空范围始于实行行为终了之时,止于既遂的犯罪结果发生之前。它是指行为人在实行行为终了以后,出于本意而以积极的行为阻止了既遂之犯罪结果的发生。

(二) 消极中止与积极中止

这是根据中止行为的性质而对犯罪中止所作的区分。

消极中止是指行为人仅需自动停止犯罪行为的继续实施便可成立的犯罪中止。此种类型即前述的自动停止犯罪的犯罪中止。积极中止是指需要以积极的作为形式才能构成的犯罪中止。即行为人不但需要自动停止犯罪的继续实施,而且还需要以积极的作为行为去防止既遂的犯罪结果发生才能成立的犯罪中止。此种类型也即前述的自动有效地防止犯罪结果发生的犯罪中止。二者相比,消极中止距离犯罪既遂较远;而积极中止距离犯罪既遂较近,尤其是其中有些还发生了一定的实际危害后果。故一般而言,积极中止较消极中止的社会危害性更大一些。

四、放弃能够重复实施的侵害行为的定性

在行为人使用了可以一下子造成危害结果的工具,实施了足以发生其所追求的危害结果的行为,由于意志以外的原因,危害结果没有发生,行为人根据当

---

① 参见张明楷:《中止犯中的"造成损害"》,载《中国法学》2013年第5期。

时的主客观条件本可以继续实施重复的侵害行为,但却基于某种原因自动放弃了重复侵害,因而犯罪结果没有发生的场合,行为人的行为是成立中止犯还是未遂犯? 例如,甲蓄意杀死乙,携带装有数颗子弹的手枪射击,第一次开枪射击没有打中,本可以再次开枪射击,但由于某种原因没有再次开枪射击,故未发生预期的死亡结果。那么,甲是成立未遂犯还是中止犯呢?

未遂犯说认为,此种情况下犯罪行为已经实行终了,危害结果没有发生,是因为行为人意志以外的原因发生了作用,如枪法不准等,故此种情况不符合犯罪中止的要件。而且,开枪行为具有严重的现实危险性,如果认定为中止犯,则没有造成损害的将免除处罚,这不合理。① 俄罗斯司法实践也认为,"如果第一次侵害由于犯罪人意志以外的情况而没有结果,犯罪人不实施再次侵害(开枪—没有打中—不再打枪),这也不是自动中止犯罪"②。

中止犯说认为,放弃能够重复实施的侵害行为,从时间上看,发生在犯罪未实行终了的过程中,而不是犯罪行为已经停止的未遂形态或既遂形态;从主观上看,犯罪分子是自动放弃犯罪而不是被迫停止;从客观上看,预期的危害结果还没有发生,因此,完全符合我国刑法中的中止犯的成立条件。③

未遂犯说与中止犯说的分歧反映了对实行终了的不同理解。未遂犯说认为第一次开枪射击行为,由于意志以外的原因而未得逞,就表明行为已经实行终了;中止犯说认为,从整体来看,犯罪行为还没有终了。本书赞同中止犯说,行为是否实行终了离不开行为人的主观认识。④ 如果行为人认识到单纯放弃犯罪行为就不会发生危害结果,事实上也是如此,则应认为未实行终了,行为人放弃重复实施犯罪行为的,成立中止犯;如果行为人看到被害人倒地,以为已经死亡,而不再实施重复的侵害,但被害人实际上并没有死亡的,宜认定为犯罪未遂。而且,从刑事政策的角度来看,把放弃实施重复侵害行为认定为中止犯减轻或免除处罚有利于鼓励行为人放弃犯罪,从而有利于避免法益受到进一步的侵害。

五、犯罪中止的刑事责任

我国《刑法》第 24 条第 2 款规定:"对于中止犯,没有造成损害的,应当免除处罚;造成损害的,应当减轻处罚。"

首先,要正确理解"损害"。损害既可以是物质性结果,也可以是非物质性

---

① 参见谢望原:《论中止犯减免处罚之根据》,载《华东政法大学学报》2012 年第 2 期。
② 俄罗斯联邦总检察院编:《俄罗斯联邦刑法典释义》(上册),黄道秀译,中国政法大学出版社 2000 年版,第 71 页。
③ 参见赵秉志:《犯罪未遂形态研究》(第二版),中国人民大学出版社 2008 年版,第 159 页。
④ 关于行为是否终了的判断,理论上存在不同观点。参见张明楷:《未遂犯论》,法律出版社、成文堂 1997 年版,第 386 页。

结果，但损害必须是能够主观归责的结果，不包括意外造成的结果，且必须是刑法规范禁止的侵害结果。

例如，意图故意杀人，在造成被害人轻伤结果后中止进一步的杀人行为，属于造成了物质性的损害结果。再如，使用暴力强奸妇女，在奸淫之前实施了猥亵行为，后来放弃奸淫行为的，应认定为造成损害。这种损害是非物质性损害，如果不承认这种非物质性损害属于中止犯造成"损害"，就会造成不合理的现象：以强奸故意实施猥亵行为后中止强奸行为的，属于没有造成"损害"，应当免除处罚；以猥亵故意实施猥亵行为后没有进一步实施强奸行为的，则应当处罚。又如，故意杀人行为造成被害人数额较大财产损失时，如果行为人对财产损失有故意，应认定为造成损害；如果行为人对财产损失仅有过失，则不应认定为造成损害。因为刑法仅处罚故意毁坏财物的行为，而不处罚过失毁坏财物的行为。同样，故意杀人行为造成被害人名誉毁损的结果时，如果行为人对该结果有故意，应认定为造成损害；如果行为人对该结果仅有过失，则不能认定为造成损害。因为刑法仅处罚故意的侮辱行为，而不处罚过失的侮辱行为。

其次，损害应限于中止前的犯罪行为的结果，而不是中止行为造成的结果。例如，行为人意欲杀死被害人，在将被害人砍成重伤以后突生怜悯之心，而把被害人送到医院抢救。行为人的中止行为（抢救行为）避免了死亡结果的发生，但中止行为之前的犯罪行为（故意杀人行为）造成了损害结果（重伤）。

最后，对犯罪中止的处罚，应同时引用《刑法》第24条和刑法分则有关具体犯罪的条文，在罪名上应对中止形态有所体现。对中止犯的减轻处罚，不是比较既遂犯而言，而是比较预备犯或未遂犯而言的。这既体现了罪刑相适应原则的要求，也在一定程度上有助于对已经开始的犯罪活动的积极制止。

拓展阅读

具体危险犯的既遂标准[①]

对此问题我国传统观点采危险状态说。近年来犯罪结果说异军突起，对危险状态说形成强烈冲击。然而，犯罪结果说并不合理。

首先，犯罪结果说把危险状态的认定时间过于提前，"制造"了危险状态说的不合理性。犯罪结果说的思路和逻辑是有问题的：犯罪结果说对于具体危险的认定过于宽松，使得危险状态出现的时间过于提前，从而"制造"了危险状态说的不合理性。实际上，只要按照三阶段判断方法，正确认定危险状态的出现时间，危险状态说并无不妥。

---

① 参见欧阳本祺：《论刑法上的具体危险的判断》，载《环球法律评论》2012年第6期。

其次，以犯罪结果作为危险犯的既遂标志不合理。具体危险犯都是结果犯，是相对于侵害结果犯而言的危险结果犯；只有抽象行为犯才可以理解为行为犯。但是，具体危险犯不存在"法规范所要求的结果"（论者此处所讲的结果是指侵害结果），而只存在法规范所要求的"危险状态"；如果法规范要求发生侵害结果，则该犯罪不是危险犯，而是侵害犯。而且，将既遂与否取决于结果也使得既遂与未遂纯粹成为一种偶然事件。比如，炸毁少量财物的，构成爆炸罪既遂；没有造成财物损害的，构成爆炸罪未遂。

最后，犯罪结果说的立场前后不一致：总论采犯罪结果说，疑难个罪采危险状态说。有的犯罪结果说论者在刑法总论中主张，危险犯"应以是否发生了特定的法益侵害结果作为区分未遂与既遂标准"，但在刑法分论中论述放火罪既遂时，又明确主张"本书持独立燃烧说……使对象物燃烧的行为危害公共安全，只是由于意志以外的原因没有达到已经开始独立燃烧程度的，可以定为放火罪的未遂"①。"独立燃烧"并非"足以危害公共安全"之后的实害结果，而恰恰是一种危险状态，且是具体危险之前的抽象危险。

总之，只要能够正确把握危险状态的出现时间，对于认定具体危险犯的既遂来说，危险状态说并无不当。犯罪结果说把危险状态的认定时间过于提前，因此，为了避免既遂的认定时间过于提前，便提出以危险状态出现之后的侵害结果作为既遂标准。但这种做法没有必要，也没有抓住问题的关键，实际上，按照三阶段判断方法，危险状态说不会导致危险犯既遂时间过早的问题。

延伸思考

如何理解"危险状态出现后行为人自动阻止侵害结果发生"的问题②

我国危险犯的研究似乎遇到了一个绕不过、解不开的死结：危险状态出现以后行为人又自动阻止实害结果发生的，是犯罪既遂还是犯罪中止？对此，形成了犯罪既遂说与犯罪中止说之争，犯罪中止说又分为危险犯中止说与实害犯中止说。由于"危险状态出现"即排除了"行为人自动阻止侵害结果"的可能性，而"行为人自动阻止侵害结果"即否定了"危险状态出现"，因此不可能存在"危险状态出现后行为人自动阻止侵害结果发生"的问题，产生这一问题的原因在于未能正确判断危险犯的危险状态。我国刑法理论对危险状态认定的时间过于提前，忽视了危险状态不是进行状态而是停止状态。

---

① 张明楷：《刑法学》（第六版）（下），法律出版社2021年版，第887页。
② 欧阳本祺：《论刑法上的具体危险的判断》，载《环球法律评论》2012年第6期。

同一罪名的危险犯与实害犯之间的关系

我国《刑法》第114条(第116条、第117条、第118条)规定了放火罪等犯罪的危险犯,第115条(第119条)规定了这些犯罪的实害犯。如何理解同一罪名的两个法条之间的关系?它们之间是未遂犯与既遂犯的关系,还是基本犯与结果加重犯的关系,或是法条竞合的关系?

第一,放火罪危险犯与实害犯的行为方式相同,罪过形式也应该相同。不宜认为放火罪的罪过既可以是对实害结果的故意,又可以是对实害结果的过失;也不宜认为放火罪的故意内容既可以是对实害结果的故意,又可以是对具体公共危险的故意。实际上,放火罪的罪过只有一个,即故意,而且是实害故意,不会有过失,也不会有危险故意。"行为人具有相对应的实害故意,就是有危险故意,并且也唯有行为人具有相对应的实害故意,才是有危险故意……所谓危险故意根本不可能脱离实害故意概念的范畴"①。

第二,也不宜认为实害犯是危险犯的结果加重犯。结果加重犯"以发生具体的公共危险(基本结果)为前提"②,但如前所述,对于放火罪来说,放火行为要么导致危险状态,要么导致实害结果,不存在先出现危险状态(基本结果)再出现实害结果(加重结果)的结果加重犯的逻辑。同样的道理,以危险状态作为放火罪危险犯的既遂标志,也不会出现"一个犯罪有两个既遂"的矛盾现象。

第三,《刑法》第114条与第115条第1款之间的关系是:行为人基于实害故意实施放火行为,发生了实害结果的,适用第115条第1款;本来应当发生实害结果,但由于偶然因素没有发生实害结果而出现燃烧危险的,适用第114条;本来可以发生实害结果,但行为人自动阻止实害结果发生,没有产生燃烧危险的,适用第114条与第24条关于犯罪中止的规定。

案例分析

1. 许某出狱后和以前的狱友吴某、杜某、许某某(后二人另案处理)等人预谋策划抢劫。经过调查,缜密策划,多次踩点,最后确定抢劫胡某。四人一起准备好作案工具,人员布置安排到位后即将行动前,被巡逻民警发现抓获。

关于本案的定性有两种不同意见:第一种意见认为,许某和吴某的行为属于犯罪预备。因为两被告人尚未"着手"实施犯罪行为,只是做好了准备,所以应属于犯罪预备阶段。第二种意见认为,许某和吴某的行为属于犯罪未遂。理由是:两被告人和杜某、许某某预谋抢劫,制订计划,多次踩点,并将准备工作完成,

---

① 黄荣坚:《论危险故意》,载《月旦法学杂志》2005年第3期。
② 张明楷:《刑法学》(第六版)(上),法律出版社2021年版,第606页。

可以认为是开始"着手"实施犯罪,因意外未得逞,所以应认定为犯罪未遂。

问题:本案中两被告人的行为成立犯罪的何种形态?

2. 为报复生意场上的竞争对手,某天李某雇用杀手秦某谋杀崔某,并当即预付1万元酬金,约定事成之后再付4万元。当日,李某通过录像带向秦某指认了崔某,初步策划了行动方案。两个月后,李某电话通知秦某不要再谋杀崔某。但此后秦某仍将崔某杀害,并告知李某事已办完,要求支付酬金。李某虽不愿意,还是将4万元电汇给秦某。

对于本案中被告人李某的犯罪停止形态有不同看法:一种观点认为李某的行为构成犯罪中止。理由是,我国《刑法》第24条第1款规定:"在犯罪过程中,自动放弃犯罪或者自动有效地防止犯罪结果发生的,是犯罪中止。"从文义上理解,"自动放弃犯罪"与"自动有效地防止犯罪结果发生"都可单独地构成犯罪中止。本案中,李某在所雇用的杀手秦某动手之前电话通知不要再进行谋杀,是自动放弃犯罪的犯罪中止,其对秦某自作主张实施的杀人行为不应承担刑事责任。第二种观点认为,李某虽通知了秦某不要再实施谋杀,但并没有最终有效阻止犯罪结果的发生,没有彻底切断先前行为与秦某的犯罪行为及后果的联系,不构成犯罪中止,而构成故意杀人既遂。

问题:李某的行为成立故意杀人罪的中止还是既遂?

第十一章 共同犯罪

第一节 共同犯罪概述

一、共同犯罪的概念

(一) 共同犯罪的定义

共同犯罪具有多重含义。广义的共同犯罪是指数人共同实施犯罪的犯罪实行形态。① 按照这一定义,二人以上共同故意犯罪,二人以上共同过失犯罪,或二人以上共同犯罪,有的是故意,有的是过失,都可以构成共同犯罪。中间义的共同犯罪是指二人以上共同故意犯罪。例如《俄罗斯联邦刑法典》第 32 条规定:"二人或二人以上故意共同参加实施故意犯罪的,是共同犯罪。"② 这就排除了二人以上共同过失犯罪以及故意犯罪与过失犯罪构成共同犯罪的可能性。狭义的共同犯罪是指二人以上根据协议共同实施犯罪的情况。例如,苏联学者拉普切夫认为,"苏维埃刑法上的共同犯罪,可以确定为:几个人根据协议参加实施一个或几个犯罪的行为"③。这种定义将事前没有协议的共同实施犯罪的情况不视为共同犯罪。

我国刑法明确采取了中间义的共同犯罪定义。《刑法》第 25 条规定:"共同犯罪是指二人以上共同故意犯罪。二人以上共同过失犯罪,不以共同犯罪论处;应当负刑事责任的,按照他们所犯的罪分别处罚。"这意味着我国的共同犯罪只限于共同故意犯罪。刑法之所以作出这种规定,是认为共同犯罪较单独犯罪更为复杂,犯罪人之间能够互相联系和配合,互相提供物质与精神上的支持,从而使犯罪更易得逞,社会危害性更大。而二人以上共同过失犯罪则不具有以上的性质,因而无须以共同犯罪论处。

(二) 共同犯罪与共犯

共同犯罪与共犯的含义不完全相同。德、日等大陆法系国家与地区的刑法普遍使用"共犯"一词,法典中并无"共同犯罪"的概念,如《日本刑法典》第 11 章

---

① 参见〔日〕川端博:《刑法讲话》(Ⅰ),成文堂 2005 年版,第 288 页。
② 俄罗斯联邦总检察院编:《俄罗斯联邦刑法典释义》(上册),黄道秀译,中国政法大学出版社 2000 年版,第 74 页。
③ 转引自高铭暄、马克昌主编:《刑法学》(上编),中国法制出版社 1999 年版,第 289 页。

章名为"共犯"。我国1956年11月12日《中华人民共和国刑法草案》第二章第三节规定的是"共犯",认为"二人以上共同故意犯罪的,是共犯"。但1979年《刑法》及现行《刑法》总则第二章第三节的标题则为"共同犯罪",总则部分未曾出现"共犯"一词,不过刑法分则多个条文则有"以共犯论处"的规定。例如《刑法》第198条第4款规定:"保险事故的鉴定人、证明人、财产评估人故意提供虚假的证明文件,为他人诈骗提供条件的,以保险诈骗的共犯论处。"因此,共同犯罪与共犯之间到底是什么关系,就值得认真研究。

共犯其实也有多种含义。最广义的共犯指的是二人以上共同实施犯罪的情形,①在我国指的是二人以上共同故意犯罪的情形。换言之,共犯是共同犯罪的简称。② 这种最广义的共犯主要指的是犯罪形态。广义的共犯与狭义的共犯概念则视其使用语境,既可以指一种犯罪形态,也可以指犯罪人。其中广义的共犯在大陆法系国家与地区指的是教唆犯、帮助犯与共同正犯的统称,③在我国既可以作为组织犯、教唆犯、帮助犯与共同正犯的统称,也可以作为主犯、从犯、胁从犯的统称。我国刑法分则中"以共犯论处"的含义是视行为人的分工或作用,以某罪的共同犯罪人论处,相当于广义的共犯概念。狭义的共犯指的是与正犯概念相对应的教唆犯与帮助犯。④

(三) 正犯与共犯

正犯是指亲自实施犯罪构成要件行为之人;共犯是指没有亲自参与实施构成要件行为,但是通过教唆、帮助等方式诱发、促成正犯实施构成要件行为之人,具体包括教唆犯、帮助犯、共同正犯。

我国刑法没有使用正犯与狭义的共犯概念。理论上也有少数学者认为,我国采用的是单一的正犯体系,即所有参与犯罪的人都是正犯,没有必要严格区分正犯与教唆犯、帮助犯。只需对各个正犯适用同一的法定刑,量刑时再根据各个正犯的参与程度、性质来加以确定。⑤ 但多数学者认为,我国刑法条文明确规定了教唆犯,而教唆犯被公认为属于狭义的共犯的一种类型,因而我国采用的还是区分正犯与共犯的制度。

关于如何区分正犯与共犯,存在多种学说。其中影响力较大的主要有:(1) 主观说,按照行为者的意思、目的、动机等主观的基准来区别正犯和共犯。其中意思说认为,以正犯意思,即以实现自己犯罪的意思而实施行为者就是正

---

① 参见〔日〕浅田和茂:《刑法总论》(第二版),成文堂2019年版,第413页。
② 参见高铭暄、马克昌主编:《刑法学》(第十版),北京大学出版社、高等教育出版社2022年版,第161页。
③ 参见〔日〕浅田和茂:《刑法总论》(第二版),成文堂2019年版,第413页。
④ 同上。
⑤ 参见刘明祥:《"被教唆的人没有犯被教唆的罪"之解释》,载《法学研究》2011年第1期。

犯;以共犯意思,即以参与他人犯罪的意思而实施行为者就是共犯。利益说认为,为了自己的利益(或目的)实行犯罪就是正犯,而为他人的利益(或目的)实行犯罪就是共犯。① 一般认为,意思说存在缺陷。因为所谓正犯意思和共犯意思,必须先以正犯概念和共犯概念为前提,这就导致了循环论证,不符合逻辑规则。而且,意思说使犯罪构成要件完全失去意义,有可能造成法官的恣意裁判。利益说同样难以成为确定正犯意思的正确标准。因为行为人为了他人的利益而实施犯罪行为,如受嘱托杀人、为第三者利益的盗窃、抢劫等都可能具有正犯性,将其视为帮助犯,与一般人的法观念不吻合。(2) 客观说,又分形式客观说和实质客观说。形式客观说以犯罪构成要件为基础,认为直接实施符合构成要件定型性的实行行为者是正犯,除此之外的行为参与者都是共犯。例如,甲、乙共谋盗窃丙家财物,乙进屋行窃,甲在屋外望风,乙作为亲自实施构成要件的盗窃行为者构成正犯,甲则构成共犯(帮助犯)。实质客观说主张用实质的观点考察正犯与共犯的区别。其中重要作用说认为对犯罪的实现起了重要作用的是正犯,只起从属性作用的是从犯。而判断是否起重要的作用,则需要以共同者内部的地位、对实行行为参与的有无、形态、程度等为标准;危险性程度说主张在形式客观说的基础上,从实质角度考虑行为对实现法益侵害的危险性程度,认为正犯者行为的危险性程度大于共犯者。

形式客观说曾经是德、日等大陆法系国家刑法理论的通说,但此后逐渐衰落,实质客观说的影响则与日俱增。究其原因,在于德、日刑法中的正犯概念既解决犯罪的定性问题,同时还要解决量刑问题。因此,是否被认定为正犯直接决定了行为人的刑罚轻重。如果将在犯罪中起主要作用但并不符合正犯的形式要件的行为排除在正犯概念之外,而处以较轻的刑罚,这与普通国民的法感情相违背。为此,德、日等国不得不放弃形式主义的立场,转而采取实质的客观说。相比之下,如下所述,在我国,正犯与主犯的概念与功能是分开的。正犯只意味着行为人实施了分则所规定的构成要件的实行行为,并不说明犯罪人在共同犯罪中的作用大小。正犯概念的简单化、正犯功能的单一化意味着采用形式客观说既能充分保证实行行为的定型性,又不会放纵起主要作用的犯罪分子。因此,应当采用形式客观说来区分正犯与狭义的共犯。通说认为应根据主客观相统一的原则区分正犯与共犯。"区分实行犯与非实行犯没有别的标准,只能以主观与客观相统一的构成要件为标准。从主观上说凡行为人明知自己是在实施刑法分则所规定的构成要件的行为,并且对该行为会造成的危害社会的结果持希望或放任的态度,就应当认为具有实行故意,否则就是非实行故意。从客观上说,必须是在实行故意的支配下,实施了刑法分则所规定的构成要件行为,就应该认为

---

① 参见〔日〕齐藤金作:《共犯理论的研究》,有斐阁1954年版,第8页。

具有实行行为,否则就是非实行行为。以主观和客观两个方面有机地结合,就是区分实行犯与非实行犯的标准。"① 这一观点在结论上与形式客观说并无不同。

综上所述,我国刑法中的正犯,是指实施刑法分则所规定的具体犯罪构成客观方面行为(一般称为实行行为)的犯罪形态。

需要指出的是,我国刑法理论也经常使用"实行犯"一词,那么正犯与实行犯是什么关系呢? 事实上,实行犯这一概念来源于苏联刑法,1919年《苏俄刑法指导原则》中已经有实行犯的明文规定。而德、日等大陆法系国家虽然使用实行行为这一概念,但法典中并无实行犯这一名词。从中华人民共和国成立后的立法史来看,有的刑法草案使用正犯一词,有的则使用实行犯一词。② 此后在意识形态的影响下,放弃了正犯一词,而使用实行犯这一术语。但在正犯与共犯的领域内,正犯与实行犯其实可以作同一的理解,它们仅是一种事物的两种不同的称谓而已。我们更倾向于使用正犯一词,理由如下:首先,从我国刑事立法史上看,《大清新刑律》《暂行新刑律》和两部《中华民国刑法》都使用正犯一词,中华人民共和国成立后有的刑法草案也使用正犯概念。其次,我国学者在使用实行犯这一概念的同时,事实上也在使用正犯概念。如"间接正犯"一词在我国各种教科书中被广泛使用。最后,从国际交流的角度来看,目前大多数大陆法系国家都使用的是正犯一词,既然我国学者是在同一意义上使用实行犯,而正犯这一用语在我国又有较长的使用历史,那么就没有必要标新立异,不如直接使用正犯一词,从而为国际的交流与对话提供方便。

二、共同犯罪与犯罪构成的关系

共同犯罪是否应以符合同一犯罪的构成为前提? 对此,国内外刑法理论界存在不同的见解。犯罪共同说与行为共同说是其中两种有代表性的观点。

(一) 犯罪共同说

犯罪共同说主张共同犯罪是数人共同实施犯罪,这种犯罪必须是符合客观的构成要件的特定犯罪,简言之,犯罪共同说主张的共同犯罪是"数人一罪"。这在数人实施完全相同的犯罪的情况下很好理解。问题在于数人实施的犯罪多少有一些差别的情况下如何处理。例如,甲以杀人的故意,乙以伤害的故意,共同对丙实施犯罪的情况下,是否成立共同犯罪? 如果成立,那么成立什么样的共同犯罪? 传统的犯罪共同说认为,这里的共同指的是共同故意实施同一犯罪。数人实施的犯罪必须完全一样才成立共同犯罪,如果有差别,即使两罪之间存在

---

① 陈兴良:《共同犯罪论》(第三版),中国人民大学出版社2017年版,第47页。
② 参见李淇:《有关草拟中华人民共和国刑法草案(初稿)的若干问题》,载北京政法学院刑法教研室编:《我国刑法立法资料汇编》,1980年印行,第124页。

基本派生关系、身份的加重减轻关系或构成要件之间存在重合部分也不成立共同犯罪。上述的案例,便只不过是故意杀人罪和故意伤害罪的同时犯而已。此说在德、日等大陆法系国家中几乎已经无人主张,在我国虽仍有支持者,①但影响力已逐渐下降。

现在学界持犯罪共同说的学者一般主张部分的犯罪共同说。该说认为,如果数个犯罪的构成要件之间存在重合部分,那么在重合的限度内可以成立共同正犯,但成立的是轻罪的共同正犯。"A、B两罪构成要件有重合的时候(杀人罪、伤害罪等等),在重合的限度内,承认有共同的实行行为,因此承认共同正犯的成立。甲以杀人的意思,乙以伤害的意思,共同殴打丙,在伤害罪的限度内成立共同正犯,即使丙是因为甲的行为而死亡,乙也要承担伤害致死罪的责任。"②

(二) 行为共同说

行为共同说最早由主观主义的学者所提倡,在我国,仍有学者认为此说与主观主义相对应,③但现代意义上的行为共同说都是建立在客观主义的基础之上。"行为共同说,与其名称相应,是行为层次的问题。是以共犯中行为责任的存在论作为基础的理论。因此行为共同说与把行为当作犯罪人主观恶性的表现的犯罪征表说是不同的问题"④。

采用犯罪共同说的学者,经常认为行为共同说中的行为,是与构成要件无关的前法律的自然的行为。⑤ 但是事实上,现在主张行为共同说的学者都认为,行为共同说讨论的问题既然是共同犯罪的问题,那么当然不能离开犯罪的构成要件,共同的行为,也必须是符合构成要件的实行行为,而不是实行行为以外的行为。只不过这一行为,始终是从各个共犯人自己的观点出发来看待的实行行为。因此,这里共同的行为可能分别是不同犯罪的实行行为。行为共同说认为共同犯罪的共同指的是行为的共同,也就是说,只要行为人实施了共同的实行行为,就可以成立共同犯罪,不要求必须是同一或特定的犯罪。"数人数罪"是这一学说的本质特征。

(三) 两说之分析

犯罪共同说与行为共同说的实质区别在于从何种角度来理解共犯。即是从整体的角度来考察共犯还是从个别的角度来考察共犯。犯罪共同说认为,共同犯罪是数人互相协力和配合,共同实施犯罪,实施主体是全体行为人。犯罪共同

---

① 参见高铭暄、马克昌主编:《刑法学》(第十版),北京大学出版社、高等教育出版社2022年版,第162页。
② 〔日〕团藤重光:《刑法纲要总论》(第三版),创文社1990年版,第390页。
③ 参见肖中华:《论共同犯罪成立是否以符合同一犯罪构成为前提》,载《中国刑事法杂志》1999年第6期。
④ 〔日〕金泽文雄:《刑法的基本概念再检讨》,冈山商科大学出版会1999年版,第179页。
⑤ 参见〔日〕团藤重光:《刑法纲要总论》(第三版),创文社1990年版,第391页。

说从"集体犯罪""参与者的一体性""犯罪团体"等角度来理解"共同关系",虽然强调各行为人就行为的整体各自承担责任,但立足点仍然在实施整体的犯罪。行为共同说则认为共同犯罪是各个行为人为了实现自己的犯罪而利用他人的行为,即将他人的行为作为自己行为的手段来实施自己的犯罪,立足点始终在自己的犯罪。从这个意义上说,行为共同说更符合现代刑法个人责任的原则。但是,行为共同说与我国现行刑法规定存在不相容之处。例如,行为共同说认可就不同罪名成立共同犯罪。如甲以杀人的故意,乙以伤害的故意,共同向被害人开枪致使其死亡的案例,行为共同说认为甲、乙成立共同犯罪,但甲的罪名是故意杀人罪,乙的罪名是故意伤害罪,这显然与我国通常的观念大相径庭。再者,行为共同说坚持彻底的个人主义原则,排斥任何"集团"之概念。这与我国刑法对于犯罪集团的规定直接冲突。可见,我国还不应采用行为共同说。

(四)部分犯罪共同说之适用

部分犯罪共同说认为只要犯罪构成要件具有重合性,就可以在重合部分认定成立共同犯罪,存在重合性的主要有以下几种情况:①

第一,当两个条文之间存在法条竞合的关系时,其条文所规定的犯罪一般存在重合性质。例如,规定盗窃、抢夺武器装备、军事物资罪的法条与规定盗窃、抢夺罪的法条,是特别法条与普通法条的关系。

第二,虽然不存在法条竞合关系,但当两种犯罪所侵犯的同类客体相同,其中一种犯罪比另一种犯罪更为严重,从规范意义上说,严重犯罪包含了非严重犯罪的内容时,也存在重合性质,能够在重合范围内成立共同犯罪。比较典型的有:生产、销售假药罪与生产、销售劣药罪,生产、销售不符合安全标准的食品罪与生产、销售有毒、有害食品罪,故意杀人罪与故意伤害罪,强奸罪与强制猥亵、侮辱妇女罪,绑架罪与非法拘禁罪,抢劫罪与抢夺罪,抢劫罪与盗窃罪,抢劫罪与敲诈勒索罪等。需要注意的是,认定犯罪构成要件的重合,强调的是规范意义上的理解而不是事实意义上的理解。例如,甲、乙分别出于杀人的故意与伤害的故意袭击被害人,一般认为在故意伤害罪的范围内成立共同犯罪,如果出现死亡,则在伤害致死的范围内成立共同犯罪。这在拳打脚踢等具有一定时间性,结果缓慢发生的案件中比较好理解。但如果行为人使用比较剧烈的方法,致被害人瞬间死亡,例如,甲是出于杀人故意,乙是出于伤害故意,但使用的是爆炸的方法,被害人当场死亡。这里死亡是否经过伤害这一过程在逻辑上可以探讨,但在规范的意义上应认为犯罪构成要件存在重合。

第三,在法定转化犯的情况下,如果数人共同实施了转化前的犯罪行为,而部分人实施了转化行为,但他人不知情的,应就转化前的犯罪成立共同犯罪。

---

① 参见陈家林:《共同正犯研究》,武汉大学出版社2004年版,第78—79页。

第二节 共同犯罪的成立条件

根据我国刑法规定,成立共同犯罪必须具备以下几个条件:

一、二人以上

根据《刑法》第 25 条第 1 款的明文规定,共同犯罪的主体必须是"二人以上"。这里的"二人"是共同犯罪主体人数的最低限制,即起码应该有两个人,至于其上限则没有限制。由于刑法中规定单位可以成为某些犯罪的主体,因而在法律规定的范围内两个以上的单位以及一个符合犯罪主体条件的自然人与另一个单位基于共同故意所实施的犯罪,也成立共同犯罪。例如,甲公司与乙公司共同走私,即构成单位走私罪的共同犯罪;某人教唆某公司偷税,即构成单位与个人偷税罪的共同犯罪。

关于共同犯罪的主体方面,以下几点需要特别注意:

(1)我国刑法学通说长期认为,《刑法》第 25 条第 1 款的"二人以上"不是泛指一切人,而必须是符合犯罪主体要件的人。所以就自然人而言,必须是达到刑事责任年龄、具有刑事责任能力的人。但是,共同犯罪的实质是共同实施危害社会的行为,是一种行为在客观上违法的形态。在正犯行为客观上具有社会危害性时,教唆犯、帮助犯就应该成立,即使正犯未达到刑事责任年龄也不影响对教唆犯、帮助犯的处罚。是否达到刑事责任年龄只是影响行为人是否承担刑事责任,而不影响行为的法益侵害性。所以共同犯罪的主体并不要求行为人均达到刑事责任年龄,具备刑事责任能力。

甲(15 周岁)求乙(16 周岁)为其抢夺做接应,乙同意。某夜,甲抢夺被害人的手提包(内有 1 万元现金),将包扔给乙,然后吸引被害人跑开。乙害怕坐牢,将包扔在草丛中,独自离去。本案中,甲不满 16 周岁,不构成抢夺罪。但在甲实施抢夺行为时,乙客观上提供了帮助,二人有抢夺的共同行为,具有社会危害性,只是甲由于未达到责任年龄而不被追究刑事责任。

(2)一个达到刑事责任年龄、具有刑事责任能力的人,利用、支配没有达到刑事责任年龄或没有刑事责任能力的人实施犯罪行为的,属于间接正犯,不构成共同犯罪。

(3)单位犯罪中,单位的直接负责的主管人员及其他直接责任人员,与该单位本身不成立共同犯罪,只能认定为一个单位犯罪并依法追究刑事责任。

二、共同故意

依据《刑法》第 25 条第 1 款的规定,共同犯罪必须是二人以上"共同故意"

犯罪。共同故意包含两方面的意思：一是各共同犯罪人均有相同的犯罪故意，二是共同犯罪人之间具有意思联络。

（一）共同故意的构造

共同故意是建立在单独故意基础之上的，即成立共同犯罪故意要求各共同犯罪人都明知自己所实施的共同犯罪行为的性质、结果及意义，并且希望或放任这种危害结果的发生。不过作为共同故意，又具有与单独故意不同的特征，即共同犯罪故意要求各共犯人都具有相同的犯罪故意。所谓相同的犯罪故意，是指各共犯人均对同一个罪或同几个罪（共同犯数罪时）持有故意，而且这种故意只要求在刑法规定的范围内具有相同的认识因素与意志因素，不要求故意的形式与具体内容完全相同。例如，正犯与教唆犯的故意，在具体内容上就有差异，但却不因此影响共同犯罪的成立。又如，在故意形式上，无论双方是均为直接故意或均为间接故意，还是一方为直接故意、另一方为间接故意，只要是同一犯罪的故意，都可成立共同犯罪。

共同故意原则上还要求共同犯罪人在主观上相互沟通，彼此联络，具有互相配合的意思。不过这种意思联络不以明确的意思交换为必要，行为人相互之间默认也视同具有意思联络，此外，行为人之间也可以以某种举动来形成意思联络。共同犯罪的故意，不要求在数人之间直接发生，可以以某人为中介间接地形成。例如，对于同一犯罪，甲与乙共谋，然后乙与丙共谋，如此这般，数人之间依次共谋的情况，应当认为所有的人都对该犯罪进行了意思联络。共同犯罪的意思联络，只要求在行为时存在，不要求必须有事前的共谋。在实施之际，偶然产生意思联络的，也可以成立共同犯罪。

（二）片面共同故意（片面共犯）存在与否的争论

关于共同故意，是必须存在于各个共同行为者之间，还是仅仅一方具有就已足够，这就是所谓片面共犯的问题。片面共犯是指参与同一犯罪的人，一方认识到自己是在和他人共同犯罪，而另一方没有认识到有他人和自己共同犯罪的情况。主张认可片面共犯的学者认为片面共犯存在三种情况：一是片面的共同正犯，即实行的一方没有认识到另一方的实行行为。例如，抢劫犯甲对行人实施抢劫行为，乙在甲不知道的时候，从别处拿枪瞄准被害人从而抑制其反抗意志，甲得以顺利实施抢劫行为。① 二是片面的教唆犯，即被教唆者没有意识到自己被教唆的情况。例如，妻子甲对好赌的丈夫乙有意见，多次扬言要杀死乙。知道这一消息的丙，意图利用这一点杀死乙，于是在不挑明实情的情况下，编造借口故意让甲前往乙赌博的现场，致乙被有备而来的甲杀死。三是片面的帮助犯，即实

---

① 参见〔日〕植松正：《片面的共犯否定之道标》，载〔日〕植松正等编：《现代的共犯理论：齐藤金作博士还历祝贺》，有斐阁1964年版，第243页。

行的一方没有认识到另一方的帮助行为。例如,甲巧见好友乙侵入丙家盗窃,正欲前往帮助之际,突然看见丙自外返家,于是便上前与丙攀谈,尽量拖住丙的脚步,从而使乙顺利地完成盗窃行为。[①]

　　是否承认片面的共犯,关键在于如何理解共犯的本质。如前所述,关于共犯的本质,存在犯罪共同说与行为共同说的分歧。两说最大的区别不在于具体结论的差异,而在于思考方法的不同。即从何种角度来理解共犯,是从整体的角度来考察还是从个别的角度来考察。犯罪共同说认为,共犯是数人互相协力和配合,共同实施犯罪,强调从"参与者的一体性""犯罪团体"等角度来理解行为的主体。立足点在于实施整体的犯罪,不允许将一个整体的犯罪拆开,分别从各个行为人的角度来个别考量,所以对各自的犯罪不能予以个别的认定。因此,犯罪共同说排斥片面的共犯概念。行为共同说则认为共同犯罪是各个行为人为了实现自己的犯罪而利用他人的行为,即将他人的行为作为自己行为的手段来实施自己的犯罪,立足点始终在自己的犯罪。所以根据行为共同说,是可以对共同关系分别加以考察,可以把各自的犯罪作为各自的共犯来处理。因此,行为共同说可以认同片面的共犯概念。当然,有的持行为共同说的学者出于控制处罚范围的考虑,而否定片面的共犯。

　　如前所述,我国尚不具备采用行为共同说的条件而主张部分的犯罪共同说,故不应当承认片面的共同正犯以及片面的教唆犯的概念。至于帮助犯,因为其是帮助他人犯罪,所以并不要求被帮助者意识到这种帮助的存在,所以可以承认片面的帮助犯的存在。但是,如果只是提供片面的精神上的帮助,由于被帮助者并不会因此受到鼓励,不会使犯罪更容易实施,因此,不成立片面的帮助犯。

　　(三) 不具有共同故意的情形

　　根据"共同故意"这一条件的要求,下列情况不属于共同犯罪:

　　(1) 共同过失犯罪不成立共同犯罪。《刑法》第25条第2款明确规定:"二人以上共同过失犯罪,不以共同犯罪论处;应当负刑事责任的,按照他们所犯的罪分别处罚。"不过对刑法的这一规定,理论上也有不同的看法。因为现实生活中确实存在共同过失犯罪的情况,如果不将其认定为共同犯罪,就不能适用部分实行全部责任的原则,在处理时往往会发生困难。例如,雷某与孔某两人相约在一阳台上,选中离阳台8.5米左右处一个树干上的废瓷瓶为目标比赛枪法(共用一支JW-20型半自动步枪)。两人轮流各射击子弹3发,均未打中,但其中一发子弹穿过树飞向离阳台100余米附近,将行人龙某打死。虽然不能查明击中被害人的子弹由谁所发,但重庆市九龙区人民法院以及重庆市中级人民法院,均认定两被告人构成过失犯罪,分别判处4年有期徒刑。

[①] 参见林山田:《刑法通论》(下册)(增订十版),北京大学出版社2012年版,第77页。

在不承认过失共同犯罪的背景下,这一判决是值得商榷的。"通说认为,过失共同犯罪分别定罪科刑即可,没有必要按共同犯罪处罚,但事实上并非如此。因为在不可能判明各个人的行为与结果之间的因果关系,而各个人又都有义务防止结果发生的情况下,只有认定为共同犯罪,适用部分实行全部责任的原则,才可能定罪量刑,否则就不能分别定罪量刑。"①

此外,部分司法解释也使用了过失犯罪的共犯这一用语。例如,2000年11月15日最高人民法院《关于审理交通肇事刑事案件具体应用法律若干问题的解释》第5条第2款作了如下规定:"交通肇事后,单位主管人员、机动车辆所有人、承包人或者乘车人指使肇事人逃逸,致使被害人因得不到救助而死亡的,以交通肇事罪的共犯论处。"交通肇事罪是典型的过失犯罪,这一过失犯罪的共犯规定意味着司法解释认可了过失共同犯罪的概念,但它又面临直接抵触《刑法》第25条规定的问题。

对此问题,学界有各种见解。其一,立足于解释论,通过区分"过失共同犯罪"与"共同过失犯罪"这两个概念来论证承认过失共同犯罪并不违背我国刑法规定。例如,有学者认为前者是指二人以上负有防止危害结果发生的共同注意义务,由于全体行为人共同的不注意,以致发生结果的一种共同犯罪形态;后者是指二人以上的过失行为共同造成了一个结果,但是在各行为人之间不存在共同注意义务和违反共同注意义务的共同心情。并且主张,对过失共同犯罪应以共同犯罪论处,但应将过失共同犯罪限定于过失共同正犯,即只有在直接参与实施造成结果的过失行为的行为人之间,才能成立过失共同犯罪。② 其二,立足于立法论,认为刑法理论不应停留在实为的层次注释刑法规定的含义,而应提高到当为的层次论证刑法规定的合理性。

从立法论上来说,主张过失的共同犯罪的观点具有合理性,对现行法律进行合理性的审视也是必要与不可缺少的。但是,任何立法建议、立法批评都不能取代对现行法律的解释与遵守。我国刑法修订时,立法者对共同犯罪的若干问题作了修正,但对共同犯罪的概念只字未改,这本身就表明了立法者的态度。在这种情况下,只能通过解释刑法来解决实践中遇到的问题。从这个意义上说,鉴于现行刑法明文规定"共同过失犯罪"不按共同犯罪处理,因此,区分"共同过失犯罪"与"过失共同犯罪"两个概念,主张在现行刑法之下,对共同过失犯罪以共同犯罪论处的观点,不失为解决问题的一种途径。不过这种解释是否有故意规避法律的类推的嫌疑,也还值得进一步探讨。

---

① 张明楷:《共同过失与共犯》,载马克昌、莫洪宪主编:《中日共同犯罪比较研究》,武汉大学出版社2003年版,第36页。
② 参见冯军:《论过失共同犯罪》,载高铭暄等:《西原春夫先生古稀祝贺论文集》,法律出版社、成文堂1997年版,第165页以下。

甲、乙二人系某厂锅炉工。一天，甲的朋友多次打电话催其赴约，但离交班时间还有15分钟。甲心想，乙向来都是提前15分钟左右来接班，今天也快来了。于是，在乙到来之前，甲就离开了岗位。恰巧乙这天也有要事。乙心想，平时都是我去后甲才离开，今天迟去15分钟左右，甲不会有什么意见的。于是，乙过了正常交接班时间15分钟左右才赶到岗位。结果，由于无人看管，致使锅炉发生爆炸，损失惨重。甲、乙的行为属于共同过失犯罪，按照我国刑法规定，不是共同犯罪，应按照甲、乙所犯的罪分别处罚。

（2）故意犯罪行为与过失犯罪行为之间不成立共同犯罪。如司法工作人员擅离岗位，致使在押的犯罪嫌疑人、被告人或罪犯脱逃，造成严重后果的，司法工作人员的过失行为与脱逃者的故意行为在客观上虽有一定联系，但不成立共同犯罪。这时应对失职的司法工作人员和脱逃的犯罪嫌疑人、被告人或罪犯分别定罪判刑。

（3）同时犯不成立共同犯罪。二人以上同时以各自行为侵害同一对象，但彼此之间没有意思联络的，是同时犯。例如，甲、乙二人原是某大型工厂的员工，后因经济不景气被裁员。甲、乙对工厂领导怀恨在心，某日不约而同地到工厂去放火。在这种情况下，由于行为人之间主观上不存在相互联络，因而不成立共同犯罪，各自只对自己的犯罪行为负刑事责任。

（4）二人以上先后故意对同一对象实施性质相同的某种犯罪，但彼此间没有意思联络的，不成立共同犯罪。例如，甲、乙二人先后到丙家分别窃取一台彩电和一辆摩托车。二人虽然实施了相同的盗窃行为，且都是在丙家作案，但由于缺乏"共同"故意，故不成立共同犯罪。

（5）超出共同故意之外的犯罪，不是共同犯罪。例如，甲教唆乙杀死丙，而乙除了实施杀人行为外，还放火烧毁了丙家并导致附近多户居民房屋着火，但甲对乙的放火行为毫不知情。在这种情况下，甲、乙二人只成立故意杀人罪的共同犯罪，就放火罪而言，只能由乙个人单独承担刑事责任。

（6）事前无通谋的窝藏、包庇行为及窝藏、转移、收购、代为销售等掩饰、隐瞒犯罪所得及其产生的收益的行为，不属于共同犯罪，应单独予以定罪处罚。但是，如果事前有通谋的，则应成立共同犯罪。所以，《刑法》第310条第2款就窝藏、包庇罪明确规定："犯前款罪，事前通谋的，以共同犯罪论处。"

三、共同行为

共同犯罪的成立还要求在客观上必须有共同的行为。所谓共同的行为，是指各共同犯罪人实施的是属于同一犯罪构成要件的行为，而且，各行为人的行为互相联系、互相配合，形成一个统一的犯罪活动整体。

(一) 共同行为的特征

首先,各行为人所实施的行为,都必须是符合刑法条文规定的具有严重社会危害性的行为,即都是犯罪行为。如果两个人的行为均非犯罪行为或其中一人的行为不具有犯罪性,则不属于共同犯罪行为。

其次,共同犯罪行为的表现形式有三种:一是共同的作为,即各个共犯人的行为都是作为。例如,甲、乙二人共同开枪射杀丙。二是共同的不作为,即各共犯人具有相同的作为义务,共同实施不作为。例如,夫妻二人共同遗弃患重病的新生儿。三是作为与不作为的结合,即部分共犯人的行为是作为,部分共犯人的行为是不作为。例如,甲女与情夫乙共谋,乙将甲的3岁幼儿丙推入河中,甲能够救助而不救助,致使丙死亡。

再次,共同犯罪行为的分工情况可以表现为四种方式:一是实行行为,即实施符合犯罪构成客观要件的行为;二是组织行为,即组织、领导、策划、指挥共同犯罪的行为;三是教唆行为,即故意引起他人犯罪意图的行为;四是帮助行为,即协助他人实施犯罪的行为。因此,作为整体的共同犯罪行为既可以表现为行为人共同实施实行行为,也可以表现为有的实施实行行为而有的实施组织行为、教唆行为或帮助行为。

最后,当共同犯罪是结果犯并发生危害结果时,共同犯罪行为与危害结果之间的因果关系应作统一的认定。具体而言,共同犯罪行为都指向同一目标,互相联系与配合,正是这一行为整体导致了危害结果的发生,所以,共同犯罪行为这一整体是危害结果发生的统一的原因,而每个共同犯罪人的行为都是危害结果发生的原因的一部分。

(二) 共谋而未实行的认定

实践中值得研究的是,仅参与共谋而未参与犯罪实行行为的认定问题。例如,甲、乙共谋杀害丙,相约翌日到丙家共同下手将丙杀死;甲如期到丙家,乙未去,甲一人将丙杀死。如何认定甲、乙行为的性质?这实际上包含着两个不同层次的问题。

1. 共谋而未实行是否构成共同犯罪的问题

对此,理论上有两种意见。一种意见认为,共谋不是共同犯罪行为。共谋而未实行,就意味着缺乏共同犯罪行为,因此,不能构成共同犯罪。以上例而言,甲、乙虽然有共同杀丙的故意,但缺乏共同行为。甲应单独构成杀人罪的既遂。乙参与密谋杀人,只应对杀人的预备行为负责。[①] 另一种意见则认为,共谋是共同犯罪行为,参与共谋即使未实行也构成共同犯罪。因为共同犯罪行为包括犯

---

① 参见高格:《关于共同犯罪的几个理论问题的探讨》,载《吉林大学社会科学学报》1982年第1期。

罪的预备行为和实行行为。而犯罪预备和实行是两个紧密相连的阶段,共谋属于犯罪预备,不能把犯罪的预备同犯罪的实行之间的密切联系割裂开来,而把甲、乙共谋杀丙的行为视为与甲单独杀死丙这一犯罪活动的全过程无关的、以外的行为。①

共谋并非共同犯罪意图的单纯流露,而是共同犯罪预备行为,共谋而未实行者无疑亦具备成立共同犯罪所需要的主客观要件。对上述案例,第一种意见一方面认为甲的行为单独构成杀人罪既遂,乙只对预备行为负责,另一方面又否认他们成立共同犯罪,这本身就是自相矛盾的。第二种意见认为共谋而未实行构成共同犯罪,是正确的。但其认为共谋属于犯罪预备,则混淆了预备行为与预备形态的界限,这就涉及第二个问题。

2. 成立共同犯罪后,对未参与实行行为者的处罚问题

对此,也存在不同观点:一种观点认为,"共谋"而未实行者,属于共同犯罪中的犯罪预备;另一种观点认为,应借鉴日本刑法理论中的"共谋共同正犯"概念,将共谋而未实行者认定为正犯,从而进行相应的处罚。②

第一种观点将共谋认定为犯罪预备,并不妥当。虽然在一般情况下,可以认为共谋属于犯罪的预备行为,但这一预备行为并未因各种主客观原因而停止下来。相反,共谋者中的一部分人将此共谋付诸实行,可见,共谋这一预备行为仍在运动、发展、变化之中。而犯罪预备属于犯罪的停止形态,一旦停止便处于相对静止状态,不能再发生转化。第二种观点也不妥当。因为"共谋共同正犯"的概念本身就与共同正犯的基本性质不吻合,只不过是在日本"正犯"既是定罪的标志又是量刑的标准这一特定法制环境下刑法理论向司法现实妥协与让步的产物,是一种"错误"的理论,没有必要引入我国。

在我们看来,对于共谋而未实行者应按照如下情况分别处理:(1) 共谋的内容是组织与策划,而该内容又在刑法分则条文中作了具体规定,那么共谋就是该种犯罪的实行行为,应直接根据刑法规定以既遂犯进行处罚。例如,行为人共谋分裂国家,无论行为人此后是否实施更具体的分裂行为,都构成分裂国家罪共犯的既遂。(2) 在有组织犯罪或犯罪集团中,行为人与他人实施共谋,共谋的内容是组织、领导、策划犯罪的分工或具体实施,如负责组织犯罪集团、网罗集团成员、制订犯罪计划等,这就属于总则所规定的组织行为。行为人虽未实施实行行为,但应认定为组织犯,应根据正犯的犯罪形态分别认定为犯罪的既遂、未遂与预备。(3) 在一般共同犯罪中,如果共谋的内容就是教唆他人进行犯罪,那么行为人构成教唆犯,应当适用我国刑法有关教唆犯的规定,并根据正犯的犯罪形态

---

① 参见邓定一:《共谋而未实行,不构成共同犯罪吗?》,载《法学》1984 年第 6 期。
② 参见黎宏:《刑法学总论》(第二版),法律出版社 2016 年版,第 272—273 页。

分别认定为犯罪的既遂、未遂与预备。(4) 在一般共同犯罪中,如果共谋的内容是帮助犯罪,那么成立帮助犯,根据正犯的犯罪形态分别认定为犯罪的既遂、未遂与预备。(5) 如果共谋者符合犯罪中止的条件,可以认定为相应犯罪的中止犯。

第三节 共同犯罪的形式

共同犯罪的形式,是指二人以上共同犯罪的存在方式、结构状况或共同犯罪之间结合的方式。研究共同犯罪的形式,有助于认识各种不同形式的共同犯罪的性质、特点及其社会危害性程度,分清各共犯人在不同形式的共同犯罪中的地位和作用,有区别地对待不同的共同犯罪人,从而更有效地与共同犯罪作斗争。

从不同的角度,以不同的标准,可以对共同犯罪的形式作不同的划分。我国刑法理论一般是将共同犯罪形式分为以下几类:

一、任意的共同犯罪与必要的共同犯罪

这是根据共同犯罪能否任意形成而作的划分。

(一) 任意的共同犯罪

任意的共同犯罪,是指刑法分则规定单个人能够独自实施的犯罪而由二人以上共同故意实施所形成的共同犯罪。例如故意杀人罪、盗窃罪、诈骗罪等,既可以由一人单独实施,也可以由二人以上共同实施,而当二人以上共同故意实施这些犯罪时,就是任意的共同犯罪。一般而言,刑法总则规定的共同犯罪及刑法总论部分研究的共同犯罪主要是任意的共同犯罪。对任意的共同犯罪,应当依照刑法分则的有关条文以及刑法总则关于共同犯罪的规定定罪量刑。

(二) 必要的共同犯罪

必要的共同犯罪,是指刑法分则明文规定必须由二人以上共同故意实施的犯罪。对这类共同犯罪通常直接根据刑法分则规定定罪处刑。国外刑法理论一般将必要共同犯罪分为对向犯与多众犯(集团犯)两类。[①] 我国刑法理论则根据刑法规定,多将必要共同犯罪分为对向犯与平行犯两类。

1. 对向犯

对向犯是指以存在二人以上相互对向性的行为为构成要件的犯罪。一般认为,对向犯可以分为以下三种类型:第一,双方的行为均构成犯罪,且罪名与法定刑相同,如重婚罪;第二,双方的行为均构成犯罪,但罪名与法定刑各不相同,如受贿罪与行贿罪;第三,法律只明文规定一方的行为构成犯罪,对另一方则未作

---

① 参见〔日〕浅田和茂:《刑法总论》(第二版),成文堂2019年版,第413页。

规定,这又被称为片面的对向犯,如贩卖淫秽物品牟利罪。第三种类型由于法律明文规定只处罚一方的行为,所以实际上不属于共同犯罪的范畴,称为对向"犯"并不十分合适。但理论上已经约定俗成,对此也就不必深究。

问题在于,在第三种类型中,能否直接根据刑法总则规定将分则未作出处罚规定的另一方(如贩卖淫秽物品牟利罪中的购买者)作为共犯(教唆犯或帮助犯)予以处罚?理论上对此有不同看法。立法者在规定对向犯时既然只规定处罚其中一方的行为,就意味着对另一方通常的定型的参与形式不予处罚,因为该种行为不具有我国刑法所规定的严重的社会危害性。但如果另一方的行为超越了定型的参与形式,例如,贩卖淫秽物品者原来并不出售淫秽物品,但购买者积极唆使对方,最终导致对方实施贩卖行为,这时其行为就具备作为犯罪处理的严重的社会危害性,应当视不同案件的具体情况以教唆犯或帮助犯处罚。例如,甲见卖淫秽影碟的小贩可怜,给小贩1000元,买下200张淫秽影碟。此时,甲主观上不具有传播或牟利的目的,购买影碟的行为无罪,但小贩构成贩卖淫秽物品牟利罪。

2. 平行犯

平行犯是指以多人实施向着同一目标的行为为构成要件的犯罪,在我国刑法中包括聚众性共同犯罪与集团性共同犯罪两种情况。

聚众性的共同犯罪,是指以不特定的多数人的聚合行为作为犯罪构成要件的共同犯罪。在刑法分则中聚众性的共同犯罪大多在罪名中冠以"聚众"二字,但也有例外,例如,组织越狱罪。在刑法分则中,也并非罪名冠以"聚众"二字的均属共同犯罪,例如,聚众扰乱公共场所秩序、交通秩序罪。按照刑法规定,该罪的犯罪主体仅限于首要分子。就具体案件而言,如果首要分子只有一个,就不存在共同犯罪问题。

集团性的共同犯罪,是指以组织、领导或参加某种犯罪集团作为犯罪构成要件的犯罪。例如,我国《刑法》第294条第1款规定的组织、领导、参加黑社会性质组织罪。

二、事前通谋的共同犯罪与事中通谋的共同犯罪

这是根据共同故意形成的时间划分的共同犯罪形式。

(一)事前通谋的共同犯罪

事前通谋的共同犯罪,是指各共犯者在着手实行犯罪以前已经形成共同犯罪故意的共同犯罪。这里的"通谋",是指共同犯罪人之间犯罪意图的互相联络、沟通。它可以是口头形式的,也可以是书面形式的;既可以是全面的策划,也可以是简单的表态。只要具有事前犯意沟通的性质,即可视为存在通谋。

事前通谋实质上是一种预备行为。由于进行了事前通谋,共同犯罪更易于

得逞，因此它具有更大的危害性。

我国刑法分则对有些犯罪明文规定，以事前是否通谋作为划分通谋之罪的共同犯罪与该罪的单独犯罪界限的标准。例如，《刑法》第310条规定，明知是犯罪的人而为其提供隐藏处所、财物，帮助其逃匿或者作假证明包庇，且事前通谋的，以共同犯罪论处。根据这一规定，如果事前无通谋，行为人的行为就单独构成窝藏罪或包庇罪，如果事前通谋，则按照与犯罪的人通谋的共同犯罪论处。

（二）事中通谋的共同犯罪

事中通谋的共同犯罪，是指各共同犯罪人在其中一人或数人着手实施犯罪过程中形成共同犯罪故意的共同犯罪。例如，甲正在殴打乙，适逢丙路过，于是甲求丙帮忙，丙应邀与甲将乙打成重伤。在这里，甲与丙的共同犯罪即属于事中通谋的共同犯罪。

事中通谋的共同犯罪，原被称为事前无通谋的共同犯罪。但国内有学者提出事前无通谋的共同犯罪的提法不够科学，因为事前无通谋，既包括事中通谋，也包括事后通谋，而事后通谋根本不可能构成共同犯罪，实际上事前无通谋仅仅是指事中通谋，所以应将这种情况称为事中通谋的共同犯罪。[①] 这一见解比较可取。

事中通谋的共同犯罪既包括数人临时起意，从一开始就共同实施犯罪的情况，也包括继承的共同犯罪的情况。所谓继承的共同犯罪，又称相续的共同犯罪，是指对某一个犯罪，先行行为者着手实行后，在行为尚未全部实行终了阶段，与他人（后行行为者）之间产生了共同实施犯罪的意思，此后共同实施犯罪的情况。继承的共同犯罪包括继承的共同正犯与继承的帮助犯两种情况。

在继承的共同犯罪的情况下，后行行为者毫无疑问应就其参与后的行为与先行行为者构成共同犯罪。问题在于，后行行为者与先行行为者成立共同犯罪的范围如何确定。例如，甲为劫财将乙打成重伤，乙拼死反抗。丙路过，帮甲掏出乙随身钱财。部分学者认为，即使后行者认识到了先行者的行为，但因后行者并没有参与实施先行者的行为，所以不应当回溯先前的行为来认定共犯关系。我们不赞成这种观点。因为如果后行者不仅认识到了先行者的行为结果，而且先行者行为的效果仍在延续，后行者又有积极的利用意思，将其作为自己的手段加以运用，在这种情况下双方应就整体犯罪成立共同犯罪。因此，以上例而言，甲与丙应成立抢劫罪的共同犯罪。当然，由于丙所利用的只是因暴力使被害人不能反抗的状态，至于重伤的结果则属于过剩的结果，所以后行者丙虽应与先行者甲构成抢劫罪的共同犯罪，但其不对重伤结果负责，即不承担抢劫致人重伤的

---

① 参见高铭暄、马克昌主编：《刑法学》（第十版），北京大学出版社、高等教育出版社2022年版，第167页。

罪责。

三、简单的共同犯罪与复杂的共同犯罪

这是以共同犯罪人之间有无分工为根据而作的划分。

（一）简单的共同犯罪

简单的共同犯罪，是指二人以上共同故意实施刑法分则所规定的犯罪构成客观方面行为的共同犯罪，即二人以上共同故意实行犯罪的共同犯罪。在这种情况下，各共同犯罪人都是正犯（实行犯），所以简单的共同犯罪在理论上又称共同正犯（共同实行犯）。

成立简单的共同犯罪必须具备两个基本条件：(1) 二人以上有共同实行的故意，即各共同犯罪人不仅都具有实施犯罪实行行为的意思，而且还均具有相互利用、补充他方行为的意思。(2) 二人以上有共同实行犯罪的事实，即各共同犯罪人分担实行行为，互相利用和补充其他共同者的行为，合作完成特定的犯罪。首先，各行为人分担的应当是实行行为。以实行行为以外的行为参与犯罪，不成立简单共同犯罪。其次，共同实行并不意味着共同实行犯的行为必须完全相同，即使各共同犯罪人的具体行为方式不完全一样，也成立简单共同犯罪。例如，甲、乙二人共同抢劫，甲持刀威胁被害人而乙动手夺取财物，或二人相约杀害丙一家，甲用刀砍死丙而乙用绳索勒死丙妻女，这些都不影响甲、乙二人成立简单共同犯罪。

在对简单的共同犯罪追究刑事责任时应遵循以下几个原则：

1. 部分实行全部责任原则

在简单共同犯罪中，各个行为人在共同实行的意思联络之下，互相利用、互相补充，将各自的行为结合成为一体，共同实现犯罪。因此，即使各行为人只实施了一部分行为，也必须在共同实施犯行的决意范围之内对所发生的全部结果承担责任。比如，A和B共谋杀害C，各自向C开枪射击，结果C被A发射的子弹击中死亡，即使B发射的子弹未命中目标，A和B都应当按杀人罪的既遂犯处罚。

这里需要研究的问题是，部分实行全部责任原则是否允许有例外，即是否对于某些具有特殊性的简单共同犯罪允许分别认定既遂与未遂？理论上有学者认为，对于亲手犯（在犯罪性质上通过他人的行为不能成为实行犯的犯罪）或人身不可代替的犯罪应当作分别的认定。"例如强奸、脱逃等犯罪，其犯罪目的分别是强行与妇女发生性交和逃避劳改机关的监管，这种犯罪目的决定了每个共同犯罪人的行为具有不可替代的性质。只有本人完成了法定行为才是既遂，如果本人因意志以外的原因而未完成法定行为，即使他人完成了该行为，对未完成法

定行为的共同犯罪人来说,仍是犯罪未遂。"①

我们不赞成这种观点,因为它混淆了单独犯罪与共同犯罪的界限。以论者所举的脱逃罪而言,在单独犯罪的情况下,当然以行为人脱逃是否成功来认定既未遂,但在数人基于共同故意,共同实施脱逃行为时,该行为就具有与单独犯罪不同的特点。即主观上,由于共同故意的存在,强化了各人脱逃的决心;客观上,各人的行为可以互相配合,互相利用,从而有效地提高了脱逃成功的可能性。所以,任何一人的脱逃成功,都是共同行为人共同努力的结果,换言之,其他共同者的行为对脱逃成功者具有心理与物理上的因果影响力。因此,自然应对全体犯罪认定为既遂。如果对上述犯罪分别认定既遂与未遂,还可能产生明显的不合理现象。如果甲帮助乙实行某一亲手犯(或不可替代性)的犯罪,只要乙的行为完成,甲也对此犯罪承担既遂责任;相反,如果甲、乙共同实行此种犯罪,结果只有乙完成,而甲未完成,则甲只承担未遂的责任。根据《刑法》第23条,未遂犯可以比照既遂犯从轻或者减轻处罚,处罚时就可能导致罪刑不相适应。例如,几个人帮助一个人强奸妇女,实行犯强奸既遂,其他共犯也要负强奸既遂责任;而在几个人轮奸妇女时,其中部分人强奸成功,部分人强奸未成功,强奸未成功的共犯,实际上对强奸成功的共犯的强奸行为同样也起了一定的作用,并且自己又亲自实行这一犯罪,危害本来更大,但却反而只负强奸未遂责任,受到比较轻的处罚,这于情于理都说不通。②

2. 区别对待原则

这一原则的含义是,在坚持部分实行负全部结果责任的前提下,对各共同实行犯应当按照其社会危害性的差异区别处理。首先,应根据各共同犯罪人在共同犯罪中所起的作用大小,分清主、从犯与胁从犯,依据刑法规定的处罚原则予以分别处置。其次,在将各共同正犯者区分为主犯、从犯、胁从犯之后,还需要考察各共同正犯者的人身危险程度和犯罪后的态度,实行区别对待。具备从重、从轻、减轻或免除处罚情节的,应当予以从重、从轻、减轻或免除处罚。

3. 罪责自负原则

如果有人超出共同故意的范围实行别的犯罪,那么只能由实行该种犯罪的人对自己的行为承担责任,其他人则不对此行为及其结果承担责任。

(二)复杂的共同犯罪

复杂的共同犯罪,是指各共同犯罪人之间存在不同分工的共同犯罪。其具体表现为:有的教唆他人使之产生犯罪故意而着手实行犯罪,有的帮助他人实行犯罪,有的直接实行犯罪,等等。由于这类共同犯罪中包含有实行犯、教唆犯与

---

① 陈兴良:《共同犯罪论》(第三版),中国人民大学出版社2017年版,第362页。
② 参见陈家林:《共同正犯研究》,武汉大学出版社2004年版,第283页。

帮助犯等不同分工而各自的行为以及故意的具体内容均有差异,所以在理论上称为复杂的共同犯罪。

根据我国刑法规定,对复杂的共同犯罪中的各共同犯罪人应按其在共同犯罪中所起作用的大小及其社会危害性程度,解决其刑事责任问题。

四、一般的共同犯罪与特殊的共同犯罪

这是根据共同犯罪有无组织形式而进行的划分。

(一) 一般的共同犯罪

一般的共同犯罪,是指各共同犯罪人之间结合程度比较松散、不存在特定组织形式的共同犯罪。其特点是:(1) 一般的共同犯罪对成员人员的最低要求是二人;(2) 各共同犯罪人往往是为了实施某种犯罪而临时组合在一起,完成犯罪后犯罪的组合形式就不再存在;(3) 共同犯罪人之间没有特定的组织性,没有明显的领导与被领导的关系。一般的共同犯罪,可以是事前通谋的共同犯罪,也可以是事中通谋的共同犯罪;可以是简单的共同犯罪,也可以是复杂的共同犯罪。司法实践中应根据其实际情况分别加以处理。

(二) 特殊的共同犯罪

特殊的共同犯罪,又称有组织的共同犯罪或犯罪集团。《刑法》第26条第2款规定:"三人以上为共同实施犯罪而组成的较为固定的犯罪组织,是犯罪集团。"根据刑法规定,有组织的共同犯罪有三种形式,即一般犯罪集团、黑社会性质组织和黑社会组织。

成立一般犯罪集团必须符合以下要求:(1) 三人以上。这是对犯罪集团主体人数的要求。必须是三名以上达到刑事责任年龄、具备刑事责任能力的人才能构成犯罪集团。这里的三人以上包括三人在内。可见,犯罪集团的人数最少为三人,二人共同犯罪的,只能成立一般的共同犯罪。当然,司法实践中犯罪集团的人数往往众多,只有三人的,是极个别的情况。(2) 为共同实施犯罪而组成。这是对犯罪集团主观目的的要求。犯罪集团总是以实施某一种或某几种犯罪为目的而形成的,这种犯罪的目的性,可能是通过明确的纲领加以体现,也可能是通过口头谋议加以确定,还可能是通过共同犯罪活动而形成。这种犯罪目的的明确性是区分犯罪集团与其他落后组织的重要标志。例如,现实中几个人在追求低俗的生活方式方面臭味相投而形成小团体,或基于对某一事项不满而纠合在一起,但并非以实施犯罪为目的的,就不能认定为犯罪集团。(3) 成立了较为固定的犯罪组织。这是对犯罪集团组织性与稳定性的要求。犯罪集团具有较强的组织性,即犯罪集团内部具有领导与被领导的关系。同时,犯罪集团是为了在较长的时间里多次实施犯罪活动而组成的,在实施一次犯罪后,其内在联系和组织形式仍然存在,以便继续实施犯罪。当然,这里的较为固定,是就犯罪集

团成员的主观意愿而言的,并不以该组织体事实上长期存在为必要。实施一次犯罪即被查获的,只要查明共同犯罪人是以实施多次或不定次数的犯罪为目的而建立组织,即可认为具有固定性。

黑社会性质组织,是指以暴力、威胁或其他手段,有组织地进行违法犯罪活动,称霸一方,为非作恶,欺压、残害群众,严重破坏经济秩序和社会秩序的犯罪组织。"黑社会性质的组织"除了具备一般犯罪集团的特征之外,还应当同时具备以下特征:(1)形成较稳定的犯罪组织,人数较多,有明确的组织者、领导者,骨干成员基本固定;(2)有组织地通过违法犯罪活动或其他手段获取经济利益,具有一定的经济实力,以支持该组织的活动;(3)以暴力、威胁或其他手段,有组织地多次进行违法犯罪活动,为非作恶,欺压、残害群众;(4)通过实施违法犯罪活动,或利用国家工作人员的包庇或纵容,称霸一方,在一定区域或行业内,形成非法控制或重大影响,严重破坏经济、社会生活秩序。黑社会性质组织是一般犯罪集团进一步发展而形成的一种有组织犯罪形态,是向黑社会组织发展的一种过渡形式。我国目前已经出现黑社会性质组织,必须严厉加以打击。

黑社会组织是有组织犯罪的高级形态。我国目前还没有出现严格意义上的黑社会组织,但对于境外的黑社会组织入境发展成员的行为,必须严加惩处。

20世纪80年代以来,"犯罪团伙"成为我国司法实践中频繁使用的一个概念,但对于什么是犯罪团伙,认识上还很不一致。有的认为犯罪团伙就是犯罪集团,有的认为犯罪团伙是介于一般共同犯罪与犯罪集团之间的共同犯罪形式,有的认为犯罪团伙是包括犯罪集团和一般共同犯罪的一个概念。我们赞同最后一种认识。司法实践中的犯罪团伙既可能是犯罪集团,也可能最后被认定为一般共同犯罪形式,应根据其实际情况分别加以认定。由于犯罪团伙不是法定概念,因此,在人民检察院的起诉书及人民法院的判决、裁定等法律文书中应避免使用"犯罪团伙"一词。

第四节 共犯人的刑事责任

一、共同犯罪人分类概述

共同犯罪人的分类,是指按照一定的标准将共同犯罪人区分为各种不同的类型。当今世界,少数国家采用单一的正犯体系,不对共同犯罪人作出分类,由法典统一规定一切犯罪参与者的责任,但大多数国家都根据不同的标准对共同犯罪人作出分类。

(一)分工分类法

分工分类法以共同犯罪人在共同犯罪中的分工为标准对共同犯罪人进行分

类。在采用这种标准分类的国家中,有的是实行二分法,如将共同犯罪人分为正犯与从犯两类;有的实行三分法,如将共同犯罪人分为正犯、教唆犯与从犯,或将其分为实行犯、教唆犯与帮助犯;有的则实行四分法,如将共同犯罪人分为实行犯、组织犯、教唆犯与帮助犯。① 一般认为,分工分类法较为清楚地反映各共同犯罪人在共同犯罪中的实际分工和彼此间联系的方式,便于清晰地把握共同犯罪的性质,从而合理地解决共同犯罪的定罪问题。但是,据此却无法揭示各共同犯罪人在共同犯罪中所起的作用,从而不利于准确确定各自的刑事责任。

(二) 作用分类法

作用分类法以共同犯罪人在共同犯罪中所起的作用为标准对共同犯罪人进行分类。采用这种分类标准的国家实际做法也不尽相同。中国古代刑法一贯将共犯分为首犯与从犯,如《唐律疏议·名例》指出,"共犯罪者,谓二人以上共犯,以先造意者为首,余并为从";英美法系国家则多将共犯分为主犯与从犯。作用分类法较为明确地反映了各共同犯罪人在共同犯罪中所起作用的大小,便于对共同犯罪人准确裁量刑罚,恰当解决其刑事责任问题,但其缺陷是不能全面反映各共同犯罪人在共同犯罪中的分工和相互间的联系方式,不利于对此罪与彼罪的区分。

(三) 混合分类法

我国两部刑法典均将共同犯罪人分为主犯、从犯、胁从犯与教唆犯。理论上一般认为这是以作用分类法为主、兼采分工分类法的混合分类法。即"刑法总则在共同犯罪一节中以各自所起的作用为标准将共同犯罪人分为主犯、从犯和胁从犯,同时考虑到以分工为标准形成的教唆犯的复杂性,也将其作为特殊的一类共同犯罪人而规定在胁从犯之后。教唆犯与前三类共同犯罪人不属于并列关系,所以,我国刑法上的共同犯罪人虽分四种,实际上却为两类:即一类为主犯、从犯、胁从犯;另一类为教唆犯。"②

对于这种混合分类法,理论上有不同评价。赞成者认为,"在共同犯罪人的分类上,与其他的分类法相比较,我国刑法实行的分类方法是扬其之长,避其之短,在依照罪责刑相适应的原则正确地确定共同犯罪人的刑事责任方面,不仅具有一定的独创性,而且具有较强的科学性。"③而反对者则认为共犯人的分类与其他分类一样,是一种逻辑方法,理应遵循分类的逻辑规则。虽然对任何一个事物都可以用不同的标准进行分类,但根据不同的标准划分出来的子项是不能够

---

① 组织犯概念最早由苏联学者提出,1952年《阿尔巴尼亚刑法典》首先在立法上规定组织犯,此后为苏联、东欧等社会主义国家广泛采用。德、日等大陆法系国家和地区不采用组织犯这一分类。

② 高铭暄、马克昌主编:《刑法学》(第十版),北京大学出版社、高等教育出版社2022年版,第171页。

③ 高铭暄、马克昌主编:《刑法学》(上编),中国法制出版社1999年版,第304页。

并列的。"例如,我们可以根据性别将人分为男人与女人,根据年龄将人分为幼儿、少年、青年人、中年人和老年人,但我们不能说人可以分为男人、少年与中年人……同样,人们可以按照作用与分工将共犯进行不同分类,但不能说共犯人可以分为实行犯、教唆犯、从犯、胁从犯,也不能说共犯人可以分为主犯、从犯、组织犯、帮助犯。"①

现行刑法的混合分类方法的确存在逻辑上的缺陷,而且容易使人对于按不同标准所划分的共犯人在定罪量刑上所起的作用产生误解。但是,这并非混合分类法本身所固有的问题,而是我国刑法在文字表述上的疏漏。换言之,可以按照同一思路,将刑法中共犯人的分类划分为两类,用两条或两款分别表述。例如,有学者就主张刑法分设两个条款"第××条(共同犯罪的定罪)实行本法分则所规定的犯罪行为的,是实行犯;对于实行犯,应当按照本法分则有关条文定罪。在犯罪集团中起组织、策划和指挥作用的,是组织犯;对于组织犯,应当按照其所组织的犯罪定罪。教唆他人犯罪的,是教唆犯;对于教唆犯,应当按照其所教唆的犯罪定罪。明知他人犯罪之情而予以各种形式的帮助的,是帮助犯,对于帮助犯,应当按照其所帮助的犯罪定罪。第××条(共同犯罪的量刑)在共同犯罪中起主要作用的,是主犯;对于主犯,除本法分则已有规定的以外,应当从重处罚。在共同犯罪中起次要作用的,是从犯;对于从犯,应当比照主犯从轻、减轻或免除处罚。"②这种主张是很有见地的。当然,在刑法没有修改之前,只要我们牢记两类分类标准所划分的共同犯罪人的不同意义,也能够合理地扬长避短,准确地对共同犯罪人进行定罪量刑。

二、主犯、从犯、胁从犯的特征及刑事责任

(一)主犯的特征及其刑事责任

1. 主犯的特征及认定

《刑法》第 26 条第 1 款规定:"组织、领导犯罪集团进行犯罪活动的或者在共同犯罪中起主要作用的,是主犯。"据此,主犯包括两种情况:一是组织、领导犯罪集团进行犯罪的犯罪分子,二是在共同犯罪中起主要作用的犯罪分子。

组织、领导犯罪集团进行犯罪活动的犯罪分子,即犯罪集团的首要分子。这种主犯具有以下两个特征:(1)以犯罪集团的存在为前提条件。因为这种主犯只有在犯罪集团这一特殊的共同犯罪中才存在,故没有犯罪集团,也就没有这种主犯存在的空间。(2)必须实施了组织、领导犯罪集团进行犯罪活动的行为。这通常表现为:负责组建犯罪集团,网罗犯罪集团成员,制订犯罪活动计划,布置

---

① 张明楷:《刑法学》(第二版),法律出版社 2003 年版,第 339 页。
② 陈兴良:《共同犯罪论》(第三版),中国人民大学出版社 2017 年版,第 540 页。

犯罪任务,指挥犯罪集团的成员进行具体的犯罪活动,等等。由于这种主犯起着组建、领导犯罪集团及指挥犯罪集团成员进行犯罪活动的作用,因此是犯罪集团的核心,具有特别严重的社会危害性,是我国刑法重点打击的对象。需要说明的是,一个犯罪集团的首要分子,可能是一人,也可能不止一人,在司法实践中,应以事实为根据,依照刑法规定来具体确定。

在共同犯罪中起主要作用的犯罪分子,是指犯罪集团首要分子以外的在共同犯罪中起主要作用的犯罪分子。具体包括:(1) 犯罪集团的骨干分子。这一部分犯罪人虽然在犯罪集团中不起组织、指挥作用,但是积极参与犯罪集团的活动,是犯罪集团的得力成员,因而也属于主犯。(2) 全部可罚的聚众犯罪中的首要分子及其骨干成员和部分可罚的聚众犯罪中的首要分子。我国刑法中规定的聚众犯罪有三种:第一种是全部可罚的聚众犯罪。即聚众进行犯罪活动的人均可构成犯罪。例如,《刑法》第 317 条规定的组织越狱罪、暴动越狱罪、聚众持械劫狱罪等。第二种是部分可罚的聚众犯罪。即参与违法犯罪活动的人中只有首要分子和积极参加者可以构成犯罪的聚众犯罪。例如,《刑法》第 290 条规定的聚众扰乱社会秩序罪、聚众冲击国家机关罪,第 292 条规定的聚众斗殴罪等。第三种是个别可罚的聚众犯罪,即只有首要分子才构成犯罪的聚众犯罪,例如,《刑法》第 291 条规定的聚众扰乱公共场所秩序、交通秩序罪。上述第一种聚众犯罪的首要分子及其骨干成员无疑都在这种共同犯罪中起主要作用,因而都属于主犯。第二种聚众犯罪中的首要分子也属于主犯。第三种聚众犯罪中的聚众者或首要分子是否主犯,则应视案件情况而定。如果案件中的首要分子只有一人,则因为只有一个人的行为构成犯罪而不成立共同犯罪,也不发生认定主犯的问题;如果案件的首要分子为二人以上,则构成共同犯罪。这时应在首要分子之间对各自所起的作用进行比较,若数个首要分子均起主要作用,则皆为主犯;如果有的首要分子起主要作用,有的仅起次要作用,则只能对起主要作用的首要分子认定为主犯。(3) 聚众犯罪以外的一般共同犯罪中起主要作用的犯罪分子,如一般共同犯罪中起主要作用的实行犯等。

2. 主犯的刑事责任

由于主犯分为两种不同的情况,因此,我国刑法对主犯的刑事责任也是按照其具体情况分别加以规定的。

(1) 犯罪集团首要分子的刑事责任。《刑法》第 26 条第 3 款规定:"对组织、领导犯罪集团的首要分子,按照集团所犯的全部罪行处罚。"据此,犯罪集团的首要分子不仅应对自己实施的犯罪负刑事责任,而且要对犯罪集团其他成员按照集团的预谋实施的犯罪承担刑事责任。当然,对犯罪集团其他成员实施的超出集团的预谋的别的犯罪,不能要求首要分子负刑事责任,而应由实施该犯罪的集团成员自己承担责任。

(2) 犯罪集团首要分子之外的主犯的刑事责任。《刑法》第 26 条第 4 款规定:"对于第三款规定以外的主犯,应当按照其所参与的或者组织、指挥的全部犯罪处罚。"据此,对犯罪集团的骨干分子以及在聚众犯罪和一般共同犯罪中起主要作用的主犯,应分为两种情况来追究刑事责任:一是组织、指挥共同犯罪的,如聚众犯罪的首要分子,应按照其组织、指挥的全部犯罪追究其责任;二是没有进行组织、指挥活动但参与实行犯罪的,则应按照所参与的犯罪追究其刑事责任。

需要指出的是,对必要共同犯罪中犯罪集团的首要分子和其他主犯,刑法分则均规定了相应的具体法定刑,例如《刑法》第 294 条第 1 款规定对黑社会性质组织的首要分子和积极参加者处 3 年以上 10 年以下有期徒刑,《刑法》第 317 条第 2 款规定对聚众持械劫狱罪的首要分子和积极参加者,处 10 年以上有期徒刑或无期徒刑,等等。对于这样的主犯,应直接按刑法分则的有关规定追究其刑事责任。

(二) 从犯的特征及其刑事责任

1. 从犯的特征及认定

《刑法》第 27 条第 1 款规定:"在共同犯罪中起次要或者辅助作用的,是从犯。"据此,从犯由两类人构成。

(1) 在共同犯罪中起次要作用的犯罪分子。所谓次要作用,显然是相对于主犯的主要作用而言的。理论上有一种观点认为,"在共同犯罪中起次要作用,指虽然参与实行了某一犯罪构成客观方面要件的行为,但在共同犯罪活动中所起的作用比主犯小,主要表现为:在犯罪集团的首要分子领导下从事犯罪活动,罪恶不够重大或情节不够严重,或在一般共同犯罪中虽然直接参加实行犯罪,所起作用不大,行为没有造成严重危害后果等。这种情况就是次要实行犯。"[1]这种观点是片面的。在共同犯罪中起次要作用的犯罪分子既包括论者所说的起次要作用的实行犯,同时也应包括次要的教唆犯,例如在共同犯罪中对从犯进行教唆的人,等等。

(2) 在共同犯罪中起辅助作用的犯罪分子。所谓辅助作用,是指为共同犯罪的实行提供方便、创造条件,通说认为这指的就是帮助犯。其行为一般表现为为正犯提供犯罪工具和资金、指示犯罪地点、提供被害人有关生活工作的信息,或事前通谋、事后窝藏正犯或为其销赃、窝赃等。

从犯是相对于主犯而言的。主犯是共同犯罪中的核心人物,没有主犯就不可能成立共同犯罪。从犯通常只能依附于主犯而存在,故必须准确把握从犯的

---

[1] 高铭暄、马克昌主编:《刑法学》(第十版),北京大学出版社、高等教育出版社 2022 年版,第 173 页。

范围。认定从犯时,要根据行为人在共同犯罪中所处的地位、对共同故意形成的作用、实际参与的程度、具体行为的样式以及对危害结果的发生所起的作用等进行具体分析判断,看其是否在共同犯罪中起次要或辅助作用。

2. 从犯的刑事责任

《刑法》第27条第2款规定:"对于从犯,应当从轻、减轻处罚或者免除处罚。"这是因为从犯在共同犯罪中所起的作用较主犯小,其人身危害性和行为的社会危害性没有主犯严重,故对于从犯,理应宽大处理。至于对具体案件中的从犯是从轻处罚,还是减轻处罚,或是免除处罚,应根据共同犯罪的性质、情节以及从犯本人所起作用的程度来予以确定。除《刑法》第27条第2款规定的处罚从犯的一般原则外,刑法分则的一些条文还明确规定了某些共同犯罪中从犯的法定刑。例如,《刑法》第120条规定,组织、领导恐怖活动组织的,处10年以上有期徒刑或者无期徒刑,并处没收财产;积极参加的,处3年以上10年以下有期徒刑,并处罚金;其他参加的,处3年以下有期徒刑、拘役、管制或者剥夺政治权利,可以并处罚金。再如,《刑法》第294条第1款规定,对组织、领导黑社会性质的组织的,处7年以上有期徒刑,并处没收财产;积极参加的,处3年以上7年以下有期徒刑,可以并处罚金或者没收财产;其他参加的,处3年下有期徒刑、拘役、管制或者剥夺政治权利,可以并处罚金。上述条文里的其他参加者,显然指的是共同犯罪中的从犯。对于这些从犯,就应直接按分则条文规定的法定刑处罚。

(三) 胁从犯的特征及其刑事责任

1. 胁从犯的特征及认定

根据《刑法》第28条,胁从犯是被胁迫参加犯罪的人,即在他人的威胁下并非完全自愿地参加共同犯罪,且在共同犯罪中起较小的作用(次于从犯作用)的共同犯罪人。

在认定胁从犯时,应注意将其与下列几种情况区别开:(1) 因身体完全受到强制,彻底丧失了意志自由时实施某种行为的情况。由于这时不存在刑法意义上的危害行为,所以不应认定为犯罪。例如,铁路工作人员因被歹徒捆绑而不能修复遭歹徒破坏的铁轨,以致火车在运行时倾覆、毁坏的,不成立破坏交通设施罪的胁从犯。(2) 符合紧急避险条件的情况。例如,民航飞机在飞行中突遭歹徒劫持,机长为保护机上乘客与飞机的安全,不得已将飞机开到歹徒指定地点降落,其行为就属于紧急避险,而不成立劫持航空器罪的胁从犯。(3) 行为性质转化的情况。行为人虽然起先是被胁迫参加共同犯罪,但后来发生变化,积极主动实施犯罪行为,在共同犯罪中起主要作用或次要作用,就应分别按主犯或从犯论处。

2. 胁从犯的刑事责任

《刑法》第28条规定:"对于被胁迫参加犯罪的,应当按照他的犯罪情节减轻处罚或者免除处罚。"刑法之所以规定对胁从犯应当减轻或免除处罚,是因为这类共同犯罪人在心理上不是完全自愿参加犯罪,主观恶性不仅小于主犯,而且小于从犯,客观上他们在共同犯罪中也只起到轻于主犯乃至于从犯的作用,因此其刑事责任在共同犯罪中也是最小的。至于在具体追究刑事责任时对胁从犯是减轻处罚还是免除处罚,要根据其犯罪情节来决定。这里的犯罪情节主要包括两个方面:一是行为人被胁迫的程度,二是行为人在共同犯罪中所起的作用。

三、教唆犯、组织犯、正犯、帮助犯的特征及刑事责任

(一) 教唆犯的特征及其刑事责任

1. 教唆犯的概念与成立条件

根据《刑法》第 29 条的规定,教唆犯是故意唆使他人实施犯罪的人。教唆犯的主要特征如下:

(1) 行为人在主观方面具有教唆他人犯罪的故意。即教唆犯在主观上必须是明知自己的教唆行为会使他人产生犯罪意图而实施犯罪,并且希望或放任这种结果发生。教唆故意属于犯罪故意的一种,自然应当具备认识因素和意志因素两方面的内容。教唆故意的认识因素包括:第一,认识到被教唆的他人是达到刑事责任年龄、具有刑事责任能力的人。明知他人不具有刑事责任能力而教唆其犯罪,不构成教唆犯,而构成间接正犯。但如果行为人误认无刑事责任能力人为有刑事责任能力人而教唆其犯罪,仍然构成教唆犯,因为这种误认对教唆犯的故意不发生影响。第二,认识到他人还没有犯罪故意,如果认识到他人已有犯罪故意,而为之出谋划策、加油鼓劲的,构成帮助犯。第三,预见到自己的教唆行为将引起被教唆人产生实行某种犯罪的故意,并实施该种犯罪。第四,教唆人预见到被教唆人实行该种犯罪,在被教唆人实行某种犯罪时,被教唆人实行的犯罪应与教唆人教唆实行的犯罪相一致,才成立该种犯罪的教唆犯。否则,教唆人教唆他人犯甲罪,被教唆人实际犯乙罪,两者故意的内容不一致的,教唆者只能构成他所预见的犯罪的教唆犯,而不能是他未预见的犯罪的教唆犯。

教唆故意的意志因素除了希望之外是否还包括放任,即教唆故意是仅限于直接故意,还是同时包括间接故意? 对于这个问题,国内理论界有不同意见。构成《刑法》第 29 条第 1 款的教唆犯,通常是出于直接故意,但也可能出于间接故意,即当行为人明知自己的教唆行为会引起他人产生实行该种犯罪的故意,并放任这种结果发生,他人因而实行了该种犯罪行为的情况。《刑法》第 29 条第 2 款的教唆犯,只有出于直接故意才能构成。

(2) 行为人在客观方面实施了教唆他人犯罪的行为即教唆行为。教唆行为有多种表现方式,既可以是口头教唆,也可以是书面教唆;既可以是明示的,也可以是暗示的。教唆行为的具体方法也没有限制,可以是劝告、嘱咐、请求、指令、

引诱、怂恿、激将，等等。教唆行为必须是唆使他人实施具体犯罪的行为。唆使他人实施一般违法行为或仅仅属于违反道德的行为的，不成立教唆犯；不以实施具体的犯罪为内容，而只是泛泛地劝他人去触犯刑法或实施刑法禁止的行为，也难以成立教唆犯。

2. 教唆犯的认定

根据我国刑法规定和司法实践经验，认定教唆犯时应注意以下问题：

首先，对教唆犯，应当依照他教唆的罪定罪，现行刑法并不存在教唆罪这一罪名。如对教唆他人杀人的，定故意杀人罪；对教唆他人盗窃的，定盗窃罪；被教唆的人没有犯被教唆的罪的，对教唆犯仍以其所教唆的罪定罪。

其次，当刑法分则条文将教唆他人实施特定犯罪的行为规定为独立犯罪时，对教唆人应依照分则条文规定的罪名定罪，不适用刑法总则关于教唆犯的规定。例如，煽动行为与传授犯罪方法的行为，在某种意义上也可以说是教唆行为，但刑法专门规定了传授犯罪方法罪，对于煽动行为也规定了煽动分裂国家罪、煽动颠覆国家政权罪等犯罪并为其配置了专门的刑罚，因此对此类行为应按照分则所规定的罪名定罪量刑，不能再认定为总则中的教唆犯。

再次，间接教唆的，按所教唆的罪定罪。间接教唆是指教唆教唆者的情况。例如甲教唆乙，让乙教唆丙实施抢劫罪，甲的行为便是间接教唆。教唆他人实施教唆犯罪的，仍然是教唆犯。因此，再间接教唆的，也成立教唆犯。当然，这里有必要根据具体案情考虑行为人教唆行为的社会危害性程度，如果距离实行行为很远，影响力较低，属于情节显著轻微危害不大的情况，则没有必要以犯罪论处。

最后，教唆犯教唆他人实施几种较为特定犯罪中的任何一种犯罪时，对教唆犯按他人实际实施的犯罪定罪。例如，甲教唆乙对丙实施财产犯罪，言明使用盗窃、抢夺、诈骗方法均可，这时如果乙实施了盗窃罪，则对甲也定盗窃罪；如果乙实施了抢夺罪，则对甲亦定抢夺罪；倘若乙实施了诈骗罪，则对甲也应以诈骗罪论处。

3. 教唆犯的刑事责任

我国《刑法》第29条对教唆犯规定了以下三个处罚原则：

(1) "教唆他人犯罪的，应当按照他在共同犯罪中所起的作用处罚。"这是指被教唆人犯了被教唆的罪的情况。教唆犯如果在共同犯罪中起主要作用，就以主犯论处；如果在共同犯罪中起次要作用，则以从犯论处；如果是因被胁迫而协助教唆他人犯罪的，应以胁从犯论处。

(2) "教唆不满十八周岁的人犯罪的，应当从重处罚。"这是因为未成年人还不具备成熟的辨别是非和控制自己行为的能力，具有很大的可塑性。选择不满18周岁的未成年人作为教唆对象，本身就既说明行为人的主观恶性严重，又表明教唆行为的腐蚀性大、社会危害性严重，故理应从重处罚。应当注意的是，对"教唆不满十八周岁的人犯罪"这一规定,应结合《刑法》第 17 条规定进行理解。具体而言:第一,教唆已满 16 周岁不满 18 周岁的人犯任何罪,都应当依照《刑法》第 29 条第 1 款规定从重处罚;第二,教唆已满 14 周岁不满 16 周岁的人犯故意杀人、故意伤害致人重伤或者死亡、强奸、抢劫、贩卖毒品、放火、爆炸、投放危险物质罪,应当对教唆犯从重处罚;第三,教唆已满 12 周岁不满 14 周岁的人犯故意杀人、故意伤害罪,致人死亡或者以特别残忍手段致人重伤造成严重残疾,情节恶劣的,应当对教唆犯从重处罚;第四,教唆已满 14 周岁不满 16 周岁的人犯《刑法》第 17 条第 2 款规定之外的罪,教唆已满 12 周岁不满 14 周岁的人犯《刑法》第 17 条第 3 款规定之外的罪,以及教唆不满 12 周岁的人犯任何罪,应按照间接正犯处理并从重处罚。

(3)"如果被教唆的人没有犯被教唆的罪,对于教唆犯,可以从轻或者减轻处罚。"这里的"被教唆的人没有犯被教唆的罪"包括以下几种情况:被教唆的人拒绝教唆犯的教唆的;被教唆的人虽然接受教唆,但并没有实施犯罪行为的;被教唆的人虽然接受教唆,但所犯之罪并非被教唆之罪,且二者间不存在部分重合关系的;被教唆的人实施犯罪并非教唆者的教唆行为所引起的,等等。在上述情况下,教唆犯教唆行为的社会危害性比被教唆人犯被教唆的罪的场合要小一些,因此刑法规定对教唆犯可以从轻或减轻处罚。

(二)组织犯的特征及其刑事责任

组织犯,是指组织、领导犯罪集团或在犯罪集团中起策划、指挥作用的犯罪分子。成立组织犯,在客观上要求行为人实施了犯罪的组织行为,即在犯罪集团中起组织、领导、策划、指挥作用的行为;在主观上要求行为人具有组织犯罪的故意,这种故意只限于直接故意。

在我国,对于组织犯,应当按照《刑法》第 26 条所规定的主犯处罚。但对于刑法分则有明文规定的组织犯,例如组织、领导黑社会性质组织的行为,应直接根据分则条文所规定的法定刑,并视案件的具体情况处罚。

(三)帮助犯的特征及其刑事责任

帮助犯,是指帮助正犯的情况。帮助犯的成立,需要具备三个条件。第一,必须有正犯的存在。帮助犯是共同犯罪中的概念,如果没有正犯,也就无所谓帮助犯。第二,必须有帮助的行为。帮助行为是相对实行行为而言的概念,是使正犯者的实行行为更为容易的行为。换言之,帮助行为能够给正犯以心理的或物理的影响,从而使正犯更容易实现犯罪或造成更大损害。帮助行为既可以是有形的,也可以是无形的。前者是指提供犯罪工具、资金等物质性的帮助行为,后者是指精神上的帮助行为,如鼓励正犯,从而坚定其犯意或助长其气势等。帮助行为既可以是作为,也可以是不作为。第三,必须有帮助的故意。即行为人认识到他人实施的或将要实施的是犯罪行为以及自己的帮助行为能够促进犯罪的实施或完成,而希望或放任这种危害结果的发生。

在大陆法系国家,帮助犯与从犯是同一概念。我国刑法中所规定的从犯是按照作用分类法所划分的一类共犯人,不能将其与依照分工分类法所划分的帮助犯完全等同。

(四)正犯的特征及其刑事责任

正犯是指亲自实施犯罪构成要件行为之人。一般情况下,正犯的特征通过是否直接实施构成要件实行行为就可以把握,其刑事责任也容易确定,比如在我国一般是按照主犯处理;在德、日刑法中,正犯的处刑均有刑法的明确规定,且教唆犯、帮助犯等基本上都以正犯为核心。比如,甲教唆乙、丙强奸妇女丁。某日,丙用手强行按住丁,乙强行与丁发生了性关系。此案中,甲为强奸罪的教唆犯,乙实施了强奸罪中构成要件的实行行为,为强奸罪的正犯;丙协助乙实施强奸罪,为帮助犯。在此,对乙作为强奸罪的正犯及其刑事责任的认定均无争议。在司法实践中较有争议的是望风行为的定性问题。所谓望风行为,指的是基于共同犯罪故意,在犯罪现场或附近,为了便于他人实施犯罪或为了共同意思的实现,而实施的排除犯罪障碍、防止犯行暴露或通风报信的行为。例如,甲与乙合谋盗窃丙家财物,甲在门外望风,乙在室内盗窃,那么应当将甲认定为共同正犯,还是帮助犯?

根据形式的客观说,以行为人是否实施了刑法分则所规定的基本构成要件的行为为标准区分正犯与帮助犯、教唆犯。望风行为并不是基本构成要件的行为,自然不应当是共同正犯的实行行为,原则上应当以帮助行为论处。不过当刑法将某种本属于望风性质的行为规定在分则中,作为某种犯罪的实行行为时,该行为就不再是帮助行为,而应当是正犯行为。在我国,这主要包括《刑法》第238条规定的非法拘禁罪,第307条第2款规定的帮助伪造、毁灭证据罪,第358条第3款规定的协助组织卖淫罪,等等。

拓展阅读

我国刑法共犯体系是单一制还是参与制

关于正犯与共犯的关系,存在区分正犯与共犯的二元参与体系(或称正犯与共犯区分体系)和单一正犯体系。德国和日本刑法所采用的是二元参与体系。这种共犯参与体系的特点是,在法律条文中,不仅就犯罪之成立在概念上区分"正犯"和"共犯"(即教唆犯和帮助犯),而且在刑罚评价上对二者也加以区分。因为正犯之刑是所有共同犯罪参与者处刑的基准,共犯要比照正犯之刑处罚或减轻处罚,并且原则上正犯的处罚重于共犯。例如,《日本刑法典》第61条规定:"教唆他人使之实行犯罪者,科正犯之刑。"第62条规定:"帮助正犯者,为从犯。"第 63 条规定:"从犯之刑,依正犯之刑减轻之。"在这种体系下,正犯被认为是实施符合构成要件行为(即实行行为)的人,而共犯(教唆犯和帮助犯)则是实施了基本构成要件以外的行为、符合所谓被扩张的构成要件的人。

单一正犯体系又称为一元参与体系或包括的共犯体系,是指将所有共同参与犯罪的人都视为正犯,而不注重从构成要件的立场来区分正犯与教唆犯、帮助犯,只是在正犯之内根据其加功的程度和性质量刑时予以考虑。例如,《奥地利刑法典》第 12 条规定:"自己实施应受刑罚处罚的行为,或通过他人实施应受刑罚处罚的行为,或为应受刑罚处罚的行为的实施给予帮助的,均是正犯。"第 13 条规定:"数人共同实施应受刑罚处罚的行为的,按责任的大小分别处罚。"意大利、丹麦、巴西等国刑法也采用了这种体系。一般认为,这种一元的参与体系(或单一正犯体系)具有如下特征:(1)为犯罪成立赋予条件者,皆为正犯;(2)不重视行为形态的区别;(3)对于犯罪的成立,根据各个正犯的行为,个别地探讨不法和罪责;(4)对于各正犯适用同一法定刑;(5)根据各正犯的参与程度和性质来量刑。

我国刑法在共同犯罪问题上究竟采用的是二元参与体系还是单一正犯体系?近年来理论界存在激烈争议。

认为我国属于单一正犯体系的学者认为,一方面,我国刑法没有区分正犯和共犯,在构成要件层面将所有参与者都视为等价的行为人;另一方面,我国刑法重视主犯、从犯的区分,在量刑层面根据各参与者自己的不法与责任确定其在共同犯罪中的当罚性,这些都与单一制的立法精神相符合。由于我国刑法采取的是单一正犯体系,实行犯、教唆犯和帮助犯并无严格加以区分的必要;根据我国的刑法理论,实行犯、教唆犯和帮助犯的行为都是互相联系、互相利用的,不能单独抽取出来进行独立的评价;只要行为人基于共同故意,参与了共同犯罪行为,即构成共同犯罪,根据其在共同犯罪中所起的作用大小,给予轻重不同的处罚。

认为我国属于二元参与体系的学者则认为,我国《刑法》的相关规定虽然没有明确使用正犯的概念,但是在第 27 条、第 29 条第 1 款中明确规定了帮助犯、教唆犯这两种狭义共犯,正犯的概念可以从与狭义共犯的区分、比较中清晰地界定出来。而且我国《刑法》的相关规定不符合单一正犯概念的特征。例如,刑法条文中没有明确规定,为犯罪成立赋予条件者都是正犯;立法上单独规定了帮助犯、教唆犯,而不是不重视共犯行为形态的区别;对于各共同犯罪人,不能适用同一法定刑。例如,帮助犯就不能适用正犯之刑,而是"应当从轻、减轻处罚或者免除处罚"。而且,承认单一正犯概念,从根本上讲会产生与罪刑法定原则的紧张关系,从而与法治国立场相抵牾。具体表现在:单一正犯概念将因果关系的起点视为构成要件的实现,可能无限扩张刑事可罚性的范围;在身份犯的场合,单一正犯概念可能缩小共犯的处罚范围;单一正犯概念无视刑法分则对实行行为的定型;等等。①

延伸思考

有关教唆犯性质的争议

教唆犯的性质指的是教唆犯与正犯之间的关系问题,即教唆犯是从属于正犯的从属犯,还是独立于正犯的独立犯。② 我国学者对于帮助犯的性质没有作具体的讨论,但对教唆犯的性质展开了争论,形成了各种不同的观点。

教唆犯独立性说认为,教唆犯在共同犯罪中处于独立的地位,教唆犯并不从属于实行犯。教唆行为本身是独立犯罪,被教唆人是否实施犯罪,对教唆犯的成立不发生影响。

教唆犯从属性说认为,教唆犯在共同犯罪中处于从属的地位。"之所以处罚教唆犯,是因为教唆犯通过使正犯实施实行行为,参与引起了法益侵害的结果。正犯的实行着手,不是单纯的因果关系发展过程中的一个阶段,而是从实质上看必须产生了发生结果的具体的、紧迫的危险;处罚未遂不是因为该行为是行为人的危险性或反道义性的定型的征表,而是因为产生了发生结果的具体的、紧迫的危险。因此,将正犯着手实行犯罪作为处罚教唆犯的条件,意味着发生了法益侵害的具体的、紧迫的危险才处罚,这不仅没有不妥之处,而且是理所当然。据此,只有当被教唆犯着手实行犯罪,使法益受到具体的、紧迫的危险时,才处罚教唆犯。这正是教唆犯从属性说的结论。"③教唆犯从属性说面临的最大障碍是如何解释我国现行《刑法》第29条第2款规定。对此,有学者提出《刑法》第29条规定的是广义的教唆犯,即第1款规定的是狭义或真正意义的教唆犯,且采取的是教唆犯从属性说。"如果被教唆的人没有犯罪,就不应该处罚教唆者,对狭义的教唆犯的处罚以共同犯罪的成立为前提,条文中所谓'按照他在共同犯罪中所起的作用处罚'就是此义。"第2款规定的是以教唆的行为方式实施的间接正犯。"《刑法》第29条第2款规定'可以'从轻或减轻处罚是合理的,因为该款明确规定的是间接正犯未遂的处罚,对间接正犯未遂的处罚应该与直接正犯未遂的处罚一样,只'可以'而不是'应当'从轻或减轻处罚,并且,只能像一般的未遂犯一样比照相应既遂犯从轻或减轻处罚。"④有学者则认为,"《刑法》第29条第2款规定的是未遂犯的教唆犯,即可以将其中的'被教唆的人没有犯被教唆

---

① 参见刘明祥:《"被教唆的人没有犯被教唆的罪"之解释》,载《法学研究》2011年第1期;周光权:《"被教唆的人没有犯被教唆的罪"之理解——兼与刘明祥教授商榷》,载《法学研究》2013年第4期。
② 参见〔日〕山中敬一:《刑法总论》(第二版),成文堂2008年版,第883页。
③ 张明楷:《刑法学》(第六版)(上),法律出版社2021年版,第554页。
④ 何庆仁:《我国刑法中教唆犯的两种涵义》,载《法学研究》2004年第5期。

的罪'解释为'被教唆的人没有犯被教唆的既遂罪'或'被教唆的人没有犯罪既遂'。详言之,该款的基本含义是,如果被教唆的人着手实行犯罪后,由于意志以外的原因未得逞(未遂)或自动放弃犯罪或有效地防止结果发生(中止),对于教唆犯,可以从轻或减轻处罚。这一解释不仅维持了教唆犯从属性说,使教唆犯的处罚根据明确、得当,而且在解释论上具有根据。"①

教唆犯二重性说认为,教唆犯既有从属性,又有相对独立性。例如,有学者认为,我国刑法规定的教唆犯,确实具有两重性,但独立性是主要的。"《刑法》第 29 条第 1 款规定的教唆犯,只有在被教唆人实施犯罪时才能成立。这时教唆人与被教唆人构成共同犯罪关系,被教唆人实施的犯罪行为是犯罪预备、未遂或既遂,教唆犯也是犯罪预备、未遂或既遂,这就是教唆犯的从属性。但对此时的教唆犯,是依其共同犯罪中的作用处罚,而不是依照实行犯的刑罚处罚,这就是教唆犯处罚的独立性。第 29 条第 2 款规定的教唆犯,是被教唆人没有犯被教唆之罪的情况。在这种情况下,教唆犯与被教唆人根本不成立共同犯罪关系,刑法却仍然处罚教唆犯。这里的教唆犯既无犯罪的从属性,也无刑罚的从属性,亦即只有独立性。"②

共犯的处罚根据③

教唆犯、帮助犯没有直接实行犯罪,但却处以刑罚,其根据何在?对此有多种学说:

(1) 责任共犯论。该说认为,是共犯者使正犯者堕落,陷进了罪责与刑罚之中,所以必须处罚共犯者。这种学说实际上将诱惑的要素把握为共犯的本质的要素,用来解释教唆犯的处罚依据有一定根据,但不能用来解释帮助犯的处罚根据,所以失之于片面。

(2) 不法共犯论。该说主张共犯者与正犯者共同惹起正犯者所实现的犯罪结果为共犯的处罚根据。这是日本刑法理论的通说,但是它将共犯的处罚根据求之于惹起法益侵害的结果无价值,并且完全抛开共犯的主观特性,显然与近代刑法的责任原则不相符合。

(3) 因果共犯论。其首倡者是日本学者牧野英一。该说以因果关系为中心来把握共犯的处罚根据,认为共犯是通过介入他人的行为,即通过正犯者的行为,而对犯罪的实现产生影响力,因此共犯的行为与犯罪的实现之间具有因果关系,能够而且应当认定教唆、帮助行为的独立的犯罪性。

---

① 张明楷:《刑法学》(第六版)(上),法律出版社 2021 年版,第 555 页。
② 马克昌:《论教唆犯》,载《法律学习与研究》1987 年第 5 期。
③ 参见马克昌:《关于共犯的比较研究》,载高铭暄、赵秉志主编:《刑法论丛》(第 3 卷),法律出版社 1999 年版,第 342—344 页。

我国有学者在对上述学说进行评析的基础上,提出共犯的处罚根据,应当依据主客观相统一的原则来寻求。共犯在客观上教唆或帮助正犯,共同引起正犯的犯罪事实或犯罪结果,具有社会危害性;同时共犯在主观上希望或放任自己的教唆行为或帮助行为促使或便于正犯的犯罪事实或犯罪结果发生,具有人身危险性。这一观点较为全面可取。

第十二章 罪　　数

第一节　罪数形态概述

一、区分一罪与数罪的意义

一罪与数罪,也就是指犯罪的单复或个数。一罪与数罪问题,看起来是简单的算术问题,但由于犯罪现象的千姿百态和法律规定的纵横交错,它实际上是刑法理论中最为复杂的问题。区分一罪与数罪,意义重大。

首先,正确区分一罪与数罪有助于准确定罪。定罪是司法活动的组成部分,它不仅包括认定行为人的行为是否构成犯罪,在构成犯罪的情况下犯了什么罪,而且包括认定行为是构成一罪还是数罪。如果本来是一罪却认定为数罪,或本来是数罪却定为一罪,都会导致定性错误。

其次,正确区分一罪与数罪是正确适用刑罚的前提。罪数与并罚是姊妹篇,二者之间有着密切的联系。因为是一罪还是数罪,其反映的社会危害性和人身危险性的轻重程度不同,所以根据罪责刑相适应原则,我们对其适用的刑罚也不同:对一罪应当一罚,对数罪一般应当并罚。如果将一罪认定为数罪进行并罚,就会量刑过重,显失公平;而如果将数罪认定为一罪,又会量刑过轻,放纵犯罪。而且,在一罪形态中,不同的形态可能适用不同的处罚原则,如有的直接按照所构成的一罪处刑,有的还需要实行从一重处断。可见,只有正确区分一罪与数罪,才能为恰当量刑奠定基础。

最后,正确区分一罪与数罪关系到我国刑法中某些制度的正确适用。我国刑法中的某些罪数形态,如继续犯、连续犯、牵连犯、吸收犯的认定,与刑法的空间效力、时间效力、追诉时效等规定有着密切联系。如《刑法》第89条第1款规定:"追诉期限从犯罪之日起计算;犯罪行为有连续或者继续状态的,从犯罪行为终了之日起计算。"这就需要我们对连续犯、继续犯等形态作出科学的理解。如果不能正确认定这些罪数形态,就会在刑事管辖权、刑法溯及力、追诉时效等方面出现适用上的偏差。

二、区分一罪与数罪的标准

(一) 国外罪数判断标准的不同学说

罪数判断标准也就是要解决依据什么来判断是一罪还是数罪的问题。国外

刑法理论关于一罪与数罪的区分标准,历来有多种学说,择其要者主要有:

1. 行为标准说

该说主张以行为的个数作为罪数判断的标准,其根据在于犯罪的本质是行为,没有行为就无所谓犯罪,所以行为人实施了一个行为就是一罪,实施了数个行为就是数罪。行为标准说具有一定的合理性。因为行为确实是犯罪的本质要素之一,在很大程度上行为的个数决定着犯罪的个数。但如果完全不顾及行为人主观的犯意,难以仅凭行为作出正确区分,而且脱离主观犯意,连行为的个数本身都难以确定,当然难以分清犯罪的个数。

2. 结果标准说

该说又称法益标准说,主张以犯罪结果的个数或侵害法益的个数决定犯罪的个数。因为犯罪的本质是对法益的侵害,犯罪之所以应当受到刑罚制裁,从根本上说是因为犯罪人的行为侵害了法益。所以侵犯一个法益或发生一个结果的是一罪,侵害数个法益或发生数个结果的,是数罪。但是相同的法益可以由数个行为加以侵害,且结果只是犯罪客观要素之一,其形成及其个数的确定,不能脱离行为及其行为人的主观犯意,所以该说也有不妥之处。

3. 犯意标准说

该说主张以犯意为标准,行为人基于一个犯罪意思实施犯罪的,成立一罪,基于数个犯意实施犯罪的是数罪。其根据在于犯罪行为只是行为人主观恶性的征表,犯罪行为必须在行为人的主观犯意支配下实施,所以犯罪行为和结果均非犯罪的本质,罪数应由犯罪意思的个数来决定。但是,犯意是不能脱离行为而存在的,同时犯意作为行为人的主观罪过形式,其个数本身难于把握。因此,在区分一罪与数罪时,不考虑犯罪的客观因素,只依据主观的犯意,显然也是不合适的。

4. 构成要件标准说

该说认为犯罪首先以构成要件的符合性为标准才能成立,区分罪数只能以构成要件为标准,即一次符合构成要件的行为就是一罪,数次符合构成要件的行为就是数罪。此说为大陆法系国家的部分刑法学者所提倡。不过其缺陷显而易见。因为按照大陆法系的刑法理论,构成要件符合性只是犯罪成立的一个条件,行为构成犯罪还需要具备违法性和有责性,具备构成要件符合性的行为如果存在违法或责任的阻却事由,依然不能成立犯罪。也就是在行为符合构成要件的次数与犯罪的个数之间,容易因违法阻却事由或责任阻却事由的介入而发生不一致的情况,所以行为符合构成要件的次数并不等于犯罪的个数。

(二) 我国罪数判断的标准及其认定具体准则

1. 我国罪数判断的基本标准

以上国外关于罪数判断标准的各种学说各执一端,或片面地强调了犯罪行为、被害法益等客观因素而完全不顾行为人的主观犯意，或片面强调了犯意等主观因素而脱离了行为，显然不能全面揭示犯罪的本质特征，因而都是以偏概全的理论。在全面剖析国外学者关于罪数标准学说的优劣利弊，吸收某些学说的合理成分的基础上，我国普遍公认应以犯罪构成标准说作为区分一罪与数罪的基本理论。根据犯罪构成标准说的主张，确定或区分罪数之单复的标准，应是犯罪构成的个数，即行为人的犯罪事实具备一个犯罪构成的为一罪，具备数个犯罪构成的为数罪。

犯罪构成标准说之所以在我国刑法理论界获得多数学者的赞同，主要是因为：第一，犯罪构成标准说体现和贯彻了罪刑法定的刑法基本原则，因为犯罪构成是我们认定犯罪的法定规格，以犯罪构成作为区分一罪与数罪的标准，可以有效地避免罪数判定的随意性和非一致性，确保罪数判定的法定性、统一性和公正性；第二，犯罪构成标准说体现和贯彻了主客观相统一的原则，因为任何犯罪都是行为人客观上的危害行为及结果和主观罪过构成的有机统一体，而把成立犯罪的一切主客观要件组合成一个有机统一整体的只有犯罪构成理论。因此，以犯罪构成作为区分一罪与数罪的标准，能够防止主观归罪和客观归罪，保证定罪量刑的准确性。

某日下午，陈某上厕所时把女儿放在外面靠篱笆站着。陈某在厕所内听到女儿哭声，出来见女儿扑倒在地，将其抱起见脸上、嘴上都是鸡屎，怀疑是站在女儿身边的杨某（男，4岁）推倒的，就抓住杨某的左肩使劲"一推一转"。杨某被推倒在地，头部碰在石头上，后脚蹬了几下。陈某将女儿的脸擦干净后转身一看，见杨某仍倒在地上，就将杨某抱起，发现地上、石头上都是血，并听见杨某的喉咙里像打鼾一样响了一声，且脸色苍白，四肢瘫软，不哭不哼。陈某害怕承担责任，就将杨某抱进自家猪舍，出来将地上有血的石头、树叶拾起丢进厕所，用铁锹铲净地上血土。陈某第二次进猪舍，见杨某仍躺着未动，即拆散一捆稻草盖在他的身上。尔后出屋张望，见无人影，又第三次进猪舍。这时陈某好像见覆盖的稻草动了一下，怕杨某又活了，顺手拾起一块石头向杨某头部砸去，并用一块石磨压在杨某身上。三天后陈某将杨某尸体转移到河边涵洞里，后尸体被水冲出方得以侦查破案。经法医鉴定，杨某头部被砸伤痕系死后伤，陈某用石头砸杨某之前，杨某已死亡。本案中，认定陈某行为的罪数，首先须找到犯罪的核心要件——行为。这里有两个行为：第一，陈某见自己女儿倒在地上，怀疑是站在旁边的4岁小孩杨某所为，一气之下抓住杨某，使劲"一推一转"，致使杨某死亡，对此陈某主观上是过失，构成过失致人死亡罪。第二，陈某进猪舍，好像看见稻草动了一下，怕杨某又活了，为了杀人灭口，陈某用石头猛砸杨某头部，又用磨石压在杨某身上。对此陈某主观上是故意，所以是一个故意杀人行为，但这时杨某已经死亡。陈某误把尸体当作活人加以杀害，这是一种对象不能犯的未遂，应构成故意杀人(未遂)罪。由此陈某的行为构成了两罪而非一罪。

2. 罪数认定的具体准则

在犯罪构成说的理论指导之下,在判断罪数时还应遵循以下一些具体准则:

(1) 遵循禁止重复评价原则

禁止重复评价即一个危害行为只能在一个犯罪构成中评价或只能在刑法中评价一次。如行为人以故意致人死亡的暴力手段当场劫取他人财物。因该故意致人死亡的暴力手段已作为抢劫罪的手段予以了评价,就不能在故意杀人罪的犯罪构成中再评价一次,也就是说对行为人只能认定为抢劫罪一罪,不能认定其同时构成故意杀人罪。

(2) 注意区分犯意转化与另起犯意

在故意犯罪的罪数认定中,常常涉及犯意转化与另起犯意的问题。因为主观犯意支配客观行为,从而可能影响犯罪构成的个数。其中犯意转化是指行为人在犯罪行为的过程中,改变犯罪故意而常常导致此罪与彼罪的转化。如预备阶段的盗窃故意转化为实行阶段的抢劫故意,实施杀人行为时由杀人的故意转化为伤害的故意等情形均属犯意转化。而另起犯意则是指在实施犯罪行为过程中,因某种原因出现,停止原犯罪行为而另起其他犯罪故意,实施另外一个犯罪行为。如甲在抢劫乙身上的钱财得逞之后,为防止乙日后报案,将其杀死。这就是另起犯意,在构成抢劫罪的同时亦构成故意杀人罪。总的来讲,犯意转化是此罪转化为彼罪,因而仍为一罪;而另起犯意是在前一犯罪行为停止后,行为人又另起犯意实施其他犯罪行为,故实为数罪。

准确区分是犯意转化还是另起犯意,可以考虑以下因素:第一,前一犯罪行为是否已经停止下来。犯意转化是前一犯罪行为正在继续进行过程中或正要着手进行之际的犯意变更,而另起犯意是前一行为由于某种原因已经停止后的临时起意。第二,犯罪对象是否同一对象。犯意转化是针对同一被害对象而存在的,而另起犯意既可以针对同一犯罪对象,也可以针对另一不同对象,而且更多地表现为不同对象。例如甲以伤害故意举刀砍乙,适逢其仇人丙出现在现场,甲转而将丙杀死。因甲的行为针对不同的犯罪对象,故同时成立故意伤害罪与故意杀人罪。第三,犯罪客体即所侵害的社会关系是否为同一类。犯意转化的情形下,前后犯意所侵害的社会关系一般是同一的或同类的,而另起犯意的情形下,前后犯意所侵犯的社会关系多数情况下是不同的。如行为人入室盗窃以后,又产生破坏现场、毁灭罪证之念,于是实施了放火行为。行为人前后犯意所针对的犯罪对象、所侵害的社会关系均不相同,应当以盗窃罪与放火罪(若放火罪未危及公共安全,则可以考虑故意毁坏财物罪)并罚。

(3) 注意判断侵犯法益的个数

基于法益的机能,数个行为如果侵害的是同一法益,原则上以一罪论处。例如盗窃他人财物后又毁坏他人财物的,成立盗窃罪,不再成立故意毁坏财物罪。因为盗窃后毁坏财物没有侵犯新的法益,而是盗窃行为的一种自然延伸,在刑法上属于不可罚的事后行为,故不另外定罪。反之则常常以数罪论处。如强奸过程中发现妇女随身携带值钱财物而强行占为己有。数个行为侵害了不同的法益,应当以抢劫罪与强奸罪实行并罚。

(4) 注意判断相同的犯罪行为能否进行一次评价

这里所谓相同的犯罪行为,是指属于同一犯罪构成要件之内的行为,如多次走私同种类的物品、多次实施盗窃、多次受贿等等。如果几次相同的犯罪行为能进行一次评价的,原则上以一罪论处。事实上,很多经济犯罪、财产犯罪法律都明确规定犯罪数额累计计算,这种情况下无须以同种数罪论处,只成立一罪并累计其犯罪数额即可。

三、一罪与数罪的类型

(一) 一罪的类型

一罪包括一行为构成一罪和数行为构成一罪两种情形。

1. 一行为构成一罪的情形

其中有些比较典型,可称为典型的一罪或单纯的一罪,由于其不具有貌似数罪的特征,是分则条文的样本,在判断上较易把握;另一些则是实质的一罪,具有貌似数罪的特征,但因为其只有一个行为,所以本质上是一罪,包括继续犯、想象竞合犯、结果加重犯、转化犯。

2. 数行为构成一罪的情形

即实质上存在数个行为,理应构成数罪,但由于法律的原因或处断的原因最终以一罪论处的情形。按照数行为成为一罪的原因,分为法定的一罪和处断的一罪,前者包括结合犯、集合犯、包容犯,后者包括连续犯、牵连犯、吸收犯。

(二) 数罪的类型

数罪包括异种数罪和同种数罪、并罚数罪和非并罚数罪、判决宣告以前的数罪和刑罚执行期间的数罪。

鉴于典型的一罪不具有特殊性,所以实质的一罪、法定的一罪、处断的一罪和数罪是我们研究的重点。

第二节 一罪的类型

一、实质的一罪

实质的一罪是对那些从外观上看具有一定的数罪特征,但本质上为一罪的犯罪形态的总称。它与典型的一罪相区别,又与数罪有着根本不同。

(一) 继续犯

1. 继续犯的概念和特点

继续犯,也称持续犯,是指持续作用于同一犯罪对象的一个犯罪行为自着手实行之时直至其构成既遂,且通常在既遂之后至犯罪行为终了的一定时间内,该犯罪行为及其所引起的不法状态同时处于继续状态的犯罪。典型的继续犯如非法拘禁罪,将被害人拘禁起来达到一定程度犯罪就既遂了,但是只要行为人不释放被害人,被害人就一直处于被非法剥夺自由的不法状态,而此时非法拘禁行为也仍然在继续之中。常见的继续犯还有绑架罪,拐卖妇女、儿童罪等侵犯人身的犯罪;持有型犯罪,如非法持有毒品罪,非法持有枪支、弹药、爆炸物罪,非法持有假币罪,窝赃罪,窝藏毒品、毒赃罪等;此外不作为犯罪往往也具有继续犯的特点,如遗弃罪,拒不执行判决、裁定罪等。

继续犯具有如下特点:

(1) 只有一个犯罪行为。不论犯罪行为持续时间的长短,继续犯从始至终都只有一个犯罪行为,主观上支配犯罪行为的犯意也只有一个。

(2) 犯罪行为具有持续性。首先,继续犯的犯罪行为从着手实行到行为终了在时间上有一个过程,也就是说继续犯的成立,必须有一定的时间作保障。乃至在犯罪既遂以后,作为继续犯的经常性特征,犯罪行为及其所引起的不法状态也会继续一定的时间。至于构成继续犯的时间应以多长为标准,不宜一概而论,而应根据不同犯罪的性质、情节和社会危害程度综合确定。如非法拘禁,一般要求24小时以上;再如遗弃,如果时间很短,没有造成严重后果的话,就不能作犯罪论处。其次,在这一过程中实行行为一直不间断地持续。一般认为,这种时间上的持续性是不能间断的。

(3) 犯罪行为必须持续地作用于同一对象,侵犯同一具体的社会关系。例如,行为人先绑架甲5天,随后又绑架乙3天,因绑架的对象不同,如果不是出于一个绑架的概括故意,就应该构成数个绑架罪,而不是一个继续犯。

(4) 犯罪行为与不法状态同时处于继续状态。这是继续犯最大的特点,也是继续犯与状态犯区分的显著标志。状态犯是指行为结束后,行为所造成的不法状态仍在持续的情形。虽然从不法状态处于持续状态这一点看,继续犯和状态犯有相似,但是两者的区别也是明显的。就继续犯而言,如非法拘禁罪在行为人将被害人非法拘禁期间,既是非法拘禁行为的继续,同时也是非法拘禁行为所造成的被害人人身自由受到限制或剥夺的不法状态的继续,一旦非法拘禁行为终了,不法状态也就同时消失,这两者是不能分离的。而就状态犯而言,如盗窃他人财物之后将该财物置于自己的控制之下,这时盗窃罪已经既遂,犯罪行为已经结束,只是由盗窃行为所造成的他人财物被不法占有的状态仍在持续之中。

也就是说状态犯中犯罪行为与该行为造成的不法状态实际上是先后相继的。常见的财产犯罪都是状态犯而非继续犯。

2. 继续犯的司法适用

(1) 继续犯的追诉时效

我国《刑法》第 89 条第 1 款规定："追诉期限从犯罪之日起计算；犯罪行为有连续或者继续状态的，从犯罪行为终了之日起计算。"这一规定既被认为是继续犯形态在刑法上得到承认的法律依据，也是继续犯追诉时效的特殊规定。由此也使得确定某一犯罪行为是否构成继续犯，往往成为解决追诉时效问题的关键。以重婚罪为例，如果肯定其为继续犯，那么追诉时效从重婚同居行为终了之日起算；如果否定其为继续犯，那么追诉时效应从重婚登记完成之日起算。例如，甲于 2003 年依法登记结婚，2007 年又与另外一女以夫妻名义同居，并共同养育了一个女儿，2013 年被迫解除该婚姻关系。问甲是否构成重婚罪？如果构成，则该重婚罪的追诉时效何时起算？对此一般认为重婚罪是继续犯，所以对甲重婚罪的追诉时效应从 2013 年解除不法婚姻关系起计算。否则，非法同居过了 5 年就可以不负刑事责任，这样只会放纵犯罪分子。

(2) 事中共犯的问题

由于继续犯的犯罪行为直至既遂之后都可能处于不间断的持续过程之中，也就是行为尚未停止下来，在这一过程中，如果后行为人以参与的意思加入进来，就可能形成事中共犯。如甲在绑架乙三天之后，邀请自己的朋友丙帮助看管并打电话向乙的家属索要钱财。丙同样构成绑架罪，并和乙形成共犯关系。

3. 继续犯的处罚

继续犯虽然行为具有持续性，但由于只有一个行为，因而本质上是一罪而非数罪。法律对属于继续犯这种犯罪形态的犯罪规定了相应的法定刑，处理时只要依照法律即可，继续时间的长短在裁量刑罚时可以作为量刑情节予以考虑。

(二) 想象竞合犯

1. 想象竞合犯的概念和特征

想象竞合犯亦称想象数罪、想象并合犯或观念的竞合，即一行为触犯数罪名的犯罪形态。如盗窃数额较大的、正在使用中的通信设备的行为，既触犯了盗窃罪，又触犯了破坏公用电信设施罪；又如以放火的方式杀人，危害到公共安全的，既触犯了故意杀人罪，也触犯了放火罪。我国《刑法》对想象竞合犯尚无明文规定，但在刑法理论和审判实践中对这一概念均持肯定态度。通说认为，想象竞合犯虽然形式上具备数个犯罪构成，但并非无条件的和完整的。因为它所触犯的数个罪名共有一个危害行为，若作实质数罪看待，就必然在法律上对一个危害行为重复进行数次谴责或否定评价，从而导致过重地追究行为人的刑事责任，并且可能错误地推论出对想象竞合犯也应实行数罪并罚的结论。所以从禁止重复评价的原则出发,想象竞合犯是实质上的一罪。

想象竞合犯具有以下特征:

(1) 行为人只实施了一个行为。这是成立想象竞合犯的前提条件。这里的一个行为,不是从构成要件的评价上看是一个行为,而是在社会生活观念上被认为是一个行为。但是,仅仅根据自然的理解在有些场合是难以对行为的个数作出正确的判断的。例如,非法持有枪支的人使用枪支实施故意杀人,事实上,这里的行为可以被分解为两个,一是非法持有枪支的行为,二是杀人行为,在这种情况下,究竟能否判断为一个行为?理论上认为,要根据两个行为之间重合的程度来进行判断。怎样范围的重合可以是一个行为?对此,理论上主要有四种观点:主要部分合致说认为符合数个构成要件的各自然的行为至少要其主要部分重合;一部合致说认为只要在任何一点上重合就够了;着手一体说认为在实行的着手阶段各自然的行为要一体化;分割不能说认为实施其中一种自然的行为就必然实施另一种行为,不实施是不可能的。① 多数学者采取主要部分合致说。如前例,如果行为人是以前取得的枪支,后来产生杀人故意,则主要部分不是重合的,不是一个行为,因而不成立想象竞合犯;如果行为人是为了杀人而不法取得枪支然后实施杀人行为的,则主要部分是重合的,属于一个行为,成立想象竞合犯。当然,主要部分合致说中何谓"主要部分"不够明确,但在认定上一般分歧不大。此外,这一行为可以是故意行为,如甲故意向乙开枪射击,不仅打死乙,也打伤了乙身后的丙;也可以是过失行为,如甲猎枪走火,打死一人,打伤一人;还可以是出自一个犯罪故意的行为,因过失又造成了另一个犯罪结果,如甲意图杀害乙,担心打中站在乙旁边的自己的朋友丙,因而选择了最不易伤害丙的角度向乙开枪射击,结果还是不幸将丙打成重伤,乙却安然无恙,这里甲的行为对乙是故意,对丙则是过失。

(2) 一个行为必须触犯数个罪名。通常,一个行为造成了多种结果使得一个行为在形式上同时符合刑法规定的数个犯罪构成。犯罪构成虽与罪名有所区别,但罪名的确立无疑是以犯罪构成为前提的,所以判断是否触犯数个罪名,离不开对犯罪构成的把握。关于数个罪名能否为同一罪名,刑法理论界则意见不一。这也就是学者们所争论的想象竞合犯是否可以分为同种类的想象竞合犯与异种类的想象竞合犯的问题。异种类的想象竞合犯,是指一行为同时触犯数个不同的罪名,如实施爆炸行为伤害多人,同时成立爆炸罪与故意伤害罪,这在学术界通常是被承认的。但同种类的想象竞合犯是否应包括在想象竞合犯中,则有肯定说与否定说之分。一个行为同时触犯数个相同的罪名,例如,开一枪,打

---

① 参见马克昌:《罪数论比较研究》,载高铭暄、赵秉志主编:《刑法论丛》(第5卷),法律出版社 2002 年版,第 332 页。

死两人,实际上只完整地符合一个犯罪构成,也正因如此,想象竞合犯才是实质的一罪。如果认为存在同种类的想象竞合犯,那是以行为同时符合两个犯罪构成却罪名相同为前提的。而刑法理论承认想象竞合犯的概念是为了从一行为所触犯的数个罪名中选择一个罪名定罪量刑,如果触犯的是同一罪名,那么在认定构成何罪上就不会产生疑问,作为想象竞合犯也就对审判工作没有多大实际意义。另外,想象竞合犯是以较强的数罪特征而与单一罪相区别的,所谓的同种类的想象竞合犯却不具备这一特征。综合看来,想象竞合犯触犯的应当是数个不同的罪名。审判实践中对此种情况,实际上也从未按想象竞合犯处理,而是直接认定构成该罪。此外一行为所触犯的数个罪名之间一般不存在重合或交叉关系,否则可能不成立想象竞合犯而构成法规竞合。

2. 想象竞合犯的处断原则

对想象竞合犯,理论通说主张应采取"从一重处断"原则。但对"从一重处断"究竟如何理解,学界意见并不一致。有学者认为"从一重处断"应该指的是从一重罪从重处断。① 想象竞合犯的处断主要应解决的是定罪问题,而量刑时是否还要从重则另当别论。所以作为想象竞合犯处断原则的"从一重处断"应该是指从所触犯的数罪中,就其中最重的罪名处断。刑法分则的某些条文及有关司法解释也肯定了这一做法。如《刑法》第329条第1款规定了抢夺、窃取国有档案罪,第2款规定了擅自出卖、转让国有档案罪,第3款接着规定:"有前两款行为,同时又构成本法规定的其他犯罪的,依照处罚较重的规定定罪处罚。"由此如果窃取的档案是国家秘密,则同时触犯窃取国有档案罪和非法获取国家秘密罪,应按其中的重罪定罪处罚。又如2007年1月15日最高人民法院、最高人民检察院《关于办理盗窃油气、破坏油气设备等刑事案件具体应用法律若干问题的解释》第4条规定:"盗窃油气同时构成盗窃罪和破坏易燃易爆设备罪的,依照刑法处罚较重的规定定罪处罚。"至于衡量数罪轻重的标准,是法定刑而不是宣告刑。具体判断上,应先看法定最高刑;如果法定最高刑相同就看法定最低刑,较轻的是轻罪,较重的是重罪;如果法定最高刑与最低刑都相同,如以放火的方式杀人危害公共安全,同时触犯故意杀人罪和放火罪,两罪法定最高刑、最低刑都相同,则考虑到危害公共安全罪的严重性质,一般以放火罪论处。

不过也有想象竞合犯从一重处断的例外。根据《刑法》第204条第2款规定,纳税人缴纳税款后,采取假报出口或其他欺骗方法,骗取所缴纳的税款的,依照逃税罪定罪处罚,骗取税款超过所缴纳的税款部分,依照骗取出口退税罪定罪

---

① 如有学者认为,虽然想象竞合犯属于实质的一罪,但其毕竟侵犯了数个合法权益,因而轻于实际的数罪,重于单纯的一罪。从更好地体现罪责刑相适应原则的角度而言,对于想象竞合犯应当在以法定刑较重的犯罪定罪的同时,在该罪的相应的法定刑幅度内从重处罚。参见冯军等编著:《刑法学》,清华大学出版社2013年版,第160页。

量刑。例如,某外贸公司在缴纳了100万元的税款后,采取虚报出口的手段,骗得税务机关退税180万元,后被查获,则对该公司,其中的100万元应按逃税罪处理,余下的80万元应按骗取出口退税罪处理。实际上该公司只有一个骗税的行为,同时触犯了两个罪名,应构成想象竞合犯。这里依据数额将这一行为分割成两部分,由法条明确规定实行数罪并罚,可以视为是想象竞合犯数罪并罚的特例。

3. 想象竞合与法规竞合的区别

所谓法规竞合,亦称法条竞合,是指行为人实施一个犯罪行为同时触犯数个在犯罪构成上具有交叉包容关系的刑法规范,只适用其中一个刑法规范的情况。在我们看来,法条竞合犯中犯罪行为触犯的数个法条所规定的构成要件及要素之间存在必然的重合或交叉关系,并且这种关系直接根据法律规定就可以认识到。例如,行为人生产、销售不符合安全标准的食品,由于法律既规定了生产、销售伪劣产品罪,又规定了生产、销售特殊伪劣产品——生产、销售不符合安全标准的食品罪,这两个法条本身就是一种交叉的关系,所以行为人的行为就有可能同时符合这两个罪的构成,从而成立法规竞合犯。再如,《刑法》第266条规定了诈骗罪,而在分则第三章第五节还规定了专门的金融诈骗罪,其中包括集资诈骗、贷款诈骗、信用卡诈骗等八个金融诈骗罪;分则第三章第八节中还规定了合同诈骗罪。很明显,这些特殊的诈骗罪都可以被普通诈骗罪的法条所包容。这就是所谓的法条竞合现象。对于法条竞合犯的法律适用,一般是按照特别法优于普通法的原则来处理;在法律有明文规定的情况下,则按照重法优于轻法的原则来处理。如《刑法》第149条第2款规定,生产、销售特殊伪劣产品,构成各条规定的犯罪,同时又构成生产、销售伪劣产品罪的,依照处罚较重的规定定罪处罚。

由此可见,想象竞合与法规竞合都实施了一个行为,触犯了数个罪名,往往容易混淆。两者的区别主要在于:(1)法条竞合的一个行为,只是出于一个罪过,并且产生一个结果;想象竞合的一个行为,往往是数个罪过和数个结果;(2)法条竞合是由于法规的错杂规定以致一个犯罪行为触犯数个刑法规范;想象竞合则是由于犯罪的事实特征即出于数个罪过,产生数个结果,以致一个行为触犯数个罪名。(3)法条竞合的一行为触犯的数个刑法规范之间存在着交叉或包容关系;而想象竞合犯触犯的数个法条之间不是必然存在这种关系,仅仅只是因为行为人实施的具体犯罪事实而使数个法条对行为均具符合性。如前述盗窃数额较大的公用电信设施的行为,同时触犯破坏公用电信设施罪和盗窃罪。破坏意在毁坏某种物质或设施的价值,盗窃意在非法占有、使所有权发生转移,破坏和盗窃是两种完全不同的表现形式,所以通常认为这两罪不存在交叉或包容关系,对此就只能以想象竞合犯论处。(4)对于法条竞合,在竞合的数法规中,仅一法规可以适用其行为,法律适用问题一般依照特别法优于普通法的原则来解决;而对于想象竞合,竞合的数法规均可以适用其行为,一般依照"从一重处断"的原则处理。

(三)结果加重犯

1. 结果加重犯的概念和要件

结果加重犯亦称加重结果犯,是指实施基本犯罪构成要件的行为,由于发生了基本构成要件以外的重结果,刑法对其规定加重法定刑的犯罪形态。如故意伤害致人死亡就是伤害罪的结果加重犯,其法定刑明显高于一般故意伤害罪。从上述概念可以看出,结果加重犯的基本结构为:基本犯罪+加重结果=基本犯罪的结果加重犯。

成立结果加重犯,必须具备以下要件:

(1)行为人实施了基本犯罪构成要件的行为。这是结果加重犯成立的前提。但对于基本犯罪的罪过形式是仅指故意,还是也包括过失,则有不同认识。从国外立法来看,确有过失的结果加重犯的适例,如德国刑法中的失火致人死亡罪,但我国刑法并没有典型的基本犯的罪过形式是过失的结果加重犯。所以,将基本犯罪限定在故意犯的范围内较为符合我国的立法实际。

(2)产生了基本犯罪构成以外的重结果。这里的重结果,必须是超过了基本犯罪构成的结果,或说是他罪结果。如果能够为基本犯罪构成所要求的结果所涵盖,就不是结果加重犯的加重结果,将之作为情节加重或许更为合适。一般认为,加重结果还必须由基本犯罪的犯罪行为所引起,即加重结果与基本犯罪行为之间应存在因果关系。例如,甲伤害了乙,乙在住院过程中因医院失火而死亡,就不能让甲对加重结果承担刑事责任。关于加重结果是否以过失为必要,理论上有不同看法。一般说来,为了成立结果加重犯,必须对加重结果持过失心理。所谓有故意的结果加重犯,归根结底是故意犯。例如故意伤害致人死亡罪,这里的致人死亡就只能是过失,如果是故意,就应当直接定故意杀人罪。但有的结果加重犯,重结果也可能出于故意,如抢劫致人重伤、死亡,这里的致人重伤、死亡既包括过失致人重伤、死亡,也包括故意致人重伤、死亡。因此,现行立法实际上不排除加重结果的罪过形式由故意构成的可能。但是行为人对加重结果的罪过心理不可能超过对基本犯罪的罪过心理,即不可能存在基本犯为过失犯,而对加重结果存在故意的情形。

被告人王某于某日凌晨3时许,钻窗潜入某居民楼被害人李某家中,见到熟睡的李某,遂起意奸淫。王某对李某进行威胁、捆绑,强行将其奸淫,后即钻窗逃离现场。李某到阳台呼救时因双手被捆,坠楼身亡。法院经审理认为,本案符合结果加重犯的构成要件。本案中被害人死亡的严重后果,客观上由被告人的强奸行为所致,被告人为实施强奸捆绑被害人双手,正是这一行为直接导致被害人在阳台呼救时因难以控制身体平衡而坠楼身亡,二者之间存在事实上的因果关系;且被害人死亡不属于强奸罪的基本构成要件,而为强奸行为的加重结果。所以应认定,被告人强奸行为造成被害人死亡的严重后果,属于《刑法》第 236 条第 3 款第 6 项规定的"致使被害人重伤、死亡或者造成其他严重后果的"情形,即被告人的行为构成强奸罪的结果加重犯。

(3) 刑法规定了比基本犯罪更重的法定刑。加重其刑也是构成结果加重犯不可或缺的条件。立法者考虑到故意犯某种基本罪而过失地造成了某种加重后果具有较大的社会危害性,所以特别规定了更重的刑罚,以实现刑法特殊预防与一般预防的目的。直接规定比基本犯更重的法定刑,而不是规定比照某罪加重处罚,这说明结果加重犯已不同于基本犯罪,而是一个独立的罪刑单位。可以说,刑法是否因加重结果的出现规定更重的刑罚是结果加重犯认定的最明显标志。如果刑法分则对某一犯罪规定的法定刑只有一个幅度,或不是因重结果的出现加重刑罚的,均不能构成结果加重犯。例如侮辱他人导致他人自杀身亡的,由于《刑法》第 246 条规定的侮辱罪只有一个法定刑幅度,即 3 年以下有期徒刑、拘役、管制或剥夺政治权利,所以肯定不属于结果加重犯情形,他人死亡结果的发生事实上是侮辱行为达到情节严重构成侮辱罪的条件。再如,强制猥亵妇女致人死亡的,根据《刑法》第 237 条,强制猥亵、侮辱罪虽然有两个以上法定刑幅度,但加重处罚仅限于"聚众或在公共场所"的法定情形,所以该罪有情节加重犯但没有结果加重犯。

2. 结果加重犯的处断原则

由于结果加重犯有独立的法定刑,所以在刑罚运用上较为简单,只要在法定刑幅度内处刑即可。

(四) 转化犯

1. 转化犯的概念与特征

刑法分则中存在这样的立法例:行为人实施某一犯罪之时或之后,如果又出现了某种情况,法律就规定不再以该罪定罪,而以刑法另一条文规定之罪定罪处罚。如《刑法》第 238 条第 2 款规定,非法拘禁他人,使用暴力致人伤残、死亡的,依照本法第 234 条、第 232 条的规定定罪处罚。又如《刑法》第 241 条第 5 款规定,收买被拐卖的妇女、儿童又出卖的,依照本法第 240 条的规定定罪处罚。针对这种立法现象,我国一些刑法学者提出了"转化犯"的概念,并且逐渐得到了刑法学界的普遍承认。

但是具体到"转化犯"概念的界定,却多有分歧。[①] 转化犯是指行为人在实施某一较轻的犯罪过程中,由于符合一定的条件而使其性质发生变化,刑法明文

---

① 参见周少华:《现行刑法中的转化犯之立法检讨》,载《法律科学》2000 年第 5 期。

规定以转化后的重罪定罪处罚的犯罪形态。转化犯的情形下,行为人的行为实际上只有一个。例如,聚众斗殴罪转化为故意伤害罪、故意杀人罪,在整个转化过程中,只有一个构成要件的行为——聚众斗殴。在该行为没有出现严重结果的情况下,定聚众斗殴罪;而在该行为造成他人死亡时,则发生罪的转化,即构成故意杀人罪。由于只有一个行为,所以我们将转化犯归为实质的一罪。

转化犯具有以下特征:

(1) 行为人实施了某一较轻的基础罪。这是转化犯成立的前提。转化犯的本质也就是由某一较轻的犯罪转化为另一较重的犯罪。但是对于作为转化前提的基础罪如何把握,理论界还有争执。这里主要涉及两个问题:一是基础罪是否一定要达到构成犯罪的程度?还是也包括违法行为的转化?对此理论上有肯定和否定两种观点,肯定说较为合理。因为"转化"是转化犯的核心意义之一,由"违法行为"到"犯罪行为"不宜认作是转化,而是行为由不符合犯罪构成要件到符合犯罪构成要件,属于行为成立犯罪的问题。[①] 二是基础罪是否以故意犯罪为必要?肯定说主张,转化犯的基础犯罪必须是故意犯罪;否定说则认为,转化犯的基础犯罪可以是过失犯罪。从我国现行《刑法》规定来看,尚未出现由过失犯罪向故意犯罪转化的立法例,但不排斥今后有超越现行规定的可能。总体说来,行为人实施的基础罪属于性质较轻的犯罪。

(2) 较轻的基础罪(此罪)向较重的转化罪(彼罪)发生了转化。这是转化犯罪本质的特征。学界已经公认,转化犯从基础罪到转化罪是由轻罪向重罪的转化,而且基础罪是此罪,转化罪是彼罪,二者具有不同的性质,即触犯不同的罪名。如果是同一性质的犯罪,仅仅是发生了基本犯罪构成以外的加重结果,不属于转化犯,而是结果加重犯。如以伤害他人为目的实施的伤害行为,导致他人死亡结果的发生,属于结果加重犯,因为死亡的结果并未改变整个伤害行为的性质,所以不属于转化犯。

通常作为转化前提的基础罪与转化后的犯罪在构成要件要素上具有重合性和延展性,具体表现为基本罪的构成要件要素可以被转化罪的构成要件要素所覆盖,基本罪的构成要件要素客观上可以发展成转化罪的构成要件要素,这是罪质能够转化的根本原因。如由于抢劫罪和盗窃罪在构成要件上的部分重合性,抢劫可谓在盗窃的基础上进一步要求使用暴力、胁迫等手段的性质更重的犯罪,因此犯盗窃罪之后为了抗拒抓捕而使用暴力,就完整地符合了抢劫罪的构成要件。这里转化的条件并不具有独立评价的意义,而是在基础罪之上的一种延展,和基础罪的构成要件要素一并组成转化罪的构成要件要素,所以转化犯是一种实质的一罪。

---

① 参见张小虎:《转化犯基本问题探究》,载《现代法学》2003年第6期。

（3）之所以成立转化犯是因为具备了转化的条件,使行为人的行为符合了另一犯罪的犯罪构成,性质发生了根本变化,这是转化犯成立的关键。具体的转化条件是行为人在实施基本犯罪之时或之后又具备了特定的事实因素,这里既可能是出现了特定的客观事实特征,如采取了某种特定的方法或发生了某种特定的结果,也可能还存在主观方面犯意的转化。也就是说转化犯用公式可表示为:基础罪+特定的事实因素＝转化罪。如在非法拘禁过程中,行为人出于非法拘禁以外的其他目的,使用了暴力行为故意致使被害人伤残、死亡,此时行为人的故意内容不再限于非法拘禁,行为手段也转为直接使用程度较重的暴力,且发生了致人伤残、死亡的后果,完全符合了故意伤害罪、故意杀人罪的构成,所以不再以较轻的非法拘禁罪论处,直接以转化后的故意伤害罪、故意杀人罪对整体的行为进行全面评价。

（4）转化犯的成立还必须有刑法的明文规定,法定性是判断转化犯的重要标志。转化犯的这一特征,意味着不允许任意地将某种犯罪转化成另一种犯罪。只有在法律明文规定的情况下才允许转化。

2. 转化犯的处罚原则

立法者考虑到对行为人的整个犯罪行为(即基础罪加上特定的事实情形出现)完全可以用转化后犯罪的构成要件进行全面评价,因此明确规定只能以转化后的犯罪定罪处罚。不过为了与单纯一罪在处罚上相区别,刑法对部分转化犯同时规定要实行从重处罚。如《刑法》第247条规定,司法工作人员对犯罪嫌疑人、被告人实行刑讯逼供或者使用暴力逼取证人证言,致人伤残、死亡的,依照本法第234条、第232条的规定定罪从重处罚。

二、法定的一罪

法定的一罪是对那些本来是数罪,但法律上规定为一罪的犯罪形态的概称。从犯罪构成的个数来讲,本来符合数个犯罪构成,但法律却把它规定为一罪,因而不再需要实行并罚。

（一）结合犯

1. 结合犯的概念和特征

结合犯是指两个以上独立而性质不同的犯罪,根据刑法的明文规定,结合成另一个独立的新罪的犯罪形态。例如,日本刑法中将"犯强盗罪,而又强奸妇女者",规定为独立的强盗强奸罪,即为结合犯的典型。

结合犯具有以下特征:

（1）结合犯所结合的数罪,原为刑法上具有独立构成要件且性质各异的数罪。也就是说,原罪首先必须有法律的明文规定。原罪是否刑法上独立的犯罪,则应依刑法规定而确定。如暴力行为,在有的国家如日本,规定为暴行罪,因而暴行罪可与其他独立犯罪结合成为犯罪。但在我国刑法中,暴力行为却不是独立的犯罪,因而不能成为结合犯的原罪。其次,作为结合犯的原罪,还必须是数个独立且性质、罪名各不相同的具体犯罪。如上述强盗强奸罪所结合的原罪为强盗罪(相当于我国的抢劫罪)和强奸罪,两者是刑法规定的各自独立的不同犯罪。

(2) 结合犯是将数个原本独立的犯罪,结合成为另一个独立的新罪,用公式表示就是:甲罪+乙罪=丙罪。由数个原罪结合而成的新罪,必须包含与原罪相对应的,且彼此相对独立的数个犯罪的构成要件,在此基础上,数个原罪的构成要件又依刑法规定,被融合为一个统一的独立于数个原罪的构成要件,失去原有的独立犯罪的意义,成为新罪的一部分。如果刑法将数个独立的犯罪结合成为其中的一个罪,则不是结合犯。

(3) 数个独立的犯罪结合成一种新的犯罪是由刑法明文规定的。刑法之所以要设置结合犯的条款,一是为了落实罪刑法定原则,以达到罪刑相适应的要求。以日本为例,《日本刑法典》第 236 条规定,犯强盗罪者,处 5 年以上有期惩役。第 177 条规定,犯强奸罪者,处 2 年以上有期惩役。按其第 47 条关于数罪并罚原则的规定和第 14 条的规定,对于同时犯强盗罪和强奸罪者(即并发关系的数罪形态),最重处刑结果也不得超过有期惩役 20 年。这种处罚结果,在日本的立法者看来,显然难以达到罪刑相适应的要求。于是,在日本刑法中,便有通过设置结合犯的条款,对犯强盗强奸罪者予以重处的必要。《日本刑法典》第 241 条规定,对犯强盗强奸罪者,处无期或 7 年以上之惩役;对于强盗强奸罪的加重结果犯(致妇女死亡的),处死刑或无期徒刑。二是为了减少数罪并罚的适用频率以限制法官之刑事自由裁量权。①

2. 结合犯与结果加重犯的区别

在认定结合犯时,必须注意它与结果加重犯的区别。结合犯是数个独立的犯罪行为由于法律规定而成为一个新罪,而结果加重犯只是基本犯罪行为发生加重结果,不是数罪的结合,因而结合犯要按照结合而成的新罪定罪,而结果加重犯不存在成立新罪的问题。结合犯是数个故意犯罪的结合,而结果加重犯的基本罪一般是故意犯罪,加重结果则一般出于过失。通常认为,结合犯可以有未遂等形态,而结果加重犯的加重结果是其成立的要件,不存在未遂情况,若未发生加重结果,则只构成基本罪。另外,结合犯的数罪之间不存在因果关系,而结果加重犯的基本犯罪行为与加重结果间须有因果关系。

3. 我国刑法是否存在典型结合犯

关于我国刑法中是否规定了结合犯,以往刑法理论上存有争议。有学者认为,1979 年《刑法》第 191 条第 1 款破坏邮电通信罪,是邮电工作人员私自开拆

---

① 参见刘宪权、桂亚胜:《论我国新刑法中的结合犯》,载《法学》2000 年第 8 期。

或隐匿、毁弃邮件、电报的行为;同条第2款规定,犯前款罪而"窃取财物的……"这可以认为是结合犯,即把破坏邮电通信罪和盗窃公私财物罪结合起来定为贪污罪。这种观点有疑问。邮电工作人员利用职务上的便利窃取财物的行为,本质上就是贪污,如认为是结合犯,则新罪与原罪之一罪名相同,用公式表示就是:破坏邮电通信罪+贪污罪=贪污罪,不符合结合犯的特征。现行刑法颁布后,这一问题也有争论。有人认为,《刑法》第229条第1款规定的是故意提供虚假证明文件罪,第2款规定的是受贿提供虚假证明文件罪,是由受贿罪和故意提供虚假证明文件罪而合成的结合犯。但后来司法解释并未为第229条第2款规定一个独立的罪名,而是作为第1款所规定的故意提供虚假证明文件罪的加重构成。通说认为我国事实上没有典型的结合犯,这也导致了刑法学界对结合犯的不重视。

4. 结合犯的处断原则

对于结合犯,由于被结合的数罪已经失去了独立意义,而刑法对结合的新罪规定了相应较重的法定刑,因此只需按照刑法规定以新罪一罪论处即可。

(二)集合犯

1. 集合犯的概念和特征

集合犯是指行为人以反复实施同种犯罪行为为目的,虽然实施了数个同种犯罪行为,但刑法规定以一罪论处的犯罪形态。我国刑法理论过去只注重研究惯犯,而对集合犯很少问津。所谓惯犯,一般认为是指以某种犯罪为常业,或以犯罪所得为主要生活来源或腐化生活来源,或犯罪已成习性,在较长时间内反复多次实施同种犯罪行为,刑法明文规定对其以一罪论处的犯罪形态。但由于现行《刑法》已经取消了惯犯规定,所以当前刑法理论界多数学者主张借鉴比惯犯内容更具有包容性的集合犯概念,以解决实施同种的数个犯罪行为的罪数问题。

集合犯具有以下特征:

(1)行为人以反复实施同种犯罪行为为目的。即行为人不是意图实施一次犯罪行为即行结束,而是预定实施不定次数的同种犯罪行为,主观上具有反复多次实施某种特定犯罪行为的故意。如"以赌博为业"的赌博罪,行为人就是意图反复地、不定次数地实施赌博行为。

(2)行为人在较长的时间里反复多次实施了数个同种的犯罪行为。这是构成集合犯的客观条件。具体说来,集合犯在时间上具有长期性,犯罪行为具有多次性并且行为人反复多次实施的是同种性质的犯罪行为。不过,集合犯虽然要求行为人意图实施不定次数的同种犯罪行为,客观上行为人通常也实施了数个同种的犯罪行为,如多次非法行医,但是行为人即便只实施了一次,只要行为已构成犯罪,也成立集合犯。

(3)集合犯必须是刑法明文规定以一罪论处的犯罪形态。这是集合犯与同种数罪、连续犯等相区别的重要标志。正因为刑法已将同种行为的反复加以考虑并预先规定为一罪,所以如非法行医罪,即使行为人实施数个非法行医行为,也只构成一罪。

2. 集合犯的类型

集合犯是学理上的概念,结合我国刑法规定看,主要有两种:

(1)常业犯,即以一定的行为为常业的犯罪。详言之,指行为人基于以某种犯罪为常业的意思倾向,意图反复实施同种犯罪行为,法律规定以反复实施同种犯罪行为为构成要件的犯罪。这种常业犯一般实施一次还不足以成立,只有反复实施同种犯罪行为,体现出以此为业的意思,才能构成犯罪。《刑法》第303条规定的"以赌博为业"的赌博罪,就属于这类集合犯。如果偶尔赌博,不是以赌博为业的,就不能构成赌博罪;但无论赌博多少次,都只能构成一罪。

(2)营业犯,指通常以营利为目的,以反复实施一定的行为为业的犯罪。营业犯与常业犯的区别在于,营业犯通常具有营利的目的。对常业犯来说,实施一次某种行为,不构成犯罪,必须反复实施同种行为才能构成犯罪。而对营业犯来说,即使实施一次某种犯罪行为,只要行为人主观上有实施不定次数的同种犯罪行为的意图,也可能成立营业犯。《刑法》第363条第1款规定的制作、复制、出版、贩卖、传播淫秽物品牟利即是如此。行为人制作、复制、出版、贩卖、传播淫秽物品牟利一次就可能构成该罪,而多次实施该犯罪行为的,也只构成一罪。

3. 集合犯的处断原则

对于集合犯,无论行为人实施了多少次同种的犯罪行为,在处罚上都只能依照刑法分则的明文规定以一罪论处,不能实行数罪并罚,也不能将反复实施作为法定的加重或从重处罚情形。

(三)包容犯

1. 包容犯的概念与特征

包容犯是我国现行刑法分则中规定的一种特殊犯罪形态。所谓包容犯,是指行为人在实施某一犯罪行为过程中,又实施了与本罪具有并发关系的另一不同质的罪行,但后者被前者包容,刑法明文规定不并罚而仅将后者作为前罪加重处罚情形的形态。刑法分则中包容犯的立法例主要有:(1)绑架罪包容故意伤害行为、故意杀人行为(第239条);(2)拐卖妇女罪包容强奸行为(第240条);(3)拐卖妇女罪包容引诱、强迫卖淫行为(第240条);(4)抢劫罪包容故意伤害行为、故意杀人行为(第263条)[①];(5)组织他人偷越国边境罪包容妨害公务行

---

① 根据2001年5月23日最高人民法院《关于抢劫过程中故意杀人案件如何定罪问题的批复》,行为人为劫取财物而预谋故意杀人,或在劫取财物过程中,为制服被害人反抗而故意杀人的,以抢劫罪定罪处罚。这表明《刑法》第263条规定的"暴力"在程度上可以达到致人死亡的程度,既然包含故意杀人,那么故意伤害也必将包含在其中。值得注意的是,如果行为人实施抢劫后,为灭口而故意杀人的,则应以抢劫罪和故意杀人罪实行数罪并罚。

为、非法拘禁行为(第318条);(6)走私、贩卖、制造、运输毒品罪包容妨害公务行为(第347条);等等。包容犯实质上有数个犯罪行为,但刑法分则明确规定仅以一罪定罪,因而它属于法定的一罪;同时这种立法方式将一罪作为另一罪的加重处罚情形,较好地体现了罪责刑相适应的原则。

一般认为,包容犯具有如下基本特征:

(1) 行为人实施了两个互相独立且性质不同的犯罪行为。包容犯包含了两个互相独立的犯罪行为,即行为具有复数性,这是包容犯属于数行为构成数罪的实质所在,也是其区别于实质一罪的关键。只有存在两个互相独立的犯罪行为,才有可能产生一罪包容另一罪的情况。同时行为人所实施的两个行为必须是不同性质的,触犯的是刑法上的不同罪名。如果行为性质相同,则有可能构成集合犯、连续犯等形态而非包容犯。

(2) 两罪之间具有并发关系,即在实施一犯罪的过程中又实施了相关联的另一犯罪。之所以行为人所实施的两个犯罪行为中其中一个犯罪行为能够包容另一个犯罪行为,是因为立法者主要是考虑到两种行为之间的并发关系,后一犯罪行为在前一犯罪行为的过程中是常见多发的现象。通常前一犯罪行为是目的性的犯罪,而被包容的后一犯罪行为是在目的性犯罪中经常伴随发生的行为,如绑架罪是行为人的目的性犯罪,而杀害被绑架人的"撕票"行为则是勒索或非法要求得不到满足时常见的并发犯罪。如果均以数罪论处,定罪量刑技术上比较复杂,于是立法者基于数罪经常并发的事实创制了包容犯的立法例。

(3) 刑法分则明文规定并发的罪行作为本罪法定刑升格的条件。这也是将包容犯归于法定一罪的根本原因。事实上,包容犯的数行为原本是独立成罪的,但刑法基于数行为并发关系的考虑直接在分则中将所并发的后罪作为前罪的加重量刑情节,由此后罪失去了独立评价的意义,成立本罪的一罪。用公式表现就是:甲罪(本罪)+乙罪(后罪)=甲罪,乙罪成为甲罪的加重量刑情节。比如在拐卖妇女过程中为了使妇女就范通常伴随有强奸行为,为此《刑法》第240条将强奸罪包容于拐卖妇女罪中,强奸罪就失去了独立评价的意义而作为拐卖妇女罪的加重量刑情节之一。

赵某拖欠张某和郭某6000多元的打工报酬一直不付。张某与郭某商定后,将赵某15周岁的女儿甲骗到外地扣留,以迫使赵某支付报酬。在此期间(共21天)张某、郭某多次打电话让赵某支付报酬,但赵某仍以种种理由拒不支付。二人遂决定将甲卖给他人。在张某外出寻找买主期间,郭某奸淫了甲。本案中,张某和郭某是非法拘禁罪、拐卖妇女罪的共同犯罪人,二人均应按非法拘禁罪和拐卖妇女罪数罪并罚。但是郭某和张某拐卖妇女罪应适用不同的法定刑,其中张某按拐卖妇女罪的基础法定刑量刑,应在5年以上10年以下有期徒刑的法定刑幅度内处罚;而郭某因奸淫被拐卖的妇女,该强奸罪被拐卖妇女罪包容,所以法定刑升格,应在10年以上有期徒刑、无期徒刑甚至死刑的法定刑幅度内量刑。

2. 包容犯与结合犯的区别

包容犯实质上也有数个不同的独立罪行,且立法上明确规定为一罪而不并罚,从这点上看,包容犯和结合犯比较类似,都属于法定的一罪。两者的区别主要在于,结合犯中原本独立的数罪被结合成了另一个独立的新罪,即甲罪+乙罪=丙罪,丙罪包含了甲罪和乙罪的构成要件,丙罪直接规定较甲、乙罪更高的法定刑;而包容犯用公式表示是:甲罪+乙罪=甲罪,其中乙罪是作为甲罪的加重量刑情节存在的。由于包容犯的数罪往往也存在一种并发关系,包容的结果也是为了做到罪刑相适应,与结合犯的目的不谋而合,所以有学者认为,结合犯的结合之罪是否新罪其实并不重要,包容犯可以视为一种包容型的结合犯,①但这一观点尚未得到普遍认同。

3. 包容犯的处断原则

作为我国刑法分则明文规定的法定的一罪,对于并发的数行为符合包容犯的构成要件的,直接依照分则的有关规定处罚,适用更高的法定刑,不实行数罪并罚。如绑架过程中行为人"杀害被绑架人的",只定绑架罪,并依《刑法》第239条处无期徒刑或者死刑,并处没收财产。

三、处断的一罪

处断的一罪是指那些本来是数罪,但作为一罪处断的犯罪形态。从本来是数罪这一点看,它与实质的一罪泾渭分明;从处断上作为一罪这一点说,它又同法定的一罪划清了界限。

(一) 连续犯

1. 连续犯的概念与特征

连续犯是指基于同一或概括的犯罪故意,连续实施数个独立的且性质相同的犯罪行为,触犯同一罪名的犯罪形态。

一般认为,连续犯具有以下特征:

(1) 从主观特征上看,连续犯的数行为必须基于同一的或概括的犯罪故意。其中,行为人预计实施数次同一犯罪,且每次实施的具体犯罪都明确包含在行为人故意的内容之中,就是同一的犯罪故意。行为人在实施相同犯罪的次数及时间、地点上没有明确的犯罪计划,但有一个概括的犯罪意向,就是概括的犯罪故意。例如,甲与乙有仇,蓄意报复乙,拟定杀害乙一家三口的计划,这就是基于同一的犯罪故意;又如,行为人没有任何计划,只是想没有钱花时就去偷,这就是出于概括的故意。相反,如果主观上对连续的数行为只有过失,不宜认定构成连续

---

① 参见刘宪权、桂亚胜:《论我国新刑法中的结合犯》,载《法学》2000年第8期。

犯。例如,行为人酒后驾车,违章行驶,沿途先后将三名行人过失撞成重伤,不成立交通肇事罪的连续犯。

(2) 行为人必须实施了数个独立且性质相同的犯罪行为。连续犯的成立,以客观上存在数个行为为前提条件。如果行为人以数个举动完成犯罪,而数个举动仅形成一个行为,就不是连续犯。在此基础上,要求数行为均具有独立意义且性质相同。所谓"独立",通说认为行为人所实施的数个行为,分开来看应当每一次行为都可以单独构成犯罪,符合刑法分则所规定的具体犯罪的构成要件。如果连续实施同一种行为,每次在刑法上不能构成独立的犯罪,只是这些行为的总和才构成犯罪,则只能成立徐行犯而不能成立连续犯;即使数个行为中有一个已构成犯罪,也不能作为连续犯处理。以盗窃为例,某人连续多次盗窃,每次数额均较小,都不能单独构成犯罪,因而不成立连续犯。但如果加起来数额较大,就可以构成单一的盗窃罪。

(3) 数个独立的犯罪行为之间具有连续性。这是认定连续犯的关键。关于连续性的认定,分歧很大,概括起来主要有三种观点。主观说主张以行为人的主观意思为准,认为如其意思连续,则行为亦必然连续;如果行为人基于同一个犯意,则其数独立的犯罪行为就可算作连续犯。客观说认为如果犯罪事实相同、方法类似、时间连续,就可构成连续犯。折中说则认为连续犯的成立,不仅需要行为人主观上有连续犯罪的决意和同一的犯罪故意,而且需要客观上数个行为有外部的类似关系和时间上的联络。折中说综合了主客观说的观点,从主客观两个方面去认定连续性,与罪数判断上的犯罪构成标准说和刑法主客观相统一的原则相一致,得到了较多的认同。由此一般认为,如果行为人基于同一的或概括的犯罪故意,实施了性质、手段相同的犯罪行为,且在犯罪的时间、地点、环境等方面具备相似条件的,就应当认定行为之间有连续性。

(4) 从法律特征上看,连续犯实施的数个犯罪行为必须触犯同一罪名。关于同一罪名的确定标准,理论上"同一基本犯罪构成说"得到了较多支持,即只要行为符合同一基本犯罪构成的,即为触犯同一罪名。据此,连续的数行为均符合具体犯罪的基本构成的,毫无疑问是同一罪名。若数行为中有的与具体犯罪的基本构成相符合,有的与加重或减轻的构成相符合,或数行为中有的与具体犯罪的基本构成相符合,有的与该基本构成的修正构成即共犯或犯罪停止形态的构成相符合,都是触犯同一罪名。例如,基于一概括故意的数盗窃行为,行为人第一次盗窃未遂,第二次教唆盗窃,第三次盗窃既遂,触犯的均是盗窃罪同一罪名。有疑问的是选择性罪名是否同一罪名呢?对此,我国刑法学界一般认为,选择性罪名性质类同,连续触犯其中两个或两个以上罪名的,可以作为连续犯论处。例如,某人为同一犯罪目的,先是伪造公文,继而又变造证件,就可以视为数次行为触犯同一罪名,成立连续犯。要注意的是有些罪名尽管规定在同一法条中,但如果犯罪构成并不相同,如《刑法》第 114 条规定的放火、决水、爆炸以及投放毒害性、放射性、传染病病原体等物质等,因不是同一罪名,所以如果行为人连续实施放火、爆炸等行为的,不能构成连续犯。

王某与有夫之妇李某勾搭成奸,后李某因受丈夫责骂感动,与王某中断了关系,王某怀恨在心,故蓄意杀害李某全家。一天下午,王某将李某骗到自己的处所将其杀害,当晚又潜入李某家将其丈夫杀死。在本案中,王某虽然实施了两个杀人行为,每一个行为实际上都单独构成一个故意杀人罪,但鉴于这两个杀人行为是基于同一的故意而连续实施的,触犯的都是故意杀人罪,所以作为连续犯,直接定一个故意杀人罪,不存在并罚的问题。

2. 连续犯与相关罪数形态的区别

(1) 连续犯与继续犯的区别

连续犯在认定上主要应与继续犯区别开来。二者不同之处在于:第一,连续犯是连续实施数个性质相同的犯罪行为,而继续犯是一行为持续地侵犯同一或相同的犯罪客体。第二,连续犯是数行为具有同一故意,且有连续的意思,而继续犯是一个故意的持续。第三,连续犯实施的数行为之间一般具有时间上的间隔性,而继续犯所实施的一个犯罪行为在一定时间内处于不间断存在的状态。连续犯是数个独立犯罪行为的连续,而继续犯是一个犯罪行为及其不法状态的连续,因而连续犯是处断上的一罪,而继续犯是实质的一罪。

(2) 连续犯与集合犯的区别

连续犯与集合犯也有相似之处。两者相似之处在于:其一,都具有连续实施同种犯罪行为的意思倾向。其二,都是数个同种行为构成一罪的情形。但两者存在根本区别:其一,集合犯是刑法规定同种的数行为为一罪,所以是法定的一罪;而连续犯所连续实施的同种数行为均独立构成犯罪,是数罪而只是作为一罪处理,所以是处断的一罪。其二,集合犯的数个犯罪行为之间,在时间上可以有间隔,即在行为与行为之间,不要求有连续性;而连续犯的数个犯罪行为之间表现为必须具有连续性,行为与行为在时间上不能间隔得过久。

3. 连续犯的司法应用

连续犯和继续犯一样,也存在追诉时效问题。《刑法》第 89 条第 1 款规定:"追诉期限从犯罪之日起计算;犯罪行为有连续或者继续状态的,从犯罪行为终了之日起计算。"

4. 连续犯的处断原则

因本质上触犯的是同一罪名,连续犯的定性并不存在疑问,而作为处断的一罪,连续犯也显然不能实行数罪并罚,但具体如何处理,还应该结合我国的审判实践经验和刑法分则的有关规定区分不同情况:

(1) 数额犯的连续犯处罚原则

以数额犯为表现形式的连续犯,因其犯罪数额的可计量性,所以依照刑法分则或有关刑法理论,一般是将数额累计计算,分别适用不同幅度的法定刑。如《刑法》第 383 条第 2 款规定:"对多次贪污未经处理的,按照累计贪污数额处罚。"由于犯罪数额的多少与行为社会危害的不同程度相对应,立法上也据此设置了轻重不同的法定刑幅度,因此实际的处理结果就是对该连续犯较其数额基本犯从重或加重了处罚。

(2) 非数额犯的连续犯的处罚原则

因为连续的数行为具有密切关联性,所以刑法理论上和司法实践中一般对其采取"从一罪从重或加重处罚"的原则,具体又包括以下几种情况:第一,刑法规定只有一个量刑档次或虽有两个量刑档次但并无加重构成量刑档次的,按照一罪从重处罚。如拐骗儿童罪的连续犯,因《刑法》第 262 条拐骗儿童罪的法定刑只有一个量刑档次,所以只能在该罪的量刑幅度内从重处罚。第二,刑法将多次犯罪或针对多人犯罪作为某罪的加重处罚情节的,对于符合这种情况的连续犯,依照该加重构成的量刑档次处罚。如《刑法》第 263 条对于多次抢劫的就明文规定了远远重于抢劫罪基本构成的量刑档次,若行为人的多次抢劫行为成立连续犯,对该连续犯就应当依照加重抢劫构成的量刑档次处罚。强奸妇女多人构成连续犯的同样也作为强奸罪的加重处罚情节。第三,刑法依据情节的严重程度分别规定了不同量刑档次的,对于符合某种情况的连续犯,可以根据其连续行为的危害性程度大小分别对应"情节严重""情节特别严重"等量刑档次处罚。如《刑法》第 267 条的抢夺罪依数额或情节分为三个档次,抢夺罪的连续犯就可根据连续实施抢夺次数的多少这一情节具体对应的轻重不同量刑档次予以处罚。

(二) 牵连犯

1. 牵连犯的概念和特征

牵连犯是指以实施某一犯罪为目的,而其方法行为或结果行为又触犯其他罪名的犯罪形态。它包括两种情形:一是方法行为与目的行为的牵连,例如为了诈骗而伪造公文,目的行为构成诈骗罪,方法行为构成伪造公文罪,成立牵连犯。二是原因行为与结果行为的牵连,例如盗窃枪支后私藏枪支,原因行为构成盗窃枪支罪,结果行为触犯非法持有枪支罪,也成立牵连犯。

一般认为,牵连犯具有以下特征:

(1) 必须基于一个最终犯罪目的。这是构成牵连犯的主观要件。行为人是为了达到某一犯罪目的而实施犯罪行为的,正因如此,行为人才会对围绕本罪而实施的方法行为或结果行为与本罪行为之间的牵连关系有所认识,才会有牵连意图。如果行为人出于实施数个犯罪的目的,在此目的支配下实施了数个犯罪,就不能构成牵连犯。

(2) 必须具有两个以上的行为,这是构成牵连犯的前提条件。牵连犯的数行为特征决定不能将犯罪手段等同于手段行为,否则就会混淆牵连犯与想象竞合犯。如行为人出于杀害他人的目的,实施放火行为,烧死了他人,由于放火只是杀人的手段,不存在两个行为,因而不构成牵连犯。

(3) 牵连犯的数行为之间必须具有牵连关系。牵连犯的核心问题也就是牵连关系的判断问题。理论上对此有不同主张：客观说认为,只要客观上两种行为之间具有手段行为与目的行为、原因行为与结果行为之间的关系,就具有牵连关系；主观说认为,只要行为人主观上将某种行为作为目的行为的手段行为或作为原因行为的结果行为,就存在牵连关系；类型说认为,根据刑法规定和司法实践,将牵连犯的手段和目的、原因与结果的关系类型化,只有具有类型化的手段和目的、原因与结果的关系时,才存在牵连关系。① 我国通说认为,成立牵连关系应同时从主观与客观两方面入手:除客观上具有通常的目的行为与手段行为或原因行为与结果行为的关系之外,在主观上还应以行为人有使两者牵连的意思为要件,二者缺一不可。

甲为杀害乙蓄谋已久,为实现这一目的,甲盗窃某军人的枪支和五发子弹,盗窃之后将乙杀死。甲盗窃枪支弹药的行为与杀人的行为就具有目的与方法的牵连关系；如果甲盗窃某军人的枪支弹药后,才产生杀害乙的故意,于是用该枪将乙杀死,则此时甲的盗窃枪支弹药行为与杀人行为就不存在目的与方法的牵连关系,因为甲在盗窃枪支弹药时并没有想到盗枪的目的就是杀害乙,这两种行为不具有主观上的牵连。

但须注意的是,牵连关系的认定不能过多地强调以行为人有明确的使数行为牵连的意图为必要,因为主观上究竟有无这种牵连的意思以及这种牵连的意思产生于何时有时是非常难以判断的。比如行为人本来先后实施毫无关联的两个行为,但事后行为人可能狡辩自己是为了实施后一犯罪而先实施前一犯罪,以避免数罪并罚可能导致的较重刑罚。为此我们认为一定要强调牵连关系在社会生活中的通常性,或说主张类型性的牵连关系。即从经验法则上判断,具有牵连关系的两个行为应具有较高的并发性,否则不成立牵连犯。如伪造武装部队公文、证件、印章冒充军人招摇撞骗的,应认定为牵连犯；相反盗窃军车后冒充军人招摇撞骗的,不应认定为牵连犯,冒充军人招摇撞骗并不一定需要盗窃军车,而其军人身份的冒充通常和伪造武装部队公文等行为密不可分。

(4) 牵连犯的数个行为必须触犯不同的罪名。这是牵连犯的法律特征。这里的不同罪名,是指牵连犯的目的行为与手段行为或原因行为与结果行为各自

---

① 参见甘添贵:《罪数理论之研究》,元照出版公司 2006 年版,第 212 页以下。

具备不同性质的犯罪构成。如果其中一个行为不构成犯罪,就不能成立牵连犯。例如犯罪分子盗窃以后又销赃,由于销赃行为只是一种不可罚的事后行为,所以这种情况就不构成牵连犯。数行为虽然都构成犯罪,但不是触犯不同的罪名,而是数次触犯同一罪名的,也不是牵连犯,而可能是连续犯或同种数罪。

2. 牵连犯与想象竞合犯的区别

牵连犯是数行为,想象竞合犯是一行为;牵连犯是实际的数罪、处断的一罪,想象竞合犯是实际的一罪、想象的数罪。所以牵连犯和想象竞合犯有着本质不同,一般情况下较易区分。但是假如对一行为有不同的理解,二者的区别就变得模糊起来。例如,盗割正在使用中的电线的行为,如果把破坏和窃取理解为两行为,就成立牵连犯。再如,招摇撞骗而伪造证件的,如果把伪造证件作为冒充国家机关工作人员的具体内容,解释为一行为,那也可以说是想象竞合犯。辨别二者时可以考虑:(1)想象竞合犯因为是一行为,所以通常是同时触犯数罪名;而牵连犯是数行为,所以,通常不是同时犯数罪,而是前后相继的。(2)想象竞合犯因为是一行为,所以虽然触犯数罪名,但是难以拆分处理。如盗割正在使用中的电线的,如果要分别处以盗窃罪和破坏电力设备罪,就很难找出两个罪的独立的事实根据。而在招摇撞骗伪造证件的场合,可以分别找出定伪造证件罪和招摇撞骗罪的独立的事实根据。

为杀人而盗枪的问题,通常认为是牵连犯。但是为了杀人而盗枪,盗枪时即被抓获归案,未能着手实行杀人犯罪的,又该如何处理呢?此时盗枪的行为既是盗窃枪支罪的实行行为又是杀人的预备行为,实际上是一行为,可以理解为想象竞合犯,不能实行数罪并罚。如果以盗窃枪支罪和故意杀人罪(预备犯)并罚,则违反了禁止重复评价的原则。

3. 牵连犯的处断

(1)牵连犯处断的一般原则

对牵连犯应如何处断,我国刑法总则没有规定。以往为大多数学者所赞同并在司法实践中得到普遍遵行的是从一重处断原则,即对牵连犯不实行数罪并罚,而应按照数罪中最重的一个罪定罪并在其法定刑幅度内酌情确定刑罚。如《日本刑法典》第54条规定:"作为犯罪的手段或结果的行为触犯其他罪名时,按照其最重的刑罚处断。"

(2)牵连犯传统处断原则的例外

作为处断的一罪,牵连犯照理应毫无例外地实行"从一重处断",然而我国《刑法》又在分则若干条款中对某些牵连犯的处罚作了特别规定。归纳而言,主要包括以下两种情况:

一是实行法定的一罪论,即刑法明确规定按其中一个罪论处,有的还规定了具体应如何量刑。如《刑法》第196条第3款规定,盗窃信用卡并使用的直接以盗窃罪处罚;《刑法》第 253 条第 2 款规定,邮政工作人员私自开拆或隐匿、毁弃邮件、电报又从中窃取财物的,直接以盗窃罪从重处罚;《刑法》第 318 条、第 321 条规定,组织他人偷越国(边)境、运送他人偷越国(边)境过程中以暴力、威胁方法抗拒检查的,直接以组织他人偷越国(边)境罪、运送他人偷越国(边)境罪论处并加重处罚;《刑法》第 347 条规定,走私、贩卖毒品犯罪过程中以暴力的方式抗拒检查的,直接以走私、贩卖毒品罪论处并加重处罚。

二是实行数罪并罚。如《刑法》第 120 条第 2 款规定组织、领导和积极参加恐怖活动组织并实施杀人、爆炸、绑架等犯罪的;《刑法》第 157 条第 2 款规定以暴力、威胁方法抗拒缉私的;《刑法》第 198 条第 2 款规定为了骗取保险金而故意造成财产损毁、被保险人死亡、残疾和疾病等保险事故的;《刑法》第 294 第 4 款规定犯组织、领导、参加黑社会性质组织罪、入境发展黑社会组织罪、包庇、纵容黑社会性质组织罪又有其他犯罪的,等等。

相关司法解释中也有不少关于牵连犯不实行从一重处断,而是实行数罪并罚的特例。例如,某国有公司主管财务的副总经理赵某收受钱某的贿赂后,在其再三要求下,擅自挪用公款借给秦某注册私人公司使用。其原因行为构成受贿罪,其结果行为构成挪用公款罪。对该牵连犯处断,最高人民法院在 1998 年 4 月 29 日《关于审理挪用公款案件具体应用法律若干问题的解释》中明确规定,因挪用公款而索取、收受贿赂构成犯罪的实行并罚,对此就不能简单地按从一重处断原则来处理。

可见,牵连犯的处罚例外毫无规律可循,这也使牵连犯这一概念在理论上争议颇大。

(三) 吸收犯

1. 吸收犯的概念和特征

吸收犯是指行为人实施的数个犯罪行为,因其所符合的犯罪构成之间具有特定的依附与被依附的关系,从而导致其中一个不具有独立性的犯罪,被另一个具有独立性的犯罪所吸收,对行为人仅以吸收之罪论处,而对被吸收之罪置之不论的犯罪形态。例如行为人伪造货币后又出售或运输的,伪造货币的犯罪行为吸收出售、运输假币的犯罪行为,仅成立伪造货币罪,运输、持有假币罪被吸收,不再论罪。

吸收犯具有以下特征:

(1) 吸收犯必须具有数个犯罪行为,这是成立吸收犯的前提和基础。如果没有数个行为,就谈不上一个行为吸收另一个行为。例如,甲开枪射击乙致其死亡,同时导致乙价值 2 万元的西服毁损,仅成立故意杀人罪,而不构成故意毁损财物罪,但这并非吸收犯,因为实际上行为人只有一个行为,毁损财物是伴随杀人行为产生的结果。同时吸收犯的数个行为还必须都是犯罪行为,即每个行为都符合刑法规定的犯罪构成。这里所说的犯罪构成,可能是基本的犯罪构成,也可能是修正的或派生的犯罪构成。但如果数行为中只有一个是犯罪行为,其余是违法行为,则不可能成立吸收犯。

(2) 吸收犯的数个行为之间必须具有吸收关系。行为人实施的数个犯罪行为,必须基于其内在的独立性与非独立性的对立统一特性,而彼此形成一种吸收关系。这也是吸收犯作为一种罪数形态存在的关键。其内涵是在行为人实施的数个犯罪行为中,一个犯罪行为不具有独立性而另一个犯罪行为具有独立性,前者依附于后者,形成吸收关系。数行为间之所以具有吸收关系是因为这些行为通常表现出从属性或递进性等密切关系。如数行为属于实施某种犯罪的同一过程,前一犯罪行为可能是后一犯罪行为发展的必经阶段,后一犯罪行可能是前一犯罪行为发展的自然结果。吸收关系表现为以下几种形式:

第一,重行为吸收轻行为。这里的轻重,是根据行为的性质确定的。如伪造货币后又使用的,伪造是明显的重行为,定罪的时候伪造货币罪吸收使用假币罪,只定伪造货币罪。又如,甲为谋杀乙,将乙捆绑后,装入麻袋,放在自家仓库达十几个小时,后于子夜时分驮到江边,扔进江中淹死。在本案中,甲有两个行为——非法拘禁和故意杀人,但非法拘禁是轻行为,直接以故意杀人罪论处。

第二,实行行为吸收预备行为。许多犯罪往往是经过预备而后转入实行行为的,因此作为先前预备行为进一步发展结果的实行行为应吸收预备行为。例如,当行为人所实施的一系列杀人预备行为因意志以外的原因而停顿在预备阶段以后,行为人并不甘心,再次预备后完成杀人行为,杀人的实行行为就应吸收杀人预备行为。

第三,主行为吸收从行为。这是就共同犯罪行为而言的。根据行为的作用大小,一般认为在共同犯罪中起辅助或次要作用的是从行为,因而实行行为同教唆、帮助行为相比,实行行为是主行为;教唆行为与帮助行为相比,教唆行为是主行为。据此,如果行为人先教唆或帮助他人犯罪,随后又参与共同实行犯罪,其教唆行为或帮助行为,应为共同实行行为所吸收。如果行为人先教唆他人犯罪,然后又帮助他人犯罪,其帮助行为应为教唆行为吸收。也就是说在共同犯罪中,行为人起主要作用的行为吸收其起次要或较小作用的行为。

需要指出的是,吸收犯的形式究竟包括哪些,事实上理论界迄今争议仍然较大。如有学者认为,所谓实行行为吸收预备行为,并不具有意义。因为某种行为的预备行为发展为实行行为后,会出现两种结局:要么预备行为对定罪没有独立意义,要么预备行为仍然是独立的犯罪。例如,准备杀人工具后实行了杀人行为,即使没有吸收犯的概念,也只能认定为一个故意杀人罪。再如,为了非法吸收公众存款而先伪造金融机构经营许可证的,应实行数罪并罚。所谓主行为吸收从行为,也难以成立。前述所举之例,是主犯吸收从犯或胁从犯,只是为了确定行为人属于哪一类共犯人,并不涉及罪数问题。由此只承认重行为吸收轻行为一种形式。① 正因为如此,吸收关系的认定是吸收犯的难点,直接影响到吸收犯的外延,进而也影响到吸收犯与其他一些相近形态的区分。

2. 吸收犯与相关罪数形态的区别

(1) 吸收犯与牵连犯的区别

依据通说观点可见,第一种形式的吸收,可以包含不同种类或不同罪名的犯罪行为之间的吸收,而后两种形式主要是前后实施的同种类犯罪行为之间的吸收。如果承认吸收犯包括不同种类的犯罪之间的吸收,则吸收犯与牵连犯就存在一定交叉。如为了杀人而盗窃枪支弹药,然后用枪杀害了被害人。该杀人行为与盗窃枪支弹药行为既可以说是牵连关系(目的行为与方法行为),也可以说是吸收关系(预备行为与实行行为)。两种观点似乎均有一定道理。产生这一问题的根源应该说与牵连关系、吸收关系的界定不清有关。当前,有部分学者倡导,在刑法理论同时肯定这两种处断一罪的前提下,区分二者应当看行为人实施的数个犯罪行为是否侵犯相同或类似的法益,是否指向同一的犯罪对象。如伪造货币后使用伪造的假币,侵害的都是货币的公共信用,指向的都是同样的假币,表明处于同一个犯罪过程,应以吸收犯论处;又如为了诈骗而先伪造公文,然后实施诈骗的,由于伪造行为侵犯的是文书的公共信用,指向的是公文书,而后的诈骗行为侵犯的是他人的财产所有权,指向的是他人的财产,则应以牵连犯论处。

(2) 吸收犯与不可罚的事后行为的区别

吸收犯还容易与不可罚的事后行为混淆。所谓不可罚的事后行为,是指在状态犯的场合,利用该犯罪行为的结果的行为,如果孤立地看符合其他犯罪的构成要件,具有可罚性,但由于被综合评价在该状态犯中,故没有认定为成立其他犯罪。如盗窃他人财物之后的销赃行为即属于不可罚的事后行为。如果是非盗窃犯实施销赃行为无疑可以单独成立犯罪,因此看似盗窃犯的事后销赃行为被其盗窃犯罪行为"吸收"了,但是这并非通说意义上的吸收犯。因为吸收犯的数个行为虽然也在形式上关系非常密切,但是与不可罚的事后行为相比:首先吸收犯并不一定限于状态犯的场合,而不可罚的事后行为一般是在状态犯的场合下出现;其次,吸收犯的数行为侵犯的是相同的或类似的法益,而不可罚的事后行为可能侵犯相同或类似法益,如盗窃财物后将财物损毁,也可能侵犯新的法益,如销赃行为侵犯的主要是国家司法机关的活动而不再仅是他人的财产权益;最

---

① 参见张明楷:《刑法学》(第六版)(上),法律出版社2021年版,第640—641页。

后,吸收犯作为处断的一罪,是在司法实践中基于数行为的密切关系形成的经验性的处断方式,而不可罚的事后行为之所以不可罚,是法律已经考虑到了某些犯罪完成以后可能出现一些保持或利用结果的行为,或者说认为这种情况下行为人的事后进一步行为缺乏期待可能性,所以已将其事后的行为包含在先前行为构成要件的效力范围内。换言之,这里的"不可罚",实际上应当认为是前者和后者总和起来受到处罚,即仍然是一个构成要件包括评价的范围问题。①

(3) 吸收犯与结合犯的区别

吸收犯与结合犯也是不同的。结合犯虽然原罪也是数个行为,但这数个行为已经通过法律的明文规定而结合为一罪,其结合关系由法律明示。而吸收犯中吸收关系的确立,并不需要法律的明文规定,在认定时一般应基于社会观念和法条的内容。同时,吸收关系一般有明显的高度行为与低度行为之分,而结合关系常见的是将并发的、社会危害性无明显高下之分的数罪结合为一罪。此外,吸收犯中,被吸收之罪已经失去独立成罪的意义,而结合犯中被结合之罪的构成要件为新罪所包含。

对于吸收犯,因被吸收行为失去了独立的意义,所以对被吸收行为置之不论,仅以吸收行为定罪处罚。

(4) 吸收犯与包容犯的区别

吸收犯与包容犯从某些角度看亦具有相似性,如均有数行为,行为之间均存在密切的吸收或包容关系,从而被吸收或被包容的犯罪行为失去了独立存在的意义,而依附于另外一罪,都不实行数罪并罚。但是两者的区别也是明显的:首先,从本质上讲,吸收犯是处断的一罪,这一形态主要是刑法理论结合司法实践的概括;而包容犯是法定的一罪,哪些情形属于包容犯必须结合刑法分则的明文规定。其次,在吸收犯中,被吸收的犯罪是置之不论的,它的存在对定罪量刑几乎没有影响;而在包容犯中,被包容的犯罪成为本罪的加重量刑情节,其存在直接导致法定刑的升格。

3. 吸收犯的处断原则

对于吸收犯,因被吸收行为失去了独立的意义,所以对被吸收行为置之不论,仅以吸收行为定罪处罚。在这一点上,吸收犯不同于牵连犯。牵连犯实际上首先肯定两个行为都独立成罪,即罪名之间不能吸收,只是在处理时原则上实行从一重处断。

---

① 参见〔日〕木村龟二主编:《刑法学词典》,顾肖荣、郑树周等译校,上海翻译出版公司1991年版,第400页。

第三节 数罪的类型

一、数罪的概念与特征

何谓数罪呢？简单地说就是行为人实施数个行为，符合数个犯罪构成，构成数个独立的犯罪。它与想象数罪是不同的，后者所谓的数罪是在观念意义上而言，实际上行为人只有一个行为，属于实质的一罪。数罪具有以下特征：

（1）行为的复数性。行为人必须实施了刑法分则所规定的两个或两个以上具体犯罪构成的行为。这是数罪最本质的特征。至于行为的对象，则可能是同一的。因为区分一罪与数罪的标准，是犯罪构成的个数，而对象通常不是犯罪构成的要件，所以行为侵害同一对象同行为的复数性并不矛盾。例如，对于同一妇女，行为人可能先实施抢劫，再实施强奸，最后杀人灭口，显然不能因行为对象同一而认定为一罪。

（2）罪过的复数性。行为人必须是在数个犯意的支配下分别实施数个行为。罪过的具体形式，法律不作要求，可以是故意，也可以是过失，即过失犯与故意犯可以成立数罪。例如，行为人在发生交通肇事以后，为逃避责任，调转车头将被害人轧死，就成立两个罪。一是作为过失犯的交通肇事罪，二是作为故意犯的故意杀人罪。行为人形成犯意的时间，法律没有明确规定。因此，如果行为人在着手实行犯罪以后，由于某种原因另起犯意，并实施了另一犯罪行为，也构成数罪。但如果行为人是基于同一的或概括的犯罪故意实施数个行为的，则有可能构成连续犯。

（3）行为人实施的数个犯罪，没有被法律结合为一罪，或作为一罪处断。对结合犯、集合犯来讲，行为人也有数个犯罪行为，但是法律出于某种考虑，将其明文规定为一罪，从而使其失去了数罪的本质。而对连续犯、牵连犯与吸收犯来说，法律已将其作为一罪来处断，因而也不再是数罪。由此可见，在认定数罪时必须与一罪的各种情形对应起来，如果已经认定构成一罪，就不再成立数罪。

二、数罪的分类

为了深化对数罪的概念以及特征的了解，进而决定对数罪是否应实行并罚，学理上还对数罪进行了必要的分类，主要有以下几种：

（1）以行为人的数行为充足符合的数个犯罪构成的性质是否一致为标准，可分为异种数罪与同种数罪。其中，行为人出于数个不同的犯意，实施数个行为，符合数个性质不同的犯罪构成，触犯数个不同罪名的，是异种数罪。如甲先是盗窃了某仓库的物资，之后又以暴力威胁的方法，抢走了路人乙身上的财物，触犯盗窃罪与抢劫罪两个罪名,就构成异种数罪。行为人出于数个相同的故意,实施数个行为,符合数个性质相同的犯罪构成,触犯同一罪名的,就是同种数罪。如甲为了报复与自己多次发生纠纷的乙,在乙的食物中下毒,致乙死亡,不料其作案过程被邻居丙发现,于是甲为了杀人灭口,又杀害了丙。甲出于两个杀人故意,实施两个杀人行为,触犯两个故意杀人罪,就构成同种数罪。由此可见,异种数罪与同种数罪的显著区别在法律上就表现为行为人实施的数个犯罪行为所触犯的罪名是否相同。通常触犯数个条文的就构成异种数罪,但也有不同罪名规定于同一法条的情形,因此触犯同一法条的,也可能是异种数罪。

不过同种数罪是否应当承认,理论上还有争议。肯定说与否定说见仁见智,各执一词。同种数罪客观上是存在的,学术界所探讨的同种数罪应否并罚的问题,那是在承认同种数罪的概念后,对之如何处罚的问题,不应影响到同种数罪的存在。但如果法律已经规定数次实施同种犯罪作为该罪的严重情节,或多次实施同种犯罪本身就是犯罪的构成要件之一,则不构成同种数罪。如多次抢劫的,刑法将其规定为抢劫罪的加重处罚情形之一,因而多次抢劫不再构成数个抢劫罪,而是构成一个严重的抢劫罪。

区分异种数罪与同种数罪的意义主要是为了更好地实行数罪并罚,因为异种数罪一般必须并罚,而同种数罪则不一定。

(2) 以行为人已构成的实质数罪在处罚时是否应实行并罚为标准,可分为并罚的数罪和非并罚的数罪。基于数个罪过,实施数个行为,构成数个独立犯罪,依照法律规定应当实行并罚的是并罚数罪;反之,不应实行并罚的则是非并罚数罪。异种数罪在一般情况下都是并罚数罪,但同种数罪应否并罚呢?例如,行为人两次犯故意伤害罪,对此是以一个故意伤害罪论处,还是以两个故意伤害罪实行并罚?对此理论上一罚说主张,对同种数罪一概不并罚,作为一罪的从重情节或法定刑升格的情节处罚即可;并罚说主张对同种数罪应毫无例外实行并罚;折中说则主张是否应当实行并罚不能一概而论,而应当以能否达到罪刑相适应为标准。我们赞成折中说,立法似乎也肯定了这一点。对判决宣告以前一人所犯同种数罪,原则上不并罚,但判决宣告后,刑罚执行完毕以前新发现了同种漏罪的,按照《刑法》第70条,应当与前罪实行并罚。

(3) 以实质数罪发生的时间为标准,可分为判决宣告以前的数罪与刑罚执行期间的数罪。行为人在判决宣告以前实施并被发现的数罪,是判决宣告以前的数罪。在刑罚执行期间发现漏罪或再犯新罪而构成的数罪,是刑罚执行期间的数罪。此种分类的意义在于明确数罪发生的时间条件,以适应刑法关于不同阶段下数罪如何并罚的规则,从而决定相应的刑罚。

拓展阅读

连续犯的废除

从历史的角度考察,连续犯的概念大多经历了一个由肯定到否定的过程。德国曾经在立法和实务中承认过连续犯的概念,但目前德国刑法中已废除了相关规定,司法实务中也很少承认连续犯。因为连续犯的概念被认为具有刑事政策上的缺点:刑罚范围要窄于实质数罪的情形,这将产生过轻的处罚,使量刑失去了精确性。①

日本在1908年颁布的刑法中也曾明文规定连续犯,但在1947年修订刑法时删除了连续犯的规定。删除的理由主要有二:其一,既判力上的弊端。如果对较轻的盗窃罪判决后,又发现具有连续关系的较重的抢劫罪,由于盗窃和抢劫被认为是连续的一罪,根据诉讼法上既判力的规定,不能对抢劫罪再提起诉讼,这是不合理的。其二,诉讼法的紧急措施规定,对于嫌疑犯人身自由在极短时间所作的限制。依该限制,难以对作为一罪类型的连续犯的所有行为在其都被发现之后一次起诉,导致连续犯概念经常给犯人带来不当利益。②

受德、日影响,我国台湾地区在2005年同样删除了原"刑法"中关于连续犯的规定。立法修改要旨认为:"本法规定连续犯以来,实务上之见解对于本条'同一罪名'认定过宽,所谓'概括犯意',经常可连绵数年之久,且在采证上多趋于宽松,每每在起诉之后,最后事实审判决之前,对继续犯同一罪名之罪者,均适用连续犯之规定论处,不无鼓励犯罪之嫌,亦使刑罚权之行使发生不合理之现象。因此,基于连续犯原为数罪之本质及刑罚公平原则之考量,其修正既难以周延,爰删除本条有关连续犯之规定。"③

延伸思考

吸收犯的存废

长期以来,吸收犯被认为是罪数形态论中最为混乱的一个概念。吸收是定罪量刑中一种极其普遍的现象,而吸收的内涵并不清楚。因为其概念上的广泛,所以吸收可以用于解释所有在犯罪宣告以及刑罚宣告上只论处一罪的情形。正如学者所说,吸收可以为法条竞合、想象竞合和牵连犯提供一个共通的上位概念

---

① 参见〔德〕耶赛克、魏根特:《德国刑法教科书》(下),徐久生译,中国法制出版社2017年版,第972页。
② 参见〔日〕大谷实:《刑法总论》(新版第二版),黎宏译,中国人民大学出版社2008年版,第436—437页。
③ 陈志辉:《牵连犯与连续犯废除后之犯罪竞合问题》,载《月旦法学杂志》2005年第7期。

(法条竞合是罪名的吸收,想象竞合与牵连犯是法定刑的吸收)。吸收犯其实只表达了两个犯罪行为在经验上的密切概率关系,在结论上论以一罪,它们只是在结论上碰巧得出正确的结论,但是在方法上却是空洞的。①

由此,吸收犯的存废成了一个争议较大的理论问题。早在20世纪90年代就吸收犯是否应当取消理论界就做过专题探讨,但各方意见分歧较大,迄今仍未形成定论。持保留意见者考虑到吸收现象的客观存在主张还是应承认吸收犯的概念,但鉴于吸收犯与其他罪数形态容易混淆,又有两种不同的观点:一种主张传统罪数形态均予以保留,但应对各种形态重新界定,明确各自的界限。如有的认为应把吸收犯界定在"同质当然吸收"的范围内,即只承认同一罪名的吸收,②如故意杀人行为可以吸收故意杀人的预备行为;有的认为必须注意数行为触犯不同罪名的吸收犯并不要求"主观目的上的同一性",因而与牵连犯必须是"出于犯一罪的目的"有所不同。③ 另一种则鉴于我国没有像德国的竞合论那样承认中立关系的法条之间存在法条竞合,而是将法条竞合限定在法条之间且有包容或者交叉的情形,认为德国法条竞合中的吸收关系所讨论的现象,在我国均不能归入法条竞合,事实上,存在吸收关系的犯罪并非仅实施了一个行为,而是存在数行为(如共罚的事前行为与共罚的事后行为)。所以,在我国,这类现象既不能归入法条竞合,也不能归入想象竞合,因此,必须借鉴日本的罪数论,将包括的一罪作为与单纯的一罪、科刑的一罪相并列的一类现象。④ 持取消意见者则认为,既然牵连犯、想象竞合犯都是建立在吸收关系的基础上,即罪的吸收、行为吸收或刑的吸收关系的基础上,那么,在保留牵连犯、想象竞合犯等概念的基础上,吸收犯的概念缺乏逻辑基础。还有学者明确指出,对于每一种不同的吸收犯形式,要么发现其他概念有其替代功能,要么发现它完全是不合理的。众多的吸收犯学说的存在,实际上给司法实务中的罪数形态判断造成了不应有的麻烦。

---

① 参见陈志辉:《刑法上的法条竞合》,"春风煦日论坛"1998年,第255页。
② 参见吴振兴:《吸收犯存废刍议》,载《法学研究》1994年第5期。
③ 参见林亚刚:《论吸收犯的若干问题》,载《政治与法律》2004年第2期。
④ 参见张明楷:《刑法学》(第六版)(上),法律出版社2021年版,第620页。

# 第三编 责 任 论

第十三章 刑 事 责 任

犯罪人应对自己的罪行负责,这既是满足国民报应犯罪情感的感性需要,也是社会预防犯罪的理性需要。为了实现罪有应得,确保罪责难逃,刑事责任由此而生。在我国通行刑法理论中,刑事责任乃刑法学的基础范畴之一。① 在司法论上,如果行为人没有犯罪,就不存在刑事责任问题,认定行为构成犯罪的目的是追究行为人的刑事责任,犯罪成立之时即为刑事责任产生之日。因此,在犯罪论之后,接着需要研究刑事责任论。

第一节 刑事责任的概念

在我国,刑事责任是一个分歧严重的概念。这一方面是因为在现代汉语中,责任具有职责、义务、过错、处罚、后果之义,作为刑事责任上位概念的责任一词的多义性,造成了理解刑事责任的困难。另一方面,学界对刑事责任在刑法学中的地位、功能理解不同,对我国刑法学中的刑事责任与德、日刑法学中的(刑事)责任的关系看法也不一致,自然导致对刑事责任的概念界定不一。

关于如何界定刑事责任,学界有义务说、负担说、谴责说、心理状态及法律地位说、刑事法律关系说、责任说、后果说等学说之争。② 基于不同的视角,出于不同的考虑,出现不同的界定是正常的。以前流行的教材采取义务说,认为刑事责任是指"行为人对违反刑事法律义务的行为(犯罪)所引起的刑事法律后果(刑罚)能够提供衡量标准的、体现国家对犯罪人否定评价的刑事实体性义务"③。现在较为流行的教材采取负担说,认为刑事责任是指"刑事法律规定的,因实施犯罪行为而产生的,由司法机关强制犯罪者承受的刑事惩罚或单纯否定性法律

---

① 参见曲新久:《刑法的精神与范畴》,中国政法大学出版社2000年版,第229页。
② 参见冯军:《刑事责任论》,法律出版社1996年版,第23页以下。
③ 高铭暄、马克昌主编:《刑法学》(上编),中国法制出版社1999年版,第382页。

评价的负担"①。

本书反对义务说。义务说指出刑事责任乃因犯罪而生,刑罚轻重应以刑事责任大小来衡量,刑事责任之实质是国家对犯罪人的否定评价。这些都是可取的,但义务说存在以下不足:第一,把法律义务与法律责任混为一谈是不妥的。②义务是一种当为状态,义务人可以履行义务,也可以不履行;如果不履行义务,将产生法律责任。而刑事责任是一种必为状态,犯罪人必须承担,根本不存在可以承担也可以不承担刑事责任的余地。可见,义务与责任不是一回事。第二,义务说有将犯罪行为所引起的刑事法律后果与刑罚画等号之嫌。犯罪行为所产生的刑事法律后果,除了刑罚之外,还包括非刑罚处罚、单纯宣告有罪等内容。第三,刑事责任有一个从应然(应负刑事责任)到实然(实际承担刑事责任)的转化过程,是一个动态的概念,而义务说对此未有反映,有所不当。第四,义务说的实质是将刑事责任定位为犯罪与刑罚的中介,认为刑事责任扮演的是决定于犯罪而又决定刑罚的角色。这样就必然使得刑事责任成为没有实质内容的空洞理论,从而抹杀了刑事责任在我国刑法学中的独立地位。

本书也反对负担说,因为负担说未能强调刑事责任的内容。不是负担本身,而是犯罪人所负担的内容,才是刑事责任的实体。负担说本末倒置,强调犯罪之后犯罪人应当有所负担,却不强调犯罪人应当负担的内容,存在不妥。

本书赞成后果说,认为刑事责任是指因犯罪行为而产生的应由犯罪人本人承担的刑事法律后果;这种刑事法律后果必须由司法机关依据刑事法律加以确认,应与犯罪行为的客观危害和犯罪人的人身危险程度相当,以使犯罪人承担刑罚为主要表现方式;其实质是国家对犯罪行为的否定性评价和对犯罪人的责难。对刑事责任采取后果说,理由如下:

首先,犯罪是因,刑事责任是果,从因果关系的角度,将刑事责任理解为犯罪所产生的法律后果,易于人们理解、接受。无论是 1975 年《德国刑法典》,还是 1998 年《德国刑法典》,其总则第二章是"犯罪",第三章便是"犯罪的法律后果"。③ 这里的犯罪的法律后果,其实就是有关刑事责任的规定;换言之,刑事责任就是指犯罪的法律后果。同样,在 1995 年《澳门刑法典》总则中,第二编是"事实",第三编是"事实之法律后果",前者是关于犯罪的有关规定,后者是对于刑罚与保安处分的规定。据此,有理由认为刑事责任就是指犯罪的法律后果。

---

① 高铭暄、马克昌主编:《刑法学》(第十版),北京大学出版社、高等教育出版社 2022 年版,第 200 页。

② 参见[俄]库兹涅佐娃、佳日科娃主编:《俄罗斯刑法教程》(总论)(上卷·犯罪论),黄道秀译,中国法制出版社 2002 年版,第 198 页。

③ 我国《刑法》中,虽然总则第二章是"犯罪",第三章是"刑罚",但由此既不可得出刑罚与犯罪相并列的结论,也不可得出犯罪的法律后果仅是刑罚的结论,更不能得出刑事责任就是指刑罚的结论。

其次，刑事责任是与民事责任、行政责任相并列的法律责任之一，从与对民事、行政责任的理解相均衡出发，将刑事责任理解为法律后果是适宜的。在民法上，一般将民事责任理解为民事法律后果。刑事责任乃法律责任之一种，当具有法律责任的共性，故将刑事责任理解为刑事法律后果，并无不当。有人认为，犯罪行为所引起的法律后果的范围十分广泛，不仅可以引起刑法上的法律效应，同时还可以引起刑事诉讼法上的，甚至民法意义上的法律效应，故法律后果说无助于人们正确认识刑事责任的本质。① 然而，如果对法律后果进行限定，即刑事责任是一种以刑罚为主要实现方式的否定性刑事法律后果，体现了国家对犯罪行为的否定性评价和对犯罪人的责难，那么采取后果说就不会妨碍人们正确认识刑事责任的本质。

再次，认为刑事责任就是刑事法律后果，有利于解释刑事责任的进程。在我国刑法典中，有"应当负刑事责任"（如《刑法》第 10 条）、"追究刑事责任"（如《刑法》第 12 条、《刑事诉讼法》第 16 条）、"承担刑事责任"（如《刑法》第 5 条）等用语。可见，刑事责任有一个从产生、确认、实现到终结的动态发展过程。犯罪之后，犯罪人即应负刑事责任，这就是刑事责任的产生。犯罪人虽然应负刑事责任，但是刑事法律后果不会自动落到犯罪人的身上，需要司法机关去追究犯罪人的刑事责任，或者说刑事责任需要确认。当刑事法律后果实实在在落到犯罪人的身上，这就是承担刑事责任，或者说刑事责任得到了实现。刑事法律后果为犯罪人实际承担完毕之后，刑事责任自然终结。对刑事责任采取义务说等其他学说，都无法圆满解释刑事责任的进程。

最后，在我国刑法学中，将刑事责任理解为一种刑事法律后果，有其实质意义，但学界在定义刑事责任时又往往使其成为一个没有实质内容的空架子。虽然判处犯罪人刑罚是追究刑事责任的主要方式，但是，检察阶段的有罪不起诉、审判阶段的单纯宣告有罪等等，也都是追究犯罪人刑事责任的方式。将刑事责任理解为刑事法律后果，并认为在审判阶段这种后果包括判处刑罚、判处非刑罚处罚或作单纯的有罪宣告三种形态，这样即可使刑事责任获得超越于刑罚论的实质性内核，从而使刑事责任获得独立地位，最终能够担负起合理构建刑法学总论体系的应有功能。这是本书主张后果说的最主要原因。

根据以上刑事责任的概念，刑事责任具有如下特征：

（1）刑事责任是因犯罪行为而产生的法律后果。首先，刑事责任是犯罪人基于犯罪行为而产生的一种不利后果，其他违法行为能够产生其他法律后果，但不能产生刑事后果，只有犯罪行为才能产生刑事责任。其次，犯罪之后，必须产生不利的刑事法律后果，唯有如此才能有效预防犯罪。不仅如此，罪重

---

① 参见赵炳寿主编：《刑法若干理论问题研究》，四川大学出版社 1992 年版，第 5 页。

则刑事责任重,罪轻则刑事责任轻。可见,犯罪与刑事责任之间具有质和量的统一性。

(2) 刑事责任是一种严格的个人责任。刑事责任只能由犯罪人本人承担,既不可转嫁,也不能替代。实行株连、殃及无辜,是奴隶社会和封建社会刑法的重要特征。资产阶级革命以后,在刑法中确立了个人责任原则,犯罪人只对本人的罪行(含与本人相关的共犯行为)负责,一人犯罪一人当,这意味着即使与犯罪人存在着某种亲密关系,但只要没有参与犯罪的,即不负刑事责任。

(3) 刑事责任必须由司法机关依据刑事法律加以确认。这里有两层含义:一是刑事责任必须依法确认。刑事责任是一种法定责任,犯罪人对其行为应否负刑事责任、负什么程度的刑事责任、怎样负刑事责任,都必须由刑法作出明文规定。这是罪刑法定原则的基本要求。二是刑事责任只能由司法机关加以确认。为了保障刑事追究的权威性、公正性与合理性,只能由司法机关依据法定的刑事诉讼程序来确认犯罪人应否负刑事责任、负什么程度的刑事责任以及怎样负刑事责任。

(4) 刑事责任的轻重应与犯罪行为的客观危害和犯罪人的人身危险程度相当。犯罪人仅应承担与其犯罪行为的客观危害和其人身危险程度相当的刑事责任。这是报应与预防犯罪的基本要求。如使重罪之人承担较轻的刑事责任,则报应不足,犯罪有利可图,不利于预防犯罪;反之,使轻罪之人承担较重的刑事责任,则报应过度,有可能使犯罪人变本加厉实施重罪。只有刑事责任的轻重与犯罪行为的客观危害和犯罪人的人身危险程度相当,才能使犯罪人认罪服法,接受教育改造。

(5) 刑事责任以刑罚为主要实现方式,是一种最严厉的法律责任。在古代,对犯罪人适用刑罚是刑事责任的唯一实现方式。近现代以来,虽然刑事责任的实现方式出现了多元化趋势,但在刑事实体法上刑罚仍然是刑事责任的最主要实现方式。刑事责任是一种最严厉的法律责任,因为承担刑事责任者将可能被剥夺生命、自由、财产或其他权益;即使仅给予非刑罚处罚,其给犯罪人所带来的不利影响,也远比其他法律责任严重。刑事责任之所以是一种最为严厉的法律责任,原因就在于犯罪是最为严重的危害社会行为。

(6) 刑事责任体现了国家对犯罪行为的否定性评价和对犯罪人的责难。使犯罪人承担某种刑事法律后果只是刑事责任的表象,其实质是国家对犯罪行为的否定性评价和对犯罪人的责难,以期犯罪人改恶从善,重新做人,或使犯罪人树立刑法规范意识,做守法公民,并期待其他国民从中吸取教训,避免犯罪。

第二节　刑事责任论的机能与地位

一、刑事责任论的机能

刑事责任所具有的独特机能,决定了刑事责任论几乎是每本刑法教科书都不可或缺的内容。在本书看来,刑事责任论至少具有如下两大机能:

1. 理论上的体系化机能

有关刑事责任的知识很多,如刑事责任的概念、刑事责任的根据、刑事责任的裁量、刑事责任的实现方式、刑事责任与刑罚的关系等等。虽然这些知识主要与刑法相关,但也涉及刑事诉讼法的相关内容(如有罪不起诉)。将刑事责任的零散知识加以体系化的是刑事责任论。

学界应当重视刑事责任的体系化机能,因为只有在刑事责任论这一体系化的视野之下,才能将似乎割裂的知识有机联系起来。例如,对于不追究刑事责任,学界一般习惯于从实体刑法的角度来展开研究,然而,不追究刑事责任,既可能是由于实体法的原因,如行为不构成犯罪,不能追究刑事责任,或行为虽然构成犯罪,但刑事责任已经终结(如超过追诉时效、被特赦),也可能是由于程序法的原因,如犯罪嫌疑人、被告人死亡,或依照刑法告诉才处理的犯罪,没有告诉或撤回告诉。在程序法的原因导致不能追究刑事责任时,并不意味着行为人的行为不是犯罪因而不负刑事责任,其实仅是诉讼障碍导致无法对行为人落实刑事责任而已。总之,只有将刑事责任的知识进行体系化,才能正确把握刑法与刑事诉讼法的关系,才能妥善处理刑罚与刑事责任的关系,才能建构起合理的刑法总论体系。

2. 司法指导机能

刑事责任问题不是纯理论问题,而是每一起刑事案件都会涉及的实务问题。刑事责任论的核心是通过将刑事责任的知识进行体系化,使司法人员在思考刑事责任时有规可循,避免追究刑事责任的恣意性。只有明确告知司法人员何时才能追究刑事责任、如何裁量刑事责任才是正当的、使犯罪人承担刑事责任的表现形式有哪些等内容,才能保证司法人员正确处理刑事责任问题,保证案件最终处理的妥当性。由此可见,刑事责任论具有极其重要的司法指导机能。

相对而言,学界对于刑事责任论的司法指导机能研究不够。这是目前刑事责任论过于理论化、内容空泛的主要原因,也是无论刑事责任论在理论上分歧多么严重对司法实务都几乎毫无影响的主要原因。只有不断充实刑事责任论的司法指导机能,刑事责任论的内容才能够逐渐地由抽象变为具体、由空泛变为充实,这样刑事责任论才能具有较为明显的实践价值。

二、刑事责任论的地位

学界都认为刑事责任论在刑法学体系中应当占有一席之地,但对于刑事责任论在刑法学体系中的具体地位则存在分歧,其中代表性的观点有:

(1) 罪—责—刑说。该说认为,刑事责任是介于犯罪和刑罚之间的桥梁和纽带。刑事责任的功能就在于对犯罪和刑罚的关系起着调节的作用:犯罪的实施与否决定刑事责任的存在与否,犯罪事实综合反映出的社会危害性程度决定着刑事责任的程度。可见,刑事责任产生于犯罪,是犯罪引起的必然后果。刑事责任既是犯罪的后果,又是刑罚的先导。罪—责—刑的逻辑结构,乃是整个刑法内容的缩影。认定犯罪—确定责任—决定刑罚,完整地反映了办理刑事案件的步骤和过程。[①] 该说是目前刑法学界的主流学说。

(2) 责—罪—刑说。该说认为,刑事责任是刑法中一个带有根本性的概念。从整个刑法特别是刑事立法的角度看,总是刑事责任在先,犯罪在后,没有刑事责任,就不存在犯罪;而刑事责任又是刑罚的前提,没有刑事责任,也就不应当受到刑罚处罚。从这个意义上讲,刑事责任是刑法的内在生命。所以应当按照刑事责任—犯罪—刑罚的逻辑顺序来建构刑法学体系,包括建立刑法典总则体系。[②]

(3) 罪—责说。该说认为,犯罪是刑事责任的前提,刑事责任是犯罪的法律后果;刑罚只是刑事责任的基本实现方式,而不是刑事责任的唯一实现方式,刑事责任还有其他实现方式,刑罚与非刑罚处罚方法一样,是刑事责任的下位概念。因此,犯罪—刑罚的体系,应改变为犯罪—刑事责任的体系,这样才能澄清犯罪与刑事责任的关系。[③]

本书赞同罪—责说。搞清刑罚与刑事责任的关系是确立刑事责任的地位的关键。从刑事责任与犯罪的关系来看,犯罪与刑事责任具有内在的统一性,二者是平行的概念,我国《刑法》总则第二章第一节"犯罪和刑事责任"的标题即为明证。若能肯定刑事责任的体系化机能,那么,从刑事责任与刑罚的关系来看,刑罚不过是刑事责任的一种实现方式(当然是最主要的实现方式),除了刑罚以外刑事责任还存在其他实现方式,刑罚是刑事责任的下位概念。《刑法》第 5 条"刑罚的轻重,应当与犯罪分子所犯罪行和承担的刑事责任相适应"的规定,不能表明刑罚与刑事责任具有平行关系,因为该条明确表明刑罚的轻重取决于所犯罪行和刑事责任这两个要素,刑事责任和刑罚是决定与被决定的关系。罪—

[①] 参见高铭暄、马克昌主编:《刑法学》(第十版),北京大学出版社、高等教育出版社 2022 年版,第 203 页。
[②] 参见杨敦先主编:《刑法运用问题探讨》,法律出版社 1992 年版,第 26—28 页。
[③] 参见张明楷:《刑事责任论》,中国政法大学出版社 1992 年版,第 149—150 页。

责—刑说认为刑事责任与刑罚是并列、平行关系,这在逻辑上是不能成立的。此外,罪—责—刑说虽然也肯定刑事责任是与犯罪、刑罚有区别的独立实体,①然而,该说视刑事责任为犯罪与刑罚的中介,使得刑事责任失去了实质性内容,变成了一项空洞的理论。数年来,刑事责任理论都未能有进一步发展,与该观点有着极大关系。

责—罪—刑说虽然具有一定道理,但此说仅在刑事立法学上才能成立。从刑法解释学的角度看,此说颠倒了犯罪和刑事责任的关系:就司法而言,是因为有了犯罪,所以才有刑事责任;而不是先有刑事责任,再有犯罪。相比之下,只有罪—责说理顺了犯罪、刑事责任与刑罚的关系,突出了刑事责任的独立实体地位,正确地反映了刑事责任在刑法学中的重要地位。有人认为,"在目前刑罚仍是犯罪的主要法律后果的情况下,以刑事责任取代刑罚,条件尚不成熟,而且也无此必要"②。本书反对此论。其一,犯罪的法律后果,在实体法上除了刑罚之外,还有非刑罚处罚以及单纯有罪宣告,在程序法上有有罪不起诉等等。为此,必须概括出一个上位概念,来涵盖这些情形。这一上位概念自然就是刑事责任。不能因为目前刑罚是犯罪的主要法律后果,就否认刑罚是刑事责任下位概念的事实。其二,由刑事责任论取代刑罚论,不仅摆正了刑事责任与刑罚的关系,而且可以使原刑罚论中的某些范畴在刑法学体系中找到其应有的归宿和位置。如关于非刑罚处罚方法的内容,学界一般都是将其放在"刑罚的体系和种类"一章中附带论述。这种处理方法是不合适的,因为非刑罚处罚方法作为刑事责任的实现方式是与刑罚相并列的,二者之间不存在包容关系。只有在刑事责任论中,非刑罚处罚方法才能找回自己的本来位置。

在不对传统刑法理论作重大变革的前提下,本书主张罪—责说,③由此自然放弃犯罪论—刑罚论这一学界曾经通行的体系,而采用犯罪论—刑事责任论的新体系。这一体系对于重新正确认识刑法的性质、完善刑事立法、更新刑事司法观念等,具有十分重要的意义。

第三节 刑事责任的根据

刑事责任的根据,具有多个面向。学界一般从哲学根据与法学根据两个方面论述刑事责任的根据:犯罪人具有相对的自由意志(主观能动性),是国家能够追究犯罪人的刑事责任的哲学根据;在法学根据方面,行为具有严重的社会危

---

① 参见赵秉志、吴振兴主编:《刑法学通论》,高等教育出版社1993年版,第316页。
② 陈兴良:《本体刑法学》(第三版),中国人民大学出版社2017年版,第7页。
③ 近来,一些学者对犯罪论的相关理论作了大幅调整,由此导致"刑事责任"的地位(至少在形式上)有所降低。参见张明楷:《刑法学》(第六版)(上),法律出版社2021年版,第657页以下。

害性是刑事责任的实质根据,犯罪构成是刑事责任的法律根据,犯罪人的行为符合犯罪构成是刑事责任的事实根据。这些研究无疑是有益的,但是,在刑法教科书中研究刑事责任的哲学根据,司法实务价值过于稀薄;从司法实务的角度看,在认定犯罪人的行为构成犯罪之后,无疑已经同时解决了刑事责任的实质根据、法律根据与事实根据的问题,或说学界所论述的刑事责任的实质根据、法律根据与事实根据,在本质上属于认定犯罪的根据问题。

在刑事责任的根据中,刑事责任裁量的实质根据即如何确保司法人员所裁量的刑事责任是正当的,最值得研究。具体而言,在确定行为人的行为构成犯罪、决定适用刑法分则某一罪刑条文中的刑事责任规定时,司法人员最终确定行为人具体的刑事责任(如决定免予刑事处罚,或决定判处绝对确定的刑罚)的实质根据是什么,这是学界应当重视的问题。

一、报应刑论

报应刑论认为,刑事责任是对犯罪的报应。善有善报,恶有恶报,古老的因果报应观念深深植根于人们的心中。如我国古代的荀子就认为:"凡刑人之本,禁暴恶恶……凡爵列官职,庆赏刑罚,皆报也,以类相从者也。一物失称,乱之端也。夫德不称位,能不称官,赏不当功,刑不当罪,不详莫大焉。"[①]显然,在荀子看来,如同庆赏是对功绩的回报一样,刑事责任是对犯罪的一种恶恶报应。当然,我国古代并未能够形成系统、完整的报应刑论。报应刑论是近代刑事古典学派的产物,其主张对犯罪科处刑罚,是基于报应的原理:犯罪是一种恶害,刑罚的内容是痛苦或恶害,对犯罪科处刑罚,就是以恶害报应恶害。"因为有犯罪而科处刑罚",是报应刑理念的经典表述。

根据报应刑论,刑事责任裁量的实质根据是报应原理。司法人员裁量刑事责任时,首先根据犯罪人所触犯的罪名以及案件的具体情节,选择相应幅度的法定刑(相对确定的法定刑是对犯罪在刑事立法上的报应);然后,再根据报应原理,即犯罪本身的轻重来裁量、确定犯罪人具体的刑事责任。报应刑论的积极价值在于能够合理划定犯罪人刑事责任的范围,即只能在犯罪人应得的报应的范围内来追究犯罪人的刑事责任,对犯罪人追究刑事责任的上限不得超出报应的上限,这有利于罪刑相适应原则的贯彻。报应刑论的消极之处在于不重视预防犯罪的效果,容易导致有罪必罚,对此应注意避免。

二、目的刑论

目的刑论主要是刑事实证学派的主张,其认为刑事责任并非对犯罪的报应,

---

① 《荀子·正论》。

而是预防犯罪、保护社会的手段。"为了没有犯罪而科处刑罚",是目的刑理念的经典表述。在目的刑论中,存在一般预防论与特别预防论的对立。一般预防论认为,对犯罪人科处刑罚,是为了威慑、警诫社会上的一般人,预防他们将来犯罪。针对19世纪后期欧洲不断上升的犯罪率,人们对一般预防论产生了怀疑,于是提出了特别预防论。如李斯特认为,刑罚不以恶害、痛苦为内容,而是教育、改善犯罪人,使之重返社会。

根据目的刑论,刑事责任裁量的实质根据是预防犯罪的效果,即从预防犯罪的需要出发,所判处的具体刑罚应当具有避免犯罪人再次犯罪或预防社会上的一般人犯罪的效果,司法人员不应判处没有这一效果的刑罚。目的刑论强调裁量刑事责任时应当注重预防犯罪的实效,这是值得肯定的。同时,目的刑论还有利于克服报应刑论有罪必罚的思想。具体而言,在目的刑论看来,没有必要对犯罪人宣告等量或等值报应的刑事责任,只要能够有效预防犯罪,完全可以对犯罪人判处突破报应刑下限的刑事责任,乃至完全可以免予刑事处罚。当然,目的刑论的短处在于有可能在预防犯罪的需要之下,突破法定刑的上限(超出了报应的范围)来追究犯罪人的刑事责任,从而导致重刑主义,对此需要注意加以克服。

三、并合主义

并合主义是上述两种观点的折中,认为使犯罪人承担刑事责任是为了满足恶有恶报的正义要求,同时也是防止犯罪所必需的,应当在报应刑的范围内实现一般预防与特殊预防的目的。"因为有犯罪并且为了没有犯罪而科处刑罚"是并合主义的口号。并合主义属于学界的通行观点。

报应刑论与目的刑论分别从不同的角度来论证刑事责任的裁量根据,二者不是对立的,故而可以相互吸收对方的有益成分,从而克服自身的缺陷。没有犯罪,就没有刑事责任,认为刑事责任是对犯罪的报应的观点,有利于抑制国家刑罚权的发动,有利于保障无罪的人不受惩罚,有利于对有罪的人科处合理的刑事责任。但是,从报应出发裁量犯罪人的刑事责任,并不能消除其已经犯下的罪行。对侵害(犯罪)作出反击(报应),是动物界的本能。因此,单纯的报应本身不能完整地奠定裁量刑事责任的正当性基础。刑事责任的目的还在于预防犯罪,以维护社会的有序性与安全性,由此刑事责任获得了完全的正当性。并合主义能够克服报应刑论与目的刑论的弱点,为本书所赞同。

根据并合主义,司法人员在裁量犯罪人的刑事责任时,首先应当从报应刑论出发,根据犯罪行为的轻重划定处罚的上限与下限,然后再从目的刑论出发,根据犯罪人人身危险程度的大小以及是否具有累犯、自首、立功等情节,从有效预防犯罪的目的出发,来确定具体的刑事责任。例如,在故意杀人致人死亡案件中,根据"杀人偿命"的报应理念,确定刑事责任的上限是死刑;然后,司法人员应当考虑目的刑论,即根据案件的具体情况考虑如何判刑才有利于预防犯罪,如被害人有重大过错导致犯罪人激愤杀人案件中,犯罪人再次实施此类行为的可能性以及其他人有意模仿此类行为的可能性均极低,不判处死刑亦可实现预防犯罪的目的,此时就不应判处犯罪人死刑,而应判处相对较轻的刑罚;①相反,在基于报复而杀害被害人全家的案件中,无论犯罪行为的客观危害还是犯罪人的人身危险程度都相当严重,不判处死刑极有可能导致社会上的其他人模仿此类行为,在此情形下可以宣告犯罪人死刑。总之,司法人员只有从并合主义出发,兼顾报应与预防,才能保证刑事责任裁量的正当性。

第四节 刑事责任的实现

刑事责任的实现是指犯罪人由承担刑事责任的应然状态变为实际承担刑事责任,即刑事法律后果被实际强加于犯罪人。只有使犯罪人实际承担刑事法律后果,才能杜绝犯罪人的侥幸心理,使其不敢重新犯罪,从而对社会上的不稳定分子起到警诫作用,实现刑事责任的双重预防目的。刑事法律对社会的调控主要是通过刑事责任的实现来完成的。如果没有刑事责任的实现,刑事法律规范的效力便不能实现,刑事法律本身也就成了一堆废纸。可见,刑事责任的实现在刑事责任论乃至在整个刑事法律体系中具有重大意义。②

刑事责任的实现离不开一定的方法和手段。司法机关不能随意确定刑事责任的实现方式。刑事责任的实现方式必须是刑事法律明文规定可以适用于刑事责任承担主体的方式。这是罪刑法定原则中刑事责任"法定"的基本要求。在我国,刑事责任的实现方式有:

一、刑事责任的基本实现方式——对犯罪人适用刑罚

从古至今,刑罚都是刑事责任的主要内容。根据《刑法》第 13 条,应受刑罚处罚性是一切犯罪的属性,故绝大多数犯罪人都是以实际承担刑罚来实现刑事责任的,由此决定了刑罚是最为主要的刑事责任实现方式。所以,即便是现在,刑罚论依然是刑事责任论的核心和主体。在我国,刑罚分为主刑和附加刑两大

---

① 司法实务中一般主张被害人有重大过错导致被告人激愤杀人的案件属于"情节较轻"的故意杀人,应在 3 年以上 10 年以下有期徒刑中量刑。参见陈兴良等主编:《人民法院刑事指导案例裁判要旨通纂》(上卷),北京大学出版社 2013 年版,第 328 页。

② 需要指出的是,刑事责任的实现与刑事责任的终结,是两个不同的概念。刑事责任的终结,是指刑事责任存在和发展进程的最终结束,或曰刑事责任不复存在。刑事责任既可能因实现而终结,也可能没有实现即告终结。如犯罪已过追诉时效期限,或犯罪嫌疑人、被告人死亡的,犯罪人并没有实际承担刑事责任,但刑事责任已经终结。

类。管制、拘役、有期徒刑、无期徒刑和死刑属于主刑,罚金、剥夺政治权利、没收财产和驱逐出境属于附加刑。无论是主刑还是附加刑,都明显体现出国家对犯罪行为的否定评价和对犯罪人的责难。

二、刑事责任的辅助实现方式——对犯罪人适用非刑罚处罚

《刑法》第37条规定:"对于犯罪情节轻微不需要判处刑罚的,可以免予刑事处罚,但是可以根据案件的不同情况,予以训诫或者责令具结悔过、赔礼道歉、赔偿损失,或者由主管部门予以行政处罚或者行政处分。"这里规定的几种非刑罚处罚方法,也是由犯罪行为所导致的刑法上的法律后果,是人民法院了结刑事案件的处理方法;对犯罪人适用非刑罚处罚,同判处犯罪人刑罚一样,也能实现刑事责任的双重预防目的,故非刑罚处罚方法也属于实现刑事责任的方式。当然,与刑罚处罚相比,其适用范围相对有限。

根据《刑法》第37条的规定,实现刑事责任的非刑罚处罚方法有以下五种:(1)训诫,是指人民法院当庭对犯罪分子进行训斥和告诫。即训斥犯罪分子的行为已经构成了犯罪,给社会造成了危害,并告诫犯罪分子应当改邪归正,以后不得再犯。(2)具结悔过,是指人民法院责令犯罪分子深刻反思自己的犯罪行为,并用书面方式保证悔改,不再犯罪。(3)赔礼道歉,是指人民法院责令犯罪分子向被害人赔罪认错,表示歉意,以求得被害人的谅解。以上三种方法可谓刑事教育措施,非常明显地体现了刑事责任的教化功能。(4)责令赔偿损失,是指人民法院根据犯罪行为给被害人造成的经济损失情况,责令犯罪分子给予被害人一定的经济赔偿。(5)由主管部门予以行政处罚或行政处分,是指人民法院根据案件的具体情况,向犯罪人所在单位提出司法建议,由主管部门给予适当的行政处罚或行政处分。

三、刑事责任的特殊实现方式——单纯宣告犯罪人有罪

如果犯罪情节轻微,社会危害性较小的,犯罪人可能不仅被免除刑罚处罚,而且被免除非刑罚处罚,对其仅作单纯有罪宣告。单纯有罪宣告既可能由人民法院直接作出,也可能由人民检察院间接作出。《刑事诉讼法》第177条第2款"对于犯罪情节轻微,依照刑法规定不需要判处刑罚或者免除刑罚的,人民检察院可以作出不起诉决定"的规定,以及第282条"对于未成年人涉嫌刑法分则第四章、第五章、第六章规定的犯罪,可能判处1年有期徒刑以下刑罚,符合起诉条件,但有悔罪表现的,人民检察院可以作出附条件不起诉的决定"的规定,均以肯定行为构成犯罪为前提,不起诉决定属于人民检察院间接地宣告犯罪人有罪。单纯宣告有罪也会对犯罪人求学、就业乃至社会评价等带来消极影响,同样能够体现国家对犯罪行为的否定评价和对犯罪人的责难,因而具有刑事责任的实质

内容,自然也属于刑事责任的实现方式之一。正因如此,犯罪人对于单纯有罪宣告不服的,有权提出(针对法院判决的)上诉与(针对检察院的)申诉或异议。

拓展阅读

如何理解我国刑法中的刑事责任

　　我国刑法中的刑事责任与德、日刑法理论中的(刑事)责任并不相同。在大陆法系国家,刑事责任一词与犯罪论体系中的"有责性"或"责任"通常是同义的。① 在德、日刑法学中,以构成要件该当性、违法性、有责性(主要研究我国犯罪主体要件、主观要件的内容)为犯罪成立条件。显然,这里的刑事责任属于犯罪成立条件之一。在英美刑法中,也基本上是在犯罪成立的意义上使用刑事责任一词。② 与此截然不同,我国刑法学界则是在犯罪成立以后,从犯罪的效应(后果)的角度来研究刑事责任的。部分学者忽略了这一差别,在界定刑事责任时,照搬德、日刑法中的刑事责任理论(比较典型的如心理状态说③),这是不可取的。

　　刑事责任与刑事责任年龄、刑事责任能力,虽然表面上都共同含有"刑事责任"字样,却是根本不同的概念。无论是在我国还是在大陆法系国家,刑事责任年龄、刑事责任能力都是犯罪的成立要件之一,而不是承担刑事责任的要件。换言之,在我国,只有行为人达到刑事责任年龄,并具有刑事责任能力,才成立犯罪,然后才产生刑事责任问题;而不是先有刑事责任,然后产生承担刑事责任的年龄与能力问题。简言之,刑事责任年龄、刑事责任能力是成立犯罪的前提,刑事责任是犯罪成立后的后果,它们属于不同层次的概念。为了避免刑事责任与刑事责任年龄、刑事责任能力这些概念之间所可能产生的混乱,有些学者在传统刑法学框架下放弃刑事责任年龄、刑事责任能力这两个概念,转而使用法定年龄与责任能力的概念,④这是有道理的。

延伸思考

如何理解刑事和解与刑事责任的关系

　　对刑事责任论的研究基本停滞,未能实现理论的进一步提升,其重要原因在于刑事责任论过于理论化,既不重视刑事责任论的实务指导功能,也对司法实务关注不够。

---

① 参见张明楷:《刑法的基础观念》,中国检察出版社1995年版,第2页。
② 参见李居全:《刑事责任比较研究》,载《法学评论》2000年第2期。
③ 参见余淦才:《刑事责任理论试析》,载《法学研究》1987年第5期。
④ 参见张明楷:《刑法学》(第六版)(上),法律出版社2021年版,第396—412页。

刑事和解是近年来出现的司法现象,并且得到了我国 2012 年修订的《刑事诉讼法》的认可。刑事和解的出现,是否有可能为学界理解刑事责任提供另一种可能,从而为摆脱刑事责任论的研究困境提供难得的契机?有学者认为,以和解的责任观为线索,对传统刑事责任论的核心内容展开深入反思,可以看到:刑事责任的承担,不仅要面向国家,而且要面向被害人和社区;刑事责任的实现方式,应从"刑罚—保安处分"的二元格局,迈向"刑罚—保安处分—刑事和解"的三元格局;刑事责任的基本诉求,则应在传统的惩罚与预防的框架内,导入恢复性的价值目标。[①] 由此看来,学界需要深入研究刑事和解等问题与刑事责任的关系,从而促进刑事责任论的进一步提升。

[①] 参见杜宇:《刑事和解与传统刑事责任理论》,载《法学研究》2009 年第 1 期。

第十四章 刑罚概论

第一节 刑　　罚

一、刑罚的概念及特征

刑罚是国家为了报应和预防犯罪行为的发生,通过法律针对犯罪行为而确立的建立在痛苦性剥夺基础上的制裁措施的总和。刑罚是犯罪的法律后果,是实现刑事责任的基本方法,它只能由人民法院根据刑事法律规定,并针对具体的犯罪行为,而对犯罪人加以适用。

刑法是规定犯罪与刑罚的法律,作为国家制裁体系的重要组成部分,刑罚具有以下基本特征:

(1)刑罚是一种惩罚性的措施,这种惩罚性表现在它具有强烈的剥夺性痛苦。刑罚是以限制或剥夺犯罪人的财产、人身自由乃至生命为其内容的,是由国家强制力施加在犯罪人身上的"恶害",当然会使犯罪人产生一定精神上、身体上的痛苦。当然,刑罚的痛苦性与刑罚的人道性并不矛盾,人道性强调的只是,不应该将摧残人、折磨人、损害人的尊严的手段作为刑罚方法,而不是强调刑罚不应有任何痛苦性。正因为刑罚具有剥夺性痛苦,才能产生对犯罪的预防作用,从而通过对刑罚的运用达到减少和控制犯罪的刑法目的。因而,人们一般将"痛苦性"视为刑罚的本质特征。

(2)刑罚是一种国家制裁,它只能由法律加以规定。在此意义上,刑罚是在刑法中被赋予"刑罚"名称的强制方法。罪刑法定原则之内容,包含"罪之法定"与"刑之法定",亦即,不仅犯罪需要由法律规定,刑罚也必须由法律规定,不仅其种类,而且其轻重,都是由法律事先加以规定的。同时,刑罚的适用,也只能由国家审判机关——人民法院,遵照法律规定、按照法律确立的程序并以国家的名义来进行。这意味着,除人民法院之外其他任何机关和个人都无权适用刑罚,同时,人民法院只能在法律规定的刑罚种类和刑罚幅度内,选择所要适用的刑罚。

(3)在整个国家制裁体系中,刑罚是最为严厉的一种制裁。因为法律只将那些严重危害社会的行为规定为犯罪,所以相应的,刑罚也是最为严厉的一种制裁措施。刑罚不仅可以剥夺犯罪人的财产权利和政治权利,还可以限制或剥夺犯罪人的人身自由,甚至可以剥夺犯罪人的生命。在我国的刑罚体系中,不仅有罚金、没收财产这样的财产刑,还有拘役、管制这样的短期自由刑以及有期徒刑、无期徒刑这样的长期自由刑,还有死刑这样的生命刑。不管是哪一种刑罚措施,都具有鲜明的惩罚性。与之相比,民事违法行为的制裁措施,如赔偿损失、赔礼道歉、恢复原状、继续履行、支付违约金等,一般仅具有补偿违法行为所造成的损失的意义,不具有惩罚性;而作为行政违法行为制裁措施的罚款、警告、行政拘留等,虽然也具有惩罚的性质,但是比较轻微,严厉程度远远不如刑罚。

(4) 刑罚是适用于犯罪人的制裁措施。刑罚是犯罪的法律后果,"无犯罪即无刑罚"。这里的"犯罪",是指行为当时法律所规定的应受刑罚处罚的行为;这里的"犯罪人",是指违反刑法规范、实施了刑法所禁止的行为的自然人或法人。另外,从程序合法性的角度看,只有人民法院通过法定程序确定有罪的人,才能被认为是犯罪人,才能对其适用刑罚。这意味着,对于没有犯罪的人,不得对其科处刑罚。一种行为,即使在道德上看非常恶,并且也具有严重的社会危害性,但是如果法律并没有将此种行为规定为犯罪,对于实施此种行为的人,也不能认为是犯罪人而科处刑罚。

(5) 刑罚具有目的性。根据我国《刑法》第 1 条、第 2 条,刑法的目的在于"惩罚犯罪,保护人民",其任务在于"用刑罚同一切犯罪行为作斗争"。可见,刑罚是与犯罪作斗争的工具,具有明确的目的指向。其基本目的有二:一是惩罚犯罪,通过惩罚犯罪,维护社会的善良价值;二是预防犯罪,通过刑罚威慑,防止犯罪人重新犯罪和预防潜在的犯罪人实施犯罪。刑罚的适用,既要遵守法律所确定的原则,也应考虑刑罚自身的目的,将刑罚目的体现在刑罚个别化的考量中。

由刑罚的上述特点可以看出,刑罚与其他法律制裁措施的区别主要在于严厉程度、制裁方法、适用对象、适用主体、适用根据、确立机关等方面。

二、刑罚的正当化根据

刑罚是国家对人实施的惩罚措施,因其具有痛苦性,故而在本质上,刑罚乃是一种"恶"。国家虽然有实施惩罚的权力,但是,这种权力的行使必须具有充分的理由。刑罚是否正当,既关系到国家权力是否正当,又事关对个人人身、财产、自由、名誉等权益的限制与剥夺是否正当。因而,刑罚的正当性问题,是刑罚理论必须回答的问题,也是有刑罚以来各个时代的思想家们始终都在竭力探求的问题。

对刑罚正当性的追问,就是要回答这样一个问题:刑罚这种故意施加的痛苦和剥夺是正当的吗?我们如何来证明它是正当的?此即刑罚的正当化根据问题,它解决的是国家有什么必要对个人实施刑罚惩罚的问题。对此,存在以下几种理论上的解释:

(一) 报应刑论

报应刑论是把刑罚看成是犯罪应得的报偿,以此来解释刑罚的正当性的一种理论。报应是一种非常古老的观念,恶有恶报、善有善报反映了人类最为朴素的正义观念,也是人们用来阐释惩罚的正当性的最为久远的哲学。因为在人类的共同生活中,伤害行为总是会侵犯到社会成员所共同信奉的价值,使人们的正义情感受到伤害。而弥补这种伤害,使受害者得到补偿、使被伤害的情感得以恢复,就被认为是正义的要求。因此,报应论自有刑罚开始,就已经作为刑罚正当性的根据而存在了。

作为解释刑罚正当性的理论,报应刑论经历了从"神意报应论"到"道义报应论"再到"法律报应论"的演进过程。在人类社会早期,人们认为上天或神明是世间万物的主宰,而犯罪不仅是对人的侵犯,也是对上天或神的冒犯,因而惩罚犯罪是神的意志的体现,国家制定法律惩罚犯罪是按照神的意志行事。因此,违背神意被认为是犯罪应受惩罚的根本原因,刑罚是犯罪人因其违背神意而行为所应受到的报应,这就是神意报应论。道义报应论则认为,犯罪之所以应该受到惩罚,并非因为它是对神意的违反,而是因为它具有道德上的恶性,刑罚在本质上是一种对恶行进行道德谴责的手段。作为对犯罪的报应,刑罚的轻重应该根据犯罪所具有的恶性程度来确定,犯罪人所承担的法律上的不利后果主要基于一种道义责任。与神意报应论和道义报应论不同,法律报应论认为,犯罪是法律所禁止的行为,刑罚则是为了使被犯罪所侵犯的法秩序得到恢复,将刑罚施加于犯罪人,只是基于法律被违反而进行的报应,犯罪人所承担的也就是一种法律上的责任,而非道义责任。

在现代刑法理论中,报应刑论一般是在与功利刑论(目的刑论)相对的意义上来讨论的。根据报应刑论的一般观点,刑罚之所以应该存在,是因为作为其前提的犯罪是一种道德上或法律上的错误行为,这种行为必须受到相应的惩罚,因此,刑罚的正当性就在于惩罚作为犯错者的罪犯。至于这种惩罚是否能够带来诸如预防犯罪之类的社会效果,可以在所不问,报应刑论追求的就是惩罚本身。[①] 因此,报应刑论本能地反对有罪不罚、无罪施罚、重罪轻罚以及轻罪重罚。这虽然可以满足基础正义的实现,但是报应论也存在自身的问题,那就是,它主张有罪必罚与罪刑相当,因而,严格意义上的报应刑与刑罚的宽容性相冲突;同时,为了实现报应,它可能要求不必要的惩罚,即对没有预防必要的行为人也进行处罚,因而为功利刑论所批判。

(二) 功利刑论(目的刑论)

刑罚上的功利论,是以功利主义理论为基础来解释刑罚正当性的理论。它

---

① 参见邱兴隆:《关于惩罚的哲学:刑罚根据论》,法律出版社2000年版,绪论第2页。

认为,刑罚之所以应该存在,是因为它具有实现某种社会目的的作用,而不在于惩罚本身具有价值。因为刑罚是给人带来痛苦的,而不是增进人的幸福的,因而惩罚本身并不具有作为刑罚目的的正当性。刑罚存在的根据主要在于,它对预防犯罪具有重要意义,而预防犯罪正是刑罚的社会目的。因而,刑罚上的功利刑论通常又被称为目的刑论。

功利主义的基本原则就是,人类社会的一切活动都应追求"最大多数人的最大幸福",而犯罪是"一切基于可以产生或可能产生某种罪恶的理由被人们认为应当禁止的行为"①。因而,刑罚当然要以制止这种行为的发生为任务,有利于防止犯罪发生的刑罚就是合适的,无益于防止犯罪发生的刑罚则是不正当的。功利刑论是远比报应刑论复杂的刑罚根据理论,它立足于社会需要来解释刑罚的正当性。在功利主义看来,任何一种制度或行为的正当与否取决于其是否合乎目的以及目的本身是否正当。从这一原理出发,刑罚功利论者认为,证明刑罚的正当性根据有二:其一是所确定的刑罚目的是否正当,其二是刑罚是否与所确定的目的相吻合。他们认为,刑罚不能以惩罚本身作为目的,作为刑罚之正当目的的只能是预防犯罪的发生。因为一方面,刑罚既然是一种给人以损害的措施,其正当性就只能通过阻止更大的损害才能得到证明,而所谓阻止更大的损害,只有通过预防犯罪才能实现;另一方面,预防犯罪是刑罚固有的功能,亦即是刑罚自身可以实现的目的,预防犯罪有利于维护社会的生存条件,其作为刑罚目的具有天然的正当性。既然如此,刑罚是否正当就取决于它是否能够以及在多大程度上能够促成"预防犯罪"这一目的的实现。立足于功利论,凡符合预防犯罪的目的的刑罚都是正当的,刑罚的正当性有赖于预防犯罪的目的来证明,因而功利论也被称为预防论。②

对于刑罚预防犯罪的目的的具体内容,不同的功利论者认识并不一致,存在一般预防论与个别预防论之争(关于一般预防与特殊预防,将在本章第三节中加以讨论)。前者认为,刑罚应该以一般人作为主要的预防对象,即防止一般人犯罪是刑罚的主要目的;后者认为,刑罚的主要预防对象是特定的个人,个别预防是刑罚的主要目的。广义上,功利刑论(目的刑论)所谓的刑罚目的,既包含了一般预防,也包含了个别预防。刑法的任务当然在于保护社会,将预防犯罪作为刑罚的存在根据,的确可以对刑罚自身的正当性作出较为有力的解释。但是,正因为功利刑论强调的是对社会秩序的维护,刑罚只要能够产生预防犯罪的作用、符合刑法预防犯罪的目的就被认为是正当的,而不需要考虑除此之外的其他

---

① 〔英〕吉米·边沁:《立法理论》,李贵方译,中国人民公安大学出版社2004年版,第286—287页。
② 参见邱兴隆:《关于惩罚的哲学:刑罚根据论》,法律出版社2000年版,绪论第4页。

因素。这样,法律重要的价值之一即正义的实现就容易被忽视。另外,为了产生预防犯罪的效果,易导致重刑化倾向,有违刑罚的均衡性要求。

(三)并合主义

报应刑论和功利刑论虽然都可以从自己的立场说明刑罚的正当性问题,但是,它们都无法单独对刑罚的正当性问题给出圆满的解释,需要相互补充。于是,一种在报应刑论和功利刑论之间进行综合、折中的理论自然产生,此即并合论或并合主义。并合论认为,报应与功利二者并不互相排斥,而是可以共同作为刑罚正当性的根据而存在。刑罚正当性的根据一方面是为了满足善有善报、恶有恶报的正义要求,同时也在于它能够有效地制止犯罪,实现一般预防与个别预防的目的。在并合论下,预防犯罪的目的只能在报应刑的范围内来追求,以报应所要求的罪刑相当原则来限制目的刑;同时,报应的要求也应从预防犯罪的目的出发,受到一定程度的修正,即报应不应是绝对报应论所坚持的等量报应,而是一种等价报应,是一种相对意义上的罪刑均衡。可见,并合论是以报应论弥补了功利论的缺陷,同时又以功利论克服报应论的不足,因而它是比单纯的报应论和单纯的功利论更为有力的学说。

并合论的理论优势主要在于:第一,并合论能够兼顾社会保护与人权保障两个方面的刑法功能,既可以使犯罪人免受超出报应程度的制裁,不会沦为国家预防他人犯罪的工具;同时,又可以将惩罚建立在一定的目的之上,考虑刑罚对预防犯罪的意义,以保护社会利益。第二,并合论能够协调罪刑均衡原则与刑罚个别化原则的关系,以报应论使刑罚与罪刑轻重相均衡,防止因追求预防目的而加重惩罚,而以功利论使刑罚与犯罪人人身危险程度相适应,避免无预防必要的惩罚。第三,并合论可以保证刑罚适度,维护刑罚的宽容性价值。因为过于严厉的刑罚既可能超出报应的限度,也可能是预防犯罪所不必要的,而过于轻缓的刑罚既可能没有体现报应的正义性,也可能难以满足预防犯罪的要求。而将报应与功利相结合,一方面可以防止片面惩罚的做法,另一方面也可以防止教育万能的现象,从而使刑罚整体适当。[①] 基于上述理由,刑法理论发展到今天,一般都以并合论解释刑罚存在的必要性,报应和功利都是刑罚正当性的根据,报应刑论和目的刑论也成为刑法的一般基础观念而存在。

三、刑罚与刑事责任的关系

刑罚与刑事责任具有密切关系,但二者又是完全不同的概念。厘清二者之间的关系,无论是对于认识刑罚的本质,还是认识刑事责任的本质,都十分重要。

本书前已述及,刑事责任是指因犯罪行为而产生的应由犯罪人本人承担的

[①] 参见张明楷:《刑法学》(第六版)(上),法律出版社2021年版,第677页。

刑事法律后果;这种刑事法律后果必须由司法机关依据刑事法律加以确认,应与犯罪行为的客观危害和犯罪人的人身危险程度相当,以使犯罪人承担刑罚为主要表现方式;其实质是国家对犯罪行为的否定性评价和对犯罪人的责难。犯罪成立之时即为刑事责任产生之日。

如果从它们与犯罪的关系考察,可以说刑事责任和刑罚都是因犯罪而产生的刑事法律后果,没有犯罪就没有刑事责任,没有犯罪同样也没有刑罚。如果仅从刑事责任与刑罚的关系看,则可以进一步推出"没有刑事责任就没有刑罚"的结论。具体来说,刑罚与刑事责任的关系可以从以下几个方面来把握:

(1) 刑罚和刑事责任产生的最终原因都是犯罪,但是,二者产生的机理并不相同。犯罪并不是刑罚产生的直接根据,它只是刑事责任产生的直接根据,而刑事责任又是刑罚产生的直接根据。也就是说,在犯罪评价中,对于符合构成要件的行为,必须先进行责任的判断,只有在行为人具有刑事责任的情况下,才能确定是否应当科处刑罚,而无法从行为本身直接推导出刑罚。例如,《刑法》第17条第1款规定:"已满十六周岁的人犯罪,应当负刑事责任。"这意味着,对于未满16周岁的人,除《刑法》有特殊规定以外,即使实施了符合第17条第2款、第3款规定之外的犯罪构成要件的行为,也不应当负刑事责任,当然也就谈不上科处刑罚的问题。《刑法》第20条第1款规定:"为了使国家、公共利益、本人或者他人的人身、财产和其他权利免受正在进行的不法侵害,而采取的制止不法侵害的行为,对不法侵害人造成损害的,属于正当防卫,不负刑事责任。"此规定也说明,正当防卫虽然表面上符合犯罪的构成要件,但是基于某种立法目的的考虑,此类行为具有值得鼓励之处,不负刑事责任,因而不可能再加以刑罚处罚。可见,刑事责任的有无决定着刑罚的有无。

(2) 刑事责任和刑罚产生的时间不同。刑事责任产生于犯罪成立之时,行为人一旦实施了足以构成犯罪的行为,其责任就已经产生了;尽管刑事责任的有无也需要司法机关依据刑事法律加以确认,但是,这种责任其实在行为实施完毕时就已经产生了。刑罚则不是随着犯罪的成立而产生的,而是在刑事责任存在的前提下,经人民法院生效的有罪判决判处行为人承担一定的刑罚才最终产生的。

(3) 刑事责任的大小决定着刑罚的轻重。因为刑事责任是刑罚的根据,刑事责任的大小当然会直接影响刑罚的轻重。同一种犯罪,其所触犯的罪名虽然相同,行为人所应承担的刑事责任的大小却可能不同。刑法分则条文规定的各种犯罪的法定刑几乎都是相对确定法定刑,具有一定的层次和幅度,因而可以做到刑罚与刑事责任相适应。在确定刑罚时,必须根据刑事责任的大小,在法定刑幅度内确定应当承担的刑罚。

(4) 刑罚是实现刑事责任的方式,但并非实现刑事责任的唯一方式。也就是说,尽管犯罪必然导致刑事责任的产生,刑事责任却并不必然导致刑罚的出现。因为就刑事责任的实现而言,其方式除了对犯罪人科处刑罚之外,还有对犯罪人适用非刑罚处罚方法以及只是单纯宣告犯罪人有罪而免除刑罚这两种方式。可见,刑罚只是实现刑事责任的最常规的方式,在大多数情况下,追究一个人的刑事责任,最终结果就是按照犯罪人刑事责任的大小判处适当的刑罚。但是,在犯罪情节轻微、社会危害性较小的情况下,犯罪人可能不仅被免除刑罚,而且被免除非刑罚处罚。可见,有刑事责任不一定必然有刑罚。但需要强调的是,在不予刑事处罚的情况下,免除的只是刑罚,而不是刑事责任。刑事责任是不能免除的,有罪宣告本身就意味着责任的承担。

(5)刑事责任与刑罚虽然都是基于犯罪而产生,但是它们对于犯罪的意义并不完全相同。刑事责任体现了国家对犯罪行为的否定性评价和对犯罪人的责难,因而它同时具有道义责任与法律责任的意义。也就是说,责任及其大小的判断中,既需要作法律判断,也需要作道义判断,比如犯罪目的、犯罪手段、犯罪人人格等因素,也是决定刑事责任大小的评价要素,同样的犯罪行为,如果行为人的犯罪目的特别卑下、犯罪手段残忍、人身危险性较大,其所应承担的道义责任就更重,从而加重其所应承担的刑事责任。而相对来说,刑罚则是以刑事责任为基础所承担的直接法律后果,刑事责任一经确定,就应该在行为人应当承担的刑事责任范围内根据法律规定确定相应的责任实现方式。也就是说,在确定是否应当科处刑罚、科处多重刑罚时,仅应作法律判断,而不应再作道义判断。严格说,某些作为量刑情节加以考虑的主观要素之所以被认为合理,其实是因为它们影响了刑事责任的大小,进而才影响了刑罚的轻重。

综上,刑罚和刑事责任之间存在严格的区别。首先,二者并不处在同一层次,刑罚是刑事责任的下位概念。刑事责任和刑罚虽然可以说都是犯罪的法律后果,无犯罪必无刑事责任和刑罚,但是犯罪成立之后必然产生刑事责任,却不一定产生刑罚,因为根据《刑法》规定,在具备法定情节时是可以免除刑罚的。因此,刑事责任是犯罪的必然后果,刑罚却不是犯罪的必然后果。其次,有犯罪必然产生刑事责任,无犯罪必然无刑事责任,犯罪和刑事责任具有质和量的统一性,因此刑事责任是直接与犯罪相对应的概念。而刑罚则以刑事责任的存在为前提,是实现刑事责任的基本方式。可见刑罚并不直接与犯罪发生关系,它是刑事责任的下位概念,直接与刑事责任相对应。总之,作为犯罪的法律后果,刑事责任和刑罚处于不同的层次,二者不是并列关系,而是上下从属关系,它们与犯罪之间的关系具有不同的意义。

第二节 刑罚权

一、刑罚权的概念及特征

所谓刑罚权,是指国家依法对实施犯罪行为的人实行刑罚惩罚的权力。它是由国家主权所派生出来的国家权能,是整个国家权力体系的有机组成部分。自从人类社会产生了政治国家,惩罚犯罪就成为国家不可放弃的一项权力;国家以法律的形式将惩罚犯罪的权力收归国家专有,以此替代私人复仇。刑罚权具有如下特征:

(1) 刑罚权是一种国家权力,它是由国家强制力保证的。正因为如此,刑罚具有强制性,无论犯罪人是否同意,他都必须接受这种强制。为了确保刑罚权的实现,国家设立专门的机关对犯罪进行侦查、起诉、审判,并由专门的行刑机关执行法院依法确定的刑罚。这同时也意味着,除了国家专门机关依法实现刑罚权之外,其他任何机构和个人都不能使用刑罚这种惩罚方式。

(2) 刑罚权是国家对犯罪人实行惩罚的权力,其作用对象是犯罪的人,而其内容则是要求犯罪人承担刑罚这种不利后果,以消解因其犯罪行为所产生的刑事责任。刑罚权的这一特征表明刑罚权不能针对没有犯罪的人而发动,同时,这也使得刑罚权与其他国家权力相区别。比如,行政处罚权虽然也有一定的惩罚性,但是它的作用对象是行政违法人员,其内容也是要求行为人承担某种行政处罚措施之不利后果。

(3) 刑罚权所表征的是国家与犯罪人之间的法律关系。刑罚权的权力主体是国家,与之相对应的受刑主体即犯罪人,则是这种权力的作用对象,他具有忍受刑罚的义务。这样,在国家刑罚权与犯罪人的忍受义务之间就产生了一种法律上的关系,它是基于符合法律规定的犯罪事实而发生、根据刑事法律所确定、在法定时间或条件下而存在的惩罚与服从惩罚的关系,此即刑事法律关系。

(4) 刑罚权包含几种不同的具体权能,但它仍是一项完整、统一的国家权力。刑罚权的不同权能虽然是由不同的国家机关来行使,但这些机关对不同刑罚权的行使都构成国家刑罚权运行过程的一部分,彼此不可分割、相互作用,才能实现刑罚权的全部功能。

就刑罚权这一概念来说,它既指国家所拥有的由刑事法律所确认的一般、抽象意义上的刑罚权,也指国家所享有的针对具体犯罪人实行惩罚的这种个别、具体意义上的刑罚权。前者被称为一般的刑罚权,后者被称为个别的刑罚权。[①]

[①] 参见马克昌:《比较刑法原理》,武汉大学出版社2002年版,第828页。

后者是包含在前者之中的,当具体犯罪发生时,国家专门机关就会通过对犯罪的法律追诉,将一般的刑罚权变为个别的刑罚权,实现对犯罪的惩罚职能。

二、刑罚权的来源

所谓刑罚权的来源,就是国家刑罚权赖以产生的基础条件,其实质就是国家刑罚权的合法性问题。刑罚权的来源问题,所要解决的是"国家为什么具有科处刑罚的权力"的问题,其显然不同于"刑罚的正当性"。以往刑法学者多以"刑罚权的根据"来论述国家刑罚权的合法性,实际上,"刑罚权的根据"的各种学说其实都是在解答国家刑罚权产生或存在的基础条件,为了与"刑罚的正当化根据"相区分,本书将其归结为"刑罚权的来源"。只有了解了刑罚权的来源,才能更好地理解刑罚及刑罚权的本质,更好地运用刑罚权。

由于罪刑法定原则的存在,刑罚权是由国家立法机关制定的刑法直接确认的。但是,如果认为刑法是刑罚权的来源,就只是一种循环解释和事实解释,没有回答刑罚权的最终来源。我国《刑法》第1条规定:"为了惩罚犯罪,保护人民,根据宪法,结合我国同犯罪作斗争的具体经验及实际情况,制定本法。"由此可以认为国家刑罚权存在这样几个方面的来源:

(一) 刑罚权的社会来源

权力首先是一种社会现象,刑罚权也不例外。因此,刑罚权首先产生于一定的社会条件。作为一种社会性的生物,人的存在是一种社会性的存在,自从有人类的那天起,人类就以相互需要、相互合作的方式共同生活,因此,人总是隶属于由相同或相近的地缘、血缘、文化、利益等一定社会共同性所维系的共同体。但同时,人又表现为一个独立的个体,在参与社会生活的过程中,每一个个体都可能存在不同的需求。在资源相对匮乏的情况下,个人与个人之间、个人与群体之间,经常会发生需求上的矛盾与冲突。而为了维护个人赖以生存的社会共同体的存在,就需要建立某种社会机制,对各种需求矛盾与冲突加以协调,有组织的政治社会就慢慢产生。制度产生的第一动因,就是人类近乎本能的这种秩序需求,法律产生的社会根据亦在于此。因为若无秩序,人类的社会生活几无可能。

在人类社会的早期,秩序主要依赖于习俗、道德、惯例等制度形态加以塑造,这些非正式的制度,基本能够满足简单社会结构下的人类秩序需求。随着社会生产力的发展、国家的出现,社会结构发生了巨大变化,社会关系亦趋于复杂。在复杂的社会条件下,原来主要依靠内在约束而运作的那些制度形式,已经很难承担起维持和平秩序的任务。因此,就需要一种更加权威、更加有力的制度形态担此重任。作为制度演化的高级形态,法律也就随着国家的出现应运而生。法律的意义就在于,通过确立符合人类发展需要的规则体系,规范社会成员的行为,将人类的集体生活导向秩序状态。

国家通过制定刑法,把严重危害共同生活秩序的行为定为犯罪,并且将惩罚犯罪的职能由国家掌控,禁止私刑和个人的复仇,以此来维持共同生活秩序,满足社会成员的利益保护需求。刑罚之所以普遍存在于人类社会各个国家、各个历史时期,主要是因为被我们称为"犯罪"的现象,自有人类社会以来就普遍存在而无法根绝。这类行为对一个社会的共同生活具有严重的破坏性,或对现存统治秩序具有极大威胁,因而既为一般社会公众所不能接受,亦为负有维持社会安定责任的国家所不允许。最重要的是,伦理上的谴责以及刑罚以外的惩罚措施,不足以阻止此类行为,而刑罚具有痛苦性、强制性等特征,在制止此类行为方面可能会更加有效。为了避免此类行为过度滋生蔓延所可能导致的社会秩序的崩溃,需要以刑罚这种相对严厉的措施对行为人加以惩罚,并通过惩罚犯罪,实现遏制犯罪、保护法益、维持秩序之目的。

从个人伦理的角度看,人类乃是具有伦理道德观念的理性动物,一个人一旦犯罪,则常有赎罪的意念,因此往往希望通过被判刑罚之事实来解脱其罪责,以刑罚的痛苦抵偿其所为之罪恶,之后作为一个业已赎罪的人,再度进入社会。因此,对于犯罪人本身而言,刑罚有其存在的必要性。另外,从社会心理的角度看,基于社会的"法意识"与"法情感",一般社会大众均有正义感的需求。刑罚乃是满足此种需求的必要手段,以它来制裁不容于社会的犯罪行为,并以其所生之痛苦来均衡犯罪的恶害,社会大众对于正义的需求因之得以满足。此外,基于个人生命、自由与财产等法益不容被侵犯的原则,社会大众尚有法益被保护的需求。刑罚由于其吓阻犯罪的功能,可以满足社会大众这种被保护的需求。从社会心理的角度看,公众也会认同国家拥有刑罚权。[1]

由于存在上述社会性需求和基础,自有国家开始,刑罚权就成为国家权力的天然组成部分。

(二) 刑罚权的政治来源

法律与国家之间具有不可分割的联系。从人类社会的历史发展看,阶级的形成、国家的形成和法律的产生过程是平行的,它们彼此相互支持。国家作为人类社会的一种政治形态,其出现具有以下必要性:(1) 与社会复杂化有关的完善社会管理的必要性;(2) 组织大型社会工作和为此而联合更多人的必要性;(3) 镇压被剥削者反抗的必要性;(4) 维持社会秩序的必要性;(5) 进行战争的必要性,既有防御战争,也有侵略战争。在多数情况下,上述原因以不同的组合共同起作用;而且,在各种具体条件下,上述任何原因都有可能成为主要的和具

---

[1] 参见林山田:《刑罚学》(第二版),台湾商务印书馆股份有限公司1983年版,第106—108页。

有决定性的原因。① 由此可知,国家的存在是以其必须行使一定的社会职能为基础的。

保卫社会安全、保护个人及社会的重要利益以及维持社会秩序,是国家的基本职能,而由于法律在保障国家职能方面具有重要作用,在任何一个国家中,社会规范总是以某种方式上升为神圣的、受到国家支持和保证的法律,对社会关系进行法律调整成为国家领导和组织社会生活的最重要的方式。"国家有权禁止被视为危害社会的行为"是国家法律制度的一项重要指导原则,对危害社会的行为加以禁止是国家为保护公共健康、安全、福利和道德的基本管理权力,而制定刑法以防止危害公共利益的这种权力被称为国家的治安权。② 从国家政策和国家任务的角度看,刑罚是惩罚犯罪、矫正罪犯、防卫社会必不可少的手段,因而对违反刑法规范的行为予以刑罚处罚,是国家不可放弃的一项权力,由此产生了国家的刑罚权。刑罚权的国家权力性质,意味着它是由国家强制力所保证的一种行动能力,具有不容置疑的权威。

但是,这并不是说国家对它的这种权力无须作合法性的说明,更不意味着国家的这种权力可以不受任何限制。在西方思想史上,虽然也有人试图否认国家有运用刑罚的权力,但是更多情况下,人们宁愿承认国家享有此种权力,并致力于探求国家刑罚权的来源问题。在古代,"君权神授"的"神意论"观念是统治者对自身统治权力来源进行解释的主要根据。但是在祛魅的理性时代,一般认为,国家刑罚权是从私刑权发展而来的。在初民社会,惩罚的主体是受害人。随着社会的发展,人类出于对共同生活的安宁秩序的需要,逐步产生了限制私刑的要求,惩罚作为一种公共权力被委托给公共机构或公务人员来行使。国家掌握刑罚权以后,逐步禁止私刑,垄断了惩罚权,使犯罪尤其是侵害个人法益的犯罪,从私人之间的关系转变为国家与个人之间的关系,由国家统一行使对犯罪人的惩罚权。③ 至于这种原本属于私人的权利如何变成了国家的权力,人们作出了种种解释。就此,存在着"社会契约论""自由意志决定论""必要论"等多种观点。④ 社会契约论认为,国家权力是由全体公民基于同意并让与的那些个人权利所形成的,霍布斯、洛克、贝卡里亚都持这种看法。而黑格尔的自由意志论则认为,犯罪是犯罪人自由意志的结果,他在选择犯罪的同时,也就选择了受刑罚惩罚,国家用刑罚惩罚犯罪人的权力,正是来自犯罪人的这种自由选择。以往关

---

① 参见〔俄〕B.B.拉扎列夫主编:《法与国家的一般理论》,王哲等译,法律出版社 1999 年版,第 62—69 页。
② 参见〔美〕D.斯坦利·艾兹恩、杜格·A.蒂默:《犯罪学》,谢正权等译,群众出版社 1988 年版,第 58 页。
③ 参见陈兴良:《本体刑法学》(第三版),中国人民大学出版社 2017 年版,第 501 页。
④ 参见邱兴隆、许章润:《刑罚学》,中国政法大学出版社 1999 年版,第 59—62 页。

于国家刑罚权来源的各种学说,都是试图证明刑罚权的正当性、合法性,但是在这一点上,它们做得似乎并不成功。现在,人们一般认为,基于正义观念的报应和基于必要性的功利,都是刑罚正当性的根据。① 也就是说,刑罚权的产生既有来自正义观念的社会性基础,也有预防犯罪、保护社会的国家政治基础。作为国家所拥有的惩罚权力,刑罚权当然具有公权力的性质。虽然个别情况下,刑罚权的一部分内容仍可由个人享有,比如法律授予个人以自诉权,但这并不能从根本上改变刑罚权的公权性质。因为,自诉权只是国家公诉权的补充,而且,自诉权的最终实现仍然有赖于国家强制力的保障。可见,刑罚权乃是政治国家的一项天然权力。

(三) 刑罚权的法律来源

现代法治国家,刑罚权作为一项国家权力,是由法律加以确认的。如大多数国家一样,我国刑法亦坚持罪刑法定原则,它是宪法所确立的法治原则在刑法中的具体体现。

罪刑法定原则要求,犯罪与刑罚必须由法律明文规定,此即罪刑法定原则的"法律主义"。反面观之,亦可以认为,只有法律才能规定犯罪和刑罚。而根据我国《宪法》第 62 条之规定,由全国人民代表大会行使"制定和修改刑事、民事、国家机构的和其他的基本法律"的职权,因此,从法律来源上,刑罚权首先是来源于国家的最高法律——宪法。而作为专门规定犯罪与刑罚的法律,刑法则是直接确立了国家刑罚权的适用范围,刑法条文所规定的犯罪构成和法定刑,既是国家惩罚犯罪的根据,也是国家刑罚权的限度标准。而从刑法与宪法的关系看,宪法是制定刑法的法律依据,刑法的内容必须遵守宪法规定,违反宪法的刑法法规应被视为自始无效。在我国,除《宪法》和《刑法》之外,《中华人民共和国人民法院组织法》《中华人民共和国人民检察院组织法》《刑事诉讼法》《监狱法》等法律,也都规定了刑罚权的行使主体、行使方式、行使范围等内容,这些规定实际上都是对国家刑罚权的确认。

刑罚权的法律来源一方面说明刑罚权是一项法律上的权力,是由国家强制力保证实施的,同时也意味着,刑罚权必须在法律规定的范围内、按照法定的方式来行使。就此而言,刑罚权的法律来源具有特别重要的意义。

总之,就现代国家来说,国家惩罚权的正当性在于民主原则和理性原则。民主原则要求,惩罚仅仅适用于违反既定法律规则的人,而且,惩罚必须是人民同意的;人民在立法时,对违反法律的行为制定相应的惩罚措施。理性原则要求,国家惩罚必须具有正义性,亦即,惩罚必须合乎基本的道德原则。② 刑罚权的行

---

① 参见邱兴隆:《关于惩罚的哲学:刑罚根据论》,法律出版社 2000 年版,第 329—331 页。
② 参见王立峰:《惩罚的哲理》,清华大学出版社 2006 年版,第 208 页。

使不仅应当遵守法律的相关规定,而且必须兼顾社会的正义性标准与现实合理性,以刑罚平等原则和刑罚个别化原则作为刑罚权运作的基本指导思想,以实现刑罚的基本目的。

三、刑罚权的内容

一般认为,刑罚权的内容包括制刑权、求刑权、量刑权和行刑权,这四项内容,也被称为刑罚权的四项权能。

(一) 制刑权

制刑权是指国家立法机关根据惩罚犯罪的需要,在刑事法律中设立刑罚的权力。首先,制刑权作为刑罚权的基本内容,它是通过国家立法权而实现的。也就是说,该项权能只有国家立法机关才能行使,在我国是由全国人民代表大会及其常务委员会行使。其次,由于只有法律才能规定刑罚,所以制刑权是通过法律来运作的,也就是说,国家立法机关只能通过法律来设立刑罚,这里的法律一般是指专门的刑事法律即刑法典,也包括单行刑法和附属刑法。最后,制刑权的内容非常丰富,包括刑罚体系和刑罚种类的确定、刑罚目的的确定、量刑原则和量刑情节的确定、刑罚执行方法和制度的确定、刑罚消灭事由的确定以及各种具体犯罪法定刑的确定等等。当然,刑罚及其相关制度的修改与废除,也是制刑权的内容。

(二) 求刑权

求刑权是指对犯罪行为提起刑事诉讼,要求犯罪人承担刑事责任的权力。此项权力原则上由检察机关行使,亦即在我国的刑事诉讼制度中,犯罪大多由检察机关代表国家提起公诉;但是,少数情况下,求刑权也被赋予个人,由被害人提起诉讼。无论是检察机关提起公诉,还是被害人进行自诉,都只能向人民法院提起,因为只有人民法院才有权适用刑罚。求刑权的内容是请求人民法院对犯罪的人科处刑罚,检察机关的量刑建议权也属于求刑权的一部分。求刑权的发动是以被告人存在犯罪事实为前提的,因而行使求刑权的检察机关和被害人便有责任提供犯罪存在的证据。

(三) 量刑权

量刑权是人民法院对犯罪人决定是否判处刑罚、判处什么样的刑罚和判处多重刑罚的权力。量刑权由人民法院代表国家行使,它也是法院审判权的重要内容。量刑权也是以被告人存在犯罪事实为基础的,因此,法院必须在查明犯罪事实、认定被告人有罪的基础上,确定是否判处刑罚、判处什么样的刑罚和判处多重的刑罚。如果根据查明的案件事实,认定被告人的行为不构成犯罪,即不发生刑罚裁量的问题;在确定被告人的行为构成犯罪后,就必须作出是否需要判处刑罚的决定。对于构成犯罪但情节轻微,不需要判处刑罚或具有免除处罚情节的,可以宣告免除刑罚;对于情节严重需要判处刑罚的,则应根据犯罪情节决定所应判处的刑罚种类、刑罚轻重,以及是否适用缓刑等。对于某些情节特别严重的犯罪,法院还可以作出是否限制减刑的决定,该项决定权也是法院量刑权的一部分。

(四) 行刑权

行刑权是指专门机关对犯罪人实际执行法院生效判决所确定的刑罚的权力。在我国,根据《刑法》《刑事诉讼法》的规定,行使行刑权的专门机关包括人民法院、监狱机关、公安机关、社区矫正机关等。死刑、罚金刑、没收财产刑由人民法院执行,死缓、无期徒刑和有期徒刑由监狱或其他劳动改造场所执行,管制、拘役和剥夺政治权利由公安机关执行。另外,根据《刑事诉讼法》第 269 条规定,对被判处管制、宣告缓刑、假释或者暂予监外执行的罪犯,依法实行社区矫正,由社区矫正机构负责执行。社区矫正本身虽然不是一种刑罚方法,但其性质是一种执行刑罚的制度,因而社区矫正实际上也是行刑权的内容之一。有人认为,"行刑权属于行政权"①,本书反对此观点。本书认为,尽管公安机关、监狱机关、社区矫正机构属于行政机关,但是它们所行使的行刑权乃是整个国家刑罚权的一部分,其内容也是由国家审判权延伸而来的,是为了实现惩罚犯罪的司法职能。更何况,行刑的根据只能是法院生效的判决,没有法院的判决,或法院的判决没有生效,或法院的判决没有判处刑罚,都不存在刑罚的执行问题。所以,行刑权本质上仍然是国家刑事司法权的一部分。也正是因为如此,行刑的内容只能是执行刑罚,刑罚以外的其他强制措施的执行不属于行刑权的范围。

刑罚权的以上四个方面的权能彼此联系,相互依存,共同构成刑罚权的完整内容。

第三节 刑罚的目的与功能

一、刑罚的目的

历来的刑法学者,对于"刑罚的目的"都十分关注,因为此问题关涉惩罚的正当性和国家刑罚权的合理化与合法化,在"刑法学上实极具价值",因此不管在什么年代,有关刑罚的意义与目的的论文,可谓汗牛充栋。② 作为哲学范畴,目的是表示在人的有意识的活动中,按照自己的需要和对象本身的固有属性预先设计,并以观念形式预先存在于人们头脑之中的活动结果,是人对自身需要同客观对象之间的内在联系的主观映像。而所谓刑罚的目的,也就是国家制定、适

---

① 曲新久主编:《刑法学》(第六版),中国政法大学出版社 2022 年版,第 215 页。
② 参见林山田:《刑罚学》(第二版),台湾商务印书馆股份有限公司 1983 年版,第 47 页。

用和执行刑罚所希望达到的目标和效果。

在有些国家的刑法典中,明确规定了刑罚的目的。比如《俄罗斯联邦刑法典》第43条规定:"适用刑罚的目的在于恢复社会公正,以及改造被判刑人和预防实施新的犯罪。"据此可以认为,俄罗斯刑法提出的刑罚的三个目的是:(1)恢复社会公正;(2)改造被判刑人;(3)预防实施新的犯罪。① 不过,大多数国家的刑法典并没有规定刑罚的目的,因此,我们只能从刑罚的基本观念以及特定国家具体的刑罚制度出发,来了解现实的刑罚目的。那么,我国的刑罚究竟(应当)有哪些目的?

关于刑罚的目的,我国刑法学界经历了长久的争论,存在多达十余种观点,如果作一个归纳,大致可以分为"一元的刑罚目的观"和"复合的刑罚目的观"两种类型。

(一)一元的刑罚目的观

(1)惩罚说。刑罚既然是阶级专政的工具,是国家的一种强制方法,那么惩罚就是刑罚的本质属性。适用刑罚的目的就在于使犯罪人的自由和权利受到限制和剥夺,使他们感到压力和痛苦,只有这样,才能制止犯罪的发生。

(2)改造说(教育改造说)。我们对犯罪人判处刑罚既不是为了追求报复的目的,也不是为了将惩罚本身作为目的,而是通过对犯罪分子的惩罚这个手段,达到改造犯罪人,使其重新做人的目的。

(3)预防说(双重预防目的说)。我国刑罚固然具有惩罚的性质,但是适用刑罚惩罚犯罪分子,使其遭受一定的痛苦和损失,并不是我们适用刑罚的目的。我国对犯罪分子适用刑罚的目的是预防犯罪,它具体表现为特殊预防和一般预防两个方面:前者就是对犯罪分子适用刑罚,以防其再次犯罪;后者就是通过惩罚犯罪,教育和惩戒社会上可能的犯罪分子,使他们不至于走上犯罪的道路。②

(4)刑罚功能充分发挥说。刑罚的目的是追求刑罚功能的充分发挥,明确地说,便是最大限度地预防犯罪。③

单一的惩罚说实际上是报应刑论在刑罚目的观上的反映。然而,由于报应刑论无法圆满地解释刑罚的正当性问题,惩罚说作为刑罚目的观,也就不可避免地带有先天不足。改造说显然是深受教育刑论的影响。然而,由于教育刑论忽视了刑罚的本质属性,其对刑罚的正当性问题并不能作出有力的解释。把教育改造作为刑罚目的,似乎与人类社会长期以来存在的刑罚这一惩罚性的制度的本来面目并不相符。预防说体现的是目的刑论的刑罚观,但把刑罚的目的仅仅

---

① 参见〔俄〕库兹涅佐娃、佳日科娃主编:《俄罗斯刑法教程》(总论)(下卷·刑罚论),黄道秀译,中国法制出版社2002年版,第579页。
② 参见高铭暄主编:《新编中国刑法学》(上册),中国人民大学出版社1998年版,第311页。
③ 参见邱兴隆、许章润:《刑罚学》,中国政法大学出版社1999年版,第104页以下。

归结为预防,似乎并不全面。至于刑罚功能充分发挥说实际上是预防说的另一种说法,而且把"刑罚功能的充分发挥"作为刑罚目的,分明有"把手段当目的"的嫌疑,且有循环论证的逻辑缺陷。由于各种一元刑罚目的观都没能全面揭示刑罚的目的,所以,现在刑法理论上关于刑罚目的观的争论主要存在于各种复合的刑罚目的观之间。

(二) 复合的刑罚目的观

(1) 二元目的说(报应与预防统一的二元目的说)。刑罚的主要目的在于预防犯罪,具体表现为特殊预防与一般预防。除此之外,刑罚还具有报应性,包括道义报应与法律报应。因此,刑罚的目的是预防与报应的统一。[1]

(2) 惩罚改造说。刑罚具有教育改造犯罪的目的,同时又具有惩罚犯罪人的目的,因为对少数犯罪人适用刑罚不能不部分地以惩罚和报复为目的。[2] 该说也以"双重目的说"的面目出现,认为我们对犯罪分子适用刑罚,既有惩罚犯罪分子的目的,又有教育改造犯罪分子的目的。

(3) 三目的说。我国人民法院对犯罪分子适用刑罚是要达到三个目的:其一是惩罚与改造犯罪分子,预防他们重新走上犯罪;其二是教育和警诫社会上的不稳定分子和可能走向犯罪的分子,使他们不走上犯罪的道路;其三是教育广大群众增强法治观念,积极同犯罪作斗争。

(4) 预防和消灭犯罪说。对犯罪分子适用刑罚,就是要把他们当中的绝大多数改造成为新人,从而达到预防犯罪,最终消灭犯罪,以保护国家和人民利益的目的。

(5) 三层次说。我国刑罚的目的可分为三个层次,这三个层次的刑罚目的分别是公正惩罚犯罪、有效预防犯罪和最大限度地保护法益。[3] 三层次说实际上是在报应和预防之外,又增加了保护法益的刑罚目的。

(6) 三项内容—两个层次说。由我国刑罚职能和任务所决定,我们对犯罪人适用刑罚的目的包括直接目的和根本目的两个层次。适用刑罚的根本目的是"预防犯罪,保卫社会"。直接目的包括以下三项内容:其一是惩罚犯罪,伸张社会正义;其二是威慑犯罪分子和社会上的不稳定分子,抑制其犯罪意念;其三是改造犯罪分子,使其遵守社会主义法律秩序。[4]

(7) 根本目的和直接目的说。我国刑罚的根本目的在于保卫公民的合法权益,保障具有中国特色的社会主义建设的顺利进行;我国刑罚的直接目的是预防

---

[1] 参见陈兴良:《刑法适用总论》(第三版)(上卷),中国人民大学出版社2017年版,第54页。
[2] 参见周振想主编:《中国新刑法释论与罪案》,中国方正出版社1997年版,第318页。
[3] 参见韩轶:《刑罚目的的建构与实现》,中国人民公安大学出版社2005年版,第80页。
[4] 参见高铭暄主编:《新中国刑法学研究综述(1949—1985)》,河南人民出版社1986年版,第408—410页。

犯罪，包括特殊预防和一般预防。①

（8）直接目的、间接目的和根本目的说。刑罚目的有直接目的、间接目的和根本目的。直接目的是指适用刑罚所希望达到的直接结果，包括特殊预防、一般预防、教育民众同犯罪作斗争；间接目的是指借助适用刑罚所追求的附带积极效果，即堵塞漏洞，铲除诱发犯罪的外部条件；根本目的是指通过适用刑罚所期许达到的最终目标。根据我国《刑法》第1条的规定，我国刑罚的根本目的是"惩罚犯罪，保护人民"。②

（9）实然与应然刑罚目的说。我国实然的刑罚目的是：惩罚犯罪人；改造犯罪人，预防和减少犯罪；保护人民，保障国家安全和社会公共安全，维护社会主义秩序。我国应然的刑罚目的是：惩罚犯罪人，防卫社会免遭犯罪侵害。③

上述不同说法之间其实并无实质差异，或虽有差异，也只是在其他观点的基础上进行的非实质性改造。比如，惩罚改造说或双重目的说所说的"惩罚"，不过是"报应"的通俗说法，而"教育改造"也不过是"特殊预防"的另一种说法，或说，教育改造是实现特殊预防的基本手段而已。因此，惩罚改造说或双重目的说所主张的刑罚目的，其实也不过是报应与特殊预防的统一，与二元目的说在内容上并无不同。另外，上述复合的刑罚目的观对刑罚目的的界定标准并不一致，比如某些学说实际上不是在讨论刑罚的目的是什么，而是在讨论刑罚有哪些类型的目的，由于缺乏统一的理论基础，因而导致了认识上的混乱。

（三）刑罚目的的理论界定

刑罚目的观与刑法基础观念关系至深，对刑罚目的的讨论应当以一定的刑法基础观念为基础。刑法基础观念代表的是刑法理论上的基本立场，它不但决定着对于刑法这一社会现象的整体看法，而且也会影响我们对刑法的各种具体制度和具体问题的看法。因此，有必要回到报应刑论、目的刑论以及并合主义那里，寻找植根于古老的惩罚理念之中的刑罚目的。

在我国刑法学界，建立在刑法基础观念上的刑罚目的观，存在三种代表性的学说：

（1）刑罚目的二元论。报应与功利都是刑罚赖以存在的根据。因此，刑罚既回顾已然的犯罪，也前瞻未然的犯罪。对于已然的犯罪，刑罚以报应为目的；而对于未然的犯罪，刑罚以预防为目的。刑罚的目的就应是报应与预防的统一，预防包括一般预防和个别预防。在这种统一中，刑罚在总体上应以报应为主要目的，预防为附属目的，从而保持刑罚的公正性和功利性。④

---

① 参见马克昌主编：《刑罚通论》（第二版），武汉大学出版社1999年版，第58页以下。
② 参见何秉松主编：《刑法教科书》（第六版）（上卷），中国法制出版社2000年版，第535页。
③ 参见谢望原：《刑罚价值论》，中国检察出版社1999年版，第120页。
④ 参见陈兴良：《刑法哲学》（第六版），中国人民大学出版社2017年版，第436—444页。

(2) 刑罚目的预防说。刑罚通过其制定、适用与执行,对犯罪人本人及其周围的一般人产生影响,从而达到预防犯罪的结果,乃是一种符合社会心态的普通的历史事实。因此,预防犯罪,理所当然地应成为我国刑罚的目的。刑罚预防犯罪的目的包含最大限度地减少犯罪和最终消灭犯罪两个层次,而其内容则包括特殊预防与一般预防。该说认为,报应刑论与目的刑论的对立,不是针对刑罚目的而形成的,而是针对刑罚的正当化根据形成的。因此不能盲目将报应刑论与目的刑论结合起来作为刑罚的目的。而惩罚说、改造说、双重目的说、三目的说似乎都混淆了刑罚目的与刑罚属性、刑罚功能的关系,误将刑罚的属性或功能当成刑罚的目的。惩罚是刑罚的固有属性,不应作为刑罚的目的,据此,该说否认报应是刑罚的目的。①

(3) 修正的刑罚目的二元论。刑罚目的应当是特殊预防与报应的统一,而一般预防则不是刑罚的目的。论者认为,传统的刑罚目的二元论将刑罚的报应目的与预防目的有机地结合起来,使刑罚的惩罚性和教育性在刑罚目的中得到了很好的贯彻与体现,不失为一种比较科学、合理的观点。但是,它将一般预防也作为刑罚目的的主张,却值得商榷。因为一般预防不过是报应的附属产品,报应的本身就依附着一般预防的要求,因而不应再把一般预防与报应相并列而共同成为刑罚的目的。②

第三种观点较为合理。刑罚目的应当是特殊预防与报应的统一,一般预防不应作为刑罚的目的。原因在于:其一,刑罚是施加在犯罪人身上的一种惩罚,期望通过刑罚而产生对一般社会大众的预防效果,是不切实际的;其二,将一般预防作为刑罚的目的,易导致为了达到一般预防的目的而加重处罚的倾向,造成刑罚不公;其三,能够产生一般预防效果的制度要素是全体刑法规范,而不是刑罚;其四,将一般预防作为刑罚的目的,无法合理地解释积极的一般预防。因此,本书主张将一般预防作为刑法的目的,而不是刑罚的目的。③

(四) 刑罚目的的内容

刑罚目的应当是报应与特殊预防的统一。

1. 刑罚的报应目的

报应是指对某一事物的报答或反应,如果加入伦理色彩,报应一般是指恶因得恶果。作为刑罚目的的报应,是指刑罚作为对犯罪的一种回报、补偿而予以追求的目标。

报应作为刑罚的目的之一,主要是基于以下理由:

---

① 参见张明楷:《刑法学》(第六版)(上),法律出版社 2021 年版,第 668—674 页。
② 参见赵秉志:《刑法基本理论专题研究》,法律出版社 2005 年版,第 589—600 页。
③ 参见周少华:《作为目的的一般预防》,载《法学研究》2008 年第 2 期。

（1）报应作为刑罚的目的，是刑罚属性的产物。惩罚性是刑罚的根本属性，受此属性制约，刑罚的目的就不可能将报应排除在外。"惩罚"与"报应"就其实质内涵来说并无区别，当国家把惩罚犯罪人作为刑罚的一个目的时，惩罚就既是刑罚的属性，同时也是刑罚的目的。

（2）正义是评价某一行为或某一社会制度的道德标准，它往往成为一种行为或一种社会制度存在的正当性根据。刑罚制度同样也要合乎正义，而报应就是这种刑罚正义的体现。报应要求将刑罚惩罚的对象限于犯罪人，而不能适用于没有犯罪的人，因而，报应限制了刑罚的适用范围，这是报应刑的质的要求。同时，报应还要求将刑罚惩罚的程度与犯罪人所犯罪行的轻重相均衡，从而它又限制了刑罚的适用程度。可以说，正义是报应论的理论基础。

（3）报应作为一种常识，为社会所普遍认同，具有深厚的伦理基础。例如，善有善报、恶有恶报的观念深入人心。正是这种常识，为报应论提供了社会支持，常识是报应论的知识基础。刑罚的报应性，就体现了伦理上的必要性，使刑罚不满足于成为一种外在的强制，而具有内在的道义根据。因此，报应作为刑罚的目的，体现了刑罚的道义性。

（4）报应作为刑罚的目的，是罪责刑相适应原则的题中应有之义，是刑罚公正的要求。罪责刑相适应原则以"有罪必罚，无罪不罚；重罪重罚，轻罪轻罚；罚当其罪，罪刑相当"为基本内容，该原则向社会昭示：犯罪人不仅因为其行为与罪过承担责任，而且因为行为与罪过的危害程度承担相应的刑罚。而刑罚正是因其报应目的的落实，才迎合了社会公众内心深处的正义理念，从而获得了社会观念的普遍认可、接纳并最终获得尊严和权威。[1]

2. 刑罚的特殊预防目的

特殊预防，又称个别预防，是指通过对犯罪人判处和执行刑罚，达到使之永久或在一定期限内丧失再犯罪能力的目标。也就是说，特殊预防就是通过对犯罪人适用和执行刑罚，使其不能犯罪、不敢犯罪乃至不愿犯罪。

特殊预防的刑罚目的通过以下途径实现：

（1）通过刑罚的适用，消除犯罪人的再犯能力。比如，自由刑是主要的刑罚方法，它可以剥夺或限制犯罪人的人身自由，使其终身或在一定期限内与社会隔离，从而无法实施犯罪行为；财产刑通过剥夺犯罪人的个人财产，使其暂时丧失实施犯罪的物质条件；另外，通过限制或剥夺犯罪人的某项权利，防止其利用这些权利再次实施犯罪。当然，刑罚还可以通过淘汰犯罪分子，使之永久不再犯罪。对于"罪行极其严重"的少数犯罪人，通过死刑的适用而将其彻底淘汰出社

---

[1] 参见赵秉志：《刑法基本理论专题研究》，法律出版社2005年版，第589—600页；陈兴良：《本体刑法学》（第三版），中国人民大学出版社2017年版，第513—514页。

会,从而根本上消除其再犯能力。

（2）通过刑罚的威慑作用,抑制犯罪人再犯罪的冲动。由于刑罚是一种严厉的惩罚,具有剥夺性的痛苦,犯罪人受到刑罚惩罚后,感受到了刑罚的痛苦性,就会基于趋利避害的人性本能而避免再一次领受这种痛苦,不敢再犯罪。

（3）通过刑罚的教育改造作用,消除犯罪人的人身危险性,使其不再犯罪。在刑罚的适用阶段(求刑权与量刑权行使的阶段),主要考虑的是刑罚的报应与个别威慑的作用,而在刑罚执行阶段,则主要考虑的是刑罚的教育作用。通过对犯罪人的教育改造,使其认识到犯罪的危害性和自己行为的错误性质,从而在思想上不愿再犯罪,回归社会。

刑罚的特殊预防目的贯穿于我国刑事立法以及刑事司法的各个环节。其一,在刑事立法阶段,我国刑法根据宽严相济的刑事政策和特殊预防的需要确立刑罚体系和刑罚制度。例如,刑法规定必须是有悔罪、悔改表现,没有再犯罪危险的犯罪人,才可以适用缓刑、假释;对于累犯,应当从重处罚,不得予以缓刑、假释;对于有自首、立功表现的要予以从宽处罚;被判处管制、拘役、有期徒刑、无期徒刑的犯罪人,在执行期间如果认真遵守规定,接受教育改造,确有悔改表现的,或有立功表现的,可以减刑。这些规定都充分体现了我国刑法将惩罚与改造紧密结合,以期实现刑罚的特殊预防目的。其二,在定罪量刑阶段,特殊预防也是司法机关考虑的重要目标。尽管有人主张一般预防也是刑罚的目的之一,司法机关在定罪量刑过程中也常常把一般预防作为量刑活动的重要目标加以考虑,但是,为了避免因追求一般预防效果而可能带来的加重处罚,使犯罪人成为预防他人犯罪的工具,定罪量刑阶段不应特意考虑一般预防。在理论上,应主张将一般预防作为刑法的目的,而不是刑罚的目的。因此,在定罪量刑阶段,应当首先充分考虑犯罪人的个人情况及其改造的难易程度,以便选择适用适合特殊预防需要的刑罚方法,以最佳的方式实现刑罚的特殊预防目的,对于极少数不可改造的罪犯甚至可以适用死刑。其三,在刑罚执行阶段,特殊预防更是直接、具体和最为重要的目标。在我国刑罚体系中,自由刑居于核心地位,因而惩罚与改造是我国刑罚执行的基本特征。我国《监狱法》第3条规定:"监狱对罪犯实行惩罚和改造相结合、教育和劳动相结合的原则,将罪犯改造成为守法公民。"在劳动改造中,监狱作为刑罚的执行机关,必须始终按照"惩罚和改造相结合""教育和劳动相结合"的原则,通过劳动和法制、道德、文化、技术教育,最大限度地发挥刑罚的教育改造功能、感化功能,促使罪犯从被迫服刑转向自觉改造,成为能够遵守法律、自食其力的新人,最终重返社会。

3. 报应与特殊预防的关系

虽然报应刑论和功利刑论是两种对立的刑罚本质观,但是,报应和预防仍然具有共存的可能性。因为刑罚对犯罪行为进行公正的报应,有助于预防将来可能发生的犯罪行为。正是在这个意义上,报应和预防之间的矛盾并非不可调和。① 在刑罚的正当化根据的理论中,并合主义成为主流的见解,也说明了这一点。

特殊预防作为刑罚的目的,是追求刑罚功利的结果。要想使刑罚的适用达到积极而治本的效果,就必须在报应之外,关注未然之罪,使刑罚的适用能够防患于未然。对刑罚特殊预防目的的追求不仅是功利的需要,也是刑罚正当化的必然要求;摆脱单纯的报应,强调刑罚适用的理性和效率,这本身就是刑罚正当化的一种表现形式。因而,报应与特殊预防作为刑罚目的不可或缺的两个方面,是公正与功利的辩证关系在刑罚目的中的体现。公正为刑罚的报应目的提供了正当的根据,功利又为特殊预防目的作了合理说明。而公正与功利的关系是:没有功利,公正无所依存;没有公正,功利必成公害。适用刑罚时,功利要受公正制约。因此,报应与特殊预防虽同为刑罚的目的,却有主次之分。作为国家权力重要组成部分的刑罚权的发动,其本性必然是功利的,因而特殊预防理应成为刑罚目的的主要方面,而为了保证这种功利目的最终不致被否定,由奠基于公正基石之上的报应对特殊预防进行制约也就成了必然的逻辑选择。②

二、刑罚的功能

刑罚的功能是指国家创制、适用和执行刑罚所可能产生的积极的社会作用,或称社会效应。如果说刑罚的内在属性是惩罚与谴责,那么刑罚的功能就应当是刑罚的内在属性在其运动过程中的外在表现,是刑罚内在属性的外化。③

作为刑罚所具有的积极作用,刑罚的功能具有如下四个方面的特征:(1) 刑罚的功能是刑罚的社会作用。社会是由个人组成的,而刑法是对全社会普遍有效的,所以,刑罚对所有社会成员的影响都应被纳入刑罚功能的范围。(2) 刑罚的功能是刑罚的积极作用。由于人们对刑罚的认知不尽相同,刑罚作用于不同对象可能带来人们不同的反应,从而使刑罚的作用发生两极分化。人们受刑罚影响而作出有益于社会的反应,就表明刑罚所具有的积极作用;而有些人则可能作出有害于社会的反应,是谓刑罚的消极作用。刑罚功能是指刑罚的积极作用。(3) 刑罚的功能是刑罚可能有的作用。刑罚功能应是刑罚客观上能够发挥的作用,而不是仅凭主观想象、不可能发生的作用。(4) 刑罚的功能是运用刑罚的活动的作用。没有刑罚的适用活动,刑罚就不可能实际发挥作用。刑罚的功能应

---

① 参见〔德〕耶赛克、魏根特:《德国刑法教科书》(上),徐久生译,中国法制出版社2017年版,第97—98页。
② 参见赵秉志:《刑法基本理论专题研究》,法律出版社2005年版,第589—600页。
③ 参见陈兴良:《本体刑法学》(第三版),中国人民大学出版社2017年版,第506页。

该是制刑、量刑、行刑活动的作用的总和。①

通常认为,刑罚具有以下几个方面的功能:

(一) 刑罚对犯罪人的功能

此指刑罚作用于犯罪人而能产生的积极作用。其中包括以下几种具体功能:

(1) 剥夺功能。是指刑罚所具有的剥夺犯罪人权利或利益的作用,它是刑罚的首要功能,也是刑罚本质的直接体现。刑罚通过剥夺犯罪人一定的权益,从而消除或限制其再犯罪的可能。不同的刑罚方法具有不同的剥夺功能,可以根据犯罪性质、严重程度以及犯罪人的个人情况进行合理运用,最大限度地发挥刑罚的积极作用。

(2) 个别威慑功能。是指刑罚所具有的能够遏制犯罪人再犯罪意图的作用。刑罚是惩罚犯罪人的手段,它以剥夺犯罪人一定的权益为内容,同时也表达了国家对犯罪行为的否定性评价。作为施加在犯罪人身上的一种剥夺性痛苦,刑罚必然会对犯罪人产生趋利避害的影响,抑制其重新犯罪的意念。

(3) 矫正功能,亦称改造功能。是指刑罚所具有的改造犯罪人,使其在心理上认同刑罚法规,从而成为守法公民的作用。刑罚的改造功能并非其与生俱来的自然功能,而是到近代在刑事政策思想的影响下才被赋予刑罚的一个功能。改造或矫正,就是将犯罪人改造成守法并适应社会生活的人,使之重返社会,自动避免再次实施犯罪。因此,矫正功能实际上就是针对犯罪人的教育功能,我们称之为矫正功能,主要是为了与针对一般社会大众的教育功能相区别。

(4) 感化功能。是指通过刑罚的适用和刑罚制度及政策的贯彻,对犯罪人心理产生触动和教化,使之认罪服法、消除对立情绪的作用。刑罚的感化功能主要是在适用刑罚时通过对犯罪人的从宽处罚、对刑罚的人道性的体现以及对犯罪人个人权利的尊重和保障,对犯罪人产生心理感化作用,唤醒其良知,使其能够自我反省、悔罪自新、自觉改造自己,重归社会。

(二) 刑罚对被害人及其家属的功能

(1) 补偿功能。是指在适用刑罚时,使被害人所遭受的财产上的损失、身体上的伤害得到弥补和赔偿。虽然对被害人的补偿在性质上属于民事赔偿,一般通过刑事附带民事诉讼来实现,但是,由于这种补偿是由行为人的犯罪行为造成的损失而引起,补偿功能依然可以认为是刑罚所具有的一项附随性的功能。

(2) 安抚功能。是指刑罚通过惩罚犯罪人,而对被害人产生的精神抚慰、心理平复作用。作为犯罪行为的受害者,因其通常会有财产上的损失或身体上、精神上的创伤,对犯罪人都会产生强烈的报复愿望,希望犯罪人能够受到惩罚。通

---

① 参见邱兴隆、许章润:《刑罚学》,中国政法大学出版社1999年版,第63—65页。

过刑罚的适用,可以满足被害人的这种愿望,恢复其被犯罪所侵害的心理秩序,抚慰其受到的精神伤害,并帮助其从犯罪侵害所造成的精神痛苦中解脱出来。

如果说安抚也是一种"补偿"的话,那么补偿功能强调的是对被害人物质上的补偿,而安抚功能强调的则是对被害人精神、心理上的"补偿"。

(三) 刑罚对其他社会成员的功能

刑罚虽然是对犯罪人适用的,但它同时也是一种社会防卫手段,因而,刑罚不仅对犯罪人、被害人发生作用,而且对社会上的其他成员也产生作用。在这方面,主要有这样几个具体功能:

(1) 一般威慑功能。它是指刑罚针对一般社会大众所具有的威吓、慑阻作用。一方面,通过立法规定犯罪要受到相应的惩罚,并将刑法公之于众,使一般社会大众知晓犯罪的法律后果,从而产生抽象的一般威慑;另一方面,通过对具体犯罪人实际的惩罚,使犯罪人以外的其他社会成员感受到具体的刑罚威慑,从而受到心理上的警诫。可见,刑罚的一般威慑功能在立法阶段、刑罚裁量阶段、刑罚执行阶段都有所体现,因而也是刑罚的基本功能之一,历来受到重视。但是,我们也应当看到,刑罚的一般威慑功能是十分有限的。很多人犯罪不是因为不害怕刑罚,而是心存侥幸心理。而且,期望施加在犯罪人身上的刑罚能够产生对一般社会大众的威慑作用,并不是一个切实的目标。也正是因为如此,刑罚虽然具有一般威慑功能,却不应将一般预防作为刑罚的目的。

(2) 教育功能。它是指刑罚的适用对一般社会成员起着法制教育的作用。让公民了解法律、认识犯罪的危害性以及由此可能产生的法律后果,对于预防犯罪具有重要的作用。国家对刑罚的制定、适用与执行,本身就带有谴责犯罪、宣传法律的意义,法律的公布、刑事案件的公开审理,都会让社会公众感受到刑罚规范的存在,使全体社会成员提高辨别是非的能力,自觉遵守法律,抵制犯罪。

(3) 鼓励功能。它是指通过对犯罪人判处和执行刑罚,对公众产生的鼓舞、激励作用。犯罪行为侵害个人权利、公共利益的同时,往往也会对社会大众的正义情感带来伤害,惩罚犯罪是符合善良守法公民普遍愿望的。刑罚的适用与执行会使正义得到伸张,维护公众对国家运用刑罚打击犯罪和预防犯罪的信心,鼓励公民与犯罪作斗争的勇气。鼓励功能与教育功能非常相近,但强调的侧重点不同,前者强调刑罚对公众积极的、正面的鼓励作用,而后者强调刑罚对公众消极的、间接的警示宣教作用。

由上可知,刑罚的功能具有多重性,其作用对象也各有侧重。这些不同的功能密切联系、相互作用、相互制约,共同组成一个复杂的功能系统。刑罚作为一种社会防卫手段,在实际运用中,国家需要借助刑罚的各种功能,来追求刑罚的目的有效实现。

三、刑罚目的与刑罚功能的关系

刑罚目的与刑罚功能是既相互联系，又相互区别的范畴。前者是制定和适用刑法所要追求的目标、达到的效果，而后者则是刑罚作为一种惩罚手段所能产生的积极的社会效应。刑罚目的是以刑罚功能为基础的，正是因为刑罚具有诸多功能，刑罚目的才能得以实现。比如，刑罚的报应目的是建立在刑罚的剥夺功能之上的，而特殊预防目的则是建立在刑罚的个别威慑功能、矫正功能、感化功能的基础之上，刑罚若无这些功能，刑罚的目的也就很难达到。尽管本书不主张将一般预防作为刑罚目的，但是功能与目的的这种关系依然存在于刑罚功能与一般预防目的之间。因为即使将一般预防作为刑法的目的而非刑罚的目的，它也是以刑罚的一般威慑功能、教育功能等为基础的，这与本书的刑罚目的观并不矛盾。

基于刑罚功能与刑罚目的之间的这种关系，我们在追求刑罚目的时，必须考虑刑罚的功能及其范围，在刑罚功能的限度内来追求相应的目的。如果不考虑刑罚可能具有的社会效应，或超越它自身所能产生的社会效应的限度，刑罚目的就会变成空中楼阁，无从实现。所以，任何刑罚的目的，都须以刑罚功能为其确立的前提和赖以实现的中介因素。① 当然，刑罚功能与刑罚目的之间并非一一对应的关系，某一刑罚目的的实现通常需要多种刑罚功能共同发挥作用。因此，在刑罚适用过程中，需要综合运用刑罚的各种功能，追求刑罚社会效应的最大化，更有效地实现刑罚的目的。

拓展阅读

刑罚正当化的根据

刑罚是对犯罪的一种非难，因此，刑罚应当与犯罪相均衡，一是法定刑与犯罪定型要均衡，二是宣告刑与具体犯罪要均衡。当然，均衡不是简单地以眼还眼、以牙还牙，那是民事责任与刑事责任尚未分离时的做法，是绝对报应观念的反映。在罪刑法定主义要求下的罪刑均衡，应着眼于整体的关系，要以对犯罪的社会伦理评价为基础。

刑罚是对犯罪的一种非难，因此，刑罚在本质上具有规范的、伦理的意义。这使刑罚与保安处分具有本质区别。一般认为，保安处分不具有伦理色彩，而刑罚则具有伦理的意义；保安处分以危险性格为基础，刑罚则基本上以责任为基础。

---

① 参见张明楷：《刑法学》（第六版）（上），法律出版社2021年版，第682页。

刑罚是对犯罪的一种非难,因此也是对犯罪的一种报应。这种报应决定了不能超出犯罪的范围、对犯罪人适用无用的痛苦与恶害,换言之,不应适用残酷的刑罚。同时,适用刑罚应当唤醒和强化一般人及犯罪人本人的规范意识。在此意义上说,刑罚具有一般预防与特殊预防的作用。

刑罚固然是对犯罪的非难,但刑罚是施加于犯罪人的,因此,在适用刑罚时,不能只是考虑犯罪当时的非难可能性,还要就现在的行为人的人格考虑犯罪的非难可能性大小。这就是说,刑罚论的基本特征是动态的。

延伸思考

国家为什么有权力惩罚犯罪①

刑罚之所以普遍存在于人类社会各个国家、各个历史时期,主要是因为有一种我们称之为"犯罪"的现象,自有人类社会以来就普遍存在而无法根绝。这类行为对一个社会的共同生活具有严重的破坏性,或对现存统治秩序具有极大威胁,因而既为一般社会公众所不能接受,亦为负有维持社会安定责任的国家所不允许。最重要的是,伦理上的谴责以及刑罚以外的惩罚措施,不足以阻止此类行为,而刑罚具有痛苦性、强制性等特征,在制止此类行为方面可能会更加有效。为了避免此类行为过度滋生蔓延所可能导致的社会秩序的崩溃,需要以刑罚这种相对严厉的措施对行为人加以惩罚,并通过惩罚犯罪,实现遏制犯罪、保护法益、维持秩序之目的。

不过,也有人提出"人是否有资格和能力对人进行裁判"的问题。对此,日本刑法学者西原春夫解释说,人是不能对人进行裁判的,但是,人的恶行不受惩罚所产生的非正义与其受到惩罚所产生的非正义相比,显然前者要严重得多。所以,人类自古以来就心甘情愿地忍受、容许并肯定人对人进行裁判所产生的非正义,直至今日。人对人进行裁判的制度,就这个意义而言,只是一种"必要的恶"。为了对人进行裁判而制定的基准即刑法,以及对人进行裁判的结果所科以的刑罚,同样也只是一种"必要的恶"。② 如此看来,刑罚只是以恶制恶的工具,刑罚是不得已而为之的手段。

既然刑罚被认为是一种"必要的恶",那么在施加这种恶的时候,就必须证明它的必要性究竟何在。林山田先生从以下几个方面,论证了刑罚的存在依据:(1) 国家政策上的依据。刑罚乃国家为达其任务所不可或缺的手段。(2) 社会心理上的依据。基于社会的"法意识"与"法情感",一般社会大众均有正义感的需求现象。(3) 个人伦理上的依据。对于犯人本身而言,刑罚亦有其存在的必

---

① 参见周少华:《刑法理性与规范技术》,中国法制出版社2007年版,第79—87页。
② 参见[日]西原春夫:《刑法的根基与哲学》,顾肖荣等译,法律出版社2004年版,第3页。

要性,因为人类系具有伦理道德观念的理性动物,一旦犯罪,则常有赎罪的意念,往往希望借被判刑罚之事实来解脱其罪责,以刑罚的痛苦抵偿其所为之罪恶,如此当作一个业已赎罪的人,再度进入社会。(4)矫治犯罪或防卫社会需要上的依据。基于抗制犯罪的构想,防止犯人的再犯乃是一种积极的做法,因之,对于犯罪人应能施行刑事矫治,陶冶其品性,去除其人格上的犯罪倾向,以促其"再社会化",使其能重返社会,再度适应社会的共同生活。①

案例分析

韩某是一对脑瘫的双胞胎儿子的妈妈。在尽力照顾、治疗13年后,因为看不到好转的希望而又身心疲惫,为了让家人和孩子都得到解脱,绝望的韩某最终选择了极端的做法,亲手溺死自己的一对亲生儿子后服毒自杀。但是,韩某服下安眠药和农药后,却因抢救及时而被医院救了回来。

问题:对韩某的行为该如何定罪量刑?

---

① 参见林山田:《刑罚学》(第二版),台湾商务印书馆股份有限公司1983年版,第106—108页。

第十五章 刑罚的体系和种类

第一节 刑罚体系

一、刑罚体系的概念

刑罚体系,是指刑法规定的,以刑罚的目的为指导,以刑罚的功能为基础,按一定顺序排列的各种刑罚方法的有机整体。刑罚体系具有以下特征:

第一,刑罚体系以刑罚的目的为指导。刑罚的目的是国家制定、适用刑罚期望达到的结果,是一种国家意志。刑罚体系的设置,必然受刑罚目的的制约。有什么样的刑罚目的,就有与之相应的刑罚体系。以威吓为目的,必然设置严酷的刑罚;以教育为目的,就要设置宽缓的刑罚;以预防犯罪为目的,就要求有轻重不同的刑罚,适应一般预防和特殊预防的需要。当然,无论一般预防还是特殊预防,其实现都以刑罚具有惩罚性为前提,这就决定了所规定的刑罚方法要以剥夺或限制犯罪分子的一定权益为内容。

第二,刑罚体系以刑罚功能为基础。各种刑罚方法都以剥夺或限制犯罪分子的权益为内容,有其弊端,但对刑罚目的的实现而言,又都有有利之处。科学合理的刑罚体系的设置,就是要充分发挥刑罚的功能,取得最佳的效益。刑罚本身不具有积极作用,就不可能有科学合理的刑罚体系。

第三,刑罚体系以刑种为内容。刑种,即刑罚方法。体系是由要素构成的,刑罚体系以刑种为构成要素,没有刑种,就没有刑罚体系。

第四,刑罚体系是一个有机整体。刑罚体系由哪些刑种构成,各刑种应当如何排列,是立法者根据一定因素选择确定的,是一个有机整体,不是任意的、简单的拼凑。作为有机整体的刑罚体系在结构上应当轻重有序,比例适当,关系协调,具有层次性、衔接性和主次性,能适应不同的犯罪情况。

第五,刑罚体系以刑法规定为依据。受罪刑法定原则的约束,刑罚体系必须以刑法规范明确规定。构成刑罚体系要素的刑种、分类和排列次序都由刑法规定。任何非刑法规范都不能设立刑罚。

二、刑罚体系的结构

刑罚体系的结构,包括刑罚体系结构要素和结构要素的关系状态。前者指的是组成刑罚体系的各种刑罚方法;后者指的是组成刑罚体系的各种刑罚方法相互联系、相互作用的基本方式,如组合形式、排列顺序和比例关系等。① 刑罚体系的结构是刑罚目的、刑事政策、具体国情的综合反映。随着社会的变迁,刑罚目的的改变,刑事政策的调整,刑罚体系结构也在不断变化。有学者认为,各国不同历史发展阶段的刑罚体系结构,大体可以分为以死刑和身体刑为中心的结构、以死刑和自由刑为中心的结构、以自由刑为中心的结构、以自由刑和财产刑为中心的结构四种类型。②

我国刑法从有利于发挥刑罚的功能,实现刑罚的目的出发,选择刑种,进行分类,并按一定的顺序加以排列,形成以自由刑为中心的刑罚体系结构:

(1) 主刑,包括管制、拘役、有期徒刑、无期徒刑和死刑。其中,管制、拘役、有期徒刑和无期徒刑是自由刑,死刑是生命刑。

(2) 附加刑,包括适用于一般犯罪分子的一般附加刑,即罚金、剥夺政治权利和没收财产,以及适用于特殊犯罪分子的特殊附加刑,即驱逐出境。其中,罚金和没收财产是财产刑,剥夺政治权利、驱逐出境是资格刑。

三、刑罚体系的特点

我国刑罚体系具有以下特点:

1. 要素多样,结构严谨

我国的刑罚体系中的构成要素,包括主刑和附加刑。主刑中既有限制犯罪分子人身自由的管制,又有剥夺犯罪分子人身自由的拘役、有期徒刑和无期徒刑,还有剥夺犯罪分子生命的死刑;附加刑中既有以一定的财产为执行内容的罚金、没收财产刑,又有剥夺犯罪分子一定权利和资格的剥夺政治权利刑,还有专门适用于特殊犯罪分子的驱逐出境和剥夺军衔。这样,由生命刑、自由刑、财产刑、资格刑构成一个完整的体系,相互补充、相互配合,避免了单一刑种适用上的局限性。我国刑罚体系要素多样、结构严谨。所有的刑种区分为主刑和附加刑,各自由轻到重依次排列,呈现出鲜明的层次性。

2. 宽严相济,衔接有序

因为犯罪极为复杂,轻重不一,与犯罪相应的刑罚也必须有轻有重,只有这样,才能适应惩罚犯罪、预防犯罪的需要。我国的刑罚体系的主刑和附加刑,都是有轻有重。主刑中有管制、拘役等轻刑,也有无期徒刑、死刑等重刑,附加刑有较轻的罚金刑,也有较重的剥夺政治权利和没收财产刑,体现了宽严相济的特点。

---

① 参见梁根林:《刑罚结构论》,北京大学出版社1998年版,第67页。
② 同上书,第68页。

我国刑罚体系还采用了从轻到重的排列方式,轻重衔接。如拘役最长期限是6个月,正好与有期徒刑的最短期限相互衔接。有期徒刑最长期限25年与无期徒刑的衔接也非常紧凑。

3. 主次分明,方法人道

我国的刑罚体系由多个刑种组成,但各刑种在体系中的地位有所不同。其中,由管制、拘役、有期徒刑和无期徒刑组成的自由刑,由于本身有轻重之别,具有较大的可适用性,因而居于中心地位。其他刑罚方法只作为次要刑罚方法而存在。

我国刑罚体系内容合理,方法人道,符合预防犯罪目的的要求。我国刑法规定的刑罚方法虽然都能使犯罪分子感受到剥夺权利之痛苦,但是,又不以侮辱人格、损害尊严、摧残肉体、折磨精神为内容。除受到严格限制的死刑立即执行外,刑罚的内容都主要是为了促使犯罪分子改过自新。

第二节 主 刑

主刑,是指只能独立适用,不能附加于其他刑罚适用的刑罚方法。其特点在于适用上的独立性,一人一罪只能适用一种主刑。主刑是一类刑罚方法,包括管制、拘役、有期徒刑、无期徒刑和死刑。

一、管制

(一) 管制的概念

管制,是我国独创的一种刑罚方法,是指对犯罪分子不予关押,依法实行社区矫正,限制其一定自由的刑罚方法。管制的特点在于:(1) 对犯罪分子不予关押,不剥夺其人身自由。被判处管制的犯罪分子在服刑期间,不羁押在监狱、看守所等执行场所中,而是实行社区矫正,不离开自己的家庭,不中断与社会的正常交往。(2) 限制犯罪分子一定的自由。管制虽然不剥夺犯罪分子的自由,但是作为一种刑罚方法,当然具有惩罚的属性。管制的惩罚性表现在对犯罪分子自由的限制上,如未经执行机关批准,不得行使言论、出版、集会、结社、游行、示威自由的权利;离开所居住的市、县或迁居,应当报执行机关批准;也可以根据犯罪情况,被禁止从事特定活动,进入特定区域、场所,接触特定的人等。(3) 对被判处管制的犯罪分子依法实行社区矫正。社区矫正是一项综合性工作,由各有关部门分工配合,动员社会力量,共同开展相关矫正工作。《刑法修正案(八)》将管制"由公安机关执行",修改为"依法实行社区矫正",强调了管制执行的开放性和多方参与性。由管制的特点决定,管制是一种轻刑,而且适用上具有经济性。不仅犯罪分子的家庭生活基本不受影响,而且国家也减少了司法投入。

(二) 管制的适用对象

管制是最轻的主刑,只能适用于罪行较轻、人身危险性较小,不需要关押的犯罪分子。我国刑法分则规定可以适用管制的犯罪主要集中在妨害社会管理秩序罪和妨害婚姻家庭罪中,这些犯罪的共同特点是罪行性质不十分严重,社会危害性较小。在具体适用中还需要考虑犯罪分子人身危险性较小。因为管制并不剥夺犯罪分子的人身自由,只是在一定程度上限制其人身自由,所以,适用管制刑的犯罪分子必须是人身危险性较小者,否则将难以达到预防犯罪的目的。

(三) 管制的期限

《刑法》规定,管制的期限为3个月以上2年以下,数罪并罚时最高不能超过3年。管制的刑期,从判决执行之日起计算,所谓"判决执行之日",是指人民法院签发执行通知书之日;判决执行前先行羁押的,羁押1日折抵刑期2日。之所以规定羁押1日折抵刑期2日,是因为判决执行以前先行羁押属于剥夺自由,而管制只是限制自由。

(四) 管制的执行

《刑法》第38条规定,对被判处管制的犯罪分子,依法实行社区矫正。判处管制,可以根据犯罪情况,同时限制犯罪分子在执行期间从事特定活动,进入特定区域、场所,接触特定的人。

《刑法》第39条规定,被判处管制的犯罪分子,在执行期间,应当遵守下列规定:(1) 遵守法律、行政法规,服从监督;(2) 未经执行机关批准,不得行使言论、出版、集会、结社、游行、示威自由的权利;(3) 按照执行机关规定报告自己的活动情况;(4) 遵守执行机关关于会客的规定;(5) 离开所居住的市、县或者迁居,应当报经执行机关批准。

对于被判处管制的犯罪分子,在劳动中应当同工同酬。被判处管制的犯罪分子,管制期满,执行机关应即向本人和其所在单位或居住地的群众宣布解除管制,并且发给本人解除管制通知书。附加剥夺政治权利的,同时宣布恢复政治权利。

为确保管制的执行效果,2011年4月28日最高人民法院、最高人民检察院、公安部、司法部颁布了《关于对判处管制、宣告缓刑的犯罪分子适用禁止令有关问题的规定(试行)》。其第1条规定,对判处管制的犯罪分子,人民法院根据犯罪情况,认为从促进犯罪分子教育矫正、有效维护社会秩序的需要出发,确有必要禁止其在管制执行期间从事特定活动,进入特定区域、场所,接触特定人的,可以根据《刑法》第38条第2款的规定,同时宣告禁止令。人民法院宣告禁止令,应当根据犯罪分子的犯罪原因、犯罪性质、犯罪手段、犯罪后的悔罪表现、个人一贯表现等情况,充分考虑与犯罪分子所犯罪行的关联程度,有针对性地决定禁止其在管制执行期间"从事特定活动,进入特定区域、场所,接触特定的人"的一项或几项内容。

根据该规定第 3 条,人民法院可以根据犯罪情况,禁止判处管制的犯罪分子在管制执行期间从事以下一项或几项活动:(1) 个人为进行违法犯罪活动而设立公司、企业、事业单位或在设立公司、企业、事业单位后以实施犯罪为主要活动的,禁止设立公司、企业、事业单位;(2) 实施证券犯罪、贷款犯罪、票据犯罪、信用卡犯罪等金融犯罪的,禁止从事证券交易、申领贷款、使用票据或申领、使用信用卡等金融活动;(3) 利用从事特定生产经营活动实施犯罪的,禁止从事相关生产经营活动;(4) 附带民事赔偿义务未履行完毕,违法所得未追缴、退赔到位,或罚金尚未足额缴纳的,禁止从事高消费活动;(5) 其他确有必要禁止从事的活动。

根据该规定第 4 条,人民法院可以根据犯罪情况,禁止判处管制的犯罪分子在管制执行期间进入以下一类或几类区域、场所:(1) 禁止进入夜总会、酒吧、迪厅、网吧等娱乐场所;(2) 未经执行机关批准,禁止进入举办大型群众性活动的场所;(3) 禁止进入中小学校区、幼儿园园区及周边地区,确因本人就学、居住等原因,经执行机关批准的除外;(4) 其他确有必要禁止进入的区域、场所。

根据该规定第 5 条,人民法院可以根据犯罪情况,禁止判处管制的犯罪分子在管制执行期间接触以下一类或几类人员:(1) 未经对方同意,禁止接触被害人及其法定代理人、近亲属;(2) 未经对方同意,禁止接触证人及其法定代理人、近亲属;(3) 未经对方同意,禁止接触控告人、批评人、举报人及其法定代理人、近亲属;(4) 禁止接触同案犯;(5) 禁止接触其他可能遭受其侵害、滋扰的人或可能诱发其再次危害社会的人。

该规定第 6 条规定了禁止令的期限,既可以与管制执行的期限相同,也可以短于管制执行的期限,但判处管制的,禁止令的期限不得少于 3 个月(判处管制的犯罪分子在判决执行以前先行羁押以致管制执行的期限少于 3 个月的,禁止令的期限不受最短期限的限制)。禁止令的执行期限,从管制执行之日起计算。

该规定第 7—11 条和第 13 条规定了禁止令的适用、执行程序。人民检察院在提起公诉时,对可能被判处管制的被告人可以提出宣告禁止令的建议。当事人、辩护人、诉讼代理人可以就应否对被告人宣告禁止令提出意见,并说明理由。公安机关在移送审查起诉时,可以根据犯罪嫌疑人涉嫌犯罪的情况,就应否宣告禁止令及宣告何种禁止令,向人民检察院提出意见。人民法院对判处管制的被告人宣告禁止令的,应当在裁判文书主文部分单独作为一项予以宣告。禁止令由司法行政机关指导管理的社区矫正机构负责执行。人民检察院对社区矫正机构执行禁止令的活动实行监督。发现有违反法律规定的情况,应当通知社区矫正机构纠正。判处管制的犯罪分子违反禁止令的,由负责执行禁止令的社区矫正机构所在地的公安机关依照《中华人民共和国治安管理处罚法》(以下简称

《治安管理处罚法》)第60条的规定处罚。被宣告禁止令的犯罪分子被依法减刑时,禁止令的期限可以相应缩短,由人民法院在减刑裁定中确定新的禁止令。

二、拘役

(一) 拘役的概念

拘役,是短期剥夺犯罪分子的人身自由,就近执行,实行劳动改造的刑罚方法。在我国刑罚体系中,拘役是介于管制与有期徒刑之间的一种主刑,它的特点在于短期剥夺犯罪分子的人身自由。拘役刑的设置,既是惩罚犯罪的需要,又是罪刑相适应原则的具体体现。

拘役与其他短期剥夺人身自由的刑事拘留、行政拘留、民事拘留有所区别,表现在:

(1) 性质不同。拘役是刑罚方法;刑事拘留是刑事诉讼中的一种强制措施;民事拘留是民事诉讼中的一种司法行政处罚方法,具有司法性质,又称司法拘留;行政拘留是一种行政处罚方法。

(2) 适用对象不同。在我国,拘役适用于罪行较轻的犯罪分子;刑事拘留适用于具有《刑事诉讼法》第82条规定的七种情形之一的现行犯或重大嫌疑分子;民事拘留适用于《中华人民共和国民事诉讼法》第114条规定的作出六种妨害民事诉讼行为之一的诉讼参与人或其他人;行政拘留的适用对象是违反治安管理规定的行为人。

(3) 适用的机关不同。拘役由人民法院判决适用;刑事拘留由公安机关(人民检察院对于自侦案件具有法律规定情形之一的,也可以)决定并由公安机关执行;民事拘留须经人民法院院长批准适用;行政拘留由公安机关直接适用。

(4) 法律依据不同。拘役的依据是刑法;刑事拘留的依据是刑事诉讼法;民事拘留的依据是民事诉讼法;行政拘留的依据则是治安管理处罚法。

(二) 拘役的适用对象

拘役适用于罪行较轻,但仍需关押的犯罪分子。刑法分则中规定拘役作为选择刑的条文主要是渎职罪,其次分别是妨害社会管理秩序罪、破坏社会主义市场经济秩序罪等。刑法分则中犯罪性质最严重的,如危害国家安全罪、危害公共安全罪等,也可以适用拘役,但所占比例最低。设置拘役刑的条文绝大多数是把拘役作为最低法定刑规定的。另外,在刑法分则中规定有管制刑的条文,大多规定有拘役。在这样的条文中,拘役介于管制与有期徒刑之间。

(三) 拘役的期限

《刑法》规定,拘役的期限为1个月以上6个月以下,数罪并罚时最高不得超过1年。拘役的刑期从判决执行之日起计算。判决以前先行羁押的,羁押1日折抵刑期1日。

(四) 拘役的执行

被判处拘役的犯罪分子,由公安机关就近执行。被判处拘役的犯罪分子在执行期间享有两项待遇:探亲和参加劳动;参加劳动的,可以酌量发给报酬。

三、有期徒刑

(一) 有期徒刑的概念

有期徒刑,是剥夺犯罪分子一定期限的人身自由,强制其劳动并接受教育改造的刑罚方法。有期徒刑是自由刑的主体,有期徒刑的刑期上限与无期徒刑相接,下限与拘役相连,中间跨度很大,具有较大的可分性。它既可作为重刑适用于严重的犯罪行为,也可以作为轻刑适用于危害较小的犯罪行为。因此,有期徒刑在我国刑罚体系中是一种适用范围最广泛的刑罚方法。刑法分则中,凡规定了法定刑的,都规定了有期徒刑。相对于其他主刑,有期徒刑具有较强的威慑功能和矫正功能,既能使犯罪分子受到惩罚,又给犯罪分子留有希望。所以,在我国刑罚体系中,有期徒刑的中心地位一直没有被动摇。

有期徒刑与拘役都是有期限地剥夺犯罪分子自由的刑罚,但是,两者有重大区别:(1) 适用对象不同。拘役只适用于罪行较轻的犯罪分子,有期徒刑既可适用于罪行较轻的犯罪分子,也可以适用于罪行较重的犯罪分子。(2) 期限不同。拘役的期限为1个月以上6个月以下,数罪并罚最高不超过1年,而有期徒刑的期限为6个月以上15年以下,数罪并罚最高可达25年。可见,拘役刑期短、起点低、幅度小;有期徒刑刑期长、起点高、幅度大。(3) 执行的场所和待遇不同。拘役由公安机关就近执行,在执行期间被拘役的犯罪分子每月可以回家1天至2天,参加劳动的,可以酌量发给报酬。被判有期徒刑的犯罪分子,要在监狱或其他执行场所执行,接受教育和改造,在刑罚执行期间要强制劳动,且不能享受回家探亲和获取报酬的待遇。(4) 法律后果不同。被判处拘役的犯罪分子不可能构成一般累犯,而故意犯普通刑事罪,被判处有期徒刑的犯罪分子,刑罚执行完毕或赦免以后,在5年之内再犯应当被判处有期徒刑以上刑罚之故意犯罪的,构成累犯,应当从重处罚。

(二) 有期徒刑的适用对象

由于有期徒刑具有较大的轻重幅度,便于审判机关根据犯罪和犯罪分子的不同情况,判处相应的刑罚,因此,刑法分则对危险驾驶罪以外的所有罪都规定了有期徒刑,有期徒刑适用于刑法规定的除危险驾驶罪以外的所有的犯罪。

(三) 有期徒刑的刑期

根据《刑法》的有关规定,有期徒刑的期限为6个月以上15年以下。数罪并罚总和刑期不满35年的,最高不能超过20年;总和刑期在35年以上的,最高不能超过25年。判处死刑缓期2年执行的,在死刑缓期执行期间,如果确有重大立功表现,2年期满以后,减为25年有期徒刑。有期徒刑的刑期,从判决执行之日起计算;判决执行以前先行羁押的,羁押1日折抵刑期1日。

(四) 有期徒刑的执行

《刑法》第46条规定,被判处有期徒刑的犯罪分子,在监狱或者其他执行场所执行。"其他执行场所",是指未成年犯管教所、看守所等。① 凡是被判有期徒刑的罪犯,有劳动能力的,都应当参加劳动,接受教育和改造。

四、无期徒刑

(一) 无期徒刑的概念

无期徒刑是剥夺犯罪分子终身自由,强制其劳动并接受教育改造的刑罚方法。无期徒刑是最严厉的剥夺自由刑,介于有期徒刑和死刑之间,是仅次于死刑的一种严厉的刑罚方法。它主要适用于那些罪行严重,又不必判处死刑,但需要与社会永久隔离的犯罪分子。我国目前还大量存在极其严重的犯罪,死刑不可废止。但我国历来主张"少杀、慎杀"的刑事政策,死刑又必须慎重适用。在保留死刑的情况下,无期徒刑就成为限制死刑适用、贯彻少杀政策的有效手段。它在很大程度上可以替代死刑,减少死刑的适用。不仅如此,无期徒刑作为最重的自由刑,具有极大的威慑作用。所以,无期徒刑是我国刑罚体系中的一个重要刑种。

(二) 无期徒刑的适用对象

无期徒刑主要适用于那些罪行严重,但不必判处死刑,判处有期徒刑又不足以惩罚其罪,不足以预防再犯的犯罪分子。在刑法分则中,规定适用无期徒刑的有两种情况:一是凡规定有死刑的条文,一律把无期徒刑规定为可选择的法定刑,以减少死刑的绝对适用;二是将无期徒刑规定为法定最高刑。

(三) 无期徒刑的执行

根据我国《刑法》和《监狱法》的有关规定,被判无期徒刑的犯罪分子,在监狱或其他场所执行,凡是有劳动能力的,都应当参加劳动,接受教育和改造。被判处无期徒刑的,判决执行前先行羁押的时间不能折抵刑期。

无期徒刑从词语意义上,是对犯罪分子剥夺终身自由,实行无期限关押。但我国刑法规定了减刑和假释制度,被判处无期徒刑的犯罪分子在执行期间,符合法定条件的,可以适用减刑或假释。此外,在国家发布特赦令的情况下,符合特赦条件的无期徒刑罪犯,可以被特赦。所以,司法实践中被判处无期徒刑的罪犯,很少实际终身服刑。

---

① 未成年犯管教所是以12周岁以上不满18周岁的未成年犯为对象的执行机关。根据我国《刑事诉讼法》第264条的规定,对被判处有期徒刑的罪犯,在被交付执行刑罚前,剩余刑期在3个月以下的,由看守所代为执行。

五、死刑

(一) 死刑的概念

死刑是剥夺犯罪分子生命的刑罚方法,又叫生命刑,包括死刑立即执行和死刑缓期执行两种情况,是刑罚体系中最严厉的刑罚方法。

在世界范围内,死刑存废之争由来已久。而且随着刑罚发展进入博爱时代、科学时代,废止死刑成为世界刑罚轻刑化发展趋势的一项重要内容。我国在现行刑法中权衡死刑的利弊,考虑到我国严峻的社会治安形势,从与严重刑事犯罪作斗争的实际需要出发,保留了死刑,但严格限制死刑的适用条件。刑法从死刑的适用范围、适用对象、核准程序、死刑缓期执行等方面严格控制死刑的实际适用,体现了我国一贯采取的少杀、慎杀的刑事政策。

(二) 死刑的适用对象

我国《刑法》第 48 条规定,死刑只适用于罪行极其严重的犯罪分子。所谓罪行极其严重,即罪大恶极。"罪大"是指犯罪性质和情节极其严重,给社会造成的损失特别巨大;"恶极"是指犯罪分子的人身危险性特别大。作为死刑适用对象的罪犯应当是罪大与恶极同时具备,缺一不可。

(三) 限制死刑适用规定

我国刑法为贯彻"少杀、慎杀"的刑事政策,规定了以下措施限制死刑特别是死刑立即执行的适用:

(1) 严格控制死刑的适用范围。不仅在总则中规定只有罪行极其严重的犯罪分子才能被适用死刑,而且,在刑法分则规定死刑为最高法定刑的罪名中,死刑的适用都有情节的限制。如危害国家安全罪中,只有"对国家和人民危害特别严重,情节特别恶劣的",才能被判处死刑。此外,刑法分则的死刑条款,都是作为选择适用的法定刑而规定的。

甲与乙女恋爱。乙因甲伤残提出分手,甲不同意,拉住乙不许离开,遭乙痛骂拒绝。甲绝望大喊:"我得不到你,别人也休想!"连捅十几刀,致乙当场惨死。甲逃跑数日后,投案自首,有悔罪表现。本案中,甲的行为构成故意杀人罪没有问题,而且杀人动机比较卑劣,手段特别残忍,可以适用死刑。死刑包括死刑立即执行和缓期 2 年执行,考虑本案的被告人投案自首,有悔罪表现,可以判处死缓。

(2) 严格限制死刑的适用对象。《刑法》第 49 条第 1 款规定:"犯罪的时候不满十八周岁的人和审判的时候怀孕的妇女,不适用死刑。"《刑法修正案(八)》在《刑法》第 49 条增加一款作为第 2 款,规定:"审判的时候已满七十五周岁的人,不适用死刑,但以特别残忍手段致人死亡的除外。"这里所说的"犯罪的时候",是指实施犯罪行为的时候,不是指审判的时候,如果行为人在实施犯罪行为的那一天不满18周岁,即便审判的时候已满18周岁,亦不得适用死刑;这里所说的"审判的时候"是指从羁押到判决确定的整个诉讼过程,而不是仅指法院审理阶段,因此在刑事诉讼的各个阶段怀孕的妇女都不适用死刑。"怀孕"是指一种自然状态,只要犯了罪的妇女在羁押期间怀孕,或在羁押期间怀过孕,不论怀孕是否违反国家计划生育政策,不论是否分娩,不论是否流产,也不论是否出于非法目的、是否通过不正当手段达到怀孕状态,一律不得适用死刑。如果在羁押期间做人工流产的,仍应视为"审判的时候怀孕的妇女"。此外,1998年8月7日最高人民法院《关于对怀孕妇女在羁押期间自然流产审判时是否可以适用死刑问题的批复》的规定,"怀孕妇女因涉嫌犯罪在羁押期间自然流产后,又因同一事实被起诉、交付审判的,仍应当视为'审判的时候怀孕的妇女',依法不适用死刑"。不适用死刑,既不能判处死刑立即执行,也不能判处死刑缓期2年执行。

甲女因抢劫杀人被逮捕,羁押期间不慎摔伤流产。一个月后,甲被提起公诉。对甲应当视为"审判的时候怀孕的妇女",不适用死刑。

(3)严格规定了死刑适用程序。根据《刑法》和《刑事诉讼法》的有关规定,只有中级以上人民法院才有死刑案件的一审管辖权;判处死刑立即执行的案件,除依法由最高人民法院判决的以外,都应当报请最高人民法院核准;死刑执行的命令必须由最高人民法院院长签发后,才能将死刑犯交付执行。判处死刑缓期执行的案件,可以由高级人民法院判决或核准。

(4)规定了死刑缓期执行制度。《刑法》第48条第1款规定,对于应当判处死刑的犯罪分子,如果不是必须立即执行的,可以判处死刑同时宣告缓期2年执行。这就是我国刑法中的死刑缓期执行制度,简称死缓,是死刑制度的重要组成部分。死缓不是刑种,而是死刑的执行制度。死缓的最终处理结果有两种,即经过2年以后,或改判为无期徒刑或有期徒刑,或执行死刑。

(四)死刑缓期执行制度

1. 死缓的适用对象

根据我国《刑法》第48条的规定,适用死缓必须同时具备两个条件:其一,应当判处死刑。这是适用死缓的前提条件。所谓应当判处死刑,是指根据犯罪分子所犯罪行的严重程度和刑罚规定,对其应当判处死刑。它表明适用死缓的对象和适用死刑的对象均是罪行极其严重的犯罪分子。其二,不是必须立即执行。这是区分死刑缓期执行与死刑立即执行的原则界限,是适用死缓的本质条件。法律对这一条件没有明确、具体规定,根据审判经验,主要是犯罪分子具备自首、立功等从宽处罚情节,或在共同犯罪中罪行不是最为严重的,或被害人有过错,或该罪行在同类犯罪案件中不是最严重的,或犯罪人有令人怜悯的情形等,而不需要立即执行,具体由审判机关量刑时予以判断。

2. 死缓的考验期

死缓有两年的考验期，考验期在监狱内执行。死缓的考验期从判决确定之日起计算，先行羁押的期间不计入死缓考验期。2021 年 1 月 26 日最高人民法院《关于适用〈中华人民共和国刑事诉讼法〉的解释》第 498 条第 1 款规定："死刑缓期执行的期间，从判决或者裁定核准死刑缓期执行的法律文书宣告或者送达之日起计算。"

3. 死缓考验的结果

根据《刑法》第 50 条第 1 款的规定，死缓的考验结果有两种：不再执行死刑和执行死刑。具体分为以下四种情况：(1) 减为无期徒刑。在死刑缓期执行期间，如果没有故意犯罪，2 年期满以后，减为无期徒刑。(2) 减为有期徒刑。在死刑缓期执行期间如果没有故意犯罪，同时确有重大立功表现，2 年期满以后，减为 25 年有期徒刑。减刑后有期徒刑的刑期，从死缓裁定减为有期徒刑之日起计算。死缓考验期满至裁定减为有期徒刑之间羁押的期间，计入有期徒刑的刑期。至于哪些属于重大立功表现，应根据《刑法》第 78 条予以确定。(3) 核准执行死刑。在死刑缓期执行期间，如果故意犯罪，情节恶劣的，报请最高人民法院核准后执行死刑。但是一定要注意，即使出现了新的故意犯罪，也要按照法定程序对新罪进行立案侦查、起诉和审判，将死刑和新罪的刑罚按照数罪并罚的原则进行并罚，然后判处死刑立即执行。① 对于故意犯罪未执行死刑的，死刑缓期执行的期间重新计算，并报最高人民法院备案。(4) 判处终身监禁刑。死缓期满减为无期徒刑的贪污犯适用终身监禁。根据《刑法修正案(九)》对《刑法》第 383 条的修改，犯贪污罪，数额特别巨大，并使国家和人民利益遭受特别重大损失被判处死刑缓期执行的，人民法院根据犯罪情节等情况可以同时决定在其死刑缓期执行 2 年期满依法减为无期徒刑后，终身监禁，不得减刑、假释。这一规定在限制减刑制度的基础上，进一步在我国《刑法》中增加了不得减刑、假释的制度，虽然它仅适用于特别严重的贪污犯罪，表明了刑法严厉惩治使国家和人民利益遭受特别重大损失的贪污犯罪行为的态度，但实际上也表明了刑罚制度发展的一个动向。终身监禁刑是死刑立即执行的一种替代性措施，而非死缓的加重处罚措施。

谢某因犯故意杀人罪被某中级人民法院一审判处死刑，缓期 2 年执行，并经

---

① 这里有几个问题值得研究：(1) 是不是一旦发现故意犯罪，裁判之后就立即执行死刑，还是要等 2 年考验期满后再执行？(2) 在 2 年期满后才发现故意犯罪的，尤其是在减为无期徒刑之后才发现的，到底应该怎么处理？(3) 在死刑缓期执行期间又犯新罪的，新罪刑罚如果仅在无期徒刑以下，新罪到底应该由哪一级法院审理？(4) 在死缓期间，先有故意犯罪，而后有重大立功表现，或先有重大立功表现，而后有故意犯罪，该如何处理？等等。关于这些问题的研究，可参见张明楷：《刑法学》(第六版)(上)，法律出版社 2021 年版，第 699 页；高铭暄、马克昌主编：《刑法学》(第十版)，北京大学出版社、高等教育出版社 2022 年版，第 238 页。

高级人民法院核准生效,交付执行。死刑缓期执行期间没有再犯新罪。期满后在高级人民法院尚未作出减刑裁定期间,谢某将同监犯人刘某打成重伤。对谢某应核准执行死刑还是裁定减刑? 根据刑法规定,死缓变更执行的条件是"缓期2年执行期间是否故意犯罪",只要在期间内故意犯罪,不管何时发现,均应核准执行死刑;只要在期间内没有故意犯罪,就应裁定减刑。这里应当注意:死刑缓期2年执行的期间,从判决确定之日起计算,至2年届满为止,而不是以人民法院裁定减刑的核准日期为届满日期。所以,对谢某应当裁定减刑。

此外,《刑法》第50条第2款规定:"对被判处死刑缓期执行的累犯以及因故意杀人、强奸、抢劫、绑架、放火、爆炸、投放危险物质或者有组织的暴力性犯罪被判处死刑缓期执行的犯罪分子,人民法院根据犯罪情节等情况可以同时决定对其限制减刑。"

第三节 附 加 刑

附加刑,又称从刑,是补充主刑适用的刑罚方法。附加刑的特点是既可以独立适用,又可以附加适用。在附加适用时,可以同时适用两个以上的附加刑。我国刑法规定的附加刑包括罚金、剥夺政治权利、没收财产,以及特殊适用的驱逐出境。①

我国《刑法》第69条第3款规定,数罪中有判处附加刑的,附加刑仍须执行,其中附加刑种类相同的,合并执行;种类不同的,分别执行。

一、罚金

(一) 罚金的概念

罚金是人民法院判处犯罪分子向国家缴纳一定数额金钱的刑罚方法。

罚金刑是一种财产刑,它是以强制犯罪分子缴纳金钱为内容的刑罚方法。要注意将作为刑种的罚金与作为行政处罚方法的罚款区别开来。(1) 性质不

---

① 我国刑法规定的资格刑只有针对一般犯罪分子适用的剥夺政治权利和针对犯罪的外国人适用的驱逐出境。此外,1988年7月1日第七届全国人大常委会第二次会议通过的《中国人民解放军军官军衔条例》第27条规定:"军官犯罪,被依法判处剥夺政治权利或者三年以上有期徒刑的,由法院判决剥夺其军衔。退役军官犯罪的,依照前款规定剥夺其军衔。军官犯罪被剥夺军衔,在服刑期满后,需要在军队中服役并授予军官军衔的,依照本条例第十六条的规定办理。"据此,剥夺军衔又成为一种适用于特殊罪犯——军人的资格刑。1994年5月12日通过的《关于修改〈中国人民解放军军官军衔条例〉的决定》,没有对涉及剥夺军衔的内容进行修改。在对《刑法》进行修订的过程中,曾经在多个修改稿中将剥夺军衔作为特殊附加刑。但是,最终修订的刑法没有予以规定。可是,现行《刑法》并未明示废止剥夺军衔刑,《中国人民解放军军官军衔条例》仍然有效。因此,剥夺军衔仍是一种以附属刑法规定的特殊附加刑。它只能适用于被判处剥夺政治权利或3年以下有期徒刑的犯罪军官,只能附加适用,不能独立适用。

同。罚金是刑罚方法,罚款是行政处罚方法。(2)适用前提不同。罚金的适用前提是行为构成犯罪,罚款适用于行政违法行为。(3)适用机关不同。罚金的适用机关是人民法院,罚款的适用机关是行政机关。(4)适用的法律根据不同。适用罚金的法律根据是刑法,适用罚款的法律根据是行政法。

(二) 罚金的适用对象

罚金具有广泛的适用性。它既可适用于处刑较轻的犯罪,也可适用于处刑较重的犯罪。从犯罪性质上看,罚金主要适用于贪利型犯罪,具体包括三种犯罪,即经济犯罪、财产犯罪和其他故意犯罪。此外,罚金还是对犯罪的单位适用的唯一刑种。

(三) 罚金的适用方式

根据我国刑法规定,罚金的适用方式有以下四种:

(1) 单科式。刑法规定的单科罚金主要适用于单位犯罪。在这种情况下,罚金只能单独适用。

(2) 选科式。罚金作为附加刑,既可附加适用,又可单独适用。某些犯罪,刑法分则规定单独适用的罚金与其他刑种并列,可供选择适用。例如,《刑法》第275条规定,犯故意毁坏财物罪的,处3年以下有期徒刑、拘役或者罚金。在这种情况下,罚金作为一种可选择的法定刑,只能单独适用,不能附加适用。

在采用选科式立法的具体犯罪中,何种情况可以单独判处适用罚金刑?对此,2000年12月13日最高人民法院《关于适用财产刑若干问题的规定》(以下简称《财产刑规定》)第4条明确规定:"犯罪情节较轻,适用单处罚金不致再危害社会并具有下列情形之一的,可以依法单处罚金:(一) 偶犯或者初犯;(二) 自首或者有立功表现的;(三) 犯罪时不满十八周岁的;(四) 犯罪预备、中止或者未遂的;(五) 被胁迫参加犯罪的;(六) 全部退赃并有悔罪表现的;(七) 其他可以依法单处罚金的情形。"

(3) 并科式。我国刑法中的并科罚金,几乎都是必并制。但也有一些是可并制,即可以并处罚金,也可以不并处罚金。但无论并处与否,都不能单处罚金。例如,《刑法》第326条规定,倒卖文物的,处5年以下有期徒刑或者拘役,并处罚金;情节特别严重的,处5年以上10年以下有期徒刑,并处罚金。在这里罚金只能附加适用,不能单独适用。该条就是必并制。《刑法》第325条规定,违反文物保护法规,将收藏的国家禁止出口的珍贵文物私自出售或私自赠送给外国人的,处5年以下有期徒刑或者拘役,可以并处罚金。该条就是可并制。根据《财产刑规定》第1条,刑法规定"并处"罚金的犯罪,人民法院在对犯罪分子判处主刑的同时,必须依法判处罚金刑;刑法规定"可以并处"罚金的犯罪,人民法院应当根据案件具体情况及犯罪分子的财产状况,决定是否适用罚金刑。

(4) 复合式。复合式是指罚金的单处与并处同时规定在一个法条之内,以供选择适用。例如，《刑法》第 216 条规定，假冒他人专利，情节严重的，处 3 年以下有期徒刑或者拘役，并处或者单处罚金。在这种情况下罚金既可以附加适用，也可以单独适用。

（四）罚金的数额

我国刑法在总则中规定了裁量罚金数额的一般原则，即根据犯罪情节决定罚金数额。而在分则中，则对罚金数额的裁量作了多样化规定，主要有以下五种情况：

（1）无限额罚金制。刑法分则仅规定选处、单处或并处罚金，不规定罚金的具体数额限度，而是由人民法院根据犯罪情节自由裁量罚金的具体数额。

（2）限额罚金制。刑法分则规定了罚金数额的下限和上限，人民法院必须在规定的数额幅度内裁量罚金。

（3）比例罚金制。即以犯罪金额的百分比决定罚金的数额。例如，《刑法》第 158 条规定，对虚报注册资本罪，处 3 年以下有期徒刑或者拘役，并处或者单处虚报注册资本金额 1% 以上 5% 以下罚金。

（4）倍数罚金制。即以犯罪金额的倍数决定罚金的数额。例如，《刑法》第 202 条规定，以暴力、威胁方法拒不缴纳税款的，处 3 年以下有期徒刑或者拘役，并处拒缴税款 1 倍以上 5 倍以下罚金。

（5）倍比罚金制。即同时以犯罪金额的比例和倍数决定罚金的数额。例如，《刑法》第 140 条规定，对生产、销售伪劣产品罪，销售金额 5 万元以上不满 20 万元的，处 2 年以下有期徒刑或拘役，并处或单处销售金额 50% 以上 2 倍以下罚金。

根据《刑法》第 52 条的规定，决定罚金的数额，应当以犯罪情节为根据。也就是说，犯罪情节严重的，罚金数额应当多些；犯罪情节较轻的，罚金数额应当少些，这是罪刑相适应原则在罚金裁量上的具体体现。在裁量罚金数额时应否考虑犯罪分子的经济状况？犯罪分子所犯数罪分别被判处罚金的，如何并罚？《刑法》对此没有明确规定。《财产刑规定》予以明确，其第 2 条规定："人民法院应当根据犯罪情节，如违法所得数额、造成损失的大小等，并综合考虑犯罪分子缴纳罚金的能力，依法判处罚金。刑法没有明确规定罚金数额标准的，罚金的最低数额不能少于一千元。对未成年人犯罪应当从轻或者减轻判处罚金，但罚金的最低数额不能少于五百元。"第 3 条第 1 款规定："依法对犯罪分子所犯数罪分别判处罚金的，应当实行并罚，将所判处的罚金数额相加，执行总和数额。"

（五）罚金的缴纳

根据《刑法》第 53 条的规定，罚金缴纳可分为：

（1）限期一次缴纳。犯罪分子在判决指定的期限内将罚金一次缴纳完毕。

（2）限期分期缴纳。主要适用于罚金数额较多，罪犯无力一次缴纳的情况。

犯罪分子应在判决指定的期限内将罚金缴纳完毕。《财产刑规定》第5条规定："刑法第五十三条规定的'判决指定的期限'应当在判决书中予以确定；'判决指定的期限'应为从判决发生法律效力第二日起最长不超过三个月。"

（3）强制缴纳。判决缴纳罚金，指定的期限届满，罪犯有缴纳能力而拒不缴纳的，人民法院采取查封、拍卖财产、冻结存款等措施，强制其缴纳。《财产刑规定》第11条第1款规定："自判决指定的期限届满第二日起，人民法院对于没有法定减免事由不缴纳罚金的，应当强制其缴纳。"

（4）随时追缴。对于不能全部缴纳罚金的，人民法院在任何时候，发现被执行人有可以执行的财产的，应当随时追缴。

（5）延期、酌情减少或免除缴纳。《刑法》第53条第2款规定，由于遭遇不能抗拒的灾祸等原因缴纳确实有困难的，经人民法院裁定，可以延期缴纳、酌情减少或者免除。《财产刑规定》第6条规定：《刑法》第53条规定的"由于遭遇不能抗拒的灾祸缴纳确实有困难的"，主要是指因遭受火灾、水灾、地震等灾祸而丧失财产；罪犯因重病、伤残等而丧失劳动能力，或者需要罪犯抚养的近亲属患有重病，需支付巨额医药费等，确实没有财产可供执行的情形。具有《刑法》第53条规定"可以延期、酌情减少或者免除"事由的，由罪犯本人、亲属或者犯罪单位向负责执行的人民法院提出书面申请，并提供相应的证明材料。人民法院审查以后，根据实际情况，裁定延期、酌情减少或者免除应当缴纳的罚金数额。

二、剥夺政治权利

（一）剥夺政治权利的概念

剥夺政治权利，是指剥夺犯罪分子参加国家管理和政治活动权利的刑罚方法。剥夺政治权利是一种资格刑，剥夺的是犯罪分子参加国家管理和政治活动的资格。

（二）剥夺政治权利的适用对象

剥夺政治权利的适用对象，因适用形式的不同而有所不同。

（1）独立适用的剥夺政治权利，适用于刑法分则明文规定的罪行较轻，不需要判处主刑的罪犯。

（2）附加适用的剥夺政治权利，适用于刑法总则规定的较重的罪犯。第一，对被判处死刑和无期徒刑的犯罪分子，应当附加剥夺政治权利终身。此种情况下，应当附加剥夺政治权利的根据是对犯罪分子适用的主刑刑种。之所以这样规定，不仅是对犯罪分子予以政治上的否定评价，还可以防止犯罪分子被赦免或假释后再次利用政治权利实施犯罪，并处理好犯罪分子出版权行使的问题。第二，对危害国家安全的犯罪分子，应当附加剥夺政治权利。因为犯罪分子实施危害国家安全的犯罪往往都利用了其享有的政治权利，对其政治权利予以剥夺，可以防止其利用政治权利再次实施犯罪。第三,对实施故意杀人、强奸、放火、爆炸、投放危险物质①、抢劫等严重破坏社会秩序行为的犯罪分子,可以附加剥夺政治权利。此外,1997年12月31日最高人民法院《关于对于故意伤害、盗窃等严重破坏社会秩序的犯罪分子能否附加剥夺政治权利问题的批复》规定,对故意伤害、盗窃等其他严重破坏社会秩序的犯罪,犯罪分子主观恶性较深、犯罪情节恶劣、罪行严重的,也可以附加剥夺政治权利。

(三) 剥夺政治权利的内容

根据我国《刑法》第54条的规定,剥夺政治权利的内容包括:(1) 选举权和被选举权;(2) 言论、出版、集会、结社、游行、示威自由的权利;(3) 担任国家机关职务的权利;(4) 担任国有公司、企业、事业单位和人民团体领导职务的权利。剥夺方式是同时完全剥夺上述权利。

(四) 剥夺政治权利的期限和刑期计算

剥夺政治权利的期限和刑期计算分为以下五种情况:

(1) 判处管制附加剥夺政治权利的,剥夺期限与管制的期限相等,同时起算,同时执行,即3个月以上2年以下。管制期满解除管制,政治权利也同时恢复。

(2) 判处拘役附加剥夺政治权利的,剥夺期限为1年以上5年以下。剥夺政治权利的刑期从拘役执行完毕之日起计算。剥夺政治权利的效力当然适用于主刑执行期间。也就是说,主刑的执行期间虽然不计入剥夺政治权利的刑期,但犯罪分子不享有政治权利。

(3) 有期徒刑附加剥夺政治权利的,剥夺期限为1年以上5年以下。剥夺政治权利的刑期从有期徒刑执行完毕之日或从假释之日起计算。剥夺政治权利的效力当然适用于主刑执行期间。

(4) 判处死刑、无期徒刑的犯罪分子,应当附加剥夺政治权利终身。刑期从判决发生法律效力之日起计算。死刑缓期执行减为有期徒刑或无期徒刑减为有期徒刑的,附加剥夺政治权利的期限改为3年以上10年以下。其刑期应当从减刑后的有期徒刑执行完毕之日或假释之日起计算。剥夺政治权利的效力当然适用于主刑执行期间。

(5) 单处剥夺政治权利的期限,为1年以上5年以下。其刑期从判决确定之日起计算。

剥夺政治权利的适用,一定要注意被剥夺政治权利的犯罪分子,实际被剥夺政治权利的时间要比被判处附加剥夺政治权利的时间长,因为其在主刑执行期

---

① 我国《刑法》第56条规定为"投毒",但根据《刑法修正案(三)》,应将这里的"投毒"理解为"投放危险物质"。

间是没有政治权利的。刑法分则对剥夺政治权利有特殊规定的,即单独适用剥夺政治权利的,按照分则规定,不再适用总则规定,即不再附加剥夺政治权利,这是特别条款优于普通条款的适用原则。拘役没有假释,只能说从拘役执行完毕之日起计算。根据《中华人民共和国村民委员会组织法》第13条的规定,被剥夺政治权利的村民是没有权利参加村委会选举的。

三、没收财产

(一) 没收财产的概念

没收财产是将犯罪分子个人所有财产的一部或全部强制无偿地收归国有的刑罚方法。

没收财产属于一种财产刑,也是我国刑罚的附加刑中最重的一种。它与罚金不同,应当加以区别。(1) 刑罚的内容不同。罚金是较轻的财产刑,剥夺的只是一定数额的金钱;没收财产则是较重的财产刑,它剥夺的既可以是全部财产,也可以是一部分财产,既可以是金钱,也可以是其他财产(如房屋、家具等)。(2) 适用对象不同。罚金只适用于情节较轻的贪利性犯罪或单位犯罪;没收财产刑则适用于危害国家安全的犯罪、走私罪及其他严重破坏经济秩序的犯罪、以营利为目的的妨害社会管理秩序罪。(3) 执行方法不同。罚金可以分期缴纳,如果由于犯罪分子遭遇不能抗拒的灾祸,还可以酌情减少或免除;没收财产的执行具有一次性的特点,即没收财产刑一旦宣告,就一次性地没收犯罪分子的财产的一部或全部,不存在分期执行和减免的问题。

没收财产也不同于没收违禁品和供犯罪所用的本人财物。前者是刑罚方法,后者则是刑罚方法以外的对违法所得或供犯罪所用的财物的处理方法。

(二) 没收财产的适用对象

我国刑法分则规定有没收财产的条文共50余条,主要适用于以下几类犯罪:(1) 危害国家安全罪,根据《刑法》第113条的规定,对所有的危害国家安全罪都可以并处没收财产;(2) 严重的经济犯罪;(3) 严重的财产犯罪;(4) 其他严重的刑事犯罪。对这些犯罪分子适用没收财产,是为了剥夺他们继续犯罪的物质基础。

(三) 没收财产的范围

我国《刑法》第59条对没收财产的范围进行了规定:"没收财产是没收犯罪分子个人所有财产的一部或者全部。没收全部财产的,应当对犯罪分子个人及其扶养的家属保留必需的生活费用。在判处没收财产的时候,不得没收属于犯罪分子家属所有或者应有的财产。"根据这一规定,没收财产的范围应当从以下三个方面确定:(1) 没收财产是没收犯罪分子个人所有财产的一部或全部。所谓犯罪分子个人所有财产,是指属于犯罪分子本人实际所有的财产及与他人共有财产中依法应得的份额。（2）没收全部财产的，应当对犯罪分子个人及其扶养的亲属保留必需的生活费用，以维持犯罪分子个人和所扶养的亲属的生活。（3）在判处没收财产的时候，不得没收属于犯罪分子亲属所有或应有的财产。

（四）以没收财产偿还债务和承担民事赔偿责任的问题

我国《刑法》第60条规定："没收财产以前犯罪分子所负的正当债务，需要以没收的财产偿还的，经债权人请求，应当偿还。"根据《财产刑规定》第7条，"没收财产以前犯罪分子所负的正当债务"，是指犯罪分子在判决生效前所负他人的合法债务。以没收的财产偿还债务，必须具备以下条件：（1）必须是犯罪分子在财产被没收前所负的债务；（2）必须是合法债务；（3）犯罪分子无其他财产，所负的债务需要以没收的财产偿还；（4）必须经债权人请求。《刑法》第36条第2款规定，承担民事赔偿责任的犯罪分子，同时被判处没收财产的，应当先承担对被害人的民事赔偿责任。这两项规定确定了刑罚执行中的私权优先原则，体现了对公民合法权利的保护。

甲因受贿1000万元被判处无期徒刑并处没收财产。因抢劫他人汽车被判处死刑并处没收财产。此前所欠赌债，债权人向法院提出偿还请求。甲还因妨害清算罪被判有期徒刑3年并处罚金2万元。那么，甲受贿的1000万元和抢劫的汽车是否属于没收财产的执行对象？所负赌债是否需要用没收的财产偿还？没收财产和罚金是否应当合并执行？《刑法》第64条规定："犯罪分子违法所得的一切财物，应当予以追缴或者责令退赔；对被害人的合法财产，应当及时返还；违禁品和供犯罪所用的本人财物，应当予以没收。没收的财物和罚金，一律上缴国库，不得挪用和自行处理。"因此，甲受贿的1000万元属于犯罪分子违法所得的财物，应当予以追缴或责令退赔，不属于没收财产刑的执行对象。甲抢劫的汽车属于被害人的合法财产，应当及时返还，而非上缴国库。赌债并非正当债务，即使经债权人请求，也不应偿还。《刑法》第69条第3款规定："数罪中有判处附加刑的，附加刑仍须执行，其中附加刑种类相同的，合并执行，种类不同的，分别执行。"这样，同属附加刑的没收财产（不管是没收部分还是全部财产）与罚金刑，都要分别执行，而不能合并执行。

（五）没收财产的执行

没收财产由人民法院执行，在必要的时候可以会同公安机关执行。在执行没收财产中，如果发现有被犯罪分子非法占有的公民个人财产，经原所有人请求返还，查证属实后，应当归还原所有人。

四、驱逐出境

驱逐出境，是强制犯罪的外国人离开中国国（边）境的刑罚方法。驱逐出境作为一种刑罚方法，只适用于犯罪的外国人，不适用于犯罪的本国人，不具有普遍适用的性质。我国《刑法》第35条规定:"对于犯罪的外国人,可以独立适用或者附加适用驱逐出境。"据此,驱逐出境具有附加刑的特点,是只适用于犯罪的外国人的一种特殊附加刑。

应当把作为附加刑的驱逐出境,与《中华人民共和国外国人入境出境管理法》(以下简称《外国人入境出境管理法》)第30条规定的驱逐出境区别开来。两者虽然从效果上都是将外国人从我国境内强制驱逐出去,但本质截然不同。两者的区别主要在于:(1) 性质不同。作为附加刑的驱逐出境是一种刑罚方法,而《外国人入境出境管理法》规定的驱逐出境是一种行政处罚方法。(2) 适用对象不同。作为刑罚方法的驱逐出境适用于在我国境内犯罪的外国人;作为行政处罚方法的驱逐出境适用于违反《外国人入境出境管理法》,且情节严重的在我国境内的外国人。(3) 适用机关不同。作为刑罚方法的驱逐出境,由人民法院依法判处;作为行政处罚方法的驱逐出境则由地方公安机关报公安部决定。(4) 执行时间不同。作为刑罚的驱逐出境,单独适用时,从判决发生法律效力之日起执行,附加适用时,从主刑执行完毕之日起执行;作为行政处罚方法的驱逐出境,在公安部作出决定后立即执行。

第四节　非刑罚的处理方法

非刑罚的处理方法,是指我国刑法规定的,由人民法院决定对罪行轻微不需要判处刑罚的犯罪分子适用的刑罚以外的处理方法。包括训诫、责令具结悔过、赔礼道歉、赔偿损失和行政性的非刑罚处理方法——由主管部门予以行政处罚或行政处分。应注意:(1) 非刑罚的处理方法不是刑种,不具有刑罚的性质,而是刑罚的必要补充措施;(2) 非刑罚的处理方法是实现刑事责任的一种辅助方式;(3) 非刑罚的处理方法的适用主体是人民法院;(4) 非刑罚处理方法适用于已经构成犯罪,但不需要判处刑罚(即免予刑罚处罚)的行为。

对犯罪分子适用非刑罚处罚方法,一方面体现了我国宽严相济的刑事政策,另一方面也给予犯罪分子一定的否定评价,使其受到教育、警诫,不致再犯,从而达到预防犯罪的目的。

一、教育性的非刑罚处理方法

教育性的非刑罚处理方法,是人民法院对犯罪情节轻微不需要判处刑罚而免除刑事处罚的犯罪分子适用的教育方法,包括训诫、责令具结悔过和责令赔礼道歉。

训诫,是指人民法院对情节轻微的犯罪分子当庭予以谴责或批评,并责令其改正的一种教育方法。

责令具结悔过,是指人民法院责令罪行轻微的犯罪分子以书面形式保证改过,不再重新犯罪的一种教育方法。

责令赔礼道歉,是指人民法院责令罪行轻微的犯罪分子公开向被害人当面承认错误,表示歉意的一种教育方法。

二、经济性的非刑罚处理方法

经济性的非刑罚处理方法,是人民法院对罪行轻微的犯罪分子,根据其犯罪行为给被害人造成的损失情况,责令其给予被害人一定经济赔偿的方法。

我国《刑法》分别在第36条和第37条规定了两种赔偿损失,即判处赔偿经济损失和责令赔偿经济损失。两种赔偿损失适用的条件并不一样。只有第37条规定的,对犯罪情节轻微,不需要判处刑罚的犯罪分子适用的赔偿损失,才是非刑罚的处理方法。第36条规定的赔偿损失,是与刑罚处罚并用的一种方法,其实质是在承担刑事责任的同时还要承担由犯罪行为引起的民事责任。

三、行政性的非刑罚处理方法

行政性的非刑法处理方法,是人民法院根据案件情况,向犯罪分子的主管部门提出对犯罪分子予以行政处罚或行政处分的建议,由行政主管部门给予犯罪分子一定行政处罚或行政处分的处理方法。我国刑法规定,对罪行轻微,不需要判处刑罚的犯罪分子,人民法院可以决定交由主管部门予以行政处罚或行政处分。人民法院对主管部门如何处理不进行干预,但是,主管部门必须将处理的结果通知人民法院。

四、从业禁止

从业禁止是《刑法修正案(九)》第1条新设的一项制度,即在《刑法》第37条后增加一条即第37条之一,该条第1款规定:"因利用职业便利实施犯罪,或者实施违背职业要求的特定义务的犯罪被判处刑罚的,人民法院可以根据犯罪情况和预防再犯罪的需要,禁止其自刑罚执行完毕之日或者假释之日起从事相关职业,期限为三年至五年。"

这一规定设立了我国刑法中的禁止从事相关职业的制度,是我国刑罚方法的一种拓展和创新。适用该制度应注意以下三点:(1)适用前提,即利用职业便利实施犯罪,或者实施违背职业要求的特定义务的犯罪被判处刑罚。这里的利用职业便利实施犯罪,是指实施业务犯罪。业务犯罪的主体是具有特定身份的人员,并且具有业务上的便利。例如,《刑法》第183条规定的职务侵占罪,就属于此类犯罪。而实施违背职业要求的特定义务的犯罪则是指实施亵渎职责的犯罪,例如《刑法》第169条之一规定的背信损害上市公司利益罪。(2)适用根据,即犯罪情况和预防再犯罪的需要。根据我国刑法的规定,并非所有上述实施犯罪而被判处刑罚的,都必须适用禁止从事相关职业的处罚措施。只有那些犯罪情节较为严重,尤其是与职务具有密切关联性的犯罪分子,并且人身危险性较大的,才有必要适用禁止从事相关职业的处罚措施。(3)适用后果,即禁止其自刑罚执行完毕之日或者假释之日起从事相关职业,期限为3年至5年。禁止从事相关职业,是对犯罪人所实施的某种业务犯罪的附带性的惩罚,同时也具有防止在一定期间再犯业务犯罪的功能。根据刑法规定,禁止从事相关职业的惩罚并非永久性的,而具有一定的期限,即3年至5年。

被禁止从事相关职业的人违反人民法院依照《刑法》第37条之一第1款规定作出的决定的,由公安机关依法给予处罚;情节严重的,依照《刑法》第313条拒不执行判决、裁定罪的规定定罪处罚。其他法律、行政法规对其从事相关职业另有禁止或者限制性规定的,从其规定。禁止从事相关职业制度的设立,对于惩罚与预防业务犯罪具有一定的意义。

拓展阅读

如何理解我国的社区矫正制度

社区矫正是与监禁矫正相对的行刑方式,是指将符合社区矫正条件的罪犯置于社区内,由专门的国家机关在相关社会团体和民间组织以及社会志愿者的协助下,在判决、裁定或决定确定的期限内,矫正其犯罪心理和行为恶习,并促进其顺利回归社会的非监禁刑罚执行活动。为适应我国政治、经济、社会及文化的发展,积极探索刑罚执行制度改革,最高人民法院、最高人民检察院、公安部、司法部2003年7月10日发布《关于开展社区矫正试点工作的通知》,在我国开展社区矫正试点工作。2004年5月9日司法部出台了《司法行政机关社区矫正工作暂行办法》,进一步规范社区矫正工作。《刑法修正案(八)》也规定对管制、缓刑和假释的犯罪分子实行社区矫正。2019年12月28日通过的《中华人民共和国社区矫正法》(以下简称《社区矫正法》),规定了我国社区矫正的基本法律制度,对于我国及国际社会的社区矫正具有重要意义,是我国社区矫正发展历史上一个新的里程碑。其主要内容如下:

其一,社区矫正的适用对象。社区矫正的适用对象是被判处管制、宣告缓刑、假释和暂予监外执行的罪犯。《社区矫正法》第2条第1款规定,对被判处管制、宣告缓刑、假释和暂予监外执行的罪犯,依法实行社区矫正。其二,社区矫正的实施主体。社区矫正的实施主体主要是司法行政机关,公安机关、人民法院、人民检察院、监狱等机关要积极协助。《社区矫正法》第8条规定,国务院司法行政部门主管全国的社区矫正工作,人民法院、人民检察院、公安机关和其他有关部门依照各自职责,依法做好社区矫正工作。其三,社区矫正的地点。社区矫正执行地为社区矫正对象的居住地。社区矫正对象在多个地方居住的,可以确定经常居住地为执行地。社区矫正对象的居住地、经常居住地无法确定或者不适宜执行社区矫正的,社区矫正决定机关应当根据有利于社区矫正对象接受矫正、更好地融入社会的原则,确定执行地。其四,社区矫正对象的交接。社区矫正决定机关应当对社区矫正对象进行教育,告知其在社区矫正期间应当遵守的规定以及违反规定的法律后果,责令其按时报到。《社会矫正法》第21条规定,人民法院判处管制、宣告缓刑、裁定假释的社区矫正对象,应当自判决、裁定生效之日起10日内到执行地社区矫正机构报到。人民法院决定暂予监外执行的社区矫正对象,由看守所或者执行取保候审、监视居住的公安机关自收到决定之日起10日内将社区矫正对象移送社区矫正机构。监狱管理机关、公安机关批准暂予监外执行的社区矫正对象,由监狱或者看守所自收到批准决定之日起10日内将社区矫正对象移送社区矫正机构。其五,社区矫正终止。被判处管制、单处或并处剥夺政治权的,其矫正期限为所处管制、剥夺政治权利的实际期限;被宣告缓刑、裁定假释的,其矫正期为缓刑考验期或假释考验期;暂予监外执行的,其矫正期为在监外实际执行的期限。《社区矫正法》第45条规定,社区矫正对象被裁定撤销缓刑、假释,被决定收监执行,或者社区矫正对象死亡的,社区矫正终止。

延伸思考

终身监禁刑的性质和意义①

《刑法》第383条第4款规定,对贪污受贿数额巨大,并使国家和人民利益遭受特别重大损失的,判处死刑缓期2年执行的犯罪分子,"终身监禁,不得减刑、假释"。如何理解终身监禁刑的性质和意义?

在慎用死刑和实践中死缓、无期徒刑减刑比较容易的情况下,增加终身监禁的条款,目的是发挥刑事法律的震慑作用。当前,在国际社会呼吁减少死刑的情况下,我国也秉持最大限度慎用、减少适用死刑的刑事政策。但在实践中,即便贪污受贿犯罪人被判处死刑缓期2年执行或者无期徒刑,一般十几年的监狱生活后就有可能重返社会,这导致刑罚对腐败犯罪的威慑作用在减弱。"终身监禁"的内容恰恰截断了贪官们"越狱"的可能。

最高人民法院刘为波法官认为,终身监禁不是新增的刑种。不是说以后所有的死缓都要适用终身监禁,只有可能需要判处死刑立即执行,但适用终身监禁

---

① 参见关仕新等:《细化弹性规定 指导司法实践》,载《检察日报》2015年9月3日第3版。

同样可以做到罚当其罪的才能适用。在一定意义上，终身监禁是死刑立即执行的一种替代性措施，而非死缓的加重处罚措施。同时，不能因为有了终身监禁就认为以后对贪污受贿犯罪不再适用死刑立即执行了。终身监禁确实为更多地适用死缓提供了法律支持，但是，在当前刑法仍保留贪污罪、受贿罪死刑规定的情况下，对于贪贿数额特别巨大、犯罪情节特别严重、社会影响特别恶劣、造成损失特别重大、人民群众反映特别强烈的个别案件，仍不排除适用死刑立即执行的可能。终身监禁是一种"特别死缓"。

北京大学储槐植教授认为，现在死缓限制减刑的都要关押二十多年，并不比终身监禁轻多少，终身监禁刑的规定主要是为了安抚民意而体现的"一种政治上的姿态"，"对监狱工作了解的人都知道，脱离社会关押十五年以上，基本就不具有再犯罪能力了"。因此对贪贿犯罪主体适用终身监禁难以实现刑罚的预防犯罪目的。刘仁文教授认为，国际上确实有些国家在废除死刑的进程中把终身监禁作为替代性措施来适用，不过它主要是针对严重暴力犯罪的，而且越来越多的国家现在也开始对这种刑罚制度进行反思，并开始允许在执行一个相对较长的刑期后对犯罪人进行人身危险性评估从而决定是否释放。

总之，我国对贪贿非暴力犯罪适用终身监禁是否恰当、今后具体如何适用使之更为合理有效，以及终身监禁刑的准确性质和意义，在理论、立法及执法实践中还需进一步探讨。

案例分析

云南省"李昌奎案"是我国刑法死刑适用中的典型案例。本案一度引起热议，李昌奎一审被判处死刑立即执行，二审被改判为死缓，再审又改判死刑立即执行。本案的重要意义在于既充分展示了怀有"死刑不人道"超前意识的职业法官与坚守"杀人偿命"伦理底线的广大民众在废除死刑这一问题上的博弈，又无意间暴露出我国的死刑立即执行与死缓适用界限究竟应该如何区分这一法律问题的复杂性。

问题：结合与"李昌奎案"类似的"崔英杰案""药家鑫案"等，分析死缓适用界限。

第十六章 刑罚裁量

第一节 刑罚裁量概述

一、刑罚裁量的概念及特征

刑罚裁量,又称量刑,是指人民法院在查明犯罪事实和认定犯罪性质的基础上,依法决定对犯罪人是否判处刑罚、所判刑罚的种类和程度以及是否对其立即执行的刑事审判活动。量刑是刑事审判活动的重要环节之一,在刑事领域,除准确地对犯罪分子的行为予以定罪外,秩序、人权和正义等法律价值的实现还必须以合法且适当的量刑结果为前提。量刑具有下列特征:

(1)量刑的性质是刑事审判活动。量刑为刑事司法领域所特有的活动,只有在刑事诉讼中才有刑罚裁量活动,民事审判程序和行政审判程序都不涉及这一问题。国家刑罚权包括制刑权、求刑权、量刑权和行刑权,审判机关依据刑事法实施的量刑工作就是量刑权的现实表征。

(2)量刑的前提是定罪。定罪是量刑的必要前提,确认是否有罪以及该当何罪是定罪环节的核心内容,而以判断刑罚相关问题为主要内容的量刑环节只能在定罪环节结束后才能开展。所以,定罪环节是量刑环节的前提和基础,量刑环节是定罪环节的后续发展阶段,两者紧密关联,但又不能将两者简单地混为一体。

(3)量刑的主体是人民法院。我国《宪法》第131条规定:"人民法院依照法律规定独立行使审判权,不受行政机关、社会团体和个人的干涉。"可见人民法院是唯一拥有审判权的国家机关,加之量刑权和量刑活动附属于审判权和审判程序,所以量刑的主体只能是人民法院,而其他组织和个人都不得干涉人民法院的量刑工作,它们也无权独立从事量刑活动。

(4)量刑的对象是犯罪分子。由于量刑的前一环节是定罪,所以量刑的对象是已确定有罪的人。量刑是基于犯罪分子的罪行轻重和人身危险性而围绕刑罚问题开展的司法活动,人民法院对行为的客观危害事实、主观恶性和人身危险性的考察活动的最终结论都会指向犯罪分子。

(5)量刑的内容是裁量刑罚。在裁量刑罚的过程中司法者应当遵循以下思考逻辑:首先,我国刑法规定了一些可以或应当免除刑罚处罚的情节,这就意味着对有罪之人并不必然要判处刑罚,在已经作出有罪判断之时仍然应当考量是否需要判处刑罚的问题;其次,在确有必要判处刑罚的前提下决定对犯罪人判处何种刑罚和多重的刑罚;最后,由于我国刑法中设置了缓刑制度,因此还要考量所判刑罚是否应予立即执行的问题。另外,当一人犯数罪之时,如何将数罪之刑罚合并执行也属于量刑的内容。

二、刑罚裁量的原则

刑罚裁量的原则,即量刑原则,是指人民法院在刑罚裁量活动中应当遵循的一般性的指导准则。它既是量刑的一般理论原则,反映了量刑活动的基本规律;也是量刑活动的法律原则,体现了法律对刑罚适用的基本要求。

我国《刑法》第5条规定:"刑罚的轻重,应当与犯罪分子所犯罪行和承担的刑事责任相适应。"第61条规定:"对于犯罪分子决定刑罚的时候,应当根据犯罪的事实、犯罪的性质、情节和对于社会的危害程度,依照本法的有关规定判处。"为进一步规范刑罚裁量权,落实宽严相济刑事政策,增强量刑的公开性,实现量刑公正,根据刑法和刑事司法解释等有关规定,结合审判实践,2021年6月16日最高人民法院、最高人民检察院发布《关于常见犯罪的量刑指导意见(试行)》(以下简称《2021年量刑指导意见》),取代2017年3月9日最高人民法院《关于常见犯罪的量刑指导意见》。《2021年量刑指导意见》规定了"量刑的指导原则",明确指出:(1)量刑应当以事实为根据,以法律为准绳,根据犯罪的事实、性质、情节和对于社会的危害程度,决定判处的刑罚。(2)量刑既要考虑被告人所犯罪行的轻重,又要考虑被告人应负刑事责任的大小,做到罪责刑相适应,实现惩罚和预防犯罪的目的。(3)量刑应当贯彻宽严相济的刑事政策,做到该宽则宽,当严则严,宽严相济,罚当其罪,确保裁判政治效果、法律效果和社会效果的统一。(4)量刑要客观、全面把握不同时期不同地区的经济社会发展和治安形势的变化,确保刑法任务的实现;对于同一地区同一时期、案情相似的案件,所判处的刑罚应当基本均衡。这些规定,是确立量刑原则的法律依据。据此,我国刑法关于量刑的三大基本原则就是:第一,以犯罪事实为根据;第二,以刑事法律为准绳;第三,以刑事政策为导向。通过这些原则,确保量刑均衡,以实现刑罚特殊预防与一般预防之目的。

(一)以犯罪事实为根据

以犯罪事实为根据,就是以犯罪的性质、情节和犯罪对于社会的危害程度等事实,作为决定刑罚的基础。要遵循这一原则,应当从以下几个方面入手:

(1)认真查清犯罪事实。这里的犯罪事实,是指符合刑法规定的具体犯罪的构成要件的主客观事实以及超构成要件的能够影响行为人刑事责任的各种主客观事实,比如犯罪主体、犯罪主观方面、犯罪的客观方面以及犯罪行为侵犯的客体等。认真查清犯罪事实,是正确量刑的基础和前提,也是贯彻以犯罪事实为根据的量刑原则的关键。因此,在对犯罪分子决定刑罚时,首先要查清犯罪的基本事实,对危害行为、行为对象、危害结果、行为人的心理状态等进行全面的了解和认定。

(2)准确认定犯罪的性质。犯罪性质是指由构成某一具体犯罪的一切主客观事实所综合反映出来的犯罪的本质,通常以不同的具体罪名来作为犯罪性质的区分标志。不同的罪名表明行为具有不同的社会危害性质,准确认定犯罪性质,就是要正确地界定罪与非罪、此罪与彼罪。刑法根据不同犯罪的性质及其危害程度,配置了与之相适应的法定刑。确定了犯罪的性质,也就确定了应当适用的具体的刑法规范,从而就可以确定与该犯罪的性质与严重程度相对应的法定刑。在法定刑幅度内确定的刑罚量,才有可能做到量刑的基本公平和适当。

(3)全面掌握犯罪情节和犯罪人情节。犯罪情节,是指超犯罪构成要件的事实情况,这些情况与犯罪构成要件的主客观方面具有密切联系,能够进一步反映主客观方面的性质与程度,从而影响犯罪的社会危害程度。犯罪人情节,属于犯罪人的个人情况,与犯罪人的人身危险性密切相关,能够反映其人身危险性程度。虽然《刑法》第61条没有明文规定犯罪人情节,但是根据刑法总则的有关规定(自首、立功、累犯等制度)的精神以及实现刑罚特殊预防目的的需要,量刑时应当考虑犯罪人情节,这也是刑罚个别化的原则要求。① 犯罪性质相同的犯罪,如果犯罪情节和犯罪人情节差异很大,犯罪的社会危害性程度及犯罪人的人身危险性程度就不可能一样。要使刑罚与行为的社会危害性和人身危险性程度相适应,体现刑罚个别化的要求,就必须全面掌握犯罪情节和犯罪人情节。

刑法上的"情节",有些是影响定罪的情节,称之为"定罪情节";有些是影响量刑的情节,称之为"量刑情节"。如《刑法》第246条规定:"以暴力或者其他方法公然侮辱他人或者捏造事实诽谤他人,情节严重……"这里的"情节严重"的"情节",就属于定罪情节,因为只有情节严重才能构成犯罪。《刑法》第240条第1款规定:"拐卖妇女、儿童的,处五年以上十年以下有期徒刑,并处罚金;有下列情形之一的,处十年以上有期徒刑或者无期徒刑,并处罚金或者没收财产;情节特别严重的,处死刑,并处没收财产:(一)拐卖妇女、儿童集团的首要分子;(二)拐卖妇女、儿童三人以上的;(三)奸淫被拐卖的妇女的;(四)诱骗、强迫被拐卖的妇女卖淫或者将被拐卖的妇女卖给他人迫使其卖淫的;(五)以出卖为目的,使用暴力、胁迫或者麻醉方法绑架妇女、儿童的;(六)以出卖为目的,偷盗婴幼儿的;(七)造成被拐卖的妇女、儿童或者其亲属重伤、死亡或者其他严重后果的;(八)将妇女、儿童卖往境外的。"在此规定中,依犯罪情节的不同而设置

---

① 参见曲新久主编:《刑法学》(第六版),中国政法大学出版社2022年版,第183—185页。

了高低不同的法定刑,这些不同的"情节",就属于量刑情节。在适用时,也必须查明具体犯罪具备哪一种情节,以选择合适的量刑起点。

(4) 综合评价犯罪的社会危害程度和犯罪人的人身危险性程度。犯罪的社会危害程度是由犯罪的事实、性质、情节决定的,在查清犯罪事实、认定犯罪性质和全面掌握犯罪情节的基础上,还需要综合评价犯罪的社会危害程度,因为对具体犯罪的最终量刑结果必须与犯罪的整体的社会危害程度相适应,各种量刑因素综合发挥作用,才能得出适当的量刑结果。此外,综合评价犯罪的社会危害程度,还要结合国家的政治、经济、社会治安等方面的形势,在一定的社会形势下根据刑事政策的基本精神来进行评价。对于犯罪人的评价来说,不仅要关注自首、立功、累犯等法定犯罪人情节,还需要关注罪前表现、罪后态度、一贯表现等与人格相关的情况。

(二) 以刑事法律为准绳

量刑的法律依据只能是刑事法律的相关规定,所以量刑的另一个重要原则就是以刑事法律为准绳。这是罪刑法定原则的必然要求,所以,不应是笼统的"以法律为准绳",而是"以刑事法律为准绳"。对此,可以从以下几个方面理解:

(1) 刑罚的裁量,必须依照刑事法律规定的刑罚方法的适用权限与适用条件进行。首先,在正确定罪的基础上,按照刑法规定的相应的法定刑及其档次来选择适用的刑种、刑格;其次,根据刑法规定的各种刑罚的具体内容和适用条件,在权衡犯罪人刑事责任轻重程度的基础上,确定具体的刑罚量;最后,要根据刑法规定,协调好主刑与附加刑的关系,把握"应当"适用和"可以"适用的具体规定,在量刑时既要严格依法裁量,又要在法律授权的范围内尽量做到个别化的考量。

(2) 刑罚的裁量,必须依照刑法规定的各种量刑制度进行。例如,刑法规定了自首、立功、累犯、缓刑、数罪并罚等各种刑罚制度,量刑时必须遵守这些制度。

(3) 刑罚的裁量,必须依照刑法规定的量刑情节的适用原则。刑法规定了各种从重、从轻、减轻、免除处罚的情节,其中,有的是"应当"情节,有些是"可以"情节;有些是单功能情节,有些是多功能情节。在量刑时,必须充分考虑各种量刑情节的功能和适用要求,充分发挥量刑情节在量刑中的作用。

(三) 以刑事政策为导向

以刑事政策为参考,是指量刑应当贯彻宽严相济的刑事政策,做到该宽则宽、当严则严、宽严相济、罚当其罪,确保裁判法律效果和社会效果的统一。

宽严相济刑事政策,是我国在新的社会形势下提出的一项重要政策,是我国的基本刑事政策。它对于最大限度地预防和减少犯罪、化解社会矛盾、维护社会和谐稳定,具有特别重要的意义。① 在量刑活动中,应该贯彻宽严相济刑事政策,依照法律规定准确定罪量刑,从宽和从严都必须依照法律规定进行,做到宽严有据、宽严并用,反对偏轻偏重。

对犯罪行为的定罪量刑,在以事实为根据、以法律为准绳的前提下,必须以宽严相济刑事政策为参考,并处理好刑事政策与刑事法律的关系。宽严相济刑事政策对于量刑活动起着政策导向的作用。

第二节 量刑情节

一、量刑情节的概念和特征

量刑情节,是指在犯罪构成事实之外,能够体现犯罪的社会危害程度和犯罪分子人身危险性的,并且在决定是否判处刑罚和刑罚轻重时必须予以考虑的各种事实情况。量刑情节具有以下特征:

(1)量刑情节是犯罪构成事实之外的各种事实情况。量刑情节只能在刑罚裁量方面发挥作用,而不能具备决定犯罪是否成立以及成立何罪的功能。因为定罪是量刑的前提,而量刑又与定罪不同,所以具有定罪意义的各种事实情况不得再用于刑罚裁量,而量刑情节只对是否判处刑罚、判处何种刑罚和所判刑罚是否立即执行具有影响。

(2)量刑情节是能够体现犯罪的社会危害程度和犯罪分子人身危险性的各种事实情况。刑罚裁量以犯罪的社会危害程度和犯罪分子的人身危险性为依据,因此人民法院在决定是否判处刑罚和刑罚轻重时应当综合考虑各种量刑情节,并且不得将与社会危害程度或人身危险性无关的情况作为量刑的材料。

(3)量刑情节是在决定是否判处刑罚和判处何种刑罚时必须予以考虑的事实情况。量刑情节之所以能影响刑罚的有无以及轻重,皆因其是体现行为社会危害程度和行为人人身危险性的事实基础,在量刑时考虑以上因素符合罪刑相适应原则的要求。

二、量刑情节的分类

(一)法定情节和酌定情节

以刑法有无明文规定为标准,可将量刑情节分为法定情节和酌定情节。法定情节,是指刑法明文规定的、在量刑时必须考虑的各种事实情况。它既包括刑法总则所规定的一般性的量刑情节,也包括刑法分则针对各罪所规定的具体量

---

① 参见2010年2月8日最高人民法院《关于贯彻宽严相济刑事政策的若干意见》。

刑情节。酌定量刑情节，是指刑法没有明文规定的，根据立法精神和刑事政策在审判实践经验中总结出来的，在量刑时由法官酌情决定是否适用的各种事实情况。

（二）从宽情节和从严情节

以对量刑结果的影响是否有利为标准，可将量刑情节分为从宽情节和从严情节。从宽情节，是指对犯罪分子的量刑结果产生有利影响的各种事实情况。从宽情节包括从轻处罚情节、减轻处罚情节和免除处罚情节。从轻处罚是指在法定刑限度内对犯罪分子判处较轻的刑种或刑度。例如，《刑法》第67条第3款前段规定，"犯罪嫌疑人虽不具有前两款规定的自首情节，但是如实供述自己罪行的，可以从轻处罚"。减轻处罚是指对犯罪分子在法定最低刑以下判处刑罚。减轻处罚情节在两种情况下才能适用：第一，在法律对减轻处罚情节予以明文规定时，才能对犯罪分子在法定最低刑以下判处刑罚。例如，《刑法》第67条第3款后段规定："因其如实供述自己罪行，避免特别严重后果发生的，可以减轻处罚。"第二，根据《刑法》第63条第2款的规定，刑法虽然没有规定减轻处罚情节，但根据案件特殊情况，在经最高人民法院核准后，可以对犯罪分子在法定刑以下判处刑罚。免除处罚是指只对犯罪分子作出有罪宣告，但免除刑罚处罚。例如，《刑法》第67条第1款后段规定："其中，犯罪较轻的，可以免除处罚。"从严情节，又称从重处罚情节，是指对犯罪分子的量刑产生不利影响的各种事实情况。例如，《刑法》第29条第1款后段规定："教唆不满十八周岁的人犯罪的，应当从重处罚。"犯罪分子具有从重处罚情节的，应当在法定刑的限度内判处刑罚。从重处罚不得超过法定刑的限度，超过法定刑限度的是加重处罚。突破法定刑的加重处罚是违背罪刑法定原则的。

（三）应当情节和可以情节

以是否必须考虑为标准，可将量刑情节分为应当情节和可以情节。应当情节，是指在量刑时必须予以考虑和适用的各种事实情况。应当情节都是法定情节。例如，《刑法》第17条第4款规定："对依照前三款规定追究刑事责任的不满十八周岁的人，应当从轻或者减轻处罚。"可以情节，是指在量刑时可以考虑也可以不考虑的各种事实情况。例如，《刑法》第29条第2款规定："如果被教唆的人没有犯被教唆的罪，对于教唆犯，可以从轻或者减轻处罚。"可以情节是只具备适用可能性的情节，但这并不意味着司法者能够随意地决定是否适用。通常，具备可以情节的，就应当予以适用；当案件具有特殊情况时，司法者也有理由不将可以情节作为量刑的考量材料。酌定情节都是可以情节，部分法定情节也属于可以情节。

（四）案中情节和案外情节

以情节与犯罪行为在时间上的关系为标准，可将量刑情节分为案中情节和案外情节。案中情节,是指在犯罪过程中所出现的对量刑有影响的事实情况,如犯罪手段、犯罪动机等。案外情节,是指在犯罪前或犯罪后所出现的对量刑有影响的事实情况,如犯罪人的一贯表现、犯罪后的态度等。

(五)单功能情节和多功能情节

以同一量刑情节对量刑结果的影响是否确定为标准,可将量刑情节分为单功能情节和多功能情节。单功能情节,也称功能确定情节,是指对量刑结果的影响仅有一种可能性的事实情况。例如,根据我国刑法规定,一旦成立累犯就应当从重处罚,对累犯情节的量刑结果是确定的。多功能情节,又称功能选择性情节,是指对量刑结果的影响有两种以上可能性的事实情况。例如,《刑法》第22条第2款规定:"对于预备犯,可以比照既遂犯从轻、减轻处罚或免除处罚。"可见,犯罪预备对量刑有从轻、减轻和免除处罚等三种可能的影响。

三、法定情节

我国刑法明文规定了许多量刑情节,这些法定情节分布在刑法总则和分则中,既可以区分为从宽情节和从严情节,又可以区分为应当情节和可以情节。以下将分类梳理我国刑法中的法定情节。

(一)从宽情节

1. 应当从宽情节

(1)应当从轻或减轻处罚的情节:已满12周岁不满18周岁的人犯罪(《刑法》第17条第4款);已满75周岁的人过失犯罪的(《刑法》第17条之一)。

(2)应当从轻、减轻或免除处罚的情节:从犯(《刑法》第27条第2款)。

(3)应当减轻处罚的情节:造成损害的中止犯(《刑法》第24条第2款后段)。

(4)应当减轻或免除处罚的情节:正当防卫明显超过必要限度造成重大损害的(《刑法》第20条第2款);紧急避险超过必要限度造成不应有的损害的(《刑法》第21条第2款);被胁迫参加犯罪的(《刑法》第28条)。

(5)应当免除处罚的情节:没有造成损害的中止犯(《刑法》第24条第2款前段)。

2. 可以从宽情节

(1)可以从轻处罚的情节:坦白的(《刑法》第67条第3款前段);收买被拐卖的儿童,对被买儿童没有虐待行为,不阻碍对其进行解救的(《刑法》第241条第6款);个人贪污数额巨大或者有其他严重情节的,个人贪污数额特别巨大或者有其他特别严重情节的,个人贪污数额特别巨大并使国家和人民利益遭受特别重大损失的,在提起公诉前如实供述自己罪行、真诚悔罪、积极退赃、避免、减少损害结果的发生的(《刑法》第383条第3款)。

(2) 可以从轻或减轻处罚的情节:已满75周岁的人故意犯罪的(《刑法》第17条之一前段);尚未完全丧失辨认或控制自己行为能力的精神病人犯罪的(《刑法》第18条第3款);未遂犯(《刑法》第23条第2款);被教唆的人没有犯被教唆的罪的情况下的教唆犯(《刑法》第29条第2款);自首的(《刑法》第67条第1款中段);有立功表现的(《刑法》第68条前段);收买被拐卖的妇女,按照被买妇女的意愿,不阻碍其返回原居住地的(《刑法》第241条第6款);行贿人在被追诉前主动交代行贿行为的(《刑法》第390条第2款)。

(3) 可以从轻、减轻或免除处罚的情节:又聋又哑的人或盲人犯罪的(《刑法》第19条);预备犯(《刑法》第22条第2款);个人贪污数额较大或者有其他较重情节的,在提起公诉前如实供述自己罪行、真诚悔罪、积极退赃、避免、减少损害结果的发生的(《刑法》第383条第3款);实施间谍行为,有自首或者立功表现的[《中华人民共和国反间谍法》(以下简称《反间谍法》)第55条第1款]。

(4) 可以减轻处罚的情节:因坦白避免特别严重后果发生的(《刑法》第67条第3款后段)。

(5) 可以减轻或免除处罚的情节:有重大立功表现的(《刑法》第68条后段);在被追诉前主动交代向非国家工作人员等行贿行为的(《刑法》第164条第4款);拒不支付劳动报酬,尚未造成严重后果,在提起公诉前支付劳动者的劳动报酬,并依法承担相应赔偿责任的(《刑法》第276条之一第3款);行贿人犯罪较轻,对侦破重大案件起关键作用的,或者有重大立功表现的(《刑法》第390条第2款);在被追诉前主动交代介绍贿赂行为的(《刑法》的392条第2款)。

(6) 可以免除处罚的情节:自首的犯罪分子犯罪较轻的(《刑法》第67条第1款后段);在收获前自动铲除非法种植的罂粟或其他毒品原植物的(《刑法》第351条第3款)。

(7) 可以免除或减轻处罚的情节:域外犯罪在外国已经受过刑罚处罚的(《刑法》第10条)。

需要指出的是,《刑法》第63条第1款规定的"在法定刑以下判处刑罚",是指在法定量刑幅度的最低刑以下判处刑罚。刑法分则中规定的"处10年以上有期徒刑、无期徒刑或者死刑",是一个量刑幅度,而不是"10年以上有期徒刑""无期徒刑"和"死刑"三个量刑幅度。

(二) 从严情节

1. 规定在刑法总则中的应当从重处罚情节

包括:教唆不满18周岁的人犯罪的(《刑法》第29条第1款后段);累犯(《刑法》第65条第1款)。

2. 规定在刑法分则中的应当从重处罚情节

(1) 规定在危害国家安全罪中的从重处罚情节:策动、胁迫、勾引、收买国家机关工作人员、武装部队人员、人民警察、民兵进行武装叛乱或武装暴乱的(《刑法》第104条第2款);与境外机构、组织、个人相勾结,实施《刑法》第103条、第104条、第105条规定之罪的(《刑法》第106条);掌握国家秘密的国家工作人员叛逃境外或在境外叛逃的(《刑法》第109条第2款)。

(2) 规定在破坏社会主义市场经济秩序罪中的从重处罚情节:武装掩护走私的(《刑法》第157条第1款);国有公司、企业、事业单位的工作人员,徇私舞弊,犯国有公司、企业、事业单位人员失职罪、国有公司、企业、事业单位人员滥用职权罪的(《刑法》第168条第3款);伪造货币并出售或运输伪造的货币的(《刑法》第171条第3款);银行或其他金融机构的工作人员利用职务上的便利,窃取、收买或非法提供他人信用卡信息资料的(《刑法》第177条之一第3款);银行或其他金融机构的工作人员违反国家规定,向关系人发放贷款的(《刑法》第186条第2款);伪造、变造海关签发的报关单、进口证明、外汇管理部门核准件等凭证和单据,并用于骗购外汇的(《关于惩治骗购外汇、逃汇和非法买卖外汇犯罪的决定》第1条第2款);海关、外汇管理部门以及金融机构、从事对外贸易经营活动的公司、企业或其他单位的工作人员与骗购外汇或逃汇的行为人通谋,为其提供购买外汇的有关凭证或其他便利的,或明知是伪造、变造的凭证和单据而售汇、付汇的(《关于惩治骗购外汇、逃汇和非法买卖外汇犯罪的决定》第5条)。

(3) 规定在侵犯公民人身权利、民主权利罪中的从重处罚情节:奸淫不满14周岁的幼女的(《刑法》第236条第2款);非法拘禁具有殴打、侮辱情节的(《刑法》第238条第1款);国家机关工作人员利用职权犯《刑法》第238条前三款规定之罪的(《刑法》第238条第4款);国家机关工作人员犯诬告陷害罪的(《刑法》第243条第2款);司法工作人员滥用职权,犯非法搜查罪、非法侵入住宅罪的(《刑法》第245条第2款);司法工作人员刑讯逼供或暴力取证致人伤残、死亡的(《刑法》第247条);虐待被监管人致人伤残、死亡的(《刑法》第248条第1款);犯私自开拆、隐匿、毁弃邮件、电报罪而窃取财物的(《刑法》第253条第2款);违反国家规定,将在履行职责或者提供服务过程中获得的公民个人信息,出售或者提供给他人的(《刑法》第253条之一第2款)。

(4) 规定在妨害社会管理秩序罪中的从重处罚情节:冒充人民警察招摇撞骗的(《刑法》第279条第2款);组织、指使他人实施冒名顶替罪的(《刑法》第280条之二第2款);引诱未成年人参加聚众淫乱活动的(《刑法》第301条第2款);司法工作人员犯妨害作证罪或帮助毁灭、伪造证据罪的(《刑法》第307条第3款);犯虚假诉讼罪,非法占有他人财产或者逃避合法债务,又构成其他犯罪的(《刑法》第307条之一第3款);司法工作人员利用职权,与他人共同实施虚假诉讼行为的(《刑法》第307条之一第4款);盗伐、滥伐国家级自然保护区内的森林或其他林木的(《刑法》第345条第4款);利用、教唆未成年人走私、贩卖、运输、制造毒品或向未成年人出售毒品的(《刑法》第347条第6款);缉毒人员或其他国家机关工作人员掩护、包庇走私、贩卖、运输、制造毒品的犯罪分子的(《刑法》第349条第2款);引诱、教唆、欺骗或强迫未成年人吸食、注射毒品的(《刑法》第353条第3款);组织、强迫运动员使用兴奋剂参加国内、国际重大体育竞赛的(《刑法》第355条之一第2款);因走私、贩卖、运输、制造、非法持有毒品罪被判过刑,又实施毒品犯罪的(《刑法》第356条);组织、强迫未成年人卖淫的(《刑法》第358条第2款);旅馆业、饮食服务业、文化娱乐业、出租汽车业等单位的主要负责人利用本单位的条件,组织、强迫、引诱、容留、介绍他人卖淫的(《刑法》第361条第2款);制作、复制淫秽的电影、录像等音像制品组织播放的(《刑法》第364条第3款);向不满18周岁的未成年人传播淫秽物品的(《刑法》第364条第4款)。

(5) 规定在危害国防利益罪中的从重处罚情节:战时犯破坏武器装备、军事设施、军事通信罪或过失损坏武器装备、军事设施、军事通信罪的(《刑法》第369条第3款)。

(6) 规定在贪污贿赂罪中的从重处罚情节:挪用用于救灾、抢险、防汛、优抚、扶贫、移民、救济款物归个人使用的(《刑法》第384条第2款);索贿的(《刑法》第386条)。

(7) 规定在渎职罪中的从重处罚情节:徇私舞弊犯食品监管渎职罪的(《刑法》第408条之一第2款)。

(8) 规定在军人违反职责罪中的从重处罚情节:战时阻碍执行军事职务的(《刑法》第426条)。

四、酌定情节

源于刑事司法实践而非刑事法典,是酌定情节的主要特征。虽然不为刑法所直接规定,酌定情节仍然是能够反映犯罪的社会危害程度和犯罪分子的人身危险性的重要事实情况,是司法人员贯彻罪刑相适应原则时不可或缺的考量材料。常见酌定量刑情节包括:

(1) 犯罪的手段。当犯罪手段不属于犯罪成立条件时,不同的犯罪手段能够表现出不同的社会危害程度,其中也包含犯罪分子的主观恶性程度。因此,犯罪手段的残忍、狡猾程度是影响量刑的重要因素。例如,相对于采用一般犯罪手段的故意杀人犯罪而言,司法者通常对以残忍的手段实施故意杀人行为的犯罪分子从重处罚。

(2) 犯罪的时间和地点。相同的犯罪行为,如果犯罪的时间和地点不同,其造成的社会危害程度也不尽相同。例如,在重大自然灾害期间所犯的罪行,其危害程度比在正常时期实施的犯罪要重。又如,相对于在隐蔽、私密场所实施的犯罪,司法者一般会对在公共场所实施的犯罪酌情从重处罚。

(3) 犯罪的对象。犯罪的对象也是影响量刑结果的因素。例如,强奸孕妇或高龄妇女的,其罪行要重于对无特殊体质的妇女实施强奸的行为。又如,故意毁坏救灾、抢险、防汛等款物的,其罪行要重于故意毁坏一般财物的行为。

(4) 犯罪造成的结果。不具备定罪意义的犯罪结果,对量刑结果起着十分重要的影响。比如,盗窃公私财物,数额巨大的,其对财产法益的侵害程度要高于盗窃较大数额公私财物的行为。

(5) 犯罪的动机。犯罪动机能够说明犯罪分子的主观恶性。对于犯罪动机卑鄙的,司法者一般会考虑从重处罚。例如,对出于个人享乐动机而贪污公款的处罚一般比对出于治病救人动机而贪污公款的处罚重。又如,对出于"大义灭亲"动机而故意杀人行为的处罚一般要轻于对出于泄愤报复动机而故意杀人行为的处罚。

(6) 犯罪后的态度。犯罪分子的罪后态度能够表明其人身危险性,是为实现特殊预防而应予考虑的重要事实情况。不同的犯罪分子有着不同的罪后态度,有的犯罪分子真诚悔罪,积极退赃,主动赔偿被害人损失,努力求得被害人谅解;也有的犯罪分子在犯罪后拒不悔罪,毁灭、伪造证据,藏匿赃物,威胁被害人。相对后者,前者的人身危险性较低,其量刑结果通常会低于后者的量刑结果。

(7) 犯罪人的一贯表现。犯罪分子的一贯表现也属于能够体现其人身危险性的情节。如果犯罪分子日常表现良好,遵守法律法规,则说明其人身危险性较低;如果犯罪分子经常有违法乱纪行为,则表明其人身危险性较高,在量刑时要基于特殊预防目的而考虑从严处罚。

(8) 前科。前科是指依法受过刑事处罚的事实。累犯或特定再犯属于法定量刑情节,不能再作为前科而受到重复评价。犯罪分子有前科的,表明其人身危险性较高,是为达到特殊预防目的而有必要予以斟酌的量刑情节。

五、量刑情节的适用

(一) 多功能情节的适用

由于多功能情节对量刑结果的影响有多种可能性,而司法者在量刑时又只能选择适用其中一种功能,因此,为得到合法和适当的量刑结果,司法者在适用多功能情节时应当考虑以下两个方面的内容:

(1) 综合考量犯罪的社会危害程度和犯罪分子的人身危险性。对于行为对法益的侵害程度较高和行为人的主观恶性较大的犯罪行为,有必要适用较严的功能。例如,已满75周岁的人故意犯罪,犯罪危害不大的,可以减轻处罚;犯罪危害较大的,可以从轻处罚。另外,在适用多功能情节时,还应当考虑量刑情节本身的情况。例如,犯罪分子有自首情节的,司法人员在作出从轻处罚或减轻处罚的决定前,既要考虑犯罪分子的犯罪事实、犯罪性质、犯罪后果和主观恶性等因素,还应当考虑自首本身的投案主动性、供述的及时性和稳定性等因素。

(2) 将不同功能的先后排列次序作为优先适用等级的立法提示。刑法根据不同情况对多种功能进行一定倾向性的排列,例如,我国《刑法》第 10 条规定:"……在外国已经受过刑罚处罚的,可以免除或者减轻处罚。"据此规定,司法人员在裁量域外犯罪的刑罚时,应当将是否可以免除处罚作为优先考虑内容。

(二) 数个量刑情节竞合的适用

在复杂多变的社会生活中,每个案件的犯罪行为和犯罪人都各具特点,有的案件可能不只具备一个量刑情节,会出现具有多个量刑情节的现象,这就是数个量刑情节的竞合。有的案件可能同时具备法定情节和酌定情节,这些情节可能还可区分为从严情节和从宽情节,这就对量刑工作提出了更高的要求。对于量刑情节竞合的情况,可从以下几个方面展开分析:

(1) 根据情节的法律效力适用量刑情节。当出现法定情节和酌定情节时,由于法定情节是刑法明文规定的情节,所以要对法定情节优先考虑。在法定情节内部,又分为应当情节和可以情节。由于应当情节是司法人员必须予以适用的情节,而可以情节是司法人员根据案件具体情况决定是否适用的事实情况,所以应当情节优先于可以情节。

(2) 以同向相加原则处理同向竞合的情形。同向相加,是指对同一案件中具有数个从严情节或从宽情节的,将从严情节或从宽情节按照一定的量刑调节比例相加。需要注意的是,在进行同向相加时,不能突破法定刑的幅度。换言之,数个从严情节相加的,只能进行较大幅度的从重处罚,而不得超过法定刑加重处罚;数个从宽情节相加的,只能进行较大幅度的从轻处罚或减轻处罚,而不得免除处罚。

(3) 对逆向竞合的处理。通说认为不能将数个功能相反的情节简单地两相抵消,应当先根据犯罪性质和基本犯罪事实确定一个拟判刑罚,然后根据从重情节或从轻情节对拟判刑罚进行修正,最后根据从轻情节或从重情节对上次修正结果进行再次修正,从而得出最终量刑结果。[①] 实际上,如何适用量刑情节应当属于量刑方法的内容。《2021 年量刑指导意见》在总结之前经验的基础上,对量刑的基本方法、常见量刑情节的适用、常见犯罪的量刑等内容作了原则性规定,当前的刑事司法实践也以此规定为量刑准则。

[①] 参见高铭暄、马克昌主编:《刑法学》(第十版),北京大学出版社、高等教育出版社 2022 年版,第 257 页。

第三节 量刑方法

量刑方法,是指审判人员依据基本犯罪事实和量刑情节对犯罪人判处刑罚时所使用的手段、方法和步骤的总和。量刑方法是审判人员的量刑工作规程,它既能体现量刑过程的规范和透明程度,其基本上又是决定量刑结果是否公正的最重要的程序性因素。因此,科学、合理的量刑方法是实现公正的量刑结果、规范法官自由裁量权和维护司法公信力的制度保证。我们对目前在刑法理论上和司法实践中有着重要影响力的量刑方法简要评介如下:

一、综合估量式的量刑方法

综合估量法,又称经验量刑法、估堆法,其基本内容是,法官首先在掌握案情的基础上,在法定刑范围内参照司法实践经验,大致估量出应当判处的刑罚;然后再考虑各种法定从重、从轻、减轻和免除处罚情节以及各种酌定情节;最后综合地估量出应当判处的刑罚。综合估量法是一种具有悠久历史传统的量刑方法,我国刑事司法实践也长期采用此法。

综合估量法的优点是简单易行,符合我国传统的整体性思维方式,容易被司法工作人员接受和采纳。有充足审判经验的法官在排除外界干扰的前提下,通过对犯罪事实和犯罪分子个人情况的全面掌握、细致分析和综合判断,可以获得较为均衡的量刑结果。但是,这种方法过于依赖法官的个人经验,容易受到法官的专业素养、业务能力和心理素质等因素的影响,使得量刑结果具有较大的主观随意性;而且,即使法官能够以自身丰富的司法经验得出恰当的量刑结果,其量刑过程也会因缺乏逻辑自洽和价值贯通的理论依据和理由的支撑而科学性不足;另外,由于综合估量法的量刑过程不够公开透明,容易引起公众对量刑结果的质疑,进而有损司法公信力。因此,综合估量法在理论和实践中都面临革新的命运。

二、数量化的量刑方法

数量化的量刑方法,是运用数学方法来解决量刑问题的诸多方法的总称。基于综合估量法的缺陷,不少学者希望通过运用数学方法实现量刑过程定量化,从而确保量刑结果的客观、统一和精确。数量化的量刑方法大致包括层次分析法、数学模型法和定量分析法等方法。

所谓层次分析法,是基于系统论而对非定量事件作定量分析和对人们的主观判断作客观描述的方法。具体而言,这种方法运用系统论知识,将那些通常由法官在头脑中分析和衡量的影响量刑结果的因素予以层次化和定量化。所谓数学模型法,是指建立量刑的法律系统模型,通过运用数学模型以使量刑过程数量化和量刑结果精确化的方法。在这种数学模型中,犯罪各方面因素是变量,量刑结果是目标函数,准确设立变量与目标函数之间的关系是该数学模型的关键内容。所谓定量分析法,是指基于系统论而对犯罪事实情节和法定刑幅度作定量分析的方法。

提出数量化的量刑方法,是为了摈除传统量刑方法的弊端,避免法官个人因素对量刑结果的影响,确保量刑的精确化,提升量刑的自动化水平。目前,尚无被理论普遍认可和实践广泛应用的数量化量刑方法。虽然我们对数量化量刑方法的研究已经较为深入,但仅就效用而言,此项研究还处于初级水平。构建科学的数量化量刑方法,一方面要开展严谨、科学的量刑数据收集、分析和综合的实证研究工作,确保量刑系统或模型中数据的经验性、全面性和均衡性;另一方面要以量刑基准理论为核心探索量刑方法理论,并以此为理论背景创制逻辑自洽、结构合理、普遍可行和切合现实的量刑系统或模型。

三、电脑量刑方法

电脑量刑法,是指将量刑的数学模型和电子计算机技术结合在一起,利用电子计算机的输入、运算和输出功能进行量刑的方法。电脑量刑法实际上仍以数量化的量刑方法为核心内容,只是在此基础上将电脑作为便捷的操作平台。需要注意的是,在此方法中,电脑应仅具有工具意义,而不能成为量刑结果的真正裁断者。因为在复杂多变的社会生活中不可能存在绝对相同的案件,这种个案之间的差异是无法以细化数学模型的方式来克服的,电脑不可能完全替代法官的经验对个案作出评价和判断。如果司法者不顾具体案件情况而纯粹地依赖量刑软件和电子设备,就有可能作出非正义的量刑结论。

四、《2021年量刑指导意见》确定的量刑方法

《2021年量刑指导意见》在第二部分"量刑的基本方法"中规定了量刑步骤、调节基准刑的方法和确定宣告刑的方法等三方面内容,并将量刑过程分为三个步骤:(1)根据基本犯罪构成事实在相应的法定刑幅度内确定量刑起点;(2)根据其他影响犯罪构成的犯罪数额、犯罪次数、犯罪后果等犯罪事实,在量刑起点的基础上增加刑罚量确定基准刑;(3)根据量刑情节调节基准刑,并综合考虑全案情况,依法确定宣告刑。确定量刑起点是整个量刑过程的首要步骤,确定基准刑是在量刑过程中具有承上启下意义的中间步骤,确定宣告刑意味着最终量刑结果的实现。

第一,确定量刑起点的方法。所谓量刑起点,是指根据具体犯罪的基本犯罪构成事实的一般既遂状态在相应法定刑幅度内所应判处的刑罚。量刑起点是一

个刑罚点,而非一个刑罚幅度。《2021年量刑指导意见》对交通肇事、故意伤害、抢劫、盗窃等十五种常见犯罪的量刑起点作了原则性规定,例如构成交通肇事罪,致人重伤、死亡或使公私财产遭受重大损失的,可以在6个月至2年有期徒刑幅度内确定量刑起点。这些原则性规定是针对抽象个罪的基本犯罪构成设置的,而法官在确定量刑起点时应当根据具体案件的基本犯罪构成事实在相应的幅度内寻求恰当的刑罚点。

第二,调节基准刑的方法。基准刑是根据全部犯罪构成事实所应判处的刑罚,它由量刑起点和应增加的刑罚量两部分组成。增加的刑罚量是由其他影响犯罪构成的犯罪事实引起的。(1)具有单个量刑情节的,根据量刑情节的调节比例直接调节基准刑。(2)具有多个量刑情节的,一般根据各个量刑情节的调节比例,采用同向相加、逆向相减的方法调节基准刑;具有未成年人犯罪、老年人犯罪、限制行为能力的精神病人犯罪、又聋又哑的人或者盲人犯罪、防卫过当、避险过当、犯罪预备、犯罪未遂、犯罪中止、从犯、胁从犯和教唆犯等量刑情节的,先适用该量刑情节对基准刑进行调节,在此基础上,再适用其他量刑情节进行调节。(3)被告人犯数罪,同时具有适用于各个罪的立功、累犯等量刑情节的,先适用该量刑情节调节个罪的基准刑,确定个罪所应判处的刑罚,再依法实行数罪并罚,决定执行的刑罚。例如,构成交通肇事罪的,可以根据责任程度、致人重伤、死亡的人数或财产损失的数额以及逃逸等其他影响犯罪构成的犯罪事实增加刑罚量,确定基准刑;构成故意伤害罪的,可以根据伤亡后果、伤残等级、手段的残忍程度等其他影响犯罪构成的犯罪事实增加刑罚量,确定基准刑;构成强奸罪的,可以根据强奸人数、次数、致人伤亡后果等其他影响犯罪构成的犯罪事实增加刑罚量,确定法定刑。

第三,确定宣告刑的方法。所谓宣告刑,即是审判人员根据犯罪构成事实以外的各种法定和酌定量刑情节对基准刑进行调节之后,对犯罪人最终所宣告的刑罚。经过计量过程,量刑情节对基准刑的调节结果仍不能作为最终的量刑结果。因为,根据预先设定的调节比例而得出的调节结果,有可能无法满足罪刑相适应原则的要求,也有可能超出了法定最低刑或法定最高刑的限制而违背了罪刑法定原则。所以,司法人员需要根据调节结果,综合考虑犯罪事实、犯罪性质、情节和社会危害程度以及被告人的主观恶性和人身危险性等情况,依法决定宣告刑。具体的方法是:(1)量刑情节对基准刑的调节结果在法定刑幅度内,且罪责刑相适应的,可以直接确定为宣告刑;如果具有应当减轻处罚情节的,应依法在法定最低刑以下确定宣告刑。有数个量刑幅度的,应当在法定量刑幅度的下一个量刑幅度内确定宣告刑。(2)量刑情节对基准刑的调节结果在法定最低刑以下,具有法定减轻处罚情节,且罪责刑相适应的,可以直接确定为宣告刑;只有从轻处罚情节的,可以依法确定法定最低刑为宣告刑;但是根据案件的特殊情况,经最高人民法院核准,也可以在法定刑以下判处刑罚。(3)量刑情节对基准刑的调节结果在法定最高刑以上的,可以依法确定法定最高刑为宣告刑。(4)综合考虑全案情况,独任审判员或合议庭可以在20%的幅度内对调节结果进行调整,确定宣告刑。当调节后的结果仍不符合罪责刑相适应原则的,应提交审判委员会讨论,依法确定宣告刑。(5)综合全案犯罪事实和量刑情节,依法应当判处无期徒刑以上刑罚、管制或者单处附加刑、缓刑、免刑的,应当依法适用。例如,对于从犯,应当综合考虑其在共同犯罪中的地位、作用,以及是否实施犯罪实行行为等情况,予以从宽处罚,可以减少基准刑的20%—50%;犯罪较轻的,可以减少基准刑的50%以上或依法免除处罚。确定宣告刑,既包括以各种量刑情节调整基准刑的必要过程,也包括司法人员依据裁量权确认量刑结果的最终环节。

在以量刑情节调节基准刑时,如果案件仅具有单个量刑情节,则根据量刑情节的调节比例直接对基准刑进行调节。例如,某一非法拘禁案的基准刑是5年,仅有的一个自首情节可减少20%基准刑,那么基准刑的调节结果是:5年×(1-20%)。如果案件具有多种量刑情节时,则根据各个量刑情节的调节比例,采用"同向相加、逆向相减"的方法确定全部量刑情节的调节比例,再对基准刑进行调节。例如,上述非法拘禁案同时具有累犯和自首情节,累犯可增加30%基准刑,自首可减少20%基准刑,那么基准刑的调节结果是:5年×(1+30%-20%)。需要注意的是,对于具有刑法总则规定的未成年人犯罪、限制行为能力的精神病人犯罪、又聋又哑的人或盲人犯罪、防卫过当、避险过当、犯罪预备、犯罪未遂、犯罪中止、从犯、胁从犯和教唆犯等量刑情节的,先用该量刑情节对基准刑进行调节,在此基础上,再用其他量刑情节进行调节。最高司法机关将上述量刑情节视为特殊量刑情节,其相对于其他一般量刑情节在调节基准刑方面优先适用。由此,当案件具有多个所谓特殊量刑情节和一般量刑情节时,调节方法就转变为"部分连乘,部分相加减"。例如,上述非法拘禁罪不仅具备累犯和自首情节,其行为人还被认定为从犯,从犯可减少30%基准刑,那么基准刑的调节结果是:5年×(1-30%)×(1+30%-20%)。

第四节 量刑制度

一、累犯

(一)累犯的概念

累犯,是指因犯罪被判处一定刑罚,在刑罚执行完毕或赦免之后,在法定期限之内又犯一定之罪的情况。累犯概念具有双重含义,一方面它是量刑时应当从重处罚的客观事实,另一方面它也指称特定情形下的重新实施犯罪的人。

累犯理论和制度的勃兴与当时的社会变迁密切关联。在19世纪的欧洲,科技进步和大机器生产引起社会结构的剧烈变革,随着工业化步伐的推进,失业、贫困和犯罪等社会问题日益凸显,累犯也显著增多。累犯不仅扰乱了当时的社会秩序,还给社会公众带来了强烈的不安全感,因此刑事近代学派将累犯问题作为基本理论出发点之一。

累犯制度的设立符合特殊预防的要求。犯罪分子在经历刑罚处罚之后,仍然不思悔改继续实施较严重的犯罪,表现出比初犯、偶犯更大的人身危险性。从重处罚累犯,就是基于犯罪分子自身所展露出的这种人身危险性对其所犯后罪从重处罚,而不是对其所犯前罪的重复评价。

累犯与再犯不同。再犯是指再次犯罪,亦即两次及其以上犯罪的情况。相对于累犯,再犯在前后两罪的性质、法律后果和后罪的实施时间上没有特殊限制。成立累犯则要满足前后两罪都属于故意犯罪、前后两罪都应受到刑罚处罚和后罪在前罪刑罚执行完毕或赦免之后的法定期限内实施等基本要求。可见,再犯的外延大于累犯。

我国《刑法》第356条规定:"因走私、贩卖、运输、制造、非法持有毒品罪被判过刑,又犯本节规定之罪的,从重处罚。"这就是刑法对毒品再犯的规定。在处理累犯和毒品再犯的关系上,2000年4月4日最高人民法院《全国法院审理毒品犯罪案件工作座谈会纪要》规定:"对依法同时构成再犯和累犯的被告人,今后一律适用刑法第365条规定的再犯条款从重处罚,不再援引刑法关于累犯的条款。"但问题在于,对累犯不得适用缓刑和假释,而毒品再犯却尚有机会适用缓刑和假释,上述规定有违公平。2008年12月1日最高人民法院《全国部分法院审理毒品犯罪案件工作座谈会纪要》(取代了前述2000年的高法纪要,以下简称《部分法院毒品犯罪审理纪要》)规定:"对同时构成累犯和毒品再犯的被告人,应当同时引用刑法关于累犯和毒品再犯的条款从重处罚。"根据我国刑法规定,累犯和毒品再犯的法律后果都是从重处罚,但若将再次实施毒品犯罪的行为同时评价为累犯和毒品再犯,则不仅模糊了两者之间的区别,也有重复评价之嫌。因此,有必要探究累犯和毒品再犯的关系。有一种观点认为,应优先适用再犯规定,不再适用累犯条款,但仍应依照累犯不得适用缓刑和假释的规定,对再犯不适用缓刑和假释。① 另一种观点认为:"对于符合累犯条件的,必须适用总则关于累犯的条款,而不再适用《刑法》第356条。易言之,《刑法》第356条应仅适用于不符合累犯条件的再犯。"② 以上两种观点以罪刑相适应原则为出发

---

① 参见周光权:《刑法总论》(第四版),中国人民大学出版社2021年版,第453页。
② 张明楷:《刑法学》(第六版)(下),法律出版社2021年版,第1527页。

点,都主张对毒品再犯不得适用缓刑和假释,但第一种观点将再次实施毒品犯罪的行为定性为毒品再犯,却又主张对其适用累犯的法律后果,可能存在着前后逻辑矛盾。相对而言,第二种观点主张优先适用累犯条款,似乎更符合从严惩处毒品再犯的刑事政策,在逻辑上也更能自圆其说。

(二)累犯的分类

我国刑法规定的累犯制度分为一般累犯和特殊累犯两类。

1. 一般累犯

一般累犯,又称普通累犯。《刑法》第 65 条第 1 款规定:"被判处有期徒刑以上刑罚的犯罪分子,刑罚执行完毕或者赦免以后,在五年以内再犯应当判处有期徒刑以上刑罚之罪的,是累犯,应当从重处罚,但是过失犯罪和不满十八周岁的人犯罪的除外。"根据这一规定,成立一般累犯需要具备以下要件:

(1)前罪和后罪都必须是故意犯罪。一般而言,故意犯罪的有责性比过失犯罪的大,而且故意犯罪的人身危险性也较大。因此,以防卫社会为目标的累犯制度没有纳入过失犯罪的必要。如果前后两罪或其中一罪是过失犯罪,则不能成立一般累犯。

(2)犯罪分子在实施前罪时年满 18 周岁。犯前罪时不满 18 周岁的,不能成立一般累犯;犯后罪时已满 18 周岁的,只要犯前罪时是不满 18 周岁的,也不能成立一般累犯。我国对犯罪的未成年人以教育为主、惩罚为辅为原则,实行教育、感化和挽救的方针。这一要件体现了我国保护未成年人的刑事政策。如果累犯制度未设置此要件,就会与上述刑事政策产生冲突,不利于对未成年人的保护。

(3)前罪被判处有期徒刑以上刑罚,后罪应当被判处有期徒刑以上刑罚。前罪被判处有期徒刑以上刑罚,是指人民法院对犯罪分子判处的有期徒刑以上的宣告刑,包括有期徒刑、无期徒刑和死刑缓期 2 年执行。后罪应当判处有期徒刑以上刑罚,是指人民法院根据后罪的罪行轻重应当判处的宣告刑。人民法院在考量应判予后罪的刑罚时,不得将犯罪分子在犯前罪后又再犯后罪的事实作为后罪的量刑情节,否则会导致对犯罪分子人身危险性的重复评价。

(4)后罪实施的时间必须在前罪刑罚执行完毕或赦免以后 5 年以内。犯罪分子在前罪刑罚执行期间犯后罪的,不能成立累犯;犯罪分子在前罪刑罚执行完毕或赦免后超过 5 年再犯后罪的,也不能成立累犯。刑罚执行完毕,是指主刑执行完毕,而无须考虑附加刑的执行情况。前罪主刑执行完毕后 5 年内又犯后罪的,即使前罪的附加刑尚未执行完毕,仍然成立累犯。根据 2018 年 12 月 28 日最高人民检察院《关于认定累犯如何确定刑罚执行完毕以后"五年以内"起始日期的批复》,"刑罚执行完毕"是指刑罚执行到期应予释放之日。赦免,仅指特赦,是指国家对特定的犯罪人免除执行全部或部分刑罚的制度。根据我国《宪法》规定,全国人大常委会有决定特赦的职权,国家主席有发布特赦令的职权,因此,我国只设置了特赦制度,此处的赦免专指特赦,而不包括大赦。刑罚执行完毕或赦免以后,是从刑罚执行完毕或赦免之日起计算。

我国《刑法》第65条第2款规定:"前款规定的期限,对于被假释的犯罪分子,从假释期满之日起计算。"根据刑法规定,犯罪分子在假释期间遵守有关规定,假释考验期满,就认为原判刑罚已经执行完毕。因此,因故意犯罪被判处有期徒刑以上刑罚的人,在假释考验期满后5年内又重新犯应处有期徒刑以上刑罚的故意犯罪的,成立累犯,应当从重处罚。而在假释考验期内再犯新罪的,不成立累犯,应当撤销假释并依照我国《刑法》第71条的规定实行数罪并罚。

根据我国《刑法》第76条的规定,被判处缓刑的犯罪分子在缓刑考验期满后,其原判的刑罚就不再执行。由于缓刑是附条件地不予执行所宣告刑罚的制度,累犯以前罪"刑罚执行完毕或赦免"为要件,缓刑制度的"刑罚就不再执行"与累犯制度的"刑罚执行完毕"有着显著区别,因此,犯罪分子在缓刑考验期满后再犯罪的,不能成立累犯,而在缓刑考验期内犯新罪的,应当撤销缓刑并适用数罪并罚的有关规定。2020年1月17日,最高人民法院、最高人民检察院《关于缓刑犯在考验期满后五年内再犯应当判处有期徒刑以上刑罚之罪应否认定为累犯问题的批复》规定,"被判处有期徒刑宣告缓刑的犯罪分子,在缓刑考验期满后五年内再犯应当判处有期徒刑以上刑罚之罪的,因前罪判处的有期徒刑并未执行,不具备刑法第六十五条规定的'刑罚执行完毕'的要件,故不应认定为累犯,但可作为对新罪确定刑罚的酌定从重情节予以考虑。"

2. 特殊累犯

我国《刑法》第66条规定:"危害国家安全犯罪、恐怖活动犯罪、黑社会性质的组织犯罪的犯罪分子,在刑罚执行完毕或者赦免以后,在任何时候再犯上述任一类罪的,都以累犯论处。"根据这一规定,特殊累犯既不要求前罪和后罪所判刑罚的种类,也不规定所犯后罪的时间条件。在符合如下两个条件时即可成立特殊累犯:

(1)前罪和后罪必须都是危害国家安全犯罪、恐怖活动犯罪和黑社会性质的组织犯罪其中之一的犯罪。前罪和后罪只要是上述三类犯罪其中之一即可,不要求前罪和后罪的犯罪性质相同。如果前后两罪或其中一罪不属于上述三类犯罪其中之一,就不成立特殊累犯,但在符合规定要件时可以成立一般累犯。后罪必须发生在前罪刑罚执行完毕或赦免以后。危害国家安全犯罪,是指刑法分则第一章"危害国家安全罪"中的全部犯罪。恐怖活动犯罪,不仅包括《刑法》第120条组织、领导、参加恐怖组织罪和第121条之一资助恐怖活动罪,还包括恐怖组织实施的杀人、爆炸、绑架等犯罪。黑社会性质的组织犯罪,不仅包括《刑法》第294条第1款的组织、领导、参加黑社会性质组织罪,该条第2款的入境发展黑社会组织罪和该条第3款的包庇、纵容黑社会性质组织罪,还包括黑社会性质组织实施的其他犯罪,如杀人、绑架、敲诈勒索、洗钱等犯罪。

1979年《刑法》第62条规定:"刑罚执行完毕或者赦免以后的反革命分子,在任何时候再犯反革命罪的,都以累犯论处。"当时的特殊累犯是反革命累犯。在《刑法修正案(八)》于2011年5月1日施行之前,现行刑法中的特殊累犯制度除了将"反革命分子"改为"危害国家安全的犯罪分子"和将"反革命罪"改为"危害国家安全罪"之外,基本上沿用了1979年《刑法》规定。由于现行刑法修改了原刑法分则第一章反革命罪的罪名,并且将该章中的普通刑事犯罪移入其他章节,所以对前罪是在现行刑法施行之前所犯之反革命罪,而后罪是在现行刑法施行之后所犯之危害国家安全犯罪或在2011年5月1日之后所犯之危害国家安全犯罪、恐怖活动犯罪、黑社会性质的组织犯罪的情况,应当作以下具体分析:现行刑法将前罪规定为危害国家安全犯罪的(如投敌叛变罪、间谍罪),前罪和后罪成立特殊累犯;现行刑法未将前罪规定为危害国家安全犯罪的(如组织越狱罪、聚众持械劫狱罪),前罪和后罪不能成立特殊累犯。前罪未被规定为反革命罪,但现行刑法将其规定为危害国家安全犯罪的,前罪和后罪也不能成立特殊累犯。① 另外,曾犯恐怖组织犯罪、黑社会性质的组织犯罪的犯罪分子,2011年5月1日以后再犯危害国家安全犯罪、恐怖组织犯罪和黑社会性质的组织犯罪的,成立特殊累犯。

(2)后罪必须发生在前罪刑罚执行完毕或赦免以后。特殊累犯对前罪与后罪的时间间隔没有特殊要求,后罪可以在前罪刑罚执行完毕或赦免以后的任何时候发生。如果后罪发生在前罪刑罚执行期间,则不能成立特殊累犯;如果前罪被判免于刑罚处罚,亦不能成立特殊累犯。

(三) 累犯的法律后果

根据我国《刑法》第65条和第66条的规定,对一般累犯和特殊累犯都应当从重处罚,亦即对累犯在法定刑幅度内判处较重的刑罚,但并非一律判处法定最高刑。另外,由于累犯体现了较大的人身危险性,因此对累犯既不适用缓刑,也不适用假释。

二、自首

(一) 自首的概念

我国《刑法》第67条第1款规定:"犯罪以后自动投案,如实供述自己的罪行的,是自首。对于自首的犯罪分子,可以从轻或者减轻处罚。其中,犯罪较轻的,可以免除处罚。"该条第2款规定:"被采取强制措施的犯罪嫌疑人、被告人

---

① 参见张明楷:《刑法学》(第六版)(上),法律出版社2021年版,第732页。

和正在服刑的罪犯,如实供述司法机关还未掌握的本人其他罪行的,以自首论。"这两款就是我国刑法关于自首制度的规定。

设立自首制度,一方面为犯罪分子提供了悔过自新的机会,消减其继续实施犯罪的可能性;另一方面,在刑事诉讼中,自首材料是重要的立案材料来源,自首行为可以使刑事侦查、起诉和审判工作更为顺利地开展,有利于节约司法资源。

(二) 自首的分类

我国《刑法》第67条第1款和第2款分别规定了两类自首形式,即一般自首和特别自首。两类自首的法律后果相同,但成立条件并不相同。

1. 一般自首

一般自首,又称普通自首,是指犯罪分子在犯罪以后自动投案,并如实供述自己的罪行的行为。成立一般自首应当具备以下条件:

(1) 自动投案。所谓自动投案,是指犯罪分子在犯罪之后、归案之前,出于个人意志向有关组织或个人说明所犯罪行,并将自己置于有关组织或个人的合法控制之下的行为。认定自动投案应从以下几个方面判断。

自动投案的时间,要求发生在归案之前,具体而言,是在犯罪事实或犯罪嫌疑人未被司法机关发觉,或虽被发觉但犯罪嫌疑人尚未受到讯问、未被采取强制措施之前。根据1998年4月17日最高人民法院《关于处理自首和立功具体应用法律若干问题的解释》(以下简称《1998年自首立功解释》)的规定,以下情形属于自动投案:① 罪行尚未被司法机关发觉,仅因形迹可疑,被有关组织或司法机关盘问、教育后,主动交代自己的罪行的,属于自动投案,但有关部门、司法机关在其身上、随身携带的物品、乘驾的交通工具等处发现与犯罪有关物品的除外;② 犯罪后逃跑,在被通缉、追捕过程中主动投案的;③ 经查实确已准备去投案,或正在投案途中,被公安机关捕获的;④ 犯罪后主动报案,虽未表明自己是作案人,但没有逃离现场,在司法机关询问时交代自己罪行的;⑤ 明知他人报案而在现场等待,抓捕时无拒捕行为,供认犯罪事实的;⑥ 在司法机关未确定犯罪嫌疑人,尚在一般性排查询问时主动交代自己罪行的;⑦ 因特定违法行为被采取行政拘留、司法拘留、强制隔离戒毒等行政、司法强制措施期间,主动向执法机关交代尚未被掌握的犯罪行为的;⑧ 其他符合立法本意的自动投案情形。根据司法解释规定,交通肇事后保护现场、抢救伤者,并向公安机关报告的,应认定为自动投案,构成自首的,因上述行为同时系犯罪嫌疑人的法定义务,对其是否从宽、从宽幅度要适当从严掌握。2010年12月22日最高人民法院《关于处理自首和立功若干具体问题的意见》(以下简称《2010年自首立功意见》)规定,交通肇事逃逸后自动投案,如实供述自己罪行的,应认定为自首,但应依法以较重法定刑为基准,视情决定对其是否从宽处罚以及从宽处罚的幅度。需要指出的是,根据2009年3月12日最高人民法院《关于办理职务犯罪案件认定自首、立功等量刑情节若干问题的意见》(以下简称《2009年自首立功意见》),对实施贪污贿赂、渎职等职务犯罪的犯罪人而言,自动投案是指犯罪事实或犯罪分子未被办案机关掌握,或虽被掌握,但犯罪分子尚未受到调查谈话、讯问,或未宣布采取调查措施或强制措施时,向办案机关投案的行为。这表明,此处的办案机关不仅包括公安机关和司法机关,还包括纪检、监察等部门,职务犯罪的一般自首应当发生在被调查谈话、采取调查措施、讯问或采取强制措施之前。

自动投案的对象是公安机关、人民检察院和人民法院等办案机关。但犯罪嫌疑人向其所在单位、城乡基层组织或其他有关负责人员投案的,属于自动投案。犯罪嫌疑人因病、伤或为了减轻犯罪后果,委托他人先代为投案,或先以信电投案的,也属于自动投案。

自动投案的自动性,是指犯罪人在向有关机关或个人投案时具有自主的个人意志。自动投案需要犯罪人具有投案的主观意愿,但不要求犯罪人具有特定的主观动机或目的。在司法实践中,有的人投案是出于真诚悔悟,有的人是为了争取宽大处理,有的人是被亲情感化,还有的人是为了结束疲于奔命的逃亡状态。犯罪人投案的动机、目的或原因,都不是影响自动投案成立的因素。因此,并非出于犯罪嫌疑人主动,而是经亲友规劝、陪同投案的,属于自动投案;公安机关通知犯罪嫌疑人的亲友,或亲友主动报案后,将犯罪嫌疑人送去投案的,也应当视为自动投案。但犯罪嫌疑人被亲友采用捆绑等手段送到司法机关,或在亲友带领侦查人员前来抓捕时无拒捕行为,并如实供认犯罪事实的,不能认定为自动投案。

自动投案应当具有彻底性。犯罪嫌疑人自动投案后逃跑的,不能认定为自首;但在逃跑后又向有关机关投案的,依然成立自首。自首制度的设立宗旨之一,是为犯罪人提供改过自新的机会。所以,犯罪人在自动投案后逃跑的行为显示其并无悔改的意愿,无法成立自首;而逃跑后再次投案的行为表明其悔过和接受法律制裁的意愿,与自首制度的旨趣相符。同样,犯罪分子在委托他人代为投案或以信电方式投案后,其本人拒不到案的,不能成立自首;犯罪分子匿名向有关组织或个人提交赃物等与犯罪相关的物品的,或匿名向有关组织或个人报案的,也不能成立自首。

(2) 如实供述自己的罪行。犯罪分子在自动投案后,要想符合自首的条件,还必须如实供述自己的罪行。如实供述自己的罪行,是指犯罪分子根据实际情况向司法机关交代主要犯罪事实、个人情况等影响定罪量刑的犯罪事实。司法机关是否已经掌握犯罪分子供述的罪行,不是影响一般自首成立的因素。

如实,要求犯罪分子对案件事实的陈述既不夸大也不缩小,犯罪分子的供述应当客观地反映出有关犯罪的各种情况。但是,由于犯罪分子的如实供述活动是一个将对犯罪事实的感知而形成的记忆转化为表达的过程,所以犯罪分子的如实供述只需要达到与犯罪事实基本符合的水准,而不能苛求完全符合犯罪真实情况的供述。"应该说,在行为人按照自己的记忆进行供述,而其记忆与客观事实有冲突时,只要犯罪人基于真诚悔悟的动机进行交代,就应当承认供述的'如实性'。"①

根据《2010 年自首立功意见》的规定,如实供述自己的罪行,除供述自己的主要犯罪事实外,还应包括姓名、年龄、职业、住址、前科等情况。犯罪嫌疑人自动投案后隐瞒自己的真实身份等情况,影响对其定罪量刑的,不能认定为如实供述自己的罪行。因此,如果犯罪嫌疑人隐瞒或编造姓名、年龄、职业、住址、前科等个人信息,但其提供的虚假个人信息不影响定罪量刑的,则仍然应当认为成立自首。

如实供述的内容是涉及定罪量刑的有关事实,而不包括行为人对其所实施行为的自我评价。自首制度要求犯罪分子对自己的罪行如实供述,但也不排斥犯罪分子所享有的辩护权利。在向司法机关供述罪行的过程中,行为人对自己行为是否成立犯罪以及成立何种犯罪等问题的主观认识,属于行为人对自己行为的合理辩解,不影响成立自首。但是,犯罪嫌疑人自动投案并如实供述自己的罪行后又翻供的,不能认定为自首;在一审判决前又能如实供述的,应当认定为自首。所谓翻供,是指犯罪嫌疑人或被告人对同一案件事实作出前后不一致的陈述,是对先前所交代罪行进行全面或局部否认的行为。

犯罪嫌疑人多次实施同种罪行的,应当综合考虑已交代的犯罪事实与未交代的犯罪事实的危害程度,决定是否认定为如实供述主要犯罪事实。虽然投案后没有交代全部犯罪事实,但如实交代的犯罪情节重于未交代的犯罪情节,或如实交代的犯罪数额多于未交代的犯罪数额,一般应认定为如实供述自己的犯罪事实。无法区分已交代的与未交代的犯罪情节的严重程度,或者已交代的犯罪数额与未交代的犯罪数额相当,一般不认定为如实供述自己的主要犯罪事实。此规定针对的是同种数罪不实行并罚的情况。在同种数罪并罚或非同种数罪并罚的情况下,只对如实供述部分犯罪的行为认定为自首,未如实交代的犯罪不适用自首。

共同犯罪案件中的犯罪嫌疑人,除如实供述自己的罪行,还应当供述所知的同案犯,主犯则应当供述所知其他同案犯的共同犯罪事实,才能认定为自首。如果犯罪分子为逃避惩处而推卸责任或为包庇同伙而包揽罪行的,不能成立自首。

2. 特别自首

特别自首(准自首)是指被采取强制措施的犯罪嫌疑人、被告人和正在服刑的罪犯,如实供述司法机关还未掌握的本人其他罪行的行为。成立特别自首应

---

① 周光权:《刑法总论》(第四版),中国人民大学出版社 2021 年版,第 458 页。

当具备以下条件：

（1）主体必须是被采取强制措施的犯罪嫌疑人、被告人和正在服刑的罪犯。我国刑事诉讼中的强制措施，是指公安机关、人民检察院和人民法院为保证刑事诉讼的顺利进行而对犯罪嫌疑人、被告人的人身自由进行限制或剥夺的各种强制性方法。强制措施包括拘传、取保候审、监视居住、拘留和逮捕。正在服刑的罪犯，是指经人民法院审判后正执行所判刑罚的人。

（2）必须如实供述司法机关还未掌握的本人其他罪行。此条件一方面要求被采取强制措施的犯罪嫌疑人、被告人和正在服刑的罪犯所供述的罪行由其本人实施，另一方面还要求该罪行尚未被司法机关知悉、了解或掌握。

根据《2010年自首立功意见》的规定，犯罪嫌疑人、被告人在被采取强制措施期间，向司法机关主动如实供述本人的其他罪行，该罪行能否认定为司法机关已掌握，应根据不同情形区别对待。如果该罪行已被通缉，一般应以该司法机关是否在通缉令发布范围内作出判断，不在通缉令发布范围内的，应认定为还未掌握，在通缉令发布范围内的，应视为已掌握；如果该罪行已录入全国公安信息网络在逃人员信息数据库，应视为已掌握。如果该罪行未被通缉，也未录入全国公安信息网络在逃人员信息数据库，应以该司法机关是否已实际掌握该罪行为标准。

（三）单位犯罪的自首

对单位犯罪自首，《2009年自首立功意见》作出了具体规定。单位犯罪案件中，单位集体决定或单位负责人决定而自动投案，如实交代单位犯罪事实的，或单位直接负责的主管人员自动投案，如实交代单位犯罪事实的，应当认定为单位自首。单位自首的，直接负责的主管人员和直接责任人员未自动投案，但如实交代自己知道的犯罪事实的，可以视为自首；拒不交代自己知道的犯罪事实或逃避法律追究的，不应当认定为自首。单位没有自首，直接责任人员自动投案并如实交代自己知道的犯罪事实的，对该直接责任人员应当认定为自首。

（四）自首的法律后果

《刑法》第67条第1款规定，"对于自首的犯罪分子，可以从轻或者减轻处罚。其中，犯罪较轻的，可以免除处罚。"

自首是从宽情节。通常，犯罪分子的自首行为可以表明其在主观上有悔过意愿，其人身危险性的程度有所降低，所以自首的犯罪分子往往能受到从宽处罚。同时，自首也是可以情节，是供犯罪分子悔过自新的机会，成立自首并不必然产生从宽处罚的法律后果。但除具有特殊情形外，司法人员一般会对自首适用从宽处罚。对犯罪情节特别恶劣、犯罪后果特别严重、被告人主观恶性深、人身危险性大，或在犯罪前即为规避法律、逃避处罚而准备自首的，可以不从宽处罚。根据《2010年自首立功意见》的规定，司法人员在对具有自首情节的犯罪分子决定是否从宽处罚以及从宽处罚的幅度时,既应当考虑其犯罪事实、犯罪性质、犯罪情节、危害后果、社会影响、被告人的主观恶性和人身危险性等因素,也应当考虑投案的主动性、供述的及时性和稳定性等因素。

此外,根据《反间谍法》第55条第1款的规定,实施间谍行为,有自首表现的,可以从轻、减轻或者免除处罚。此为我国附属刑法的特殊规定,在其他罪名中均不可适用。

三、坦白

（一）坦白的概念

《刑法》第67条第3款规定:"犯罪嫌疑人虽不具有前两款规定的自首情节,但是如实供述自己的罪行的,可以从轻处罚;因其如实供述自己罪行,避免特别严重后果发生的,可以减轻处罚。"这款就是有关坦白的刑法规定。所谓坦白,是指犯罪嫌疑人在被动归案后,如实供述自己罪行的行为。在《刑法修正案（八）》施行前,坦白属于酌定从宽情节;《刑法修正案（八）》将坦白法定化和制度化,使其实现了由酌定从宽情节向法定从宽情节的地位转换。坦白既表明了犯罪分子的悔改意愿,又有助于案件的顺利侦破,还有可能避免严重后果的发生。

（二）坦白的成立条件

（1）犯罪嫌疑人被动归案。犯罪嫌疑人被动归案是成立坦白的条件之一,被动归案的形式多种多样,比如被司法机关传唤到案、被司法机关采取强制措施归案、被公民扭送归案等情况。

（2）如实供述自己罪行。如实供述要求犯罪嫌疑人根据自身记忆尽量客观地向司法机关陈述有关犯罪的情况。坦白的犯罪事实是司法机关已经掌握的罪行。由于自首制度要求犯罪分子如实供述主要犯罪事实和个人情况等影响定罪量刑的犯罪事实,而通常自首的犯罪分子的人身危险性要低于坦白的犯罪分子的人身危险性,司法者对坦白内容的要求不得低于对自首内容的要求,因此,在理论上犯罪分子坦白的内容以包括主要犯罪事实和个人情况等影响定罪量刑的犯罪事实为宜。

（三）坦白与自首的关系

坦白与自首被规定在同一刑法条文中,两者既有联系又有区别。坦白与自首的相同之处是,两者都以犯罪分子已实施犯罪为前提,都以如实供述罪行为条件,都属于从宽处罚情节。虽然坦白与自首有一些相似之处,但两者的区别则更为明显。一般自首与坦白的关键区别在于投案是否具有自动性,一般自首是犯罪人自动投案后如实供述罪行的行为,而坦白是犯罪人被动归案后如实供述罪行的行为。特别自首与坦白的关键区别在于如实供述的罪行是否已被司法机关掌握,特别自首是犯罪人如实供述司法机关还未掌握的本人其他罪行的行为,而坦白是犯罪人如实供述司法机关已经掌握的本人罪行的行为。总体而言,自首与坦白所反映出的犯罪人的人身危险性程度不同,自首的犯罪人的人身危险性低于坦白的犯罪人的人身危险性,因而,无论在制度设计还是在制度实施的层面上,自首的从宽幅度都要大于坦白的从宽幅度。

(四) 坦白的法律后果

根据《刑法》第67条第3款的规定,犯罪分子坦白的,可以从轻处罚;因其如实供述自己罪行,避免特别严重后果发生的,可以减轻处罚。坦白属于"可以"从宽处罚情节。是否对坦白的犯罪分子从宽处罚,应当由司法者根据犯罪分子罪行轻重、人身危险性和坦白的具体情况进行判定。

四、立功

(一) 立功的概念和条件

我国刑法中,广义的立功包括量刑中的立功和执行中的立功,此处的立功是指量刑中的立功,即作为刑罚裁量制度的立功。《刑法》第68条规定:"犯罪分子有揭发他人犯罪行为,查证属实的,或者提供重要线索,从而得以侦破其他案件等立功表现的,可以从轻或者减轻处罚;有重大立功表现的,可以减轻或者免除处罚。"据此规定,犯罪分子在犯罪后有揭发他人犯罪行为,查证属实,或提供重要线索,从而得以侦破其他案件等情形的,属于立功。

设立立功制度,一方面能够激励犯罪分子悔过自新,并且犯罪分子的检举揭发活动有助于提高刑事司法工作效率,节约司法资源;另一方面,犯罪分子的检举揭发等活动有利于分化、瓦解犯罪势力,能够为抑制犯罪、保持安定的社会秩序发挥一定的作用。

立功的成立需要具备以下条件:(1) 立功的主体是犯罪分子,即已经实施了犯罪的人。立功制度对主体所犯罪行的性质或法律后果没有特殊限定。但立功必须由犯罪分子本人实施,犯罪分子亲友直接向有关机关揭发他人犯罪行为,提供侦破其他案件的重要线索,或协助司法机关抓捕其他犯罪嫌疑人的,不成立立功。(2) 立功的时间是在主体实施犯罪后、刑事裁判结束之前。这一时间要求是区分量刑中的立功与行刑中的立功的重要标志。(3) 立功的内容是犯罪分子从事了有助于查证他人犯罪事实、侦破其他案件或阻止他人犯罪的活动。

(二) 立功的形式

根据《刑法》和《1998年自首立功解释》第5条、第7条的规定,立功有以下几种形式:

(1) 揭露他人犯罪行为,查证属实。犯罪分子所揭露的犯罪事实应当是他人的犯罪行为,包括共同犯罪案件中的犯罪分子揭发同案犯共同犯罪以外的其他犯罪的情形。犯罪分子所揭露的他人犯罪行为，必须经过查验后被证明是真实存在的犯罪事实。揭发内容虚假的、揭发内容有失具体明确的、揭发内容无法查证的、揭发内容不属于犯罪的或揭发的内容与实际查明的犯罪事实之间缺乏关联性的，不能认为犯罪分子有立功表现。

犯罪分子检举揭发的"犯罪"，因法定事由不追究刑事责任、不起诉、终止审理的，不影响对被告人立功表现的认定。结合我国《刑事诉讼法》第16条的规定，犯罪分子检举揭发的"犯罪"具有以下情形的，不影响立功表现的成立：① 检举揭发的行为情节显著轻微危害不大，不被认为是犯罪的；② 检举揭发的犯罪已过追诉时效期限的；③ 检举揭发的犯罪经特赦令免除刑罚的；④ 检举揭发的犯罪属于告诉才处理的犯罪，没有告诉或撤回告诉的；⑤ 检举揭发的犯罪嫌疑人、被告人死亡的；⑥ 检举揭发的犯罪符合其他法律规定免予追究刑事责任的。

犯罪分子在揭露他人犯罪行为时，可能会出现自首、坦白与立功竞合的情况。例如，甲将自己曾向国家工作人员乙行贿的事实向司法机关报告，此时，甲既因为向司法机关陈述自己罪行而成立自首或坦白，又因为揭露了乙的犯罪行为而有立功表现。由于在整体上甲只实施了一个陈述罪行的举止，对其行为只能作一次法律评价；成立自首、坦白或认为有立功表现，应当根据具体的犯罪事实，选择对犯罪分子最有利的从宽处罚情节。

（2）提供重要线索，从而得以侦破其他案件。重要线索，是指尚未被司法机关掌握的、对案件的侦破有实际作用的信息。重要线索必须由犯罪分子亲自掌握和提供，既不得通过职务上的便利获得，也不能为了达到从宽处罚的目的而以非法手段获得。根据《1998年自首立功解释》的规定，犯罪分子通过贿买、暴力、胁迫等非法手段，或被羁押后与律师、亲友会见过程中违反监管规定，获取他人犯罪线索并"检举揭发"的，不能认定为有立功表现；犯罪分子将本人以往查办犯罪的职务活动中掌握的，或从负有查办犯罪、监管职责的国家工作人员处获取的他人犯罪线索予以检举揭发的，不能认定为有立功表现；犯罪分子亲友为使犯罪分子"立功"向司法机关提供他人犯罪线索的，也不能认定为立功表现。

（3）阻止他人犯罪活动、协助司法机关抓捕其他犯罪嫌疑人（包括同案犯）和具有其他有利于国家和社会的突出表现的行为，也应当认定为有立功表现。其中，以下情况属于"协助司法机关抓捕其他犯罪嫌疑人"：① 按照司法机关的安排，以打电话、发信息等方式将其他犯罪嫌疑人（包括同案犯）约至指定地点的；② 按照司法机关的安排，当场指认、辨认其他犯罪嫌疑人（包括同案犯）的；③ 带领侦查人员抓获其他犯罪嫌疑人（包括同案犯）的；④ 提供司法机关尚未掌握的其他案件犯罪嫌疑人的联络方式、藏匿地址的。犯罪分子提供同案犯姓名、住址、体貌特征等基本情况，或提供犯罪前、犯罪中掌握、使用的同案犯联络方式、藏匿地址，司法机关据此抓捕同案犯的，不能认定为协助司法机关抓捕同案犯;犯罪分子亲友为使犯罪分子"立功"而协助司法机关抓捕犯罪嫌疑人的,也不能认定犯罪分子有立功表现。协助抓获的人的行为构成犯罪,但因法定事由不追究刑事责任、不起诉、终止审理的,不影响对被告人立功表现的认定。

(三) 立功的种类

《刑法》第68条规定,作为量刑制度的立功可以具体分为一般立功和重大立功。

一般立功包括以下情形:(1) 揭露他人犯罪行为,包括共同犯罪案件中的犯罪分子揭发同案犯共同犯罪以外的其他犯罪,查证属实的;(2) 提供重要线索,从而得以侦破其他案件的;(3) 阻止他人犯罪活动的;(4) 协助司法机关抓捕其他犯罪嫌疑人(包括同案犯)的;(5) 具有其他有利于国家和社会的突出表现的。

重大立功,根据《2009年自首立功意见》的规定,包括以下情形:(1) 犯罪分子检举、揭发他人重大犯罪行为,查证属实的;(2) 提供侦破其他重大案件的重要线索的;(3) 阻止他人重大犯罪活动的;(4) 协助司法机关抓捕其他重大犯罪嫌疑人(包括同案犯)的;(5) 对国家和社会有其他重大贡献等表现的。认定"重大犯罪""重大案件"和"重大犯罪嫌疑人"的标准,一般是指犯罪嫌疑人、被告人可能被判处无期徒刑以上刑罚或案件在本省、自治区、直辖市或全国范围内有较大影响等情形。犯罪分子检举揭发或协助抓获的人的行为应判处无期徒刑以上刑罚,但因具有法定、酌定从宽情节,宣告刑为有期徒刑或更轻刑罚的,不影响对被告人重大立功表现的认定。

(四) 立功的法律后果

根据我国《刑法》第68条的规定,对有一般立功表现的犯罪分子可以从轻或减轻处罚,对有重大立功表现的犯罪分子可以减轻或免除处罚。

根据《2009年自首立功意见》的规定,对具有立功情节的被告人是否从宽处罚、从宽处罚的幅度,除应考虑其犯罪事实、犯罪性质、犯罪情节、危害后果、社会影响、被告人的主观恶性和人身危险性等因素外,还应考虑检举揭发罪行的轻重、被检举揭发的人可能或已经被判处的刑罚、提供的线索对侦破案件或协助抓捕其他犯罪嫌疑人所起作用的大小等。

虽然具有立功表现,但犯罪情节特别恶劣、犯罪后果特别严重、被告人主观恶性深、人身危险性大,或在犯罪前即为规避法律、逃避处罚而准备立功的,可以不从宽处罚。对于被告人具有立功表现,同时又有累犯、毒品再犯等法定从重处罚情节的,既要考虑立功的具体情节,又要考虑被告人的主观恶性、人身危险性等因素,综合分析判断,确定从宽或从严处罚。累犯的前罪为非暴力犯罪的,一般可以从宽处罚,前罪为暴力犯罪或前、后罪为同类犯罪的,可以不从宽处罚。

在共同犯罪案件中,根据《部分法院毒品犯罪审理纪要》的规定,对具有立功表现的被告人的处罚,应注意共同犯罪人以及首要分子、主犯、从犯之间的量刑平衡。犯罪集团的首要分子、共同犯罪的主犯检举揭发或协助司法机关抓捕同案地位、作用较次的犯罪分子的,从宽处罚与否应当从严掌握,如果从轻处罚可能导致全案量刑失衡的,一般不从轻处罚;如果检举揭发或协助司法机关抓捕的是其他案件中罪行同样严重的犯罪分子,一般应依法从宽处罚。对于犯罪集团的一般成员、共同犯罪的从犯立功的,特别是协助抓捕首要分子、主犯的,应当充分体现政策,依法从宽处罚。

此外,根据《反间谍法》第55条第1款的规定,实施间谍行为,有立功表现的,可以从轻、减轻或者免除处罚;有重大立功表现的,给予奖励。此为我国附属刑法的特殊规定,在其他罪名中均不可适用。

五、数罪并罚

（一）数罪并罚的概念和特征

数罪并罚,是指法院对一人所犯数罪分别定罪量刑,并根据法律规定的原则与方法,决定应当执行的刑罚。数罪并罚具有以下特征:

(1) 一人犯数罪。一人犯两个或两个以上的数罪,是实行数罪并罚的前提。一人犯一罪或数人共同犯一罪的,不存在数罪并罚的问题。数人共同犯数罪的,对数人应当分别定罪量刑,然后再分别予以数罪并罚。

(2) 数罪发生在法定期间之内。根据刑法规定,只有在判决宣告以前或在判决宣告以后,刑罚执行完毕以前,发现犯罪人犯有数罪的,才适用数罪并罚。具体包括以下情况:① 判决宣告以前一人犯数罪的;② 判决宣告以后,刑罚执行完毕以前,发现被判刑的犯罪人在判决宣告以前还有其他罪没有判决的;③ 判决宣告以后,刑罚执行完毕以前,被判刑的犯罪人又犯罪的;④ 被宣告缓刑、假释的犯罪分子在缓刑考验期、假释考验期内犯新罪或发现判决宣告以前还有其他罪没有判决的。如果犯罪人在刑罚执行完毕以后犯新罪,应当依法对新罪定罪量刑,符合累犯条件的,应当作为累犯从重处罚。如果在刑罚执行完毕以后发现犯罪人在判决宣告以前还有其他罪没有判决的,在尚未超过追诉时效的前提下,应依法对其定罪量刑,此时不能成立累犯。

(3) 在对数罪分别定罪量刑的基础上,根据法定的并罚原则与方法,决定执行的刑罚。详言之,首先要对各数罪分别确定罪名并宣告刑罚,然后再根据适用于不同情况的并罚原则以及在不同时间阶段和法律条件下的刑期计算方法,将各罪的宣告刑予以合并,最终得出应当执行的刑种和刑期。在中华人民共和国成立后,司法机关曾在相当长的一段时期内采用"估堆法"作为数罪并罚的方法,亦即虽然对数罪分别定罪,但并不分别裁量和宣告刑罚,只对数罪应当执行的刑罚进行整体性的估量。"估堆法"不仅降低了量刑工作的透明度,容易引发司法人员滥用职权或玩忽职守的现象,而且会损害被告人的上诉权利,影响到上级人民法院对原判决量刑是否适当的审查工作。因此,作为数罪并罚方法的"估堆法"早已成为历史,当前所采用的先分别定罪量刑再合并执行的方法具备实体法和程序法上的科学性。

(二) 数罪并罚的原则

1. 数罪并罚原则概述

数罪并罚原则是指对一人所犯数罪合并处罚所依据的原则。各国刑法所采取的数罪并罚原则主要有以下几种:

(1) 并科原则。所谓并科原则,也称相加原则,是指将一人所犯数罪分别宣告的各罪刑罚绝对相加、合并执行的合并处罚原则。该原则强调刑罚的威慑功能,但其不仅对犯罪分子过于严苛,而且不符合部分刑种的适用意义。例如,对有期徒刑采取并科原则可能会导致决定执行的刑罚期限远超出犯罪人的自然生命极限的现象,与无期徒刑的效果实质相同,这样的刑罚既脱离实际又有失严肃。另外,死刑与无期徒刑受刑种性质的限制,无法采用并科原则执行。目前,已经很少有国家单纯采用并科原则。

(2) 吸收原则。所谓吸收原则,是指将一人所犯数罪分别定罪量刑,然后选择最重的刑罚作为执行的刑罚,其余较轻的刑罚在被最重的刑罚吸收后不再执行的合并处罚原则。就死刑、无期徒刑等刑种的并罚而言,采取吸收原则较为合理;但当宣告刑系有期徒刑、拘役、管制、财产刑等刑种时,采取吸收原则可能会致使犯数罪者与犯一重罪者适用相同刑罚的状况出现,这既违背了罪刑相适应原则,也不利于刑罚目的的实现。目前,单纯采用吸收原则的国家很少。

(3) 限制加重原则。所谓限制加重原则,是指以一人所犯数罪中法定应当判处或已判处的最重刑罚为基础,再在一定限度之内对其予以加重作为执行刑罚的合并处罚原则。限制加重原则既克服了并科原则过于严苛且不便普遍适用的局限,又克服了吸收原则过于宽纵而不足以惩罚犯罪的弊端,是一种较为灵活的处罚方式。限制加重原则虽对有期徒刑、拘役和管制等刑种的适用具有合理性,但无法适用于无期徒刑、死刑的合并处罚。

(4) 折中原则,又称混合原则、综合原则,是指根据刑种的不同,兼采吸收原则、并科原则和限制加重原则的混合式合并处罚方式。由于单纯采取并科原则、吸收原则或限制加重原则各有不足,因此,根据刑种的不同分别采取不同原则的折中原则能够取长补短,既发挥了不同原则的最大功用,又避免了不同原则的内在缺陷。目前,世界上大多数国家采用折中原则。

2. 我国的数罪并罚原则

《刑法》第69条规定:"判决宣告以前一人犯数罪的,除判处死刑和无期徒刑的以外,应当在总和刑期以下、数刑中最高刑期以上,酌情决定执行的刑期,但是管制最高不能超过三年,拘役最高不能超过一年,有期徒刑总和刑期不满三十五年的,最高不能超过二十年,总和刑期在三十五年以上的,最高不能超过二十五年。数罪中有判处有期徒刑和拘役的,执行有期徒刑。数罪中有判处有期徒刑和管制,或者拘役和管制的,有期徒刑、拘役执行完毕后,管制仍须执行。数罪中有判处附加刑的,附加刑仍须执行,其中附加刑种类相同的,合并执行,种类不同的,分别执行。"据此,我国刑法对数罪并罚采取的是折中原则。

(1) 采取吸收原则的情形:① 数罪中判处数个死刑或最重刑为死刑的,只执行一个死刑,不再执行其他主刑。由于死刑是一次性执行的生命刑,因此其他死刑判决或有期徒刑、拘役、管制等自由刑判决都不再执行。② 数罪中判处数个无期徒刑或最重刑为无期徒刑时,只执行一个无期徒刑,不再执行其他主刑。因为无期徒刑是自由刑而非生命刑,所以不能将两个以上的无期徒刑合并执行死刑。③ 数罪中有判处有期徒刑和拘役的,仅执行有期徒刑,拘役不再执行。

(2) 采取限制加重原则的情形:对于被判处数个同种自由刑的,我国刑法采取限制加重的并罚原则。有期徒刑、拘役、管制都有期限,本身可以合并,但如果采取相加原则,就过于严厉,且不符合实际;如果采取吸收原则,则过于宽纵,既不符合正义观念,也不利于预防犯罪。于是,对于同种自由刑,即被判处数个管制、数个拘役或者数个有期徒刑的,我国刑法均采取限制加重的并罚原则。"加重"表现为在所判数刑中的最高刑期以上,而且可以超过有期徒刑、拘役、管制的一般法定最高刑期限度,决定执行的刑期。有期徒刑在数罪并罚时视总和刑期可以超过15年达到20年或25年,拘役可以超过6个月达到1年,管制可以超过2年达到3年。"限制"表现为两个方面:一是受总和刑期的限制,即决定执行的刑罚必须在总和刑期以下;二是受数罪并罚法定最高刑期的限制,即数个管制的并罚最高不能超过3年,数个拘役的并罚最高不能超过1年,数个有期徒刑总和刑期不满35年的,最高不能超过20年,总和刑期在35年以上的,最高不能超过25年。例如,甲犯盗窃罪和故意伤害罪,所判处的刑罚分别为9年有期徒刑和7年有期徒刑,总和刑期为16年,最高刑期为9年,故应在9年以上16年以下决定执行的刑罚。此时合并执行的刑期受总和刑期的限制。再如,乙因犯抢劫罪、聚众斗殴罪和非法持有毒品罪,被分别判处有期徒刑13年、9年和5年,总和刑期为27年,数刑中最高刑期为13年,但法律规定当总和刑期不满35年时,数罪并罚有期徒刑不得超过20年,故只能在13年以上20年以下决定执行的刑期。此时合并执行的刑期受数罪并罚法定最高刑期的限制。

(3) 采取逐一执行原则的情形:根据《刑法》第69条第2款,数罪中有判处有期徒刑和管制,或者拘役和管制的,有期徒刑、拘役执行完毕后,管制仍须执行。

对数个同种自由刑的适用,限制加重原则不会出现任何问题。但当面对数个非同种自由刑的情况时,如数刑中同时存在有期徒刑、拘役和管制,如何适用限制加重原则就成为问题。对此问题大致存在三种观点:① 逐一执行说。该观点认为,应将数个不同种类的自由刑按照从重到轻的顺序逐一执行,即先执行有期徒刑,再执行拘役,最后执行管制。1981 年 7 月 27 日最高人民法院《关于管制犯在管制期间又犯新罪被判处拘役或有期徒刑应如何执行的问题的批复》规定:"由于管制和拘役、有期徒刑不属于同一刑种,执行的方法也不同,如何按照数罪并罚的原则决定执行的刑罚,在刑法中尚无具体规定,因此,仍可按照本院 1957 年 2 月 16 日法研字第 3540 号复函的意见办理,即:'在对新罪所判处的有期徒刑或拘役执行完毕后,再执行前罪所没有执行完的管制。'对于管制犯在管制期间因发现判决时没有发现的罪行而被判处拘役或有期徒刑应如何执行的问题,也可按照上述意见办理。"可见,最高人民法院认为有期徒刑或拘役的执行优先于管制的执行。② 吸收说。该观点主张,按照重刑吸收轻刑的方法,只执行数刑中最重的刑罚,较轻的刑罚就不再执行。③ 折算说。该观点认为,应将有期徒刑、拘役和管制按照一定的比例折算为其中一种自由刑,并按照限制加重的原则决定应当执行的刑罚。在折算说内部,部分观点主张将不同种的自由刑折算为同一种较重的自由刑,例如将拘役、管制折算为有期徒刑,或将管制折算为拘役;①部分观点主张以数罪所判刑罚中的主要刑种为基准进行折算,例如当数刑中有 3 个月拘役、6 个月拘役和 6 个月有期徒刑时,应将有期徒刑折算为拘役,再实行并罚。②虽然同为自由刑,但是有期徒刑、管制、拘役限制或剥夺自由的程度并不相同,因而尽管折算说曾经为主流学说,但是它并非没有问题。因而,刑法最新的发展对数个非同种自由刑的情况进行了区分对待,即数罪中有判处有期徒刑和拘役的,采取吸收原则仅执行有期徒刑;而数罪中有判处有期徒刑和管制,或者拘役和管制的,则采逐一执行原则,有期徒刑、拘役执行完毕后,管制仍须执行。这种处理方式应该说是比较合理的。

(4) 数罪中有判处附加刑的,附加刑仍须执行。由于附加刑与主刑的性质不同,所以附加刑既不能被主刑吸收,也不能与主刑进行折算。亦即,当数刑中既有主刑也有附加刑时,采用并科原则。

被判处数个附加刑的,原则上对种类相同的附加刑予以合并执行,对种类不同的附加刑予以分别执行。但在理论和实践中,应当对部分例外情形进行具体分析或处理:① 对数个剥夺政治权利附加刑中有剥夺政治权利终身的,应采用吸收原则,只执行剥夺政治权利终身;当数个资格刑都是有期限地剥夺政治权利

---

① 参见曲新久主编:《刑法学》(第六版),中国政法大学出版社 2022 年版,第 199—200 页。
② 参见张明楷:《刑法学》(第四版),法律出版社 2011 年版,第 530—531 页。在新版教科书中,张明楷教授已经修改了其观点。参见张明楷:《刑法学》(第六版)(上),法律出版社 2021 年版,第 776 页。

时,由于剥夺政治权利的最高期限不能超过 5 年,应采取限制加重的原则。①② 对数个没收财产刑中有没收全部财产的,应当采用吸收原则,只执行一个没收全部财产。③ 对数刑中既有没收全部财产又有罚金的,刑法理论通常认为应当将没收全部财产和罚金分别执行,而不得以没收全部财产吸收罚金刑。但司法实践做法似与之有所不同。《财产刑规定》第 3 条第 2 款规定:"一人犯数罪依法同时并处罚金和没收财产的,应当合并执行;但并处没收全部财产的,只执行没收财产刑。"

(三) 适用数罪并罚的不同情形

根据《刑法》第 69 条、第 70 条与第 71 条的规定,适用数罪并罚有三种情形。

1. 判决宣告以前一人犯数罪的并罚

判决宣告以前一人犯数罪的,根据《刑法》第 69 条的规定予以数罪并罚。判决宣告以前一人犯数罪的,既可能是非同种数罪,也可能是同种数罪。对判决宣告以前犯不同种数罪的应实行并罚,这在理论和实践中都无任何争议。但判决宣告以前一人犯同种数罪的,是否应当实行并罚则存在不同的主张,大体上可以划分为三种观点:(1) 一罚说。该观点主张对同种数罪一概不并罚,而应作为一罪的从重情节或法定刑升格的情节处置。(2) 并罚说。该观点主张,我国刑法并未将"数罪"限定为非同种数罪,因此对同种数罪也一概实行并罚。(3) 折中说。该说是目前的通说,其基本主张是,对同种数罪是否并罚不得一概而论,而应当以罪刑相适应原则为标准,灵活地选择采用一罚或并罚的处罚方法。

2. 判决宣告以后,刑罚执行完毕以前发现漏罪的并罚

《刑法》第 70 条规定:"判决宣告以后,刑罚执行完毕以前,发现被判刑的犯罪分子在判决宣告以前还有其他罪没有判决的,应当对新发现的罪作出判决,把前后两个判决所判处的刑罚,依照本法第六十九条的规定,决定执行的刑罚。已经执行的刑期,应当计算在新判决决定的刑期以内。"所谓新发现的罪,简称漏罪,是指在原判决宣告和生效之前实施的、应当受到追诉并与原判决之罪实行数罪并罚的罪。

这种数罪并罚的特点是:(1) 一人所犯数罪均发生在原判决宣告以前,原判决只对其中一部分犯罪作出判决,对另一部分犯罪没有判决。(2) 对新发现的罪定罪量刑,然后将新判决的刑罚与原判决的刑罚,依照《刑法》第 69 条的规定实行并罚。(3) 已经执行的刑期计算在新判决的刑期以内,亦即除决定执行的刑罚是死刑、无期徒刑的情形外,应当继续执行的刑期是前后两个判决合并执行的刑期减去已经执行的刑期后的结果。这种方法被简称为"先并后减"。例如,甲在判决宣告以前犯有盗窃罪和抢劫罪,但人民法院只对甲的盗窃罪判处有期

---

① 参见马克昌主编:《刑罚通论》(第二版),武汉大学出版社 1999 年版,第 487 页。

徒刑5年。在该刑罚执行1年后甲被发现曾犯抢劫罪,后来人民法院对甲的抢劫罪判处有期徒刑8年。根据先并后减的方法,人民法院应在8年以上13年以下决定执行的刑期,如果决定执行10年,那么已经执行的1年便计算在这10年之中,对犯罪人甲应再执行有期徒刑9年。

对在数罪并罚后,刑罚执行完毕以前发现漏罪的情形,应当将漏罪的刑罚与原判决刑罚合并处罚,而不能将漏罪的刑罚与原判决的数个宣告刑合并处罚。对在刑罚执行完毕以前发现的数个漏罪的情形,应当对数个漏罪分别定罪量刑,然后将各罪的刑罚与原判决刑罚合并处罚,而不能先将数个漏罪数罪并罚,再以并罚的刑罚与原判决刑罚合并处罚。例如,甲在判决宣告以前犯有故意毁坏财物罪、抢夺罪、聚众斗殴罪和故意伤害罪,但人民法院只对已发现的故意毁坏财物罪判处5年有期徒刑,对抢夺罪判处10年有期徒刑,并决定合并执行12年有期徒刑。在刑罚执行2年后,又发现甲尚有漏罪,对聚众斗殴罪判处有期徒刑7年,对故意伤害罪判处有期徒刑8年。法院应在12年以上27年以下决定应执行的刑期;但由于有期徒刑的总和刑期不满35年的,最高刑期不能超过20年,所以只能在12年以上20年以下决定应执行的刑期。如果决定执行有期徒刑18年,在减去已经执行的2年后,还需要执行有期徒刑16年。

在判决宣告以后,尚未交付执行时,发现犯罪分子还有漏罪的,如果此时判决已经发生法律效力,则依照《刑法》第70条处理。如果第一审人民法院的判决尚未发生法律效力,被告人提出上诉或人民检察院提出抗诉,第二审人民法院在审理期间发现原审被告人在第一审判决宣告以前还有漏罪没有判决的,那么第二审人民法院可以裁定撤销原判,发回原审人民法院重新审判。第一审法院在重新审判时,不得再根据《刑法》第70条实行并罚。

在处理被告人刑满释放后又犯罪的案件时,同时又发现其在前罪判决宣告以前,或在前罪判处的刑罚执行期间,还犯有其他未经处理且尚处于追诉时效的罪行的,如果未经处理的罪与新罪属于不同种数罪,就应将它们分别定罪量刑,并依照《刑法》第69条的规定,实行数罪并罚。

在缓刑考验期限内发现漏罪的,根据《刑法》第77条的规定,应当撤销缓刑,对新发现的罪作出判决,将前罪和后罪所判处的刑罚,根据《刑法》第69条的规定决定执行的刑罚。在假释考验期限内发现漏罪的,根据《刑法》第86条的规定,应当撤销假释,依照《刑法》第70条的规定实行数罪并罚。

3. 判决宣告以后,刑罚执行完毕以前又犯罪的并罚

《刑法》第71条规定:"判决宣告以后,刑罚执行完毕以前,被判刑的犯罪分子又犯罪的,应当对新犯的罪作出判决,把前罪没有执行的刑罚和后罪所判处的刑罚,依照本法第六十九条的规定,决定执行的刑罚。"这种数罪并罚的特点是:(1)犯罪人在原判决宣告以后,刑罚执行完毕之前又犯新罪。2017年11月26

日全国人大常委会法工委《关于对被告人在罚金刑执行完毕前又犯新罪的罚金应否与未执行完毕的罚金适用数罪并罚问题的答复意见》规定:"刑法第七十一条中的'刑罚执行完毕以前'应是指主刑执行完毕之前。如果被告人主刑已执行完毕,只是罚金尚未执行完毕的,根据刑法第五十三条的规定,人民法院在任何时候发现有可以执行的财产,应当随时追缴。因此,被告人前罪主刑已执行完毕,罚金未执行完毕的,应与由人民法院继续执行尚未执行完毕的罚金,不必与新罪判处的罚金数罪并罚。"(2) 不管新罪是否与原判决的罪性质相同,也不管新罪的罪数如何,都应当将新罪单独定罪量刑。(3) 将前罪没有执行的刑罚与新罪所判处的刑罚,依照《刑法》第69条的规定进行并罚。前罪没有执行的刑罚,是前罪判决决定执行的刑罚减去已经执行的刑罚后的结果。这种方法被简称为"先减后并"。

例如,甲因犯绑架罪被判处有期徒刑14年,在该刑罚执行10年后,又犯故意伤害罪被判处有期徒刑9年。依照先减后并的方法,应将没有执行的4年与新罪的9年实行并罚,即在9年以上13年以下决定执行的刑期,如果决定执行12年,则甲还需执行12年有期徒刑,加上已经执行的刑期,甲实际执行的刑期为22年。我国刑法对刑罚执行期间犯新罪的合并处罚要重于对发现漏罪的合并处罚,因为犯罪人在刑罚执行期间又实施了新的犯罪,表明其人身危险性较大,需要对其采取更为严厉的刑罚。以甲为例,如果依照先并后减的方法,实际执行的起点刑为14年,最高刑期不得超过20年;而采用先减后并的方法,实际执行的起点刑为19年,最高刑期可以达到23年。可见,对刑罚执行期间犯新罪的,采用先减后并的方法更符合罪刑相适应原则的要求。先减后并之所以能产生较严厉的刑罚效果,是因为"服刑人实际执行刑罚的最低期限可能比'先并后减'实际执行刑罚的最低期限高,或至少相等。而且按此方法,服刑人实际执行的刑罚,有期徒刑、拘役、管制的刑期可能分别超过数罪并罚的法定最高刑期"[①]。

如果犯罪人在刑罚执行期间又犯数个新罪,则应先对数个新罪分别定罪量刑,然后将数个新罪的宣告刑与前罪尚未执行的刑罚合并处罚。这种并罚方式能够使执行刑保持相对较高的水平,体现《刑法》第71条从严惩处的立法精神,比主张先将数个新罪合并处罚后再与前罪尚未执行的刑罚合并处罚的观点更具合理性。

如果犯罪人在刑罚执行期间又犯新罪,并且发现其在原判决宣告以前的漏罪,则先将漏罪与原判决的罪根据《刑法》第70条规定的先并后减的方法进行并罚,再将新罪的刑罚与前一并罚后的刑罚还没有执行的刑期,根据《刑法》第71条规定的先减后并的方法进行并罚。例如,犯罪人因犯甲罪被法院判处7年

[①] 马克昌主编:《刑罚通论》(第二版),武汉大学出版社1999年版,第480页。

有期徒刑,执行5年之后,又犯新罪,法院审理新罪期间,又发现了犯罪人在甲罪判决宣告以前的漏罪。法院对新罪判处6年有期徒刑,对漏罪判处8年有期徒刑。数罪并罚的顺序应该是:先将漏罪的8年有期徒刑与甲罪的7年有期徒刑实行并罚,在8年以上15年以下决定应当执行的刑罚,如果决定执行10年有期徒刑,因犯罪人已执行5年有期徒刑,还有5年有期徒刑没有执行。然后,再将没有执行的5年有期徒刑与新罪的6年有期徒刑实行并罚,在6年以上11年以下决定应当执行的刑罚,如果决定执行9年有期徒刑,则犯罪人实际执行的刑期为14年有期徒刑。

在缓刑考验期限内犯新罪的,根据《刑法》第77条的规定,应当撤销缓刑,对新犯的罪作出判决,将前罪和后罪所判处的刑罚,根据《刑法》第69条的规定决定执行的刑罚。在假释考验期限内犯新罪的,根据《刑法》第86条的规定,应当撤销假释,依照《刑法》第71条的规定实行数罪并罚。

对犯罪分子在执行附加刑剥夺政治权利期间犯新罪的处理。2009年5月25日最高人民法院《关于在执行附加刑剥夺政治权利期间犯新罪应如何处理的批复》规定,对判处有期徒刑并处剥夺政治权利的罪犯,主刑已执行完毕,在执行附加刑剥夺政治权利期间又犯新罪,如果所犯新罪无须附加剥夺政治权利的,依照《刑法》第71条的规定数罪并罚。前罪尚未执行完毕的附加刑剥夺政治权利的刑期从新罪的主刑有期徒刑执行之日起停止计算,并依照《刑法》第58条的规定从新罪的主刑有期徒刑执行完毕之日或假释之日起继续计算;附加刑剥夺政治权利的效力适用于新罪的主刑执行期间。对判处有期徒刑的罪犯,主刑已执行完毕,在执行附加刑剥夺政治权利期间又犯新罪,如果所犯新罪也剥夺政治权利的,依照《刑法》第55条、第57条、第71条的规定并罚。

六、缓刑

(一) 缓刑的概念

在我国,缓刑是指人民法院对被判处拘役、3年以下有期徒刑的犯罪分子,当符合犯罪情节较轻、有悔罪表现、没有再犯罪的危险和暂缓执行原判刑罚对其所居住社区没有重大不良影响的条件时,暂缓执行其刑罚,并且只要犯罪人在考验期内遵守一定条件,原判刑罚便不再执行的制度。简言之,缓刑是附条件地不执行原判刑罚的制度。

缓刑制度的主要意义在于,避免短期自由刑的弊害,实现刑罚社会化。由于刑期较短,短期自由刑对犯罪分子非但起不到教育、感化作用,反而容易导致罪犯间交叉感染和难以回归社会的后果。相对于短期自由刑,缓刑能够更好地实现刑罚目的。一方面,适用缓刑的犯罪人的行为危害、主观恶性和人身危险性较低,这类犯罪人有较强的悔过之心,对其适用缓刑基本不会对家庭生活和生产劳动造成影响,也足以达到惩罚效果和教育目的。另一方面,缓刑要求犯罪分子遵守有关规定,犯罪分子为了不再执行原判刑罚,就必须约束自身行为并接受社会监督,缓刑制度可以实现犯罪人自我约束与法律、社会约束的有机统一,有助于实现刑罚个别化和刑罚社会化的目标。

缓刑不同于免予刑事处罚。免予刑事处罚是只定罪而不判刑,缓刑则是在定罪判刑的基础之上附条件地暂缓执行原判刑罚。因此,被宣告免予刑事处罚的犯罪人不存在刑罚执行的可能性,而被宣告缓刑的犯罪人如果在缓刑考验期内发生应撤销缓刑的法定事由,就要撤销缓刑,执行原判刑罚。

缓刑不同于死刑缓期执行。二者虽然都是附条件地不执行原判刑罚,但二者在以下几个方面存在本质区别:(1)适用对象不用。缓刑适用于被判处拘役或3年以下有期徒刑的犯罪人,死刑缓期执行适用于应当判处死刑但不是必须立即执行的犯罪人。(2)执行方法不同。对于宣告缓刑的犯罪人不予关押;对于宣告死刑缓期执行的犯罪人必须予以关押,并实行劳动改造。(3)考验期限不同。缓刑依所判处的刑种与刑期不同而有不同的考验期限,死刑缓期执行的法定考验期限一律为2年。(4)法律后果不同。缓刑的法律后果或是原判刑罚不再执行,或是执行原判刑罚甚至数罪并罚;死刑缓期执行的法律后果根据情况可能是减为无期徒刑或有期徒刑,也可能是执行死刑。

缓刑不同于暂予监外执行。缓刑与暂予监外执行的区别主要是:(1)性质不同。缓刑是附条件地暂缓执行原判刑罚,宣告缓刑后原判刑罚事实上并未执行;暂予监外执行则是由于出现法定情形而在刑罚执行过程中对具体执行场所和方式的临时性变动,所判刑罚仍在执行。(2)适用对象不同。缓刑只适用于被判处拘役或3年以下有期徒刑的犯罪人;暂予监外执行适用于被判处拘役、有期徒刑和无期徒刑的犯罪人。(3)适用条件不同。适用缓刑需要具备犯罪情节较轻、有悔罪表现、没有再犯罪的危险和宣告缓刑对所居住社区没有重大不良影响等基本条件;适用暂予监外执行,必须具备有严重疾病需要保外就医、怀孕或正在哺乳自己婴儿、生活不能自理且不致危害社会等特殊情形。(4)法律后果不同。在缓刑考验期内,犯罪人遵守了法定条件,原判刑罚就不再执行;而暂予监外执行的情形消失后,只要犯罪人刑期未满的,都应当及时收监执行。(5)法律依据不同。适用缓刑的法律依据是我国刑法的有关规定,而暂予监外执行制度是由我国刑事诉讼法所规定的。

缓刑不同于战时缓刑。我国《刑法》第449条规定:"在战时,对被判处三年以下有期徒刑没有现实危险宣告缓刑的犯罪军人,允许其戴罪立功,确有立功表现时,可以撤销原判刑罚,不以犯罪论处。"缓刑与战时缓刑存在明显的区别:(1)适用时间不同。缓刑对适用的时间没有特殊要求,而战时缓刑只能发生在战时。所谓战时,是指国家宣布进入战争状态、部队受领作战任务或遭敌突然袭击时。部队执行戒严任务或处置突发性暴力事件时,以战时论。(2)适用对象不同。缓刑的适用对象是被判处拘役或 3 年以下有期徒刑且不是累犯和犯罪集团的首要分子的人,而战时缓刑的适用对象只能是被判处 3 年以下有期徒刑的犯罪军人。(3)适用条件不同。适用缓刑的实质条件是犯罪分子不致再危害社会,而战时缓刑的适用条件是在战时没有现实危险。(4)考察内容不同。缓刑的考察内容是在缓刑考验期限内犯罪分子是否有《刑法》第 77 条规定的情形;战时缓刑没有缓刑考验期限,其考察内容是犯罪军人是否具有立功表现。(5)法律后果不同。无论缓刑是否被撤销,所判之罪仍然存在;在战时缓刑的情况下,如果犯罪军人确有立功表现,则不仅撤销原判刑罚,而且不以犯罪论处,即罪与刑同时消灭。

(二)缓刑的适用条件

依据我国《刑法》第 72 条和第 74 条的规定,缓刑的适用条件是:

(1)缓刑适用对象是被判处拘役或 3 年以下有期徒刑且不是累犯和犯罪集团首要分子的犯罪人。被判处拘役或 3 年以下有期徒刑,是指人民法院对犯罪分子所判处的宣告刑,而非犯罪分子所犯之罪的法定刑;即使所犯之罪的法定最低刑高于 3 年有期徒刑,只要根据减轻处罚情节而宣告判处 3 年以下有期徒刑的,也可以适用缓刑。对于数罪并罚决定执行的刑期符合缓刑规定的,可以适用缓刑。缓刑的适用对象只能是不再具有犯罪危险、不再危害社会的人,而犯罪分子被判处拘役或 3 年以下有期徒刑往往表明其所犯罪行较轻和人身危险性较小,此类犯罪人不适合收监关押,应暂缓执行原判刑罚。另外,对累犯和犯罪集团的首要分子不能适用缓刑。累犯表明犯罪分子的人身危险性较大,如果适用缓刑,其很有可能再次危害社会秩序和安全。由于犯罪集团经常实施具有严重社会危害的犯罪活动,犯罪集团的首要分子的人身危险性也较大,不宜对其适用缓刑。

(2)缓刑的实质条件是犯罪分子不致再危害社会。根据《刑法》第 72 条,犯罪分子只有同时符合以下条件,才能适用缓刑:① 犯罪情节较轻;② 有悔罪表现;③ 没有再犯罪的危险;④ 宣告缓刑对所居住社区没有重大不良影响。换言之,如果不同时具备上述条件,即使犯罪分子已经具备被判处拘役或 3 年以下有期徒刑且不属于累犯和犯罪集团的首要分子的条件,也不能适用缓刑。犯罪人犯罪情节是否较轻,可以根据犯罪性质是否严重、犯罪动机是否卑鄙、犯罪手段是否残忍、犯罪后果是否严重等因素判断。所谓悔罪表现,是指犯罪分子对自己的罪行诚心悔悟,并有具体的悔改行为。考察是否有悔罪表现,可以根据犯罪人是否积极退赃,是否积极向被害人道歉、赔偿被害人经济损失、获得被害人谅解,是否有自首、坦白和立功情节等因素判断。有无再犯罪的危险,可以根据犯罪情节和悔罪表现等情况综合判断犯罪分子的人身危险性。如果通过评估犯罪情节和悔罪表现得出人身危险性较大的结论,则说明不予关押将会给社会带来极大的再次受害风险,在这种情况下不能适用缓刑。对所居住社区没有重大不良影响,是指适用缓刑不会对犯罪分子居住的社区的秩序和安全造成严重的隐患和现实危害。是否存在重大不良影响,应当由法官结合犯罪情况、犯罪分子家庭状况、社区环境等因素判断。

符合上述条件的,可以宣告缓刑。对其中不满18周岁的人、怀孕的妇女和已满75周岁的人,应当宣告缓刑。对上述三类人群的特殊规定,体现了宽严相济的刑事政策。

(三) 缓刑的考验期限与考察

1. 缓刑的考验期限

缓刑的考验期限,是指对被宣告缓刑的犯罪人进行考察的一定期间。在此期间内,被宣告缓刑的犯罪人只有遵守法定的条件,才能发生不执行原判刑罚的法律后果。法院在宣告缓刑的同时,应当确定适当的考验期限。确定缓刑考验期限长短的基本原则应当是既能鼓励缓刑犯改造的积极性,又能满足对其教育和考察的需要。

根据《刑法》第73条第1款和第2款的规定,拘役的缓刑考验期限为原判刑期以上1年以下,但是不能少于2个月;有期徒刑的缓刑考验期限为原判刑期以上5年以下,但是不能少于1年。可见,我国刑法中的缓刑考验期限有一定的最高限和最低限,拘役的缓刑考验期限最低不能少于2个月,最高不能超过1年;有期徒刑的缓刑考验期限最低不能少于1年,最高不能超过5年。在此范围内,缓刑考验期限等于或长于原判刑期。法官应根据犯罪事实和犯罪分子的个人情况确定适当的缓刑考验期。

《刑法》第73条第3款规定:"缓刑考验期限,从判决确定之日起计算。"所谓判决确定之日,是指判决发生法律效力之日。一审判决后,被告人未上诉,人民检察院也未抗诉的,该判决自宣告之日起经过10日而生效,即为判决确定之日。对于已提出上诉或抗诉的案件,如果第二审法院维持原判,则二审法院的判决宣告之日即为判决确定之日。缓刑考验期限是考验犯罪分子是否能够遵守法定条件、悔罪改过的时间,而不是刑罚执行期限,所以不能用判决前先行羁押的日期折抵缓刑的考验期限。

2. 缓刑的考察

(1) 考察机构。在缓刑考验期限内应对被宣告缓刑者进行考察,以使缓刑发挥应有作用。根据《刑法》第 76 条的规定,对宣告缓刑的犯罪人在缓刑考验期限内依法实行社区矫正。因此,缓刑的考察机关是社区矫正机构。

(2) 考察内容。根据《刑法》第 77 条的规定,在缓刑考验期限内对犯罪分子的考察内容是:是否再犯新罪或发现漏罪,是否违反法律、行政法规或国务院有关部门关于缓刑的监督管理规定,是否违反人民法院判决中的禁止令并且情节严重。

《刑法》第 75 条规定,被宣告缓刑的犯罪人应当遵守下列规定:① 遵守法律、行政法规,服从监督;② 按照考察机关的规定报告自己的活动情况;③ 遵守考察机关关于会客的规定;④ 离开所居住的市、县或迁居,应当报经考察机关批准。

《刑法》第 72 条第 2 款规定:"宣告缓刑,可以根据犯罪情况,同时禁止犯罪分子在缓刑考验期内从事特定活动,进入特定区域、场所,接触特定的人。"人民法院在宣告禁止令时,应当根据犯罪分子的犯罪原因、犯罪性质、犯罪手段、犯罪后的悔罪表现、个人一贯表现等情况,充分考虑与犯罪分子所犯罪行的关联程度,有针对性地决定禁止其在缓刑考验期限内"从事特定活动,进入特定区域、场所,接触特定的人"的一项或几项内容。禁止令的期限,既可以与缓刑考验期限相同,也可以短于缓刑考验期限,但不得少于 2 个月。禁止令的执行期限,从缓刑执行之日起计算。被宣告缓刑的犯罪分子违反禁止令尚不属情节严重的,由负责执行禁止令的社区矫正机构所在地的公安机关依照《治安管理处罚法》第 60 条的规定处罚。被宣告缓刑的犯罪分子违反禁止令,情节严重的,应当撤销缓刑,执行原判刑罚。所谓"情节严重"包括以下情形:① 3 次以上违反禁止令的;② 因违反禁止令被治安管理处罚后,再次违反禁止令的;③ 违反禁止令,发生较为严重危害后果的;④ 其他情节严重的情形。

(四) 缓刑的法律后果

通过在缓刑考验期内对被宣告缓刑的犯罪分子的考察,缓刑的法律后果有以下三种情形:(1) 被宣告缓刑的犯罪分子在缓刑考验期限内,不具有《刑法》第 77 条规定的情形,缓刑考验期满,原判刑罚就不再执行,并公开予以宣告。(2) 被宣告缓刑的犯罪分子在缓刑考验期限内犯新罪或发现判决宣告以前还有其他罪没有判决的,应当撤销缓刑,对新犯的罪或新发现的罪作出判决,将前罪和后罪所判处的刑罚,根据《刑法》第 69 条的规定决定执行的刑罚。(3) 被宣告缓刑的犯罪分子在缓刑考验期限内,违反法律、行政法规或国务院有关部门关于缓刑的监督管理规定,或违反人民法院判决中的禁止令并且情节严重的,应当撤销缓刑,执行原判刑罚。

拓展阅读

量刑理论①

刑罚的裁量既要与罪行本身的轻重(行为责任)相均衡(责任刑),又要考虑预防犯罪的目的需要(预防刑)。问题是,责任刑与预防刑究竟是何种关系?换言之,以责任为基础的刑罚(责任刑)和预防犯罪所需要的刑罚(预防刑)不同时(如责任重大但预防的必要性小,或责任轻但预防的必要性大),应当如何量定刑罚(所谓刑罚目的的二律背反)?这便是量刑基准的问题。对此,刑法理论存在幅的理论(Spielraumtheorie)与点的理论(Punktstrafetheorie)之争。

幅的理论认为,与责任相适应的刑罚(或以责任为基础的刑罚)具有一定的幅度,法官应当在此幅度的范围内考虑预防犯罪的目的,最终决定刑罚。幅的理论的具体内容如下:(1) 刑罚应与责任相适应;(2) 客观上并不存在与责任相适应的确定的刑罚(点),因此主观上也不可能认识到这种确定的刑罚;(3) 取而代之的是,在各种具体的场合,存在由上限与下限所划定的幅度范围,在此幅度范围内,存在与责任相适应的几种或几个刑罚;(4) 只有在与责任相适应的幅度范围内选择具体的刑罚才能发挥特殊预防、一般预防的机能,即只能在与责任相适应的幅度范围内考虑预防犯罪的目的,可以接近甚至达到幅度的上限与下限。② 幅的理论是德国判例的基本观点和刑法理论的通说。

点的理论认为,与责任相适应的刑罚只能是正确确定的某个特定的刑罚(点),而不是幅度;不能认为在某种幅度内的刑罚都是等价的制裁、正当的报应;与责任相适应的刑罚常常是一种唯一的存在,即使人们不能确定地把握这个点,也不能否认这个点的存在。根据点的理论,在确定了与责任相适应的具体刑罚(点)之后,只能在这个点以下考虑预防犯罪的需要。③ 点的理论的具体内容是:(1) 客观上存在与责任相适应的确定的刑罚(点),法官主观上也能够认识到这种确定的刑罚;(2) 刑罚与责任相适应,是指刑罚不能超出责任刑的点;(3) 法官只能在点之下考虑预防犯罪的需要;(4) 在具体减轻处罚情节的场合,法官能够在点之下低于法定刑考虑预防犯罪的需要。

延伸思考

"未掌握的本人其他罪行"的范围是否应当仅限于非同种罪行

"未掌握的本人其他罪行"的具体范围是一个尚有争议的问题。最高司法

---

① 参见张明楷:《刑法学》(第六版)(上),法律出版社2021年版,第716—718页。
② 参见〔日〕城下裕二:《量刑基准的研究》,成文堂1995年版,第89页。
③ 同上书,第83页以下。

机关在其发布的司法解释中将未掌握的其他罪行限缩至不同种罪行的层面。例如,《1998年自首立功解释》第2条规定:"根据刑法第六十七条第二款的规定,被采取强制措施的犯罪嫌疑人、被告人和已宣判的罪犯,如实供述司法机关尚未掌握的罪行,与司法机关已掌握的或者判决确定的罪行属不同种罪行的,以自首论。"该解释第4条规定:"被采取强制措施的犯罪嫌疑人、被告人和已宣判的罪犯,如实供述司法机关尚未掌握的罪行,与司法机关已掌握的或者判决确定的罪行属同种罪行的,可以酌情从轻处罚;如实供述的同种罪行较重的,一般应当从轻处罚。"又如,《2010年自首立功意见》规定:"犯罪嫌疑人、被告人在被采取强制措施期间如实供述本人其他罪行,该罪行与司法机关已掌握的罪行属同种罪行还是不同种罪行,一般应以罪名区分。虽然如实供述的其他罪行的罪名与司法机关已掌握犯罪的罪名不同,但如实供述的其他犯罪与司法机关已掌握的犯罪属选择性罪名或在法律、事实上密切关联,如因受贿被采取强制措施后,又交代因受贿为他人谋取利益行为,构成滥用职权罪的,应认定为同种罪行。"再如,《2009年自首立功意见》规定:"没有自动投案,但具有以下情形之一的,以自首论:(1)犯罪分子如实交代办案机关未掌握的罪行,与办案机关已掌握的罪行属不同种罪行的;(2)办案机关所掌握线索针对的犯罪事实不成立,在此范围外犯罪分子交代同种罪行的。"

我国刑法对已掌握的罪行与未掌握的其他罪行之间应属于同种罪行关系还是非同种罪行关系的问题没有特殊限定。从自首制度的旨趣出发,司法解释的观点和做法似乎存在若干消解自首制度功能的缺陷。第一,对正在服刑的罪犯而言,无论未掌握的其他罪行是同种罪行还是非同种罪行,它们都属于判决宣告后,刑罚执行完毕前发现的漏罪,应当适用数罪并罚的规定。将未掌握的其他罪行只限于非同种罪行的观点和做法可能不利于罪犯的悔过和其他案件的侦破。第二,对被采取强制措施的犯罪嫌疑人和被告人而言,在未掌握的其他罪行与已掌握的罪行属同种罪行且适用数罪并罚的情况下,将未掌握的其他罪行只限于非同种罪行的做法可能无法产生鼓励犯罪人悔过的效果。第三,在未掌握的其他罪行属于主要犯罪事实,在犯罪情节或数额上超过已掌握的罪行的情况下,将未掌握的其他罪行只限于非同种罪行的观点和做法可能也是欠妥当的。总之,此问题值得进一步思考和研究。

案例分析

1. 刘某在2012年6月至2013年12月期间将翻新载重卡车轮胎冒充全新轮胎销售,销售金额达280万元。在该案审讯期间,公安机关还发现刘某曾于2011年3月至2012年4月期间销售超量添加亚硝酸盐等添加剂的熟肉制品的事实。法院经审理认为,刘某销售翻新载重卡车轮胎的行为成立销售伪劣产品罪,应判处有期徒刑15年,并处没收全部财产;其销售超量添加亚硝酸盐等添加剂熟食的行为成立销售不符合安全标准的食品罪,应判处拘役6个月,并处罚金3万元。

问题:对刘某所犯之罪应当如何数罪并罚?

2. 张某因走私毒品罪于2005年被判处有期徒刑15年,并处没收全部个人财产;在刑罚执行3年后,因悔罪表现突出被减刑2年。2010年张某在监狱中因琐事与服刑的犯罪人王某发生争执,张某将王某殴打致重伤,人民法院经审理认为,应当对张某以故意伤害罪判处有期徒刑7年;另还发现张某于2004年有非法制造枪支的事实,应当以非法制造枪支罪判处有期徒刑4年。

问题:张某应当继续执行多少年有期徒刑?

第十七章 刑罚的执行

第一节 刑罚执行概述

一、刑罚执行的概念和特征

刑罚执行,是指享有刑罚执行权的国家机关,将人民法院已经发生法律效力的判决所确定的刑罚付诸实施的刑事司法活动。

刑罚执行具有以下特征:

第一,刑罚执行具有主体的法定性。刑罚只能由法律规定的享有刑罚执行权的国家机关来执行,而且,哪个机关有权执行哪种刑罚,也由法律明文规定。根据刑法以及刑事诉讼法的相关规定,被判处死刑缓期2年执行、无期徒刑、有期徒刑的罪犯,在监狱内执行刑罚;被判处管制、拘役、剥夺政治权利的罪犯,由公安机关执行;死刑立即执行和罚金、没收财产的判决,由人民法院执行。这些都说明,只有法定的机关才是刑罚执行的主体,其他任何机关、团体和个人都无权执行刑罚。

第二,刑罚执行具有内容的确定性。刑罚执行的内容是将人民法院生效判决所确定的刑罚付诸实施。刑事审判是针对具体的犯罪人而启动的,在通过审判活动对犯罪人认定有罪的基础上,再裁定应当判处何种刑罚。但是作为刑事审判结果的宣告刑的法律效力还有待于通过刑罚执行活动才得以实现。所以,刑罚执行的主要内容是将人民法院刑事判决所确定的刑罚付诸实施,这就是刑罚执行不同于其他刑事司法活动的主要特点。

刑罚执行的前提是存在已经发生法律效力的判决,即只有在判决和裁定发生法律效力之后,有关机关才能对犯罪人执行刑罚。判决或裁定尚未发生法律效力的,谈不上执行刑罚的问题。根据我国《刑事诉讼法》的有关规定,下列判决和裁定是发生法律效力的判决和裁定:(1)已过法定期限没有上诉、抗诉的判决和裁定;(2)终审的判决和裁定;(3)最高人民法院核准的死刑判决和高级人民法院核准的死刑缓期2年执行的判决。

第三,刑罚执行具有刑事司法活动的终局性。刑罚的执行,依赖于刑罚的制定和刑罚的量定。刑罚执行是刑法制定与法院量刑作出刑事判决的自然延伸,处于从属于上述活动的地位,它必须受制于刑法的制定和刑罚的量定,尤其是刑罚的量定。所以刑罚执行是国家刑事司法活动的最后一个阶段,是一种具有终局性特征的刑事司法活动。当然,刑罚执行对刑事立法、审判活动也有能动作用。国家制定刑罚和人民法院裁量刑罚时,都必须考虑到所创制或裁量的刑罚能否得到实际执行,考虑执行刑罚所产生的社会效果。从这一意义上讲,刑罚的执行对刑罚的制定、刑罚的量定都具有制约作用。此外,就刑罚执行对刑罚目的的实现而言,它同制刑、量刑活动具有同等重要的意义。只有通过刑罚的执行,才能使已生效的刑事判决或裁定的刑罚付诸实施,刑罚的一般预防和特殊预防作用才能得到发挥。

二、刑罚执行的原则

刑罚执行的原则,是在刑罚执行活动中必须遵循的准则,它贯穿于整个行刑过程。根据我国刑法规定和刑事政策的要求,刑罚执行的原则主要包括:①

(1) 教育性原则。是指执行刑罚应当从预防犯罪的目的出发,对罪犯进行积极的教育改造,而非消极的惩罚威慑。它要求在行刑中要做到惩罚与改造相结合、劳动与教育相结合,注重在执行中对罪犯的思想教育、文化教育及技术教育,因人施教、分类教育、以理服人,从而使罪犯转变犯罪思想,提高文化素质,掌握生存技能,为回归社会做好准备。

(2) 人道性原则。是指执行刑罚要把罪犯当作人对待,应当尊重罪犯的人格尊严,禁止残酷的执行方法,禁止体罚、虐待罪犯,保证罪犯享有的法定权利,给予其执行期间必要的物质保障。

(3) 个别化原则。是指在刑罚执行过程中,应根据罪犯的人身危险性的不同,区别对待,给予个别处遇措施。在管理、教育、劳动、奖惩上都要个别对待。我国行刑中的减刑和假释制度、奖惩措施、劳动工种的分配、劳动定额规定等内容,都是个别化原则的表现。

(4) 社会化原则。是指在刑罚执行过程中,应依靠社会力量,合力对罪犯进行教育帮助,巩固刑罚执行效果,使罪犯能够顺利回归社会。社会化原则包括两方面的内容:一是调动社会力量参与对罪犯的教育改造,二是培养罪犯适应社会生活的能力。

(5) 经济性原则。是指在刑罚执行过程中,应以最小的投入获得有效预防控制犯罪的最大社会效益。刑罚执行的经济性原则的核心,是使刑罚执行的成本最小化,效益最大化。执行刑罚必须有司法投入,不得不考虑经济问题,但是经济性原则只能是刑罚执行的辅助性原则,是在保证刑罚公正、保证预防犯罪目的的实现的前提下予以考虑的。

---

① 参见马克昌主编:《刑罚通论》(第二版),武汉大学出版社 1999 年版,第 493—522 页。

第二节 减　　刑

一、减刑的概念

减刑,是指对被判处管制、拘役、有期徒刑和无期徒刑的犯罪分子,在刑罚执行期间,由于确有悔改或立功表现,而将其原判刑罚予以减轻的一种刑罚执行制度。

将减刑作为刑罚执行制度规定在刑法中,是我国刑事立法的独创。[①] 其他国家大都不将减刑作为刑罚执行制度,相较而言,我国刑法规定的减刑制度更具有普遍的适用性。减刑制度体现了我国惩罚与教育相结合的刑事政策。犯罪人经过服刑改造,确有悔改或立功表现的,在不损害国家刑事判决稳定性、严肃性、不违反公正性的情况下,规定一定条件,适当对原判刑罚予以减轻,这对于巩固改造成果,进一步加速犯罪分子的改造,实现刑罚目的,具有积极的作用。

减刑与我国刑法和刑事诉讼法中规定的减轻处罚、死缓中的减刑、特赦、改判等相关制度有所区别。

(1) 减刑不同于减轻处罚。减轻处罚发生在人民法院对犯罪分子裁量刑罚的过程中,是在判决宣告前,对具有减轻处罚情节的犯罪分子,在法定最低刑以下判处刑罚的量刑方法。其适用对象为判决确定前的未决犯。减刑则是在判决确定后,刑罚执行中,对犯罪分子原判刑罚予以减轻的刑罚执行制度。其适用对象为正在服刑的罪犯。

(2) 减刑不同于死刑缓期执行期满后的减刑。从广义上说,两者都是依法变更原判刑罚,都具有减刑的性质,但是,具体适用对象和条件有很大区别。死刑缓期执行期满后的减刑,适用于被判处死刑缓期 2 年执行的犯罪分子,如果在死刑缓期执行期间没有故意犯罪情节恶劣且报请最高人民法院核准的,2 年期满,就减为无期徒刑;如果没有故意犯罪,又确有重大立功表现,2 年期满,减为 25 年有期徒刑。减刑的适用对象为被判处管制、拘役、有期徒刑或无期徒刑的犯罪分子。适用条件是在刑罚执行期间认真遵守监规,接受教育改造,确有悔改或立功表现。减刑幅度通过对减刑后实际执行刑期的限制来体现。

(3) 减刑不同于特赦。特赦是由宪法规定的一种刑罚消灭制度,一般针对某一类或某几类犯罪分子,根据国家政治形势需要考虑适用。减刑则是刑法规

[①] 我国刑法中规定的减刑制度与苏联、蒙古等国刑法中的易科较轻刑罚制度、前南斯拉夫刑事诉讼法中的特别减刑制度、英国监狱法中的减刑制度、美国刑法中的减刑和善行折减制度都有所不同。参见陈兴良:《刑法适用总论》(第三版)(下卷),中国人民大学出版社 2017 年版,第 557—560 页。

定的一种刑罚执行制度,根据犯罪分子在执行中的表现决定适用。

(4) 减刑不同于改判。改判是对错判的纠正,当发现原判决在认定事实或适用法律上确有错误时,依照法定程序将原判决予以撤销,经重新审理作出新的判决。改判是以原判决有错误为前提的。减刑则是在原判决正确的前提下,综合考虑犯罪人在刑罚执行期间的具体表现,按照减刑的条件和程序将原判刑罚适当减轻。

二、减刑的适用条件

根据《刑法》第 78 条的规定,减刑分为可以减刑和应当减刑两种。可以减刑与应当减刑的对象条件和限度条件相同,只是实质条件有所区别。对于犯罪分子适用减刑,必须同时符合下列条件:

(一) 对象条件

减刑适用于被判处管制、拘役、有期徒刑、无期徒刑的犯罪分子。减刑对象范围,仅受刑种限制,不受刑期长短、犯罪性质的限制。被判处上述四种刑罚之一的犯罪分子,无论其犯罪行为是故意还是过失,是重罪还是轻罪,是危害国家安全罪还是其他普通刑事犯罪,只要具备了法定的减刑条件都可以减刑。但根据 2016 年 11 月 14 日最高人民法院《关于办理减刑、假释案件具体应用法律的规定》(以下简称《办理减刑、假释案件规定》) 第 15 条,对被判处终身监禁的罪犯,在死刑缓期执行期满依法减为无期徒刑的裁定中,应当明确终身监禁,不得再减刑或者假释。

(二) 实质条件

减刑的实质条件,因减刑的种类不同而有所区别。

1. 可以减刑的实质条件

可以减刑的实质条件,是犯罪分子在刑罚执行期间认真遵守监规,接受教育改造,确有悔改表现或有立功表现。在把握这一条件时应注意:

第一,正确理解"确有悔改表现"。根据《办理减刑、假释案件规定》第 3 条,犯罪分子同时具备以下四个方面情形的,应当是"确有悔改表现":(1) 认罪悔罪;(2) 认真遵守法律法规及监规,接受教育改造;(3) 积极参加思想、文化、职业技术教育;(4) 积极参加劳动,努力完成劳动任务。对罪犯在刑罚执行期间提出申诉的,要依法保护其申诉权利,对罪犯申诉不应不加分析地认为是不认罪悔罪。罪犯积极执行财产刑和履行附带民事赔偿义务的,可视为有认罪悔罪表现,在减刑时可以从宽掌握;确有执行、履行能力而不执行、不履行的,在减刑时应当从严掌握。未成年罪犯能认罪悔罪,遵守法律法规及监规,积极参加学习、劳动的,应视为确有悔改表现,减刑的幅度可以适当放宽,起始时间、间隔时间可以相应缩短;基本丧失劳动能力、生活难以自理的老年罪犯、身体残疾的罪犯、患严重疾病的罪犯,能够认真遵守法律法规及监规,接受教育改造,应视为确有悔改表现,减刑的幅度可以适当放宽,起始时间、间隔时间可以相应缩短。对职务犯罪、破坏金融管理秩序和金融诈骗犯罪、组织(领导、参加、包庇、纵容)黑社会性质组织犯罪等的罪犯,不积极退赃、协助追缴赃款赃物、赔偿损失,或者服刑期间利用个人影响力和社会关系等不正当手段意图获得减刑、假释的,不认定其"确有悔改表现"。

第二,正确理解"立功表现"。根据《办理减刑、假释案件规定》第4条,犯罪分子具有下列情形之一的,应当认定为有"立功表现":(1)阻止他人实施犯罪活动的;(2)检举、揭发监狱内外犯罪活动,或提供重要的破案线索,经查证属实的;(3)协助司法机关抓捕其他犯罪嫌疑人(包括同案犯)的;(4)在生产、科研中进行技术革新,成绩突出的;(5)在抢险救灾或排除重大事故中表现突出的;(6)对国家和社会有其他贡献的。

第三,正确理解"认真遵守监规,接受教育改造"和"确有悔改或立功表现"之间的关系。理论界对此有不同意见:一种观点认为,两者之间是并列关系,只要具备该三种情形之一的,就可以减刑。① 另一种观点认为,两者之间并非并列关系,而是包容关系。"认真遵守监规,接受教育管教"是"确有悔改表现"的具体内容。② 还有一种观点认为,"认真遵守监规,接受教育改造,确有悔改表现"是与"有立功表现"相并列的择一条件;"认真遵守监规,接受教育改造"是"确有悔改表现"的客观表现,但又不是全部内容;"确有悔改表现"除了客观上的表现外,还具有主观上能够认罪悔罪等其他重要内容。③ 我们认为,从《刑法》第78条"如果认真遵守监规,接受教育改造,确有悔改表现的,或者有立功表现的,可以减刑"的语法结构看,第三种观点较好地理解了法律规定。

2. 应当减刑的实质条件

应当减刑的实质条件,是犯罪分子在刑罚执行期间有重大立功表现。根据《刑法》第78条和有关司法解释④的规定,犯罪分子在刑罚执行期间具有下列情形之一的,就应当被认定为有重大立功表现:(1)阻止他人实施重大犯罪活动的;(2)检举监狱内外重大犯罪活动,经查证属实的;(3)协助司法机关抓捕其他重大犯罪嫌疑人(包括同案犯)的;(4)有发明创造或重大技术革新的;(5)在日常生产、生活中舍己救人的;(6)在抗御自然灾害或排除重大事故中,有特别突出表现的;(7)对国家和社会有其他重大贡献的。

---

① 参见周道鸾等主编:《刑法的修改与适用》,人民法院出版社1997年版,第210页。
② 参见胡康生、李福成主编:《中华人民共和国刑法释义》,法律出版社1997年版,第87页。
③ 高铭暄、马克昌主编:《刑法学》(第十版),北京大学出版社、高等教育出版社2022年版,第290页。
④ 参见《办理减刑、假释案件规定》第5条。

需要说明的是,罪犯在服刑期间的发明创造构成立功或者重大立功的,可以作为依法减刑的条件予以考虑,但不能作为追诉漏罪的法定量刑情节考虑。

(三) 限度条件

减刑是在原判刑罚的基础上,根据犯罪分子的悔改或立功表现,将其原判刑罚予以适当减轻。但是,无论是刑种的减轻,还是刑期的减轻,都必须减得适当,即必须有一定的限度。如果减得过多,就违背了罪刑相适应的基本原则,降低刑罚的威慑作用,影响刑罚一般预防效果;如果减刑的幅度过小,则对于犯罪分子难以起到鼓励、鞭策的作用,也难以发挥减刑制度的积极作用。此外,无限度地减刑,也不利于维护法院裁判的严肃性和权威性。

减刑的限度,是指犯罪分子经过减刑以后,应当实际执行的最低刑期。根据《刑法》第78条第2款的规定,减刑的限度为:减刑以后实际执行的刑期,(1)判处管制、拘役、有期徒刑的,不能少于原判刑期的1/2;(2) 判处无期徒刑的,不能少于13年;(3) 限制减刑的死刑缓期执行的犯罪分子,①缓期执行期满后依法减为无期徒刑的,不能少于25年;缓期执行期满后依法减为25年有期徒刑的,不能少于20年。② 这里"实际执行的刑期"是正确理解减刑限度的关键。有观点认为,实际执行的刑期,是指罪犯在执行场所的服刑时间;还有观点认为,实际执行的刑期,不仅包括判决后罪犯在执行场所服刑的时间,还包括判决确定前的羁押时间。本书认为,实际执行的刑期,应区分原判刑罚种类而确定,原判刑罚为管制、拘役、有期徒刑的,实际执行的刑期既包括罪犯在执行场所的执行时间,也包括判决确定前的羁押时间,因为先行羁押是对人身自由的剥夺,所以刑法规定了判决前先行羁押的时间折抵刑期;原判刑罚为无期徒刑和死刑的,实际执行的刑期应仅指在执行场所服刑的时间,不包括裁判确定前先行羁押的时间,因为无期徒刑、死刑无刑期折抵问题。

2006年7月31日凌晨,刘某某伙同何某某预谋后持刀窜至郑州市金水区德亿路与经一路交叉口东北角的小公园内,刘某某持刀威逼殴打刘某,何某某持刀威逼刘某的女友秦某某,后抢走秦某某4元钱坐出租车逃走。郑州市中级人民法院于2007年1月9日作出(2007)郑刑二终字第4号刑事判决,认定刘某某犯抢劫罪,判处有期徒刑5年(刑期至2011年7月30日)。判决发生法律效力后,交付执行,2007年1月24日入狱。2009年12月28日,执行机关河南省周口监狱向河南省周口市中级人民法院提出减刑建议书,认为罪犯刘某某在服刑期间能认罪服法,认真遵守监规,接受教育改造,积极参加政治、文化、技术学习,积极

---

① 《刑法修正案(八)》将《刑法》第50条第2款修改为:"对被判处死刑缓期执行的累犯以及因故意杀人、强奸、抢劫、绑架、放火、爆炸、投放危险物质或者有组织的暴力性犯罪被判处死刑缓期执行的犯罪分子,人民法院根据犯罪情节等情况可以同时决定对其限制减刑。"

② 参见《刑法修正案(八)》第15条。

参加劳动,完成劳动任务。2007年8月以来获得表扬2次,记功2次,监狱级改造积极分子1次,确有悔改表现。河南省周口市中级人民法院经审理查明,执行机关提出的罪犯刘某某在服刑期间的悔改表现,有罪犯奖励审批表、罪犯改造评审鉴定表、管教干警轩某某、聂某某及同监罪犯孙某某、王某某的证言、执行机关在监公示的证据材料等证据为证,事实清楚,证据确实充分,足以认定。符合法律规定的减刑条件,依照《刑法》第78条、第79条的规定,裁定对罪犯刘某某的刑罚减去有期徒刑1年(减刑后的刑期至2010年7月30日止)。

三、减刑的时间、幅度与刑期计算

(一)减刑的时间与幅度

《办理减刑、假释案件规定》第6—21条对于减刑起始时间、间隔和幅度等问题作出了具体规定:

(1)判处管制、拘役的罪犯,以及判决生效后剩余刑期不满2年有期徒刑的罪犯,符合减刑条件的,可以酌情减刑,其实际执行的刑期不能少于原判刑期的1/2。

(2)有期徒刑罪犯的减刑起始时间和间隔时间为:不满5年有期徒刑的,应当执行1年以上方可减刑;5年以上不满10年有期徒刑的,应当执行1年6个月以上方可减刑;10年以上有期徒刑的,应当执行2年以上方可减刑。有期徒刑减刑的起始时间自判决执行之日起计算。有期徒刑罪犯减刑幅度为:确有悔改表现或者有立功表现的,一次减刑不超过9个月有期徒刑;确有悔改表现并有立功表现的,一次减刑不超过1年有期徒刑;有重大立功表现的,一次减刑不超过1年6个月有期徒刑;确有悔改表现并有重大立功表现的,一次减刑不超过2年有期徒刑。被判处不满10年有期徒刑的罪犯,两次减刑间隔时间不得少于1年;被判处10年以上有期徒刑的罪犯,两次减刑间隔时间不得少于1年6个月。减刑间隔时间不得低于上次减刑减去的刑期。罪犯有重大立功表现的,可以不受上述减刑起始时间和间隔时间的限制。

对符合减刑条件的职务犯罪罪犯,破坏金融管理秩序和金融诈骗犯罪罪犯,组织、领导、参加、包庇、纵容黑社会性质组织犯罪罪犯,危害国家安全犯罪罪犯,恐怖活动犯罪罪犯,毒品犯罪集团的首要分子及毒品再犯,累犯,确有履行能力而不履行或者不全部履行生效裁判中财产性判项的罪犯,被判处10年以下有期徒刑的,执行2年以上方可减刑,减刑幅度应当比照本规定第6条从严掌握,一次减刑不超过1年有期徒刑,两次减刑之间应当间隔1年以上。

对被判处10年以上有期徒刑的前述罪犯,以及因故意杀人、强奸、抢劫、绑架、放火、爆炸、投放危险物质或者有组织的暴力性犯罪被判处10年以上有期徒刑的罪犯,数罪并罚且其中两罪以上被判处10年以上有期徒刑的罪犯,执行2年以上方可减刑,减刑幅度应当比照本规定第6条从严掌握,一次减刑不超过1

年有期徒刑,两次减刑之间应当间隔 1 年 6 个月以上。罪犯有重大立功表现的,可以不受上述减刑起始时间和间隔时间的限制。

(3) 无期徒刑罪犯在刑罚执行期间,确有悔改表现,或有立功表现的,服刑 2 年以后,可以减刑。减刑幅度为:确有悔改表现或者有立功表现的,可以减为 22 年有期徒刑;确有悔改表现并有立功表现的,可以减为 21 年以上 22 年以下有期徒刑;有重大立功表现的,可以减为 20 年以上 21 年以下有期徒刑;确有悔改表现并有重大立功表现的,可以减为 19 年以上 20 年以下有期徒刑。无期徒刑罪犯减为有期徒刑后再减刑时,减刑幅度依照本规定第 6 条执行。两次减刑间隔时间不得少于 2 年。罪犯有重大立功表现的,可以不受上述减刑起始时间和间隔时间的限制。

对被判处无期徒刑的职务犯罪罪犯,破坏金融管理秩序和金融诈骗犯罪罪犯,组织、领导、参加、包庇、纵容黑社会性质组织犯罪罪犯,危害国家安全犯罪罪犯,恐怖活动犯罪罪犯,毒品犯罪集团的首要分子及毒品再犯,累犯以及因故意杀人、强奸、抢劫、绑架、放火、爆炸、投放危险物质或者有组织的暴力性犯罪的罪犯,确有履行能力而不履行或者不全部履行生效裁判中财产性判项的罪犯,数罪并罚被判处无期徒刑的罪犯,符合减刑条件的,执行 3 年以上方可减刑,减刑幅度应当比照本规定第 8 条从严掌握,减刑后的刑期最低不得少于 20 年有期徒刑;减为有期徒刑后再减刑时,减刑幅度比照本规定第 6 条从严掌握,一次不超过 1 年有期徒刑,两次减刑之间应当间隔 2 年以上。罪犯有重大立功表现的,可以不受上述减刑起始时间和间隔时间的限制。

(4) 死刑缓期执行罪犯减为无期徒刑后,符合减刑条件的,执行 3 年以上方可减刑。减刑幅度为:确有悔改表现或者有立功表现的,可以减为 25 年有期徒刑;确有悔改表现并有立功表现的,可以减为 24 年以上 25 年以下有期徒刑;有重大立功表现的,可以减为 23 年以上 24 年以下有期徒刑;确有悔改表现并有重大立功表现的,可以减为 22 年以上 23 年以下有期徒刑。被判处死刑缓期执行的罪犯经过一次或者几次减刑后,其实际执行的刑期不得少于 15 年,死刑缓期执行期间不包括在内。死刑缓期执行罪犯在缓期执行期间不服从监管、抗拒改造,尚未构成犯罪的,在减为无期徒刑后再减刑时应当适当从严。被限制减刑的死刑缓期执行罪犯,减为无期徒刑后,符合减刑条件的,执行 5 年以上方可减刑。被限制减刑的死刑缓期执行罪犯,减为有期徒刑后再减刑时,一次减刑不超过 6 个月有期徒刑,两次减刑间隔时间不得少于 2 年。有重大立功表现的,间隔时间可以适当缩短,但一次减刑不超过 1 年有期徒刑。

对被判处死刑缓期执行的职务犯罪罪犯,破坏金融管理秩序和金融诈骗犯罪罪犯,组织、领导、参加、包庇、纵容黑社会性质组织犯罪罪犯,危害国家安全犯罪罪犯,恐怖活动犯罪罪犯,毒品犯罪集团的首要分子及毒品再犯,累犯以及因故意杀人、强奸、抢劫、绑架、放火、爆炸、投放危险物质或者有组织的暴力性犯罪的罪犯,确有履行能力而不履行或者不全部履行生效裁判中财产性判项的罪犯,数罪并罚被判处死刑缓期执行的罪犯,减为无期徒刑后,符合减刑条件的,执行3年以上方可减刑,一般减为25年有期徒刑,有立功表现或者重大立功表现的,可以比照本规定第10条减为23年以上25年以下有期徒刑;减为有期徒刑后再减刑时,减刑幅度比照本规定第6条从严掌握,一次不超过1年有期徒刑,两次减刑之间应当间隔2年以上。

(5) 判处拘役或3年以下有期徒刑并宣告缓刑的罪犯,一般不适用减刑。如果在缓刑考验期限内有重大立功表现的,可参照《刑法》第78条的规定予以减刑,同时应依法缩减其缓刑考验期限。拘役的缓刑考验期限不能少于2个月,有期徒刑的缓刑考验期限不能少于1年。

(6) 对在报请减刑前的服刑期间不满18周岁,且所犯罪行不属于《刑法》第81条第2款规定情形的罪犯,认罪悔罪,遵守法律法规及监规,积极参加学习、劳动,应当视为确有悔改表现。老年罪犯、患严重疾病罪犯或者身体残疾罪犯减刑时,应当主要考察其认罪悔罪的实际表现。对上述罪犯减刑时,减刑幅度可以适当放宽,或者减刑起始时间、间隔时间可以适当缩短,但放宽的幅度和缩短的时间不得超过本规定中相应幅度、时间的1/3。

(7) 刑罚执行期间又犯新罪减刑的限制性规定。被判处有期徒刑、无期徒刑的罪犯在刑罚执行期间又故意犯罪,新罪被判处有期徒刑的,自新罪判决确定之日起3年内不予减刑;新罪被判处无期徒刑的,自新罪判决确定之日起4年内不予减刑。罪犯在死刑缓期执行期间又故意犯罪,未被执行死刑的,死刑缓期执行的期间重新计算,减为无期徒刑后,5年内不予减刑。

(二) 刑期计算

犯罪分子原判刑罚的种类不同,减刑后刑期的计算方法有所不同。

(1) 原被判处管制、拘役、有期徒刑的,减刑后的刑期自原判决执行之日起计算。已执行的刑期(包括先行羁押的时间)应计入减刑后的刑期内。

(2) 原被判处无期徒刑减为有期徒刑的,应当自裁定减刑之日起计算。减刑前已执行的时间(包括先行羁押的时间)不计入减刑后的刑期之内。其实际执行的刑期不能少于13年,起始时间应当自无期徒刑判决确定之日起计算。

(3) 原被判处死刑缓期2年执行,2年期满减为无期徒刑,符合减刑条件再减为有期徒刑的,减刑后的刑期自裁定减刑之日起计算。减刑前已执行的时间不计入减刑后的刑期。原被判处死刑缓期2年执行,2年期满减为有期徒刑,符合减刑条件再减刑的,减刑后的刑期自裁定减刑之日起计算。减刑前已执行的有期徒刑的时间(指从死缓减为有期徒刑到裁定减刑时)计入减刑后的刑期。

(4) 罪犯因漏罪、新罪数罪并罚时原减刑裁定应如何处理? 根据2012年1月

18日最高人民法院《关于罪犯因漏罪、新罪数罪并罚时原减刑裁定应如何处理的意见》，罪犯被裁定减刑后，因被发现漏罪或又犯新罪而依法进行数罪并罚时，经减刑裁定减去的刑期不计入已经执行的刑期。在此后对因漏罪数罪并罚的罪犯依法减刑，决定减刑的频次、幅度时，应当对其原经减刑裁定减去的刑期酌予考虑。

四、减刑的程序

根据《刑法》第79条的规定，对于犯罪分子的减刑，由执行机关向中级以上人民法院提出减刑建议书。人民法院应当组成合议庭进行审理，对确有悔改或立功事实的，裁定予以减刑。非经法定程序不得减刑。

对减刑案件，根据原判刑罚的不同，提出减刑建议的机关和审理的法院有所不同：(1) 原被判处无期徒刑罪犯的减刑，由执行机关提出书面减刑建议，经省、自治区、直辖市司法厅（局）监狱管理部门审核同意后，报当地高级人民法院裁定；(2) 原被判处有期徒刑罪犯的减刑，由执行机关提出书面减刑建议，报请当地中级人民法院裁定；(3) 原被判处拘役、管制罪犯的减刑，由执行机关提出书面减刑建议，经市公安机关审查同意后，报当地中级人民法院裁定；(4) 原判有期徒刑、拘役宣告缓刑罪犯的减刑，由负责考察的公安派出所会同协助考察的单位或组织提出书面意见，报请当地中级人民法院裁定。

第三节 假 释

一、假释的概念

假释，是指被判处有期徒刑或无期徒刑的犯罪分子，在执行一定时间的刑罚后，因其认真遵守监规，接受教育改造，确有悔改表现，没有再犯罪的危险的，司法机关将其附条件地提前予以释放的一种刑罚执行变更制度。

当今世界各国，莫不在刑法中规定假释制度，尽管名称不同、内容有别，但都认为它是良好刑事政策的体现。按照各国刑法规定，假释有法定假释与裁量假释之分。所谓法定假释，即法律规定犯罪人经过执行原判刑罚一定刑期后，就当然予以假释的一种假释制度。其特点在于将假释作为监禁与释放之间的过渡性阶段，具有普遍的适用性。所谓裁量假释，即犯罪人经过执行原判刑罚一定刑期后，根据服刑期间的表现和对犯罪人回归社会后的表现的估计，将其附条件地提前予以释放的一种假释制度。其特点在于并非所有服满一定刑期的犯罪人都能获得假释，必须看犯罪人服刑期间的表现。我国刑法规定的假释属于裁量假释。

假释是我国刑法中一项重要的刑罚执行制度，正确地适用假释，把那些经过一定服刑期间确有悔改表现、没有必要继续关押的罪犯放到社会上进行改造，可以有效地鼓励犯罪分子改过自新,使之早日复归社会,有利于化消极因素为积极因素。

在认识假释时,应注意它与减刑、缓刑、监外执行以及刑满释放的区别。

1. 假释与减刑的区别

两者都是刑罚执行变更制度,且适用的基本条件都包含犯罪分子在刑罚执行期间认真遵守监规、接受教育改造、确有悔改表现的内容,但仍存在区别:(1)适用对象不同。假释只适用于被判处有期徒刑、无期徒刑的犯罪分子(但累犯以及因故意杀人、强奸、抢劫、绑架、放火、爆炸、投放危险物质或有组织的暴力性犯罪被判处10年以上有期徒刑、无期徒刑的犯罪分子除外);减刑适用于被判处管制、拘役、有期徒刑、无期徒刑的犯罪分子。(2)适用的实质条件不同。假释适用的实质条件是犯罪分子认真遵守监规,接受教育改造,确有悔改表现,没有再犯罪危险;减刑适用的实质条件是犯罪分子认真遵守监规,接受教育改造,确有悔改表现,或有立功表现。(3)适用时间不同。假释只能在有期徒刑执行原判刑期1/2以上、无期徒刑实际执行13年以上才能适用;而刑法对减刑适用的时间则无明确限制,只是司法解释根据实际情况作出一定规定。(4)适用次数不同。假释只能宣告一次;而减刑不受次数的限制,可以减刑一次,也可以减刑数次。(5)考验期不同。假释有一定的考验期限和应当履行的义务,如果发生法定情形,就撤销假释;而减刑没有考验期限和其他限制条件,即使犯罪分子再犯新罪,已减的刑期也不恢复。(6)释放的时间不同。对被假释人应当立即解除监禁,予以附条件释放;对被减刑人则要视其减刑后是否有余刑,才能决定是否释放,有未执行完毕的刑期的,仍需在监狱继续执行。

2. 假释与缓刑的区别

两者都是有条件地不执行原判刑罚,都有一定的考验期限,都以发生法定情形为撤销条件。但两者也存在许多区别:(1)适用的对象不同。假释适用于被判处有期徒刑、无期徒刑的犯罪分子(但累犯以及因故意杀人、强奸、抢劫、绑架、放火、爆炸、投放危险物质或有组织的暴力性犯罪被判处10年以上有期徒刑、无期徒刑的犯罪分子除外);缓刑则适用于被判处拘役、3年以下有期徒刑的犯罪分子。(2)适用的实质条件不同。适用假释的实质条件是犯罪分子在刑罚执行期间认真遵守监规,接受教育改造,确有悔改表现,没有再犯罪危险,或有其他特殊情况;适用缓刑的实质条件则是犯罪情节较轻、具有悔罪表现、不致再危害社会和宣告缓刑对所居住的社区没有重大不良影响。(3)适用的时间不同。假释是在犯罪分子执行刑罚的过程中根据犯罪分子的表现,以裁定作出的;缓刑则是在判处刑罚的同时宣告的。(4)考验期不同。假释的考验期为剩余未执行的刑期;缓刑的考验期为原判刑期以上5年以下,但不能少于1年。(5)不执行的刑期不同。假释必须先执行原判刑期的一部分,而对尚未执行完的刑期,附条件地不执行;缓刑则是对原判决的全部刑期有条件地不执行。

3. 假释与监外执行的区别

假释与监外执行的主要区别在于:(1)适用的对象不同。假释适用于被判处有期徒刑、无期徒刑的犯罪分子(但累犯以及因故意杀人、强奸、抢劫、绑架、放火、爆炸、投放危险物质或有组织的暴力性犯罪被判处10年以上有期徒刑、无期徒刑的犯罪分子除外);监外执行适用于被判处有期徒刑和拘役的犯罪分子,在犯罪种类和刑期上没有限制。(2)适用的条件不同。假释的适用条件是执行了一定刑期,犯罪分子在刑罚执行期间认真遵守监规,接受教育改造,确有悔改表现,没有再犯罪危险;监外执行的适用条件是罪犯患有严重疾病需要保外就医,以及怀孕或正在哺乳自己的婴儿,不宜在监内执行刑罚。(3)有无考验期和收监条件不同。假释必须确定考验期,考验期是相对固定的,即为剩余未执行的刑期。被假释的犯罪分子在假释考验期内出现法定情形,才能撤销假释,收监执行。监外执行则没有考验期,只要妨碍监内执行的条件消失,就要收监执行。(4)刑期的计算不同。被假释的罪犯,如果在考验期内没有再犯新罪,没有发现未判决的漏罪,也没有违反法律、行政法规或有关假释的监督管理规定的,就认为原判刑罚已经执行完毕。若因违反有关规定被撤销假释,其假释的期间不计入原判刑罚执行期。监外执行期间均计入原判刑罚的执行期。

4. 假释与释放的区别

假释与释放的主要区别在于:假释是有条件地提前释放,保留执行剩余刑罚的可能;而释放,无论是宣告无罪释放、刑罚执行完毕释放,还是赦免释放,都是无条件释放,没有再执行刑罚的问题。

二、假释的条件

根据《刑法》第81条的规定,适用假释必须同时符合下列条件:

(一)对象条件

假释只适用于被判处有期徒刑或无期徒刑的犯罪分子。根据《办理减刑、假释案件规定》,被判处死刑缓期2年执行的罪犯,缓期2年执行期满,减为无期徒刑或有期徒刑,如果符合假释条件的,也可以假释。但对累犯以及因故意杀人、强奸、抢劫、绑架、放火、爆炸、投放危险物质或者有组织的暴力性犯罪被判处10年以上有期徒刑、无期徒刑的罪犯,不得假释。因前述情形和犯罪被判处死刑缓期执行的罪犯,被减为无期徒刑、有期徒刑后,也不得假释。

假释是对犯罪分子有条件地提前释放,国家并不排除对其继续执行尚未执行的刑罚的可能性。这一特点决定了假释不适用于被判处有期或无期徒刑之外刑罚的犯罪分子。

甲因爆炸罪被判处有期徒刑15年。在服刑13年时,因有悔改表现而被裁定假释。乙犯抢劫罪被判处有期徒刑9年,犯嫖宿幼女罪判有期徒刑8年,数罪并罚决定执行15年。在服刑13年时,因有悔改表现而被裁定假释。丙犯诈骗罪被判处有期徒刑10年,刑罚执行7年后假释;假释考验期内第二年,犯抢劫罪,应当判有期徒刑9年,数罪并罚决定执行10年。在服刑7年时,因有悔改表现而被裁定假释。丁犯盗窃罪,被判处有期徒刑3年,缓刑4年。经过缓刑考验期后,发现丁在缓刑考验期内的第二年犯故意伤害罪,应判有期徒刑9年,数罪并罚决定执行10年。在服刑7年时,因丁有悔改表现而被裁定假释。上述对甲、乙、丙、丁的假释裁定是否正确?判断的关键点,一是假释与数罪并罚的关系,二是假释与缓刑的关系。《刑法》第81条第2款规定:"对累犯以及因故意杀人、强奸、抢劫、绑架、放火、爆炸、投放危险物质或者有组织的暴力性犯罪被判处十年以上有期徒刑、无期徒刑的犯罪分子,不得假释。"暴力性犯罪要求宣告刑至少是10年以上有期徒刑,或两个暴力性犯罪数罪并罚至少是10年以上有期徒刑;如果有组织的暴力性犯罪与有组织的非暴力性犯罪(或无组织的暴力性犯罪)数罪并罚后为10年以下有期徒刑,则仍可以假释。这里的"暴力性犯罪"不仅包括杀人、强奸、抢劫、爆炸、绑架五种,也包括故意伤害等其他暴力性犯罪。缓刑是指原判的刑罚不再执行,不是原判刑罚已经执行完毕。因此,在缓刑考验期内再犯新罪,以及在考验期满后再犯新罪的,都不成立累犯。案例中的乙、丙、丁可以假释。

(二) 实质条件

根据《刑法》第81条的规定,假释的实质条件是:犯罪分子认真遵守监规,接受教育改造,确有悔改表现,没有再犯罪的危险,且假释后对其所居住的社区没有重大不良影响。

根据《办理减刑、假释案件规定》第3条,"确有悔改表现"是指同时具备以下四个方面情形:(1) 认罪悔罪;(2) 认真遵守法律法规及监规,接受教育改造;(3) 积极参加思想、文化、职业技术教育;(4) 积极参加劳动,努力完成劳动任务。要依法保护罪犯在服刑期间的申诉权利,对罪犯申诉不应不加分析地认为是不认罪悔罪。罪犯积极执行财产刑和履行附带民事赔偿义务的,可视为有认罪悔罪表现,在假释时可以从宽掌握;确有执行、履行能力而不执行、不履行的,在假释时应当从严掌握。判断"没有再犯罪的危险",除符合《刑法》第81条规定的情形外,还应根据犯罪的具体情节、原判刑罚情况,在刑罚执行中的一贯表现,罪犯的年龄、身体状况、性格特征,假释后生活来源以及监管条件等因素综合考虑。

考虑假释后对所居住社区的影响,是《刑法修正案(八)》新增的内容,主要是指所居住社区的居民对将犯罪分子放在社区矫正的意愿、社区的社会治安状况等。

另外,根据《办理减刑、假释案件规定》第26条,对下列罪犯适用假释时可以依法从宽掌握：(1) 过失犯罪的罪犯、中止犯罪的罪犯、被胁迫参加犯罪的罪犯；(2) 因防卫过当或者紧急避险过当而被判处有期徒刑以上刑罚的罪犯；(3) 犯罪时未满18周岁的罪犯；(4) 基本丧失劳动能力、生活难以自理，假释后生活确有着落的老年罪犯、患严重疾病的罪犯或者身体残疾的罪犯；(5) 服刑期间改造表现特别突出的罪犯；(6) 具有其他可以从宽假释情形的罪犯。罪犯既符合法定减刑条件，又符合法定假释条件的，可以优先适用假释。

年满18周岁、身患疾病或生活难以自理、没有再犯危险的罪犯，既符合减刑条件又符合假释条件的，优先适用假释。

(三) 限制条件

假释只适用于已经执行一部分刑罚的犯罪分子。被判处有期徒刑或无期徒刑的罪犯，必须执行一部分刑罚，才能适用假释。这是因为，只有执行一定期间的刑罚，才能比较准确地判断犯罪分子是否认真遵守监规，接受改造，确有悔改表现，没有再犯罪的危险，以保证假释的效果，并维护人民法院判决的权威性和严肃性。

根据《刑法修正案(八)》及《办理减刑、假释案件规定》，被判处有期徒刑的罪犯假释时，执行原判刑期1/2才可以假释，其时间的起算，应当从判决执行之日起计算，判决执行以前先行羁押的，羁押1日折抵刑期1日。被判处无期徒刑的罪犯假释时，实际执行刑期不得少于13年，其时间起算应当从判决生效之日起计算。判决生效以前先行羁押的时间不予折抵。被判处死刑缓期执行的罪犯减为无期徒刑或者有期徒刑后，实际执行15年以上，方可假释，该实际执行时间应当从死刑缓期执行期满之日起计算。死刑缓期执行期间不包括在内，判决确定以前先行羁押的时间不予折抵。《刑法》第81条第1款规定的"特殊情况"，是指有国家政治、国防、外交等方面特殊需要的情况。

罪犯减刑后又假释的，间隔时间不得少于1年；对一次减去1年以上有期徒刑后，决定假释的，间隔时间不得少于1年6个月。罪犯减刑后余刑不足2年，决定假释的，可以适当缩短间隔时间。

被撤销假释的罪犯，一般不得再假释；但如果罪犯对漏罪如实供述且原判决未认定或漏罪自首的除外。

对于生效裁判中有财产性判项，罪犯确有履行能力而不履行或者不全部履行的，不予假释。

三、假释的考察

假释是对正在服刑的犯罪分子附条件地予以提前释放，这种提前释放并不意味着刑罚已经执行完毕，而是在刑罚执行期间将犯罪分子放在社会上进行改造。在一定意义上说，假释只是刑罚执行场所变更，而不是刑罚本身的变更。为此，刑法对假释犯的考察作了明确规定。

犯罪分子的假释考验期限因原判刑罚及执行的不同而有所不同。根据《刑法》第83条的规定，原被判处有期徒刑的犯罪分子，其假释的考验期为原判刑罚没有执行完毕的刑期，即在宣告假释时原判刑罚的剩余时期。原被判处无期徒刑的假释考验期限是确定的，其假释的考验期限为10年。假释考验期限，从假释之日起计算。

根据《刑法》第84条的规定，被宣告假释的犯罪分子，应当遵守下列规定：(1) 遵守法律、行政法规，服从监督；(2) 按照监督机关规定报告自己的活动情况；(3) 遵守监督机关关于会客的规定；(4) 离开所居住的市、县或迁居，应当报经监督机关批准。对于被假释的犯罪分子的考察，主要是考察其在假释考验期限内是否具有《刑法》第86条规定的情形，即是否再犯新罪或发现漏罪，以及是否违反法律、行政法规或国务院公安部门有关假释的监督管理规定。如果没有《刑法》第86条规定的情形，假释考验期满，就认为原判刑罚已经执行完毕，并公开予以宣告。如果有《刑法》第86条规定的情形之一的，则撤销假释，依照数罪并罚的规定实行数罪并罚，或收监执行未执行完毕的刑罚。

根据《刑法》第85条的规定，被假释的犯罪分子，在假释考验期内，依法实行社区矫正。

王某曾因犯罪被判刑，在假释期间认识李某并与之建立恋爱关系。2011年12月，李某因与王某发生矛盾提出分手并搬走，王某听别人议论李某与自己恋爱期间经常与邻居张某聊天，便怀疑李某与其分手系与张某有关，非常生气。2012年1月16日19时许，王某与好友马某预谋后持木棍来到张某家，对张某、周某夫妇实施殴打，被赶到现场的群众制止。经鉴定，张某的伤情属轻伤，周某的伤情属轻微伤。诉讼中，王某的家属赔偿张某、周某经济损失2万元，张某、周某对王某、马某表示谅解。县人民法院审理认为，被告人王某、马某非法故意损害他人身体健康，致人轻伤，其行为均已构成故意伤害罪。王某、马某共同故意犯罪，系共同犯罪，均系主犯。王某、马某当庭自愿认罪，王某的家属赔偿被害人经济损失后，被害人对王某、马某表示谅解，对王某、马某可酌定从轻处罚。王某在假释考验期限内犯罪，应当撤销假释，与原判没有执行的刑罚实行数罪并罚。遂判决被告人王某犯故意伤害罪，判处有期徒刑1年2个月，与原判未执行完毕的刑期1年11个月4天，并处罚金人民币4000元并罚，决定执行有期徒刑2年6个月，并处罚金人民币4000元；判决被告人马某犯故意伤害罪，判处有期徒刑11个月，宣告缓刑1年。

四、假释的结果

根据《刑法》第85条、第86条的规定，假释可能有以下法律后果：

第一，被假释的犯罪分子，在假释考验期内没有出现《刑法》第86条规定的情形,即没有再犯新罪或发现漏罪,也没有违反法律、行政法规或国务院公安部门有关假释的监督管理规定的行为,假释考验期满,就认为原判刑罚已经执行完毕。

第二,被假释的犯罪分子,在假释考验期限内再犯新罪或发现其在判决宣告以前还有其他罪行没有判决,应当撤销假释,分别依照《刑法》第70条、第71条的规定实行数罪并罚。

罪犯在监狱内犯罪,假释期间被发现的,由审判新罪的人民法院撤销假释,并书面通知原裁定假释的人民法院和社区矫正机构。撤销假释的决定作出前,根据案件情况需要逮捕的,由人民检察院或者人民法院批准或者决定逮捕,公安机关执行逮捕,并将被逮捕人送监狱所在地看守所羁押,同时通知社区矫正机构。刑满释放后被发现,需要逮捕的,由监狱提请人民检察院审查批准逮捕,公安机关执行逮捕后,将被逮捕人送监狱所在地看守所羁押。[①]

第三,被假释的犯罪分子,在假释考验期限内,有违反法律、行政法规或国务院公安部门有关假释的监督管理规定的行为,尚未构成新的犯罪的,应当依照法定程序撤销假释,收监执行未执行完毕的刑罚。

第四,被假释的犯罪分子,如果在假释考验期满以后,才发现其在假释考验期限内又犯新罪,只要没有超过追诉时效期限的,也应依照《刑法》第86条有关规定撤销假释,把前罪没有执行的刑罚和后罪所判处的刑罚,按照《刑法》第69条的规定决定执行的刑罚。

甲因盗窃罪被判处有期徒刑14年。执行10年后,因符合条件而被假释。假释期满,由于没有发现甲在假释考验期内有撤销假释的情况,所以,宣布甲的刑罚已经执行完毕。但是,2年后发现,甲在假释考验期内又实施了盗窃行为构成盗窃罪。此时,就应对甲撤销假释。

第五,犯罪分子被假释后,原判附加刑的,附加刑仍须继续执行。原判有附加剥夺政治权利的,附加剥夺政治权利的刑期从假释之日起计算。

五、假释的程序

假释由执行机关向中级以上人民法院提出假释建议书。中级以上人民法院收到假释建议书后,应当组成合议庭对假释案件进行审理。符合法定假释条件的,裁定予以假释。非经法定程序不得假释。

对假释案件,根据原判刑罚的不同,提出假释建议的机关和审理的法院有所不同:(1)原被判处无期徒刑罪犯的假释,由执行机关提出书面假释建议,经省、自治区、直辖市司法厅(局)监狱管理部门审核同意后,报当地高级人民法院裁

[①] 参见2014年8月11日最高人民法院、最高人民检察院、公安部、司法部《关于监狱办理刑事案件有关问题的规定》第3条。

定；(2)原被判有期徒刑罪犯的假释,由执行机关提出书面假释建议,报请当地中级人民法院裁定。

拓展阅读

减刑、假释制度的理论基础

减刑、假释作为一种刑罚执行制度,与刑罚理论有密切关系。在历史上存在着报应主义和预防主义两种刑罚理论。报应主义主张刑罚是对犯罪的反应,强调罪刑相应,有罪必罚,罚必当罪。在报应观念的指导下,减刑、假释制度没有存在的可能。无论犯罪分子在执行期间表现得多么出色,都必须刑满才能释放。在预防主义中,又有刑事古典学派的一般预防和刑事实证学派的个别预防之分。根据一般预防理论,刑罚的适用是为了威慑遏制社会上的不稳定分子,防止他们实施犯罪行为,危害社会。为威慑犯罪所必需的刑罚不能缩短,所以,一般预防理论也不能成为减刑、假释制度的理论基础。唯有个别预防主义,注重人身危险性,强调对犯罪人的矫正。因此,在刑罚执行中,犯罪人有悔罪表现的,表明其人身危险性的减弱,就成为适用减刑、假释的基础。至于双面预防主义,由于不排斥个别预防,所以,对减刑和假释也持支持态度。当今世界各国在刑罚上,既主张报应主义,又主张预防主义,是两者的折中,对减刑和假释都予以肯定。而这种折中主义作为减刑、假释的理论基础更具合理性。因为,毕竟减刑和假释是建立在原判刑罚基础上的。

外国减刑、假释的种类

外国刑法中虽然没有像我国这样的减刑制度,但是有类似的刑罚执行变更制度。如苏联和东欧社会主义国家实行的易科较轻的刑罚制度,规定被判处一定刑罚的罪犯,在执行一定刑期之后,以其模范的行为和诚实的劳动态度证明自己已经得到改造,可以易科较轻的刑罚。它与我国的减刑制度有所不同。我国刑法中的减刑既包括原判刑期的缩短,也包括减为较轻的刑种。又如美国,其现行减刑制度是在善行折减制度的基础上演变而来。善行折减制度类似于我国的减刑,是对服刑期间表现好的罪犯的一种奖励措施,规定了一定的适用条件。现在的减刑则是服监禁刑的罪犯在原判刑罚执行完毕之前被合法地提前释放,与假释制度交织在一起。[①]

与减刑不同,外国刑法中普遍规定了假释制度,种类多样。除了法定假释与裁量假释外,还有完全假释和部分假释、普通假释和特别假释之分。完全假释是

---

① 参见陈兴良:《本体刑法学》(第三版),中国人民大学出版社2017年版,第674页。

附条件地提前予以释放,若不违背所附条件,则剩余刑罚就视为执行完毕。部分假释是不附条件,释放状态仍是刑罚的执行,它是为使罪犯出狱后适应社会的过渡性措施。特别假释是为特定目的而适用的假释,与一般的假释适用条件上有很大差别。它的适用不是从服刑人的角度考虑的,而是出于满足其他目的的要求。如战时假释,是为了满足对劳动力的需求。①

延伸思考

附加刑减刑问题

我国刑法只规定对四种主刑可以减刑,对附加刑未予规定。刑法学界对此存在争论。一种观点认为,由于法无明文规定,又没有新的司法解释,减刑制度不适用于附加刑。② 另一种观点认为我国刑法中的附加刑多种多样,各种附加刑情况不同,是否可以适用减刑不能一概而论。对某一刑罚能否适用减刑,前提条件是该刑罚是否存在一个持续、接连不断的过程与状态。有这么一个持续、接连不断行刑的过程与状态,为了促进犯罪人在该刑罚执行过程中的改造,才考虑适用减刑。我国目前的罚金刑和没收财产,无论单独判处还是附加判处,都没有一个持续、接连不断的行刑过程,没有减刑适用的前提条件,不存在减刑适用问题。剥夺政治权利刑的执行,虽然有持续、接连不断的过程和状态,但是独立适用的剥夺政治权利刑目前适用减刑尚无明确依据,建议在立法或司法解释上加以完善。③

我们赞同第二种观点。对于罚金刑和没收财产刑而言,两者都是财产刑,都以财产为执行内容,无论单独适用还是附加适用,两者执行要么是一次性完成的,如没收财产刑和一次缴纳的罚金,要么是分次完成的,如分期缴纳的罚金,都不存在一个持续、不间断的过程和状态。而减刑,恰恰需要刑罚执行中一个持续、不间断的过程和状态,来判断犯罪分子在刑罚执行中改造的效果。所以,财产刑无减刑问题。附加适用的剥夺政治权利,其减刑问题在司法解释和司法实践中一直被认可。《刑法》第57条第2款规定:"在死刑缓期执行减为有期徒刑或者无期徒刑减为有期徒刑的时候,应当把附加剥夺政治权利的期限改为三年以上十年以下。"《办理减刑、假释案件规定》第17条第1款规定:"被判处有期徒刑罪犯减刑时,对附加剥夺政治权利的期限可以酌减。酌减后剥夺政治权利的期限,不能少于一年。"但是,对于剥夺政治权利单独适用时,可否减刑,目前

---

① 参见陈兴良:《本体刑法学》(第三版),中国人民大学出版社2017年版,第683页。
② 参见陈兴良:《刑法适用总论》(第三版)(下卷),中国人民大学出版社2017年版,第564页。
③ 参见马克昌主编:《刑罚通论》(第二版),武汉大学出版社1999年版,第614—616页。

尚无明确规定。虽然从剥夺政治权利有一个持续、不间断的过程和状态,可以考察判断犯罪分子刑罚执行效果的角度看,独立适用的剥夺政治权利刑应该被规定可以适用减刑,但是,由于没有法律依据,目前还不能适用。

案例分析

和某,男,45岁,蒙古族,内蒙古人,原系内蒙古大学蒙古史研究所讲师。因犯强奸罪被内蒙古自治区呼和浩特市中级人民法院于1985年10月31日判处有期徒刑15年,附加剥夺政治权利5年。判决生效后,和某被送至内蒙古第二监狱服刑。服刑期间,和某潜心研究我国女真文字、满文和女真史,撰写学术论文100余篇,共计110余万字,经鉴定为"突破性的具有重大进展的研究成果"。服刑期间,和某认罪服法,遵守监规,表现较好。在狱中担任文化教员,认真负责,很好地完成任务。

问题:和某是否符合刑法关于假释的规定?对和某能否实行假释?

第十八章 刑罚消灭

第一节 刑罚消灭概述

一、刑罚消灭的概念

刑罚消灭,是指在具体案件中,由于法定或事实原因,代表国家的司法机关对犯罪人的刑罚权归于消灭的制度。刑罚消灭具有以下特征:

第一,刑罚消灭的前提是行为人的行为事实上构成犯罪,对其应当适用或执行刑罚或正在执行刑罚。"行为人的行为事实上构成犯罪",既包括行为已经经过审判确定为犯罪,也包括有犯罪事实发生,但行为尚未经过审判最终确定为犯罪等情形。具体而言,刑罚消灭的前提包括以下几种情形:一是对犯罪人应当适用刑罚;二是对犯罪人应当执行刑罚,即司法机关已对犯罪人判处刑罚但尚未执行该刑罚;三是犯罪人正在被执行刑罚。

第二,刑罚消灭以国家对犯罪人刑罚权的消灭为内容。刑罚权包括制刑权、求刑权、量刑权和行刑权。由于制刑权由国家立法机关行使,因此,刑罚的消灭不可能导致制刑权的消灭,只会导致求刑权、量刑权和行刑权的消灭。

第三,刑罚消灭必须基于法定或事实的原因。引起刑罚消灭的原因可以分为两类:一类是法定原因,即因法律的明文规定引起刑罚消灭,如不起诉、免除刑罚、赦免、减刑、时效期满等;另一类是事实原因,即因发生特定事实导致刑罚消灭,如犯罪人死亡、刑罚执行完毕等。

二、刑罚消灭的事由

刑罚消灭的事由,因消灭的刑罚权的内容不同而有一定的区别。详言之有以下几种情形:

1. 刑罚请求权消灭的事由

主要包括:(1)犯罪嫌疑人(被告人)死亡,使起诉对象不复存在,失去对其进行起诉的意义。(2)刑罚请求权的放弃。对于公诉案件而言是指检察机关作出不起诉决定,对于自诉案件而言是指自诉人放弃告诉权。(3)追诉时效届满。(4)法律的修改。行为依照行为时法律构成犯罪,但起诉前新法规定该行为不再作为犯罪处理。(5)赦免。在此专指大赦,我国《刑法》没有规定大赦,所以,我国刑罚请求权消灭的事由不包括赦免。

2. 刑罚裁量权消灭的事由

主要包括:(1) 被告人死亡。(2) 撤回起诉。包括公诉案件检察机关撤回起诉和自诉案件自诉人撤回起诉。我国刑事诉讼实行不告不理,告诉撤回,审判就不能继续进行。(3) 追诉时效届满。(4) 法律的修改。(5) 赦免。在此专指大赦,我国《刑法》没有规定大赦,所以,我国《刑法》裁量权消灭的事由不包括赦免。

3. 刑罚执行权消灭的事由

主要包括:(1) 犯罪人(被执行人)死亡。(2) 刑罚的免除。包括审判机关经过审理后,判决被告人有罪但免除刑罚处罚,以及由于不可抗拒的灾祸,罚金的缴纳确实有困难时,法院免除其罚金的缴纳。(3) 刑罚执行完毕。包括刑罚实际执行完毕和假释期满。假释期满,相当于刑罚执行完毕。(4) 缓刑期满。缓刑期满,原判刑罚就不再执行。(5) 行刑时效届满。我国《刑法》没有规定行刑时效,所以它不是我国刑罚执行权消灭的事由。(6) 赦免。包括大赦和特赦。我国《刑法》只规定了特赦。

第二节 时 效

一、时效概述

刑法上的时效,是指国家对犯罪嫌疑人、被告人、犯罪人行使刑罚权的有效期限。在该有效期限内国家如果不行使刑罚权,刑罚权就归于消灭,国家也就无权对犯罪嫌疑人、被告人、犯罪人进行追究或执行刑罚。根据国家行使刑罚权的内容不同,时效可以分为追诉时效和行刑时效。

追诉时效,是指刑法规定的,对犯罪分子追究刑事责任的有效期限。在此期限内,司法机关有权追诉;超过此期限,司法机关或有告诉权的人不得再对犯罪人进行追诉,已经追诉的,应撤销案件或不起诉,或终止审判。

行刑时效,是指刑法规定的,对被判刑的人执行刑罚的有效期限。在此期限内,执行机关有权执行法院判处的刑罚;超过此期限,便不能再对犯罪人执行所判处的刑罚。行刑时效届满,是刑罚执行权消灭的一项重要事由。

世界各国刑法一般既规定追诉时效,又规定行刑时效。我国《刑法》只规定了追诉时效,没有规定行刑时效。我国规定追诉时效的根据和意义在于:

首先,体现刑罚的人道性。犯罪人犯罪后虽没有受到刑事追究,但长期的逃避和由此造成的恐惧与痛苦,可以认为犯罪人实际上承受了犯罪所导致的报应惩罚,并且在一定期限内没有再犯新罪,据此可推断其已悔改,不致再危害社会。

此时,对犯罪人不再追诉符合我国刑罚目的的要求。

其次,节约司法资源。犯罪行为经过一定期限没有审理和追诉,时过境迁,证据失散,侦查、起诉、审判都难以顺利进行。因此设立时效制度,可以节省大量人力、物力、财力,使司法机关不为陈年旧案所累,能够集中精力办理现行案件,及时打击新的犯罪,更好地保护国家和人民的利益。

最后,有利于社会稳定。犯罪后经过一定的时期,被犯罪破坏的社会秩序已逐渐得到恢复,被害人已逐渐从犯罪的伤痛中解脱出来。此时,不再追诉犯罪人的犯罪行为,有利于社会稳定。如果重新追究旧案,重提积怨,容易引发新的不安定因素,不利于社会稳定。

二、我国《刑法》中的追诉时效

(一) 追诉时效的期限

我国《刑法》根据罪刑相适应原则,以犯罪的法定最高刑为标准,规定了四个档次的追诉时效。根据《刑法》第 87 条的规定,犯罪经过下列期限不再追诉:(1) 法定最高刑不满 5 年有期徒刑的,经过 5 年;(2) 法定最高刑为 5 年以上不满 10 年有期徒刑的,经过 10 年;(3) 法定最高刑为 10 年以上有期徒刑的,经过 15 年;(4) 法定最高刑为无期徒刑、死刑的,经过 20 年。如果 20 年以后认为必须追诉的,须报请最高人民检察院核准。

根据上述规定,在确定具体犯罪的追诉时效的期限时,应当根据犯罪的性质、情节,分别适用刑法规定的相应条款或量刑幅度,按其法定最高刑计算追诉时效期限。(1) 在只规定一个量刑幅度的条文中,应依照该条文的法定最高刑确定追诉时效期限。(2) 在同条或同款中规定了两个以上不同的量刑幅度的,应按照行为人应当适用的量刑幅度的法定最高刑确定追诉时效期限。(3) 在几条或同一条的几款中分别对行为人所犯罪行的刑罚作了规定的,应按照与其罪行相对应的条或款的法定最高刑确定其追诉时效期限。比如《刑法》第 299 条对侮辱国旗、国徽罪只规定了一个量刑幅度:处 3 年以下有期徒刑、拘役、管制或剥夺政治权利。因此,对本罪的犯罪人一律按法定最高刑 3 年有期徒刑确定追诉时效期限。再如《刑法》第 274 条对敲诈勒索罪规定了三个量刑幅度:数额较大或多次敲诈勒索的,处 3 年以下有期徒刑、拘役或管制,并处或者单处罚金;数额巨大或有其他严重情节的,处 3 年以上 10 年以下有期徒刑,并处罚金;数额特别巨大或者有其他特别严重情节的,处 10 年以上有期徒刑,并处罚金。如果对犯罪人应当适用第一个量刑幅度,应按法定最高刑 3 年有期徒刑确定对其追诉时效期限;如果犯罪人应当适用第二个量刑幅度,应按法定最高刑 10 年有期徒刑确定对其追诉时效期限;如果犯罪人应当适用第三个量刑幅度,应按法定最高刑为 10 年以上有期徒刑确定对其追诉期限。

需要说明的是,对于应当单独判处附加刑的犯罪人,其追诉时效应当限于 5 年,因为无论单独判处哪种附加刑,显然都是属于"法定最高刑不满 5 年有期徒刑的"范畴。

我国刑法明文规定了四个档次的追诉时效期限即 5 年、10 年、15 年和 20 年后,又作了一个灵活性规定,即规定:如果法定最高刑为无期徒刑、死刑,20 年后认为必须追诉的,须报请最高人民检察院核准。这里所讲的"认为必须追诉的"犯罪,应限于那些社会危害性极其严重、犯罪人的人身危险性特别大、所造成的社会影响极坏、经过 20 年以后仍然没有被社会遗忘的重大犯罪。比如,司法实践中,最高人民检察院就曾对马世龙抢劫案经过 20 年追诉期限后仍然核准予以追诉,对此,2015 年 7 月 3 日最高人民检察院《关于印发最高人民检察院第六批指导性案例的通知》指出,故意杀人、抢劫、强奸、绑架、爆炸等严重危害社会治安的犯罪,经过 20 年追诉期限,仍然严重影响人民群众安全感,被害方、案发地群众、基层组织等强烈要求追究犯罪嫌疑人刑事责任,不追诉可能影响社会稳定或者产生其他严重后果的,对犯罪嫌疑人应当追诉。

为了促进祖国和平统一大业,最高人民法院、最高人民检察院先后于 1988 年 3 月 14 日和 1989 年 9 月 7 日就去台人员去台前的犯罪追诉问题宣布了两个公告,这两个公告的精神仍然适用于现行《刑法》实施后。[①] 其主要内容是:(1) 去台人员在中华人民共和国成立前在大陆犯有罪行的,根据刑法关于追诉时效的规定的精神,对其当时所犯罪行,不再追诉。(2) 对去台人员在中华人民共和国成立后,犯罪地地方人民政权建立前所犯罪行,不再追诉。(3) 去台人员在中华人民共和国成立后,犯罪地地方人民政权建立前犯有罪行,并连续或继续到当地人民政权建立后的,追诉期限从犯罪行为终了之日起计算。凡超过追诉时效期限的,不再追诉。

(二) 追诉时效的计算

根据我国《刑法》第 89 条第 1 款的规定,追诉时效的计算分为两种情况:

1. 一般犯罪追诉时效的计算

这里所讲的一般犯罪,是指没有连续与继续犯罪状态的犯罪。这类犯罪的追诉期限是"从犯罪之日起计算"。关于"犯罪之日"的含义,理论界存在不同看法:有的认为是指犯罪成立之日,有的认为是犯罪行为实施之日,有的认为是犯罪行为发生之日,也有的认为是犯罪行为完成之日,还有的认为是犯罪行为停止之日。[②] 就即成犯而言,上述各种看法不存在实质性的差异,但就隔离犯而言,

---

[①] 对于去台湾以外其他地区和国家的人员在中华人民共和国成立前,或者在中华人民共和国成立后,犯罪地地方人民政权建立前所犯的罪行,按照公告的精神和规定办理。

[②] 参见马克昌主编:《刑罚通论》(第二版),武汉大学出版社 1999 年版,第 676 页。

则会导致起算日期的不同。"犯罪之日"应是指犯罪成立之日,即行为符合犯罪构成之日。由于刑法对不同类型的犯罪所规定的构成要件不同,因而其犯罪成立之日的计算标准亦不相同。如行为犯从犯罪行为实施之日起算,结果犯从危害结果发生之日起算等。

2. 连续犯和继续犯追诉期限的计算

《刑法》第 89 条第 1 款规定,犯罪行为有连续或者继续状态的,追诉期限从犯罪行为终了之日起计算。由此可见,连续犯和继续犯追诉期限的计算标准,为"犯罪行为终了之日"。由于连续犯和继续犯的具体特征不同,各自的"犯罪行为终了之日"也不同。连续犯以连续实施数个相同行为为目的,每一个行为都可单独构成犯罪。所以,连续犯的犯罪行为终了之日,就是指最后一个独立的犯罪行为完成之日。继续犯,是指一个犯罪行为在一定时间内处于持续状态。因此,继续犯的犯罪行为终了之日即是处于持续状态的一个犯罪行为结束之日。

(三) 追诉时效的中断

追诉时效的中断,是指在追诉时效进行期间,因发生法律规定的事由,使已经经过的时效期间归于失效,追诉期限从法律规定事由发生之日起重新开始计算的制度。追诉时效中断制度可以防止犯罪人利用时效制度逃避罪责,继续犯罪。

我国《刑法》第 89 条第 2 款规定,在追诉期限内又犯罪的,前罪追诉的期限从犯后罪之日起计算。该规定表明,我国追诉时效中断是以犯罪人在追诉期限内又犯罪为条件的,而不论新罪的性质和刑罚轻重。据此规定,追诉时效中断后时效起算的时间为"犯后罪之日"。

(四) 追诉时效的延长

追诉时效的延长,是指在追诉时效进行期间发生了法律规定的事由,致使追诉期限延伸的制度。追诉时效的延长可以保护被害人的合法权益,防止犯罪人利用时效制度逃避法律制裁。

根据《刑法》第 88 条的规定,我国追诉时效延长分为两种情况:(1) 在人民检察院、公安机关、国家安全机关立案侦查或在人民法院受理案件以后,犯罪人逃避侦查或审判的,不受追诉期限的限制。(2) 被害人在追诉期限内提出控告,人民法院、人民检察院、公安机关应当立案而不予立案的,不受追诉期限的限制。2014 年 7 月 17 日全国人大常委会法工委《对刑事追诉期限制度有关规定如何理解适用的答复意见》规定,"对 1997 年前发生的行为,被害人及其家庭在 1997 年后刑法规定的时效内提出控告,应当适用刑法第八十八条第二款的规定不受追诉期限的限制。"

第三节 赦　　免

一、赦免概述

赦免,是指国家以政令的形式,免除或减轻犯罪人的罪责或刑罚的制度。赦免通常由宪法或专门的行政法(如恩赦法)加以规定,而不在刑法中加以规定,所以,赦免具有行政性,被视为国家元首或政府首脑的特权。之所以把赦免作为一种刑罚制度,是因为赦免的对象是犯罪人,赦免的命令由司法机关执行,赦免的结果是刑罚权的放弃,导致罪与刑的消灭。

赦免通常分为大赦和特赦两种,我国现行宪法只规定了特赦。

大赦是国家对某一时期内犯有一定罪行的犯罪人免予追诉或免除其罪刑的制度。大赦具有以下特点:(1)赦免对象的范围广泛而不特定,既可能是国家某一时期的各种犯罪人,也可能是国家某一时期犯有特定罪行的犯罪人,也可能是某一地区的全体犯罪人,还可能是参与某一重大历史事件的所有犯罪人。(2)赦免的效力极大。大赦既免其刑又免其罪。尚未追诉的,不再追诉;已经追诉的,撤销案件;已经宣告罪刑的,宣告归于无效;正在执行刑罚的,罪刑归于消灭。

特赦是对受罪刑宣告的特定犯罪人免除执行全部或部分刑罚的制度。特赦具有以下特点:(1)赦免的对象是特定的已经受罪刑宣告的犯罪人。(2)赦免的效力有限,只赦其刑,不赦其罪。

特赦与大赦的区别主要在于:(1)对象范围不同。特赦的对象是特定的,而大赦对象是广泛的、不特定的。(2)效果不同。大赦既赦其刑,又赦其罪;特赦只能赦其刑,不能使宣告之罪归于无效。(3)大赦所赦免之罪,无论在判决宣告前还是判决宣告后都有效;特赦只对判决宣告后的犯罪有效。(4)特赦后再犯罪有可能构成累犯,而大赦后再犯罪没有累犯问题。

二、我国的特赦制度及其特点

我国1954年《宪法》规定了大赦和特赦,并将大赦决定权赋予全国人民代表大会,特赦的决定权赋予了全国人大常委会,大赦令和特赦令由国家主席发布。1975年《宪法》、1978年《宪法》和现行《宪法》都只有特赦规定,这表明我国已经取消了大赦制度;《刑法》第65条、第66条所指的赦免仅指特赦。根据我国现行《宪法》第67条和第80条规定,特赦经全国人大常委会决定,由国家主席发布特赦令。

中华人民共和国成立以来,我国共实行了九次特赦:第一次是1959年在中华人民共和国成立 10 周年庆典前夕,对在押的确已改恶从善的蒋介石集团和伪满洲国战争罪犯、反革命犯和普通刑事犯实行特赦。第二次、第三次特赦分别于 1960 年、1961 年实行,都是对蒋介石集团和伪满洲国罪犯确有改恶从善表现的进行特赦。第四次、第五次、第六次分别于 1963 年、1964 年、1966 年实行。与前两次相比,只是在特赦对象上增加了伪蒙疆自治政府的战争罪犯,其他内容完全相同。第七次是 1975 年,对全部在押战争罪犯实行特赦释放,给予公民权。第八次是 2015 年,对四类罪犯实行特赦。第九次是 2019 年,在中华人民共和国成立七十周年之际对部分服刑罪犯予以特赦。

2019 年 6 月 29 日第十三届全国人民代表大会常务委员会第十一次会议通过了《关于在中华人民共和国成立七十周年之际对部分服刑罪犯予以特赦的决定》,为庆祝中华人民共和国成立 70 周年,体现依法治国理念和人道主义精神,根据宪法,决定对依据 2019 年 1 月 1 日前人民法院作出的生效判决正在服刑的下列罪犯实行特赦:(1) 参加过中国人民抗日战争、中国人民解放战争的;(2) 中华人民共和国成立以后,参加过保卫国家主权、安全和领土完整对外作战的;(3) 中华人民共和国成立以后,为国家重大工程建设做过较大贡献并获得省部级以上"劳动模范""先进工作者""五一劳动奖章"等荣誉称号的;(4) 曾系现役军人并获得个人一等功以上奖励的;(5) 因防卫过当或者避险过当,被判处 3 年以下有期徒刑或者剩余刑期在 1 年以下的;(6) 年满 75 周岁、身体严重残疾且生活不能自理的;(7) 犯罪的时候不满 18 周岁,被判处 3 年以下有期徒刑或者剩余刑期在 1 年以下的;(8) 丧偶且有未成年子女或者有身体严重残疾、生活不能自理的子女,确需本人抚养的女性,被判处 3 年以下有期徒刑或者剩余刑期在 1 年以下的;(9) 被裁定假释已执行 1/5 以上假释考验期的,或者被判处管制的。

上述九类对象中,具有以下情形之一的,不得特赦:第一,第(2)(3)(4)(7)(8)(9)类对象中系贪污受贿犯罪,军人违反职责犯罪,故意杀人、强奸、抢劫、绑架、放火、爆炸、投放危险物质或者有组织的暴力性犯罪,黑社会性质的组织犯罪,贩卖毒品犯罪,危害国家安全犯罪,恐怖活动犯罪的罪犯,其他有组织犯罪的主犯,以及累犯的;第二,第(2)(3)(4)(9)类对象中剩余刑期在 10 年以上的以及仍处于无期徒刑、死刑缓期执行期间的;第三,曾经被特赦又因犯罪被判处刑罚的;第四,不认罪悔改的;第五,经评估具有现实社会危险性的。

从已实行的九次特赦中,可以看出我国特赦制度有以下几个特点:(1) 特赦对象上,除第一次包括反革命罪犯和普通刑事罪犯外,都是战争罪犯。(2) 特赦范围上,仅限于全国某类犯罪中的一部分人,而不是对某类罪犯全部实行特赦,更不是对个人实行。(3) 特赦条件上,要求罪犯经过服刑改造确已改恶从善。对尚未宣告刑罚或刑罚虽已宣告但尚未开始执行的不赦免。(4) 特赦效力上,只及于刑罚,不及于罪行。即特赦的效力是免除执行剩余的刑罚或减轻原判刑罚,而不是宣布其罪归于消灭。(5) 特赦程序上,一般由党中央或国务院提出建议,经全国人大常委会审议决定,由国家主席发布特赦令,并授权最高人民法院和高级人民法院执行。

拓展阅读

时效规定的立法基础①

刑法为什么要规定时效制度,刑法学界有不同的学说。一是怠于行使说,认为既然国家怠于对犯罪人的追诉或对犯罪人所判刑罚的执行,则刑罚权应予消灭;二是证据湮灭说,认为犯罪之证据因为时间流逝而散失,因而难以达到正确处理案件的目的;三是改善推测说,认为犯罪后既然经过长久时间,可预想犯罪人业已改恶从善,无再加处罚的必要;四是刑罚同一说,认为犯罪人犯罪后,经过长时间的逃避时时提心吊胆,惧怕发觉,这种无形的痛苦,实际上与刑罚执行遭受的痛苦无异;五是法律与事实调和说,认为法律之目的在于恢复因犯罪所扰乱社会秩序之事实,时效制度则意在某法律与事实之调和;六是社会遗忘说,认为犯罪事实因经过长久时间而为社会所遗忘,社会秩序也随之恢复,此情之下,如再对犯罪人追诉处罚,反而会扰乱社会秩序。

以上学说各有一定道理。不过,时效制度的设立根据还是应当从法律与事实的关系上去寻找。虽然根据报应刑论的思想,应当是有罪必罚,但是,当超过了一定的时间,犯罪由于没有及时追诉而从社会生活中消隐,刑罚由于没有及时执行而受刑人没有再次犯罪,在这种情况下,社会秩序已经自动恢复,法的目的也已经实现。因此,再行使刑罚权不仅没有必要,而且会带来消极的效果。

延伸思考

如何确定单位犯罪的追诉时效

我国《刑法》的追诉时效是以犯罪的法定最高刑为标准而设立的。从《刑法》的规定看,其法定最高刑依据的刑罚种类是自由刑和生命刑。这些刑罚只能对自然人主体适用,不能适用于单位主体,因此,如何确定单位的追诉时效成为司法实践中的一道难题。有学者认为,对单位的追诉时效"应当按照有关单位犯罪法条中对其犯罪直接负责的主管人员和其他责任人员所规定的自由刑或生命刑来确定"②。在目前刑法对这一问题规定不够明确的情况下,可以参照上

---

① 参见陈兴良:《本体刑法学》(第三版),中国人民大学出版社2017年版,第695—696页。
② 谢望原:《论对犯罪单位的追诉时效》,载《法学杂志》2000年第4期。

述标准执行。最好的做法是在刑法中补充规定单位犯罪的追诉时效,既规定对单位的追诉期限,也规定对其直接负责的主管人员和其他责任人员的追诉期限,为方便操作,单位的追诉时效和其直接负责的主管人员及其他责任人员的追诉时效可以统一起来。

巨额财产来源不明罪的追诉期限问题①

根据我国《刑法》第89条第1款的规定,一般犯罪的追诉期限从犯罪成立之日起计算。根据《刑法》第395条的规定,巨额财产来源不明罪的行为表现为行为人的财产或支出明显超过合法收入且差额巨大,而本人又不能说明其来源是合法的。因此,本罪成立的时间,应当是行为人不能说明巨额财产的合法来源之时。换言之,本罪追诉时效的起点时间是行为人作出拒不说明的行为之日。而这时从程序上讲,已进入刑事诉讼阶段,在这个时候,对于行为人并不存在追诉或不追诉的问题,②行为人面临的只能是承担刑事责任大小的问题。由此可以得出的结论是:巨额财产来源不明罪不存在追诉时效的限制,任何时候只要发现行为人拥有来源不明的巨额财产,而本人又不能说明来源合法时,都可以加以追诉。这样产生的问题是:《刑法》对其他犯罪(包括重于本罪或轻于本罪的犯罪)均规定了追诉时效,为什么对于本罪却采用无期限追诉的做法?为解决此问题,有学者建议将《刑法》第395条第1款修改为:"国家工作人员拥有来源不明的巨额财产的,其来源不明财产以非法所得论,处5年以下有期徒刑或者拘役,不明财产予以追缴。"这样,巨额财产来源不明罪成立之日为非法所得发生之日,其追诉期限也就从非法所得发生之日起计算。

案例分析

马某担任某村村委会主任期间,于1997年1月未经村委会研究,利用职务之便擅自将村委会集体款5万元借给他人使用,于1998年10月归还。2003年5月,马某被立案侦查。

问题:马某挪用资金的行为是否已过追诉时效?

---

① 参见刘鹏:《关于犯罪追诉时效几个问题的研究》,载《甘肃政法学院学报》2002年第4期。
② 出于司法工作人员滥用职权或玩忽职守等原因而不追诉仅仅是例外情况。